李双元法学文丛

中国与国际私法统一化进程

修订版

主　编　李双元
副主编　徐国建　张　茂
修订人员（以姓氏笔画为序）
李双元　刘澄清　许光耀　张　茂　郑远民　赵　健
胡杏兰　郭晓梅　徐　宏　徐国建　蒋新苗

WUHAN UNIVERSITY PRESS
武汉大学出版社

图书在版编目(CIP)数据

中国与国际私法统一化进程/李双元主编. —修订版. —武汉：武汉大学出版社,2016. 8

李双元法学文丛

ISBN 978-7-307-18092-5

Ⅰ. 中…　Ⅱ. 李…　Ⅲ. 国际私法—研究—中国　Ⅳ. D997

中国版本图书馆 CIP 数据核字(2016)第 136614 号

责任编辑:胡　荣　　　责任校对:李孟潇　　　版式设计:韩闻锦

出版发行：**武汉大学出版社**　(430072　武昌　珞珈山)

(电子邮件：cbs22@ whu. edu. cn　网址：www. wdp. com. cn)

印刷:虎彩印艺股份有限公司

开本：720 × 1000　1/16　印张:32. 25　字数:581 千字　插页:4　插表:2

版次:1998 年 1 月第 1 版　　2016 年 8 月修订版

2016 年 8 月修订版第 1 次印刷

ISBN 978-7-307-18092-5　　定价:98. 00 元

作者简介

李双元，男，1927年生，湖南新宁人。湖南师范大学终身教授，武汉大学国际法研究所教授，博士生导师，中国国际私法学会名誉会长，《时代法学》和《国际法与比较法论丛》主编。曾任武汉大学国际法研究所副所长、中国国际私法学会副会长、湖北省国际法研究会总干事、中国法学会理事和中国国际法学会理事、国务院学位委员会（第三届）学科评议组成员、全国高等教育自学考试指导委员会委员、中国国际经济贸易仲裁委员会委员和仲裁员、中国博士后流动站管委会专家组及该管委会基金委员会专家组成员、武汉市政协委员及其法制委员会副主任、湖南省政府参事等学术与社会职务。先后主持完成国家社科基金项目、教育部哲学社会科学博士点基金项目、司法部项目、湖北省及湖南省社科基金一般及重大项目20余项；在《中国社会科学》、《法学研究》、《中国法学》等刊物上发表学术论文100余篇。独著、主编的经典著作主要有《国际私法(冲突法篇)》（已出第3版）、《国际民事诉讼法概论》(第2版为教育部审定的研究生教材)、《中国与国际私法统一化进程》（已出第2版）、《市场经济与当代国际私法趋同化问题研究》、《国际民商新秩序的理论建构》、《中国国际私法通论》（已出第3版）、《比较民法学》、《走向21世纪的国际私法——国际私法与法律的趋同化》(中国法学家自选集)、《国际私法》(全国高等教育自学考试统编教材，已出第3版)、《国际私法》（“十一五”国家级规划教材，已出第4版)、《法学概论》（“十一五”和“十二五”国家级规划教材，已出第11版)等，合译《戴西和莫里斯论冲突法》、萨维尼《现代罗马法体系（第八卷）》和《牛津法律大辞典》等世界法学经典著作。著述中获国家级及省部级一、二、三等奖及湖北省特别奖等奖励十余项。

徐国建，男，一级律师，上海邦信阳中建中汇律师事务所（Boss & Young, Attorneys-At-Law）管理合伙人。毕业于西南政法大学，获法学学士学位；之后考入武汉大学，攻读国际法专业硕士和博士学位。1988年赴欧洲留学，曾先后就读于洛桑瑞士比较法研究所、荷兰海牙国际法院国际法夏季讲习班、德国汉堡马克斯－普朗克外国和国际私法研究所，以及德国弗莱堡阿尔博特－路德维希大学。1994年完成了在德国汉堡大学的法学博士学位学业，并获得德国法学博士学位。1998年发起成立原上海市邦信阳律师事务所。1995年回国服务之前，曾于1989年在德国杜塞尔道夫的一家著名的律师事务所工作，1991—1994年在德国汉堡的一家律师事务所供职。近年来，领导和负责完成了一些在国内外皆十分有影响的法律服务项目，如：2001年完成的中芯国际金额高达40亿元的人民币和美元银行联合贷款项目；2004年汇丰银行入股交通银行项目。2006年被中国证监会任命为河北证券公司行政整顿工作组组长。曾被聘为上海市人大常委会立法和咨询专家、上海市政法机关“案件评查专项活动”特邀评查员、“上海法治报博士大顾问团”顾问以及上海市政府行政复议委员会委员，并担任中国国际私法学会副会长、中华全国律协WTO专门委员会委员、中国国际经济贸易仲裁委员会仲裁员、上海国际仲裁中心仲裁员以及上海仲裁委员会仲裁员。兼任上海交通大学、上海经贸大学、湖南师范大学、华东政法大学等高校的法学客座教授。2015年11月起兼任“一带一路法律研究协同创新中心”秘书长。系“瑞士比较法研究所”指派“中国大使”。精通德语和英语，具有英语和德语翻译资格，以中文、德文和英文在中国、德国、瑞士、英国和荷兰出版和发表了40多（部）篇法律专业方面的著作和论文。

张茂，男，1972年生，河南淮滨人，求学于河南大学、武汉大学，国际私法专业博士。先后从事保险监管、保险公司经营管理，目前服务于股权投资行业。著有《美国国际民事诉讼法》，译有《美国民事诉讼法导论》，合译有《戴西和莫里斯论冲突法》、《现代罗马法体系（第八卷）》等，参加编写《中国国际私法通论》、《中国与国际私法统一化进程》等著作。

出 版 说 明

为了庆祝我国著名法学家和法学教育家李双元教授 90 华诞，湖南师范大学法学院组织出版了《李双元法学文丛》。本套丛书共有 15 本，其中 1 本为新书。另外的 14 本皆为已经出版过的，因出版年代跨度较大，我们以保持原书原貌为原则，仅对一些文字标点符号的明显错误做了订正；书中有一些资料和引文因年代久远，已无法一一核查的，仍保持原样。

在已经出版过的 14 本书中，有 8 本书作者未做修改的，版次不予增加，所涉的法律法规也基本保持原样；另 6 本书作者予以了一定的修改，版次予以增加。

武汉大学出版社

2016 年 8 月

总　　序

2016年中秋，我们将迎来我国著名法学家、法学教育家李双元教授90华诞。

李先生历任武汉大学教授（已退休）、湖南师范大学终身教授、博士生导师、中国国际私法学会副会长和名誉会长，国务院学位委员会学科评议组（法学组）成员、中国博士后流动站管委会专家组成员、全国高等教育自学考试指导委员会（法学组）委员、中国国际经济贸易仲裁委员会委员和湖南省政府参事等学术与社会职务，为新中国法学教育、研究和实践作出了重要贡献。

李先生在青年时代，即积极参加反对国民党统治的学生运动和湖南新宁县的武装起义。但是在1957年却因言获罪，被划为右派分子，在大学从教的权利被完全剥夺。然而他对马克思主义法学理论的探求，却矢志不衰。1979年武汉大学恢复法律系，他即从华中农学院马列室迅速调回武汉大学，协助韩德培、姚梅镇先生等参加法学院的恢复与发展工作，并在国内最早组建的国际法研究所任副所长。由韩德培教授任主编的第一部《国际私法》国家统编教材，也是在他的积极参与下，迅速完成并出版。在两位老先生的直接领导下，中国国际私法学会和中国国际经济法学会成立大会与它们的第一次研讨会也在武汉大学同时召开。

1993年，李先生出任湖南师范大学终身教授，负责组建湖南师范大学法律系、法学院以及国际法研究所、环境法研究所。现在，我院已经拥有法学一级学科博士和硕士学位授权点、法学博士后科研流动站和法律硕士专业学位授权点以及教育部首批卓越法律人才教育培养基地和国家级大学生校外实践教育基地，法学学科在第三轮全国学科评估中名列第21位。李先生学术视野开阔，在法理学方面也有他个人的理论贡献，其中，他先后提出“国际社会本位理念”、“法律的趋同化走势”和“国际民商新秩序的构建”等理论观点，均在法学界受到重视。

为庆祝李双元教授九十华诞，在武汉大学和湖南师范大学的大力支持下，我们特别选取了李先生的十五本著作，集结为《李双元法学文丛》，隆重推出，以弘扬李先生的治学精神和学术思想，并恭祝李先生永葆学术青春。为保持原书的风格，其中《比较民法学》、《国际民商新秩序的理论建构》、《市场经济与当代国际私法趋同化问题研究》、《中国与国际私法统一化进程》、《21世纪法学大视野——国际经济一体化进程中的国内法与国际规则》、《现代国籍法》、《国际民事诉讼程序导论》和《法律冲突与法律规则的地域和时间范围》未作修改。

鉴于李先生长期在武汉大学执教，加之这套丛书中有六种原来就是由武汉大学出版社出版，因此，我们仍然选择由对法学界出版事业长期提供大力支持的武汉大学出版社出版这套丛书。在此，特别感谢武汉大学出版社和武汉大学法学院的鼎力支持！

湖南师范大学法学院

2016年6月18日

修订版说明

《中国与国际私法统一化进程》一书自问世以来，受到广大读者的好评，曾荣获国家教委首届优秀人文学术成果二等奖。但是，由于该书初版印数不多，很快脱销，而仍有许多读者纷纷求购此书。鉴于此，我即要求出版社加印。出版社慨然应允，并提出由作者对全书进行修订后再版。为此，我和徐国建博士以及我的其他几位博士生一起，对全书作了较大修订，主要包括：首先，在原书上、下两编的基础上增设了中编，对统一私法的国际组织、统一法源、统一方法作了详细论述。这一编的主要内容曾收入由我主持编写的另一本有关国际私法趋同化问题的著作——《市场经济与当代国际私法趋同化问题研究》（武汉大学出版社，1994 年 9 月版）一书当中。由于该书同样印数较少而且脱销，故决定将该书的上述内容并入《中国与国际私法统一化进程》的修订版。其次，本书的下编是有关海牙国际私法会议的详尽介绍，在本书出版后，海牙国际私法会议又先后召开了第十七次、第十八次外交大会，通过了一些新的国际私法公约，为将这些活动及时反映在本书中，并使本书对海牙国际私法会议的介绍更加全面、完整，特别约请我国参加近期海牙国际私法会议有关活动的代表团成员、外交部条法司徐宏博士以及胡杏兰、郭晓梅同志参加本书的修订工作。此外，我们还根据近年来我国国际私法立法、司法理论与实践的新发展，对全书相应章节加以修改、补充，使之更趋准确、完善。

本书修订工作具体分工如下：上编（李双元、蒋新苗、徐国建、张茂、许光耀）；中编（徐国建、张茂、郑远民、刘澄清）；下编（徐国建、徐宏、胡杏兰、郭晓梅、赵健）。

在本次修订工作中，承蒙武汉大学出版社的热心支持，特此致以谢意。这里，还得感谢梁山、彭清正、宁敏、何绍军等同志对本书修订工作的大力协助。同时，我们还希望广大读者对本书的修订本批评、指正，提出宝贵意见。

李双元

1996 年 12 月 16 日

于武汉大学国际法研究所

前　言

首先，国际私法作为规范国际社会发生的各种平等主体之间的财产关系和人身关系的一个法律部门，对于促进和发展国际经济技术和文化的合作与交流，是具有极其重要的作用的。但是在早期，国际私法因受封建—属地主义的严重影响，仅有的少数几个国家（如法国、德国等）的有关立法，都十分强调适用自己国家的法律。因而尽管国际私法的宗旨本在于解决各国法律之间的抵触，求得国际民事生活的安全和稳定，却因彼此间国际私法制度的歧异而并不能收到实际的效果。所以，从 18 世纪中叶起，意大利政治家、法学家孟西尼便倡导通过国际条约制定统一的冲突法，以使各国在法律适用制度上得到协调，但终究受到当时国际社会种种条件的限制，直到 19 世纪末、20 世纪初，才有真正着手尝试统一的实践，而成效则甚微。

“二战”以后，由于科学技术的迅速发展，国家之间经济民事联系的大大加强，一国的国际私法制度是否和国际社会的普遍实践比较接近或一致，已成为衡量其国际私法制度的健全和完善程度的主要标准之一，而且越来越成为各个国家共同追求的目标。

这主要是因为现代国家经济职能的加强，商品生产和销售的日益国际化，各国为谋求自身经济的迅速发展，彼此都不能脱离国际市场而必须处于紧密的相互依存关系之中。不同国家的资金、技术和人员在进入对方的市场时，都要求提供可靠的法律保障。这就有力地推动了各个国家为了创造一个更有利于吸收国际资本、技术和人才的环境，都竞相改善自己的国际私法制度，从而迅速地形成种种为国际社会较普遍接受的实践。正是基于对这一趋势的认识，在纪念武汉大学国际法研究所成立十周年的学术活动中，作者首次在一个学术报告中，提出了当代国际私法趋同化倾向正在不断加强的观点。事实上，现在国外的许多学者也都有这种共识，并正在讨论这种趋势的性质和意义。20 世纪 70 年代以来，亚洲、非洲、欧洲以及拉丁美洲许多国家纷纷颁布在这种认识指导下制定的新的国际私法法典，国际上各种从事国际私法统一化工作的国际组织（其中特别是海牙国际私法会议）的工作积极性越来越高涨，取得的成果也越来越丰富，以及中国为配合改革开放而在不断加强和改进国际私法的国内立法的同时，在 1987 年也加入了海牙国际私法会议，并陆续缔结或加入或接受了许多重要的国际私法条约，便都是这种趋同化倾向的加强已被广泛承认的具体表现。

其次，本书不但以邓小平同志所作的和平和发展是当代国际社会的两大主要潮流的科学论断为依据，分析了当代国际私法趋同化倾向得以产生的上述最深层的原因，而且进一步强调指出，当代国际私法发展中表现出来的这种趋同化倾向的加强，还与法律文化的交流速度和规模随着国际社会的客观需要的增加和信息资料的传播手段更为便捷有着直接的关系。法律文化的国际交流，对推动中国国际私法的发展和进步，其作用也是十分明显的。

中华法系本是历史上最古老的法系之一，但因它是在商品经济很不发达的环境中产生的，尽管刑事法律制度早已较完备，民商事法律却很不发达。直到 19 世纪末、20 世纪初中外法律文化的第一次大交流，才传入了民商法；同时，国际私法也被吸收了进来。但当时国家主权既被西方列强宰割侵凌，这种传入和吸收不能不带有极其浓厚的殖民主义色彩。到 20 世纪中叶，中外法律文化在无产阶级领导的新民主主义革命和社会主义革命在中国取得了伟大胜利之后发生了第二次大交流。这时由于旧中国的“六法全书”被彻底废除，而美国为首的一些西方资本主义国家又对我采取敌视封锁的政策，这次的交流，主要不过是以苏维埃法律思想为代表的前苏联法律文化的被全面移植入中国，其历史功绩是使中国社会主义法律文化和制度得以形成。但是前苏联的法律文化当时是完全建立在斯大林僵硬的计划经济模式的基础之上的，我国当时的经济体制亦深受这种模式的影响，不但国内商品生产和市场经济很不发达，国际经济贸易关系的开展也极其有限，因而民商法仍得不到应有的重视和发展。国际私法虽在 20 世纪 50 年代初试图着手建立，也深受前苏联学说中严格的属地主义的影响，基本上不考虑是否需要通过一些较为灵活的制度，以求得内外国法律抵触的协调问题。到 1957 年以后，国际私法的教学与研究更被完全窒息，直到 1978 年以后中外法律文化进行第三次大交流。这时国家开始了经济体制的改革，并且大力推行对外开放政策，为了加强社会主义民主和法制建设，为了建立一个对国际资本、技术的流入具有吸引力的法律环境，在这次大交流中，才使新中国在认真着手建立民商法制度的同时，也逐步建立起了中国的涉外经济法和国际私法制度。因此，尽管在这次中外文化大交流中，也会有某些消极的东西传入和萌生，但它所已经产生的积极成果和随着改革开放的进一步深入而在将来必将取得新的发展和新的成果，是必须予以充分肯定的。而且可以肯定地说，随着中国经过深入改革而形成的崭新的经济模式的奠定，根植于这种新的经济模式之上的具有中国特色的社会主义法律文化和法律制度将得到进一步的发展和完善，而在其中，中国国际私法亦将与国际社会的普遍实践更趋协调和一致，从而更有利于在平等互利的基础上，发展我国广泛的国际经济联系。

再次，作者在阐述中国国际私法的进一步发展应以与国际社会的普遍实践保持同步为基本取向的问题时，明确地指出，本书所称的国际私法的趋同化，是指各国国际私法随着国际社会经济上相互依存关系的加强而将更趋协调或一致。但在民族国家消亡以前，各国民商法的差别不可能完全消灭，国际私法的民族的、历史的、社会的和经济方面的种种差异也就不会完全消灭。而趋同化的途径，既包括在各国国内立法中尽可能吸收那些在法律文化的国际发展进程中，在各国各民族的共同实践中形成的，经过检验证明是行之有效的带有普遍性的规则和制度，也要积极地创造条件参加到国际私法的双边的、多边的、地区的和国际的统一化活动中去。美国一位叫威格摩尔（John H. Wigmore）的法学家早在1921年在提交给美国统一州法大会的一篇文章中就说过："如果某一个世界会议通过了一个统一的法典，却不包括美国的观点，那么，美国立法者便不得不或者是接受一个外国间讨价还价最后形成的外国的模式；或者是拒绝该统一法律，使美国落后于国际统一体，从而遭致法律分歧与法律冲突的不利的后果。"我们国家既因十几年的改革开放而大大提高了综合国力和国际地位，泱泱大国，在对待国际私法的国际统一化问题时，亦必须有种远见和卓识。

复次，这是一本到目前为止，国内唯一的专门讨论中国与国际私法统一化运动的关系的著作，它在体系和内容上与国内已有的国际私法著作完全不同，它的根本任务不在于介绍国际私法的基本理论或基本知识。它之所以在第一章不厌其详地系统引述我国有关国际私法的规定，目的是用具体的材料，向国内外读者论证本书在第一章第一节开头部分所提出的"中国国际私法，不但已粗具规模，框架已大体确立，内容已日益丰富，一个为大多数国家认同的比较科学的体系正在形成"的论断，并为下文分析它与当今国际社会普遍实践保持同步发展态势的地方，指出它还存在的各种与普遍实践不相协调从而有可能妨碍我国国际私法关系迅速发展的缺陷提供材料上的依据。作者认为，尽管我国国际私法的许多制度，都是在对国家实行对外开放以后为了适应对外开放的需要，在广泛吸收国外先进的理论和实践的基础上制定的，但终究由于我们当时的思想解放不够，对商品生产和交换市场的日益国际化的趋势认识得还很不深刻，对当代国际私法发展的基本走向即国际私法的趋同化和统一化问题还缺乏应有的了解，使我国国际私法在立法模式、立法的指导思想以及立法技术等方面难免存在诸多亟待解决的问题。

最后，本书为论述的方便，分上、下两编。上编主要检讨中国国际私法的现状，提出并探讨了当代国际私法趋同化倾向正在加强的观点，并且界定国际私法趋同化的概念、含义和途径。下编则对统一国际私法的最重要的国际组织海牙国际私法会议的历史和工作成就，进行全面的介绍和评价。上、下两编的内容，尤其是对我国国际私法发展现状的许多分析和评议，对当代国际私法发展的基本走向——趋同化问题的论述，以及对海牙国际私法会议的历史发展和工作成就的评价，更是第一次在国内提出和发表。我们认为，力求正确地从学理上解释国家现有的法律规则和制度，使之得到正确的实施和遵守，固然是法学研究的重要目的，但是总结分析现有法律规则和制度的优点和缺陷，探讨它随着时代的进步和社会生活关系的变化而在进一步的发展中应该采取的正确走向，也是法学研究的另一重要目的。作者正是根据后一种想法才从事这一课题的研究的。

李双元

1992 年 10 月 20 日

于武汉大学国际法研究所

Introduction

Private international law, which is a branch of law regulating the various property and personal relations between equal subjects in the international society, is highly important to the international cooperation and development of economy, technology and culture. But it was greatly influenced by the feudalism and territorial jurisdiction, and at the beginning, the legislation of private international law in the few nations (such as France and Germany) laid great stress on its application of their domestic laws; and their rules of private international law were quite different from each other. Therefore, the private international law has little practical effectiveness, though the aim of private international law is to eliminate the conflict of different national laws and to keep the international civil relations peaceful and stable. So, in the middle of the 18th century, Mancini, the famous Italian politician and jurist, advocated the formulation of unitary conflict rules through international treaties so that the system of applicable law in different states could be coordinated. Limited by the social conditions then, this was not attempted until the late 19th and early 20th centuries and little progress was achieved during that period.

After the Second World War, with the rapid development of science and technology and the strengthening of economic and civil ties between states, more and more states have sought to coordinate their private international laws with the common practices of the international society, the fulfilment of which has become one of the principal criterions for evaluating the completeness and perfectness of the private international law system of any one state.

This is due to that with the strengthening of the economic function of modern states and the more internationalization of commodity production and sales, in order to seek a rapid development of their own economy, none of the states can stay away from the international market, and they should maintain close links with and depend on each other. When the funds, technology and personnel of one state enter into the other party's market, effective legal protection needs to be provided. This forces the states to improve their system of private international law competitively so as to produce an environment advantageous to attract international funds, technology and qualified personnel. In this way, in the field of private international law, lots of the practice commonly accepted by the international society comes into being quickly. Based on the recognition of this trend, in the academic exchange activities held to celebrate the tenth anniversary of the International Law Research Institute of Wuhan University, I, for the first time, raised the viewpoint in a speech that the convergence tendency of modern private international law is getting stronger. In fact, many foreign scholars also show great concern over this tendency and are discussing its character and significance. Recognizing this tendency, many states in Asia, Africa, Europe and Latin-America have, since the 1970's, successively promulgated their new private international law codes; the international organizations (especially Hague Conference of Private International Law) have been working more and more diligently on the unification of private international law and have made much headway. And to serve the reform and open policy, China joined Hague Conference of Private International Law in 1987 while she was constantly strengthening the national legislation of her private international law. All of these activities show the viewpoint that the convergence tendency of private international law is becoming stronger has been widely accepted.

This book, based upon the spirit of Deng Xiaoping's talk that peace and development are the two main currents in the international society today and that China should establish a socialist market economy, not only analyses the internal reasons mentioned above which cause the assimilation tendency of modern private international law , but also stresses that the strengthening of the assimilation tendency in the development of private international law at present has direct connection with the increase of objective requirements of the international society, the more convenient mass media, and the increase of the exchanging speed and scale of the legal culture. The international exchange of legal cultures has also played an important role in propelling Chinese private international law forward.

Chinese legal system was one of the oldest legal systems in the world. But. as it was nourished in the society in which the commodity economy was far from flourishing, its civil and commercial laws were undeveloped though it had a perfect system of criminal law. It was around 1900s, after the first exchange of Chinese and foreign legal cultures, that civil and commercial laws were introduced into China, and also, private international law. Since the national sovereignty was trampled on by the western big powers at that time, this kind of introduction and absorption was inevitably influenced by colonialism. Up to the middle of the present century, and after the democratic and socialist revolution led by the proletariat succeeded in China, the second exchange of Chinese and foreign legal cultures occured. During this period, Liu Fa Quan Shu (corpus of the constitutional law, civil law, commercial law, criminal law, civil procedure law and criminal procedure law made by the Kuomintang) was completely abolished and the United States of America pursued a policy of hostility and impediment toward communist China. In this second exchange the whole Soviet legal culture represented by the Soviet legal ideology was "transplanted" into China, and its historical achievement was to have helped China to formulate the Chinese socialist legal culture and system. The Soviet legal culture then was based upon Stalin's stiff pattern of planned economy and it strongly influenced Chinese economic system. Also at this time, the internal commodity production and market economy were not fully developed. and the range of the development of international trade relations was very limited. As a result, our civil and commercial laws could not gain the internal attention and development which it deserved. Being strongly influenced by the strict territorial jurisdiction of Soviet doctrines, the set up of private international law was attempted in China in the early 50's, but it neglected the neccessity of establishing some flexible systems to solve the conflict between the internal and foreign laws. During the period 1957—1978, the teaching and studying of private international law even stopped. Since 1978, the third exchange of Chinese and foreign legal cultures has been on the stage. The State then started to reform the economic system and pursued an open policy. In order to strengthen the democracy and legal system and establish a legal environment attractive to international capital and technology during this exchange, China gradually established its economic law concerning foreign elements and private international law while it set about constructing its civil and commercial legal system. For this reason, the achievements which the third exchange yielded and will yield with the profoundness and extensiveness of the reform and open policy, must be fully affirmed although some negative factors have also been brought in. It is undoubtedly true that with the establishment of the socialist market economy which will gradually take shape with the profoundness of the reform, the socialist legal culture and legal system with distinctive Chinese features will be further developed and improved and as a branch of it, Chinese private international law will also become more harmonized and accorded with the international common practices and thus it will be more helpful for China to enlarge its economic ties with other states upon the foundation of "equality and mutual benefit".

When expounding that the further development of Chinese private international law should keep pace with the common practices in the international society, I point out definitely that the so-called assimilation tendency of private international law means that with the strengthening of the economic dependent relationships in the international society, the private international laws of the States will tend to be harmonized and in accord with each other. But, so long as the States exist, neither the differences of their civil and commercial laws nor the national, historical, social and economic differences of private international laws will disappear. There are two ways to assimilate different private international laws: one is to absorb the rules and systems commonly practised by the States which are prove to be effective in the national legislations, and the other is that the States should create favourable conditions to join the private international law unification activities, either bilateral or multiple, regional or universal. Early in 1921, an American scholar once pointed out that if a unification code was adopted by one certain international conference and excluded the viewpoints of the United States, the American legislators had to either accept a foreign model formed by bargaining between foreign states, or refuse to accept it, which would make America lag behind the international unification community and led to differences and conflicts of laws. Now that the comprehensive national power and international standing of our country have been improved greatly after over 10 years' reform, and China has become a strong country, we should have foresight and sagacity on the international unification of private international law.

Up to now, this is the only book in the country discussing the connections between China and the international unification movements of private international law. It is completely different from the published books on private international law. One of its features is that it doesn't regard the introduction of general theories and knowledge as its main task. In the first chapter, it introduces the rules of Chinese private international law in every detail so as to expound and prove the argument that Chinese private international law is sizeable and has been tentatively established; its content is becoming more and more substantial; and it is a fairly scientific system which has been appreciated by most of the States in the world. This is put forward at the beginning of the book. I analyse some of the rules which are connected with the common practices of the international society today and points out its shortcomings which are not in accordance with the practices and which therefore will probably hamper the development of our private international law relations. I think that, although many institutions of our private international law are made to satisfy the need of the reform and open policy after the reform has begun, and they are based on the advanced theories and practices of foreign states, there exist a lot of problems which have an urgent need to be solved in the legislative model, guiding ideology and skills. In earlier attempts, we did not liberate our ideology completely, took little recognition of the internationalization tendency of commodity production and exchange, and had little understanding of the trend of modern private international law tending to convergence and unification.

The book is divided into two parts. In part I, the present condition of Chinese private international law is mainly examined; the viewpoint is advanced that the convergence tendency of private international law is strengthening; and the concept, meaning and ways of this convergence tendency are discussed and defined. Part II introduces and evaluates in an all-round way the history and achievements of Hague Conference of Private International Law, which is the most important international organization to unify private international laws. The content of the book, especially the analysis and evaluation of the present developing situation of Chinese private international law, the exposition of the convergence tendency of modern private international law and the evaluation of the historical development and achievements of Hague Conference of Private International Law, are for the first time stated and published at home.

It is an important aim for the legal study to try to interpret the present legal rules and systems of state correctly according to legal principle for correct application and observance. Another important aim of the legal study is to analyse its merits and demerits and probe into its correct trend of further development with the changing times ahead and social relations' changing. It is just on the basis of the latter consideration that I study this subject. Though we all regard Marxist view of science of law as our guidance, the questions and views put forward in this book are what I learned from my initial research and so, it is inevitable that some of them may be unsuitable. The main consideration to publish the book is to arouse the interests of studying and discussing these questions in the field of private international law. Any criticism and correction to any viewpoint in this book are really welcomed and expected.

Li Shuangyuan
20 Oct, 1992
International Law Institute
Wuhan University

目　　录

上　　编

中　编

下　编

上　　编

第一章　在对外开放中迅速发展起来的中国国际私法

第一节　对外开放确立了国际私法在中国社会主义法律体系中不可取代的地位

一、概述

当今世界是一个国际交往关系十分发达的世界，任何民族和国家都不可能孤立存在，它必然与其他民族、国家乃至整个国际社会发生联系和交流。随着全球市场经济的迅速发展，各国被强劲的经济和金融链条紧密地联结在一起，世界范围内的经济相关性和互动性空前强化，经济一体化进程也在阔步前进，这就为世界各国政治、法律、科技、教育和文化的相互依存、相互交流与融合提供了客观的基础。因此，在我国改革开放的基本国策导引下，积极开展国际经济技术合作，不断扩大国际经济技术交流，是时代发展的必然趋势，它势必要求不断健全和完善规范涉外民商事关系的国际私法制度。科学地确立国际私法在我国社会主义法律体系中不可取代的地位，并逐步使我国国际私法制度与国际社会法律的普遍实践趋于接近或走向统一，是具有极其重要的理论价值和现实意义的。

中华法系本是历史上最古老的法系之一，但由于它生长在商品经济很不发达的自然经济环境中，民商事法律发达程度低。直到 19 世纪末和 20 世纪初，在中外法律文化的第一次大交流中，才传入较完备的民商法，国际私法也同时被吸收进来。但当时国家主权受到西方列强宰割欺凌，这种传入和吸收不可避免地带有极其浓厚的殖民主义色彩。到本世纪中叶，社会主义革命在中国取得伟大胜利以后，中外法律文化在我国出现了第二次大交流。但由于当时的历史背景，主要移植了以苏维埃法律思想为代表的前苏联法律文化，国际私法也不例外，深受前苏联模式的影响。我国虽在 20 世纪 50 年代初着手建立国际私法，但深受前苏联国际私法学说中严格的属地主义倾向的影响，基本上不考虑是否需要通过一些较为灵活的制度，以求得内外国法律抵触的协调问题。到1957年，因极"左"路线的干扰，法律虚无主义泛滥，国际私法作为调整涉外民商事关系而且要涉及外国法的适用问题的法律部门，几乎被完全取缔，而国际私法的教学与理论研究也几乎被窒息。直到1978年党的十一届三中全会实行改革开放政策以后，启动了中外法律文化的第三次大交流，中国国际私法获得了新的发展机遇和动力，不仅党和政府非常重视和关心国际私法制度的发展，而且专家学者对国际私法的理论研究热情空前高涨。所有这一切，不但使中国国际私法的立法进展迅速，取得了显著的成就，而且中国国际私法的司法实践和理论研究也取得了丰硕的成果。到目前，中国国际私法，不但已粗具规模，框架已大体确立，内容已日益丰富，一个为大多数国家认同的比较科学的体系正在形成，而且已经成为我国进一步推进国际经济民事交往和建立国际民商新秩序的重要法律工具。这首先表现在它的国内立法已经形成了一个多层次的法律结构，它的国际渊源也有了迅速的发展，从而确立了它在中国社会主义市场经济法律体系中的不可取代的地位。

二、中国国际私法的国内立法已形成一个多层次的法律体系

在我国国际私法的国内法制体系上，居于指导地位的当推我国《宪法》中的有关规定。其中少数是在《宪法》中直接加以规定的，如序言第12段以及第18条、第32条所表述的内容。但我国《宪法》中许多有关公民的规定，有关社会经济和民事生活的基本原则的规定，有关我国发展国际经济技术合作和文化交流的基本方针的规定，也都是我国处理国际私法关系时应该遵循的最基本的宪法原则。在适用冲突规范、涉外民事诉讼程序规范和外国人民事法律地位的规范时，都有必要考虑宪法中的这些规定，都不能脱离宪法原则而单独适用。

在我国国际私法国内法制体系上，居于第二个层次的便是包括《中华人民共和国民法通则》和《中华人民共和国民事诉讼法》在内的许多民事基本法律，如《中华人民共和国继承法》、《中华人民共和国收养法》、《中华人民共和国涉外经济合同法》、《中华人民共和国专利法》、《中华人民共和国商标法》、《中华人民共和国著作权法》等。当然应该看到，在这些法律中，有些是直接适用于涉外民事关系或涉外民事诉讼关系的实体法规范，有些是指定有关涉外民事关系应适用法律和决定法院管辖权的冲突规范，有些则是只有经冲突规范指定应适用中国法时才得以适用于涉外民事或诉讼关系的实体规范或程

序规范。

构成我国国际私法国内法制体系的第三个层次的主要是由全国人大常委会或国务院颁布的条例或行政法规中有关调整涉外民事或诉讼关系的规范。前者如相继于1989、1990年通过的《中华人民共和国外交特权与豁免条例》、《中华人民共和国领事特权与豁免条例》等；后者如国务院为贯彻实施有关民事基本法律而发布的各种条例、细则、办法等。当然，在这一层次的立法中，许多具体的法条规定属于公法或经济法、行政法的范畴，只有那些赋予外国人民事实体法或诉讼法地位以及指定法律适用的规范（大多为只指定适用中国法的单边冲突规范）和确定法院管辖权的规范，属于国际私法。此外，国务院各部、委、局发布的有关办法或规定，也可划入这一层次。其中最重要的有如民政部1985年发布的《婚姻登记办法》、《中国公民同外国人办理婚姻登记的几项规定》、《华侨同国内公民、港澳同胞同内地公民之间办理婚姻登记的几项规定》等便属此类。

构成我国国际私法国内法制体系中第四个层次的，是最高人民法院所作的大量司法解释。这包括它就个别重要涉外案件所作的批复，就有关机关对个别涉外问题所作请示的复函，以及就民法或民事诉讼法的贯彻所作的解答或提出的意见。由于我国国际私法的立法工作还存在许多具体问题，或者还有一些重大的缺漏，或者因为需要回答实践提出的新问题，因而最高人民法院的这类司法解释成了我国国际私法的一个十分重要的组成部分。

三、中国国际私法的国际渊源的迅速发展

国际私法尽管在其早期的历史上，完全是以各国国内法制的形态存在的，但从19世纪中叶起，国际法制已越来越成为它的另一个重要渊源。我国国际私法的国际方面的渊源，这几年也有了很大的发展，近来更有许多新的突破。

我国加入或接受的属于国际私法的或与国际私法有关的多边国际公约主要有：

（1）1883年的《保护工业产权的巴黎公约》（1984年加入）；

（2）1891年的《商标国际注册马德里协定》（1989年5月29日加入）；

（3）1925年的《本国工人与外国工人关于事故赔偿的同等待遇公约》（1984年加入）；

（4）1940年的《国际统一私法协会章程》（1986年1月1日起，我国已成为该协会会员国）；

（5）1944年《国际民用航空公约》（1974年3月28日对我国生效）；

（6）1946 年的《联合国特权与豁免公约》（1979 年 9 月 11 日加入）；

（7）1947 年的《专门机构特权和豁免公约》（1979 年 9 月 11 日加入）；

（8）1951 年的《难民地位公约》（1982 年加入）；

（9）1929 年的《统一国际航空运输某些规则的公约》（1958 年加入）；

（10）1952 年订于日内瓦的《世界版权公约》（1992 年加入）；

（11）1955 年的《关于修订统一国际航空运输某些规则的公约的议定书》（1992 年加入）；

（12）1961 年的《维也纳外交关系公约》（1975 年加入）；

（13）1963 年的《维也纳领事关系公约》（1979 年加入）；

（14）1969 年的《关于在航空器内的犯罪和犯有某些其他行为的公约》（1978 年加入）；

（15）1966 年的《船舶载重线公约》（1973 年加入）；

（16）1967 年的《关于难民地位的议定书》（1982 年加入）；

（17）1967 年的《建立世界知识产权组织公约》（1980 年加入）；

（18）1969 年的《国际油污损害民事责任公约》（1980 年加入）；

（19）1971 年的《制止危害民用航空安全的非法行为公约》（1980 年加入）；

（20）1972 年的《国际海上避碰规则公约》（1980 年加入）；

（21）1974 年的《联合国班轮公会行动守则公约》（1980 年加入）；

（22）1974 年的《国际海上人命安全公约》（1980 年加入）；

（23）1978 年的《关于 1974 年国际海上人命安全公约的议定书》（1982 年加入）；

（24）1978 年的《关于 1973 年国际防止船舶造成污染公约的议定书》（1983 年加入）；

（25）1978 年的《国际通信卫星组织特权、免除和豁免议定书》（1986 年加入）；

（26）1979 年的《国际海上搜寻救助公约》（1985 年交存批准书）；

（27）1979 年的《消除对妇女一切形式歧视公约》（1980 年交存批准书）；

（28）1988 年的《制止危及海上航行安全非法行为公约》（1991 年批准）；

（29）1988 年的《制止危及大陆架固定平台安全非法行为议定书》（同上）；

（30）1989 年《国际救助公约》（1993 年加入）；

（31）1971 年修订的《伯尔尼保护文学和艺术作品公约》（1993 年加入）；

（32）1971年的《保护录音制品制作者防止未经许可复制其录音制品公约》（1992年加入）。

此外，在程序法方面，我国已在1991年经全国人大常委会决定批准加入了1965年《关于向国外送达民事或商事司法文书和司法外文书公约》，1986年我国加入了1985年《关于承认和执行外国仲裁裁决公约》（即“纽约公约”），1992年加入了《关于解决国家和他国国民之间投资争端公约》。从1987年起，我国又逐渐加快了同外国签订司法协助协定的步伐，现在已有：

（1）《中华人民共和国和法兰西共和国关于民事、商事司法协助的协定》（1987年5月4日签署，1988年2月8日生效）；

（2）《中华人民共和国和波兰人民共和国关于民事和刑事司法协助的协定》（1987年6月5日签署，1988年2月13日生效）；

（3）《中华人民共和国和蒙古人民共和国关于民事和刑事司法协助的条约》（1989年8月31日签署，1990年10月29日生效）；

（4）《中华人民共和国和比利时王国关于民事司法协助的协定》（1987年11月20日签署，我国人大常委会于1988年9月5日批准）；

（5）《中华人民共和国和罗马尼亚关于民事和刑事司法协助的条约》（1991年1月16日签署，1993年1月22日生效）；

（6）《中华人民共和国和意大利共和国关于民事司法协助的条约》（1991年5月20日签署，1995年1月1日生效）；

（7）《中华人民共和国和土耳其共和国关于民事、商事和刑事司法协助的协定》（1992年9月28日签署，1995年6月30日生效）；

（8）《中华人民共和国和古巴共和国关于民事和刑事司法协助的协定》（1992年11月24日签署，1994年3月26日生效）；

（9）《中华人民共和国和俄罗斯联邦关于民事和刑事司法协助的条约》（1992年6月19日签署，1993年11月14日生效）；

（10）《中华人民共和国和乌克兰关于民事和刑事司法协助的条约》（1992年10月31日签署，1994年1月19日生效）；

（11）《中华人民共和国和白俄罗斯共和国关于民事和刑事司法协助的条约》（1993年1月11日签署，1993年11月29日生效）；

（12）《中华人民共和国和哈萨克斯坦共和国关于民事和刑事司法协助的条约》（1992年12月7日签署，1995年7月11日生效）；

（13）《中华人民共和国和西班牙王国关于民事、商事司法协助的条约》（1992年5月2日签署，1994年1月1日生效）；

（14）《中华人民共和国和阿拉伯埃及共和国关于民事、商事和刑事司法协助的协定》（1994年4月21日签署，1995年5月31日生效）；

（15）《中华人民共和国和保加利亚共和国关于民事司法协助的协定》（1993年6月2日签署，1995年6月3日生效）；

（16）《中华人民共和国和塞浦路斯共和国关于民事、商事和刑事司法协助的条约》（1995年4月25日签署，我国人大常委会于1995年10月30日批准）；

（17）《中华人民共和国和泰王国关于民商事司法协助和仲裁合作的协定》（1994年3月16日签署，我国人大常委会于1994年12月29日批准）；

（18）《中华人民共和国和希腊共和国关于民事和刑事司法协助的协定》（1994年10月17日签署，我国人大常委会于1995年8月29日批准）；

（19）《中华人民共和国和匈牙利共和国关于民事和商事司法协助的条约》（1995年10月9日签署，我国人大常委会于1996年3月1日批准）；

（20）《中华人民共和国和摩洛哥王国关于民事和商事司法协助的协定》（1995年5月28日—1995年6月4日在拉巴特进行了第一轮谈判）。

第二节 中国国际私法的立法成就

一、中国国际私法关于外国人民事法律地位方面的立法

对外开放以来，国际经济关系的发展，加速了国际资金、技术、货物和人员的全面流动，这不但要求国家全面建立和完善规范外国人民事法律地位的法制和指定各种涉外民事关系法律适用的法制，而且在今天这个国际社会，外国人的实体民事法律地位和他们所参加的各种实体民法关系，都有可能因各种各样的原因而滋生出种种民事权益上的争议，从而同时还要求国家建立和完善国际民事诉讼和国际商事仲裁制度。经过十几年的努力，结合我国国际私法的国内法源来看，在上述几个方面都有了重要的立法成果。

就我国国际私法上有关外国人民事法律地位（包括民事诉讼上的地位）的规定来看，在国内法上的，它是由宪法第18条和第32条的规定和各种涉外基本民事法律中的有关这方面的规定所构成的。依据这些规定，我国通过各种有关法律、法规，赋予外国人在我国按照国民待遇原则可享有人身权、亲属权、财产继承权、劳动和工作权、经营工商企业权、智力成果权、土地长期租赁使用权、司法救济和保护权等广泛的民事权利。这里尤其值得一提的是，我

国在赋予外国人一般民事法律地位方面的国民待遇时，有些固然以有条约或互惠存在为前提，有些则并不以有条约和互惠存在为前提，而仅通过我国国内立法，以对等原则加以控制。这种规定方式，在当今国际社会中，是最为先进的。如我国《民事诉讼法》规定，“外国人、无国籍人、外国企业和组织在人民法院起诉、应诉，同中华人民共和国公民、法人和其他组织有同等的诉讼权利和义务”，只是在“外国法院对中华人民共和国公民、法人和其他组织的民事诉讼权利加以限制的，中华人民共和国人民法院对该国公民、企业和其他组织的民事诉讼权利，实行对等原则”。

二、中国国际私法关于涉外民事关系法律适用方面的立法

我国国际私法的内容，在解决法律适用的冲突法制度方面已有许多规定，但这方面的内容除了立法部门颁行的法律外，还有一些是通过最高人民法院的司法解释和国务院为贯彻实施有关民商事基本法律而发布的各种条例或细则得到表现的。

粗略统计，包括司法解释在内，对于涉外民事关系的法律适用，已有 80 余条 100 余款。其中《中华人民共和国民法通则》10 条 15 款，《最高人民法院关于贯彻执行〈中华人民共和国民法通则〉若干问题的意见》（以下简称《意见》）约 18 条 20 款，《中华人民共和国继承法》10 条 3 款，《中华人民共和国涉外经济合同法》3 条 5 款，《最高人民法院关于适用〈涉外经济合同法〉若干问题的解答》（以下简称《解答》）约 11 条 24 款，《中华人民共和国海商法》9 条 13 款，《中华人民共和国票据法》8 条 12 款，《中华人民共和国民用航空法》7 条 9 款，《中华人民共和国著作权法》1 条 2 款，《中华人民共和国专利法》2 条，《中华人民共和国商标法》2 条，国务院批准发布的《中华人民共和国著作权法实施条例》1 条 4 款，以及《中华人民共和国商标法实施细则》1 条 2 款，等等。按其涵盖的内容，已包括：

（1）关于涉外民商事关系法律适用的总的原则的，有：

“在中华人民共和国领域内的民事活动，适用中华人民共和国法律，法律另有规定的除外。”

“本法关于公民的规定，适用于在中华人民共和国领域内的外国人、无国籍人，法律另有规定的除外。”（《民法通则》第 8 条）

“中华人民共和国缔结或者参加的国际条约同中华人民共和国民事法律有不同规定的，适用国际条约的规定，但中华人民共和国声明保留的除外。”

“中华人民共和国法律和中华人民共和国缔结或参加的条约没有规定的，

可以适用国际惯例。”（《民法通则》第 142 条，《海商法》第 268 条、《民用航空法》第 184 条和《票据法》第 96 条，都有同样的规定）

（2）关于反致制度的，有：

“人民法院在审理涉外民事关系的案件时，应当依照民法通则第 8 章的规定来确定适用的实体法。”（《意见》第 178 条）

（3）关于公共秩序保留的，有：

“依照本章（即民法通则第 8 章）规定适用外国法律或国际惯例的，不得违背中华人民共和国的社会公共利益。”（《民法通则》第 150 条，《民用航空法》第 190 条和《海商法》第 276 条也有类似的规定）

（4）关于法律规避行为的，有：

“当事人规避我国强制性或禁止性法律规范的行为，不发生适用外国法律的效力。”（《意见》第 194 条）

（5）关于指定适用存在不同法域的国家的法律的，有：

“依法应当适用的外国法律，如果该外国不同地区实施不同的法律的，依据该国法律关于调整国内法律冲突的规定确定应适用的法律。该国法律未作规定的，直接适用与该民事关系有最密切联系的地区的法律。”（《意见》第 192 条）

（6）关于外国法查明及不能查明时的法律适用的，有：

“对于应当适用的外国法律，可通过下列途径查明：①由当事人提供；②由与我国订立司法协助协定的缔约对方的中央机关提供；③由我国驻该国使领馆提供；④由该国驻我国使馆提供；⑤由中外法律专家提供。通过以上途径仍不能查明的，适用中华人民共和国法律。”（《意见》第 193 条）

（7）关于国籍、住所、营业所的积极冲突和消极冲突的，有：

“有双重或者多重国籍的外国人，以其有住所或者与其有最密切联系的国家的法律为基本国法。”（《意见》第 182 条）

“当事人住所不明或者不能确定的，以其经常居住地为住所。当事人有几个住所的，以与产生纠纷的民事关系有最密切联系的住所为住所。”（《意见》第 183 条）

“当事人有二个以上营业所的，应以与产生纠纷的民事关系有最密切联系的营业所为准；当事人没有营业所的，以其住所或经常居住地为准。”（《意见》第 185 条）

（8）关于人的能力问题，有：

“中华人民共和国公民定居国外的，他的民事行为能力可以适用定居国的

法律。”（《民法通则》第142条）

“定居国外的我国公民的民事行为能力，如其行为是在我国境内所为，适用我国法律，在定居国所为，可以适用定居国法律。”

“外国人在我国领域内进行民事活动，如依其本国法为无民事行为能力，而依我国法律有民事行为能力，应当认定为有民事行为能力。”

“无国籍人的民事行为能力，一般适用其定居国的法律，如未定居的，适用其住所地国法律。”（《意见》第179~181条）

（9）关于法人的属人法的，有：

“外国法人以其注册登记地国家的法律为其本国法，法人的民事行为能力依其本国法确定。

“外国法人在我国领域内进行民事活动，必须符合我国法律的规定。”（《意见》第184条）

“外商投资的有限责任公司适用本法，有关中外合资经营企业、中外合作经营企业、外资企业的法律另有规定的，适用其规定。”（《公司法》第18条）

“外国公司依照本法规定可以在中国境内设立分支机构，从事生产经营活动。”

“本法所称外国公司是指依照外国法律在中国境外登记成立的公司。”（《公司法》第199条）

“外国公司属于外国法人，其在中国境内设立的分支机构不具有中国法人资格。”

“外国公司对其分支机构在中国境内进行经营活动承担民事责任。”（《公司法》第203条）

（10）关于婚姻的，有：

“中华人民共和国公民和外国人结婚适用婚姻缔结地法，离婚 适用受理案件的法院所在地国法律。”（《民法通则》第147条）

“我国法院受理的涉外离婚案件，离婚 以及因离婚而引起的财产分割，适用我国法律。认定其婚姻是否有效，适用婚姻缔法地法律。”（《意见》第188条）

（11）关于扶养的，有：

“扶养适用与被扶养人有最密切联系的国家的法律。”（《民法通则》第148条）

“父母子女间的扶养、夫妻相互间的扶养以及其他有扶养关系的人之间的扶养，应当适用与被扶养人有最密切联系国家的法律。扶养人与被扶养人的国

籍、住所以及供养被扶养人的财产所在地，均可视为与被扶养人有最密切的联系。”（《意见》第189条）

（12）关于监护的，有：

“监护的设立、变更和终止，适用被监护人的本国法律。但是，被监护人在我国境内有住所的，适用我国的法律。”（《意见》第190条）

（13）关于遗产继承的，有：

“遗产的法定继承，动产适用被继承人死亡时住所地法，不动产适用不动产所在地法。”（《民法通则》第149条）

“中国公民继承在中华人民共和国境外的遗产或者继承在中华人民共和国境内的外国人的遗产，动产适用被继承人住所地法律，不动产适用不动产所在地法律。

“外国人继承在中华人民共和国境内的遗产或者继承在中华人民共和国境外的中国公民的遗产，动产适用被继承人住所地法律，不动产适用不动产所在地法律。

“中华人民共和国与外国订有条约、协定的，按照条约、协定办理。”（以上见《继承法》第36条）

“在我国境内死亡的外国人，遗留在我国境内的财产如果无人继承又无人受遗赠的，依照我国法律处理，两国缔结或者参加的国际条约另有规定的除外。”（《意见》第191条）

（14）关于不动产的，有：

“不动产的所有权，适用不动产所在地法律。”（《民法通则》第144条）

“土地、附着于土地的建筑物及其他定着物、建筑物的固定附属设备为不动产。不动产的所有权、买卖、租赁、抵押、使用等民事关系，均应适用不动产所在地法律。”（《意见》第186条）

（15）关于合同的，有：

“涉外合同的当事人可以选择处理合同争议所适用的法律，法律另有规定的除外。”

“涉外合同当事人没有选择（法律）的，适用与合同有最密切联系的国家的法律。”（《民法通则》第145条；《涉外经济合同法》第5条和《海商法》第269条亦大体相同）

“订立合同，必须遵守中华人民共和国法律，并不得损害中华人民共和国的社会公共利益。”

“在中华人民共和国境内履行的中外合资经营企业、中外合作经营企业、中外合作勘探开发自然资源合同，适用中华人民共和国法律。”

“中华人民共和国法律未作规定的，可以适用国际惯例。”（以上均见《涉外经济合同法》第4、5条）

“对于《涉外经济合同法》第5条所说的‘合同争议’应作广义的理解。凡是双方当事人对合同是否成立、合同成立的时间、合同内容的解释、合同的履行、违约的责任、以及合同的变更、中止、转让、解除、终止等发生的争议，均应包括在内。”

“当事人在订立合同时或者发生争议后，对于合同所适用的法律已有选择的，人民法院在审理该项合同纠纷案件时，应以当事人选择的法律为依据。当事人选择的法律，可以是中国法，也可以是港澳地区的法律或者是外国法。但是当事人的选择必须是经双方协商一致和明示的。”

“在中国境内履行的中外合资经营企业合同、中外合作经营企业合同、中外合作勘探开发自然资源合同，必须适用中国法律，当事人协议选择适用外国法律的合同条款无效。”

“当事人在订立合同时或者发生争议后，对于合同所适用的法律未作选择的，人民法院受理案件后，应当允许当事人在开庭审理以前作出选择。如果当事人仍不能协商一致作出选择，人民法院应当按照最密切联系原则确定所应适用的法律。”

“当事人协议选择的或者人民法院按照最密切联系原则确定的处理合同争议所适用的法律，是指现行的实体法，而不包括冲突法规范和程序法。”

“如果当事人未选择合同所适用的法律时，对于下列涉外经济合同，人民法院按照最密切联系原则确定所应适用的法律，在通常情况下是：

国际货物买卖合同，适用合同订立时卖方营业所所在地的法律。如果合同是在买方营业所所在地谈判并订立的，或者合同主要是依买方确定的条件并应买方发出的招标订立的，或者合同明确规定卖方须在买方营业所所在地履行交货义务的，则适用合同订立时买方营业所所在地的法律。

银行贷款或者担保合同，适用贷款银行或者担保银行所在地的法律。

保险合同，适用保险人营业所所在地的法律。

加工承揽合同，适用加工承揽人营业所所在地的法律。

技术转让合同，适用受让人营业所所在地的法律。

工程承包合同，适用工程所在地的法律。

科技咨询或者设计合同，适用委托人营业所所在地的法律。

劳务合同，适用劳务实施地的法律。

成套设备供应合同，适用设备安装运转地的法律。

代理合同，适用代理人营业所所在地的法律。

关于不动产租赁、买卖或者抵押的合同，适用不动产所在地的法律。

动产租赁合同，适用出租人营业所所在地的法律。

仓储保管合同，适用仓储保管人营业所所在地的法律。

但是，合同明显地与另一国家或者地区的法律具有更密切的关系，人民法院应以另一国家或者地区的法律作为处理合同争议的依据。"

"当事人有一个以上的营业所的，应以与合同有最密切关系的营业所为准。当事人没有营业所的，以其住所或者居所为准。"

"我国缔结或者参加的有关国际条约，如果同涉外经济合同法或者我国其他与涉外经济合同有关的法律有不同规定的，适用国际条约的规定，但是我国声明保留的条款除外。"

"在应当适用我国法律的情况下，如果我国法律对于合同当事人争议的问题未作规定的，可以适用国际惯例。"

"在应适用的法律为外国法律时，如果适用该外国法律违反我国法律的基本原则和我国的社会公共利益的，则不予适用，而应适用我国相应的法律。"

"在应适用的法律为外国法律时，人民法院如果不能确定其内容的，可以通过下列途径查明：

由当事人提供；

由我驻该国的使、领馆提供；

由该国驻华使、领馆提供；

由中外法律专家提供。

通过上列途径仍不能查明的，可以参照我国相应的法律处理。"（以上均见《解答》）

（16）关于知识产权的，有：

"外国人或者外国企业在中国申请商标注册的，应当按其所属国和中华人民共和国签订的协议或者共同参加的国际条约办理，或者按对等原则办理。"（《商标法》第9条）

"外国人或者外国企业在中国申请商标注册和办理其他商标事宜的，应当委托国家指定的组织代理。"（《商标法》第10条）

"外国人或者外国企业在中国申请商标注册或者办理其他商标事宜，应当委托国家工商行政管理局指定的商标代理组织代理。

商标国际注册，依照《商标国际注册马德里协定》办理。"（《商标法实施

细则》第3条)

“在中国没有经常居所或者营业所的外国人、外国企业或者外国其他组织在中国申请专利的，依照其所属国同中国签订的协议或者共同参加的国际条约，或者依照互惠原则，根据本法办理。”(《专利法》第18条)

“在中国没有经常居所或者营业所的外国人、外国企业或者外国其他组织在中国申请专利和办理其他专利事务的，应当委托中华人民共和国国务院指定的专利代理机构办理。”(《专利法》第19条)

“外国人的作品首先在中国境内发表的，依照本法享有著作权。

外国人在中国境外发表的作品，根据其所属国同中国签订的协议或者共同参加的国际条约享有的著作权，受本法保护。”(《著作权法》第2条)

“外国人的作品首先在中国境内发表的，其著作权保护期自首次发表之日起计算。

著作权法第2条第2款所称外国人的作品首先在中国境内发表，指外国人未发表的作品通过合法方式首先在中国境内出版。

外国人作品在中国境外首先出版后，30天内在中国境内出版的，视为该作品首先在中国境内发表。

外国人未发表的作品经授权改编、翻译后首先在中国境内出版的，视为该作品首先在中国境内发表。”(《著作权法实施条例》第25条)

(17) 关于船舶和民用航空器等运输工具的，有：

“船舶所有权的取得、转让和消灭，适用船旗国法律。”(《海商法》第270条)

“船舶抵押权适用船旗国法律。

船舶在光船租赁以前或者光船租赁期间，设立船舶抵押权的，适用原船舶登记国的法律。”(《海商法》第271条)

“船舶优先权，适用受理案件的法院所在地法律。”(《海商法》第272条)

“民用航空器所有权的取得、转让和消灭，适用民用航空器国籍登记国法律。”(《民用航空法》第185条)

“民用航空器抵押权适用民用航空器国籍登记国法律。”(《民用航空法》第186条)

“民用航空器优先权适用受理案件的法院所在地法律。”(《民用航空法》第187条)

“民用航空器运输合同当事人可以选择合同适用的法律，但是法律另有规定的除外，合同当事人没有选择的，适用与合同有最密切联系的国家的法

律。”（《民用航空法》第 188 条）

（18）关于票据的，有：

“涉外票据的法律适用，依照本章的规定确定。

前款所称涉外票据，是指出票、背书、承兑、保证、付款等行为中，既有发生在中华人民共和国境内又有发生在中华人民共和国境外的票据。”（《票据法》第 95 条）

“票据债务人的民事行为能力，适用其本国法律。

票据债务人的民事行为能力，依照其本国法律为无民事行为能力或者限制民事行为能力而依照行为地法律为完全民事行为能力的，适用行为地法律。”（《票据法》第 97 条）

“汇票、本票出票时的记载事项，适用出票地法律。

支票出票时的记载事项，适用出票地法律，经当事人协议，也可以适用付款地法律。”（《票据法》第 98 条）

“票据的背书、承兑、付款和保证行为，适用行为地法律。”（《票据法》第 100 条）

“票据的提示期限、有关拒绝证明的方式、出具拒绝证明的期限，适用付款地法律。”（《票据法》第 101 条）

“票据丧失时，失票人请求保全票据权利的程序，适用付款地法律。”（《票据法》第 102 条）

（19）关于侵权行为的，有：

“侵权行为的损害赔偿，适用侵权行为地法律。当事人双方国籍相同或者在同一国家有住所的，也可以适用当事人本国法律或住所地法律。

中华人民共和国法律不认为在中华人民共和国领域外发生的行为是侵权行为的，不作侵权行为处理。”（《民法通则》第 146 条）

“侵权行为地的法律包括侵权行为实施地法律和侵权结果发生地法律。如果两者不一致时，人民法院可以选择适用。”（《意见》第 187 条）

“船舶碰撞的损害赔偿，适用侵权行为地法律。

船舶在公海上发生碰撞的损害赔偿，适用受理案件的法院所在地法律。

同一国籍的船舶，不论碰撞发生于何地，碰撞船舶之间的损害赔偿适用船旗国法律。”（《海商法》第 273 条）

“共同海损理算，适用理算地法律。”（《海商法》第 274 条）

“海事赔偿责任限制，适用受理案件的法院所在地法律。”（《海商法》第 275 条）

“民用航空器对地面第三人的损害赔偿，适用侵权行为地法律。

民用航空器在公海上空对水面第三人的损害赔偿，适用受理案件的法院所在地法律。”（《民用航空法》第189条）

（20）关于诉讼时效的，有：

“涉外民事法律关系的诉讼时效，依冲突规范确定的民事法律关系的准据法确定。”（《意见》第195条）

以上这些规定，已覆盖了冲突法中的许多问题。如在总则方面，对公共秩序、反致、法律规避、外国法的查明、国籍和住所冲突情况下当事人本国法和住所地法的适用以及诉讼时效等均有规定。在分则方面，对法律关系主体的行为能力、法律行为和代理、不动产物权、合同、侵权、结婚和离婚、扶养、监护、动产和不动产的无遗嘱继承等，也已设置了有关的条文。

三、中国国际私法关于涉外（或国际）民事诉讼方面的立法

我国国际私法，在程序法方面，法律规定所涉及的范围，也已比较广泛和完备。如在新《民事诉讼法》中，直接就涉外民事诉讼和商事仲裁所规定的条文即达35条50余款。此外，《最高人民法院关于适用〈中华人民共和国民事诉讼法〉若干问题的意见》（以下简称《民诉法实施意见》）中，又作了21条司法解释。《中华人民共和国仲裁法》对涉外仲裁专门以一章作了特别规定，共有9条11款，加上最近一些新的立法的有关规定、中国国际贸易促进委员会1994年修订后实施的《中国国际经济贸易仲裁委员会仲裁规则》，以及中国国际私法关于涉外（或国际）民事诉讼程序方面的规定也相当可观。按其涵盖的内容，已包括：

（1）关于涉外民事诉讼程序法律适用的总的原则规定的，有：

“凡在中华人民共和国领域内进行民事诉讼，必须遵守本法。”

“在中华人民共和国领域内进行涉外民事诉讼，适用本编规定。本编没有规定的，适用本法其他有关规定。”

“中华人民共和国缔结或者参加的国际条约同本法有不同规定的，适用该国际条约的规定，但中华人民共和国声明保留的条款除外。”（《民事诉讼法》第4、237、238条）

（2）关于外国人民事诉讼地位的，有：

“外国人、无国籍人、外国企业和组织在人民法院起诉、应诉，同中华人民共和国公民、法人和其他组织有同等的诉讼权利义务。

外国法院对中华人民共和国公民、法人和其他组织的民事诉讼权利加以限

制的，中华人民共和国人民法院对该国公民、企业和组织的民事诉讼权利，实行对等原则。”（《民事诉讼法》第5条）

“对享有外交特权与豁免的外国人、外国组织或者国际组织提起的民事诉讼，应当依照中华人民共和国有关法律和中华人民共和国缔结或者参加的国际条约的规定办理。”

“人民法院审理涉外民事案件，应当使用中华人民共和国通用的语言、文字。当事人要求提供翻译的，可以提供，费用由当事人承担。”

“外国人、无国籍人、外国企业和组织在人民法院起诉、应诉，需要委托律师代理诉讼的，必须委托中华人民共和国的律师。”

“在中华人民共和国领域内没有住所的外国人、无国籍人、外国企业和组织委托中华人民共和国律师或者其他人代理诉讼，从中华人民共和国领域外寄交或者托交的授权委托书，应当经所在国公证机关证明，并经中华人民共和国驻该国使领馆认证，或者履行中华人民共和国与该所在国订立的有关条约中规定的证明手续后，才具有效力。”（《民事诉讼法》第239~242条）

“涉外民事诉讼中的外籍当事人，可以委托本国人为诉讼代理人，也可以委托本国律师以非律师身份担任诉讼代理人；外国驻华使、领官员，受本国公民的委托，可以以个人名义担任诉讼代理人，但在诉讼中不享有外交特权和豁免权。”

“涉外民事诉讼中，外国驻华使、领馆授权其本馆官员，在作为当事人的本国国民不在我国领域内的情况下，可以以外交代表身份为其本国国民在我国聘请中国律师或中国公民代理民事诉讼。”（《民诉法实施意见》第308~309条）

（3）关于国际民事案件法院管辖权的，有：

“因合同纠纷或者其他财产权益纠纷，对在中华人民共和国领域内没有住所的被告提起的诉讼，如果合同在中华人民共和国领域内签订或者履行，或者诉讼标的物在中华人民共和国领域内，或者被告在中华人民共和国领域内有可供扣押的财产①，或者被告在中华人民共和国领域内设有代表机构，可以由合同签订地、合同履行地、诉讼标的物所在地、可供扣押财产所在地、侵权行为地或者代表机构住所地人民法院管辖。”

“涉外合同或者涉外财产权益纠纷的当事人，可以用书面协议选择与争议

---

① 此处似宜增加“侵权行为发生我国领域内”一句，否则，下文所说“侵权行为地”人民法院有管辖权便无根据。

有实际联系的地点的法院管辖。选择中华人民共和国人民法院管辖的，不得违反本法关于级别管辖和专属管辖的规定。”

“涉外民事诉讼的被告对人民法院管辖不提出异议，并应诉答辩的，视为承认该人民法院为有管辖权的法院。”

“因在中华人民共和国履行中外合资经营企业合同、中外合作经营企业合同、中外合作勘探开发自然资源合同发生纠纷提起的诉讼，由中华人民共和国人民法院管辖。”（《民事诉讼法》第243～246条）

此外，依《民事诉讼法》第一编第二章第二节关于地域管辖的许多规定，凡有关管辖的根据在我国境内的，我国人民法院亦当对各该涉外民事案件享有管辖权或专属管辖权。

“依照《民事诉讼法》第34条和第246条规定，属于中华人民共和国人民法院专属管辖的案件，当事人不得用书面协议选择其他国家法院管辖，但协议选择仲裁裁决的除外。”

“中华人民共和国人民法院和外国法院都有管辖权的案件，一方当事人向外国法院起诉，而另一方当事人向中华人民共和国人民法院起诉的，人民法院可予受理。判决后，外国法院请求或者当事人申请人民法院承认和执行外国法院对本案作出的判决、裁定的，不予准许；但双方共同参加或签订的国际条约另有规定的除外。”（《民诉法实施意见》第305、306条）

“在国内结婚而定居国外的华侨，如定居国法院以离婚诉讼须由婚姻缔结地法院管辖为由不予受理，当事人向人民法院提出离婚诉讼的，由婚姻缔结地或一方在国内的最后居所地人民法院管辖。”

“在国外结婚并定居国外的华侨，如定居国法院以离婚诉讼须由国籍的所属国法院管辖为由不予受理，当事人向人民法院提起离婚诉讼的，由一方原住所地或在国内的最后居所地人民法院管辖。”

“中国公民一方居住在国外，一方居住在国内，不论哪一方向人民法院提起离婚诉讼，国内一方住所地的人民法院都有权管辖，如国外一方在居住国法院起诉，国内一方向人民法院起诉的，受诉人民法院有权管辖。”

“中国公民双方在国外但未定居，一方向人民法院起诉离婚的，应由原告或者被告原住所地人民法院管辖。”（《民诉法实施意见》第13～16条）

（4）关于送达的，有：

“人民法院对在中华人民共和国领域内没有住所的当事人送达诉讼文书，可以采用下列方式：

依照受送达人所在国与中华人民共和国缔结或者共同参加的国际条约中规

定的方式送达；

通过外交途径送达；

对具有中华人民共和国国籍的受送达人，可以委托中华人民共和国驻受送达人所在国的使领馆代为送达；

向受送达人委托的有权代其接受送达的诉讼代理人送达；

向送达人在中华人民共和国领域内设立的代表机构或者有权接受送达的分支机构、业务代办人送达；

“受送达人所在国的法律允许邮寄送达的，可以邮寄送达，自邮寄之日起满 6 个月，送达回证没有退回，但根据各种情况足以认定已经送达的，期间届满之日视为送达。

不能用上述方式送达的，公告送达，自公告之日起满 6 个月，即视为送达。”（《民事诉讼法》第 247 条）

（5）关于期间的，有：

“被告在中华人民共和国领域内没有住所的，人民法院应当将起诉状副本送达被告，并通知被告在收到起诉状副本后 30 日内提出答辩状。被告申请延期的，是否准许，由人民法院决定。”

“在中华人民共和国领域内没有住所的当事人，不服第一审人民法院判决、裁定的，有权在判决书、裁定书送达之日起 30 日内提起上诉。被上诉人在收到上诉状副本后，应当在 30 日内提出答辩状。当事人不能在法定期间提起上诉或者提出答辩状，申请延期的，是否准许，由人民法院决定。”

“人民法院审理涉外民事案件的期间，不受本法第 135 条、第 159 条规定的限制。”（《民事诉讼法》第 248~250 条）

“当事人双方分别居住在我国领域内和领域外，对第一审人民法院的判决、裁定的上诉期，居住在我国领域内的为《民事诉讼法》第 147 条所规定的期限；居住在我国领域外的为 30 日，双方的上诉期均已届满没有上诉的，第一审人民法院的判决、裁定即发生法律效力。”（《民讼法实施意见》第 311 条）

“对不在我国领域内居住的被告，经用公告方式送达诉状或传唤，公告期满不应诉，人民法院缺席判决后，仍应将裁判文书依照《民事诉讼法》第 247 条第（7）项的规定公告送达。自公告送达裁判文书满 6 个月的次日起，经过 30 日的上诉期当事人没有上诉的，一审判决即发生法律效力。”（《民诉法实施意见》第 307 条）

（6）关于财产保全的，有：

“当事人依照本法第 92 条的规定可以向人民法院申请财产保全。”

“利害关系人依照本法第 93 条的规定可以在起诉前向人民法院申请财产保全。”

“人民法院裁定准许诉前财产保全后，申请人应当在 30 日内提起诉讼，逾期不起诉的，人民法院应当解除财产保全。”

“人民法院裁定准许财产保全后，被申请人提供担保的，人民法院应当解除财产保全。”

“申请有错误的，申请人应当赔偿被申请人因财产保全所遭受的损失。”

“人民法院决定保全的财产需要监督的，应当通知有关单位负责监督，费用由被申请人承担。”

“人民法院解除保全的命令由执行员执行。”（《民事诉讼法》第 251～256 条）

“依照《民事诉讼法》第 258 条的规定，我国涉外仲裁机构将当事人的财产保全申请提交人民法院裁定的，人民法院可以进行审查，决定是否进行保全。裁定采取保全的，应当责令申请人提供担保，申请人不提供担保的，裁定驳回申请。”（《民诉法实施意见》第 317 条）

（7）关于国际商事仲裁的，有：

“涉外经济贸易、运输和海事中发生的纠纷，当事人在合同中订有仲裁条款或者事后达成书面仲裁协议，提交中华人民共和国涉外仲裁机构或者其他仲裁机构仲裁的，当事人不得向人民法院起诉。

当事人在合同中没有订有仲裁条款或者事后没有达成书面仲裁协议的，可以向人民法院起诉。”

“当事人申请采取财产保全的，中华人民共和国的涉外仲裁机构应当将当事人的申请，提交被申请人住所地或者财产所在地的中级人民法院裁定。”

“经中华人民共和国涉外仲裁机构裁决的，当事人不得向人民法院起诉。一方当事人不履行仲裁裁决的，对方当事人可以向被申请人住所地或者财产所在地的中级人民法院申请执行。”

“对中华人民共和国涉外仲裁机构作出的裁决，被申请人提出证据证明仲裁裁决有下列情形之一的，经人民法院组成合议庭审查核实，裁定不予执行：

当事人在合同中没有订有仲裁条款或者事后没有达成书面仲裁协议的；

被申请人没有得到指定仲裁员或者进行仲裁程序的通知，或者由于其他不属于被申请人负责的原因未能陈述意见的；

仲裁庭的组成或者仲裁的程序与仲裁规则不符的；

裁决的事项不属于仲裁协议的范围或者仲裁机构无权仲裁的。人民法院认定执行该裁决违背社会公共利益的，裁定不予执行。”

“仲裁裁决被人民法院裁定不予执行的，当事人可以根据双方达成的书面仲裁协议重新申请仲裁，也可以向人民法院起诉。”（《民事诉讼法》第257~261条）

依最高人民法院的上属实施意见，它的有关国内仲裁的几项意见，同样适用于涉外商事仲裁：

“依照《民事诉讼法》第111条第（2）项的规定，当事人在书面合同中订有仲裁条款，或者在发生纠纷后达成书面仲裁协议，一方向人民法院起诉的，人民法院裁定不予受理，告知原告向仲裁机构申请仲裁。但仲裁条款、仲裁协议无效、失效或者内容不明确无法执行的除外。”（《民诉法实施意见》第145条）

“当事人一方向人民法院起诉时未声明有仲裁协议，人民法院受理后，对方当事人又应诉答辩的，视为该人民法院有管辖权。”（《民诉法实施意见》第147条）

“仲裁机构裁决的事项部分属于仲裁协议的范围，部分超过仲裁协议范围的，对超过部分，人民法院应当裁定不予执行。”（《民诉法实施意见》第277条）

“依照《民事诉讼法》第217条第2款、第3款的规定，人民法院裁定不予执行仲裁裁决后，当事人可以重新达成书面仲裁协议申请仲裁，也可向人民法院起诉。”（《民诉法实施意见》第278条）

“我国涉外仲裁机构作出的仲裁裁决，一方当事人不履行，对方当事人向人民法院申请执行的，应依照《民事诉讼法》第二十八章的有关规定办理。”

“申请人向人民法院申请执行我国涉外仲裁机构裁决，须提出书面申请，并附有裁决书正本。如申请人为外国一方当事人，其申请须用中文提出。”

“人民法院强制执行涉外仲裁机构的仲裁裁决时，如被执行人申辩有民事诉讼法第260条第1款规定的情形之一的，在其提供了财产担保后，可以中止执行。人民法院应当对被执行人的申辩进行审查，并根据审查结果裁定不予执行或驳回申辩。”

“涉外经济合同的解除或者终止，不影响合同中仲裁条款的效力，当事人一方因订有仲裁条款的涉外经济合同被解除或者终止向人民法院起诉的，不予受理。”（《民诉法实施意见》第313~316条）

（8）关于司法协助和外国判决的承认与执行的，有：

“根据中华人民共和国缔结或者参加的国际条约，或者按照互惠原则，人民法院和外国法院可以相互请求，代为送达文书、调查取证以及进行其他诉讼行为。

外国法院请求协助的事项有损于中华人民共和国的主权、安全或者社会公共利益的，人民法院不予执行。”

“请求和提供司法协助，应当依照中华人民共和国缔结或者参加的国际条约所规定的途径进行；没有条约关系的，通过外交途径进行。

外国驻中华人民共和国的使领馆可以向该国公民送达文书和调查取证，但不得违反中华人民共和国的法律，并不得采取强制措施。

除前款规定的情况外，未经中华人民共和国主管机关准许，任何外国机关或者个人不得在中华人民共和国领域内送达文书、调查取证。”

“外国法院请求人民法院提供司法协助的请求书及其所附文件，应当附有中文译本或者国际条约规定的其他文字文本。”

“人民法院请求外国法院提供司法协助的请求书及其所附文件，应当附有该国文字译本或者国际条约规定的其他文字文本。”

“人民法院提供司法协助，依照中华人民共和国法律规定的程序进行。外国法院请求采用特殊方式的，也可以按照其请求的特殊方式进行，但请求采用的特殊方式不得违反中华人民共和国法律。”

“人民法院作出的发生法律效力的判决、裁定，如果被执行人或者其财产不在中华人民共和国领域内，当事人请求执行的，可以由当事人直接向有管辖权的外国法院申请承认和执行，也可以由人民法院依照中华人民共和国缔结或者参加的国际条约的规定，或者按照互惠原则，请求外国法院承认和执行。

中华人民共和国涉外仲裁机构作出的发生法律效力的仲裁裁决，当事人请求执行的，如果被执行人或者其财产不在中华人民共和国领域内，应当由当事人直接向有管辖权的外国法院申请承认和执行。”

“外国法院作出的发生法律效力的判决、裁定，需要中华人民共和国人民法院承认和执行的，可以由当事人直接向中华人民共和国有管辖权的中级人民法院申请承认和执行，也可以由外国法院依照该国与中华人民共和国缔结或者参加的国际条约的规定，或者按照互惠原则，请求人民法院承认和执行。”

“人民法院对申请或者请求承认和执行的外国法院作出的发生法律效力的判决、裁定，依照中华人民共和国缔结或者参加的国际条约，或者按照互惠原则进行审查后，认为不违反中华人民共和国法律的基本原则或者国家主权、安全、社会公共利益的，裁定承认其效力，需要执行的，发出执行令，依照本法的有关规定执行。违反中华人民共和国法律的基本原则或者国家主权、安全、社会公共利益的，不予承认和执行。”

“国外仲裁机构的裁决，需要中华人民共和国人民法院承认和执行的，应当由当事人直接向被执行人住所地或者其财产所在地的中级人民法院申请，人民法院应当依照中华人民共和国缔结或者参加的国际条约，或者按照互惠原则办理。”（《民事诉讼法》第 262～269 条）

“当事人向中华人民共和国有管辖权的人民法院申请承认和执行外国法院作出的发生法律效力的判决、裁定的，如果该法院所在国与中华人民共和国没有缔结或共同参加的国际条约，也没有互惠关系的，当事人可以向人民法院起诉，由有管辖权的人民法院作出判决，予以执行。”

“与我国没有司法协助协议又无互惠关系的国家的法院，未通过外交途径，直接请求我国法院司法协助的，我国法院应予退回，并说明理由。”

“当事人在我国领域外使用人民法院的判决书、裁定书，要求我国人民法院证明其法律效力的，以及外国法院要求我国法院证明判决书、裁定书的法律效力的，我国作出判决、裁定的人民法院，可以本法院的名义出具证明。”（《民诉法实施意见》第 318～320 条）

在涉外海事诉讼方面，我国最高人民法院还有于 1986 年 1 月发布的《关于涉外海事诉讼管辖权的具体规定》共 17 条 41 款；1994 年 7 月 6 日发布的《关于海事法院诉讼前扣押船舶的规定》等。

我国的国际商事仲裁程序规则，还因《中华人民共和国仲裁法》于 1995 年 9 月 1 日实施以及修订的《中国国际经济贸易仲裁委员会仲裁规则》和《中国国际海事仲裁委员会仲裁规则》于 1995 年 10 月 1 日起施行而日渐丰富、具体和更趋完备。

从以上的引述可以看到，我国国际私法发展到今天，不仅已粗具规模，许多制度还规定得颇为全面详尽，并与国际上当前的普遍实践保持同步发展的态势，有些还是很先进的。

如就国际民事诉讼法院管辖权制度而言，本可分为专属管辖、平行（选择）管辖和排除管辖三种基本类型，只要不过分扩大自己国家专属管辖案件的范围，在设置平行或选择管辖制度时，适当多增加一些连结因素，只会使排除管辖即拒绝管辖的范围缩小，显然在国际经济民事交流大规模发展的今天，是十分有利于当事人寻求司法保护的。从 1991 年颁布的新民事诉讼法来看，这种观点得到了比较充分的反映。在专属管辖方面，我国《民事诉讼法（试行）》规定了四种专属管辖案件，新民事诉讼法在总结法院实践的基础上①，减去了一种，增加了一种，仍是四种。而且新增的一种即在中国履行的、只受中国法律支配的三种涉外经济合同纠纷，虽在诉讼上要由中国法院专属管辖，但允许当事人通过仲裁协议将争议提交给中国或外国仲裁机构仲裁，因而仍是十分灵活的。

在一般管辖或普通管辖方面，新旧民事诉讼法除少数几种特殊案件，均以被告住所所在地在中国为行使管辖权的根据，国籍在确定管辖权方面，基本上不起太大作用，这就为外国人利用我国的司法诉讼程序提供了极大的方便。对于合同和其他财产权益纠纷，新法第243条还针对住所不在中国领域内的被告提出的诉讼，就其向中国法院起诉，又提供了其他六种连结因素，即合同签订地在中国境内、合同履行地在中国境内、诉讼标的物在中国境内、在中国领域内有可供扣押的财产、被告在中国境内设有代表机构、侵权行为地在中国。

在协议管辖方面，试行的民事诉讼法中仅规定了涉外商事争议，可选择在中国法院起诉，而新民事诉讼法不但规定了涉外合同或财产权益纠纷，当事人可协议选择中国或外国法院管辖，而在选择中国法院管辖时，只要不违反该法关于级别管辖和专属管辖的规定即属有效，同时还增加了自愿接受中国法院管辖的制度，即涉外诉讼的被告不对中国法院的管辖表示异议，并应诉答辩的，视为承认中国法院有管辖权。这也是与目前国际社会的普遍实践相一致的。

在法律适用法即冲突法方面，特别应提到经最高人民法院就《涉外经济合同法》第5条规定作出解答后，所形成的涉外经济合同法律适用制度，更是十分具有特色而相当完善和先进的。

之所以称它颇具特色，是它照顾到了在中国的社会主义市场经济条件下，宏观调控和计划仍将在经济和发展社会中起着重要的作用，同时中国又是发展中国家，所以在采用意思自治原则的同时，规定在中国履行的中外合资经营企业合同、中外合作经营企业合同和中外合作勘探和开发自然资源的合同，只允许适用中国法（《涉外经济合同法》第5条和《民法通则》第145条），并在合同成立的形式要件方面，也作了一条直接适用中国法律的规定（《涉外经济合同法》第7条），以保证国家对涉外经济合同关系的必要的干预和控制。

之所以称它相当完善和先进，主要表现在它首先采用意思自治原则作为基本的或首要的原则，并结合适用最密切联系原则来确定涉外经济合同的准据法，从而在涉外合同的法律适用上，把主观论和客观论、灵活性和原则性充分

① 参见最高人民法院《全国沿海地区涉港澳经济审判工作座谈会纪要》。

地结合起来①。

第三节　对外开放推进了中国国际私法的司法实践和理论研究

一、中国国际私法的司法实践

在讲到我国国际私法发展到今天的粗具规模，不能不论及我国国际私法的司法实践和理论研究所作出的重要贡献。

旧中国虽曾有《法律适用条例》的颁布，但由于那时帝国主义在中国攫取了领事裁判权，国家司法主权极不完整，国际私法的司法实践自然受到极大限制。待至“二战”以后，领事裁判权被废除，国际私法在实务上的运用，才日见频繁。不过，仅以上海为例，自 1946 年 1 月至 1948 年 4 月的两年多时间里，也仅见 187 例而已②。

新中国成立以后，由于美国的封锁禁运和我国在外交上对前苏联实行“一边倒”的政策的影响，对外经济民事法律关系无形中受到限制。尽管在二十世纪五六十年代，在婚姻、家庭、继承领域中的国际私法实践或有所见，也得不到充分的发展。其中较重要的，可数 1951 年 10 月 16 日内务部关于暂行处理外侨相互间及外侨与中国人间婚姻问题的批复（该批复要求外侨与外侨间或中国人与外侨间在我国领域内结婚或离婚均应依照我国婚姻法的规定办理，对我国领域内的婚姻案件，除当事人所属国家与我国在平等互惠原则下另有协议外，应由我国法院受理）；1953 年 1 月 6 日外交部关于外侨遗产继承问题处理原则（该文件要求不动产按所在地国法处理，动产按所有人国籍国法处理，但后者必以互惠为条件）；1957 年 5 月 4 日最高人民法院关于波兰法院对双方都居住在波兰的中国侨民的离婚判决在中国是否有法律效力问题的复函（该复函要求判决所涉及的双方当事人均必须居住在波兰，而且判决在实体上和程序上均不与我国法律相抵触，才能在我国得到承认）等。

真正全面开展国际私法实践是国家实行对外开放政策以后的事。仍以上海市为例，从 1980 年起，受理的涉外民事案件基本上逐年呈上升趋势。如以上

① 中国涉外经济合同法律适用制度的特色，将在本书下一章中专门加以讨论。

② 梅仲协著：《国际私法新论》，台湾三民书局 1970 年修正版，序；洪应灶著：《国际私法》，台北“中国文化大学出版部” 1980 年版，第 4 页。

海市中级人民法院1980年受理的涉外民事案件数为1，到1981年上升为2.1，1982年为3，1983年为2.5，1984年为3.8，1985年为3.7，1986年为4.7。从这些涉外民事案件的类型来看，婚姻占24.5%，房屋占20.2%，继承占41.2%，财物占6.1%，嘱托及财产无主等案件为6%，债务为2%。从当事人的国籍看，原告是外国人的占61%，被告是外国人的占30%①。涉外民事案件在广东、福建等省（尤其在这些省的经济特区），在所有民事诉讼中，占有更大的比例。

这里特别应提到的是，自1984年，在广州、上海、青岛、天津、大连、武汉等地设立海事法院（1990年又增设了海口和厦门两个海事法院）后，我国受理的涉外海商、海事案件，也数量遽增。

改革开放以来产生的大量案例，由于反映了司法界的观点，成为理论研究和立法工作很有参考价值的先例。如《最高人民法院公报》1989年第1期所载上海高级人民法院对瑞士工业资源公司上诉案（被上诉人为中技进出口总公司）的判决，将上海一审法院受理的违反合同一案在性质上改而识别为侵权从而确立了中国法院管辖权，便是一个主要有关识别同时涉及诸多理论和实际问题，因而很有研究价值的案例②。1984年最高人民法院关于旅居外国的中国公民按居住国法律允许的方式达成的分居协议我驻外使领馆是否承认问题的复函，则是一个关于如何运用公共秩序保留制度的很有研究价值的案例。在该复函中，最高人民法院指出，在国内结婚后旅居阿根廷的一对中国夫妇在该国由于不允许离婚而达成的长期分居协议，向我国驻阿使领事部请求承认并协助执行，因"不符合我国婚姻法的规定"，不能承认和协助执行，只能由该夫妇按阿根廷法向其有关方面申请承认。他们如欲取得在中国国内的效力，必须向原国内结婚登记机关或该地人民法院申办离婚手续③。此外，该院1957年关于波兰法院对双方都居住在波兰的中国侨民的离婚判决在中国是否有法律效力的问题的复函，还从正面指出，只有在该判决在实体和程序上都不与我国婚姻法相抵触，才应承认其效力，也是有关运用公共秩序制度的④。关于外国诉讼程序在我国的效力中的一事数诉问题，1985年9月18日最高人民法院给上

① 袁鋆荪：《审理涉外民事案件的概况和一些问题》，载华东政法学院编：《国际私法讲稿》，第194~195页。

② 该案的有关问题，本书在第三章中将作进一步的讨论。

③ 《新中国司法解释大全》，中国检察出版社1990年版，第693~694页。

④ 最高人民法院民事审判庭编：《涉外民事手册》，1986年，第191页。

海高院的一复函就离婚案件已有所涉及。它指出，旅居美国的一中国公民就其与国内配偶离婚事同时向美国和中国法院起诉，美国已作出离婚判决，原告请求中国承认，但未撤回中国诉讼，最高人民法院认为应不受美国已决诉讼的影响，继续审理，作出自己的判决。该复函还指出，如华侨在居住国提起离婚之诉，国内配偶不应诉，或外国法院判离后，其国内配偶不上诉，而另向我国法院提起离婚之诉，在这种情况下，根据我国领域内中国公民的婚姻关系，应受我国法律的调整和保护，中国法院也应根据民诉法有关向外国被告提起身份关系之诉的规定，受理国内配偶提起的诉讼。这一批复表明，在国际民事诉讼领域，不可一概适用“一事不再理”原则①。

我国国际私法在司法实践领域所取得的成就，在本书有关章节中，还将进一步论及。

二、中国国际私法的理论研究

讨论中国国际法发展到今天这样粗具规模，还要讲到我国国际私法理论研究方面的成就。尽管我国国际私法理论研究工作经历了一个十分曲折的过程，但自党的十一届三中全会决定实行对外开放以来，由于国际私法受到党和国家的高度重视，实际部门也遇到了大量的国际私法问题需要及时研究解决，从而使理论研究工作逐渐活跃起来。

近些年来，我国公开发表、出版的国际私法论著日益增多。就所涉及的问题的广度和研究的深度来看，较之20世纪80年代初，已有很大的发展：不但有从广泛角度讨论我国为什么应该重视对冲突法的研究和全面系统总结国际私法的新发展的，还有综合分析国际私法中法律选择方法的；有结合国际经济新秩序的理论深入探讨特许协议以及各种重要经济合同的法律适用问题的，还有专题研究涉外婚姻家庭、财产继承、国际民事诉讼程序、国际商事仲裁制度和国家及其财产豁免问题的。总之，涉及领域广，内容丰富，不仅为我国国际私法理论研究的繁荣发展和向纵深方向全方位挺进奠定了基础，而且为我国国际私法的立法和司法实践提供了许多有价值的理论分析和依据。

这一时期，中国国际私法学界可谓是空前繁荣，百花齐放，观点不同、风格流派迥异、体例模式各有特色的国际私法教材、专著、译著及资料集不断问世，公开发表的论文不断翻新。据粗略统计，从1979年到现在，在短短的10多年时间里，我国学者在国内外主要报刊上公开发表的国际私法方面的论文已

---

①《新中国司法解释大全》，中国检察出版社1990年版，第696~697页。

达800余篇，涉及的问题已遍布国际私法的大部分领域；中国学者自己编写出版的国际私法教材和专著，数量也非常可观，已有40余种。其中应特别提到的有由李浩培教授负责主编的《中国大百科全书·法学卷》中的国际私法分册，由姚壮、任继圣教授编写的《国际私法基础》和由韩德培教授任主编的新中国第一本这方面的全国统编教材《国际私法》（已出两版），由李双元教授撰写的专门研究国际私法的本体部分冲突法的《国际私法（冲突法篇）》和由他主编的全国自考统编教材《国际私法》，由唐表明教授撰写的《比较国际私法》，由费宗祎教授主编的《国际私法讲义》，由钱骅教授主编的《国际私法》（已出两版），由董立坤教授撰写的《国际私法论》，由余先予教授主编的法学试用教材《冲突法》；由韩德培教授主持完成的国家"七·五"重点科研项目《中国冲突法研究》及其专著《美国国际私法（冲突法）导论》，由李双元教授主持完成的国家"七·五"、"八·五"哲学社会科学基金项目《国际民事诉讼法概论》、《中国与国际私法统一化进程》、《市场经济与国际私法趋同化问题研究》以及他与青年学者金彭年合著的《中国国际私法》等。它们都是反映我国改革开放以来各个时期国际私法学研究成果的代表性著作。

在国际私法参考资料方面，继法律出版社在20世纪80年代初出版了由钱骅主编的高等学校教学参考书《国际私法资料选编》后，又先后有卢峻主编的《国际私法公约集》、刘慧珊和卢淞主编的《外国国际私法法规选编》、司法部司法协助司编译的《国际司法协助条约集》和《国际司法协助法规选》出版。而韩德培和李双元主编的《国际私法教学参考资料选编》（上、下）更是目前国内收集资料最丰富的国际私法参考资料集，它在前面讲到的几种参考资料集的基础上，更将最近几十年欧洲、南美洲及中东地区许多国家的新国际私法法规和若干国际私法方面的新的重要公约译成中文，公开发表。另外，在这一时期国际私法专著的翻译也在不断增加。德国学者沃尔夫的《国际私法》、法国学者巴迪福和拉加德的《国际私法总论》、英国学者莫里斯的《法律冲突法》、前苏联学者波古斯拉夫斯基的《国际私法》、日本学者北胁敏一的《国际私法》，挪威学者布雷柯斯的《国际海事法律选择》以及英国戴西和莫里斯的巨著《冲突法》均已先后被我国学者译成中文出版。这些都对推动和促进我国比较国际私法的研究作出了积极的贡献。

我国国际私法理论研究上的成就还表现在一支十分活跃的中青年研究力量正在迅速成长壮大，他们中间有许多人已取得了很有价值的研究成果。目前，还有更多的青年研究人员正不断参加到国际私法理论研究的行列中来，并且在与国际私法有关的更广泛的领域内进行各种专题研究。他们的研究成果，必将进一步大大丰富我国国际私法学的理论宝库。

为了推动国际私法学的研究，全国性的国际私法学术交流活动也于 1980 年肇始。是年，当时的教育部高教司与司法部教育司联合成立了法学教材编辑部，在第一批组织编写的法学统编教材中，便有国际私法。为了保证这本教材高质量地完成，国内有关高校的国际私法教师几乎都被邀请参加了编写大纲的讨论，进行了第一次系统而深入的学术交流活动。嗣后，在武汉大学国际法研究所的倡议下，积极筹组“中国国际私法研究会”。1985 年 8 月，由武汉大学国际法研究所发起并以贵州大学法律系为依托在贵阳主持召开了首届全国国际私法学术讨论会，成立了“中国国际私法研究会筹备组”。1987 年 10 月，在国家教委和司法部的支持下，全国国际私法教学研讨会和国际经济法教学研讨会同时在武汉大学召开，会上正式成立了中国国际私法研究会。从此以后，中国国际私法研究会先后在西安、广州、武汉、济南、珠海、深圳、宁波、北京、大连等地召开了多次年会和专题讨论会。这些会议都是围绕我国国际私法的建立以及实行对外开放所面临的一些重要国际私法问题的解决而举行的。研讨的问题涉及：（1）国际私法的范围；（2）国际私法与国际经济法的关系；（3）国际私法的晚近发展趋势；（4）国际与区际司法协助；（5）区际法律冲突及其解决；（6）涉外合同和涉外侵权的法律适用；（7）内地与港澳地区的司法协助；（8）涉外海事案件的管辖权；（9）海峡两岸的民事法律适用；（10）国际商事仲裁的理论与实践；（11）我国仲裁法的起草和制定；（12）市场经济条件下国际私法的完善和发展；（13）中国国际私法典的起草等问题。通过对上述问题的讨论，大大促进了我国国际私法学界的学术交流和理论工作者与实际部门的沟通，激发了国际私法学理论研究工作者深入研究的热情，展现了不同的学术观点和流派。

可见，自改革开放以来，我国国际私法的理论研究蓬勃发展，硕果累累。在众多的重要理论研究成果中，特别应着重介绍和了解国内对法律选择方法问题的研究①。这是因为，由于这一研究成果对当前国际社会有关国际私法的各种重要的实践作了系统的反映和比较，在立法和司法工作中，对拓宽法律选择的思路，是具有现实的指导意义的。

凡是了解国际私法性质的人都知道，国际私法是在解决法律适用冲突的基础上发展起来的，并且主要是解决内外国法律选择适用问题的。因此，一谈到国际私法，就会自然联系到要承认外国法的域外效力和适用外国法。可是，法

---

① 参见《中国法学》1984 年第 3 期所载《论国际私法关系的法律选择方法》一文。

律作为上升为国家意志的统治阶级的意志的表现，本是具有严格的地域性，那么，内国法院在处理涉外民事法律关系时，为什么要去承认外国法的域外效力和适用外国法呢？这是自国际私法产生以来，一直为国际私法学家们探讨、研究的一个问题。

为了解决这个问题，不同时代、不同国家的国际私法学家们曾经提出过种种理论或学说，如14世纪初意大利法学家们（Statutists）创立的“法则区别说”（Statute Theory）、17世纪荷兰法学家们创立的“国际礼让学说（Comitas Gentium）、19世纪中叶德国法学家萨维尼创立的“法律关系本座说”（Sitz des Rechtsverhaltnisses）、19世纪末英国法学家戴西创立的“既得权利说”（Doctrine of Vested Rights），以及20世纪40年代美国法学家库克创立的“本地法说”（Local Law Theory）等。它们虽然往往彼此对立，相互否定，但莫不是为了解决上述矛盾而作出的理论说明。但是，随着历史的发展，时代的进步，在这发展国际间民事关系，进行大规模国际经济技术合作、商业贸易、文化交流已成为各国迫切需要的时代，人们公认，在国际民事活动这一领域，在许多情况下需要承认外国法的域外效力并且适用外国法，已是毋庸置疑的事了。因而，近几十年来，国际私法学家们再从抽象的理论上，从思辨的角度，去讨论为什么要适用外国法的问题，已不多见，相反，他们越来越把注意力放在研究进行法律选择的方法问题上了。

我国大部分从事国际私法理论研究与教学工作的人，对于为什么在处理涉外民事关系时要去适用外国法的问题，也已经取得了比较一致的看法，就是认为对于这个问题的回答，不能光从某种抽象的理论上去探求，而只能根据一定的社会物质生活条件去作出解释。这是客观需要所决定的，如果要把它归结为某种适用外国法的理论，那么这就是“平等互利说”的理论。

但是，对于如何进行法律选择，国内国际私法学界还未曾作过系统的深入的研究。冲突法的作用在于就不同法律关系应该适用的准据法，在内外国法律之间作出选择，那么，在制定各种法律选择规范时，立法者究竟是根据什么方法来作出各种不同的规定呢？在什么情况下，某一法律关系只应选择内国法而不选择外国法，在什么情况下，某一法律关系只应选择甲外国法而不选择乙外国法，应该说，这都不是立法者任意决定的，而是有着客观上的标准作依据的。那么，在实践中到底有哪些标准呢？对这个问题的探讨，显然对指导我国国际私法的涉外立法和司法活动具有重大意义。

根据国际私法的不同学说、实践和判例，可以把指导法律选择的方法作不同分类。例如可以根据是否就内外国的有关实体法进行选择而把它分为直接选择的方法和间接选择的方法；可以根据是否允许当事人自主意思发生作用而把它分为依主观标志进行选择的方法和依客观标志进行选择的方法；可以根据法院选择适用法律的立场不同而把它分为完全依主权考虑进行选择的方法和依判决结果的一致并有利于在外国的承认与执行进行选择的方法。此外，还可以分为依法律的性质进行选择的方法和依法律关系的性质进行选择的方法，等等。我们主张概括国际社会的普遍实践，把法律选择的方法概括为以下七种：

（一）依法律的性质决定法律的选择

早在14世纪初巴托鲁斯（Bartolus）创立“法则区别说”时，他就提出应依法律具有“物法”或“人法”的性质而分别定其域内域外适用的效力。例如他认为如果某一法律规则是着眼于物的，它就属于“物法”，其效力就只能限于制定者所管辖的领域之内，而不能在域外适用；但如某一法律规则是着眼于人的，它就属于“人法”，其效力不但可及于在制定者管辖领域内有住所或根源（origin）的一切人，而且可以随这些人之所至而及于域外，在域外也应适用。他认为法院在处理涉外案件时，是否应适用外国的法律，主要应该从分析法律的性质入手。例如他认为，如果一法则，其结构为“死者的财产由长子继承”，则这一规定的法律性质是着眼于物的，属于“物法”，只有域内效力；但是，如果结构是“长子继承死者的财产”，则其法律性质便是着眼于人的，具有域外效力。可见，这是一种就内外国实体法直接进行选择的方法。

巴托鲁斯这种通过语言结构的分析来判定法律的性质虽属悖谬，但在实际生活中，有些法律侧重于保护位于制定者领域内的物和发生的财产关系，有些法律侧重于保护自己领属的公民和住所者，这种情况却是存在的。例如在国际私法中，“物权依物之所在地法”这一规定，就是基于各国法律都严格保护位于各自领域内的物这种情况而规定的；而“人的能力依其属人法”这一规定，则在于保护人依其属人法已取得的某些权利。所以，根据不同法律规则的性质来决定其域内或域外的适用，是一贯为国际私法的理论与实践所承认的。

在国际私法学史中，尽管萨维尼（Savigny）和孟西尼（Mancini）这些学者，把国际私法视为国际法，但是他们也都承认，任何一个国家的法律，按其性质都可以划分为两大部分——具有绝对强制性的法律（即基于政治上、经济上或道德上的理由，应无条件地适用于在国内的一切人，从而具有排除外国法的效力）和非强制性的法律（在依冲突规则应适用外国法时，这一类法律就应让位给外国法）。目前在各国的实践中，也都坚持凡属公法性质或公共秩序的法律，均具有绝对的域内效力，但不得适用于国外。

因此，在处理涉外民事关系时，首先考虑它所涉及的内国法和外国法的有关规定，是属于强行法或任意法，属于属地法或属人法，然后决定选择哪一国的法律，是一个很有价值、很重要的方法。说这个方法很有价值，是因为这一方法的实用性很强，便于判定；说这一方法很重要，是因为这涉及国家的立法主权，涉及国家的公共秩序的维护。

所以，尽管巴托鲁斯的语言结构分析方法应该彻底否定，但区别法律的性质决定法律的选择的方法，却不可轻易否定。

在国际私法学史上，与这种从法律规定本身的性质出发，直接就内外国实体法进行选择的理论相近似的，还有德国法学家华赫特（Waechter，1798—1880 年）在他的著作《论私法冲突》中提出的"立法旨意说"。他认为法官在处理私法冲突问题时，应受其本国实体法的制约，首先必须了解内国实体法中对于有关的问题，是否有可以适用外国法的明文规定。如果有，则应依其规定；如果无，则应探求内国实体法立法精神与目的是什么，然后再来决定是否应选择适用外国法。如果对内国实体法的精神与目的不能确定，则可概用内国法。但是，他并没有提出判定立法精神与目的允许适用外国法的标准，因而依这种方法选择法律，往往会因法官对实体法立法精神与目的的理解不同而异其选择，而且往往会导致内国法的适用，故过去对于这一学说的批判主要是认为他站在"内国法优先说"的立场上。但是从实际生活来看，在国际私法关系中，"内国法优先"几乎是一直存在着的普遍倾向。而且如果从国际私法是国内法的观点出发，在处理涉外民事关系时，法院也不能不首先考虑自己国家的对外政策与利益。而最完整地体现一国政策和利益的当然应首推实体法，国际私法只是国家实体法的补充或例外。因此，承认不承认外国法的域外效力，以及在什么情况下应该承认外国法的域外效力，往往首先要取决于国家实体法的考虑。华赫特的这种观点，在当代美国冲突法学家艾伦兹维格（Ehrenzweig）的学说中，仍得到充分的反映。艾伦兹维格也认为，法律的选择，完全是法院地法中的一个问题，除了受条约或联邦国家中联邦宪法的限制，不受任何上位规范的约束。而且在实践中，如果没有专门的法律选择规范，则是否适用外国法的问题，只能根据法院国的实体法规则来判定①。

（二）依法律关系的性质决定法律的选择

这是萨维尼首先提出的理论。他认为，法律的选择应该从探寻各该法律关系的"本座"（seat）出发，法律关系的性质不同，它们的"本座"也会不

① 参见［美］李普斯顿（Lipstein）著：《冲突法的原则——国内的和国际的》，1981 年英文版，第 30 页。

同，其“本座”所在，也就是最适合于适用各该法律关系的准据法之所在。例如他分析了大量法律关系的性质，认为人的身份和能力这类问题的本座应在他们的住所地，因为人有支配物的欲望，为了追求对物的支配，他可能会离开自己原来所属的法域，而进入到另一法域，而且婚姻家庭关系也会改变他原来所属的法域。因此，就人的身份与能力来说，它的上述性质决定了它的本座应该是人的住所地，解决这类问题也应该适用他们的住所地法。而就物权关系言，由于它直接与客体（物）相联系，并且只有通过客体才能表现出特定的物权关系，而作为客体的物总是要占据一定空间的，所以这种法律关系的“本座”应该在物之所在地，解决物权关系的准据法也就应该是物之所在地的法律。契约的履行本是双方当事人的目的，就契约关系的这种性质来看，它的本座应该在履行地。因此，只要当事人没有选择其他地方的法律，就应该适用履行地法。继承关系的意义在于保证被继承人死亡后，使他的意志和权利能继续发生作用，因而仍然是关于人的权利和能力的问题，所以它的本座也应该在被继承人的住所地，继承关系的准据法也应该就是这一地方的法律，等等。

对萨维尼的这种法律关系“本座”说的批判，主要是认为他对法律关系本座的分析，完全是一种纯粹的虚构或拟制。在国际私法关系中，常常会遇到这样的情况，如一个人违背了与另一个人结婚的约定，一些国家认为是违反了契约，一些国家认为构成了侵权行为，而另一些国家则认为根本不构成法律上的责任，这能说它只有一个“自然本座”吗？如果有，那这个“自然本座”又在哪一个国家？应该适用哪一法律来作出判断呢？

但是，较之流行了四五百年的法则区别说，萨维尼的理论确实开创了一条法律选择的新路子。这首先表现在他完全摆脱了法则区别说的方法论的束缚，不再从“物法”、“人法”这种法律本身的性质入手去探究内外国法律的适用问题，而是相反，从法律关系本身的性质入手来分析它们应适用的法律。与客观上发生的社会关系相比，法律终究是第二性的东西。什么样的社会关系应该成为统治阶级用法律这种手段加以保护的法律关系，这是由不同社会关系本身的性质决定的，而不是由法律决定的。其次，依据“本座”说，自然会得出国际私法是国际法的结论，因为萨维尼认为同一法律关系的本座只有一个，各国处理同一法律关系时也应只适用这同一国家（即本座所在）的法律。最后，因此，立法者制定用以指导法官适用法律的冲突法规范也都应该是一些双边冲突规范。

萨维尼关于法律选择的新路子对国际私法理论与实践都发生了重大的影响。直到目前，大陆法系各国在制定冲突法法典时，基本上仍然是遵循他的这种思路和方法的，只是为了克服他的学说中显然不科学的成分，许多国际私法学家又在他的学说的基础上提出了"法律关系重心说"、"最密切联系说"等种种指导法律选择的方法。目前，"最密切联系说"更被广泛采用。

早于萨维尼的"本座说"，1841 年德国另一法学家谢福纳（Schaeffner）曾提出过"法律关系发生地法说"，主张对涉外民事关系选择适用该关系发生地的法律。例如他认为人的权利能力和行为能力，系发生于他的住所地，故应适用住所地的法律；物权系基于标的物而发生的法律关系，故应适用物之所在地法；债权关系是发生于债权成立地的法律关系，故应适用契约成立地法，等等。这一学说，在本质上也是一种既得权理论，是为萨维尼所批判的，但在实践中，仍不失为一种有价值的法律选择方法。问题是在许多场合下，法律关系的发生地很不好确定，而且各国法律观点对同一空间连结点也可能有不同的理解。例如对隔地合同，一国认为它的成立地在承诺发出地，另一国却认为在承诺收到地；对侵权行为地，一国认为在加害行为地，另一国却认为在损害发生地，而在发生地纯粹带有偶然性的情况下，适用法律关系发生地的法律，更常为当代学者和法院所否定。

19 世纪另一德国法学家齐特尔曼（Zitelmann）还提出过依权利的性质决定法律选择的方法。例如他认为，在各种民事权利中，有受属人主权（personal supremacy）保护的；有受属地主权（territorial supremacy）保护的；凡受属人主权保护的权利，应适用当事人的属人法，而受属地主权保护的，则应适用属地原则选择法律。这种用权利性质的分析来决定法律的选择，在一定意义上，也是与萨维尼依法律关系的性质决定法律选择的方法有很相类似的地方。

（三）依最密切联系原则决定法律的选择

这一方法，从一方面来看，可以说它是萨维尼方法的发展。因为依这种方法，应适用的虽不是所谓法律关系"本座"所在地的法律，却仍然是根据多方面的因素来选择那个与各该法律关系有最密切联系的法律。但是，从另一方面看，这一方法则是对萨维尼理论的彻底否定。因为，依萨维尼的观点，每一法律关系必然有，而且只能有一个"本座"，因此，可以而且能够建立起一整套机械的法律选择规范的体系。而依最密切联系原则，则恰恰反对去建立这种机械的法律选择规范，一切应该由法院依据具体情况，或在立法者提供的某些标志的指导下，去作出判断。

依最密切联系原则指导法律选择的这种方法，在新近的理论与实践中越来越得到肯定而被广泛采用。

1978年奥地利国际私法法规在第1条便开宗明义地规定，“与外国有连结的事实，在私法上，应依与该事实有最强联系（strongest connection）的法律裁判”，并且声明，该法规“所包括的适用法律的具体规则”，都是“体现了这一原则”的。据说，该法规在草拟阶段，曾试图用“最密切联系”（closest connection）来表述这个原则，但后来嫌这个概念与萨维尼的古典理论中关于法律关系的“自然本座”过于相似，为了减少该法规与这种古典理论的类似或雷同之处，以便让新概念得到发展，最后终于采用了现在这个概念。依据这一原则，在判定是否具有最强联系时，甚至允许进行目前美国流行的“利益分析”（interest analysis），不过，在一般情况下，仍取决于对各种连结因素的估量。草稿的起草人施温德（Schwind）在对此进行解释时，曾举个人身份问题为例来加以说明。他认为凡如文化纽带、种族背景、语言、教育、职业及经济状况等，都是在探求一个人是否与某一国法律存在最强联系时应该考虑的因素。而在考察契约的最强联系时，作成地、履行地、支付的货币、文字，特别是契约中使用的法律术语，都具有重要的甚至决定的意义①。

1971年美国的第二部《冲突法重述》也认为，美国法院应该根据“最重要联系”（the most significant relationship）原则来决定法律的适用。它认为，由于整个世界是由具有独立的、各不相同的法律制度的国家所组成，在冲突法所涉及的领域中，凡发生的任何事件、行为或争议，总是与两个以上国家有着重要关系，这就需要有一种由特别的法律规则和方法构成的法律制度来对它们进行调整与处理（第1节），这种法律制度便是国际私法。它甚至明确指出，“冲突法就是规定与两个以上国家有重要联系的案件应适用什么法律的一个法律部门”（第2节）。它在第188节中对适用于契约的准据法的选择原则也规定，在缺乏当事人有效的法律选择时，法院应该根据《重述》第6节所列的七个方面的因素和本节所列的五种连结因素，来选择那个具有最重要联系的法律。这七个方面的因素包括：州际或国际体制的需要；法院州（或国）的相关政策；其他利益有关的州（或国）的相关政策；当事人正当期望的保护；特定领域的法律所依据的政策；（判决）结果的确定性、预见性和一致性；将予适用的法律易于查明和适用。五种连结因素则包括：契约缔结地，履行地，标的物所在地，当事人的住所、居所或国籍，公司所在地。

1971年《冲突法重述》在其他法律关系中，也主张在无硬性规定时，应

① 参见［美］帕尔默著：《奥地利冲突法的编制》，载《美国比较法季刊》1980年第28卷第2期。

适用与案件和当事人有最重要联系的法律。例如它的第 283 节之一规定，婚姻的有效性，应依在特定案件中，根据本重述第 6 节所列七方面因素，考虑适用与配偶和婚姻有最重要联系州的法律；它的第 257 节规定，配偶一方对他方已经取得的动产利益因婚姻而取得的权利，应依在特定案件中，根据本重述第 6 节所列七方面因素，考虑适用与配偶或该动产利益有最重要联系的州的法律；其第 258 节之一又规定，配偶一方对于他方在婚姻期间取得的动产利益所享有的权利，也适用上述同一原则；它的第 287 节之一还规定，对于子女是否为婚生，也应考虑依上述原则选择与子女和双亲有最重要联系州的法律，等等。

在美国的司法实践中，更早就有过适用最重要联系原则解决法律选择问题的判决。1954 年纽约上诉法院审理奥汀诉奥汀（Autin V. Autin）一案，法官富特（Fuld）就曾对此原则作过精辟的论述。该案事实为一对于 1917 年在英国结婚的英国夫妻，1931 年被告（丈夫）抛弃妻子儿女只身前往美国，随后又在墨西哥取得离婚判决，并与另一女子结婚，1933 年原告（妻子）来到纽约，与被告达成别居协议，约定被告每月给原告 50 英镑以维持她与子女的生活，原告则不得在别居及被告的离婚与再婚问题上以任何形式对被告提起诉讼。但原告回到英国后，被告并未支付生活费，于是在 1934 年原告向被告提起别居之诉，理由是被告与他人通奸。1938 年英国法院裁决被告应支付生活费，被告仍不履行，于是原告去纽约向被告起诉，要求被告按 1933 年协议支付生活费，而被告却声称原告 1934 年在英国的起诉已使 1933 年协议失效。纽约地方法院先依纽约州法判被告胜诉，因而最后上诉到纽约州上诉法院。法官富特则认为，选择适用于涉外契约关系的法律本是一件很困难的事，过去一般是对契约的成立、解释和效力适用缔约地法，而履行则适用履行地法。许多判决视此原则为结论性的，但也有主张应主要考虑当事人意图的；还有主张应依“重力中心说”或“最密切联系说”来选择法律的。依最后这种观点，当事人的意图、缔约地、履行地等都不必考虑，而只需找出那个有最密切联系的法律。这一方法的意义是显而易见的，因为它让与案件有重大利益关系的法律对案件享有绝对的控制权。依本案各种因素看，只能认为英国法与案件有着最密切联系——当事人是英国人并与英国发生长期的联系，只有 1933 年的协议是在纽约作出的，但履行却在英国。因此，即令不适用最密切联系原则，而依履行地法，也会得出同样的结论。结果推翻了原判决，而改依英国法判决原告胜诉①。在 1963 年的巴蓓科克小姐诉杰克逊一案中，富特更把这一选择法律的

① 参见［美］里斯著：《冲突法——案例与资料》，1971 年英文版，第 514~517 页。

方法和政府“利益分析说”结合起来进行论述①。

瑞士联邦1978年的《冲突法》草案第15条也规定，“根据所有情况，当案件的事实与本法典所指定的法律联系并不密切，而与另一法律有更密切联系时，则可作为例外，不适用本法典所指定的法律”。该法的起草人认为，在制定冲突法典时，不可能预见，因而也不可能事先提出一切可能发生的情况，为了避免古典冲突法的过于机械的缺陷，应该允许在不符合成文法规则所规定的非典型情况下，给法官提供行使自由裁量权所应遵循的原则，这个原则便是最密切联系原则。该草案的上述规定，已在1987年的瑞士联邦议会获得通过，从而成为瑞士联邦新国际私法法规的一项基本指导思想：该法在确定瑞士法院对国际民事诉讼的管辖权、对国际民事关系的法律适用和对外国判决的承认与执行的条件时，都是力求贯彻最密切联系原则的。

在欧洲方面，传统上一直强调法律选择的确定性和可预见性，但在这种新思潮的冲击下，主张接受这一灵活方法的已经越来越多。德国新国际私法也规定，有效婚姻的后果或效力可依次选择适用以下几种法律：配偶双方共同本国法；双方婚姻存续期间的最后共同本国法；双方最后共同习惯居所地法；与双方有最密切联系的法律。葡萄牙1977年11月25日法令，也规定夫妻关系、父权以及父母子女关系，在无当事人共同本国法或共同习惯居所地法可以适用时，也应适用与各该家庭有更密切联系的国家的法律②。

这种方法在越来越多的国际私法条约中也得到了反映。例如1979年经欧洲共同体国际私法专家委员会通过的关于契约的法律适用公约就规定：契约适用当事人选择的法律；如果当事人未作法律的选择，则应适用“与之有最密切联系的”国家的法律。1988年10月20日制定于海牙的《死者遗产继承法律适用公约》也是在准据法的决定上，让这一原则发挥十分重要的作用。

由于依据最密切联系原则去选择法律，能够适应当前随着国际经济关系的发展和涉外民事关系复杂多变的客观形势的需要，可以避免用某一种固定的连结点指引准据法的不切合案件实际情况或不符合案件公正合理解决的缺陷，因而这种方法确实具有明显的优越性。

但是对于依这一原则选择法律的方法，在欧洲方面，誉者有之，毁者有之。毁之者主要认为这会赋予法官过大的自由裁量权，从而给国际私法所一直

① 参见［美］里斯著：《冲突法——案例与资料》，1971年英文版，第536~541页。
② 参见［美］谢尔：《欧洲的家庭关系：欧洲与美国的同步发展》，载《美国比较法季刊》1982年第30卷第1期。

追求的适用法律的确定性、可预见性和一致性带来威胁。而誉之者认为，用这一原则构成的冲突规范可以称之为“开放性的冲突规范”（open-ended conflict norms），它较之过去用固定的表示空间场所意义的连结点构成的“硬性的冲突规范”（black-letter conflict norms），显然更有利于实现案件公正合理的解决。而且他们认为，这种“开放性规范”，在欧洲也早存在，例如瑞士 1907 年的民法典第 1 条第 2、3 款便规定，“本法典适用于其任一条文的含义和精神所指范围内的法律问题”，而在“本法典未规定可适用的法律时，法官应适用习惯法，在无习惯法时，依他们自己作为立法者认为可以确定的规则判决案件”。其中最后一款规定，便属于这种“开放性的规范”。但是，一些学者指出，瑞士的法官并没有根据这一规定，而滥用他们的自由裁量权①。

不过，应该指出，瑞士民法典上的这种规定终究与国际私法上采用的这种法律选择方法，是有着不同意义的。在国际私法上，内国法优先的倾向是一直存在的，由于这一方法的采用，法院更有可能在合法的借口下，扩大内国法适用的范围，因此，欧洲有些学者主张采取折衷办法，像前面引述的德国国际私法那条规定一样，主张规定几个允许依次选择的法律，只有在这些法律都不存在时，才允许最后用最密切联系原则来决定法律的选择，这就可以适当地限制法院的自由裁量权，并可以使适用法律的可预见性、确定性和在具体案件中追求公正的结果之间的矛盾得到解决②。目前，在欧洲许多新冲突法典中，采用这种依次选择冲突规范和最密切联系原则相结合的方法来指引准据法，已是十分普遍了。

在我国国际私法理论中，对采用最密切联系原则来解决涉外民事关系的法律选择问题，也是予以充分肯定的。在立法和司法解释方面，也已有诸多成功的例证。

（四）依“利益分析”决定法律的选择

“利益分析”又称“政府利益分析”。这一方法为美国法学家布朗勒德·柯里（Brainerd Currie）所提出③。他在自己的著作中，对传统的选择法律的方法与冲突法制度表现出深恶痛绝，认为“最好是抛掉冲突法规则”而采用

① 参见［美］帕尔默：《奥地利冲突法的编制》，载《美国比较法季刊》1980 年第 28 卷第 2 期。

② 参见［美］谢尔：《美国“冲突法革命”对欧洲的冲击》，载《美国比较法季刊》1982 年第 30 卷，第 1 期。

③ 参见［美］柯里：《冲突法的方法与目的评释》（1959）、《宪法与冲突法：政府利益与司法职能》（1958）等文。均载于柯里的《冲突法论文选》（1963）。

他的“利益分析”（interest analysis）的方法去就有关国家的实体法规则直接作出选择。他还认为，依利益分析的方法选择法律，传统冲突法中的公共秩序保留、反致等一系列制度，也就成为毫无必要的东西了。

本来依利害关系之有无和大小来决定法律的选择，在传统的冲突法制度中也是存在的。人们甚至指出，依下述各种不同情况决定应适用的法律，实际上也就是一种利益分析的方法：首先，依涉外案件的不同性质判断利害之大小而决定应适用的法律。如同一涉及土地契约的争议，一种情况是因违反该契约而给他方造成损害，他方当事人请求赔偿损害，在这种情况下，缔约地国或履行地国就可能与案件具有更大更直接的利害关系，故宜适用它们的法律；一种情况是争议集中在土地的交付上，那就应该认为土地所在国与案件具有更大更直接的联系，这时便应适用土地所在地国法了。其次，涉外案件的重心不同，也是影响法律选择的重要因素，例如夫妻之间的伤害赔偿案件，既涉及夫妻身份关系，又涉及所造成的财产损害，如果从求得这两个方面的平衡出发，则未尝不可选择其中任一方的法律，但也可着眼于其中哪一国法律更有利于保护女方或受损害人的利益。最后，在所有涉外关系的构成因素相对集中于某一国时，显然案件与该国有更为密切的利害关系，应选择适用它的法律。

但是，在柯里的理论中，他的利益分析方法有自己的一套规则。例如他认为：

在要求法院去适用不同于法院地的外国法时，法院便应该审查这一法律所体现的政策，以及有关州能合理主张它对于在案件中执行这些政策存在着利益的情况；

如果在审查时，发现只有一个州有这样的利益，而其他州无利益，法院便应适用这唯一有利益州的法律（这种情况，柯里称为“虚假冲突”）；

如果发现两个州存在着明显的利益冲突（柯里称为“真实冲突”），法院便须反复审查，以考虑是否能对其中一个州的政策和利益作出限制性的解释以及其他可以避免（利益）冲突的方法；

如经反复审查，认为两个州的合法利益之间仍然不可避免，便应适用法院地的法律；

而在法院地无利益的情况下，不可避免的利益冲突只存在于他州之间，且法院又不能以公正为理由拒绝审理该案，它也应适用自己的法律，直到人们能够提出更好的办法；

由于诉讼地的不同，对同一问题上州际之间的利益冲突，可能会得出不同的结果，但是，如果在有关的具体问题上，为求判决的一致而将严重损害本州重大利益，法院便不应轻率作出决定而牺牲自己州的合法利益。这时，它可以留待国会根据充分诚实和信任条款，来决定哪一州的利益应该优先①。

柯里的利益分析说本得之于美国最高法院早先处理工人伤害赔偿案件的实践。在1935年，美国最高法院曾受理一件阿拉斯加包装工人协会诉加利福尼亚工业事故委员会的案件。在审理中，法官斯通（Stone）就没有适用事故发生地的阿拉斯加州法，而适用了作为雇佣契约缔结地的加州法律。斯通认为，“冲突的解决……应通过对各州的政府利益作出评价，并且依政府利益的大小来作出决定”②。

1958年新泽西州法院在判决威尔金斯诉泽利乔乌斯基案（Wilkins v. Zelichowski）时，也提出过利益分析的观点。该案双方当事人都在新泽西州设有住所，因他们想要结婚而未达该州规定的婚龄便前往印第安那州结婚，婚后立即回到新泽西州，并生有一小孩，后因丈夫偷窃判罪，妻子要求新泽西州法院宣告原来婚姻无效。州法院适用婚姻举行地法驳回了原告的请求，但新泽西州最高法院却认为本案与印第安纳州无利害关系，唯一有利害关系的是新泽西州，因为承认这一婚姻有效会危害新泽西州的公共政策，最后适用了新泽西州实体法而同意了原告的请求③。

但依柯里的上述主张选择法律，显然往往会扩大法院地法的适用范围。因此，尽管他认为依利益分析方法选择法律是合理的，而实际上法院总会在案件中认为自己州的利益是优先的。应该说，这是他的理论中一个不可克服的矛盾。但是，他的理论终究在一定程度上反映了国际私法的实质。传统的理论几乎全都用一些被认为普遍适用的抽象的规范，来掩盖法院在选择法律的过程中必须首先考虑的问题，即选择什么法律才符合自己国家的对内对外政策上的利益。国际私法上要处理的问题，表面上看是不同法律之间的冲突，但这种法律冲突的背后，却存在着不同国家的利益冲突。所以，在实践中，法院在分析法律冲突决定应选择哪一国法律时，总是要首先分析在该案中法院国自己有什么政策需要贯彻，有什么重大利益需要保护，能不能作变通的处理，等等。在一般情况下，如果法官认为自己国家有政策上的利益，则总是倾向于适用自己的法律，或者适用对自己有利的法律。在国际私法关系中，不管人们提出多么堂而皇之的理由，无论立法者或司法者，都不会从什么超阶级或超国家的立场上

---

① 参见［美］柯里：《蓓科克诉杰克逊案评释》，载柯里：《冲突法文选》，1963年。
② 参见［英］莫里斯著：《冲突法》，1980年第2版，第513页。
③ 参见［英］诺思著：《当代冲突法论文集》，1978年英文版，第258、259页。

去选择应适用的法律的。

通过政策利益分析来决定应适用法律的选择方法，也是一种就所涉各国有关的实体法规则进行直接选择的方法。但是柯里认为，采用他的方法，便可以把整个传统的冲突法制度推翻，这可是不切实际的想法。传统的冲突法制度的最本质的特征就是通过连结点来指引应适用的法律，根据柯里的利益分析来选择法律，也只不过是把传统冲突规范中表示场所意义的连结点（如当事人的国籍或住所地、行为地、物之所在地等），改变为用利益之有无、大小作连结点。这与最密切联系原则一样，也是一种间接调整的方法。例如1978年颁布的《奥地利联邦冲突法规》第22条便使用了这种连结点来构成间接调整方法的双边冲突规范，它规定，“非婚生子女因事后婚姻而准正的要件依父母的属人法；父母属人法不同时，依其中更有利于准正的法律”。现在这类规定，已在许多国家的国际私法立法中被采用。

（五）依案件应取得的结果决定法律的选择

这种方法也是一种就所涉各国实体法规则直接进行选择的方法。一些欧美学者认为，在传统的方法中，冲突规则的作用只在于指定一个管辖权，然后再由法官依据这一指定去援用该管辖权国家的实体法来解决整个争议问题。所以一般又把这种方法叫做“管辖权选择方法”（jurisdiction-selecting rules）。这种方法的优点是它不至于把争议问题的不同方面加以分割而使之隶属于不同国家的法律，把法律关系的内部一致性加以破坏，并且法院运用这种选择方法，也比较简单方便。所以较早的一些冲突法典，多采用这种选择方法。但是，这种方法的最大缺陷首先表现在，因对被指定的国家的实体法内容缺乏了解，而导致不符合法院地国家利益的结果，从而往往需要借助公共秩序保留、反致等方法来加以排除。其次，由于在现实生活中，涉外民事关系的内容日趋复杂，过去采用对一类性质的法律关系只指定一个管辖权的方法（如不管侵权行为的各种重大差别，只笼统地规定“侵权行为之债适用侵权行为地法”），已不能满足需要；同时，对一些本来可以而且应该分割为不同方面的法律关系，为了追求法律适用上的方便或结论的协调一致而一概不允许分割以分别适用不同国家的法律，也并不一定是有利的，于是人们又提出了另外一种法律选择方法，即“规则选择方法”（rules-selecting rules）或“结果选择方法”（result-selecting rules）和“分割说”（Dépeçage或picking and choosing）。

“规则选择方法”的鼓吹者、美国法学家凯弗斯（Cavers）指责传统的“管辖权选择方法”会导致不公正的后果和“虚假冲突”的发生。并且认为，法院在选择法律方面，不应该是无所事事的、消极的、被动的，既然在处理一项争议，就不能不考虑自己的选择会给争议带来怎样的结果，否则就不能作出明智的选择，这就要求法官必须去考察相互冲突的两种法律规则的具体内容。凯弗斯认为，在依规则选择方法直接就有关国家的实体法规定进行选择时，如经查明其内容，认为某国（州）法律的适用能使案件得到公正的解决，即可适用；反之，如发现其适用会违反自己的社会政策，则应由法院地的法律来决定如何解决。但在这种场合，即令改为适用法院地实体法，也是规则选择的结果，而不必根据什么反致或公共政策制度来机械地排除外国法的适用①。由于这种选择方法要求从案件取得公正的结果出发，因而又被称为“结果选择方法”。这种着眼于结果的选择法律的理论，早为12世纪意大利后期注释学家亚尔德里古（Aldricus，1170—1200）所主张，他当时曾提出应该适用“更好的法律”（better law）。凯弗斯对此是备加推崇的。着眼于所涉各国实体法的规则，谁最能使案件取得更好的结果，而且又符合法院所追求的社会目的，这种观点也是很有可取之处的。问题只是在于法官总是为一定的统治阶级利益服务的，他们总会站在自己国家的立场上去衡量什么是公正，什么是“更好的”法律，什么才是自己所追求的一定的社会目的，不可能有什么超阶级的“公正”，也不能有某种衡量“更好的法律”的普遍标准。

凯弗斯在提出“规则选择方法”的同时，也试图否定冲突规范和整个冲突法制度的作用。这也是不能为人们所接受的。凯弗斯自己在事过32年之后，于1965年发表他的《法律选择过程》一书时，也已从这种过激的立场大大地后退了。这时，他承认，如果要在两个不同的法律之间进行选择而不提供指导选择的原则，就会出现谁都会主张自己选择的是“更好的法律”的危险。不过，他仍然主张，应该对传统的呆板的法律选择规范加以分析，赋予它们以特性和生命，以便适用起来更能切合实际情况。他举“婚姻方式的有效性依婚姻举行地法”这一冲突规则为例，认为如果把它分解为不同的组成部分，如：依内国法规定的方式在内国举行的结婚，其方式为无效；未依内国法规定的方式在内国举行的结婚，其方式为有效；依（非在内国的）举行地法规定的方式举行的结婚，其方式未必一定有效；而未依（非在内国的）举行地法规定的方式举行的结婚，其方式也未必一定无效，这样便会使前面讲到的这条机械的呆板的冲突规则有了差别，有了生命，有了各种各样具体的内容。人们经过

① 参见［美］凯弗斯著：《法律选择问题批判》，1933年。

这种分析就会发现，在前两种情况下，这个冲突规则应该是具有强行性的，而在后两种情况下，就不一定也是强行性的了。因而，这样来适用传统的冲突规则，显然也是有助于求得案件的公正合理的解决①。

把一个问题的不同方面加以分割而分别选择不同法律的方法，在传统的国际私法中也是有的。例如最早在处理涉外民事案件时，便把程序方面的问题和实体方面的问题加以“分割”而分别选择适用不同的法律；后来在审理中又逐渐出现把实体问题的不同方面加以分割分别选择不同法律的做法。莫里斯曾给“分割”下过一个定义，说：在一个包含有两个以上问题的案件中，如果对这些问题分别指引了不同的法律，这种情况就叫“分割”（法语叫Dépeçage，美国叫 picking and choosing）。但是，在作这种选择时，有一个十分重要的问题必须考虑，就是如果这些问题是不相关的或不甚相关的，法院分别选择不同的法律，当不至有太大的不妥；但是如果这些问题是彼此密切关联的，法院却坚持要加以分割，并分别适用不同国家的法律于不同的问题，则可能出现其中一个或两个法律的目的被歪曲的危险，对于当事人也可能造成不幸的后果②。因此，这也是与管辖权选择方法或规则选择或结果选择方法直接有关的一个问题。对于这个问题，荷兰法学家弗鲁恩德（O. Kahn Freund）在《国际私法的一般问题》中也作过一些论述。他指出，根据问题是“可分的”或“不可分的”来解决法律选择问题也是十分重要的，但这一问题，过去尚未引起国际私法学家的充分重视。在实践中，由于某些问题本身具有很强的内部一致性，因而是只可“定性”而不可“定量”的，对于这类问题，作传统的管辖权选择，只适用同一个法律去解决就比较有利。例如离婚与再婚的能力问题就具有这种内部的一致性，宜于依同一法律作出判断，而不应把二者加以肢解使之分别隶属于不同的法律。类似这样的问题还有，H 和 W 的婚姻是否有效？H 和 W 的婚姻是否已经解除？A 是 B 的婚生子吗？D、F 之间是否已成立了有效的收养关系？如果依甲国法律认为 H 和 W 是夫妻，而依乙国法律却认为他们是非法同居；依甲国法律认为 A 是 B 的婚生子，而依乙国法律认为他不是；依甲国法院认为 D、F 之间已成立收养关系，而依乙国法律却认为不是，这时就会因为适用了不同国家的法律，而造成不一致的结果，这会是很不幸的。所以，在这些亲属法问题上，联邦德国、瑞士及其他一些国家在新近的

① 参见［英］莫里斯著：《冲突法》，1980 年第 2 版，第 510 页。
② 参见［英］莫里斯著：《冲突法》，1980 年第 2 版，第 511 页。

一些案件的判决中，都认为保持一个内部存在着不可分性的法律关系在适用法律上的一致，而不要让不同的冲突规则使之造成分割是完全必要的①。

但是，弗鲁恩德指出，有些问题其性质则显然具有可分性，如谁有资格参加分配死者和破产人的财产？因婚姻而产生的对配偶的财产的效力是什么？A是否有权以违反契约或侵权行为为根据而向B提出损害赔偿的请求？如果死者或破产人的财产一部分位于甲国，一部分位于乙国，由于分别适用了不同的法律，结果可能认为死者的遗孀只能取得位于甲国的财产，而不能对死者位于乙国的财产享有任何权利；债权人丙、丁可以对破产人在甲国的财产享有权利，而戊、己只能对他在乙国的财产享有权利；由于适用于一个契约的成立、效力或解释的法律不同，或者由于适用于判定侵权行为的构成与责任的法律不同，某人也许只能向被告位于甲国的财产提出赔偿请求，却不能在乙国提出此种主张。这些情况，在实际生活中，则是不免时有发生的②。

分割还可发生在下述这类情况之中：1957年美国新泽西州法院审理的马里兰伤害保险公司诉杰塞克案（Maryland Casulty Co. v. Jacek）。该案涉及一对夫妻，在新泽西州设有居所，在一次去纽约的旅行中丈夫开车时因过失而致车祸伤害了妻子，因而她向新泽西州以此为理由对丈夫的保险单提出请求（丈夫曾根据新泽西州签发的保险单保了险），因为保险单规定，在任何诉讼中他所承担的“法定支付责任”，保险公司均应负责赔偿。但是，在本案中，依纽约州的法律，妻子虽可就侵权行为向丈夫索赔，但不能就丈夫的保险单进行追索（以防止夫妻诈欺保险公司）；依新泽西州的法律，保险单虽可解释为包括他对妻子的伤害，可是妻子绝不能对丈夫提起侵权行为之诉。在这种情况下，如果只允许作传统的管辖权选择，妻子在其中任何一州起诉都不能获胜。但是新泽西州法院在本案中却采用“分割”方法，即对保险单的解释选择新泽西州法，而对妻子的诉讼权利选择纽约州法，满足了妻子的请求。莫里斯认为，在这个案件中，就因采用“分割”而歪曲了这两个州的法律③。这种情况则是应该加以防止的。

在许多场合下，还会出现一个“不可分”的问题是另一个“可分”问题解决的先决条件的复杂情况。例如一个婚姻是否成立或解除，一个子女是否为

① 参见［美］斯蒂芬、麦克弗里：《论瑞士冲突法草案》，载《美国比较法杂志》1980年第28卷第2期。

② 参见［荷］弗鲁恩德著：《国际私法的一般问题》，1974年英文版，第12、13页。

③ 参见［英］莫里斯著：《冲突法》，1980年第2版，第526、527页。

婚生，一个儿童是否已被收养，常常是另一个继承案件的“先决问题”(incidental question)。在这时，究竟是为了保持先决问题和主要问题(principal question)解决的一致性而选用一个法律，还是允许选用不同的法律，其结果也会是很不相同的①。

(六) 依有利于判决在外国得到承认与执行和有利于求得判决的一致决定法律的选择

国际私法的一个重要目的在于求得涉外民事法律关系的稳定，因而在选择法律时，如果该案的判决需要在国外发生效力，或需要在外国执行，不能不考虑有关国家在这个问题上的国际私法规则，许多国家对此都有明文规定。

例如前南斯拉夫1982年颁布的冲突法就明确规定，对于前南斯拉夫自己有专属管辖权的案件的外国判决是不予承认的；外国法院的判决如果与前南斯拉夫宪法规定的社会组织的基本原则相抵触，其法院也是不承认的；如果前南斯拉夫冲突法规定对有关的前南斯拉夫的个人身份问题应适用前南斯拉夫法，而外国法院在判决有关问题时却适用了与其实体法有重大不同的外国法，这种判决也不会为前南斯拉夫法院所承认。

法国的实践也认为，如果外国法院作出的判决，在法律适用上不符合法国冲突法的规定，是不能得到法国法院的执行的。原德意志联邦共和国民事诉讼法也有类似规定，只不过它只适用于外国法院因适用了这种与其冲突法不一致的冲突规则而给该国当事人的利益造成损失这种特定情况。

此外，即令在没有作这种限制的国家里，如果外国法院的判决据以作出的法律规定，其内容与自己的公共秩序严重抵触，也得不到它们的承认与执行。

因此，在选择法律时，依是否有利于判决在外国得到承认与执行作出判断，也是一个十分重要的方法。

许多国际私法学者还认为，追求对同一争议的判决的一致，乃国际私法得以发展起来的根本动力。因此主张，法院在处理涉外案件时，应从这方面着眼去进行法律的选择。做到了这一点，不但涉外民事法律关系的稳定性能得到保证，而且判决也肯定能得到有关国家的承认与执行。

但是必须指出，尽管这一方法在实践中是有意义的，但如果把追求判决的

---

① 参见［德］沃尔夫著：《国际私法》，1945年英文版，第206~211页；［英］戴西和莫里斯著：《冲突法》，1979年英文版，第49页；［英］莫里斯著：《冲突法》，1980年英文版，第484~487页；格雷维森著：《冲突法·国际私法》，1974年英文版，第77~80页。

一致当作国际私法的目的，那只是把国际私法看作是国际法的学者的观点。在实际生活中，为求得涉外民事法律关系的稳定去适用同一法律，使判决无论在哪一国作出，都能得到一致的判决结果，固然有一定意义，但除受条约约束外，谁也无法保证所涉及的国家都会根据同一个冲突规则去选择法律。各个主权国家主要都是从自己国家的立场与利益出发去选择法律的，而不是从求得国际的一致来考虑这个问题的。在实践中，如果片面强调追求判决的一致，法院国有时就必须牺牲内国法律适用的一致性，而这种牺牲的代价是相当大的，因而也是各国所不愿意干的。

弗鲁恩德曾举了这样一个案例来说明这个问题：一个原来住所在英国的西班牙公民，在英国取得了与他原来的妻子的离婚判决后，又在英国与第二个妻子结婚，后来未留遗嘱而死于他新取得的西班牙住所，留下动产在英国，为此动产的归属，其前后两妻发生争议。在本案中，无论依英国法或西班牙法解决动产继承的冲突规则，均应适用西班牙的继承法作准据法，但其中究竟谁是他的妻子，这个问题必须首先解决。对于这个问题，英国和西班牙的冲突规则却有着重大区别：依西班牙法，离婚应适用当事人的本国法，而当时西班牙的婚姻制度是不允许用离婚方式来解除婚姻的，这样就会认为第一次婚姻仍有效存在；但依英国冲突规则，离婚应适用作为当事人当时住所地法的英国法，而英国法是允许用离婚来解除婚姻关系的，这样就会否定第一个妻子的继承权。这时，如果英国法院为了追求与“主要问题”法律适用上的一致，那就必须放弃自己解决“先决问题”的冲突规则，从而必然要否定自己的法院原已作出的离婚判决，这显然是英国法院所不愿干的①。

因此，这个法律选择的方法，固有一定的参考价值，但也不应过分地加以强调。

（七）依当事人的“意思自治”决定法律的选择

对契约关系的法律适用，16世纪法国法学家杜摩兰（Dumoulin）提倡“意思自治”说，主张契约应该受双方当事人协议自主选择的习惯支配。17世纪荷兰法学派中最有影响的人物胡伯（Huber）也认为，契约关系无论就形式或实质来看，虽原则上都应适用缔约地法，但是，“如果契约当事人在心目中已有其他考虑时”，则缔约地法就不应适用，而应适用当事人另有考虑的法律。18世纪英国国际私法的奠基人曼斯菲尔德在判决鲁滨逊（Robinson）诉布朗德（Bland）一案时，也主张在一般情况下，合同固然应受缔约地法的支

① 参见［荷］弗鲁恩德著：《国际私法的一般问题》，1974年英文版，第12、13页。

配，但当事人在缔约时曾考虑另一国的法律，则应属例外而适用这另一由当事人选择的法律。1825 年，马歇尔（Marshall）法官在韦曼诉沙德（Wayman v. Southard）一案中把这一选择法律的方法引入美国①。1856 年的《意大利民法典》更在孟西尼的思想直接影响下，明确规定，契约之债，如当事人国籍相同，适用他们的共同本国法，否则，适用缔约地法，但在任何情况下，当事人协议选择的法律，应该起决定的作用。目前合同准据法的选择主要依“意思自治”原则，已成为全世界通行的制度。在立法和司法实践中，我国在解决涉外合同的法律选择问题时，也是接受这一原则的。但是，适用这一原则，是否意味着完全听从当事人的自由选择而可不受任何限制，在这一点上，却是有不同的理论和实践的。

英国的一些学者曾认为，允许合同当事人“意思自治”乃渊源于维多利亚（Victorian）时代法官们对于边沁主义（Benthamism）所提倡的不干涉原则（Laissez-faire）的信奉，他们认为，根据这个不干涉原则，当事人的意图是应该特别受到尊重的②。德国有的学说甚至提出合同是在法律之外的观点，认为凡可单纯为合同规定适用的法律，不能和其他法律视为具有同一性质。可为当事人的协议而归入到合同中去的法律，与义务性（或强制性）的法律是不相关的，只有义务性的法律才是对任何个人自由的限制，而合同既然在义务性的法律之外，它当然应完全由当事人自由选择③。

但实际上，在资产阶级国家的国际私法实践中，对于“意思自治”原则的适用从来都是加以限制的。这种情况，随着国家对经济生活的干预的加强表现得更为清楚。1804 年的《法国民法典》就已规定，个人的约定不得与法国公共秩序的法律相抵触（第 6 条）。孟西尼也认为，一国私法在财产及其享有的合同关系中赋予个人的权利，是个人能自由处置的权利。他是积极鼓吹“契约自由”和“意思自治”的，但是他也明确地提出只有在当事人的“自由是无害的范围内”，国家才“应该尊重他们的自由，而且国家也没有任何利害关系要想阻止他们行使这种自由”。这表明孟西尼对于“意思自治”也认为是有限制的。这种观点也反映在意大利 1856 年民法典中。

从目前各国的立法与实践看，当事人的“意思自治”主要受到来自三个方面的限制：

---

① ［英］格雷维森（Graveson）著：《冲突法与国际契约的演讲》（1951 年）。

② 参见［法］威希尔、诺思著：《国际私法》，1979 年第 10 版，第 197 页。

③ ［法］巴迪福著：《国际私法各论》，中国对外翻译出版公司 1989 年版，第 283 页。

首先，当事人的协议选择只限于有关国家的任意法的范围，强行法是不得借自主选择而规避的。这一点在1979年通过的《欧洲共同体关于合同之债的法律适用公约》中也得到明确的反映。例如该公约第3条第3款规定，当事人如果选择了外国法，不得影响在作出选择时与合同中其他因素有联系的国家的法律中的强制性规定的实施。1987年新的瑞士联邦国际私法第19条也明确规定："本法不影响瑞士强制性规定的适用。该强制性规定由于有它们的特别目的，无论本法指定的法律如何，都必须予以适用。"①

其次，许多国家都不允许当事人选择与合同毫无实际联系的法律，有些法典甚至明确规定当事人只能在哪几种法律中进行选择。如1926年波兰国际私法规定了当事人只可在下述五种法律中进行选择：缔约地法、履行地法、标的物所在地法、双方当事人的住所地法或国籍国法。

最后，在英国的实践中，还认为当事人对法律的选择，必须符合善意合法及不存在避开政策的情况等条件②。

上述七种选择法律的方法，都是在选择涉外民事关系准据法时可供利用的方法。由于客观情况错综复杂，而且涉外民事关系也在不断发展变化，国际私法的历史已经证明，许多学者试图设计出某一种选择法律的方法，并且试图运用它去解决国际私法中碰到的一切问题，是没有一个取得成功的。国际私法的历史还证明，过去解决对各种法律关系都只分别采用一个连结点去指引准据法的做法，也因新的复杂情况出现而不断被打破。现实的涉外民事生活关系呈现的往往是一幅令人迷惘的复杂画面，以至必须运用多种不同的法律选择方法，考虑多种多样的因素，才不会使法院在处理涉外民事案件时，感到束手无策或迷失方向。对于这一点，可以说已越来越成为各国国际私法理论界的共识。

上述七种法律选择的方法，在我国已有的国际私法的立法和司法解释中，也都得到了不同程度的反映。

第四节　中国国际私法亟待进一步的发展和完善

一、中国国际私法立法模式带来的一些问题

上面我们总结了我国国际私法制度的发展成就，但是这并不是说它已到了

① 韩德培、李双元主编：《国际私法教学参考资料选编》（上册），武汉大学出版社1991年版，第326页。

② 参见［英］鲍里（Borrie）著：《商法》，1975年英文版。

臻于至善的程度，并且能充分适应当前进一步改革开放的需要了。应该承认，我国国际私法还面临着亟待进一步完善的艰巨任务。我国国际私法理论研究更任重而道远。

这首先是因为中国国际私法的立法，在十几年中，基本上是根据立法或司法部门感到什么是最急需或者认为什么已具备条件，按块块模式进行的。比如虽早在 1982 年的《民事诉讼法》（试行）中，便已有了关于国际民事诉讼程序制度的比较系统的规定，但是直到 1986 年才在《民法通则》中设立了很简短一章，就涉外民事关系的法律适用规定了 9 个条文。尽管这 9 个条文，终于结束了新中国无系统的法律适用成文法规定的历史，其开创性的意义远远大于所包含的条文内容的价值，但到底过于简单甚至粗糙，因而迫于形势的需要，到 1988 年，最高人民法院又在其《关于贯彻执行〈民法通则〉若干问题的意见》中，补充了 18 个条文。这样做的结果是，归纳起来看，我国国际私法的体系虽大体确立了下来，但整体性较差，块块之间发展也很不平衡，程序制度比较完备（即使是就 1991 年新颁布的《中华人民共和国民事诉讼法》第四编和其他有关条款以及 1995 年 9 月 1 日施行的《中华人民共和国仲裁法》与其他有关规定来看，也只能说是“比较完备”），而法律适用法方面尚有不少缺漏。

纵观当代各国国际私法的立法模式，大体上可区分为两种：一种是纯粹的涉外民事关系的法律适用法或冲突法，如 1978 年奥地利联邦国际私法法规为其代表；另一种是融国际民事案件管辖权制度、涉外民事关系法律适用制度和外国判决的承认和执行制度于一系统的国际私法立法之中。这种制度虽为英美所首倡，但真正见之于成文法的，乃欧洲若干国家的新近颁布的国际私法（其中最具代表性的为 1987 年瑞士联邦国际私法法规）。这种立法模式，当是更先进，更符合司法工作的需要的。而且国外采用这两种不同模式的立法，均分别设有总则和分则，内容相当完备。早在 1986 年，我国便有主张采用第二种模式处理国际私法的立法问题①，但未能被接受。这虽与当时的客观条件有关，更重要的还是主观上当时还没有能认识到健全的国际私法制度，是必须包括这三个方面的内容的。为了应付实际工作的需要和弥补立法上的不足和缺漏，只得运用大量的司法解释来代替立法，而司法解释也往往因就事论事，不免有与立法不相一致的地方。这方面最显著的可以有关国际惯例适用方面的立

① 参见李双元：《关于我国国际私法理论研究和立法工作中的几个问题》，载《政法论坛》1986 年第 2 期。

法规定和司法解释之间的矛盾为例来加以论证。

《中华人民共和国民法通则》曾在涉外民事关系的法律适用一章中规定，对于涉外民事关系的法律适用，“中华人民共和国法律和中华人民共和国缔结或者参加的国际条约没有规定的，可以适用国际惯例”；《中华人民共和国涉外经济合同法》关于涉外经济合同的法律适用也规定，“中华人民共和国法律未作规定的，可以适用国际惯例”，从而表明我国国际私法有国际惯例这个渊源。由于国际私法趋同化倾向的加强，冲突法和程序法中国际公约的增加，新近的许多国家在法律适用问题上规定适用国际条约的虽越来越多，而规定适用国际惯例的则仅有我国的上述两个立法以及后来颁布的《中华人民共和国海商法》第268条、《中华人民共和国票据法》第96条和《中华人民共和国民用航空法》第184条而已，而对其中的“国际惯例”这一规定应如何解释，似乎还难作出明确、具体、统一的回答。

首先，如果严格地从法律条文的上下文来看，都应该理解为仅指法律适用法即冲突法上的国际惯例。因为这些条文都是在各该立法中就法律适用问题的解决规定的。但是，在这一领域，尽管随着国际经济民事生活的发展，各国国内立法和若干国际条约常有一些共同采用的冲突规则，多数学者都不承认在法律适用上有某种国际私法关系必须适用某国法律的国际惯例，充其量只能说有了一些国际上比较普遍的实践或习惯做法。

其次，更令人困惑的是尽管《最高人民法院关于贯彻执行〈民法通则〉若干问题的意见》中，未就《民法通则》所指的国际惯例作出解释，但在《关于适用〈涉外经济合同法〉若干问题的解答》中，则是明确指出，有关的涉外经济合同在应适用中国法律时，如果中国法律没有相应的规定，才可以适用国际惯例。这一解释则明确地认为上述立法中所称的国际惯例，只是实体法方面的惯例，并不是指法律适用法或冲突法方面的惯例。当然如果这样理解，这种实体法方面的国际惯例是存在的。但从民法通则和涉外经济合同法的前述条文的上下文及字面上的含义来看，无疑是与这种解释不相一致的。而在海商法、票据法和民用航空器法中也未对“国际惯例”进行明确的界定，更不见与其有关的司法解释。因此，在我国这些法律中所规定的“国际惯例”，到底是指实体法方面的惯例，还是指法律适用法或冲突法方面的惯例，亦或二者兼有，在我国未有明确、具体、统一的规定，适用起来常常出现互相矛盾、冲突或含混不清、模棱两可等现象，甚至适用时不知所措。

这里还有必要指出，国内若干年来，从上到下，常见有对我国十分广泛的各种涉外经济和民事关系适用国际惯例的许诺，但对何为国际惯例、在所涉及的具体领域是否存在国际惯例，以及即令存在国际惯例，其适用条件如何等问题，却未加研究，以至于在涉外民事判决中亦有在诉讼程序问题上以所谓国际惯例为根据的。这显然表明我国国际私法立法模式亟待进一步加以完善，以避免整体性差所带来的立法和司法解释脱节、司法实践和立法及司法解释脱节的现象发生。关于国际惯例的适用问题，本书在第三章中将进一步加以讨论。

二、中国国际私法立法内容方面存在的一些问题

（一）规范本身的周延性欠缺的问题

法律规范构成社会的受国家强制力保证的行为模式，因而在立法上，对规范的周延性应特别加以注意。现在看来，在我国已有的关于国际私法的立法中，无论在法律适用规范或程序规范方面，都存在一些规范本身的周延性欠缺的问题。除了上面提到的关于适用国际惯例的规定外，再举以下一些例证，亦足以说明这一情况。

（1）关于人的能力，《民法通则》第143条只简单地规定，“中华人民共和国公民定居国外的，他的民事行为能力可以适用定居国的法律”。为了进一步使这规定的可操作性得到加强，《最高人民法院关于贯彻执行〈民法通则〉若干问题的意见》中，又作了补充，其内容为：“定居国外的我国公民的行为能力，如其行为是在我国境内所为，适用我国法律；在定居国所为，可以适用定居国法律。”“外国人在我国领域内进行民事活动，如依其本国法律为无民事行为能力，而依我国法律为有民事行为能力，应当认为有民事行为能力。”“无国籍人的民事行为能力，一般适用其定居国法律，如未定居的，适用其住所地国法律。”

从这一规定和后来的司法解释来看，至少可以认为在以下几个方面缺乏周延性：

首先，《民法通则》中关于涉外民事关系法律适用的规定，具有国际私法基本法的地位，但对人的能力问题，为何仅只规定行为能力的法律适用，而且为何仅只规定定居国外的中华人民共和国公民的行为能力的法律适用？人的权利能力是一个更为重要的问题，为何不一并作出规定？

其次，《民法通则》该条的行文和最高人民法院的上述解释本身，明显地包含有“人的行为能力依其本国法”的这一基本原则，它居国法律、行为地法律，本都是作为变通处理的补充原则提出来的。可是在立法上，“人的行为能力依其本国法”这一基本原则却未得到表述。因而尽管最高人民法院试图通过解释而提高其可操作性，却仍因其周延性的欠缺，很难完全达到

这一目的。

因而，关于人的能力的法律适用的规定，假如改成以下这样，其周延性便可大大提高，可操作性也就大大加强了：

“人的权利能力，适用其本国法律，但亦可适用各该民事关系的准据法所属国法律。”

“人的行为能力，适用其本国的法律。中华人民共和国公民定居国外的，在国外为民事行为，其行为能力，亦可适用定居国的法律。”

“外国人在中国领域内为民事行为，如依其本国法律为无民事行为能力而依中华人民共和国法律为有民事行为能力，应当认为有民事行为能力。”

“无国籍人的民事行为能力，适用其住所国或定居国的法律。”

应该说，如能这样规定，不但法条本身更为周延，也与当今国际社会的普遍实践更相一致。

（2）关于物权关系，《民法通则》仅在其第144条中规定，“不动产的所有权，适用不动产所在地法”。尽管后来最高人民法院在有关意见中，把不动产所在地法解释为除适用于不动产所有权外，尚适用于不动产的买卖、租赁、抵押和使用等民事关系，但对动产的法律适用，始终未见规定。可是，人们公认，随着商品生产的发展，动产在国际经济民事关系中，已占有越来越重要的地位。在作为基本法的《民法通则》第八章中，本是应该加以规定的。现在退一步说，如果当时立法机关已经考虑到动产也有个法律适用问题，只是由于动产的情况复杂，不好用一个简单的法条来加以解决，那为什么在该法第149条中就遗产的法定继承又分别规定，“动产适用被继承人死亡时的住所地法律，不动产适用不动产所在地法”？

在国际民事生活中，动产的法律适用确实是个比较复杂的问题，因而如1987年的瑞士国际私法分别就动产法律适用的一般原则、运送中的物的法律适用、运送的物在瑞士时的法律适用、用于出口的物的产权的保留、债权和有价证券或其他权利的抵押、代表货物的单证等的法律适用作了7条15款规定。但总不应因其复杂，便在我们国家的国际私法中连一般的或原则性的规定也不加设置。更何况，在社会实际生活中，许多动产与不动产是紧密联系在一起，许多财产在一些国家被识别为动产，而在另一些国家被识别为不动产，如果我国法院在司法审判工作中遇有这类情况，只有不动产的法律适用有法可依，有章可循；对于动产则无法可依，无章可循的。这不也是因立法上欠缺周延性而使法律规定的可操作性遇上障碍了吗？

（3）上述问题同样存在于《民事通则》的第149条的规定中。因为该条只规定了遗产的法定继承应适用的法律，并未解决遗产的遗嘱继承的法律适用问题。

在我们已掌握的几十个外国的国际私法立法中，如德国、日本、泰国、意大利、希腊、埃及、前捷克斯洛伐克、前苏俄、波兰、加蓬、约旦、阿根廷、秘鲁、原民主德国、阿拉伯也门共和国、也门人民民主共和国、阿联酋、奥地利、前南斯拉夫、匈牙利、瑞士等，均是只规定“继承”应适用的法律，而对于遗嘱（主要只涉及立嘱能力，遗嘱形式、遗嘱的解释和撤销等）则另外规定应适用的法律。像我国《民法通则》只规定“法定继承”的法律适用的，唯有土耳其一国而已。这就值得我们考虑这样的立法是否科学的问题了。

必须指出，继承的准据法的适用范围，尽管各国实践可能有某些不一致的地方，但它至少应用来支配：第一，继承的开始和原因；第二，继承人的范围和顺序（这又包括继承的准据法应决定什么样的人可以成为继承人？被继承人可否通过遗嘱指定继承人？允不允许通过继承契约来处理遗产继承或放弃继承等问题）；第三，继承开始的效力；第四，被继承人通过遗嘱处分其财产的权利（这个问题与一个人是否具有成立遗嘱的能力是不同的，它主要指被继承人可否不受限制地，如不受有关继承法中关于特留份的强行性规定，处分其遗产的权利）等。因此，不论法定继承或遗嘱继承，以上这些问题都要受继承的准据法约束，继承的准据法并无法定继承和遗嘱继承的区分。正是由于这个原因，在规定继承的准据法时，只规定法定继承的准据法是不科学的，这样的规定，只能给人造成一种错觉，即似乎在继承的开始和原因，继承人的范围和顺序与被继承人可否指定继承人，继承开始的效力，以及被继承人通过遗嘱处分其财产的权利等问题上，在遗嘱继承中，可以改变或背离继承准据法的效力。

因此，科学的周延的立法（像上面提到的许多国家都是这样做的），只应该把关于继承的法律适用和遗嘱的法律适用分别加以规定，遗嘱属于一种财产所有人生前单方处分其死后遗产的特殊的法律行为，它主要受行为法则的支配，而继承属财产法的范围，它要受被继承人属人法或遗产所在地法的支配；而不应该像现在这样，只规定法定继承，在法条上既不表明继承的准据法同样要适用于遗嘱继承，也不规定遗嘱应适用的法律。

（4）立法内容的不周延同样可见于《民事诉讼法》的某些规定之中。本来，根据国内国际私法学界一致的观点，都认为由于在1982年颁布的供试行的《民事诉讼法》第五编第185条规定了“外国人、无国籍人、外国企业和组织在中华人民共和国领域内进行民事诉讼，适用本编的规定，本编没有规定的，适用本法其他有关规定”，因而关于涉外民事诉讼的法院管辖权，该编既未规定，当适用该法有关地域管辖（包括一般地域管辖、特殊地域管辖、专属管辖）的有关规定。尽管对适用特殊地域管辖的民事案件，试行的《民事诉讼法》包含的案件范围不如新《民事诉讼法》所规定的这样更为广泛，但一般地域管辖和特殊地域管辖之间的联系和区别并无混淆之处。在新《民事诉讼法》中，适用特殊地域管辖的案件种类虽规定得更广泛了，同时在第四编中又专门就涉外合同纠纷和其他财产权益纠纷案件的管辖权作了一条具体规定，却带来一些不好理解的问题，诸如：

首先，本来一般地域管辖和特殊地域管辖并不应是相互排斥的关系，而应是互补的关系。即一般地域管辖上“原告随被告”的原则，只有专属管辖和一般地域管辖例外规定的几种案件不得适用外，在属于适用特殊管辖根据的案件中，在有关当事人不能利用民事诉讼法所规定的法院起诉时，他们仍可利用一般地域管辖所确定“原告就被告”的原则，在被告于我国境内有住所时，我国法院仍可行使管辖权。这应是毫无问题的。但现在的民事诉讼法，除了在一般地域管辖中已确定了原告随被告的原则，原告应在被告住所地法院起诉外，对合同纠纷案件、保险合同纠纷案件（前面统称合同纠纷，从逻辑上讲，应已把一切合同纠纷包括在内），已无理由紧接着把保险合同和后面提到的几种运输合同单列出来。如果说，因为这几种合同具有特殊性，应另定管辖权的根据，则应在第 25 条提到合同纠纷案件的特殊管辖根据时，加上一句“除本法另有规定外”，就比较严谨了。票据纠纷诉讼，铁路、公路、水上、航空运输合同纠纷，侵权行为诉讼，铁路、公路、水上和航空事故诉讼，船舶碰撞或其他海事损害事故诉讼，几乎都于一种或数种得行使特殊管辖的根据（包括合同履行地、保险标的物所在地、票据支付地、运输始发地和目的地、侵权行为地、事故发生地或车辆船舶最初到达地、航空器最先降落地、碰撞发生地或碰撞船舶最先到达地或加害船舶扣押地）之外，又规定了被告住所地亦为行使管辖权的依据，其中合同纠纷案件和保险合同纠纷案件，在所规定的管辖根据中，被告住所还列在首位。这不免使人产生疑问。特殊管辖的根据，本或为对在我国无住所的被告行使管辖，或为特定种类的案件中的原告提供起诉的方便，或为法院便于调查取证、便于审理、便于判决的执行而规定的，对属于特殊管辖范围的案件，原告当首先利用特殊管辖所规定的法院。如果原告不能利用特殊管辖的法院时，仍可利用一般地域管辖所提供的法院提起诉讼。新《民事诉讼法》这样的规定，反而从法条上明确地反映出立法者的观点是认为一般地域管辖和特殊地域管辖，在关系上是完全互相排斥的，从而同时意味着，该法第32条关于因海难救助费用提起的诉讼和第33条关于因共同海损提起的诉讼，既然它们未规定被告住所地法院亦可行使管辖，则只能把这类案件，理解为救助地或被救助船舶最先到达地法院与共同海损案件中的船舶最先到达地、共同海损理算地或航程终止地法院享有专属的管辖权，在原告不能利用上述特殊管辖根据却可以向被告住所地法院起诉时，亦不得利用被告住所地这个一般地域管辖的根据。这些，在民事诉讼法的理论和实践中都是很难讲得通的。

其次，依新《民事诉讼法》适用特殊地域管辖的案件，应该说均属于"合同或其他财产权益纠纷案件"（侵权案件，在要求加害人作损害赔偿时，既已形成支付一定赔偿金的债权债务关系，这里姑且也将其归入财产权益纠纷），对它们的法院管辖权，在一般情况下，已可依前面讲到的第24~33条的规定解决。可是该法在第四编关于涉外民事诉讼程序的特别规定中，又专列1条，称"因合同纠纷或其他财产权益纠纷，对在中华人民共和国领域内没有住所的被告提起的诉讼，如果合同在中华人民共和国领域签订或者履行，或者诉讼标的物在中华人民共和国领域内，或者被告在中华人民共和国领域内有可供扣押的财产，或者被告在中华人民共和国领域内设有代表机构，可以由合同签订地、合同履行地、诉讼标的物所在地、可供扣押财产所在地，侵权行为地或者代表机构住所地人民法院管辖"。这一条规定，与前面第24~33条规定之间到底又是一种什么关系，也不太好理解。应该说，这也是立法规定不周延造成的一种混乱。

（二）有待进一步加以完善和作出明确规定的其他几个问题

（1）关于侵权行为法律适用的规定，在内容上亦有进一步加以研究和完善的地方。

侵权法是否发达，随着社会的进步，已成为衡量一个国家的民主和法制是否健全的重要标志之一。而且在当代，对侵权责任的追究和法律适用，在国际私法上，已越来越以方便受害人的起诉和更有利于保护受害人的利益为主要的考虑因素。如对侵权行为诉讼的国际民事管辖权的确定，在1987年的新瑞士国际私法中，对于一般侵权诉讼，该法规定，只要被告住所在瑞士，或虽在瑞士无住所却有习惯居所或营业所，或亦无习惯居所和营业所，但如行为地或结果发生地在瑞士，瑞士法院均可受理有关诉讼；对于特殊的侵权诉讼，如属于核装置或核物质运输引起的损害赔偿诉讼，只要事故发生在瑞士，瑞士法院即可受理；在事故发生地不能确定时，如果责任可归因于核装置的操作者时，只要该核装置在瑞士，或责任可归因于有运输批准权的人，只要该操作者和有批准权的人有住所或选定住所在瑞士，瑞士法院亦可行使管辖权。直接针对承保人的民事责任提起的诉讼，只要承保人在瑞士有营业所，或行为地或结果地在瑞士，瑞士法院也可管辖。而在侵权的法律适用方面，传统上主要采用侵权行为地法、法院地法及侵权行为地法和法院地法重叠适用的三种不同做法，而以侵权行为地法的适用最为普遍。但自“二战”以后，由于现代科学技术被广泛运用于商品的生产和分配，国际产品责任、交通事故、商业上的不正当竞争等各种特殊侵权案件大量发生，其责任的构成和范围的复杂程度，已使在本世纪早期以前形成的理论和制度暴露出了严重的局限性，因而许多学者对上述传统的法院地法学和行为地法说进行了猛烈的抨击，认为机械地适用法院地法和行为地法，都不合适。有的学者甚至进而主张模仿“合同自体法（或合同特有法）”，采用所谓“侵权行为自体法（或侵权行为特有法）”，亦即主张应依案件的具体情况适用与侵权有最密切联系的国家的法律。这种主张在1982年的土耳其国际私法和美国1971年《冲突法重述》中已得到具体的反映，只是它们都不采用“侵权行为自体法”这一概念。1987年的瑞士国际私法还把“当事人可在侵权事件发生后任何时候，约定适用法院地法”当做一般的原则，即把“意思自治”引进了侵权法律适用领域。1979年匈牙利法、1982年前南斯拉夫法、1984年秘鲁法则在首先规定原则上应适用行为地法之后，进一步规定如损害结果发生地法对受害人更为有利，应适用结果发生地法，从而把“利益分析”方法引入了国际私法的侵权法。上述瑞士国际私法和美国1971年的《冲突法重述》还把侵权行为区别为不同的种类，分别给它们规定应适用的法律，十分详备。

现在回过头来看我国国际私法中关于侵权诉讼的规定，不但对此种诉讼的管辖权仅规定了侵权行为地和被告住所地两个连结点，十分简单；而在法律适用方面，虽规定颇见详细，也未能与当代国际社会侵权法的新发展完全合拍。

《民法通则》第146条规定，侵权行为的损害赔偿、适用侵权行为地法（经最高人民法院司法解释，侵权行为地法包括侵权行为实施地法和侵权结果发生地法，如果两者不一致时，人民法院可以选择其一加以适用）。当事人双方国籍相同或者在同一国家有住所的，也可适用当事人的本国法律或住所地法律（即也可适用他们的共同属人法）。但是不论适用上述何种法律，如果“中华人民共和国法律不认为在中华人民共和国领域外发生的行为是侵权行为的，不作侵权行为处理”。这后一款规定表明，尽管有前面两款的规定，但对发生于国外的行为是否为侵权行为，必须依我国法律加以识别。

这里首先应解决的一个问题是，最高人民法院认为在加害行为地法和损害发生地法不一致时，可选择其一加以适用，其选择是否应该有某种客观上的标准？如或视其中何者对双方当事人更为公正，或视其中何者更有利于受害人得到保护和充分的赔偿，或视其中何者与案件具有更为密切的联系，等等。如果不提出某种客观上的标准，法院或法官的主观任意性就可能严重影响法律的严肃性和可预见性。对此，不妨在司法解释上明确指出："在行为实施地法和结果发生地法出现严重抵触时，人民法院应视何者与案件有密切的联系或何者对受害人更为有利而选择其一加以适用。"

其次，关于对国外发生的行为是否为侵权行为要由我国法律加以识别的规定，也似乎过于绝对化而在许多案件中并无实际意义。在某些案件中，又将带来不利于中国原告的后果。为了说明这一点，在这里，我们不妨利用美国学者所提出的"虚假冲突"和"利益分析"的方法，作一些深层、细致的研究，并用图表加以剖析①：

可见，对侵权行为的识别冲突，仅存在于A、C两种情况下（当然得撇开侵权责任范围方面的法律规定的不同，《民法通则》第146条最末一段也未涉及这方面的冲突）。而且由于"中华人民共和国法律不认为在中华人民共和国领域外发生的行为是侵权行为的，不作侵权行为处理"这一规定，并不包含有依中华人民共和国法律对发生在其领域外的行为认为是侵权行为，依行为发生地的外国法认为不是侵权行为的，也得当做侵权行为处理的这层意思，因而这一款规定，仅在A这一种情况下有意义。

A	B	C	D
外国行为地法 认为侵权成立 ↓ 我国法律 认为不成立	外国行为地法 认为侵权成立 ↓ 我国法律 认为成立	外国行为地法 认为侵权不成立 ↓ 我国法律 认为成立	外国行为地法 认为不成立 ↓ 我国法律 认为不成立

图1

① 武汉大学国际私法硕士蔡镇顺的学位论文《国际私法上的侵权行为——兼论我国民法通则第146条的适用》（1987年）中，曾作过类似的分析。

A’	B’	C’	D’
当事人共同属法人认为侵权成立 ↓ 我国法律认为不成立	当事人共同属人法认为侵权成立 ↓ 我国法律认为成立	当事人共同属人法认为侵权不成立 ↓ 我国法律认为成立	当事人共同属人法认为侵权不成立 ↓ 我国法律认为不成立

图 2

同样，根据上面的分析，该款规定也仅在 A’ 这一种情况下有意义。现在再把当事人的国籍因素增加 A、A’ 两种情况。

如果绝对适用该款规定，则明显可见：

在 1 和 1’ 的两种案件中，由于与我国的联系十分松散，适用该规定没有什么意义和价值；

在 3 和 3’ 两种案件中，虽可以起到保护在外国为该种行为的中国被告的利益的作用，但在 4 和 4’ 两种案件中，作为受害人的中国原告的本可依外国法得到的赔偿则将被根本否定。

A	A’
外国行为地法认为侵权成立 ↓ 我国法律认为不成立 ↓ 适用于： 1. 双方当事人为外国人的案件 2. 双方当事人为中国人的案件 3. 原告为外国人的案件 4. 原告为中国人的案件	当事人共同属人法认为侵权成立 ↓ 我国法律认为不成立 ↓ 适用于： 1’. 双方当事人为外国人的案件 2’. 双方当事人为中国人的案件 3’. 原告为外国人的案件 4’. 原告为中国人的案件

图 3

当然，在 2 和 2’ 的两种案件中，这一规定也是有意义的。

在各国的国际私法中，有和《民法通则》第 146 条相同或相类似的规定的，就我们所了解的几十个国家的立法来看，仅见于德国、日本、泰国、埃及、匈牙利及前苏联等国的立法。但其中德国的立法并不着眼于行为的定性，而只不准就在外国发生的侵权行为向德国行为人提出大于德国法所允许的赔偿请求，以便保护作为被告的德国人的利益。其他如日本立法产生在1898年，泰国立法产生在1939年，埃及立法产生在1948年，都属于早期立法例，应已失去借鉴价值。因此，即使我国立法者认为因在国外发生的行为的定性上要由我国法律加以控制，也由于在《民法通则》第八章中已有了公共秩序保留的规定，实无必要再作这种叠床架屋的规定。真欲有所控制，不若仿效上述德国法，仅着眼于在赔偿范围或限额上，明文规定适当地保护作为被告的在国外为侵权行为的中国公民或法人的利益。

（2）关于保护知识产权的国际私法制度，应及早加以建立。

在我们国家明确认识到科学技术是第一生产力以后，采用更积极的步骤，加快知识产权国际保护和法律适用制度的建立，当是一项重要的任务。

自20世纪中叶以来，世界各国在经济技术上的相互依赖性更为突出，国际经济技术交往的大规模发展已使得知识产权突破了传统的地域性，使一项在甲国开始进行而在乙国完成或在甲国完成在乙国使用的智力成果已层出不穷，屡见不鲜。这就使知识产权往往涉及多个国家的法律，其国际保护法和法律适用越来越显得重要。由于我国已经参加《保护工业产权的巴黎公约》、《伯尔尼保护文学和艺术作品公约》、《保护录音制品制作者防止未经许可复制其录音制品公约》、《商标国际注册的马德里公约》和《世界版权公约》，在国际保护制度方面已更趋完善。就知识产权保护的法律适用来说，目前在国际社会，既有主张一概适用保护国法的，也有主张适用权利产生国法律或有关权利首次授予国法律（原始国法）的，有主张对权利的行使行为适用保护国法，而对权利的产生和存续问题适用原始国法的；有主张通过当事人的自由选择来确定所应适用的法律的；也有主张综合知识产权所涉及的各种因素适用与该法有最密切联系地的法律的。但在我国国际私法学界，在80年代初，还多认为在知识产权这一领域，由于各国都只保护在自己领域内依自己的知识产权法赋予的知识产权，根本不发生法律冲突的问题。后来，随着实践的发展和国外文献资料的大量引进，才逐渐在认识上发生了变化，但系统深入研究这一问题的著作仍不多见，较有见解的论述，惟有1988年董立坤的《国际私法论》① 和费宗祎主编的《国际私法讲义》②、1991年李双元和金彭年著的《中国国际私

① 参见本书第278~304页的有关内容。

② 参见本书第204~205页的有关内容。

法》①、1991年李双元主编的全国高等教育自学考试教材《国际私法》② 等著作，而且也多以介绍和评介外国的有关立法或学说为主，对我们国家在知识产权的法律适用究应如何立法，则均无明确系统的建议。我国立法至今在这方面仍付阙如。

（3）“二战”以后，自然科学的迅猛发展，新技术不断问世，还向国际私法提出了许多其他新的问题，如技术贸易和服务贸易的法律适用，计算机软件的法律保护，信息转让的法律适用等，亦亟待我们去探讨，有的更应尽早通过立法加以规范。

（4）在商事仲裁制度方面，我们虽有详备的两个仲裁程序规则和一部仲裁法，但如当事人仲裁条款订入合同后，合同被裁定为无效，该仲裁是否有效？合同如果无效是否会引起仲裁条款的无效？合同和仲裁条款的无效，应由谁来认定？是都交由法院认定，还是都应由指定的仲裁庭认定？当事人虽订有仲裁条款，但争议发生后，一方当事人向法院起诉，法院受理后如不能认定该仲裁条款无效或不可能实行，是只能依一方当事人的请求，命令当事人将案件提交仲裁，还是应不问一方当事人是否提出此种请求而退回案件？凡此种种制度，亦得有所规定。

（5）中国的区际法律冲突问题。在“一国两制”的构架下，我国未来必将出现内地、台湾地区、香港地区和澳门地区四个不同法域之间的立法和司法管辖权之间的冲突和协调问题，因而，究竟我国应采国际私法和区际私法两套不同制度，还是就将我国的国际私法适用于解决区际法律冲突，如何解决好这些问题，也是中国国际私法理论研究和立法、司法工作需要作出回答的。

---

① 参见本书第257~260页的有关内容。

② 参见本书第222~227页的有关内容。

第二章　中国涉外经济合同法律适用制度与当今国际社会普遍实践之比较

第一节　当今国际社会解决合同法律适用的方法向多样化方向发展

一、概述

签订和履行涉外合同，是我国开展对外技术交流，发展对外经济关系，参加国际经济合作的一种重要形式。涉外合同究应受何国法律支配，是一个直接决定双方当事人权利义务的问题，其重要性已越来越受到我国国际私法学者们的普遍重视，我国这方面的立法和司法实践（特别在涉外经济合同的法律适用方面），也已有了长足的发展。

合同的法律适用一直是一个非常复杂的问题。这是因为合同关系具有高度作为的性质，既不像身份关系那样，以自然和血缘关系作基础，又不像物权那样具有对特定的物的直接的、排他的利用和支配关系，往往不容易判定它的哪一个连结因素具有决定的意义，从而给法律的选择和适用带来极大的困难。

例如，一项合同可能是由一甲国人和乙国人在丙国订立，约定由丁国的船舶把位于戊国的一宗货物运往己国而以辛国货币付款，在考虑它究竟应适用哪一国家的法律时，不能不在这众多的连结因素中，去判定到底分布在哪一国家的因素最具有决定意义。其次，双方当事人之间的协议要成为一种法律上有效的合同关系，必须具备一定的要件，如合同当事人必须具备行为能力，合同必须以符合法律规定的方式签订，合同双方的意思表示必须真实，合同的内容应合法等，这又可能牵涉到几个不同的国家，从而又提出的一个问题是，究宜把上述合同关系的几个方面作为一个整体统一只适用一个国家法律？还是允许将上述几个方面加以分割而适用不同国家的法律？再次，在实体法上，合同乃当事人对权益的自由处分或权利义务的自由设定，那么在法律适用问题上，当事人是否可以像自由约定合同内容那样自由地约定合同应适用的法律呢？如果允许，在当事人未作选择时，又如何解决法律适用问题呢？另外，涉外合同的种类繁多，由于各国在一定历史时期在国际贸易等领域中所处的地位不同，为保护其自身的经济利益，也常对不同种类的合同的法律适用，采取不同的政策和方法，如对某些涉外合同可以放宽自己法律的控制，对某些涉外合同却要求加强自己法律的控制。正因为涉外合同法律适用问题如此复杂，似乎可以说任何一个国家解决它的法律适用问题的方法都是多种多样，而且还在不断发展之中的（当然也包括我国在内，这在本章最后一节中将详细论及）。

从已有的理论和实践看，解决合同的法律适用问题，至少可以划分以下三组对立的方法和实践：（1）主张把合同诸因素加以分割，选择适用不同的法律与主张把合同诸方面不加分割，统一适用一个法律的对立；（2）主张依据当事人的自主选择来决定合同的准据法与主张依客观存在的场所连结因素来决定合同准据法的对立；（3）主张不分合同的性质和种类，统一采用一个冲突规则来指引准据法与主张区分合同的不同性质和种类，分别选定应适用的法律的对立。

二、分割方法仍保持旺盛的生命力

早在法则区别说时代，巴托鲁斯就主张对合同的不同方面适用不同的法律。例如他认为对于合同的形式及合同的实质有效性，可适用缔约地法；对合同的效力，如当事人一致同意在某地履行，应适用该履行地法；对当事人的能力，则主张应适用当事人住所地法。

在这一学说的基础上，后来许多国家的学说与实践，都主张对合同当事人的缔约能力适用当事人属人法，对合同的形式适用缔约地法，对合同的履行适用履行地法，而对合同的成立及实质效力，适用合同准据法。如美国在司法实践中就接受这类观点。1875 年亨特法官在 Scudder v. Union National Bank of Chicago 一案中称：合同的解释及其合法性等问题应由合同订立地法支配，合同的形式应由合同订立地法支配，合同的履行则应由履行地法支配①。此后，该案所确立的原则曾长期成为美国法院的指导原则。与此不同的一种做法是把合同的权利和义务加以分割，分别适用不同的法律。例如萨维尼认为，合同义务是以履行地为其本座的，因此，在双务合同中，每一方当事人的履行义务应分别适用各自的住所地法。这就从合同义务履行的角度，将合同在法律适用上

① 《国际比较法百科全书·国际私法卷》（第 3 卷），英文版，第 24 章，“合同”。

加以分割了。

但是上述分割方法却遭到了近现代一些理论与实践的反对。如瑞士法院在1952年Chevatley一案中认为，把合同的形式和合同的效力区分开来以分别适用不同的法律，常常是十分困难的，是直到判决最后作出之前，一直是不明确、不肯定的。瑞士法院还认为，一个合同无论从经济的观点看，或者从法律的观点看，都应该是一个整体，因而它的履行、解释、解除都应该只由一个法律支配。对于萨维尼所主张的双务合同当事人各自的义务分别适用各自住所地法的分解方法，后来也逐渐销声匿迹了。

英国及英联邦国家、法国、比利时、荷兰、卢森堡和斯堪的纳维亚国家以及东欧一些国家，也都反对分割的方法。

然而，分割方法由于能在一定程度上解决复杂的合同法律适用问题，所以至今仍有其生命力，而且也有新的发展。传统的分割方法常是属地主义的反映，在对合同进行分割时，过分注重合同的不同方面与特定场所的机械联系，而不考虑合同的内在因素和争议问题的性质，在今日看来都是过于僵硬而无法接受的了。新的分割方法则建立在最密切联系或某种利益分析的基础之上的。美国的一些学者就曾提出许多应该考虑的影响合同法律选择的因素。美国第二部《冲突法重述》（1971年）在第188节中更明确规定，与合同某个问题有关的权利和义务应由有最重大联系的法律支配。1980年《欧洲经济共同体关于合同义务法律适用公约》第3条也规定，双方当事人可自行选择适用于合同全部或部分的法律。有的还认为，允许分割是符合当事人意思自治原则的要求的。但是这种分割应是有一定限制的。如按照前述欧洲公约规定，如果当事人为了使某一个别合同条款有效，而通过分割以避开与之有最密切联系的国家的法律强制性规定，这种强制性规定不因其被当事人的选择而受排斥或失效。这样就限制了对合同的非善意分割。

三、主观论和客观论走向有机结合

在合同的法律适用上，本从巴托鲁斯时代起，对于合同的成立与效力，是长期由缔约地法支配的。这种机械地适用缔约地法的做法，最早为杜摩兰所反对。他认为当事人的意图（那怕是根据当事人默示的或可能的意图）应对适用的法律起决定作用。这就从一个新的角度，提出了以采用何种法律选择方法来解决合同法律适用最为合适的问题。自此，开始形成了在合同准据法上长期对立的两种观点——客观论的观点和主观论的观点。

凡认为合同的成立与效力总是与一定的场所相联系的，因而最适合于合同的法律，应该是合同关系在那里“场所化”了的地方的法律，属于合同准据法选择的客观论的观点。其衡量“场所化”的标准，就是看反映在合同构成及效力条款中的一系列客观因素最集中地与某一国发生联系。这种集中的关系，学者们或用“自然本座”，或用“重心”，或用“最密切联系”等概念来表述。但历史上的客观论者，也并非大家都主张只适用合同缔约地法的，还有主张适用或债务人住所地法，或当事人本国法，或“与合同和当事人有最重要联系的国家的法律”的。

反之，凡主张应适用当事人自主选择的法律的称为“主观论”或“意向论”。这一派认为，在民事法律关系方面，当事人既然有权力按照他们自己的意志和协议创设某种权利义务，他们当然也有权来决定适用于他们之间的协议的法律，这两个方面应该是一致地、有机地结合在一个协议或合同中的。在判例中最早适用这一原则的，在英国为 1760 年 Lord Mansfield 所判 Robinson v. Bland 一案。他就认为在一般情况下，合同虽要受缔约地法而不受履行地法支配，但这个原则有个例外，就是当事人在缔约时曾考虑要适用另一国的法律。这一判例可以说是英国适用意思自治原则选择准据法的第一个案件。但是在以后的年代里，英国法院仍常常适用缔约地法，直到 1865 年法院接连对 Peninsulau and Oriental Steam Navigation Co. v. Shand 案和 Lloyed v. Guibert 案的判决，才放弃适用缔约地法这种一贯的做法转而确立了意思自治原则①。此后，许多国家的立法或判例也逐渐接受这一原则。如 1865 年意大利民法典明确肯定了“意思自治”。1896 年德国民法施行法虽未就合同的法律适用规定冲突法则，并在实践中又曾受萨维尼的影响，对双务合同双方当事人的义务各适用其住所地法，但德国法院也是接受意思自治原则的。

从当今的普遍理论及实践来看，尽管必须承认，国际私法上的合同之债，应主要适用当事人自主选择的法律，但不能认为，依客观连结因素确定准据法的方法就可以完全抛弃。这主要是因为当事人在签订合同时，或者根本没有考虑到这一问题，或者当事人在这一问题上达不成一致的意见，或者由于合同的性质不同于一般，法院根本不承认当事人在某种情况下所作的法律选择。比如在各国逐渐兴起的一种保护弱方当事人的趋势，就或多或少地限制了当事人的选法自由。英国的 1977 年《不公平合同条款法》（*Unfair Contract Term Act*. 1977）是一个强制适用的主要在于保护消费者利益的法律，该法为了防止通过选择外国法作为合同的准据法而间接地抛开这个法律，第 27 条第 2 款规

① ［英］莫里斯著：《冲突法》，1980 年英文版第 2 版，第 211~212 页。

定，不论对合同条款是否有意适用英国以外的其他国家的法律，本法都具有拘束力，只要：(1) 合同条款足以表明其完全或主要是为了避开适用本法的目的而订立的；或 (2) 在订立合同时，当事人中的一方是作为消费者，又有惯常居所在英国，并为订立合同在那里实施了必要的行为。英国著名国际私法学家莫里斯甚至认为，像这样的法律就是不受通常的冲突规则影响而直接适用的"超法"。他是不主张把合同当事人的选法自由夸大到不适当的地步的，因而他不无感慨地认为英国法现在不得不对允许当事人几乎有不加限制的选法自由付出沉重的代价，而 1977 年《不公平合同条款法》第 27 条的规定就是这个代价的一部分①。在上述几种情况下，都必须在一定程度上依据客观的标准（目前最大量采用的客观标准就是"最密切联系"、"重心"或"特征履行"等）来解决合同的法律适用问题。

四、区分不同性质的合同决定法律的适用

随着经济生活的多样化和国家既欲开放市场自由而又不愿放弃对市场的干预，合同的种类和性质呈现出愈来愈繁杂的情况。在各国实体法上，在消费者合同和劳动合同领域，为确保消费者和受雇人的正当利益，对当事人的合同自由进行了种种限制，而这种实体法上的限制不可能不对涉外合同的法律适用发生影响，最直接的后果就是上述种类的合同当事人的意思自治受到了限制，从而产生了非商业合同和商业合同在选法上的区别。其次，在确定合同重心的时候，有的类型的合同很容易确定，有的则因其诸因素分布于许多国家而难以确定。前者如不动产租赁合同及劳动合同（工作地为合同重心）等，后者如居住于不同国家的商人通过邮电通信订立的合同等。这样就形成了在选法上易于场所化的合同和不易场所化的合同的区别。再次，有的合同往往由国际统一实体规范调整，或常有统一的格式，而有的类型的合同，如分期付款买卖合同、不动产租赁合同，又很少发生在国际贸易领域，这样就形成了国际合同和非国际贸易合同的区别②。最后，有许多国家将引进外资和技术的合同以及各种国际运输合同与一般的国际贸易合同也加以区别（如我国最高人民法院在关于涉外经济合同法律适用的解答中，就明确地把国际运输合同排除该法适用范围之外）。这样就形成了第三组对立的方法，即主张不分合同种类统一采用一个

① 参见［英］莫里斯著：《法律冲突法》，1984 年英文版第 3 版，第 280、281 页。

② 转引自《国际比较法百科全书·国际私法卷》（第 3 卷），英文版，第 24 章，"合同"。

冲突规则来指引准据法与主张区分合同种类分别选定准据法的对立。

但是，必须看到，上述三组相互对立的理论不是互相孤立的，而是交错存在的。比如合同应当进行一定的分割，这也常为实践所承认，但任意的或漫无限制的分割又会引起适用法律的不稳定、不统一和不明确性。同样，虽然不存在绝对的客观主义，但毫无限制的意思自治也是行不通的。法国学者巴迪福以客观主义者自居，但他的理论实际上是为了克服绝对的意思自治的缺陷而对它进行改造的结果，他的场所化理论，实际上是客观论和主观论的调和。本来巴迪福是客观论的最突出的代表，他认为当事人是法律的臣民而不是法律的主宰，因而他不认为当事人的法律选择协议具有法律拘束力，但巴迪福仍然将适用于合同的法律区别于其他法律关系的准据法，并称合同的准据法为“自治法”。按照他的观点，选择准据法的权力归于法院，但当事人可通过选择缔约地或履行地或其他相关的连结因素使合同场所化，法院应当适用合同场所化了的地方的法律。巴迪福认为法院应当考虑当事人的选择协议，但是把它当作事实而不是法律看待的。法院拥有最终判定合同在何地场所化的权力，如果法院确实发现合同并非在当事人所选择的国家场所化了。法院就可置当事人的选择于不顾。巴迪福还认为，他的观点可从欧洲大陆尤其是可从美国的判例法中找到证据①。这就说明了一个问题，即由于国际私法上的合同关系的复杂性，试图用某一个绝对的单一的即或客观的或主观的法律选择方法来解决其法律适用的所有问题是行不通的，这主要因为它不能适应国际经济关系发展的需要，不能促进国际合同关系的发展，并保障合同关系的稳定和安全。因而从 19 世纪下半叶起，利用综合的方法解决合同法律适用的趋势越来越得到加强。

第二节　合同准据法选择方法发展的三个基本阶段及当前较为流行的几种理论

一、合同准据法选择方法发展的三个基本阶段

前面我们对解决合同法律适用的方法进行了简要的分析。这里需要进一步指出的是，在对合同加以分割时，适用于合同的成立和效力的法律，通常称为合同的准据法。对于合同准据法选择，如果从合同法律适用问题的历史发展的

① 转引自《国际比较法百科全书·国际私法卷》(第 3 卷)，英文版，第 24 章，“合同”。

角度来看，我们还可以发现，合同准据法的选择方法大体经历了以下三大主要发展阶段：

第一阶段是以缔约地法为主的单纯依空间连结点决定合同准据法的阶段。自法则区别说产生后直到16世纪杜摩兰提出的意思自治说被实践普遍接受，适用合同缔结地法于合同的成立和效力可以说是一直在合同法上占统治地位。以缔约地定准据法，在某种意义上，反映了中世纪的封建属地主义，这种情况一直持续到19世纪上半叶才结束（当然不是说缔约地法已完全失去其存在价值）。

第二阶段是以意思自治原则为主，强调依当事人主观意向决定合同准据法的阶段。尽管在16世纪杜摩兰就提出了这一学说，后又有胡伯的支持，但直到1865年意大利民法典的颁布，才有见诸成文法的明确规定。这种从依缔约地等空间场所因素定合同准据法向依当事人的自主选择定准据法的转变，应该说是完全以这个时代的资产阶级极力标榜的“契约自由”为契机的。

第三个阶段是以Proper Law为代表的开放性的灵活的冲突规范指定准据法的阶段。在这一历史阶段，尽管当事人的自主选择仍被视为是一种普遍适用的合同准据法指定公式，但由于国际经济技术关系和通信交通工具的高度发展，合同关系的内容、性质以及种类日趋复杂多样，各国对不同性质合同所采取的政策已常有不同，于是在法律选择的手段和方法上需要进一步向多样化和灵活的方向发展。合同关系上所存在的较大程度上的自由，是商品经济本身的不可人为抑制的客观要求，因为市场规律和自由竞争要求赋予合同当事人能比较自由地约定彼此间的权利义务关系，同时也要求赋予他们能比较自主地选择法律的权利。在当今这个时代，资金和技术总是向有利可图的市场流动的。资金和技术的投入需要得到强有力的法律保护，因此，哪个国家的法律环境比较宽松和有利于自己，便会流向那个国家，把法律适用上过多的强制性规定加于他们，对他们是没有吸引力的。在合同的法律适用上亦复如此。可是，人们也越来越清醒地认识到，在各个国家、各个主体的经济实力悬殊很大的时代，契约自由往往是建立在讨价还价的能力不平等的基础上的自由。同时，在复杂的经济活动中，国家也需要保护特定的利益。于是出现了对契约自由的国家干预，从契约自由延伸而来的当事人的选法自由也渐渐受到干预。由于世界上所有国家的经济和技术实力并不都达到了同一水平，发展中国家为了维护自己的独立和经济利益，也不能不从实体法和冲突法两个方面采取一些适当的措施，以对抗经济技术大国。加之，因当代经济关系的全面发展，已由一般有体动产的常规贸易为主的阶段，进入到大规模的资本流动和技术、劳务贸易，这些都是不宜单一采用意思自治原则来决定法律适用的。这就是产生 Proptr Law 这一理论的主要社会背景。随后，最密切联系说、利益分析说和特征性履行说等选择合同准据法的理论也接着产生了。

二、当前较为流行的几种理论

（一）合同自体法或合同特有法（Proper Law of Contract）

Proper Law of Contract 最先为英国国际私法学家们所提出，是英国法学家们对国际私法的一大贡献。

对 Proper Law of Contract，过去，我国的学者多将其译为“合同准据法”。但严格地说，合同准据法在英语中被称为 Applicable Law of Contract，可见 Applicable Law 和 Proper Law 是两个不同概念，如果把后者也译为“准据法”，不但没有掌握住英国现代国际私法上这一术语的精髓，而且也不可能用它来构成一个冲突规范，或只能构成一个什么也不说明，什么标准也没有提供的非规则的“冲突规则”。有见于此，韩德培教授主张把它译为“合同自体法”，这是很符合英国学者提出这一学说的原意的。但因“自体法”这个词仍也含有为“自身所专有的法律”的意思，所以我们认为也可译为“合同特有法”。

我们认为，英国的学说之所以专门对合同的法律适用提出自体法或特有法这个概念，主要是因为合同本是一种双方法律行为，在不违反国家强行法的条件下，双方当事人可以自由约定彼此的权利义务，因而当然也可以约定应适用的法律。这种选定准据法的方法，在过去很长的一段时间里，英国学者认为只为合同行为所特有，对别的法律关系并不完全适用①。正是基于这种认识，我们认识韦斯特勒克把 Proper Law 仅解释为与合同有最密切联系的法律，这种纯客观论的观点是不妥当的。也正是基于这种认识，我们认为莫里斯根据合同 Proper Law 进一步提出侵权特有法的概念也似超出 Proper Law 的原意。因为，假如把 Proper Law 仅解释为与合同“有最密切联系的法律”，那么任何其他行为或法律关系就也应有 Proper Law 了。这不但抹煞了合同这种以双方合意为本质特征的法律行为与其他法律行为的区别，同时也否定了合同 Proper Law 的特定含义和作用。

至于什么是合同的特有法，则即令在英国的学者之间也存在分歧。前面已经说到，韦斯特勒克在其所著《国际私法》一书中（1925 年第 7 版第 302 页）

① 后来英国学者莫里斯又主张模仿“合同自体法”，对侵权行为，也适用“侵权行为特有法”。但直到现在，对“侵权行为特有法”这一概念，拥护者并不多见。

指出，合同特有法就是支配合同内在有效性和效力的法律，它就是与合同有最真实联系的法律。可是，戴西却认为合同特有法应该由当事人意思自治来决定。他在1896年所著《法律冲突》（第一版）中认为，所谓合同特有法，就是合同双方当事人打算，或能合理地认为他们打算使合同受其支配的那一个或那几个法律。直到该书的第九版（1973年），修订者莫里斯教授仍然坚持这种观点。但在1980年该书的第十版中，莫里斯则试图把韦斯特勒克的客观论和戴西的主观论融为一体，把Proper Law of Contract解释为“当事人意欲使合同受其支配的法律，而在当事人无此明示选择且不能依情况推定当事人选择的意向时，应是那个与合同有最密切、最真实联系的法律”。莫里斯指出合同自体法可分解为三个规则：（1）当事人已明示选择了的法律，该法律一般应被适用；（2）当事人无明示选择，但依情况可以推断出他们所选择的法律时，该法律应被适用；（3）当事人未明示选择，又不能依情况推断他们所选择的法律时，适用与合同有最密切最真实联系的法律。应该认为，莫里斯的这一新的解释，更符合合同自体法的真正含义。因而，尽管英国国际私法学家们提出的Proper Law仍然未消除主观论和客观论的对立，不过，从整个来看，在当前，英国学者们大多数更倾向于以采主观说为主同时兼顾合同的客观情况来定合同的Proper Law。

（二）与合同有最密切联系的法律

不过Proper Law这一概念，在其他国家却不流行。如在美国，通常只喜欢用“英国合同”、“麻萨诸塞合同”来表示受英国法或麻省法支配的合同。而合同的准据法在过去（如1934年第一部《冲突法重述》）则完全是采合同缔结地主义，不承认当事人选择准据法的权利。但现在却已发生了革命性的转变。这种革命性的转变最突出地表现于1971年的第二部《冲突法重述》中。它除了把当事人的自主选择作为首要的原则提了出来，同时又采用“最重要联系原则”作为补充。该重述在第188节中规定，在缺乏当事人的有效选择时，应依该重述第六节所列七个原则，选取那个有最重要联系的州的法律。

在立法中明确采用最密切联系原则作为意思自治原则的补充，越来越被广泛采用，其中除上述美国第二部《冲突法重述》外，尚有希腊1964年民法第25条的规定，“契约债务适用当事人自愿受制的法律，如果没有这种法律，适用按照全部具体情况对该契约适合的法律”；1951年比荷卢国际私法条约草案第13条的规定，“契约在缺乏当事人选择法律的情况下，适用与契约有密切联系的法律”；1979年匈牙利国际私法第29条的规定，“如果按照（本法）第24~28条规定，不能确定（各种合同的）准据法，适用应履行最有特征性义务的义务人的住所地、惯常居所地或主事务所所在地法。如果采用这种方法仍不能决定准据法，以与该合同关系的主要因素有最密切联系的法律作准据法”；1982年土耳其国际私法第24条亦有近似于上述匈牙利法的规定；1986年联邦德国新国际私法第28条的规定，“当事人未根据（本法）第27条规定选择合同准据法的，则合同适用与之有最密切联系的国家的法律。且如合同可分割的部分与另一国有更密切联系，则作为一种例外，该部分可受该另一国法律支配”；1987年瑞士联邦国际私法第117条第1款亦采上述原则。而1979年奥地利国际私法则甚至将它作为一项首要原则，其在第1条中就规定，“与外国连结的事实，在私法上，应依与该事实有最强联系的法律裁判之”，因而当同样适用于合同准据法的确定。

最密切联系原则几乎可以追溯到萨维尼的学说中去，只是他没有使用这个概念，而且也许由于他担心会不可避免地增加法官的主观臆断性，因而提出了法律关系的本座说：本座之所在，亦即联系之所在。立法者既已在冲突规则中指出了这个本座，法官的任务，便是依此本座适用其所在国的法律而已。而深受萨维尼影响的英国的韦斯特勒克则毫不犹豫地主张合同特有法就是与之存在最密切和最真实联系的法律。

本来，依最密切联系决定各种国际民事关系应适用的法律，应该是任何法律选择的依据，所有的硬性连结点也都应当体现这个旨意。只是在此以前的各种理论和实践，没有自觉地运用这种理论而已。而且由于他们不问各个具体合同之间的差异，各个争议问题之间的差异，总认为所有的合同或所有的每一类合同争议，都只有一个本座，或只与某一个空间场所存在最密切的联系，企图用一些硬性的、封闭的连结因素来指定合同的准据法，因而，这些硬性的连结点要么是很快便落后于时代，要么是不合逻辑，要么则是根本行不通的，从而使过去提出来的那种种硬性的连结点，没有一个可在合同法律适用上能普遍适用，甚至“当事人自主选择”这一连结公式也不例外。于是，法院常常不得不去完成立法者未能完成的任务，自己去寻找那个最适合于合同的法律。

对于依最密切联系来选择合同准据法，在一部分学者如韦斯特勒克那里是把它当作一个首要的独立的原则提出的，他完全排除当事人的意思自治。而在戴西等人的学说和英国、美国的实践中，则是作为当事人意思自治原则的补充提出的。就目前各国的实践来看，大都采用后一种观点。但这并不能贬低最密切联系原则的作用和地位。因为在实践中，除开格式合同有法律适用条款外，在其他许多合同中，这种条款尚付阙如。这时就需要运用这个原则去解决法律适用问题了。而且在有的国家，如美国，即令把当事人意思自治放在首位，当事人所选择的法律也不能与同该法律关系有最密切联系州的公共政策相抵触，且选择必须有某种合理的根据。

但是，不管是把最密切联系当做首要原则，还是只把它当做补充原则，都需要进一步解决判断最密切联系的标准问题，否则，便无异于给法院和法官提供了一个为自己的主观专断作辩护的遁辞。在这种情况下，特征性履行说、利益分析说、政策导向说等种种理论和方法便应运而生了。

（三）特征履行说

特征性履行，实际上是推定最密切联系的根据。它要求法院根据合同的性质，以何方的履行最能体现合同的特性而决定合同的法律适用。从一定意义上讲，它很像是“本座说”在当今时代合同法律适用理论的翻版，或者至少可以说，在这种理论中可找到“本座说”的影子。它是为了克服“合同由与其最密切联系的法律支配”这种较为空泛的规则所带来的法律适用的不稳定性和不可预见性等缺陷而诞生的。

在国际私法立法上，把特征性履行当作指引合同准据法的连结因素，主要有三种规定方式：最初的一种方式是根据合同的不同性质，按特征履行确定各种合同的法律适用，如波兰 1926 年国际私法就采用了这个方法。1982 年南斯拉夫法律冲突法将合同划分成 21 种，在当事人未作选择，而案件的具体情况也未指向其他法律时，也依特征履行，规定了各种合同的不同的连结点。第二种方式则是首先规定合同适用与之有最密切联系的法律，然后规定若干主要合同的固定的冲突规则，并认为这些固定规则就是最密切联系原则的具体化。如 1979 年奥地利国际私法在第 1 条中规定，与外国有连结的事实，在私法上，应依与该事实有最强联系的法律裁判后，接着又规定，本法规所包括的适用法律的具体规则，应认为体现了这一原则。根据该法第 35 条第 2 款的规定，凡未作法律的协议选择，或虽作出而不为联邦法规所承认的，概依第 36~49 条规定解决（其第 36~49 条分别指定了由一方负担金钱支付的双务契约、银行与保险契约、交易所及类似业务的契约、拍卖、消费者契约、使用不动产的契约、关于无体财产的契约、雇佣契约等应适用的法律）。这些规定也大都表明，特征履行方的营业所、行为地、惯常居所地等，都是决定准据法的连结点。第三种方式是明确地在条文中将特征性履行一方的（惯常居所地或管理中心所在地等）法律规定为是与合同有最密切联系的法律。如 1987 年瑞士联邦冲突法第 117 条规定，在无法律选择的情况下，适用与合同有最密切联系的国家的法律，后者是指特征性义务履行人的习惯居所地国家，如果合同涉及业务活动或商务活动，指营业机构所在地国家。然后，又进一步规定了五种合同中哪一方当事人的履行应属特征性属行①。

特征性履行理论是新近提出的理论，虽不很成熟，但已受到了广泛的关注。它目前尚有争论的第一个问题是如何判定哪一方的履行是特征性履行。对此，有的主张合同中支付价款一方面的履行为非特征性履行，相对于非特征性履行一方当事人的履行为特征性履行；有的主张应从合同关系内部出发，从经济上、社会上及法律上诸因素综合分析判定合同债务中最为实质的义务方的履行为特征性履行。有争论的第二个问题是，在确定了特征性履行方之后，第二步就是如何在场所或空间上寻找一个连结点，以最后确定合同应适用的法律。对此，有的主张应依特征性履行一方的营业所、惯常居所或公司的管理中心等的所在地为连结点，有的主张应依特征性履行的行为地为连结点等。

《关于合同之债法律适用公约的报告》指出，在当事人未作法律选择时，要求合同服从于适合于特征性履行的法律。这表明是从合同的实质因素，而不是单纯从合同的外部因素（如国籍、缔约地）确定连结点的。特征性履行理论还由于将合同与其自身所隶属的社会及经济环境联系起来②，可以克服单纯依某种空间连结点为标准判定最密切联系所带来的机械性，因而它看来是很具有生命力的。

（四）利益分析说

从前面的介绍中，我们可以看到，无论是合同特有法的理论或是最密切联系或特征性履行学说，都是从批判传统的机械的只适用合同缔结地法开始的。美国学者柯里提出的利益分析说亦复如此。但该学说的创始人还有自己独特的贡献，即从法律所体现的政府利益出发，并且运用具体的因素分布分析方法，令人信服地证明了只适用缔约地法的严重的不合理性，并且提出应根据政府在有关法律关系中适用自己的法律时是否有政策上的利益来决定适用的法律。

柯里认为，就任何国家的法律来说，其制定者都是要通过有关法律规定来追求某种政府利益的，但不同国家就同一法律关系或法律问题制定的立法，所

---

①　该法认为，对何为特征履行，应作如下理解：（1）在让与合同中，让与人的履行；（2）在有关物或权利的使用合同中，给与使用一方的履行；（3）在委任、承揽或其他提供劳务的合同中，提供劳务一方的履行；（4）在保管合同中，保管方的履行；（5）在保证和担保合同中，保证和担保方的履行。

②　参见［美］P. M. 诺斯主编：《合同冲突——欧洲共同体关于合同债法律适用公约比较研究》，1982 年英文版，第 374～375 页。

追求的政府利益并不常常一致，因而法律适用上的冲突，无非就是一种政府利益的冲突。

柯里在根据政府利益进行具体法律适用问题的分析时，把利益的衡量分为有利、无利、受损和无损等四种情况。

下面且就麻萨诸塞州最高法院判决的米利肯诉普勒特夫人（Mieliken v. Pratt）一案来考察柯里通过利益分析证明机械地只适用合同缔结地法只在极少的情况下才是合理的结论。该案事实为麻省的普勒特向缅因州的一家公司赊购500美元货物，公司要求普勒特夫人作保。她终于在麻省出具了保函，后普勒特果不能履行，原告向普勒特夫人追索而在该法院涉讼。原判原告败诉，原告不服，请求再审，改判原告胜诉。但两次判决都适用合同缔结地法，只是在前一判决时，认为麻省为合同缔结地，后一判决却认为缅因州为合同缔结地。

麻省法律不承认已婚妇女有签约为他人债务提供担保的能力。柯里认为麻省这一法律的政策目的在于保护它自己州的妇女的利益不致为他人作保而受到损害，而缅因州法律承认已婚妇女有这种能力，柯里则认为它的这一法律的政策目的在于保证其辖区内债权人的利益。

为了进行分析，柯里认为应考虑以下四种因素：债权人的住所地、该已婚妇女的住所地、法律关系成立地即缔约地以及法院地。

下面以D代表Domestic Factor（内州因素），F代表Foreign Factor（外州因素），具体介绍柯里是怎样通过利益分析来论证单用合同缔结地法在大多数情况下，都是很不合理的。

先假设案件在麻省提起，麻省是内州，缅州是外州，就上述四种因素的分布可得下表（即16种不同分布）：

甲：在第1种和第16种情况下，因全部因素集中一国，无法律冲突之可言，不同国家的法院各自适用自己的法律，实现自己法律所追求的政府利益。

序号	债权人住所地	妇女住所地	缔约地	法院地	备　注
1	D	D	D	D	所有因素为内国
2	F	D	D	D	其中均只有一个外国因素
3	D	F	D	D	
4	D	D	F	D	
5	D	D	D	F	
6	F	F	D	D	

续表

序号	债权人住所地	妇女住所地	缔约地	法院地	备　注
7	D	F	F	D	其中均有两个外国因素
8	D	D	F	F	
9	F	D	D	F	
10	F	D	F	D	
11	D	F	D	F	
12	F	F	F	D	其中均只有一个内国因素
13	F	F	D	F	
14	F	D	F	F	
15	D	F	F	F	
16	F	F	F	F	所有因素为外国

乙：设其四个因素中，“法院”和“缔约地”同在麻省，可得 3 种情况：

2	F	D	D	D
3	D	F	D	D
6	F	F	D	D

在这三种情况下，于 2 时，适用缔约地法，结果是麻省有利，缅州受损（因债权人在该州）；于 3 时，适用缔约地法，结果是麻省受损，缅州无利（因麻省自己的债权人受损，而缅州住所的妇女并不受地域保护）；于 6 时，适用缔约地法，结果是麻省无利，缅州受损（因债权人、保证人都是缅州住所者）。以下依此进行分析。

丙：设法院在麻省，缔约地在缅州，可得 4 种情况：

4	D	D	F	D
7	D	F	F	D
10	F	D	F	D
12	F	F	F	D

在这四种情况下，于 4 时，适用缔约地法，结果是麻省受损，缅州无利；于 7 时，适用缔约地法，麻省有利，缅州无损；于 10 时，适用缔约地法，结果是麻省受损，缅州有利；于 12 时，适用缔约地法，结果是麻省无损，缅州有利。

丁：设缔约地在麻省，法院在缅州，可得4种情况：

4	D	D	D	F
9	F	D	D	F
11	D	F	D	F
13	F	F	D	F

在这四种情况下，于4时，适用缔约地法，麻省有利，缅州无损；于9时，适用缔约地法，麻省有利，缅州受损；于11时，适用缔约地法，麻省有损，缅州无利；于13时，适用缔约地法，麻省无利，缅州受损。

戊：设缔约地与法院均在缅州，可得3种情况：

8	D	D	F	F
14	F	D	F	F
15	D	F	F	F

在这三种情况下，于8时，适用缔约地法，麻省受损，缅州无利；于14时，适用缔约地法，麻省受损，缅州有利；于15时，适用缔约地法，麻省有利，缅州无损。

综合以上情况，在机械地适用缔约地法时，发生的后果是：

（1）麻省有利，而缅州无损的有3种：

5	D	D	D	F
7	D	F	F	D
15	D	F	F	F

（2）麻省无损，而缅州有利的有1种：

12	F	F	F	D

（3）麻省有利，而缅州受损的有2种：

2	F	D	D	D
9	F	D	D	F

（4）麻省受损，缅州有利的有2种：

10	F	D	F	D
14	F	D	F	F

（5）麻省无利，而缅州受损的有4种：

6	F	F	D	D
13	F	F	D	F

（6）麻省受损，而缅州无利的有 4 种：

3	D	F	D	D
11	D	F	D	F
4	D	D	F	D
8	D	D	F	F

因此可得出结论，适用缔约地法，在所有的 16 种分布中，只有 4 种情况是合理的，即上述（1）、（2）所包含的 4 种情况，在其他情况下，都是一州有利，而使他州受损，或一州受损，而他州却无利。不过在（5）、（6）所包含的 6 种情况下（一方受损而他方无利），如果放弃适用缔约地法，而调整为适用任何一方住所地法，便可达到一方有利，他方无损的目的。适用债权人住所地法亦同。故在这些情况下，任何一方都不会坚持适用合同缔结地法。而在（3）、（4）所包含的四种情况下（一方有利，它方就要受损）两州法院便都会在将案件拿到自己手中的同时，适用法院地的法律（这也并非同时都是缔约地法）。

为了论证利益分析方法是解决法律选择的最好方法，他根据这种因素分布的考察，还提出了"虚假冲突"和"真实冲突"两个重要概念。他认为在虚假冲突的情况下，即在所涉及的国家中只有一国在案件中对适用自己的法律有利益，其他国家虽无利益，但也不受损；或者在所涉及的国家中只有一国的法律得不到适用便要使其政府利益受到损害，而其他国家也并不因此受利，这时，显然应该只适用这唯一对案件有利益的国家的法律。只有在真实冲突的情况下，即适用其法律固对自己有利，而对方却要受到损害；或适用对方的法律于对方有利益，而自己却要受到损害，这时，才需要进行选择。柯里从利益分析出发，提出"虚假冲突"和"真实冲突"的区别，并且论证了在前种冲突的情况下，径行适用有利益一方的法律，是很有参考价值的。但他解决"真实冲突"的方法却无可称道之处①。

柯里的政府利益分析的理论是作为要取代传统的冲突法的一切规则和制度

① 参见李双元、金彭年著：《中国国际私法》，海洋出版社 1991 年版，第 127～128 页，以及本书第八章第二节"中国国际私法的理论研究"一目的有关内容。

而提出来的，这一愿望，显然是不可能实现的（参见韩德培、李双元《应该重视对冲突法的研究》一文）。但是把它当作指导法院考虑应如何选择适用法律的一种方法，或者把它当作认定哪一国家的法律与某个合同存在最密切联系的一种根据，则是有着不可否定的作用的。

（五）政策导向说

现在，依政府利益分析决定法律的选择也常被称为以政策导向（political-oriented）决定法律的适用。目前，一些新的立法和国际条约都具有一个共同的特点，即政策考虑在法律选择中占有很重要的地位。它主要表现在两个方面。其一是法律选择要有利于保护弱方当事人（主要是消费者和受雇人）。例如，在消费者合同中，尽管允许法律选择，但这种选择不得剥夺消费者惯常居所地法律的强制性规定所给予他的保护；而在当事人未作法律选择时，通常应适用消费者惯常居所地法。这样规定的理由是，消费者对其惯常居住地的法律比较了解，处于弱方的消费者依赖居住地法才更易于得到合理的保护。此外，如奥地利、匈牙利以及瑞士等国的新的冲突法，对雇佣或劳务合同，也明确要求适用对保护劳动者有利的法律。其二是规定，在合同中，即使当事人协议选择了法律，或即使法院依照冲突规则选择了法律，但仍要考虑与合同有密切联系的国家的强制性法律规定。按照欧洲共同体关于合同义务的法律适用公约第7条的规定，在考虑是否认为这种强制性规定为有效时，应注意此种规定的性质、目的以及适用或不适用的后果（这些都是政策上的考虑）。瑞士1987年国际私法法典第19条之（2）规定，在决定强制规则是否被考虑时，应当考虑这些规则的目的及适用该规则作出符合瑞士法律观念的判决的后果。法国关于公共秩序法律的有关判例亦坚定地取此种立场①。这种规定同有关消费者和劳动者保护的规定都是试图在个别案件中实现一种或几种政策，它们的不同之处是，或者仅是出于保护消费者或劳动者个人的利益，或者同时为了使合同准据法以外的其他国家的强制性法律规定（如外汇管制、进出口条例、卡特尔法）等得到贯彻，以使其公共利益不受损害。

通过以上对合同的法律适用方法和合同准据法的选择方法的分析，我们可以看到国际私法上的合同的法律适用问题，确是一个十分复杂的问题，而且仍处在进一步发展的过程中：历史上已经产生的各种解决合同法律适用和准据法律选择的方法，都是一种补充，而不是新的完全取代旧的；不存在可称为唯一

① 参见李双元主编：《国际私法》（全国高等教育自学考试教材），北京大学出版社1991年版，第136页。

的原则，只有在一定历史时期起主导作用的原则。这就要求我们从实际出发，解决涉外合同的法律适用和合同准据法的选择问题。

第三节　现代国际社会合同法的统一化趋势及统一的原则与方法

一、概述

国际经济贸易的迅速发展以及各国人民之间交往的日益加强，迫切要求排除各国私法制度不一致所造成的法律障碍和不便，形成一种能在国际范围内统一适用的内容上一致的法律制度。这一点对于合同法也概莫能外。因为现代国际社会私法不断适应实际生活的结果是在不同的私法领域形成了越来越多的国际统一私法规范，而它们的总和则构成了一门国际统一私法。国际合同法领域可能是进行私法国际统一最为活跃的一个法律部门，而且，合同法的国际统一也是迄今为止取得成果最大的私法领域之一。因此，有必要将合同法的国际统一置于国际统一私法的大背景下来进行全面、科学的研究。简而言之，国际统一合同法与国际统一私法的关系具体表现在以下几个方面：首先，国际统一合同法本身构成一个独立的法律部门——国际统一合同法，但同时它又是国际统一私法这门广泛的法律部门的一个有机组成部分。这意味着关于国际统一私法的一些理论和原则也同样适用于国际统一合同法。其次，就法律规范的性质而言，国际统一私法是所有性质的国际统一了的私法规范的总和，它们其中既有实体法规范、冲突法规范，也有诉讼法规范，自然，从法律部门来讲，它们包括了所有的私法领域的国际统一规范。因此，在国际统一私法这一系统下面又有国际统一冲突法、国际统一民事诉讼法、国际统一合同法、国际统一知识产权法和国际统一运输法等子系统。然而，国际统一合同法则与此不同。这种不同不仅表现在它只由合同法规范所组成，而且，尚体现在它的规范只是实体法规范和冲突法规范（我们把有关合同时效的国际统一法规范列为合同冲突法的范畴），且以前者为主。最后，在私法国际统一的实践中它们两者相互发展与相互促进。如上所述，合同法的国际统一是整个私法国际统一化运动中最为活跃的一个部门，而且，由于合同是人们进行国际民商事交往所采用的一种最为基本、最为重要的手段，因而，国际统一合同法也便自然成为国际统一私法这一系统中最重要的一个子系统。此外，关于合同的一些原则与制度也是私法其他一些领域的基础。可见，现代国际社会合同法的统一化趋势是国际统一私法的发展的必然结果和成就，国际统一私法的发展不断带动和加速国际社会合同法的统一化进程。与此相应，国际统一合同法的发展成果与所取得的成就反过来又推动和促进国际统一私法的发展。

二、国际统一合同法的渊源与框架

合同在现代社会生活中发挥着十分重要的作用，它不仅是国内民事、商事和经济交往中的一种重要的法律手段，而且也是国际民商事和经济交往中不可或缺的一种重要工具。一个合同一旦含有涉外因素或国际因素便成为国际合同(在我国法律中通常称为涉外合同)，而规定国际合同各种权利义务关系的法律规范的总和便是国际合同法。构成国际合同法的法律规范从国际与国内渊源上来看主要是由国内调整国际合同的法律规范以及国际统一私法规范组成；而就这些规范的法律性质而言，既有合同实体法规范，又有合同冲突法规范以及规定国际合同时效的属于程序法性质的规范。考察各国立法可以发现，在合同冲突法问题上各国都制定有自己的合同冲突法规范。例如，芬兰于1988年5月27日所颁布的第466号法——《芬兰国际合同法律适用法》便是这方面的一个典型的国内立法①。而就国际合同的国内实体法立法而言，不同的国家有着不同的实践，这主要有两种情况：其一，一些国家制定有专门规定国际合同的法律规范，也就是说，在这些国家的合同立法中人为地把合同分成国内合同与国际合同两种，而且为它们分别制定不同的法律规范。我国以及原捷克斯洛伐克的合同立法便是此种立法例的典型②。我国的《涉外经济合同法》便是专门规定国际合同的国内立法。其二，国际上大多数的国家并不在合同立法上区分国内合同与国际合同，而是制定既规定国内合同也同时规定国际合同的单一的合同法律规范。以德国为例，它不但没有独立于《德国民法典》之外的专门合同立法，而且民法典中有关合同之债问题的规定既适用于国内合同也同时适用于国际合同③。而国际合同法的国际渊源，除了现有的国际条约、公约和国际惯例以外，便是规范国际合同的国际统一法规范，即对国际合同的国内法律规范进行国际统一后的法律规范。这种法律规范与国内法律规范相比具有以下几个特点：首先，这种法律规范通常是由有关的国际组织通过统一工作后

---

① 该法英文翻译载德国《国际私法和诉讼法实践》1989年第6期，第407~409页。

② See Siehr, “Der internationale Anwendungsbereich des UN-Kaufrechts”, in: RabelsZ 52 (1988), s. 595ff.

③ 参见徐国建著：《德国民法总论》，经济科学出版社1993年版。

产生，而国内的国际合同法规范则是一国立法者所制定的。其次，它们的适用范围是国际性的，也就是说，它们通常在地区范围内的一些国家之间，或者在整个国际范围内予以适用，因此，它们的适用范围要比国内法律规范的适用范围广泛。再次，就法律规范的目的和内容而言，前者的着眼点主要是协调各国的合同法律规范和它们在国际范围内的适用，因而，它们大多包含了各大法系有关合同的共同的原则；而后者则主要是从一国角度出发，着眼于在本国的适用。但是，在一些情况下，它们也受到国际合同的国际统一法规范的影响。最后，就它们两者在国际合同法体系中的比重和地位而言，我们认为，前者是国际合同法主要的渊源，而且，从长远的发展趋势看，随着私法国际统一化运动的不断发展，这种法律规范在国际合同法体系中的作用还会愈来愈大。相反，由于国际合同法律制度越来越快和越来越广泛的国际统一，规定国际合同的国内法律规范在国际合同法体系中的作用也必将越来越小。国际合同法发展的必然趋势，即成为国际上统一适用的，调整国际统一后的国际合同的法律制度。

如上所述，国际统一合同法是国际统一私法的一个子系统，并自成一个独立的法律部门。而且，专门研究这门法律部门的法律学科便是国际统一合同法学。那么，这门法律以及法律学科的结构体系怎样呢？我们这里试图通过考察国际上既有的全球性的和地区性的合同统一法的公约和文件，参考国内和国外有关的研究成果，并结合合同法国际统一的趋势，勾画出国际统一合同法以及国际统一合同法学结构体系的轮廓。

首先，国际统一合同法尽管由不同的部分组成，但是，它作为一门完整的法律部门，必须有一些一般性的、贯穿该法律各个部分的规范和规定。所有这些规定便构成这门法律的总则部分，以及这门法学学科的总论部分。那么，该总则或总论部分究竟应该包括些什么内容呢？为了回答这一问题，我们有必要先考察一下《联合国国际货物销售合同公约》、1980 年《关于合同义务法律适用的罗马公约》、1986 年《国际货物销售合同法律适用的海牙公约》以及 1994 年《关于国际合同法律适用的美洲国家间公约》、《欧洲合同法的原则（草案）》和《国际商业合同的原则（草案）》等目前国际上最有影响的国际统一合同法的公约或公约草案当中有关总则部分的规定。尽管这些公约或公约草案的调整对象和内容均有差别，但是，在总则部分的内容上，它们都具有一些共同的内容。而这些也正是国际统一合同法总则部分所必须具备的内容。这些内容大致包括以下几个方面：第一，法律的适用范围。这部分内容规定这门法律（具体的国际合同统一法）的空间、时间效力和对人、对物的适用范围。例如，《联合国国际货物销售合同公约》的第一章（第 1 ~ 6 条）以及

《关于国际合同法律适用的美洲国家间公约》第一章（第1~6条）便是对公约适用范围的规定。第二，法律的解释原则和公约中空缺规定的补充。由于国际统一合同法是国际统一的法律规范，因此，此种法律与一般国内法的解释原则是不同的。而且，为了保证这种法律在国际范围内的统一适用，明确它们的解释原则是至关重要的。国际统一合同法的解释原则也是国际统一合同法学所要研究的一个重要问题。国际统一合同法，且尤其是具体的关于国际合同的公约，不可能把有关的问题全部规定无遗，在适用这种法律时，遇到法律中没有规定的问题，应当如何解决，这是国际合同公约以及国际统一合同法学中所需要回答的问题。第三，国际统一合同法的一般原则。贯穿于国际统一合同法的整个内容的原则便是国际统一合同法的一般原则。这些原则不但指导人们正确地适用国际统一合同法，而且，也是国际合同的当事人所必须遵守的。对于这种一般原则的规定和研究也构成国际统一合同法和国际统一合同法学的重要内容。第四，国际统一合同法的渊源——惯例与习惯做法的效力问题。国际统一合同法的渊源是国际统一合同法学所需进行研究的一个重要问题。国际贸易习惯和惯例是国际统一合同法的渊源之一。而且，由于它们在国际贸易中具有非常重要的意义，因此，具体国际合同法公约中大多应对惯例与习惯做法的效力问题作出细致的规定。例如，《联合国国际货物销售合同公约》第9条和《国际商事合同通则》第8条以及《欧洲合同法的原则（草案）》第3条便都是这样的规定。

其次，国际合同法作为一个完整的法律体系（系统）由两大部分（子系统）组成，即冲突法和实体法部分。国际合同冲突法是国际统一了的调整合同关系的冲突法规范的总和。这种合同法律规范是调整国际合同关系的一种间接调整规范，它们本身并不直接规定合同当事人的权利义务关系，而是把具体的国际合同指引给有关国家的国内实体法规范或国际统一合同实体法规范。这种合同法律规范的优点可以概括为以下几点：其一，就实现合同法国际统一而言，因为如上所述这种规范本身并不直接规定合同当事人的具体权利和义务，所以，在制定此种规范时各国利益的冲突较小，此种法律规范因而也就较易于为各国接受。所以，制定这种法律规范是实现合同法国际统一的一个重要的途径。《关于国际合同法律适用的美洲国家间公约》就是美洲国家通过实现合同冲突法国际统一，以谋求国际合同法统一的一个成功的尝试。而且，即使是目前国际上最为重要的国际合同法统一公约《联合国国际货物销售合同公约》也不得不在一定的程度上求助于冲突法规范（见公约第1条（1）（b）项，第7条第（2）款以及第95条）。其二，这种法律规范的存在和适用并不妨碍各国实体合同法的存在和适用。这意味着，这些规范为国际合同当事人提供了适用不同法律制度的机会。其三，国际合同法中的冲突法规范使得国际合同可以与不同的合同实体法相联系，因而，通过这些法律规范，合同当事人可以灵活地自行确定他们的国际合同应受什么法律支配。当然，国际合同法中的冲突法规范也有其缺点，且这些缺点往往正是上述优点的结果。这种规范的缺点的最主要者包括：其一，由于这种规范是一种间接法律规范，因而，它们必须与合同实体法规范结合起来才能具体规定合同当事人的权利和义务。也就是说，这种规范最终都必须使国际合同受到“国内化处理”①。所以，在这种意义上，合同冲突法的国际统一并不是实现合同法律统一的最终目标。其二，与一般的冲突规范一样，国际统一的合同冲突法规范在具体适用中会遇到解决诸如识别、反致和转致、外国法的确定以及公共秩序保留等复杂的问题，因此，这种法律规范的适用较之国际合同实体法规范的适用要复杂得多。其三，由于这种法律规范不直接规定合同当事人的权利和义务，因而，当事人不能通过这种规范知晓他们在合同关系中的权利和义务。这便不利于法律关系的稳定。

国际合同实体法是直接规定国际合同当事人的权利和义务的国际上统一的法律规范的总和。与上述国际合同冲突法规范一样，这种法律规范也同样具有优点和缺点。它们的优点集中表现在：其一，由于这种规范直接调整国际合同当事人间的权利义务关系，而无须借助冲突法规范的适用，因此，这种法律规范才真正地实现了合同法的国际统一。在国际范围内全面地实现合同实体法律规范的统一应是合同法国际统一的目标所在。其二，通过这种规范，合同当事人在缔结合同时便可以知晓他们的权利和义务，这无论是对合同当事人保护自己的权利、明确自己的义务，还是对于国际合同关系的稳定，都具有重要意义。其三，由于这种法律规范是国际统一的，各国都可以统一适用它们，因此，对于同样的合同争议在不同的国家均可得到相同的解决结果。国际合同实体法最主要的缺点表现在三个方面：其一，在目前世界上不同法系并存，各国都有自己的合同实体法的情况下，出于国家间的利益冲突以及不同法系观念的差异，实现合同实体法的国际统一难度较大。因此，到目前为止，国际范围内国际合同实体法的统一的成果还较小。其二，适用国际合同统一实体法，必须保证公约在世界范围内的统一解释，而这并不是非常容易的。其三，适用国际合同统一实体法会导致法律行为的内部事实和外部事实受不同法律制度支配的

① 参见徐国建：《现代商人法论》，载《中国社会科学》1993年第3期。

结果①。

就国际合同冲突法结构而言，它又构成相对独立的体系②。该体系基本上与一般冲突法的结构相同，大致可分三大部分：第一大部分是关于合同冲突法一般问题的内容，具体包括合同准据法确定的原则和方法、识别问题、反致和转致、外国法的确定、外国强制性法律规范的适用以及公共秩序保留等具体问题。第二大部分是关于合同准据法的适用范围的规定。这部分的内容具体涉及合同当事人的缔约能力问题、合同的成立、合同的有效性问题、合同的内容、合同的解释、不履行合同的后果、合同的解除、债权的转移以及合同标的物物权的转移等问题。第三大部分是各种特殊的国际合同的法律适用问题。这些特殊的国际合同具体包括以下一些种类：国际货物买卖合同、消费者合同、土地买卖合同、不动产租赁合同、加工承揽和建筑合同、贷款和抵押贷款合同、担保合同、银行合同、保险合同、国际运输合同、特许协议、出版合同、劳动合同、商业代理合同以及经纪人合同等。

最后，国际统一合同实体法作为国际统一合同法的另一个重要组成部分也构成一个完整的子系统。如果我们比较《联合国国际货物销售合同公约》以及《国际商事合同通则》和《欧洲合同法的原则（草案）》，我们会发现这三个合同实体法统一公约（草案）的体系和结构是不相同的。由于《联合国国际货物销售合同公约》是关于货物销售合同的规定，它对合同的规定分为两大部分，即合同订立部分和货物的销售部分。而且，后者是整个公约的中心部分，它又具体包括总则、卖方义务、买方义务、风险转移以及买、卖双方义务的一般规定等内容。《国际商事合同通则》是关于一般国际商业合同的规定，它具体包括六个部分，即合同的成立、合同的有效性、合同的解释、合同的内容、合同的履行以及合同的不履行。我们认为上述《国际商事合同通则》的结构体例比较符合国际统一合同实体法的整体格局。以它为参照并结合学术界的研究成果，我们认为国际统一合同实体法部分的结构体系可以作这样的安排：合同的成立、合同的有效性、合同的内容、合同的解释、合同的履行以及合同不履行的责任。当然，这些部分又各有自己的具体内容。

---

① See Ulrich Magnus, J. von Staudingers Kommentar zum Buergerlichen Gesetzbuch mil Einfuchrungsgesetz und Nebengesetzen-Wiener UN-Kaufrecht（CISG），de Gruyter 1994，s. 5.

② 关于国际合同冲突法的体系参见 Reithmann & Martiny，Internationales Vertragsrecht，1988 年第 4 版，科隆，1988 年；王军和陈洪武著：《国际商事合同的法律适用》，中国对外经济贸易出版社 1991 年版。

三、现代国际社会合同法统一的原则与方法

众所周知，国际统一合同法和国际统一合同法学也与其他部门法和法学一样，应有自己独立的、最基本的总体指导原则，这些原则是贯穿于国际统一合同法和国际统一合同法学始终的根本性原则，概括起来，具体包括合同自由原则、诚实信用原则和公平交易原则三大原则。

第一，合同自由原则。也即合同当事人意思自治原则，可以说是当代世界各国合同法的基本原则之一。根据该原则，合同当事人在法律所允许的范围内可以自由决定与他人缔结或不缔结合同，也可以自由决定他将缔结合同的内容。在国际统一合同法上该原则也被确定为基本原则之一。例如，《国际商事合同通则》第1条便开宗明义地确定该原则为国际商业合同的原则，并把它的内容归纳为“当事人自由缔结合同和确定其内容”。《联合国国际货物销售合同公约》尽管未明确规定该原则是合同公约的基本原则，但是，它的具体规定中充分体现了这一原则①。公约第6条的规定是该原则在公约中最充分的体现。依据该规定，“双方当事人可以不适用本公约，或在第12条的条件下，减损公约的任何规定或改变其效力”。而且，公约的第8条还规定了解释当事人意思表示的原则。

该原则在国际统一合同冲突法中的具体体现是合同当事人可以自由地选择支配合同的法律。这一原则基本上无一例外地为所有国际统一合同冲突法公约明确地接受下来。1980年罗马《关于合同义务法律适用的公约》第3条、1986年海牙《国际货物销售合同法律适用公约》第7条以及1994年《关于国际合同法律适用的美洲国家间公约》第7条均是关于依据该原则确定合同准据法的规定。国际合同当事人意思自治原则是确定合同准据法的最重要的原则和方法。

第二，诚实信用原则。该原则是各国债法的基本原则，且也是国际统一合同法的一项基本原则。国际合同法中的诚实信用原则是指国际合同的当事人在进行国际经济贸易活动中应讲究诚实，恪守信用，善意地行使权利，履行义务，不得规避法律和合同义务。

这里我们试图通过分析该原则在《联合国国际货物销售合同公约》的规定及其具体适用中的体现，以揭示该原则的实质和含义。尽管该公约并未明确规定，但是学术界一致认为它是公约的基本原则，而且对于公约的一些规定应

① 参见Magnus：第108页引书，第100页。

依据本原则进行解释。这些规定特别包括：（1）第16条第2款（b）项有关在发价人有理由信赖该项发价是不可撤销的，而且被发价人已本着对该项发价的信赖行事的情形下，发价不得撤销的规定；（2）第21条第2款的规定，"如果载有逾期接受的信件或其他书面文件表明，它是在传递正常、能及时送达发价人的情况下寄发的，则该项逾期接受具有接受的效力，除非发价人毫不迟延地用口头或书面通知被发价人：他认为他的发价已经失效"；（3）第29条第2款的规定："规定任何更改或根据协议终止必须以书面作出的书面合同，不得以任何其他方式更改或根据协议终止；但是，一方当事人的行为，如经另一方当事人寄以信赖，就不得坚持此项规定"；（4）第37条关于卖方在交货日期之前对违反合同进行补救的规定；（5）第40条关于卖方主观知晓货物不符合同规定时，他便失去公约所规定的若干权利的规定；（6）第46条关于买方要求卖方履行义务的规定；（7）第82条关于买方不可能按原状归还货物时，便丧失宣告合同无效或要求卖方交付替代物的权利的规定；（8）第85条关于卖方保全货物的规定；以及（9）第88条关于出卖保全货物的规定。分析这些规定，人们可以发现它们具有一个相似之处，即它们都紧密涉及合同双方当事人的利益，且这些规定所确定的合同当事人的行为的标准是不十分确切的。由于这些规定具有这样的特征，因而，在这些情况下，合同当事人尤其应本着诚实信用原则行事，而且，法院或仲裁庭在适用这些规定时也特别需要注意结合该原则对具体案件作出裁决。

对于国际合同当事人来说，诚信原则是一条强制性的规范，不允许当事人以约定排除其适用。对此，《国际商事合同通则》第7条第2款和《欧洲合同法的原则（草案）》第6条第2款都作了明确的规定：当事人不得排除或限制依据诚信原则进行国际贸易的义务。除了对合同当事人的约束外，它还是解释国际统一合同法公约所应遵循的一项原则。《欧洲合同法的原则（草案）》第4条第1款便规定，在对本原则进行"解释时尤其应考虑到促进诚实信用与公平交易、维持合同关系的稳定性以及保持适用的协调性的要求"。

第三，公平交易原则。公平交易是当代各国民法的一条基本原则，它也应是国际统一合同法的一条基本原则。《国际商事合同通则》第7条和《欧洲合同法的原则（草案）》第7条均把该原则结合在一起作为约束国际合同当事人的强制法律规范，合同当事人不得排除或限制它们的效力。我们这里把该原则作为国际统一合同法的一条独立的原则，在国际经济贸易交往中该原则不但是对合同当事人进行交易活动的内容的一种要求，同时，它也是适用与解释国际统一合同法规范的一项原则。尤其在目前国际统一合同法的成文法律规范尚不很完备的情况下，该原则可以弥补该法律的缺陷和不足。在法律缺乏具体规定且其他应予求助的救济手段也无济于事的情况下，法官或仲裁员可以直接根据该原则作出裁决，以确定当事人间权利义务和民事责任的分担。

在当今国际社会合同法的统一化进程中，除了要把握好上述的基本原则以外，还要注意国际统一合同法的解释和漏洞补充的原则与方法。国际统一合同法作为国际统一私法一个特殊的部分，其解释、漏洞补充的原则与方法是和国际统一私法的解释和漏洞补充的原则与方法一致的。

一般说来，国际统一合同法的公约中都有关于公约解释以及公约漏洞弥补的规定。例如，《联合国国际货物销售合同公约》第 7 条、《国际商事合同通则》第 6 条、《欧洲合同法的原则（草案）》第 4 条、《关于合同义务法律适用义务的公约》《罗马公约》第 18 条、《国际货物买卖合同公约》《海牙公约》第 18 条以及《关于国际合同法律适用的美洲国家间公约》第 4 条均是这样的规定。根据这些规定，国际统一合同法的解释、漏洞补充的原则和方法可以归纳和概括为两个方面的具体原则和方法。

（一）国际统一合同法的解释原则和方法

在适用国际统一合同法时必然需要对法律规范进行解释，以确定它们准确的含义。这种解释必须遵循下列原则：

1. 考虑到国际统一合同法规范的国际性质

国际统一合同法规范的国际性质决定了对于这种法律规范必须进行独立的解释，也就是说，对于这种法律中所使用的定义和概念只能就它们本身进行解释，而不得根据任何国家的国内法律中相应的定义和概念的含义对它们作出解释，而且，在对这种法律规范进行解释时还必须以正式有效的文本为依据。例如，《联合国国际货物销售合同公约》的中文、阿拉伯文、英文、法文和俄文文本便是该公约的正式有效文本，对该公约的解释必须依据其中一个文本进行，其他的翻译文本均不能作为解释的根据。

在解释国际统一合同法的实践中，人们还必须注意这样的事实，即在国际公约产生的过程中，公约的起草者通常是以英文和法文作为工作语言的，而其他的官方文本一般说来是依据英文或法文文本翻译过来的。因而，有时人们就应该参考英文和法文文本，以求对公约的规定作出正确的和国际统一的解释。

2. 促进国际统一适用的原则

要实现国际社会国际合同法律制度的真正统一，仅有国际统一合同法律规范还不够，还必须对这些法律规范进行国际统一的适用。促进国际统一合同法律规范的国际统一适用则是对国际统一合同法进行解释时所应遵循的一条基本原则。依据该原则，人们在对这种法律规范进行解释时，就必须积极去寻找其他缔约国将来也能够予以适用的国际性答案①。不仅如此，在进行解释时尚应尽可能考虑到其他国家适用相同的法律规范的判例，以及国际上有影响的有关学术著作，以争取获得国际上统一的解释。此外，尚应注意到在实践中可能会出现这样的情况，即由于有关国家对国际统一合同法公约作了保留，从而使得对有关规范的解释必须同时以该国所作的保留声明为依据②。例如，我国对《联合国国际货物销售合同公约》第 1 条（1）b 项作了保留，那么，我国的法院或仲裁院在适用公约的这一规定时，便应根据我国的保留声明对公约的该规定进行解释。

3. 诚实信用原则

如上所述，诚信原则是对于国际合同当事人具有强制性约束力的一条基本原则，且也是解释国际统一合同法规范时所应遵守的一条原则。该原则首先禁止权利的滥用以及矛盾的行为，而且，它还要求国际合同当事人注意国际商事交往中一般商人的标准③。此外，学术界有一种观点认为，该原则也是国际社会一般法律原则之一④。因而，人们在对国际统一合同法规范进行解释时便必须注意诚信原则的这些要求。

4. 维持合同关系稳定性的原则

在国际经贸交往中维持国际合同法律关系的稳定性具有非常重要的意义。这主要是因为这种合同关系牵涉到不同的国家以及生产、交货、运输、保险和支付等多个方面，因而，合同关系的不稳定势必会对不同国家不同行业的公司或个人产生不利的影响。在对国际统一合同法规范进行解释时就必须考虑到维持国际合同关系稳定的原则，也就是说，对于这种法律规范的解释应有利于合

---

① See Kropholler, Internationales Einheitsrecht, p. 241; Magnus, Waehrungsfragen im Einheitlichen Kaufrecht-Zugleich ein Beitrag zu seiner Lueckenfuellung und Auslegung, RabelsZ 45 (1981).

② 关于国际统一私法公约中的保留问题，请参见徐国建：《国际统一私法公约的保留》，载《中国社会科学》1995 年第 3 期。

③ See Reinhart, UN-Kaufrecht: Kommentar zum Uebercinkommen der Vereinten Nationen vom 11. April 1980 ueber Vertraege ueber den internationalen Warenkauf (1991)，对公约第 7 条评述（标号 5）。

④ See Enderlein/Maskow/Strobach, Intemationales Kaufrecht: Kaufrechtskonvention, Verjachrungskonvention, Vertrctungskonvention, Rechtsanwendungskonvention (1991)，对 1980 年联合国公约第 7 条的评述；关于国际统一私法中的一般法律原则，参见徐国建：《国际统一私法法源研究》，载《比较法研究》1993 年第 4 期。

同关系的稳定。

5. 保持国际统一合同法规范适用协调性的原则

保持法律适用的协调性实际上是对所有法律规范解释时都应予以遵循的一条原则。据此，任何对于某一法律中的某些问题的解释都必须与该法律的其他规定协调一致，而不能产生矛盾。在解释国际统一合同法时，人们也应遵循这一原则。这尤其表现在人们在解释某一国际合同统一法公约时，应注意公约的所有规定，不能使对公约某一问题的解释与公约的其他规定相矛盾。

迄今为止，国际上尚无统一的解释方法。所有的关于国际合同法律统一的公约除了只笼统地规定上述公约解释的一般原则外，均不就公约的具体解释方法予以规定。在国际统一合同法适用的实践中一般可以采用以下的一些解释方法：

首先，字面解释方法。依据此种方法，人们在解释国际统一合同法时应该以法律具体条款习惯上的字面含义对法律的具体规定进行解释①。此种解释方法的运用对于保证国际合同统一法的国际统一适用具有重要的意义。因为，此种解释的根据主要是法律规范的字面意义，那么，如果这种法律规范的适用者均首先依此方法解释某一统一法规范，便易于获得国际上统一的解释结果。应该注意的是，我们这里所说的依据法律规范的字面含义进行解释，是指以国际合同统一法官方文本的字面含义为准进行的解释。譬如，对于 1980 年《联合国国际货物销售合同公约》的解释，便只能依据该公约的中、英、法、俄和阿拉伯文本进行。而对于官方文本的意义差异，便应根据我们上文所述方法予以解决。为了准确地揭示合同统一法的字面含义，人们在进行解释时尚应参考其他国家法院的有关判例以及学者们所作的学理解释。

其次，系统解释方法。运用这种方法对法律规范进行解释时，应考虑法律的某一规定或某一法律概念在该法律的整体和上下文中的“连贯的意义”。此种解释方法避免了对某一法律规定或某一法律概念的解释与该法律中的其他规定相矛盾的情况。在解释国际合同统一法时运用该原则便是上述保持国际统一

① 关于国际统一私法的此种解释方法，参见 Kropholler，Internationales Einheitsreeht，第 264 页以下；关于学者们对运用此种方法解释《联合国国际货物销售合同公约》的论述，See von Caemmerer/Schlechtriem，Kommentar zurn Einheitlichen UN-Kaufrecht（1990），Art. 7，Enderlein，Uniform Law and Its Application by Judges and Arbitrators，in：International Uniform Law in Practice，p. 331；Magnus，Waehrungsfragen im Einheitlichen Kaufrecht，Zugleich ein Beitrag zu seiner Lueckenfuellung und Auslegung，in：RabelsZ 53（1989），第 123 页以下。

合同法规范适用协调性原则的具体要求。例如，1980年《联合国国际货物销售合同公约》第44条和第50条有关降价要求的规定便是紧密相联的，因此，在解释该公约中有关降价的规定时，便应该把该公约中所有有关规定联系起来，从而获得正确的解释结果。

再次，历史解释方法。这是一种根据立法时的历史材料，在弄清立法者立法本意和观点的情况下，对法律的规定进行解释的方法。在对国际合同统一法进行历史解释时便要考察有关统一法公约的产生背景，以及在制定该公约时的一些重要材料，以力求对统一法规范的解释能够尽可能地符合立法者的意旨。运用此种方法对《联合国国际货物销售合同公约》进行解释便要求人们不但考虑作为该公约的前身的两个海牙货物买卖统一法公约，即1964年海牙《国际动产买卖统一法》和《缔结国际动产买卖合同统一法》，而且，更重要的是应该考虑联合国国际贸易法委员会准备和制定公约的一些文件以及公约的历次草案①。

最后，目的解释方法。依据这种方法对法律进行解释时，要求人们寻求法律的目的，使法律的规定和法律概念的解释体现法律的目的。在对国际统一合同法进行解释时也可适用此方法。这就是说，在对这种法律规范进行解释时应该考虑每一法律条文、该条文所在的整个法律文件以及该法律文件中有关法律解释目的和方法之规定的目的。应予注意的是，这里所说的法律规范的目的是该法律文件（如公约等）和具体法律规定的立法者所确定的它们的目的，因此，在以此种方法进行解释时应严格避免以对本国国内法有关规定的目的的理解来解释。

此外，比较法方法可以作为解释国际统一合同法的一种辅助方法而予以运用。但是，由于实际操作中较难掌握，因此，一般认为，除法律理论工作者外，法律的实践工作者是无法运用的。

（二）国际统一合同法漏洞补充的原则和方法

由于国际统一合同法较之国内法而言存在更多的漏洞，漏洞补充的原则和方法便是国际统一合同法学上应予以研究的一个重要问题。一般说来，国际统一合同法公约在规定公约的解释原则和方法的同时也规定公约漏洞补充的原则和方法。《联合国国际货物销售合同公约》第7条第2款、《国际商事合同通

---

① 关于《联合国国际货物销售合同公约》的历史资料除可参见《联合国国际贸易法委员会年鉴》（UNCITRAL Yearbook）外，尚可参见J. O. Honnold, Documentary History of the Uniform Law for International Sales, Deventer 1989。

则》第 6 条第 2 款以及《欧洲合同法的原则（草案）》第 4 条第 2 款均是这样的规定。例如，《联合国国际货物销售合同公约》第 7 条第 2 款规定："凡本公约未明确解决的属于公约范围的问题，应按照本公约所依据的一般原则来解决，在没有一般原则的情况下，则应按照国际私法规定的法律来解决。"

对国际统一合同法漏洞进行补充的一个先决问题是对"漏洞"的理解。这里所说的漏洞具有两个前提条件：一方面，被视为漏洞的问题应是属于具体的国际统一合同法公约规定的对象，否则，便不能被认为是漏洞。例如，《联合国国际货物销售合同公约》并未对国际买卖货物所有权的转移问题予以规定，但是，我们不能认为合同公约在该问题上存在漏洞，因为，公约在第 4 条中明确规定，此一问题并不属于公约所予以调整的问题。另一方面，被视为漏洞的问题应是公约中所未予规定的问题，也就是说，公约中对该问题并无明确的答案。

对于国际统一合同法中的漏洞应该依据具体的国际统一合同法公约中的一般原则进行补充。这些原则首先包括我们前面业已讨论了的国际统一合同法的基本原则，即合同自由原则、诚实信用原则以及公平交易原则等。除此之外，每一个国际合同统一法公约中均包含有其他一些有关国际合同具体问题的基本原则，它们也应是据以填补法律漏洞的基础。例如，《联合国国际货物销售合同公约》第 16 条第 2 款（b）项、第 29 条第 2 款第 2 句、第 35 条第 2 款（b）项的规定便体现了这样一项基本原则：使合同对方当事人对自己产生信赖，且该对方当事人也事实上对其予以信赖的合同当事人，应该对自己的行为负责。

如果对于漏洞无法通过揭示合同统一法公约的基本原则而予以补充，那么，通常说来可以通过国际私法规范的指引而诉诸某一国的国内法。对此，上述《联合国国际货物销售合同公约》和《欧洲合同法的原则（草案）》均予以规定。这里所说的国际私法规范包括国内国际私法规范和国际统一国际私法规范。如果我国的法院或仲裁庭在审理涉及国际合同的案件时需要依据国际私法规范所指引的国内法对国际合同统一法中的漏洞进行补充，那么，它们便应依据我国的国际私法规定，即《中华人民共和国涉外经济合同法》第 5 条的规定，确定合同的准据法，然后，依该准据法的有关规定对合同统一法漏洞进行补充。

在漏洞无法通过揭示合同统一法公约的原则予以补充的情况下，究竟应如何弥补此种漏洞，学术界存在不同的观点。绝大多数人认为，在这种情况下应该，而且只能以上述通过国际私法规范指定合同准据法的方法予以解决。但是，也有学者认为，对于国际合同统一法中未规定答案的一些属于该法的附属问题，应诉诸法院地国家的实体法解决。而这里所谓的附属问题，依据这些学者的观点是“依据比较法的经验不具有原则性意义，而大多为法律技术问题的事项”，如时效的计算和损害的计算等问题①。对于这种观点，国际统一私法学术界提出了反对的意见。例如，德国学者马格努斯便正确地指出，在实践中对于什么是国际统一合同法的主要问题、什么是附属问题无法作出国际上统一的界定。而且，这种观点也是与诸如《联合国国际货物销售合同公约》等公约中所规定的方法相悖的②。

第四节　中国涉外经济合同法律适用制度反映了国际私法的最新成就

自从实行对外开放政策以来，我国的国际私法学界对涉外合同，尤其是对涉外经济合同的法律适用问题，已进行过许多卓有成效的深入研究和探讨，我国的立法和司法实践在这方面也有了长足的发展。继 1985 年《涉外经济合同法》的第 5 条专就涉外经济合同的法律适用和 1986 年《民法通则》第 145 条就一般合同的法律适用作了原则性规定之后，1987 年《最高人民法院关于适用〈涉外经济合同法〉若干问题的解答》（以下简称“解答”）对《涉外经济合同法》第 5 条的适用作了系统的解答。1993 年 7 月 1 日施行的《海商法》第 269 条明确规定了合同法律适用的“当事人意思自治原则”和“最密切联系原则”。这些法律条文及有关的司法解释，在一定程度上，可以说相当充分地反映了我国国际私法学界和司法机关及仲裁机构近些年来理论研究和实践所取得的最新成就，反映了当前国际社会关于合同法律适用的最进步的理论和实践。

必须承认，新中国成立后的一个相当长的时期内，我国的社会主义法学几乎完全是在移植前苏联法学的基础上建立起来的，各种法律制度也深受当时前苏联立法和司法实践的影响。在国际私法和国际私法学这一领域，更不例外。许多学校的法律系、科的国际私法课程在完全停开或名存实亡几年之后，才又以前苏联国际私法学家隆茨于 1949 年出版的《国际私法》的中译本为教材，

---

① 参见德国学者 Stoll，“Internationalprivatrechtliche Fragen bei der landesrechtlichen Ergaenzung des Einheitlichen Kaufrechts”，in：FS Ferid（1988），第 498 页以下。

② 参见引 Magnus，第 108 页所引书，第 127 页。

逐渐恢复。同时，加上我国当时正处于被帝国主义封锁禁运的环境之中（之后，又由于我们采取了闭关锁国的政策），在涉外合同法律适用的理论方面，便不可避免地受到前苏联国际私法观点的严重影响。

前苏联学者隆茨当时一方面断然认为，“在目前的资本主义情况下，‘意思自治’的原则被利用为独占资本意思统治的一种形式”，“意思自治”原则是“被资产阶级法院利用为帝国主义时代资产阶级”服务的许多弹性条款之一；“英国冲突法广泛的意思自治是被英国统治阶级想把英国普通法强加于全世界的企图所引起的”，因而，对早已在国际合同关系中被普遍适用的意思自治原则，完全持批判的态度。尽管他在该书中也声称，“我们无条件地承认，就对外贸易团体所签订的对外贸易契约而言，在选择法律与裁判权上是有‘意思自治’的”，但当时前苏联法学界与司法部门实际上对外国法的适用是尽可能加以排斥或限制的。而排斥和限制的方法或手段，一是强调不得违反前苏联的法律，二是强调适用前苏联与合同行为地国家所签订的协定，三是广泛地接受向前苏联法的反致。在这种观点的影响下，直到 80 年代初，我国一些有影响的国际私法著作，仍然坚持“对于在我国发生的、标的在我国的、同时在我国履行的任何一项一般涉外债的关系应一般依据我国有关的实体法规处理”（有条约规定的除外），甚至认为“外国人之间在我国境内发生借贷关系”，也应按照我国的法律规定承担义务和享有权利，“对于那些已经在外国发生的，或履行的，或标的在外国的一般涉外债的关系，如需在我国法院处理”，也“应基本上根据我国法律办理”①。

但是现在，终究因国家已把对外开放定为一项基本国策，我国对外经济贸易事业迅速发展起来，这种涉外合同法律适用上的严格的属地主义和本地法主义，在对外交往中已成为严重的法律障碍。因而，在实践中，早已在不断突破前苏联早期学说及制度给我们造成的影响。与此同时，在国际私法学的理论研究方面，国外有关合同法律适用的新学说和新立法也陆续不断地介绍到国内。对涉外合同的法律适用问题，结合国际上最新的理论和实践进行较为深入和系统的探讨，中国人民大学由刘丁教授主编的内部出版的教材《国际私法》，可以说是最早的重要文献之一。接着，由教育部和司法部组织的法学教材编辑部主持编写并于 1983 年出版的、由韩德培教授主编的统编教材《国际私法》则在更广泛的范围上，讨论了目前有关合同法律适用的各种主要的学说和立法。这些研究都主张根据当前国际上通行的实践，接受“意思自治”和“最密切

① 参见姚壮、任继圣著：《国际私法基础》，中国社会科学出版社 1981 年版。

联系”等原则来解决涉外合同法律适用问题。近年来，这方面的理论研究中涉及的问题则更为广泛和深入了。

在这一基础上，《最高人民法院关于适用〈涉外经济合同法〉若干问题的解答》，尽管还不能说没有个别值得进一步商榷的观点，但是，应该肯定，这一解答所采取的许多制度，是完全符合当前国际私法发展的新趋势的，因而也是十分有利于进一步促进我国国际民商事交往的。这一解答的有关条文，已在本书第一章中作了介绍，这里只着重阐述它们主要特点：

首先，由于《涉外经济合同法》在合同缔结人能力、合同形式以及合同的成立和效力三个问题上是采取分割方法定准据法的，解答仍然坚持了这一立场。如它明确指出，《涉外经济合同法》第5条所称的“合同争议”，虽“应作广义理解”，但也只限于就“合同是否成立、合同成立的时间、合同内容的解释、合同的履行、违约的责任，以及合同的变更、中止、转让、解除、终止等发生的争议”。因此，允许当事人协议选择的法律，也只限于解决这些问题的法律，而不包括缔约人能力及合同形式应适用的法律。这在解答的第3项关于无效涉外经济合同的确认的规定中，已表述得十分明确。其内容为：

“涉外经济合同有下列情形之一的，应当确认无效：

（1）订立合同的当事人不具备合法主体资格的；

（2）订立合同的我国当事人未经国家主管机关批准授予对外经营权的；

（3）订立合同的我国当事人超越其经营范围经营的；

（4）没有代理权、超越代理权或者代理权终止后以被代理人名义订立合同未经被代理人追认的；但被代理人在知道上述情况后未及时作否认表示的除外；

（5）订立合同未用书面形式的；

（6）我国法律和行政法规规定应当由国家主管机关批准成立的合同未经批准的，或者其重大变更或权利义务的转让未经原批准机关批准的。”

以上规定，应理解为我国处理涉外合同当事人缔约能力和合同形式及签订程序的强制性规定。不过，其中有关能力和资格方面的规定，有的似应仅适用于我方当事人（如“订立合同的我国当事人未经国家主管机关批准授予对外经营权的”以及“订立合同的我国当事人超越其经营范围的”两款规定），其准据法当然是中国法律；有的则是适用于中外双方当事人的（如“订立合同的当事人不具备合法主体资格的”以及有关在没有代理权或超越代理权等情况下以代理人名义订立的合同未被追认的两款规定），但判定外方当事人的能力及主体资格，其准据法是否也应是我国法律，则并未明确。至于涉外合同的形式及订立程序的规定，则该解答基本上重申了《涉外经济合同法》第 7 条的内容。

但是对于合同的成立及成立的时间、合同的解释与履行、违约的责任及合同的变更或终止等问题，是否也允许分割，也尚待明确。

解答的第二个显著特点是，除极少数几种由法律规定只允许适用我国法律的合同之外，采用了不加任何场所限制的意思自治原则。但因在实际生活中，仍可能发生当事人未选择法律，或不能就法律选择达到一致协议，或原有选择无效等各种情况，对此，解答根据《民法通则》和《涉外经济合同法》的有关规定，明确提出在当事人未作法律选择的情况下，应适用主要根据特征履行学说所确定的与合同有最密切联系的国家的法律。对判定哪一法律与合同存在最密切的联系的问题，解答既拒绝采取完全交由法院自由裁量的做法，也不采取只允许法院适用立法上特别明文规定应视为最密切联系的法律的做法，而是允许法院在适用该解决特别明文规定应视为有最密切联系的法律的时候，如果发现"合同明显地与另一个国家或地区的法律具有更密切联系"，便应该放弃上述规定，改为把该另一国家或地区的法律作为处理合同争议的准据法。这种方式，可以说不仅比许多欧洲国家新规定的合同法律适用制度先进，如前南斯拉夫仅规定了各种合同于当事人无协议选择时应适用的法律；奥地利只允许法院把立法所规定的法律视为唯一与合同有最密切联系的法律；瑞士冲突法也仅规定只有特征履行方惯常居所地法，或特定商业或特定职业活动过程中订立合同的当事人的营业地法是与合同有最密切联系的法律，都不允许法院在具体案件中，在发现显然不符合规定的情况时作变通的处理。也比美国第二个《冲突法重述》在这个问题上的观点先进。该重述虽然对当事人未选择法律时也主张依最重要联系来解决应适用的法律，但判定最重要联系的根据，既包括七方面的考虑因素，还包括五种固定的场所因素，即合同缔结地、履行地、标的物所在地、当事人的国籍或住所以及公司所在地等，都比较空泛而又复杂，很不便于法院的执行①。

但是，正如前面已讲到的，用特征履行作标准来判定与合同有最密切联系的法律，虽是当前很有生命力的一种新观点，但采用这个标准必需首先解决好两个问题：其一是必须确定什么是特征履行，其二是用特征履行人的哪一个场所因素作连结点。从上述解答对 13 种合同的规定来看，大都是认为承担支付价款或报酬一方的对方当事人的履行为特征履行。这显然是与我们的观点相一

① 李双元、金彭年著：《中国国际私法》，海洋出版社 1991 年版，第 302 页。

致的。我们认为，凡在履行的性质上足可使此种合同区别于其他合同从而使它特定化起来的履行为特征履行①。解答也大都采用特征履行方当事人的营业所或履行地为场所连结因素（当然也有例外，如解答对国际贸易合同，就认为在特定情况下，应将买方营业所所在地法，视为与之有最密切联系的法律；对技术转让合同，也主张应认为受让人营业所所在地法与之有最密切联系）。这种做法，基本上是与当前国际上普遍实践相一致的，因此，实施起来，当不难作出认定，且能容易为外方当事人所接受。

解答的第三个显著特点，便是它只承认明示选择的效力，但选择的时间可以一直延长到案件开庭审理之前。只允许作明示选择，会大大减少法院审理涉外合同争议案件在确定应适用法律时的不必要的麻烦，因为认定当事人之间是否存在默示的法律选择的协议，往往是一件十分困难的事情，一定要把这一任务加于法院，既难免不在当事人之间引起各种无休止的争议，也难免不使法官陷入主观臆断。而把选择法律的时间一直延长到开庭审理之前，则是有利于当事人就此达成明示的协议的。因而尽管在协议选择的方式上限制较严，但由于放宽了协议选择的时间限制，上述要求就不见得不合理了。

解答的第四个特点是，它与许多国家的观点一样，在合同的法律适用问题上，拒绝接受反致。因为它指出，当事人协议选择的，或法院依最密切联系原则确定应适用的外国法，是不包括外国的冲突法的。这就完全摆脱了前苏联法学观点在这个问题上对我国国际私法学的消极影响。

解答当然还有其他一些重要规定。总的来看，它在当前国际上，是十分具有特色的。它的发布，不但大大丰富了《民法通则》和《涉外经济合同法》所确立的有关制度的内容，证明了我们在前面分析涉外合同法律适用制度的历史发展后所得出的结论，并在相当大的程度上，丰富了当代国际上国际私法的理论与实践，而且也是现代国际社会合同法的统一化进程不可或缺的组成部分，我国涉外经济合同法律适用的许多新成就也正在向“国际统一合同法”靠拢。而就我国涉外经济合同法律适用制度的发展及其与现代国际社会合同法的统一化进程的接轨在政治与经济方面的意义来看，无疑有利于维护我国民商事方面的立法主权，有利于减少我国对外民商事交往中的法律障碍的，有利于维护和促进国际民商事新秩序的建立与发展。

---

① ［美］斯蒂芬·麦克弗里：《论瑞士冲突法草案》，载《美国比较法季刊》1980年第28卷第2期；李双元著：《国际私法（冲突法篇）》，武汉大学出版社1987年第1版，第349页。

第三章　中国涉外民事诉讼制度与当今国际社会普遍实践之比较

第一节　中国涉外民事诉讼管辖权制度中的几个问题

一、概述

国家实行对外开放政策以后，涉外民、商、海事关系陡增，涉外民、商、海事诉讼随之大量发生，调整这种诉讼关系的国际民事诉讼制度也在我国逐渐发展起来，且已较完备。但正如我国许多重要立法都处于初创阶段，因此，我国现有的国际民事诉讼制度方面的立法，也还有许多比较原则、比较粗线条的规定。有些问题，甚至尚未涉足，或虽有涉及，但或周延性欠缺，或语焉不详，适用起来，诸多具体问题仍很难从立法中得到直接或明确的回答。这种情况，在国际民事管辖权方面也是存在的。就国际民事管辖权的一般规定而言，直到现在，在《民事诉讼法》中，仍只有四个条文的直接规定。其他的便只好参照《民事诉讼法》中有关国内民事管辖权的规定办理了，可是正如在本书第一章中所指出的，这两方面的规定又都有这样那样的一些问题存在。更为严重的是，在这方面的理论研究，除有关国家豁免权的问题曾有过一阵讨论外，对其他种种方面，都基本上还是一片空白。已经有的少量研究，也无非是就民事诉讼法中的有关条文作些注释而已，更谈不上深入讨论一些实践中遇到的具体问题。在涉外海事诉讼管辖权方面，相对来说，由于最高人民法院于1986年1月31日同时发布了《关于涉外海事诉讼管辖的具体规定》和《关于诉讼前扣押船舶的具体规定》，倒是较为完善的。但因我国学术界和实际部门有关管辖权的基本理论的研究没有跟上去，在执行中，一旦遇到国内尚未碰上的问题，在理解和处理上，仍不免出现种种分歧。因而，在现有立法的基础上，对国际民事诉讼管辖权制度作深入系统的研究，把有关的一些基本原则和基本制度讨论清楚，认真细致地通过回答实践中提出来的问题，对进一步健全和完善我国国际民事诉讼管辖权制度，并保证正确适用国家有关的法律和我国参加的国际条约，无疑是极有裨益的。事实上，世界各国在国际民事诉讼法领域进行了积极的合作，签订了一系列的多边条约和双边条约，使国际条约也成为国际民事诉讼的一个极为重要的渊源。如 1954 年在海牙签订的《民事诉讼程序公约》，1968 年在布鲁塞尔签订的《关于民商事管辖权及判决执行的公约》，1965 年在海牙签订的《关于民商事案件中诉讼和非诉讼文书的国外送达公约》，1970 年在海牙签订的《关于民商事案件中的国外取证公约》，1971 年在海牙签订的《关于民商事案件中外国判决的承认和执行公约》，等等，都是国际民事诉讼领域的一些重要的国际公约，对完善我国的国际民事诉讼管辖权制度具有重要的指导作用。我国还从 1985 年起，先后同法国、波兰、俄罗斯、乌克兰、意大利、西班牙等国签订了双边民商事司法协助条约或协定，也规定了双方接受的管辖权标准。此外，我国于 1953 年加入的《国际铁路货物联运协定》（订于 1951 年），1958 年加入的《统一国际航空运输某些规则的公约》（1929 年订于华沙）和 1980 年加入的《国际油污损害民事责任公约》（订于 1969 年），都含有关于国际民商事案件管辖权的条款。我国法院在审理有关案件时应依此行使管辖权，只是其具体操作方式及依据与原则还有待于规范和完善。

二、关于确立国际民事诉讼管辖权的基本原则

这里所讲的确立国际民事管辖权的基本原则，也可以说指的就是考虑国际民事管辖权的出发点，或者说指的就是在遇有管辖权问题需要解决时我们必须把握住一些基本点。

国际民事管辖权是一个十分复杂的问题，需要考虑的因素或原则是很多的，而且在各国的实践中，都只能说，为了确定自己有无管辖权，或是否应该行使管辖，某个原则或某个因素起着更重要的作用，而不能说只需依靠某一个原则或某一个因素，便可解决一切问题。综合各国立法、司法实践等在解决这个问题时最常适用的原则，至少包括：（1）维护法院国国家主权的原则；（2）在国际范围内求得国际民事管辖权的协调的原则；（3）立法管辖权和法院管辖权同一的原则，或者说就是实体法和程序法的立法管辖权和法院审判管辖权的同一原则；（4）属地管辖原则；（5）属人管辖原则；（6）送达地原则；（7）有效原则或实际控制原则；（8）不干涉原则；（9）自尊原则；（10）互惠原则；（11）尊重当事人意思和处分的原则；（12）防止滥用法律的原则；（13）尊重国际条约和国际惯例原则；（14）专属管辖原则；（15）国民待遇原

则；（16）协议管辖原则等。

这些原则，在一国确定国际民事管辖权时，大都是应该加以考虑的。但在不同国家的法律制度中，哪些原则更受到强调，则常有不同。总的来看，在决定国家对国际民事诉讼的法院管辖权时，坚持国家主权（特别是司法主权的原则），尽可能求得国际协调（以减少法院管辖权方面的积极冲突和消极冲突）的原则，有效原则和便利诉讼的原则，应该是最基本的四项原则。但即使是对这四项最基本的原则，各国实践，仍常有侧重。如德国及仿效德国法的其他国家（日本、奥地利、希腊等），多以属地管辖原则作为确定自己国际民事诉讼管辖权的主要原则，并且在比较强调国际协调原则的前提下求得它与维护国家主权之间的某种协调或平衡。但这些国家赋予立法管辖权和法院管辖权同一原则的意义则相对较小，一般只在涉及不动产这种依属物理由确定了自己专属管辖权的诉讼中，才重视法院行使审判管辖权和实体法适用的一致。同时，在这些国家，互惠原则和送达地原则几乎不起什么作用，但当事人的意思自治（即通常所讲的协议管辖）却在较广泛的范围内受到尊重，允许在不存在内国专属管辖的情况下，当事人自由选择内国或外国法院管辖权。相反，以法国为代表的拉丁法系国家把国际民事管辖权主要建立在属人管辖原则之上，把当事人具有内国国籍作为对诉讼行使管辖权的主要依据。它们不太强调管辖权的国际协调原则，而是更重视内国的主权权力的行使。如《法国民法典》第 14、15 条的规定，就明显地有利于法国人利用法国的司法诉讼程序，而不利于外国人在法国寻求司法救助①。在英美法系国家中，它们的法院管辖权是以两个主要原则为基础的，即有效原则和自愿接受管辖原则。英美等国在确定管辖权时，是从“管辖权的基础是实际控制”这个理论出发的。根据这一理论，它们在肯定地域管辖原则的同时，对这一原则又尽可能作扩大的解释和适用。例如英国在对人之诉中，只要传票能在被告出现于英国领域内时送达给他，即使他立即离开了英国，英国法院也取得了有关案件的管辖权，并非一定要坚持他应该在英国有住所或居所（这就是上面所讲到的“送达地原则”的含义）。在对人之诉中，如果被告表示接受英国法院管辖，英国也可行使管辖权，而不问案件是否与英国存在其他联系（我国前后两个民事诉讼法和最高

① 其第 14 条规定，“不居住在法国的法国人，曾在法国与法国人订立契约者，由此契约而产生的债务履行问题，得由法国法院管辖；其曾在外国订约对法国人负有债务时，亦得由法国法院审理”。第 15 条规定，“法国人在外国订约所负的债务，即使对方为外国人，得由法国法院受理”。

人民法院的有关文件，也有类似规定和观点）。此外，更为重要的是，即使被告不在英国，或不法行为不发生在英国，或引起诉讼请求的疏忽或违约不发生在英国，据戴西和莫里斯的《冲突法》介绍，在近20种不同情况下，英国法院仍有管辖权，其中的一种情况就是诉讼是一个在英国有住所或惯常居所的人请求司法救助①。

三、关于适当扩大国际民事诉讼管辖权的问题

从以上内容似乎可以得出这样的结论，随着国际关系的发展，各国不论在传统上以采用何种原则为主来确定国际民事诉讼法院管辖权，但都在不断地发展，都在一定条件下设法扩大自己的管辖权。

对于这种扩大内国法院管辖权的倾向，过去，非难者居多，在我国许多国际私法著作中亦多对此种倾向持批评态度。但正如世界上的许多事物都具有正面和负面一样，这种倾向在某些情况下固然也可能带来“不适当管辖”，侵犯他国司法主权，危及管辖方面的国际协调的后果，但也应该看到在某些情况下，它又为外国人和内国人提供了诉讼上的便利，反映了国际民事管辖权制度的发达。因为，国际民事诉讼管辖主要由专属管辖、平行管辖和排除管辖三方面的内容所构成，大体来说，凡有关国家间对同一诉讼都规定了专属管辖时，便会发生管辖权方面的积极冲突；凡有关国家间对同一诉讼都采取排除或拒绝管辖的态度，则会发生管辖权的消极冲突。所以一般地讲，各国在规定自己的管辖权制度时，为求得国际间的协调并尽可能为当事人提供诉讼的便利，专属管辖和排除管辖的范围都规定得十分狭窄，而对诸多的国际民事案件均采取平行管辖制度。因而，扩大一国的管辖权，只要不是不适当地或任意地扩大专属管辖范围，那就只能缩小排除管辖或拒绝管辖的范围，从而必然会扩大平行管辖的范围，这当然会对国际民事诉讼程序的利用提供方便的机会。

从这一点出发，我们国家的立法和司法部门，也应充分认识到，由于我国实行对外开放的政策已逾十载，我国国际地位和国际影响已有了很大的提高和扩大，我国的民事诉讼手段也应该更进一步向国际社会开放。从我国新《民事诉讼法》的有关这方面的规定来看，从最高人民法院1989年6月12日印发的《全国沿海地区涉外涉港澳经济审判工作座谈会纪要》所持的观点来看，中央有关机关对此是有一定认识的。上述纪要曾明确指出，对于发生在我国境外的我国法院没有管辖权的经济纠纷案件，除涉及不动产物权的纠纷外，只要

---

① 参见李双元、谢石松著：《国际民事诉讼法概论》，武汉大学出版社1989年版，第210~217页。

双方当事人有书面协议，约定到中国法院进行诉讼的，我国人民法院依据当事人提交的书面协议，即取得对该项诉讼的管辖权。在没有协议的情况下，一方当事人向我国人民法院起诉，另一方当事人应诉并就实体问题进行答辩的，视为双方当事人承认我国人民法院对该项诉讼的管辖。这一观点，较之《民事诉讼法（试行）》及同一法院1986年发布的关于我国海事法院管辖权的规定，已有了进一步的发展。在后两个文件中，虽均允许中国法院受理原无管辖权的涉外民事或海事案件，但都以存在“双方当事人的协议”为条件，而上述纪要在这一点上更加放宽了。这种立场，现在已为新《民事诉讼法》第244条、第245条所肯定。1992年6月20日出版的《中华人民共和国最高人民法院公报》所载广州市中级人民法院于1991年5月31日审结的香港百粤金融财务有限公司诉香港红荔美食有限公司贷款纠纷一案的判决，更对此提供了一个很有价值的判例。由于该案原、被告均为香港法人，贷款协议的签订地、履行地都在香港，且无向内地法院起诉的事先书面约定，因而本不属内地法院管辖，但原告以被告的贷款是投入广州市经营合资企业为由，坚持在广州市中级人民法院起诉，被告对此未提出异议，并向广州市中级人民法院应诉答辩，因而该院判决肯定了这一管辖权，即“参照《民事诉讼法》第245条的规定，视为被告承认”。

四、关于国际民事诉讼管辖权的规避问题

必须肯定，法律规避现象不但在实体问题的法律适用中存在，在国际民事诉讼中的程序法和法院管辖权领域，同样是存在的。但是对于这个问题，我国国际私法和国际民事诉讼法学界还从未进行过讨论，并且由于在国际私法学的著作中，只讨论实体法的规避，从而使人们产生一种错觉，认为在国际民事诉讼法领域，特别是在国际民事管辖权领域，根本不会发生法律规避的问题。

在规避本应适用的实体法上，事实上常常也同时规避了本应服从的法院管辖。而最可能采取的规避管辖权的手段，则很可能是把合同缔结地或履行地改变为外国，或通过作出一个有关法院管辖权的诈欺性约定，从而达到利用有关法院管辖权的冲突规范，来改变法院的管辖权。匈牙利的学者萨瑟甚至指出，为了使被告因过高的旅行费用不能出席外国法庭而在一个距离很远的国家的法院对被告人起诉，或者当事人有意造成某种事实，完全是为了割断有关案件与本应适用的法律、立法管辖权和法院管辖权之间的联系，并设立一种新联系，以达到不同于立法者意欲达到的目的，都属法律规避①。

---

① 参见李双元、谢石松著：《国际民事诉讼法概论》，武汉大学出版社1990年版，第155~158页。

分析某种行为是不是有意制造一种连结点或在形式上利用有关的冲突规范（包括法院管辖权规范），而实质上却规避本应适用的实体法或程序法或法院管辖权，首先必须考察当事人的意图。如果行为人有意在国外另设一个住所或营业所，不是为了使该地成为他们生活中心或营业中心，而是意在规避本应服从的法律或法院管辖权，就可以认定其为法律规避行为。因而如果有关当事人有意隐瞒已在一国应诉的事实，又以存在的某种请求权（如海事请求权）为由，脱离正在审理案件的法院的管辖权，到别的国家去为申请扣押财产（如船舶）的诉讼行为，既不是为了合理地利用“双重起诉”规则，也不能认定他是为了保证已向其应诉的法院将来可能作出的判决的执行，相反，倒明显具有干扰他向其应诉的法院的审判活动的正常进行，或对原告造成困扰和压力，这种情况，即令不属于法律规避，也应认为是滥用法律的行为①。

综观我国现行的有关国际民事诉讼管辖权制度的立法和最高人民法院所作的司法解释以及我国参加的有关国际条约与缔结的双边司法协助协定或条约，我国的国际民事诉讼管辖权制度在与当今国际社会民事诉讼管辖权制度的接轨方面已迈出了相当大的步伐，许多做法与原则同国际上广泛接受的制度与通行的做法基本上相吻合。但是，客观上说，我国的国际民事诉讼管辖权制度并不是尽善尽美的，还存在很多缺陷与不完善之处，与国际民事诉讼管辖制度的统一化进程还有一定的差距。因此，急需进行更深入的理论探讨和研究，不断归纳、总结司法实践的成功经验，积极参加国际协调民商事管辖权方面的活动，借鉴国际上先进的立法模式和体例，形成一套既符合我国社会主义市场经济需要又适应国际民商事交流和国际民商新秩序发展情况的先进的、完备的国际民事诉讼管辖权制度。

第二节　关于国际民事诉讼制度适用“国际惯例”的问题

一、国际惯例的概念及其适用条件

国际惯例（international custom），在我国一般均称为“国际习惯”，而将“国际习惯”（international usage）称为“国际惯例”。如我国最具权威的由王

① 参见李双元、林钧鑫、冯立奇等人的有关论文，载《海峡两岸法律冲突及海事法律问题研究》，山东大学出版社 1991 年版。

铁崖教授主编的高等学校法学教材《国际法》（法律出版社 1981 年第 1 版）及由石蒂、陈健翻译出版的《奥本海国际法》（商务印书馆 1971 年第 1 版）以及《中国大百科全书·法学卷》（中国大百科全书出版社 1985 年第 1 版）等，便都是如此。如上引《国际法》一书在分析国际习惯是国际法除条约之外的另一类主要渊源时，曾指出：“国际习惯是各国重复类似的行为而具有法律拘束力的结果。国际习惯由两个因素构成：一是各国的重复的类似的行为，即所谓‘物质的因素’，一是被各国认为有法律拘束力，即所谓‘心理的因素’。‘习惯’一词常与‘惯例’混用。其实惯例有广义与狭义之分：广义的惯例包括习惯在内，外交文件上所用的‘惯例’一词，既包括有法律拘束力的习惯，也包括尚未具有拘束力的‘常例’，而狭义的惯例则仅指尚未具有法律拘束力的常例。”①《奥本海国际法》一书解释国际法的渊源时也强调：“习惯不应与惯例相混淆。在日常生活和语言中，这两个名词常常混用，但在国际法学者的用语中，它们则具有显然不同的意思。如果某种行为的一种明显和继续的惯行是在这种行为按照国际法是必需和正当的这个信念之下形成的，国际法学者就说这是习惯。另一方面，如果某种行为虽为一种惯行，但却没有这种行为按国际法是必需的或正当的信念，国际法学者就说这是惯例。所以，各国关于它们的国际关系的某些行为虽然可能是常作的行为，但是不是依照习惯国际法所作的行为。”但在这里，该书加了一个重要的注解，称：“国际法上习惯与惯例的区分并非尽如本文所说明的。例如，霍尔说过：‘这种习惯从此形成为一个确定的惯例。’”②

我国台湾地区的权威著作就取后面这种观点，他们都把 international custom 译为“国际惯例”，并认为它是“国际法最古老而重要的渊源”，并定义为“国家相互之间，对于某种特定的情形，往往采用某种特定的行为，而形成习惯。这种习惯为国际社会共同遵行，经过相当长时期以后，各国开始明示或默示地承认该习惯具有法律上的拘束力，也即成为国际法的不成文法规”。台湾地区学者沈克勤编著的大学用书《国际法》亦取此观点，并将 international usage 译为“国际习尚”或“国际习惯”③。

由于我国 1985 年的《涉外经济合同法》关于涉外合同的法律适用和 1986 年的《民法通则》在其第八章关于涉外民事关系的法律适用中，都规定对于

① 参见王铁崖主编：《国际法》，法律出版社 1981 年版，第 29 页。

② 《奥本海国际法》，商务印书馆 1971 年版，第 18~19 页。

③ 沈克勤编著：《国际法》，中国台湾地区学生书局 1980 年增订 5 版，第 34~39 页。

涉外民事关系或涉外经济合同的法律适用，在中华人民共和国法律和中华人民共和国缔结或者参加的国际条约没有规定时，可以适用国际惯例，因而明显可见，这里所指可作为中国国际私法的一种“法源”或“法的渊源”的“国际惯例”，显然就是我国公法学家们所称的“国际习惯”。另外，还有1993年实施的《海商法》在第十四章关于涉外海事关系法律适用中，1996年实施的《票据法》在第五章关于涉外票据的法律适用中，1996年施行的《民用航空法》在第十四章关于涉外民用航空关系的法律中，都规定，中华人民共和国法律和中华人民共和国缔结或者参加的国际条约没有规定的，可以适用国际惯例。但是，这里所指的“国际惯例”，到底是指我国公法学家们所称的“国际习惯”，还是指实体法方面的惯例，或许其他，无论是理论上还是实践中，都无定说，有待于进一步探讨和研究。

我们认为，在讲到国际私法的法源时所称的国际惯例，是由两部分构成的。其中一部分是如《国际法院规约》第38条所称的“作为通例”并“经接受为法律”的那些国际习惯法，而另一部分则主要是在长期商业实践的基础上产生，后来又经过统一编纂和解释而变得更为准确，从而在国际贸易中起着统一实体法作用的国际商事惯例。这种商事惯例（还包括各国际商事仲裁机构制定的仲裁规则），我国著名国际私法学家李浩培教授把它定性为一种“自发法”（spontaneous saw）①。

就具有国际习惯法性质的那种国际惯例而言，在国际私法中，在法院管辖权或程序法规则方面，一般认为，并无什么直接的肯定性的规范存在，只有关于国家在其行使立法或司法管辖权时不能超越一定界限的限制性规定，如果超越这一界限，其立法和司法行为或判决就不可能得到其他国家的承认和执行，甚至构成一种“国际侵权行为”。如国家的法院未经外国明示或默示的同意，不得受理以外国国家为被告或以外国国家财产为诉讼标的案件；一国的公民或法人在外国遭到对他们的民事权益的侵犯后未用尽当地司法手段或当地并未拒绝司法，不得对他们行使外交保护权等。而且这种限制性的国际惯例，在国际私法中，其范围也不是很广的。

国际私法中所讲的国际惯例，主要是在贸易、海商关系中的通常所称的商事惯例（commercial custom or usage），尽管我国目前在政府代表或公司、企业与外国洽谈国际投资问题时，几乎亦动辄以“我们将按国际惯例”行事相许

① 参见《中国大百科全书·法学卷》，中国大百科全书出版社1985年版，第230、828页。

诺。我国著名国际投资法专家姚梅镇教授在其所著《国际投资法》一书中，于分析国际投资法是一个由国内法规范（包括资本输出国法制和资本输入国法制）和国际法规范（包括双边条约如两国所签订的投资鼓励与保证协定，多边条约如多国间投资保护法典等）构成的独立法律体系时，却根本不提国际惯例也构成国际投资法的渊源①。甚至在提请审议加入《伯尔尼公约》和《世界版公约》有关说明中，也称："现在加入这两个公约，对有著作权的外国作品按照国际惯例提供切实的法律保护，有利于……"② 人所共知，在包括著作权在内的整个知识产权的国际保护方面，尽管已有许多著名的统一实体法公约，但它们都只要求缔约国按照国民待遇原则和独立保护原则提供保护，亦无"按照国际惯例提供保护"的提法。至于国际贸易和海商关系方面的商事惯例，既不是国际条约，其本身也不是一种法律规范，对双方当事人并不直接具有法律上的拘束力。因而在国际贸易及海商法领域中，也不可在论及某一法律问题或法律关系时，贸然肯定国际惯例的存在，或贸然以什么国际惯例作为洽谈或解决争议的根据。商事惯例的法源地位，应在个案中作具体的分析。

国际贸易惯例虽经国际商会（International Chamber of Commerce）解释而得到统一，但该会曾明确指出："由于各国的贸易惯例或处理信用状的惯例千差万别，乃将各地的惯例就其差异部分予以扬弃，从而制定统一的惯例，供贸易界人士作指南（guide），其本身并不具有拘束力。"该会特别警告说，这种惯例仅是私人机构所制定，不可轻率地肯定其具有法源的地位或法律约束力，只有在当事人间直接引用时，才对他们具有约束力③。

其次，英美学者多认为，从社会学的观点而言，惯例是在某一共同体的基础上，以时空为条件而存在。而作为国际惯例成立基础的"国际交易共同体"是否在各国私人间普遍存在，则是个疑问。而且即使假定这种"国际交易共同体"在各国私人间普遍存在，在各国商业社会中是否有共通的商事惯例存在，亦属疑问。最后，即使存在这种共通的商事惯例，而且在大的方面并无太大差异，也不可否认在细节问题上的差异。而且正是由于在这种细节上的差异，国际商会才认为有必要加以整理并作出统一解释规则，从而产生了"贸易条件的国际解释规则或通则"（International Rules for the Interpretation of the Trade Terms，简称"INCOTERMS"——International Commercial Terms 的缩

① 参见姚梅镇著：《国际投资法》，武汉大学出版社 1986 年版，第 39 页。
② 参见《法制日报》1992 年 6 月 24 日第 2 版有关报道。
③ 参见张锦源著：《贸易契约理论与实务》，台湾三民书局 1988 年版，第 55~56 页。

写)，并使每一项贸易惯例具有确定的内容①。

在海商海事方面的统一国际惯例，最著名的体现便是由国际法学会(International Law Association) 于1890年制定的有关共同海损理算的《约克·安特卫普规则》。其他方面的海事习惯则大都已通过国际努力形成为国际条约。其中涉及国际民事管辖权的有1952年《统一船舶碰撞中民事管辖权某些规则的公约》和同年的《关于扣留海运船舶的国际公约》。对于这些公约，如果要在我国适用，根据有关国际条约对第三国的效力的一般理论，则如我国没有参加或接受这类有关国际海事管辖权方面的公约，当然不应该受其约束。如果一些海事管辖权上的习惯做法也作为国际惯例来对待，那也应受有关适用国际惯例所规定的条件制约，并不可像上面所指出的，贸然接受这些惯例在我国的法律拘束力。而且即使接受，其适用仍必须符合一定条件。

如依我国《民法通则》第142条的规定，"涉外民事关系的法律适用，依照本章的规定确定"；"中华人民共和国缔结或者参加的国际条约同中华人民共和国的民事法律有不同规定的，适用国际条约的规定，但中华人民共和国声明保留的条款除外"；只有"中华人民共和国法律和中华人民共和国缔结或者参加的国际条约没有规定的，可以适用国际惯例"。《涉外经济合同法》第5条关于合同应适用法律的规定中亦称："中华人民共和国法律未作规定的，可以适用国际惯例。"我国《海商法》第268条规定："中华人民共和国缔结或者参加的国际条约同本法有不同规定的，适用国际条约的规定；但是，中华人民共和国声明保留的条款除外。中华人民共和国法律和中华人民共和国缔结或者参加的国际条约没有规定的，可以适用国际惯例。"《票据法》第96条以及我国《民用航空法》第184条也有同样规定。而依据《民法通则》第150条规定、《海商法》第276条和《民用航空法》第190条的规定以及《最高人民法院关于适用〈涉外经济合同法〉若干问题的解答》，在适用国际惯例时，"不得违背中华人民共和国的社会公共利益"。因此，怎么可以在实践中，不问有关领域是否存在国际惯例，不问有关惯例的性质和适用的条件，动辄以适用国际惯例相许呢?

二、中国法律是否允许在诉讼程序问题上适用"国际惯例"?

但是，尽管在我国的实体法方面，如《民法通则》、《涉外经济合同法》、《海商法》、《票据法》、《民用航空法》等，都规定了在一定条件下，

① 参见张锦源著：《贸易契约理论与实务》，台湾三民书局1988年版，第55页。

可以适用国际惯例；而在诉讼法方面，我国前后两个民事诉讼法，却都未规定必要时可以适用国际惯例来填补我国法律以及我国缔结或参加的国际条约所未规定的空白事项。如《中华人民共和国民事诉讼法（试行）》第185条规定：“外国人、无国籍人、外国企业和组织在中华人民共和国进行民事诉讼，适用本编的规定，本编没有规定的，适用本法其他有关规定。”第189条又规定：“中华人民共和国缔结或者参加的国际条约同本法有不同规定的，适用该国际条约的规定。但是，我国声明保留的条款除外。”可见，并无可以适用国际惯例的规定。在1991年4月9日颁布的新民事诉讼法中仍未规定可以适用国际惯例。参见最高人民法院1984年《关于贯彻执行〈民事诉讼法（试行）〉若干问题的意见》、《关于在经济审判工作贯彻执行〈民事诉讼法（试行）〉若干问题的意见》、1987年《关于审理涉港澳经济纠纷案件若干问题的意见》和1989年《全国沿海地区涉外涉港澳经济审判工作座谈会纪要》等重要司法解释性文件，也均未见人民法院审理涉外民事案件时可适用国际惯例的提法。仅有上述《座谈会纪要》在讲到“诉讼保全问题”时称：“诉讼保全的目的在于能使以后的生效判决得到执行。但是，采取诉讼保全措施既不能违反我国法律规定，也不能违反我国缔结或参加的国际条约和国际上通行的惯例。”

姑且假定该《座谈会纪要》中所称“国际上通行的惯例”就是所谓国际惯例，并且假定这一提法在我国宪法或法律上也确有根据，则仍然有两个问题需要解决：

其一，“采取诉讼保全措施”方面有没有国际惯例？如有，则有些什么“国际惯例”？

其二，适用这种“国际上通行的惯例”是否仍应以我国法律未作规定和不违背我国社会的公共利益为限？

一般来看，“采取诉讼保全措施”大体上包括采取这种措施是否必经当事人申请？向什么法院申请？可对什么财产采取诉讼保全？申请人是否应提供担保？保全的执行和解除保全的程序是什么？等等。可是对这些问题，我国法律大都有所规定，并无援用“国际惯例”的必要。

现在人们多在谈论某一海事诉讼中的扣船问题①，并且认为在海事诉讼中，即使是在中国法院应诉之后，外国被告还有权脱离中国原审法院的管辖向

---

① 该案有关情况及争论的问题，请参见李双元等《海峡两岸法律冲突及海事法律问题研究》（山东大学出版社1991年版）一书中的有关文献。

其他任何国家的法院申请扣押原告的船舶，是一条国际惯例，并且已被1952年《布鲁塞尔扣船公约》所肯定，因而中国即使不是该公约成员国，其法院应无条件遵守。这种观点，不但与1952年《布鲁塞尔扣船公约》的原意根本相背离，而且如果得到判例的确认，势必会在我国涉外司法实践中开创一个滥用国际惯例的先例。

从该公约的主要条款来看，它所称的“扣船”，完全属于诉前为“保全海事请求权”而允许采取的法律步骤。如该公约第1条第2款明确规定：

“扣留”是指依照法律程序扣押船舶，以便保全海事请求，但不包括为执行或满足某项判决而扣押船舶。此外，该公约的第7条共5款，从前4款的行文来看，亦具此含义。

如该条第1款称：如果扣船国家的法律赋予法院以管辖权，或有下列情况之一的（情况略——引注），扣船国家法院可就该扣船案件的实体问题作出判决。

该条第2款称：如果扣船国家对该案实体问题的决定没有管辖权，则根据第5条的规定，为使船舶获释而提供的保证金或保全，应特别提明，该项保证金或保全是为了保证执行对上述决定具有管辖权的法院可能宣告的判决而提出；而执行扣船的国家的法院应对请求人向具有此种管辖权的法院提起诉讼的期限，加以规定。

该条第3款继续规定，如果双方当事人已经同意将争议提交在其管辖权范围内执行扣留的法院以外的法院，则在其管辖权范围内执行扣留的法院得就请求人应当提起诉讼的期限作出规定。

该条第4款从另一面规定：如在前述两款中任一情况下，未在规定期限内提起诉讼或仲裁，则被告（即被申请人）得申请释放船舶，或交还保释金或其他保全。

这几款最重要的规定，显然是与前引该公约第1条第2款的规定完全相一致的。在第1条第2款中，该公约已十分明确地把判决以后的败诉人不履行判决，为求得判决的执行而请求扣船，排除在公约适用范围之外。该公约中无一条谈到它可适用于成诉后的扣船。所以即令如某些人所说，该扣押公约尽管中国尚未加入，由于它体现的是一种“国际惯例”，中国法院也应遵守，上述争论中外国被告于在中国法院应诉后仍不能援用该公约而在外国申请扣押中国一公司的船舶。

就诉讼保全来看，依一般法理及普遍的实践，行使诉讼保全的情况可能有两种：一是诉前申请扣押财产。此时常与建立特定法院对案件实体问题的管辖权相联系（在美国，更常通过扣留船舶取得海事诉讼管辖权）。二是诉讼已在进行而仍未结束，发现对方于败诉后可能不会或无力履行判决义务而申请保全措施。除此之外，则只有在判决作出后，败诉人不履行判决义务，为执行判决而申请扣船。但此时的扣船，已超出诉讼保全范畴而属于执行的阶段了。

在上文所涉及的案件中，外国被告在中国法院应诉后，仍去外国申请扣船，既不属于第一种情况，也不属于第三种情况，只可能属于第二种情况。而在这种情况下，诉讼保全的请求无疑只应在已经进行的诉讼程序中采取，否则，即应认为有关被告滥用法律，干扰正在中国进行的诉讼程序或藐视中国法庭。这样做，不但不会破坏中国法院公正审判的形象，而且无疑也是各国法院在类似情况下都会采取的司法步骤。

第三节 法院管辖权和仲裁协议的关系问题

一、法院管辖权和“仲裁条款自治理论”

我国国际经济、贸易、运输和海事仲裁制度，这几年都有进一步的发展和完善，并且已被明确地反映在1991年4月9日颁布实施的《中华人民共和国民事诉讼法》和1995年9月1日起实施的《中华人民共和国仲裁法》以及其他法律、法规中。另外，在中国国际商会下属的两个仲裁委员会于1995年10月1日起施行的新修订的仲裁规则之中也有所体现。《中国国际经济贸易仲裁委员会仲裁规则》是中国国际商会基于国务院的授权为其下属的中国国际经济贸易仲裁委员会进行国际民商事仲裁活动而制定的仲裁程序规则。最初是由中国国际贸易促进委员会（后来更名为中国国际商会）于1956年5月31日制定的《对外贸易仲裁委员会仲裁程序暂行规则》。后来，为适应新形势的需要，由中国国际贸易促进委员会第一届委员会第三次会议于1988年9月12日制定了新的仲裁规则，即《中国国际经济贸易仲裁委员会仲裁规则》。以后经多次修改，现行的规则是由中国商会根据《仲裁法》于1995年9月4日修订通过的。而《中国海事仲裁委员会仲裁规则》，也是中国商会基于国务院的授权为其下属的中国海事仲裁委员会进行海事仲裁活动而制定的仲裁程序规则。最初是由中国国际贸易促进委员会（后来更名为中国国际商会）于1959年1月制定的《海事仲裁委员会仲裁程序暂行规则》。后来，为适应形势的发展变化，在中国国际贸易促进委员会第一届委员会第三次会议上于1988年9月12日制定了新的仲裁规则，即《中国海事仲裁委员会仲裁规则》。以后又经多次修订，现行规则也是由中国国际商会根据《仲裁法》修订后于1995年10月1日生效实施的。但不论是以前的仲裁规则还是新修订实施的，对实践中提出的许多具体问题，并非一一均有所回答。尽管《仲裁法》和两个新修订的仲裁规则已涉及法院管辖权和仲裁条款自治理论的关系问题，但仍未从根本上解决这一问题。

本来，一项有效的仲裁协议，具有排除法院管辖的效力；反过来说，一项不具效力的仲裁协议，当然也就不具有排除法院管辖权的效力了。但如当事人就仲裁协议的存在及其有效性发生争议时，其争议应归法院管辖还是仍应由仲裁员决定？此外，在大多数情况下，仲裁协议是体现在合同的仲裁条款之中的，这就必然会发生一旦合同无效，是否也必然导致合同中的仲裁条款的无效？为了保障国际商事争议尽可能通过仲裁解决，各国实践大都主张仲裁条款应具有独立于主合同的效力，即如主合同无效或终止，其中所规定的仲裁条款并不随之也失去效力，只要该仲裁条款是合法有效的。这个理论，被称为“仲裁条款自治理论”（theory of autonomy of the arbitration clause）。但是在理论上，有持绝对论观点的，即认为一个合同哪怕是因为不符合法律而被确认为自始无效，仲裁条款依然有效；有持相对论观点的，即认为如果一个合同自始无效，仲裁条款当然不可能有效存在，但如合同因意外情况的发生而变为无效的，则仲裁条款仍然有效。这里暂时不论何种观点正确，只是要讨论对合同的无效（或可撤销）的认定，究应由仲裁庭管辖或法院管辖的问题。

对于这个问题，美国过去有实践认为，如不是涉及仲裁条款本身的有效性问题，而仅是应否认定主合同无效的问题，其管辖权仍属合同中仲裁条款指定的仲裁机构；但如争议在于仲裁条款本身是否有效，则应由联邦法院管辖。英国早先的实践认为，无论争议涉及的是主合同是否有效或仲裁条款本身是否有效，其管辖权均应属于法院，仲裁员都无权作出裁定。1976年《联合国国际贸易法委员会仲裁规则》则主张，仲裁庭不仅有权对就该庭管辖权所提出的异议，包括对仲裁条款或单独的仲裁协议的存在和效力所提出的任何异议，作出裁决，而且有权决定包括仲裁条款在内的合同的存在和效力。它还明确指出，作为合同的组成部分的仲裁条款，应被视为是具有独立于该合同其他条款效力的一种协议（第21条）。可见在实践中，对于上述问题的解决，至少有以上三种具有代表性的不同做法。

我国已有中国技术进出口公司诉瑞士工业资源公司侵权损害赔偿纠纷上诉案（1988年）涉及这个问题。该案事实为：1984年，被上述人中国技术进出口总公司与美国旭日开发公司签订一项从后者购买钢材的合同，后因旭日公司无力履约，征得被上诉人同意将合同卖方变更为上诉人瑞士工业资源公司，该公司于 1985 年 3 月 14 日电传被上诉人，称“货物已在装船港备妥待运”，“装船日期为 1985 年 3 月 31 日”，要求以上诉人为受益人开出信用证。及至 5 月 26 日又电传称：“所供钢材可能由我们的意大利生产厂或西班牙生产厂交货。”待至信用证开出后，上诉人将全部伪造的钢材质量检验证书、重量证书、装箱单及提单通过银行提交被上诉人，同年 6 月 1 日，中国银行上海分行将货款 229 万余美元汇付上诉人，而货物始终未到。于是在 1986 年 3 月 24 日被上诉人向上海市中级人民法院起诉，要求上诉人返还全部货款并赔偿银行利息、经营损失及其他费用，同时申请诉讼保全。上诉人在答辩的同时就该项诉讼保全提出反诉。一审判决基本上满足了被上诉人的要求，同时驳回了上诉人的反诉。上诉人不服一审判决，向上海市高级人民法院提出上诉，其中很重要的一项理由就是，双方签订的购销钢材合同中有仲裁条款，原审法院无管辖权。

结果是上海市高级人民法院在对上诉案审结时，判决驳回瑞士工业资源公司的上诉，认定：“上诉人利用合同形式，进行欺诈，已超出履行合同的范围，不仅破坏了合同，而且构成了侵权。双方当事人的纠纷，已非合同权利义务的争议，而是侵权损害赔偿纠纷。被上诉人有权向法院提起侵权之诉，而不受双方所订立的仲裁条款的约束。因本案侵权行为地在上海，依照《民事诉讼法（试行）》第 22 条……的规定……上海市中级人民法院对本案具有管辖权。上诉人提出的中国已加入《承认和执行外国仲裁裁决公约》，当事人签订的合同又有仲裁条款，中国法院无管辖权，其理由不能成立。”①

此案是国内运用识别确定管辖权的最早案例。目前虽已成定案，但提出了许多值得进一步讨论的问题。如：

根据该二审法院的判决关于上诉人行为性质的认定，是不是可以得出结论，利用合同形式进行欺诈，已导致合同自始无效，因而合同中的仲裁条款也当然无效？此其一。其次，便是判决所称“上诉人提出的中国已加入《承认和执行外国仲裁裁决公约》，当事人签订的合同又有仲裁条款，中国法院无管辖权，其理由不能成立”中的“不能成立”的理由是什么？这种“不能成立”的理由是否也导致了该仲裁协议的无效？如果能得出这一结论，那么同样是不是依此案例，还可以进一步得出这样的结论：判定含有仲裁条款的合同的有效性和合同中所含仲裁条款的管辖权，不应属于该合同仲裁条款指定的仲裁庭，

① 《中华人民共和国最高人民法院公报》1989 年第 1 期，第 26~28 页。

而均应属于对案件有管辖权的法院？而且是否也意味着一旦经法院认定为利用合同，进行欺诈，已不属于合同履行的问题，而是构成了侵权，仲裁条款也当然无效了？

但是根据最高人民法院1987年4月10日发出的关于执行我国加入的《纽约公约》的通知中指出的应注意事项之“2”，即我国决定加入公约时就公约所称的“商事”作出的保留声明，我国仅承认和执行“按照我国的法律属于契约性和非契约性商事关系所引起的争议”，而对“契约性和非契约性商事关系”，通知则明确地指出包括“由于合同、侵权或者根据有关法律规定而产生的经济上的权利义务关系”。据此，是否应当认为，尽管上诉人的行为是借合同形式所为的侵权行为，也在我国已加入的纽约公约的适用范围之内？

二、对已有仲裁协议的争议提起诉讼的处理

与上述问题有关的还有在当事人之间如果存在一个有效的仲裁协议，可是争议发生后，一方当事人向我国人民法院起诉，人民法院究竟是应依职权直接拒绝或驳回其起诉，还是应有对方当事人的异议才能拒绝或驳回其起诉呢？据说我国海事法院在实践中已遇到这类问题，如一海事救助合同中本有仲裁条款约定如有争议在英国劳合社仲裁，后中方救助人在国内法院申请扣船并起诉，法院已经受理，对此，国内有的主张法院根本就不应受理，但也有主张依一些国际条约或国内法的规定，在这种情况下，只有应对方当事人以存在有仲裁协议为理由请求终止诉讼时，我国人民法院才可拒绝或驳回起诉。在国际上，以采纳后一种观点的居多。

如1987年瑞士新国际私法第7条就规定：“如果当事人就可以仲裁的争议签订有仲裁协议，受理案件的瑞士法院应拒绝管辖，除非（1）被告未作保留而应诉的；或（2）法院证明仲裁协议无效、失效或不能适用；或（3）显然由于被告的原因仲裁庭不能组成。”

瑞典对这个问题的规定更为明确。瑞典仲裁法虽充分肯定仲裁协议具有排除法院管辖权的效力，但是如果于协议中约定的争议发生后，一方将此争议向法院提起诉讼，若被告不尽快行使请求中止诉讼的权利，法院不能主动中止诉讼程序。不但如此，在下述各种情况下，被告无权申请中止诉讼。这些情况包括：（1）被告在原告已申请的仲裁中不合作，如瑞典仲裁法规定，“如在提出适用仲裁协议的要求后，当事人一方拒绝这一要求，或未履行指定仲裁员的义务，而另一方当事人也宁愿向法院起诉而不坚持仲裁裁决”。（2）在上一次诉讼中被告已默示放弃了请求仲裁的权利，如原告已就仲裁协议约定的争议事项

向法院起诉，法院只作出临时判决（即仅仅获得一项可以撤销的即决判决），日后被告就同一争议向法院起诉，原诉中的原告不能以已有仲裁协议而申请中止诉讼（因为他的第一次起诉已表明他放弃了仲裁）；反之如在原诉中，被告未以有仲裁协议而对诉讼提出异议，则当此项诉讼被法院驳回或原告撤回时，日后原告可就同一争议事项起诉，被告不得再援用此项权利。（3）被告放弃了先前提出的仲裁的要求（如虽曾请求仲裁但又撤回了请求，原告即有权向法院起诉）。（4）裁决含糊不清，以致无法执行，这时也不能阻止一方当事人就已决问题向法院起诉①。

当然，瑞典的仲裁法也认为，一项有效的仲裁协议的一方当事人在对方当事人以该协议约定的事项为基础在法院向其提起诉讼时，被告虽未要求停止诉讼，但如被告未出庭，而且明显地可以从提交给法院的起诉材料中看出存在着一项有效的仲裁协议，则法院是应该拒绝受理该项争议的②。

在国际公约中，也有这方面的规定。如 1961 年 4 月 21 日订于日内瓦的《关于国际商事仲裁的欧洲公约》第 6 条就规定："如果法院应仲裁协议任何一方当事人的请求，受理了有关争议，则以存在仲裁协议为根据对法院管辖权的抗辩应由被诉人向法院提出。"至于这种抗辩应在提出实质抗辩之前或同时提出，取决于受理法院将这种抗辩视为程序问题抑或实质问题。在接到这种抗辩时，法院应对仲裁协议是否存在和有效作出裁定。如果仲裁协议的任何一方当事人在以任何方式诉诸法院以前已提请仲裁，缔约国法院以后被请求受理关于同一标的或关于仲裁协议是否存在、有效、失效的争议，则应中止对仲裁管辖权问题的审理，直到作出仲裁裁决为止（但另有充分的、重要的相反理由者除外）。

对于我国更有实际意义的，是我国已加入的 1958 年《纽约公约》第 2 条第 3 款也是采取这种立场的，其规定为："如果缔约国的法院受理一个案件，而就这个案件的涉及事项，当事人已经达成本条意义内的协议时，除非该法院查明此项协议是无效的、未生效的或不可能执行的，应该依一方当事人的请求，命令当事人把案件提交仲裁。"

这都表明，在所有各种情况中，并非只要有了仲裁协议，法院就要主动拒

---

① 参见周子业、卢绳祖、李双元等译：《瑞典的仲裁》，法律出版社 1984 年版，第 37~40 页。

② 参见周子亚、卢绳祖、李双元等译：《瑞典的仲裁》，法律出版社 1984 年版，第 36~37 页。

绝原告的起诉。

对于这个问题，于1992年7月14日发布的《最高人民法院关于适用〈中华人民共和国民事诉讼法〉若干问题的意见》中，虽已予以正视，提出了几条重要的司法解释意见，但对由谁来判定仲裁协议是否有效、失效，或仲裁裁决内容不明确无法执行时管辖权的归属等问题，则仍不够明确。

三、仲裁协议和法院专属管辖的关系

当事人通过协议选择法院管辖，不能改变本应服从的国家的专属管辖。这是国际民事诉讼法所肯定的，也是我国新《民事诉讼法》第25条和第244条所一再强调的。但是，在内国法规定某些案件应归其法院专属管辖时，当事人是否仍有权在有关合同中达成仲裁条款，或于争议发生后，达成仲裁协议，将案件提交给该国或其他国家的仲裁机构仲裁呢？

对于这个问题，在最高人民法院1989年印发的《全国沿海地区涉外涉港澳经济审判工作座谈会纪要》中，曾针对在我国境内履行的中外合资经营企业合同及中外合作勘探开发自然资源合同纠纷，一方面指出它们应属中国法院专属管辖的案件，同时又指出，如果这些合同中订有仲裁条款或当事人另有仲裁协议，约定将合同纠纷提交中国或其他国家仲裁机构仲裁的，则只要该仲裁条款或仲裁协议合法有效，当事人向我国人民法院起诉的，应不予受理或驳回起诉，“不能以属于我国法院专属管辖为由对抗或否定当事人间仲裁条款或仲裁协议的效力”。

但是对涉及位于我国境内的不动产的争议，对在我国境内港口作业中发生的争议，当事人是否也有权在事前或事后通过仲裁条款或仲裁协议，将它们提交给中国或其他国家的仲裁机构仲裁，在《最高人民法院关于适用〈中华人民共和国民事诉讼法〉若干问题的意见》第305条中，不但已作了肯定的回答，而且把被继承人死亡时住所地在我国或主要遗产在我国的只能由我国法院专属管辖的遗产继承案件也包括在其中了。

但是，也还有一种观点认为，凡属合同性质的争议，当事人应都有权通过协议提交仲裁，而不管法律是否规定专属管辖。如果这种观点是正确的，则在我国法律所规定的几种专属管辖中，涉及位于我国的不动产及在我国境内的港口作业的、非属于合同性质而是属于物权或行政管辖方面的争议，就不应该允许提交给国际商事仲裁机构仲裁，至于上述遗产继承诉讼就更非可通过仲裁协议而提交给国际商事仲裁机构仲裁了。

第四节　关于国际民事诉讼中的公共秩序保留制度问题

一、传统公共秩序保留制度及其适用的限制

公共秩序保留制度，作为一种在非常情况下排除外国法的适用或拒绝对外国判决予以承认和执行的法律武器，在国际上是得到普遍采用的。但关于公共秩序的含义及称谓，长期以来，各国家、地区的学者界说不一，其立法与司法实践也不统一。对于公共秩序，法国称之为“公序良俗”（order public），在英美法中常被称为“公共政策”（public policy），而德国法称“保留条款”或“排除条款”，在我国有称“公共秩序保留”，也有称“公共秩序”的，我国台湾地区学者也有将其称为“善良风俗”或“公序良俗”的。各学者在讨论公共秩序保留制度时，一般都认为它涵纳了以下三重含义：（1）在依法院国或国际私法公约中的冲突规范本应适用某外国实体法作准据法时，因其适用与法院国的重大利益、基本政策、道德的基本观念或法律的基本原则相抵触而可排除其适用；（2）法院国认为自己的某些法律具有直接适用于涉外民事关系的效力，排除外国法的适用；（3）法院被申请或请求承认或执行外国法院所作出的发生法律效力的判决或外国仲裁机构作出的裁决，如其承认或执行将违反法院国的公共秩序，则可不予承认或执行①。

公共秩序的理论，萌芽于13、14世纪时意大利“法则区别说”，已有600多年的历史②。公共秩序作为国际私法中的一项制度，自1804年《法国民法典》在第3条和第6条率先作出规定起，已被各国立法及司法实践所肯定。可以说，无论在理论上还是在实践中，公共秩序保留制度都得到了普遍的承认。但是，究竟什么是公共秩序的本质内涵以及在什么情形之下可以援用公共秩序条款，理论界不仅长期争论不休，实践中也做法各异。一些学者认为，公共秩序本身是一个含糊的概念，其辞意抽象，关于限制外国法适用之标准，难免分歧③。事实上公共秩序制度与各国的政治制度、社会结构和历史文化传统等国家对公共秩序有不同的看法和理解，很难有一个统一的、永恒不变的标准。也

---

① 李双元著：《国际私法（冲突法篇）》，武汉大学出版社1987年版，第211页。

② 韩德培主编：《国际私法》，武汉大学出版社1989年版，第73页。

③ 苏远成著：《国际私法》，台湾五南图书出版公司1988年版，第109页。

有学者认为公共秩序不仅仅是一个法律概念，还是一个政治概念，公共秩序保留条款的目的和实质在于贯彻和执行内国的现实政策①。尽管上述观点各不相同，但隐含在各种观点中至少有一点是相同的，即一般都把公共秩序制度称为国际私法中的安全阀——消除隐含在冲突规范中的某种危险性。这正是公共秩序保留制度的积极性所在。

但是，公共秩序保留制度是一种相当灵活和富有弹性的制度，其消极后果就是给予了法官以适用公共秩序条款的广泛自由裁量权，因而导致公共秩序常常被滥用，成为一种法官任意排除外国法适用的工具。法国法院过去就有长期"滥用公共秩序这个概念"，拒绝承认外国法律规定的更多的离婚自由和已婚妇女的财产权利，否认社会主义国家国有化法律的效力②。公共秩序制度的滥用大大降低了国际私法在协调各国法律冲突中的价值，妨碍了国际民事交往的稳定和安全，从而不利于国际民商事新秩序的建立，并相悖于当今世界政治—经济一体化的大趋势。值得欣慰的是，"国际社会是一个以互利和公益为基础的社会。任何一个国家过分利己的行为都会受到来自国际社会的压力。而且一个国家即使仅为本国利益着想，也不愿将此种行为放纵至为所欲为的地步。现在，对公共秩序保留的适用加以限制已成为国际社会较为普遍的要求"③。"二战"后，随着国际经济、政治形势的变化和发展，各国在公共秩序保留问题上出现了积极的变化：公共秩序制度的限制适用已成为许多国家的共识。

综观当今各国的立法与司法实践，限制适用公共秩序制度的趋势主要表现在以下几个方面。

1. 有关国内立法及国际公约的措辞体现了限制公共秩序援用的精神，反映了国际社会限制公共秩序制度的普遍意向和努力

1982 年土耳其《国际私法》第 5 条规定，"当应适用于个别案件之外国法律条款明显违背土耳其之公共秩序时，不适用之"。④ 1986 年《国际货物销售合同法律适用公约》第 16 条规定，"凡依本公约规定所适用的任何国家的法律，只有其适用明显违背法院地国的公共秩序时，方可予以拒绝适用"。不论是土耳其国际私法，还是该公约，均强调援用公共秩序排除外国法适用的严格

① 姚壮、任继圣著：《国际私法基础》，中国社会科学出版社 1981 年版，第 30~37 页。

② ［德］隆茨著：《国际私法》，袁振民译，1949 年中译本，第 62 页。

③ 沈涓著：《冲突法及其价值导向》，中国政法大学出版社 1993 年版，第 129 页。

④ 刘铁铮著：《瑞士新国际私法之研究》，台湾三民书局 1991 年版，第 332 页。

条件——“明显违背”法院国的公共秩序，尽管这种“明显违背”的措辞仍然是一个弹性的措辞，但我们从中仍然可以感受到国际社会限制公共秩序适用的普遍意向，而且，这种意向已经实实在在地规定在立法之中。

2. 越来越多的国家在立法和司法实践中认同运用公共秩序标准的客观说或结果说

所谓运用公共秩序标准的客观说或结果说，是指不能仅仅因为要适用的外国法的内容与内国公共秩序相矛盾，就运用公共秩序保留手段，只有当适用该外国法的结果危及内国利益时，才能运用公共秩序保留。而所谓的运用公共秩序标准主观说则强调若外国法本身之规定有悖法院国公共秩序或善良风俗原则，法院地国法院即可排除该外国法之适用，而不问该外国法适用于具体案件的结果是否对法院国的公共利益造成实质性的损害。显然，采用客观说限制公共秩序的运用是合理的。正基于此，当今各国正逐渐摒弃主观说而采客观说或结果说。比利时、荷兰、卢森堡有关国际私法的统一法第 22 条规定：“例外不依本法规定适用应适用之法律，如适用外国法抵触公共秩序时，或因公共秩序反对外国法之适用，或因其要求比、荷、卢之法律应予适用。”① 巴迪福在其所著的《国际私法总论》中曾指出，“只有当被法院地冲突规则所指定的外国法的适用在受理案件的法官看来无法容忍时，才会产生排除该外国法的结果”②，这种结论是合逻辑的。

3. 区分国内民法上的公共秩序与国际私法上的公共秩序，严格公共秩序的内涵以限制公共秩序的适用

瑞士法学家布鲁歇曾从萨维尼把强行法分为两部分的观点出发，提出了“国内公共秩序”和“国际公共秩序”的概念，指出只有属于“国际公共秩序”的强行法才具有排除外国法适用的效力。《布鲁斯塔曼法典》也在第 3 条使用了国内公共秩序法和国际公共秩序法的概念，把法律和规则分为三类：(1) 属人法或国内公共秩序；(2) 属地法，当地法或国际公共秩序；(3) 任意法或私的秩序法。该法典第 4 条进一步规定了“宪法上的法则属于国际公共秩序法”③。尽管该法典所称的“国际公共秩序”仍是国内法律的一部分，但这种区分注意到了国内民事关系与国际民事关系的区别，严格了公共秩序的

① 刘铁铮著：《瑞士新国际私法之研究》，台湾三民书局 1991 年版，第 293 页。

② ［法］巴迪福等著：《国际私法总论》，陈洪武等译，中国对外翻译出版公司 1989 年版，第 491 页。

③ 参见李双元主编：《国际私法》，北京大学出版社 1991 年版，第 149 页。

适用条件，有利于国际民事交往的发展。从理论上来说，毕竟国际私法上的公共秩序的适用对象是涉外民事法律关系，而国内法上的公共秩序的适用对象是纯国内民事关系，前者比后者在范围上狭窄，在适用条件上理应严格一些，两者的适用标准自然也应有所区别。

4. 运用公共秩序排除本应适用的外国法后，并不一律代之以法院地国的内国法，从而间接地遏制了公共秩序的滥用

这是因为，如果适用公共秩序的结果并不一定导致内国法的适用，法官便会缺乏适用公共秩序的利益驱动，法官适用公共秩序的积极性就会受到抑制。过去，在排除外国法适用的情况下，一般均倾向于以法院地法取而代之，如匈牙利、原联邦德国、秘鲁、塞内加尔等国就明确规定适用法院地法。但目前许多学者均主张，应尽可能限制法院地法取代的做法，因为只有这样才更符合国际私法的基本精神①。从近些年国际私法的立法实践看，已有些国家开始对法院地法的直接适用有所限制。如《土耳其国际私法和国际诉讼程序法》第 5 条规定："应适用外国法时，如果外国法的规定违反土耳其的公共秩序，则不适用该外国法的规定。必要时，可适用土耳其法律。""必要时"这三个字就反映了对法院地法适用的限制。

二、当今国际社会公共秩序保留制度的发展趋势

如果说对公共秩序的限制适用反映了各国在司法主权范围内公共秩序保留问题上的积极变化，那么国际公共秩序这一概念的诞生标志着国际私法上的公共秩序制度新的发展阶段的到来。这种真正意义上的国际公共秩序的出现可能在国际范围内对公共秩序的适用标准及范围作出界定，从而达到公共秩序适用标准的国际化，它代表着传统的公共秩序保留制度在 21 世纪的发展趋势。布洛歇曾在分析公共秩序制度时基于萨维尼的法律分类理论提出过"国内公共秩序"与"国际公共秩序"的划分，但他所说的"国际公共秩序"亦即一国的公共秩序，实际上是一主权国家内的国际私法上的公共秩序。我们现在所说的国际公共秩序是指有关整个国际社会或人类生存、和平与发展的共同利益或根本利益之所在。"二战"以后，随着人类面临的共同问题越来越多，在这些问题不可能由各个国家利用国内法自行解决的客观情况下，人类社会的国际合作及协调必会增强，国际社会公认的不得违背的法律规范必会逐渐增多并明确化。在国际社会关系中，个人乃至国家在行使自己的私权和主权权利时必须考

① 李双元著：《国际私法（冲突法篇）》，武汉大学出版社 1987 年版，第 233 页。

虑整个国际社会的整体利益，国际社会本位观念将会日渐深入人心。在某些问题上，个人本位固然要服从国家本位，但国家本位更应让与国际社会本位。①国际社会跟国内社会一样也有一些相对其本身来说至关重要的根本利益或与整个人类生存发展休戚相关的一些基本原则等，也就是国际公共秩序。国际公共秩序的内容既可能来自国际法及国际经济法领域，也可能从各国国际私法中提炼出来。随着国际私法本身日益“国际法”化，公共秩序作为传统国际私法上的一项基本制度，也肯定会走向国际化。各国可以通过明示或默示的同意在国际范围内对公共秩序的标准、内容、范围作出统一的规定，这样国际私法上的公共秩序通过升华从而变为国际公共秩序的内容。但不管怎样，国际公共秩序与传统的国际私法上的公共秩序是有很大的不同的。

1. 两者的出发点不同

国际公共秩序着眼国际社会本位，国际社会整体是其产生的现实基础。当今世界，随着各国的频繁交融和合作，出现了一系列亟待人类去解决的重大问题。但在那种主权国家各自为政的状况下，想要它们采取协调一致的行动是很难办到的，主权国家保留事项应该逐渐加以限制。各国互不相同的公共秩序制度严重阻碍主权者间民商法律的协调，现实要求限制甚至结束在公共秩序领域中各自为政的局面。国际公共秩序就是基于此而产生和发展的。而传统公共秩序则是各主权国家范围内的事项，在立法上怎么规定、在司法中适用与否都只由各国基于自己的利益和目的予以决定。

2. 两者衡量的标准不同

传统的公共秩序注重的是外国法的内容及其适用结果是否与法院国的法律、道德的基本原则等相抵触，其特点是以内国为主，以本国的利益为核心，充其量也不过是与准据法国发生单向联系。由于各国法律、文化、传统、历史等诸多方面存在很大差异，因而势必决定了各国在公共秩序问题上有着互不相同的衡量标准，任一主权者永远只适用自己的标准，没有国家间都承认的“国际标准”。在国际公共秩序阶段，因国际法对各国的法律生活提出的一些最基本要求发生变化，从而产生一些国际社会必须一致遵守的国际标准，产生一系列任何国家的法律都不得与之相悖的国际强行性规范。这样，一主权者在确定是否可以借公共秩序排除外国法的适用时，它所考虑的既不是本国公共秩序标准，也不是准据法国的标准或第三国的标准，而是国际条约和国际习惯法

① 李双元等：《21世纪国际社会法律发展基本走势的展望》，载《湖南师范大学学报》1995年第1期。

中规定的统一的标准。因而外国法律的适用可能违背法院国的公共秩序，但并不一定与国际公共秩序相悖，反之亦然。

3. 两者的渊源不同

国际公共秩序的实质内容既可能从各国的公共秩序中提炼出来，也可以来自国际法、国际经济法诸领域。它既可以体现在国际实体法条约中，也可能存在于国际习惯法中。而传统的公共秩序只可能建立于国内法中（值得注意的是，在统一冲突法条约中固然有诸如"凡依本公约的规定所适用的任何国家的法律如与内国公共秩序相抵触，拒绝予以适用"之类的关于公共秩序的条款，但这里并没有指出公共秩序的实质内容，它仍留给缔约国依本国标准去加以确定）。

匈牙利国际私法专家萨瑟在论述公共秩序时早就指出它也适用于以下这种情况，即按照内国冲突规范应适用的外国法，如予以适用将违反国际法的强行规则、内国所负担的条约义务以及违反国际社会所一般承认的正义要求，则根据该外国法违反国际公共秩序为由，而不予适用①。现在，一系列国际公约对当今国际社会的公共秩序作了规定，如 1958 年制定的《废止奴隶制、奴隶贩卖及类似奴隶制度与习俗补充公约》第一编规定，各缔约国遇到在债务担保、土地承租、女子婚姻和未成年人监护等方面存在类似奴隶制度习俗时，"应采取一切实际而必要之立法及其他措施，逐渐并尽速达成完全之废止或废弃"。国际公约对公共秩序的规定所涉及的范围越来越广，诸如消除种族歧视、外交人员的保护、妇女儿童合法权益、反对走私贩毒、难民的合法地位等；随着越来越多的有关民事法律关系之国际公共秩序的确立，就很有可能形成一个各国都应遵守也愿意遵守的适用公共秩序的标准体系，这就能有效地限制法官适用公共秩序的自由裁量权，从而达到限制公共秩序制度随意适用之目的。值得注意的是，1984 年秘鲁民法典第 2050 条规定了国际公共政策条款："依秘鲁冲突法指定的外国法取得的合法权利，如不违背国际公共政策或善良风俗，在秘鲁同样有效。" 1967 年法国民法典国际私法法规（第三草案）第四篇第 2283 条也规定，"任何与国际关系中公认的公共秩序不相容的外国法都不得在法国适用"。这是否已经表明，国际公共秩序这一普遍广泛的观念已开始越来越多的进入各国的立法和司法领域。

正如国际私法的渊源包括国际和国内渊源且国际私法本身的发展涉及国

① 参见《中国大百科全书（法学卷）》，中国大百科全书出版社 1985 年版，第 11 页。

际、国内两个领域一样，国际私法上的公共秩序在 21 世纪的发展也将从国际、国内两个领域铺开。

从国际上看，随着统一私法条约和国际惯例的不断出现，其调整范围日益扩展。它们一方面通过条约把各国歧异的民商法统一起来，并直接适用于涉外民商事法律关系，从而可以缩小各国适用公共秩序的市场；另一方面，这些条约和习惯还可能在国际范围内对与整个人类社会的利益相违背的事项作出越来越多的禁止性规定（亦即上升为国际公共秩序的内容不断增多）。这样，任何一个国家在处理这些涉外民事关系时是否可以援用公共秩序就可以根据相应的条约和习惯的标准，而不是依各自国内的标准，从而避免各国在公共秩序制度上的滥用。

从国内的角度来讲，各主权国家的公共秩序制度将进一步得到改造，当前各国对本国的公共秩序实行自我限制的做法在 21 世纪会进一步深化。公共秩序保留是夹杂在冲突解决中的一种“干扰素”①，它的存在往往出乎意料地妨碍公认的冲突规则的正常适用。因此，公共秩序制度适用的范围越窄，适用的机会越少，反而标志着其本身越来越完善。各国公共秩序制度之间的冲突的解决可以说是其他所有冲突解决的前提。传统的公共秩序理论上的不合理性已成共识，在某种程度上它是国家利益和个人利益冲突的产物。现在，许多国家都已经或正在运用多种方法限制公共秩序的效力。将来到了 21 世纪，这些限制公共秩序适用的方法会得到更多国家的响应，同时，新的限制做法和措施也必然不断出现。

另外，法律趋同化将在公共秩序保留制度的完善方面发挥双重作用，一方面，公共秩序之所以存在是因为各国法中存在一些相互不能接受的内容，随着趋同化在各国民商法的渗透和作用加强，以及当今个别国家制定调整涉外民事关系的国内专用实体法的做法得到仿效，各国民商法那些相互不能容纳的东西将会逐渐减少，从而大大缩小公共秩序效力的领域；另一方面，各国公共秩序制度本身有可能随着频繁的法律文化交流而取长补短，各国对公共秩序的概念、内容、适用范围作出相似的规定，在实践中也采取类似的做法，使各国的公共秩序的衡量标准趋向同一。

① 李双元主编：《市场经济与当代国际私法趋同化问题研究》，武汉大学出版社 1994 年版，第 178 页。

三、中国有关公共秩序的立法与司法实践

1. 中国立法中有关公共秩序的规定

对于公共秩序保留制度，我国一贯持肯定态度，在立法上现已有较完备的规定，并在司法实践中得到了丰富和发展。实际上，为了确保我国社会主义法律的基本原则和国家与社会的公共利益，在我国立法中，早已持肯定的态度，只是在立法上提法不同而已。早在1950年11月，当时的中央人民政府法律委员会在《关于中国人与外侨、外侨与外侨婚姻问题的意见》中曾指出，上述人之间在中国结婚或离婚，在以适用中国法律为原则的前提下，宜于适当限度内照顾当事人的本国婚姻法，但"适用当事人的本国的婚姻法以不违背我国的公共秩序、公共利益和目前的基本政策为限度"。在1982年颁布的《民事诉讼法（试行）》中，则已不使用公共秩序这个概念，而仅称在承认和执行外国判决时，应认定该判决"不违反中华人民共和国法律的基本准则或者我国国家、社会的利益"。1991年的《民事诉讼法》关于承认和执行外国法院的判决的规定又将这一条件称为"不违反中华人民共和国法律的基本原则或者国家主权、安全、社会公共利益"。而1986年的《民法通则》仅称依照该法规定"适用外国法律或者国际惯例，不得违背中华人民共和国的社会公共利益"。1993年颁布实施的《海商法》第276条和1996年3月1日起实施的《民用航空法》第190条都有相同的关于"公共秩序"的规定，即"依照本章规定适用外国法律或者国际惯例，不得违背中华人民共和国的社会公共利益"。

从上述各种规定来看，首先，我国法律对公共秩序，大都采取直接限制外国法适用的立法方式。这反映了公共秩序所具有的对某些经冲突规范指定本应适用的外国法的消极的、防范的或排除的作用。但是公共秩序制度还有一种对本国某些法律必须在涉外民事关系中直接适用（即不必经冲突规范的指定）的积极的肯定的作用，这种作用在我国国际私法中，无疑也是应该具备的，只是我国哪些法律规定必须在涉外民事关系中直接适用，得由法院在个案中具体作出认定。

其次，在我国《民法通则》中，由于在第142条中明确规定了"中华人民共和国法律和中华人民共和国缔结或者参加的国际条约没有规定的，可以适用国际惯例"，因而在公共秩序保留制度中也规定，在依我国冲突法指定应适用国际惯例时，如其适用违背我国社会公共利益，也可借此而予以排除。而我国《海商法》和《民用航空法》也有类似的规定。这些规定，与我们现在已

收集到的30多个外国冲突法立法例相对照，实属见到的唯一一例①。

最后，对于公共秩序的运用，在国际上，有采主观说和采客观说（或结果说）的对立。采主观说者，多在立法中仅要求只要外国法的规定本身与自己的公共秩序不符，即可加以排除。从我们已收集到的30多个外国冲突法立法例中，采主观说的是其中的极少数，仅有日本、波兰、约旦、土耳其等几个国家。采客观说或结果说者，则在立法中规定，只有在外国法的适用会与自己法律的基本原则或国家、社会的公共利益相抵触时，才可借此制度以排除该外国法的适用。从上引我国立法中的几种规定的内容来看，是采客观说或结果说的。这无疑与大多数国家的实践相一致。

2. 中国有关公共秩序的司法实践

在我国司法实践中，明确地以违背我国公共秩序或法律的基本原则或国家与社会的公共利益而排除经冲突规范指定应适用的外国法的案例，尚未见到。唯有1989年广州海事法院在审理海南省木材公司诉新加坡泰坦船务公司和达斌私人有限公司一案，法院认为有必要借公共秩序排除《跟单信用证统一惯例》，亦即借公共秩序排除国际惯例的适用的一例②。但在承认或执行外国法院的判决方面，却已有几个这类案例，如：

（1）1957年5月4日最高人民法院《关于波兰法院对双方都居住在波兰的中国侨民的离婚判决在中国是否有法律效力问题的复函》指出："波兰法院对双方都居住在波兰的中国公民间的离婚案件所作的判决，如果在实体法上和程序法上与中华人民共和国婚姻法都没有抵触的时候，我们承认这种判决对双方当事人在法律上的拘束力。"

（2）1981年3月2日，最高人民法院《关于旅荷华侨离婚问题的复函》指出："旅荷华侨夫妇经荷兰法院判决离婚的，如不违反我国婚姻法的基本原则，可承认这种判决对双方当事人在法律上有拘束力。"

（3）1984年12月5日，最高人民法院《关于旅居外国的中国公民按居住国法律允许的方式达成的分居协议我驻外使领馆是否承认问题的复函》指出："关于在国内结婚后旅居阿根廷的中国公民王×与杨××因婚姻纠纷，由于阿根

① 均载韩德培、李双元主编：《国际私法教学参考资料选编》（上），武汉大学出版社1991年版。

② 对该案是否得借公共秩序来排除有关国际惯例的适用，国内国际私法学界有不同的观点。该案审理经过和学理讨论，参见金正佳、郭生平：《涉外海事审判中的法律适用》，载《法学评论》1989年第6期。

廷婚姻法不允许离婚，即按阿根廷法律允许的方式达成长期分居协议，……不符合我国婚姻法的规定，故不能承认和协助执行。……如果他们要取得在国内离婚的效力，必须向国内原结婚登记机关或结婚登记地人民法院申办离婚手续。"

从以上三例看，第（1）、（3）例，是采主观说的，即或只强调波兰法院的判决要在实体法上不与中国婚姻法相抵触，或只强调阿根廷婚姻法上的分居制度不符合我国婚姻法的规定，均不问根据对方国家有关法律制度作出的判决，其承认和执行是否会造成与中国婚姻法的基本原则相违背的结果。只有第（2）例才强调荷兰的离婚判决如在中国发生效力，须"不违反我国婚姻法的基本原则"，采客观说或结果说。因而司法实践与我国前述立法精神并不完全相符。

前面已经提到，绝大多数国家在运用公共秩序保留制度时，是采客观说或结果说的，即使如立法上采主观说的日本，在司法实践中也看重适用外国法或承认和执行外国判决的结果①。其所以如此，无非是为了求得国际民事法律关系的稳定与安全，是为了使依本国冲突规范指定应予适用的外国法在一般情况下尽可能得到适用。如在上述第（1）、（3）例中，只强调对方国家实体法得与我国有关法律一致，而不问对方国家的实体法与我国有关法律是否相抵触或不一致，承认依该法作出的判决的效力是否违背我国婚姻法的基本原则（如男女平等、婚姻自由、一夫一妻等）或社会公共利益，在公共秩序的运用上，就很可能失之过严。

纵观我国有关公共秩序的立法与实践，与当今国际社会的公共秩序保留制度的发展趋势相比，还存在一些缺陷与不足：首先，我国现有的公共秩序条款没有体现当今国际社会限制公共秩序适用的精神，即在有关公共秩序的所有法律条款中均无限制公共秩序适用的措辞；其次，排除外国法适用后选择法律的规定付之阙如，这样不利于法官的操作，也容易导致公共秩序的滥用；再次，从《民法通则》及《海商法》有关规定可以看出，我国公共秩序条款的矛头指向了国际惯例，这种规定为我国所独有，不但有悖于我国的现行的对外开放政策，也同国际社会的普遍做法不相符；最后，适用公共秩序的标准，我国立法有互相矛盾的地方，《涉外经济合同法》、新《民事诉讼法》的有关规定采取主观说，而《民法通则》及《海商法》的有关规定则明显采客观说。这种立法上的矛盾应该加以避免；还有，《民法通则》、《海商法》以"社会公共利

① 参见李双元主编：《国际私法》，北京大学出版社 1991 年版，第 144 页。

益”来阐明公共秩序制度似嫌简单、含糊，在司法实践中难以把握。结合国际社会的普遍做法及我国其他法规中的相关规定，应认为它包含“法律的基本原则或道德的基本观念”等内容①。综上所述，我国立法中有关公共秩序的条款宜表述为：外国法律的适用如明显违背国际公共秩序及中华人民共和国的重大利益、法律的基本原则或道德的基本观念，则不可适用。必要时，可适用中华人民共和国法律的相关规定。另外，在今后的司法实践中，我们应注意在指导思想上顺应当今国际社会限制适用公共秩序的趋势，更多地考虑我国的整体利益和长远利益；在个案中应采用客观说严格审查适用公共秩序的条件，既要考虑个案中的局部现实利益，更应注意保护我国进一步对外开放的根本利益和长远利益；着眼于国际民商秩序的维护，当外国法的适用结果明显违背国际公共秩序时，可以借国际公共秩序标准排除其适用。

第五节　关于执行海牙送达公约的几个问题

一、中国加入公约时的几项保留

在民事诉讼程序中，送达是其必不可少的环节之一。如果司法文书不能及时、合法地送达给当事人，就不能越过这一程序而进入其他诉讼程序。在某些国家，传票和起诉书是否送达，甚至对决定法院是否能够确立“对人管辖权”（personal jurisdiction）具有至关重要的作用（如美国、英国均属此列）。因此，各国民事诉讼程序法均对送达作了明确、具体的规定。在涉外民事案件中，由于诉讼主体往往具有涉外因素，因此司法文书的域外送达自然显得更为重要。因为这类送达需在外国领土上完成，且送达本身又是各国行使司法权的行为，所以这类送达往往比国内诉讼程序中的送达更为复杂，也更容易引起各国的争议。

为了解决上述问题，使传票及其他诉讼文书的域外送达规范化、制度化，各国不但在国内立法上有所规定，而且还缔结了许多双边司法协助条约，对送达的条件和程序都作了专门规定。旨在统一各国国际私法规范的海牙国际私法会议早在其成立伊始的 19 世纪末期就对这一问题进行了研究。在它于 1905 年和 1954 年制定的两个海牙公约中，便已有这方面的规定。为了使这方面的制

① 参见李双元主编：《市场经济与当代国际私法趋同化问题研究》，武汉大学出版社 1994 年版，第 184 页。

度更趋完善，海牙国际私法会议在1965年的第十届会议上又通过了《关于向国外送达民事或商事司法文书和司法外文书的公约》（下称“公约”）。该公约于1965年11月15日开放签字，并于1965年2月10日开始生效。截至1996年7月，批准或加入该公约的海牙国际私法会议成员国包括美国、埃及、丹麦、挪威、瑞典、日本、荷兰、意大利等等28个国家，接受该公约的非成员国有安提瓜和巴布达、白俄罗斯、巴西、马拉维、巴基斯坦、塞舌尔6个国家。

根据海牙国际私法会议对公约所作的说明报告，该公约的基本宗旨包括：(1) 建立一套制度，在尽可能的范围内使得收件人能够实际知悉被送达的文书，以便其有足够的时间为自己辩护；(2) 简化请求国和被请求国间对这些文书的转递方式；(3) 以统一规格的证明书方式便利对已完成送达的证明程序。为此目的，公约对送达文书的条件、方式和程序均作了详细规定。1977年11月和1989年4月，海牙国际私法会议又两度召开特别委员会会议，对公约的执行情况进行审议。实践证明，该公约是迄今国际上有关司法文书和司法外文书域外送达方面最为完备的公约，对世界各国的司法实践具有深远的影响。

我国已于1991年3月2日由全国人大常委会作出批准加入该公约的决定。该决定指定中华人民共和国司法部为中央机关和有权接受外国通过领事途径转递的文书的机关。决定同时也就公约作了几项保留。如对公约第8条第1款所规定的每个缔约国都有权不受约束地通过其外交人员或领事将文书送达或通知在国外的人员，声明“只在文书须送达给文书发出国公民时”，才能采用上述方式在中华人民共和国境内进行送达。对公约第10条所规定的三种送达方式（邮寄送达；文件发送国主管司法人员、法官和其他人直接通过目的地上述人员送达；诉讼利害关系人直接通过目的地上述人员送达），声明反对在中华人民共和国境内采用。对公约第15条第1款关于被告如未出庭，只有在确定有关传票或类似文书确已送达或交付给被告或其居所，且能保证被告有进行答辩的足够时间，才能作出判决的规定，声明在符合该条第2款所规定各项条件的情况下（已依公约所规定的一种方式传递有关文书；认为自传递文书之日起已不少于6个月；已尽了一切合理的努力仍未收到送达的证明），法官可以不顾第1款的规定，作出判决。对于第16条第3款所规定的缺席判决中的被告在败诉时于符合一定条件下法官有权使被告免于因上诉期间届满而丧失上诉权的效果（其条件包括：被告非因自己的过失而超过上诉期；被告已对案件的实质问题提出了表面上可以成立的答辩理由），声明被告要求免除丧失上诉权效果的申请只能在判决作出之日起 1 年之内提出，否则不予受理。

二、关于执行公约的其他几个问题

（一）公约的适用范围

正如公约标题所表明的，公约适用于民事和商事案件。但是公约并未给“民事”、“商事”下一定义。在海牙国际私法会议制定的其他有关公约中，也都对“民事”、“商事”采取了笼统的提法。这既非缔约者的疏忽，也并非认为这是不言而喻的，相反，是由于各国法律制度上对它们的理解存在分歧，缔约者不得不回避这一问题。如在一些国家（主要是英、美等普通法系国家），除刑事案件以外，其他案件均可归结为民、商事案件；而在另外一些国家（主要是大陆法系国家），除刑事案件外，税收案件也不能视为民、商事案件；还有一些国家认为，刑事、税收和行政案件均不属民、商事范畴。原联邦德国将凡是涉及执行公法的诉讼程序的案件一概排除在民、商事之外。埃及则更为特殊，主张有关个人身份的案件不属民事案件，因为在埃及，这类案件通常应由宗教法庭审理。不仅各国对民、商事概念本身有不同理解，而且各国对在具体案件中应依何国法律来识别诉讼的性质也有不同见解（有的主张应依请求国法律，有的则反之）。

1989 年特委会会议对这一问题进行讨论，经过协商，会议就“民、商事”一词专门通过了一项“结论”，其内容包括：

（1）委员会认为需要以自主方式解释“民事或商事”一词，而不是绝对地指向适用请求国法律或被请求国法律，或合并适用两国法律；

（2）对于公法和私法之间的“灰色地带”，发展趋势是对该词给予更为灵活的解释，尤其是破产、保险和雇用关系等案件均应被视为属于这一概念范围之内；

（3）相反，这一趋势并不导致将大多数国家都视为属于公法范畴的其他案件，如税收案件等，解释为属于公约适用范围之内；

（4）然而，缔约国仍可不受妨碍地在其相互关系中将公约适用于公法案件，且不必对两公约均以同一方式加以适用（许多国家主张在适用取证公约时，对“民、商事”一词的解释比在适用送达公约时应更为严格）。

显然，这些结论并不能从根本上解决各国的分歧，但其主旨在于促成各国在解释这一概念时采取变通立场：一方面，对“民、商事”作狭义理解的国家应适当放宽，以接受他国提出的按其本国传统法律概念不属民、商事范围的请求；另一方面，对“民、商事”一词作广义解释的国家亦应尊重那些将法律体系分为民事、行政和刑事三大部分的国家的观点，同时，在理解“民、商事”一词时，应根据公约的规定并符合公约的精神。

对于在何种情况下适用公约问题，由于送法公约第 1 条规定：“在所有民事或商事案件中，如有须向国外递送司法文书或司法外文书的情形，均应适用本公约”，可见，该公约在民、商事司法文书或司法外文书域外送达领域对缔约国的适用是排他性的。一些国家的判例也确认了这一原则。但这一条款并未明确指出以何种标准确定是否存在需向域外转递文书的“情形”，也没有列明这一“情形”具体包括哪些情况。这样，就给各国在解释上述“情形”时也留有余地，从而使各国在决定是否适用公约进行域外送达时仍具有一定的酌量权。

（二）中央机关的建立及其职能

缔约国建立中央机关，作为接受外国有关代为送达的请求的联系渠道，是公约的一项创新性规定。在此之前，这类请求一般通过外交途径转递。因为外交途径手续比较繁琐，而且外交机关往往只起一个单纯转递的作用，并不对请求进行审查，因此在实践中容易遇到困难。公约为简化送达程序，以中央机关的途径取代外交途径作为域外送达的主要联系渠道，大大便利了文书的迅速转递。

公约第 2 条规定，该中央机关应由各缔约国依其国内法组成。公约第 18 条还规定，联邦制国家可指定若干个中央机关。根据各国提供的情报，大多数国家指定司法部为中央机关，其中包括美国、比利时、原捷克斯洛伐克、丹麦、埃及、芬兰、法国、挪威、葡萄牙、土耳其、西班牙、塞浦路斯；此外，指定法院系统作为中央机关的国家包括巴巴多斯、卢森堡、意大利、马拉维、荷兰、塞舌尔、以色列；指定外交部作为中央机关的国家包括英国、日本、希腊、瑞典。原联邦德国和加拿大则按照公约第 18 条，分别指定了各州中央机关（大都是指定各州的司法部）。

中央机关在送达过程中的职能大致可归纳为：

（1）负责接收其他缔约国提出的送达请求（公约第 2 条）。这是公约规定的中央机关最主要的职能。

（2）对请求进行初步审查。这一职能在外交途径中往往并不具备。按照公约规定，中央机关收到外国提出的请求后，有权进行审查。公约第 4 条规定：“如果中央机关认为该请求不符合本公约规定，应立即通知申请者，并说明其对该请求的异议。”该条实际上赋予了中央机关以相当大的权力。

（3）亲自执行或安排其他主管当局执行请求。中央机关对请求国提出的请求进行审查后，如果认为该项请求符合公约规定，则转入执行阶段。

（4）通知送达的结果。在巴巴多斯、原捷克斯洛伐克、埃及、以色列、卢森堡、马拉维、瑞典、土耳其、英国、加拿大等国，中央机关同时也是有权出具送达证明书的机关，即有权负责通知执行送达请求的结果。在其他一些国家，如美国，虽中央机关不直接负责填具送达证明书，但有关主管机关填具该证明书后，须一律通过中央机关转递给提出请求的缔约一方。

（5）向外国中央机关提出送达文书的请求。有权向外国中央机关提出请求的机关因国而异，一般是各国依其法律有权执行送达的司法机关或司法执达员。

（三）请求的提出

1. 提出请求的机关

如上所述，许多国家对有权提出请求的机关并未作出统一规定，也未要求这类请求一律通过双方的中央机关提出。虽然公约第 3 条将请求机关定义为“依文件发出国法律规定的主管机关或司法助理人员”，但各国对“主管机关”和“司法助理人员”又有不同理解。一般情况下，“主管机关”和“司法助理人员”的内涵和外延，应依请求国的法律制度确定。

2. 请求书的格式和要求

公约规定，送达请求须以公约所附的标准格式提出。该标准格式的内容包括：申请者的身份及地址、接受申请的主管机关的地址、受送达人的身份及地址、送达方式、需送达的文书名称、提出请求的日期、地点及申请者签字或盖章，等等。

（四）请求的执行

1. 执行请求的方式

按照公约规定，一国执行外国提出的送达请求有三种方式：

（1）正式送达。公约第 5 条第 1 款（a）项规定，请求国中央机关应“依其国内法规定的在国内诉讼中对在其境内的人员送达文书的方法”执行请求。这是执行外国请求的最主要的方式。

（2）非正式递交。即在收件人自愿接收时向其送达文书，而无须严格遵循公约所规定的有关译文等形式上的要求。

（3）特定方式。公约第 5 条第 1 款（b）项规定，文书可依请求方要求的特定方式予以送达，除非这种特定方式不符合被请求国的法律。

2. 通知执行的结果

送达的完成一般须以正式文件加以证明。因各国国内法所规定的送达方式不尽相同，其具体证明方式也各有不同，但执达员送达一般需以送达回证或执达员的宣誓证词加以证明，邮寄送达则通常以邮件回执作为佐证，等等。

3. 费用的承担

公约第 12 条规定，请求外国代为送达司法文书，无须支付费用。但有两个情况例外：（1）雇用司法助理人员或其他有权的人员所产生的费用；（2）采用特定方式所产生的费用。因为许多国家都采用“官员送达”方式，因此，在这些国家，正式送达均须请求国偿付费用。

（五）对请求的异议及拒绝的理由

1. 地址不详

公约第 1 条规定，如文书的受送达人地址不详，则本公约不予适用。换言之，如果请求方不能提供受送达人的地址，则被请求国可拒绝协助送达。

2. 请求书不符合公约的异议

公约第 4 条规定，如被请求国中央机关认为请求书不符合本公约的规定，可就此通知请求方，并说明其异议。这里的异议大部分涉及请求书的形式要件，例如未提供被送达文书的一式两份文本、未附有正式译文等。

3. 执行请求将有损于被请求国主权或安全

公约第 13 条规定，只在被请求国认为执行请求将有损于其主权或安全时方可予以拒绝。这是拒绝提供司法协助的最常见的理由，也是公约规定的唯一理由。

4. 专属管辖权问题

公约第 13 条规定，一国不能仅因为其主张对该项请求所依据的案件的标的具有专属管辖权或其国内法不允许该项诉讼为由拒绝执行请求。这显然是对拒绝理由的限制性规定。有人认为，行使专属管辖权亦即排除其他国家管辖权的行使，如某一案件应由内国法院专属管辖，则该国在任何情况下都不承认外国法院就该案所作的判决的效力。因此，在这类案件中，被请求国自然可以该国具有专属管辖权为由拒绝提供司法协助，包括送达协助；而关于被请求国法律不允许该项诉讼问题，亦不可一概而论。如果该诉讼为国内法所明文禁止，则不能适用该款规定。上述观点在理论上似还可作进一步探讨，但公约所作的规定显然是为了便利文书在更大程度上予以送达，避免对此设置过多不必要的关卡。而且，各国一致认为，协助送达司法文书只是一种程序上的协助，并不意味着对与此有关的诉讼的认可，更不意味着承认请求方对该案所作的判决。专属管辖权显然是拒绝承认和执行外国法院判决的理由，但这与送达文书并无直接关系。因此，在实践中，并没有国家对公约上述规定作出保留或表示异议。我国在已缔结的几个双边司法协助协定中也未将之列为拒绝提供送达、取证协助的理由。当然，在特定案件中，如果执行某项属于上述情况的请求将有悖于被请求国法律的基本原则，被请求国还可援引“主权”、“安全”条款拒绝执行。

（六）其他送达途径

公约除建立中央机关制度作为域外送达的主要途径外，还在第8~11条规定了其他几种途径：

（1）领事途径。公约第8条和第9条分别规定了通过领事途径进行送达的两种方式：

第一为直接送达。即由文书发出国驻在文书接收国的领事代表机关直接将文书送达给收件人，不论收件人国籍如何。但这种方式允许缔约国保留，即缔约国可声明在其领土上，这种送达方式只适用于对文书发出国国民的送达。

第二为间接送达。即文书发出国通过其领事代表机关（在例外情况下亦可由外交代表机关）将需要送达的文书交给文书接收国所指定的机关，由后者负责完成送达。

（2）邮寄送达。公约第10条第1项规定，如果文书接收国不反对，本公约不妨碍利用邮寄渠道直接向域外人员送达司法文书的权利。邮寄送达是许多国家的国内诉讼程序法所允许的送达方式。

（3）通过负责送达的官员进行送达。公约第10条第2、3项规定，除非文书发往国提出异议，文书发出国的司法助理人员、司法官员、其他主管人员或诉讼的利害关系人可直接通过文书发往国的司法助理人员、司法官员或其他主管人员完成送达。

（4）通过双方议定的直接送达方式送达。

（七）在送达方面对被告的保护措施

公约在送达方面规定的对被告的保护措施主要有两个方面：

（1）在送达完成之前，法官应推迟对案件的判决（第15条）；

（2）如已作出判决，而被告在上诉期过后才得知该判决或才被送达，则法官可解除被告因上诉期已过所承担的后果（第16条）。公约允许各国对上述规定作出声明，即在推迟判决方面，如满足一定条件，法官可不受上述规定的约束；在解除判决后果方面，各国可以为被告提出此项请求设定一个不少于1年的期限。

（八）司法外文书的送达

公约对司法外文书的送达只简单作了一条准用性规定，即指明缔约一方的当局或司法助理人员发出的司法外文书的送达应依公约所规定的送达司法文书的同样方式进行（第 17 条）。由于各国对司法外文书的概念存在不同理解，公约对此也并未作出明确规定。因此，实践中这方面的主要问题在于对司法外文书的范围的确定。

第六节　国际破产法的统一化及我国相关立法的完善

一、国际破产法的概念和渊源

国际破产（international bankruptcy），也称“跨国破产”（cross-border insolvency），是指包含有国际因素或涉外因素的破产。随着国际民商事交往日益发达，各国资金、技术、人员的流动性增长，尤其是跨国公司的产生和发展，更加使各国的经济趋于国际化。在这种情况下，就不可避免地产生大量的国际破产案件，它可能是由于债权人和债务人分属不同的国家，也可能是由于破产财团（botchpot）中的财产分散于不同的国家，或是由于破产债权是因受外国法支配的一项交易而产生。在国际私法中，国际破产问题素来被认为是一个十分复杂的问题，因为它既涉及各国法院的管辖权，也涉及物权法及债权法①。其问题主要集中在以下两个方面：第一，当债务人在一国宣告破产，是否便不需在另一国宣告破产，这就涉及所谓单一破产制（unity bankruptcies）和复合破产制（plurality bankruptcies）的问题；第二，一国的破产宣告，究竟是具有普遍的效力（universality），还是具有地域效力（territoriality）。要想有效地解决上述问题，各国彼此之间必须加强在这一领域的国际合作，在这种形势下，国际破产法统一化运动应运而生，并开始在有关国际组织的推动下，取得一些显著的进展。

如前所述，在国际破产中，关于单一破产制和复合破产制、普遍破产主义和地域破产主义之间的争论由来已久。当债务人在一国宣告破产，是否便不再需要在另一国宣告破产，而宣告的效力仍能及于该另一国的财产，这就是所谓的单一破产制（普遍破产主义）和复合破产制（地域破产主义）的问题。

单一破产制，是指某一债务人在一国宣告破产后就不需在另一国宣告破产，它可影响债务人位于各地的财产，在破产程序中发布的命令以及作出的处

---

① J. H. C. Morris, The Conflict of Laws, Stevens and Sons 2nd. ed., (1980), p. 381.

分在各地均为有效。单一破产制是一种较为理想的方式，它为债权人和债务人提供了较为方便迅捷的破产模式。采用这一方式的国家有比利时、法国、荷兰、挪威等国。但是这一方式只有通过国际条约才能得以实行，因为一国单方面实行单一破产制，在实践中很难得到有关国家的承认和协助。然而，制定这样一种采用单一破产制而又能为所有国家普遍接受的国际条约，其困难是十分明显的，现阶段的国际破产统一化运动有力地证实了这一点。

复合破产制，是指一国法院已对某一债务人在一国宣告破产的事实，并不能排除另一国法院再对同一债务人宣告破产。与之相应的是，它主张一国破产宣告的效力只能及于破产宣告国域内，对位于其他国家的财产应当由当事人在有关国家提出破产申请，因此，它和地域破产主义密不可分，从而否认了一国破产宣告的域外效力。地域破产主义的主要理由在于，它将破产视为一种强制执行程序，且与一国公共秩序紧密相关，各国为保护本地债权人的权益，当然采用地域破产主义。先前在立法中采用地域破产主义的国家有日本、瑞士、德国及美国等。

国际破产法作为国际私法领域的重要部门，其法律渊源具有双重性，即国内法渊源和国际法渊源。

综观各国的立法体例，国际破产法的国内法渊源大致有三种表现形式：

（1）在国内破产法中规定国际破产法律规范。这种形式可见于 1985 年《日本破产法》、1978 年《美国破产改革法令》第 304 节、1898 年《德国破产法典》第 237 条和第 238 条①、英国 1986 年《破产法令》，等等。这些国家的国内破产法大都规定了外国破产当事人的地位、涉外破产案件的管辖权、外国破产宣告在国内的效力等，由于其所涉范围有限，加之立法过于概括，因此一般都缺乏系统的、全面的规定。

（2）在本国国际私法法典中规定国际破产制度。采取这种立法体例的代表性国家当推瑞士。在其 1987 年《联邦国际私法法规》第 11 章中，对国际破产和清偿协议问题作了比较系统的规定，主要涉及外国破产宣告的承认及其程序、外国破产宣告的法律效力等问题。其他如阿根廷 1974 年《国际私法条例（草案）》第 64 条的规定。另外有些国家虽然没有在其国际私法法典中对

① 德国破产法的这两条规定与所依据的立法指导思想互相矛盾，其中第 237 条赞成地域破产主义，而第 238 条却赞成普遍破产主义。该法目前仅适用于联邦德国地区，统一的破产法正在制定之中。See Christoph. G. Paulus, “A New German Decision on International Insolvency Law”, The A. J. Comp. L. Vol. 41, 1993, p. 668.

国际破产问题作出明确规定，但大都将这一问题归入外国判决的承认与执行之中。

(3) 国内法院的判例。众所周知，判例是英美法系的主要法律渊源。属于英美法系的国家，通常以判例来确定调整国际破产问题的法律原则。例如，英国法院在1764年对“索罗门诉罗斯”(Solomons v. Ross) 一案的判决中，确立了国际破产普及主义的原则，此后的1914年《英国破产条例》即采纳了这一原则。随着两大法系的趋同，判例也逐渐为大陆法系国家接受为法律渊源。如德国法院最早曾于1882年认可了破产普及主义，但在两年之后又反其道而行之，直到1985年，德国法院在对一项破产案件的判决中，又复归到破产普及主义①。

国际破产法的国际法渊源目前主要为国际条约，大致也可分三类：

(1) 双边条约。两国间缔结关于国际破产的条约，是为解决国际破产法律冲突，彼此加强合作的初步尝试。如最早有1869年法国—瑞士，1899年法国—比利时，1925年比利时—荷兰，1925年瑞士—德国，1930年法国—意大利，都缔结了“关于国际破产判决的相互承认以及对位于破产宣告国以外的财产的执行”的双边条约。“这些双边条约朝着正确方向前进了一步，但距离破产国际合作的要求相去甚远。”② 因为这些条约毕竟只是在邻近国家签订的，而这些国家往往联系密切，对彼此的法律制度比较了解，因此更易于在双方均能接受的基础上达成协议，其缺点是适用范围过窄。为克服这种缺点，需要国际社会成员在更广泛的范围内进行努力，进而达成一项多边协议。

(2) 国际私法公约中关于国际破产的规定。许多国际私法公约将国际破产问题纳入调整范围，并以专章作出规定。例如，第六届美洲国家会议1928年订于哈瓦那的《布斯塔曼特法典》(国际私法法典) 在第九篇中对破产作了详细规定，其中涉及破产案件的统一管辖权 (第一章)、破产的普及效力 (第二章)、和解及复权 (第三章) 等问题。拉丁美洲1889年《蒙得维的亚条约(草案)》也涉及了破产问题。

(3) 专门性的国际破产公约。国际破产涉及许多问题，而且十分复杂，因此仅仅在其他多边公约中作出概括性规定是远远不够的，它需要由专门性的

① Christoph. G. Paulus, “A New German Decision on International Insolvency Law”, The A. J. Comp. L. Vol. 41, 1993, p. 668.

② L. J. Bloom—Cooper, “Bankruptcy in Private International Law”, London (1954) p. 20.

国际破产公约来加以调整。全面性的国际破产公约最早当推海牙国际私法会议在1928年第六届会议上通过的《海牙国际破产公约》；区域性的国际破产公约有欧洲经济共同体于1980年通过的《关于破产、结业、调解、和解清偿及同类程序的公约（草案）》，欧洲理事会于1990年通过的《关于特定国际性破产的欧洲公约》，欧盟理事会又于1995年9月12日在布鲁塞尔通过了《破产诉讼公约》。北欧五国于1933年缔结了《北欧破产法公约》，此后又经多次修正，目前在丹麦、芬兰、瑞典三国之间生效。

国际破产法的形成与发展，无论是通过国内法源单边努力，还是通过国际法源的多国合作，无一不体现着国际破产法的统一化趋势。事实上，上述公约的产生，也正是国际破产法统一化运动的产物。下面，我们将以海牙国际私法会议及欧共体和欧洲理事会为代表，对国际破产法的统一化运动加以回顾。

二、海牙国际私法会议的有关活动

作为致力于统一国际私法的专门性国际组织，海牙国际私法会议在其于1893年成立后，次年的第二届会议便将破产问题列入议题。在此之前，1894年在巴黎召开的第十三次国际法学会会议，对统一破产法律适用问题给予高度重视，曾起草了一个《关于国际破产关系的一般规定》①。与此相反，海牙公约草案主要是有关破产案件管辖权的规定，只是间接地涉及法律选择问题。但是，公约最终未能确立自己的管辖原则。依照公约规定，由受理破产请求的法院地国家的法律来确定开始破产诉讼的管辖权②。一国的破产令在国外并不能自动生效，而为使之在国外获得承认，还需要进行许可证书诉讼（exequatur proceedings）。这种诉讼决定了一个依公约有管辖权的国家根据其本国法发布的破产令是否可予执行，是否不仅限于某一部分财产。由此可见，破产令被视作外国判决，但其承认和执行程序是较为特殊的，因为被请求承认的法院必须遵循原审法院的管辖权规定。由于公约未能建立自己的直接管辖权标准，或建立一旦符合即须强制承认和执行外国破产令的间接管辖权标准，公约允许多重破产诉讼（multitude bankruptcy proceedings）具有同等的效力。许可证书的申请由破产宣告地法院指定的人提出；破产令对于债务人的效力、破产管理人的权限、诉讼的形式及举证责任、债权人的和解、财产的分配等事项，应由受理

① 李双元主编：《中国与国际私法统一化进程》，武汉大学出版社1993年版，第239页。

② 参见公约1894年草案第1条第3款a项。

许可证书申请的法院地国家的法律支配①。但所有权以及优先权问题应由物之所在地法支配②。伴有许可证书的外国破产令优先于同样可执行的第二个破产令③。公约草案没有对发布许可证书的国家的法院在复合破产诉讼中所发布的破产令加以调整。

由于允许进行多重破产诉讼，海牙会议没有采用单一破产制；与此同时，通过赋予伴有许可证书的破产令以优先地位，海牙会议的做法又符合有限制的普及破产主义。

海牙国际私法会议在第三次会议上继续对破产问题进行讨论。在公约草案1900年文本中，海牙会议明确表示赞同单一破产制，该文本将破产专属管辖权赋予债务人主要营业地所在地法院，如债务人为公司，则赋予公司所在地法院。该文本同时规定，公约不限于商人破产，而早先的草案文本将该问题留给缔约国自己决定。1900年文本第2条规定，公约不适用于国家或公共机构批准的公共企业，以及为债权人的权益必须采取特殊立法或行政措施的企业。破产管理人依据其任命可立即获得出庭资格，以采取保护措施，但破产令的执行仍需受制于许可证书。支配破产的法律同样可确定债权人的优先地位，但有关动产和不动产的所有权及优先权，应由物之所在地法支配，而且这些事项的管辖权也应由物之所在地法院行使。根据1900年文本第12条，支配破产的法律同样适用于此后的和解。第三届海牙会议作出这种尝试，其目的是确保破产的单一性和普遍性。公约涉及不论位于何地的财产，因而避免了复合破产诉讼。

1904年第四届海牙国际私法会议又进一步提出一个文本，它以悲观主义为基调，主张公约文本在当时只能作为双边协定的示范。这一文本在许多重要方面与以前的文本没有太大差别。外国债权人享有与内国债权人同等的地位。

“一战”期间，海牙国际私法会议中断了统一国际私法的活动，当其在1925年重新开会之时，关于破产的公约草案即成为会议议程中的首要事项。公约扩大适用于非商人的规定得以维护，除非受理破产请求的国家提出保留，限定公约仅适用于商人。对于确立直接管辖权还是间接管辖权的问题，第五届会议倾向于后者。间接管辖权取决于债务人的主要工商营业地；在缺乏这种连结点时，即取决于债务人的住所；涉及公司或社团时，连结点为其法定处所所在地，除非该法定处所是以欺诈或不实的方式设立的。如果该管辖权被另一缔

① 参见公约1894年草案第1条第3款a项，第5条。
② 参见公约1894年草案第1条第3款a项，第6条。
③ 参见公约1894年草案第1条第3款a项，第7条。

约国法院视为正确行使的管辖权，则该诉讼即成为排他性诉讼。但这种排他性要受制于承认国家的必要公共措施，因此这种排他性仍是相对的，只是创立了一种相对的单一破产制，并不是普及破产主义。因为公约草案第3条允许在其他缔约国进行另外的破产诉讼，并允许承认此种诉讼，它反映了1904年第四届国际私法会议的主张，即公约草案仅作为一种示范条约（model treaty）①。

如同早先的草案，破产清算人享有自动取得出庭资格以及采取保护性措施的权力。在出售不动产时以及采取所有执行措施时，需要有许可证书，而发布许可证书的条件比1904年草案更为详尽具体。破产对于债务人交易行为的效力适用同样的原则，其他国家在涉及位于其境内的财产时，可以提出保留。有关债权人和解的一般规定以及外国债权人平等待遇的规定的增补，使公约臻于完备。上述规定比先前草案的相关规定更为细致、更为可取②。

令人遗憾的是，海牙破产公约由于种种原因，最终没有被任何国家直接接受。但是，后来的一些双边协定及多边条约，大都受到该公约的间接影响，而且海牙国际私法会议也并未因此而放弃这一工作。在第九届会议上，这一问题又被提出来讨论。第十五届国际私法会议还将国际破产法的统一，确定为未来工作的重点。

三、当代欧洲的国际破产法统一化运动

在缔结全面的国际破产多边条约的尝试遭受挫折之后，地区性的国际破产法统一化运动开始出现，以期在本地区就国际破产问题实现地区性合作。其中以欧洲共同体和欧洲理事会所进行的工作最具代表性，成果也最为显著。

（一）欧洲共同体1982年草案

早在1970年，欧洲经济共同体就已拟订出破产公约草案，在更多的国家加入共同体后，这一公约草案于80年代早期得以修改③。修改后的草案，也称“1982年草案”，它试图在成员国间划分破产管辖权，并统一某些实体法，尤其是关于优先请求权的规定。综观1982年草案，其解决问题的方式比其他公约更近于完美，但它的理想主义解决方式可能也正是它未能生效的

① 李双元主编：《市场经济与当代国际私法趋同化问题研究》，武汉大学出版社1994年版，第119页。

② K. Lipstein, “One Hundred Years of Hague Conferences on Private International Law”, International and Comparative Law Quarterly, Vol. 42, 1993, pp. 572-575.

③ Donald T. Trautman, “Four Models for International Bankruptcy”, The American Journal of Comparative Law, Vol. 41, 1993, p. 578.

原因所在。

1. 草案中的理想主义

正如上面所指出的，1982 年草案是一种理想主义的模式。按照这一模式，只有一个国家进行破产诉讼，其他国家则一致拒绝行使管辖权或单独行使管辖权，以协助将破产财产集聚在单一的破产诉讼中。这就是采用单一管辖权原则的结果。此外，这个唯一有管辖权的国家有关机构作出的决定，应受到普遍尊重，并应得到普遍的承认。

在单一破产制和普及破产制下，不需要单独解决法律选择问题，因为这一问题也纳入统一的管辖权规定，即由法院地法来支配有关事项，包括进行破产的条件、应受破产管理的财产、债权人的担保权益、债权人之间的优先顺序、破产诉讼终结的效力等。

2. 1982 年草案的突出规定

受到上述理想主义模式的影响，1982 年草案的实际内容中有许多突出的体现。1982 年草案与 1968 年《民商事案件管辖权与判决执行公约》不同。后者要求其成员国进行协商以求达成有关相互承认与执行判决的简便形式，它并未将破产事项包括在内。它通过确立管辖依据，以使判决在整个欧共体内部能够得以自动承认和执行。而共同体破产公约草案则寻求确立单一的管辖依据，由此使判决将在整个共同体内部获得普遍的承认。

（1）管辖权。公约规定，具有专属管辖权并将对任何地方的财产适用本国法律的国家，是债务人管理中心所在地国家。管理中心是指债务人通常管理自己权益的所在地，除非有相反的证明，对于企业、公司或法人而言，该地推定为其登记地①。这一标准与现存的双边破产条约中所普遍采用的标准相似。

（2）本国至上主义问题。在许多方面，一项公约的成员国比非成员国占有优势，这种现象几乎是不可避免的，但 1982 年草案却并未对非成员国作出任何调整。如果某公司的活动中心并不在某一公约成员国境内，则公约成员国可以以该公司在该国有营业地为由进行破产诉讼。这种规定初看起来是很合理的，但它没有注意到某一企业完全位于成员国之外的情况。公约中对非成员国有许多歧视性规定。比如，外国破产受托人或清算人在成员国的待遇是很差的，作为非成员国国民的债权人，其待遇也很低。这是导致公约遭受批判的原因之一。

（3）担保权和优先权问题。在国际破产中，有关担保权和优先权的法律

① 参见 1982 年草案第 3 条第 1 款，第 2 款。

选择问题往往是很难解决的。对于这些问题，其他公约均未涉及。1982 年草案试图就这方面的问题作出规定，以实现破产宣告效力的全面贯彻。由于缔约国之间争议较大，公约不得不以大量篇幅来规定优先权问题和担保权问题。

（二）欧洲理事会的“伊斯坦布尔公约”

由于欧共体 1982 年草案规定了过多的“自我否定”（self-denial），超出了许多国家所愿意接受的程度，因此，它所确立的模式没有为有关国家采用。为使国际破产公约更容易为各国所采用，并更为切实可行，欧洲理事会开始被迫寻求发展一种更为宽松的国际合作模式。在欧洲理事会破产法专家委员会的努力下，《关于特定国际性破产的欧洲公约》得以诞生。其 1990 年文本已从 1990 年 7 月 5 日提交各有关国家签署，其中比利时、法国、德国、希腊、卢森堡和土耳其业已签署了该公约。该公约因在伊斯坦布尔订立，故也称“伊斯坦布尔公约”①。由于欧洲理事会拥有 23 个成员国，所以该公约的适用范围比欧共体公约更为广泛。

该公约的任务在于：（1）协调一些主要成员国关于债务人破产及重整的法律；（2）解决国际破产宣告问题，寻求进行平行破产或附属破产的可能性。公约的最后文本包括五章，另有两个附件。第一章规定公约的适用范围，以及进行所谓“主要”破产的管辖权问题；第二章规定了对破产管理人在其被任命国家之外所具有的特定权力予以承认；第三章规定所谓二级破产问题；第四章为债权人在破产进行地国家之外提起诉讼提供了途径；第五章是最后条款，包括与其他国际协议关系的协调规定。其各章内容概述如下：

1. 第一章为公约的一般规定

第 1 条首先确定了公约的适用范围，并对破产诉讼下了定义：（1）这些诉讼必须是集团性的，可能导致清算；（2）这些诉讼必须基于债务人的破产；（3）它们必须使债务人无法再行投资，并任命破产管理人，也就是公约中所称的“清算人”。只有符合上述三个条件的诉讼才能称为公约适用范围内的破产。但是对保险公司或金融机构提起的诉讼被排除在公约范围以外，因为这类机构的破产由特定程序支配，而不适用一般破产法。

公约第 3 条规定了进行破产的条件。进行破产的决定必须来自于有管辖权的法院或其他机构。这一规定的目的在于确保破产是在债务人与之有充分密切联系的国家进行的。此外，破产在破产进行地国家必须是有效的，并不得明显

---

① Donald T. Trautman, “Four Models for International Bankruptcy”, The American Journal of Comparative Law, Vol. 41, 1993, p. 573.

违反他国的公共政策。使用“明显”一词是为了把公共政策限定为与该国法律、经济及社会秩序相关的根本事项。

公约第 4 条关于管辖权的规定与欧共体 1982 年草案相似，这里不再赘述。

2. 第二章对清算人特定权力的行使作了规定

破产进行地成员国任命的清算人，在其他成员国依该章规定采取行动。它规定清算人可从其获得任命之日起，在另一成员国境内依照该国法律采取行动，以保护或保管位于该国境内的财产，并寻求当地有关机构的帮助，但不能将财产移至该国境外。清算人在他国行使权力时，只需提交其获任命的文件，这一规定避免了通过某些更为复杂、更为费时的程序以确立清算人权力的麻烦。清算人有义务从其行为地国家获得授权，并依该国的法律公告这一授权。只有在授权公告两个月之后，清算人才能在授权国行使权力。规定这一期间的目的是为反对清算人的权力或权力范围提供时间。但就实际效果而言，这可能是公约中最为严重的缺陷，因为在此期间，精明的债权人或债务人可能将极大地减少当地财产的可实现价值。公约第 14 条对清算人行使权力作出了限制，即清算人不能在已经开始破产诉讼或禁止破产诉讼的国家采取行动，也不可采取任何明显违反一国公共政策的行动，无权干涉一国法律所担保的权益。但这类限制并非强制性的，一国可以对清算人提供更多的保护。

3. 第三章是有关二级破产的规定

如果企业所属国或某些财产所在地国家都打算进行破产诉讼，则两国间的法律冲突就会加剧。为此，伊斯坦布尔公约规定了二级破产。对于在主要诉讼之外进行的诉讼的性质，学术界一向存在很大争议。一种观点支持平行破产（parallel bankruptcy），它附属于主要破产，但其效力与主要破产相同。它可以适用自己的规则和程序，受理全部债权人的权利请求，并以位于该国境内的财产予以满足。如果财产有剩余，则可移交给主要破产。这种方式无疑是简易的，避免了对主要破产所在地和财产所在地之间的权限划分。这种体制将为当地的债权人提供更为简便、费用低廉的方式，以实现他们的权利请求。但是，这种方式对于普通的、无担保权的债权人主张权利会产生困难。即使所有同等的债权人对当地财产享有平等的份额，并将参加所有诉讼，但在该地破产的企业也可能没有足够的财产用于清偿。如果不同等的债权人参加不同的诉讼就不可避免地会出现不平等待遇。

公约起草人采取了与此相反的另一种观点，他们支持二级破产（secondary bankruptcy），这种破产将不受理普通债权人的权利请求，而只受理那些对土地享有权利的债权人、有担保权的债权人以及有优先权的债权人所提出的权利请求。公约第16条规定，有管辖权的成员国法院发布的债务人破产（主要破产）宣告，是宣告债务人在其他成员国破产（二级破产）的依据，而不论债务人在该国是否已资不抵债。可以进行二级破产的国家是债务人某一营业地所在国或债务人财产所在国，或一国依其本国法所具有的其他管辖依据。因此，有许多潜在的地方可以进行二级破产。是否进行二级破产由主要破产任命的清算人以及依受理二级破产的成员国法律获得此种权力的其他人决定。二级破产所适用的法律为二级破产进行地成员国的破产法。除非公约另有规定，在二级破产中申报的权利，得视为已有效地在主要破产中申报，这可使债权人节省相当数目的费用。二级破产清偿后所剩余的财产以及未获满足的权利请求应移交给主要破产。

4. 公约第四章对通知债权人及其权利申报作了规定

为居住在国外的债权人提供了简便的措施，对成员国以外的债权人的歧视被视为非法。

5. 公约第五章为最后条款

第40条允许参加国宣告第二章和第三章的规定在某些例外情况下不适用。第35条是关于“加入公约”的规定，在欧洲理事会三个成员国同意之后，公约即生效，此后，欧洲理事会外交大臣委员会可以邀请非欧洲理事会成员国加入该公约。此外，公约第38条还规定，该公约将不妨碍本公约成员国为其成员国的国际公约的适用，特别是欧洲共同体的成员国将适用共同体规则，而不适用本公约的规定，除非欧共体没有支配特定事项的有关规则。

（三）欧盟《破产诉讼公约》

随着欧洲一体化进程的加速，欧盟理事会于1995年9月12日在布鲁塞尔通过了《破产诉讼公约》。新公约是对欧洲理事会建议的响应，因此它和欧洲理事会公约有许多相同之处，但二者之间的一些差异也是非常明显的。

二者的第一个实质性区别在于，新公约第4条中的法律适用条款确立了以主要破产进行地法院地法为准据法，而伊斯坦布尔公约没有总体的法律选择条款。新公约所采用的统一法律选择规则，较之伊斯坦布尔公约来说，是一个显著的进步。然而不幸的是，其采用的规则过于地域化。这种地域性对于现代商业来说是极不合适的。

二者之间的第二个实质性区别在于，在成员国境内依据新公约开始的一项破产诉讼，将在其他成员国立即生效。草案第17条规定，该诉讼在其他国家具有依诉讼地国法律相同的效力，而且这些诉讼立即生效，不须得到任何形式上的认可。这一规定与伊斯坦布尔公约有显著不同。伊斯坦布尔公约第8条规定，为了控制债务人的财产及中止各项诉讼，清算人必须在各有关国家实施一定的行为。另外，新公约没有规定清算人权力两个月的未决期间，它的立即生效规定提供了及时和全面的法院控制措施，这对于现代破产诉讼来说是非常重要的。

二者之间的第三个实质性区别在于对“二级破产”的不同规定。首先，新公约第 3 章第 27 条限制债权人开始二级破产诉讼的权利，因为二级破产冲淡了主要破产的普遍性和单一性。其次，新公约没有规定二级破产中的债权人的权利请求应从当地财产中予以满足，这就意味着不仅要偿付当地有担保权和优先权的债权人（如同伊斯坦布尔公约那样），同时还要偿付那些在二级破产中提出请求的普通债权人。只有在所有债权人都得到偿付后，剩余财产才移交给主要破产诉讼。这一规定将增进在一般债权人之间分配财产的平等性。

早期欧共体草案中的大多数歧视性待遇在新公约中不复存在。与伊斯坦布尔公约相同，新公约也赞成在公约之外的合作。综观以上三个欧洲破产公约，我们可以得出这样一个结论：1982 年草案由于其理想主义色彩过于浓重，因而其模式未能最终确立；而伊斯坦布尔公约和新公约在赞成或反对普遍破产主义的问题上模棱两可，它们较之 1982 年草案中的普遍主义来说，明显是一种倒退。但是，有关人士认为，新公约的采用将可能极大地促进国际破产朝着更为合理的方向发展。其原因在于：它们功用的进步性可能比其原则上的缺陷更为重要；新公约没有允许保留的规定。而伊斯坦布尔公约只是确定了一个更易于为各国接受的宽松体制，但其弊端过多，实际效果不佳，一些欧洲专家认为“伊公约”将不会生效。此外，根据第 48 条的规定，对于该公约所适用的事项，新公约在生效后将取代成员国之间原有的双边或多边破产公约，其中就包括伊斯坦布尔公约在内。

四、主要国家的新动向及我国的对策

通过对国际破产法统一化运动的简略回顾，我们不难发现这样一种趋势，即许多国家正在逐步脱离地域破产主义，转向有限的普遍破产主义。这种有限的普遍破产主义也可称为“折衷主义”。在实践中，折衷主义认为内国的破产宣告具有普遍的效力，而外国的破产宣告对内国来说只具有地域效力，这种做法无疑具有浓厚的保护主义色彩。另外一种实践是视财产的性质区别对待，即主张对于债务人的动产，无论其位于何处，破产宣告对之具有普遍效力；而对于债务人的不动产，破产宣告只具有地域效力。这种做法较前者更为切实可行。

在立法中采用折衷主义的国家有奥地利、英国、瑞士。原来坚持地域破产主义的国家，近来也纷纷放弃属地主义，开始向有限的普遍主义靠拢。美国《1978 年破产改革法》于 1979 年 10 月 1 日生效，它取代了采用地域主义的 1898 年破产法。美国破产法的这次修订是为了调整国际性的破产案件。美国立法近期的发展变化表明，美国期望在国际破产中实行国际合作，它已朝着"慎重的普遍主义"迈进了一大步①。德国在 1985 年的一个案件中，完全改变了以前的地域破产主义做法。在 1989 年的一个案件中，德国法院宣告卢森堡破产诉讼中的管理人可在德国采取行动，以管理位于德国境内的财产。但是，德国也并没有完全转向普遍主义，它所采取的也是有限的普遍主义。只有外国依国际管辖标准有管辖权，并且外国诉讼实际上与德国破产诉讼相似，德国才承认外国破产宣告在德国的效力。法国在多年之前，即已采取与德国相似的做法②。此外，日本在其司法实践中，通过对判例的解释而逐渐承认了外国破产管理人在日本具有代位权，从而打破了严格的地域破产主义。加拿大法院在 1985 年 Re Sefel Geophysical Ltd. 一案中，也试图扩大在国际破产中的合作性③。

一些国家在采取有限普遍主义的同时，为使其他国家尊重本国的破产诉讼和破产管理人，大都规定在互惠的基础上尊重外国的破产诉讼和破产管理人。

总之，各国面对日益国际化的经济贸易，都在努力把普遍主义和地域主义充分结合，扬长避短，既充分保护本国当事人的权益，也设法在广泛的领域内实现国际合作。

我国目前有关国际破产的法律还很不完备。1986 年颁行的《中华人民共和国企业破产法（试行）》仅适用于国营企业的破产。至于外商投资的企业法人、具有法人资格的集体企业、联营企业、私人的破产还债程序则适用《中华人民共和国民事诉讼法》第十九章的规定。此外，最高人民法院于 1991 年颁布了《关于贯彻执行〈中华人民共和国企业破产法（试行）〉若干问题的意见》。由于我国现有破产法律对于解决市场经济中的公司破产清算问题规定不详，1993 年颁布的《中华人民共和国公司法》在第八章中对于公司破产、

① K. H. Nadelman, "The Bankruptcy Reform Act and Conflict of Laws: Trail and Error", Harvard International Law Journal, Vol. 29, 1988, pp. 27-28.

② B. Soinne, Traite Des Procedures Collectiues 77 (1987).

③ Westbrook, "Choice of Avoidance Law in Global Insovencies", Brook. J. Int'l L. 1991, p. 499.

解散和清算作出了相应规定。在地方立法中，广东省于 1986 年颁布了《深圳经济特区涉外公司破产条例》①，1993 年又通过了《广东省公司破产条例》。深圳市在获得特别立法授权之后，于 1993 年 11 月颁布了《深圳经济特区企业破产条例》。但是，上述破产法律对于涉外破产或根本没有涉及，或仅作粗略规定。尤其是对于我国破产宣告的域外效力和外国破产宣告的域内效力，更是付诸阙如。

在司法实践中，我国法院倾向于采用地域破产主义原则。涉外破产案件在我国是一种新型案件。深圳市中级人民法院自 1992 年以来，已先后受理了多起涉外破产案件②。涉外破产案件所涉及的法律问题很多，其中以破产宣告的地域效力最为突出。如何确立我国的破产宣告效力原则，不仅关系到我国与他国在国际破产领域的合作，而且还影响着我国的对外开放工作。

从当今国际社会的立法和司法实践来看，各国大都已放弃片面的地域破产主义或普遍破产主义，而采用有限的普遍破产主义业已成为国际社会的普遍实践。因此，我国破产立法和司法应顺应这一趋势，可采用有限的普遍破产主义，即主张我国法院所作的破产宣告具有普遍效力，而外国法院所作的破产宣告，我们应以互惠为基础，有条件地予以承认。按照各国通例，这些条件一般可拟定为：（1）外国破产宣告不得明显违背我国的公共政策；（2）外国破产宣告的效力只及于我国境内的动产，而不动产部分应依照我国法律加以处分。对于外国破产宣告在我国的承认和执行方式，可以按照《民事诉讼法》有关承认和执行外国法院判决的规定进行。此外，我们对于外国人在我国破产中的地位，也应在互惠的基础上给予其同等待遇。关于涉外破产案件的管辖权，我国现行立法规定由债务人所在地的中级人民法院管辖，这与国际社会普遍实践相似。至于是实行单一破产诉讼，还是实行复合破产诉讼，我们认为可以借鉴欧洲有关公约中关于“二级破产”的规定，允许债权人和破产清算人在我国提起二级破产诉讼。

---

① 该条例已于 1993 年 8 月 1 日终止施行。

② 参见王常营主编：《中国国际私法理论与实践》，人民法院出版社 1993 年版，第 155 页。

第四章　中国国际私法的进一步发展与国际私法的趋同化倾向问题

第一节　当代国际私法发展的基本取向

一、问题的提出

国际私法到底是国际法还是国内法？如果说，国际私法在当代国际社会还主要是以国内法的形式存在的，它是否仍然应该尽可能地去追求国际私法上的国际协调并在条件成熟时逐步实现最大限度的国际私法的统一？这个问题，许久以来，便一直在困扰着各国国际私法理论界和实际工作部门。

国际私法作为一个独立的法律部门，它的性质无疑是应该加以明确的。给它以科学的定性，不仅有利于指导国际私法的理论研究和司法实践，而且对于立法活动也是很重要的。因为正如人们所指出的，如果认为国际私法只具有国内法的性质，那么中国国际私法未来立法的重点就应放在国内，立法的指导思想就可能要求更多地考虑自己国家的情况和需要。反之，如果认为国际私法只是国际法，那么立法活动本就应致力于国际的统一。但是，尽管对于许多其他法律部门，可以简单地依据某些标准把它们或定性为国内法，或定性为国际法，并且，在许多情况下，我们也可以说，某一法律部门既然不是国内法，则当然就是国际法了，或者相反，可是，如果人们把观察简单事物所得出的这种“非此即彼”的思维方式同样用于复杂事物，其得到的结论，就不会是科学的结论。在讨论某一法律部门的性质问题时，如果它的内容复杂，并且不允许作出“非此即彼”的结论，就应该实事求是地对它的性质作出科学的概括。而国际私法正是这样一个内容复杂的法律部门。国际私法目前虽主要仍是各个国家的国内法，是各个国家的民法适用法，但是由于它调整的是一种含有多国因素的民法关系，从产生的那一天起，它便试图在内外国实体民法十分歧异的情况下，寻求法律适用上的一定协调。更何况当代社会生产和商品交换越来越国际化，各国国际私法不但已经包含了许多相同的或国际法的因素和成分，而且在国际化方向上的发展前途是很大的，国际私法的趋同化倾向，将在未来国际私法的协调和统一化发展中起着重要的作用。

自从党的十一届三中全会以来，因国家实行对外开放政策，我国国际私法的立法和司法活动，也相应得到了很大的发展。许多规定和实践，都吸取了国际上最先进最优秀的成果，都反映了国际社会通行的做法。但总的看来，我国国际私法仍有一个进一步完善和发展的问题。因而，如何进一步加强我国国际私法理论研究和立法、司法实践，便是摆在我们面前的重大而迫切的任务。更好地完成这一任务，把握住当代国际私法发展的基本走向，无疑是具有十分重要的意义的。

二、特殊主义向普遍主义的归复——趋同化倾向的加强

李双元教授在《国际私法（冲突法篇）》中讨论到国际私法的特殊主义和普遍主义的对立时，曾指出："……就普遍主义这方面来看，许多人都从'国家共同体'这一观念出发，认为国际公法与国际私法是同源的（identical root），或具有共同的性质和任务，并在客观上存在或者应该存在约束国际私法关系的统一的或普遍的规则。但在实际生活中，各种法律关系在空间场所上的连结点是多种多样的，除了极少数情况，各国并不都采用某一共同的连结点来指引准据法，因而他们也发现自己的学说存在与实际生活相抵触的地方，并且很难达到法律冲突的普遍一致的解决。而且他们自己也都主张各国有权运用公共秩序保留来排除依冲突规则本应适用的法律。这就使普遍主义有了特殊主义的因素。""但反过来看，特殊主义者虽然主张国际私法只是国内法，但他们也看到如果不寻求适当的协调，法律冲突始终得不到解决，更何况各国国际私法中也确有一些共同的核心（common core）或相同的特征（common feature）存在。因此，他们中许多人都从特殊主义学派转到了比较学派的立场，认为国际私法的任务应致力于协调不同国家的法律制度，而这种协调的基础，就是在确定自己管辖权的时候，要顾及别国的管辖权，顾及别国的法律。这便又使特殊主义具有了普遍主义的因素。"① 比较学派又被称为未来学派，"他们的出发点是，国际私法这个法律部门每天要处理的都是涉及各国法律制度的一些问题，因而各国不但要适用自己的内国法，也要适用外国的内国法，

① 李双元著：《国际私法（冲突法篇）》，武汉大学出版社 1987 年版，第 107～108 页。

它们在考虑自己的冲突法制度时，也不能不考虑有关国家的冲突法制度；在考虑自己的主权利益时，还要尊重别国的主权利益……所以，在他们看来，在普遍主义与特殊主义之间并不存在某种不可逾越的万里长城。”“他们特别强调通过寻求各国国际私法发展中的共同因子去形成一些能为国际接受的新的冲突规则，并尽可能减少冲突的因子”①。

体现在比较学派的思想中的上述观点，由于时代的进步，各国发展经济联系的需要不断加强而在国际私法的立法和司法实践中得到越来越广泛的支持。我们认为可以把这称之为国际私法中的特殊主义向普遍主义归复的现象，或者把这称之为国际私法的趋同化倾向，并且认为，这将是当代国际私法进一步发展的基本走向。其所以如此，不但取决于国际私法本身的特性，更是得到当今国际经济技术合作与交流的迅速发展的不可抗拒的时代潮流的推动。

由于国际私法的调整对象是一种含有多国因素的社会关系，所涉国家的立法和司法管辖权都可能对它发生作用，因而尽管直到目前，国际私法仍主要是以国内法的形式表现出来的，但是各国对在外国的本国公民的民事权利，均希望得到所在国法律上的承认和保护，各国在规定自己的国际私法规范时，便不能不为承认和保护在自己境内的外国人的民事权利也提供同等的条件，或者说，各国在制定自己的国际私法规范时，不能不把求得国际民事交往的便利和安全放在十分重要的地位上来加以考虑。正是这样，所以在国际私法的早期，便已把处理国际私法关系放在普遍主义的框架中来进行研究了。因此，可以说国际私法的产生，本在于承认各国之间的法律冲突的前提下，尽可能求得各国适用法律上的协调。

就以巴托鲁斯的学说为例，他便首先从普遍主义的观点出发，把解决法律冲突问题分为两个主要的相互联系的方面来进行探讨：（1）城邦的法则能否适用于城邦内的一切人包括非居民？（2）城邦的法则能否适用于城邦以外？从这种讨论问题的方法出发，如果对上述两个问题得出某种法律适用上的结论，则必然应被认为是具有普遍适用性的结论，这样便可以保证法律适用上的一致，并最终实现判决结果的一致。

但是，这种普遍主义的观点到 17 世纪荷兰法则区别说时代，因近代主权观念的产生受到第一次巨大冲击，到 1804 年法国民法典第 3 条等纯粹单边冲突规范的出现，又受到第二次巨大冲击。从此以后，许多国家相继颁布了自己

① 李双元著：《国际私法（冲突法篇）》，武汉大学出版社 1987 年版，第 108～109 页。

的国际私法，使国际私法更具民族的形态。

就目前情况来看，随着国际经济贸易关系的空前规模的发展，各国经济联系的进一步加强，使这个具有民族形态的国际私法又十分明显地表现出一种向普遍主义回归的倾向。具体地说，不但在各个国家的国际私法的国内立法中，趋同化得到了加强，统一国际私法的国际活动，也得到了富有成效的新发展。但这是在更高阶段上向普遍主义的归复。

国际私法的趋同化，乃指各国的国际私法随着国际民商事关系的迅猛发展，逐渐相互吸收、相互渗透，从而趋于接近甚至趋于一致的现象。其表现是在国内法律的创制和运作过程中，越来越多地涵纳国际社会的普遍实践与国际惯例，并积极参与国际法律统一的活动，等等①。

这里首先需要强调指出的是，当前国际私法的趋同化倾向，不只是指在个别问题上的趋同或走向协调或一致，而是指在历史发展的总趋势上，在今后国际私法的基本走向上，出现的趋同化倾向。

其次，还需要特别强调的是，在这里所说的既然只是一种趋同化倾向，只是一种走向协调或一致的趋势，那就绝不是说，各个国家的国际私法的民族的、历史的、经济的及社会的种种差异已完全不复存在，国际私法已经或最终完全变成了国际法。

当代国际私法所表现出来的这种趋同倾向的加强，主要是根植于国际政治、经济形势的新发展。当今国际社会“和平”和“发展”已成为两大潮流。而在这两大潮流中，发展无疑又具有更决定的意义，起着更重要的作用。由于各个国家都面临发展经济、文化和科学技术的艰巨任务，因而都要求有一个和平的国际环境，从而使维护世界和平也成为当今各国人民和政府的共同任务。要发展，还需要创造一个有利于发展的国际法律环境和国内法律环境。在国际经济竞争日益激烈的情况下，如果不经常注意改善自己国家的法律环境，使之对国际资金、技术和人员流向自己国内具有更大的吸引力，那就会降低自己在国际竞争中的能力，使本来可以利用的有利因素得不到充分的利用，使本来可以发挥的优势得不到充分的发挥，国家经济的发展速度就会减慢下来。而就整

① 讲到国际私法的趋同化，我们必须把它跟荷兰学者杨·廷儿根于 1961 年提出的“趋同论”这个概念严格区分开来。所谓的“趋同论”只不过是一种为资本主义进行辩护的理论，它完全抹煞了两种对立的社会制度的本质区别。相反我们所说的国际私法的趋同化并不否认各国国际私法因社会基本制度和法律传统的不同而在采用同一立法原则、同一制度时必然存在这样那样的差异，更不否认国际私法的任何阶级性。

个国际社会来看，如果要谋求共同的发展，不去努力建立起反映国际经济新秩序的国际法律环境，那也是肯定达不到目的的。国际私法的趋同化倾向的加强便正是在这种各国竞相改善自己国内、国际法律环境的活动中出现的。

当代国际私法趋同化倾向的加强，还由于为了求得经济的迅速发展，全世界各种区域性经济共同体或经济联盟不断涌现，它们都致力于消除妨碍经济共同体或联盟内部法律歧异的障碍。

当前国际私法发展中所表现出的这种趋同化倾向的加强，还与法律文化的交流速度与规模随着国际社会的客观需要和信息资料的传播手段迅速发展而日益扩大有着直接的关系。

国际社会法律文化的交流推动了国际私法的发展，在历史上是有许多重要的佐证的。这可首先以英国为例来加以说明。英国国际私法的发展，比欧洲大陆要慢两三个世纪①。这一方面是因为在 1066 年诺曼人征服英国以前，不列颠岛上的中央政府软弱无力，各地虽属国王统治，各自的自治主权却很大，在法律适用上均采属地主义。在被诺曼人征服之后，诺曼底公爵、威廉一世又宣称自己是英国每一寸土地的主人，从而建立起了强大的中央专制政府，同时也基本上建立了统一的法律。在这种情况下产生的普通法，对英国各地却普遍采用，在内部发生地区之间法律冲突的可能性不大。对于涉及欧洲大陆各国法律的问题，当时英国也基于一种排斥外国立法和司法管辖权的态度，一旦确定对某种案件英国有管辖权，便只适用英国的法律，根本不考虑外国法是否有不同的规定；对于自己认为无管辖权的案件，则概不允许在英国提起诉讼。正如人们所指出的，在英格兰，那时没有法律的冲突，只有“管辖权的冲突”，因而问题不是法院对于一个特定的案件须适用什么法律，而是哪一个法院对于该案件有管辖权②。但是到了 17 世纪下半叶，英荷海上争霸斗争加剧，多次进行的战争，也沟通了两国的联系，尤其在 1688 年英国资产阶级光荣革命之后，荷兰的执政者威廉三世既是荷兰都督，又成了英国国王，荷兰的法律思想和法律文化自然传入英国，于是国际私法也就在英国传播开来了。

但是，英国资产阶级革命是很不彻底的，1679 年的人身保护法、1689 年的权利法案，都是妥协的产物，加上封建土地所有制仍然存在，因而荷兰国际私法的属地原则中的所在地法和属人原则中的住所地法特别受到重视。在对人之诉中，只要被告出现在英国领域内，便可决定对他实行管辖。至于意思自治

① ［英］戚希尔和诺思著：《国际私法》，1979 年第 10 版，第 33 页。

② ［德］沃尔夫著：《国际私法》，李浩培等译，法律出版社 1988 年版，第 54 页。

和属人原则中的本国法，在早期是不受注意的。对于法律行为依行为地法或当事人自主选择的法律的行为法则，也由于保护土地利益的需要而予以拒绝。直到 1861 年，才承认行为地法这个原则。这时，英国海上贸易已取代荷兰而成为全世界的霸主，它如果仍在国际经济贸易关系中坚持属地原则，显然已对自己不利，于是同时也引进了意思自治这一著名的契约法原则，并且到了后来，它甚至鼓吹与英国毫无联系的国际合同也应允许当事人选择英国法。

法律文化的相互影响推动了中国国际私法的发展，也是十分明显的。正如本书前言中所指出的，中华法系虽是历史上最古老的法系之一，但到底因为它是在商品经济很不发达的社会环境中产生和发展起来的，尽管刑事法律制度早已建立，民事商事法却很不发达。只是到 19 世纪末、20 世纪初，中西法律文化第一次大交流之际，才传入了民商法，同时，国际私法也被吸收了进来。但那时既然国家主权已被西方列强宰割侵凌，那种传入和吸收不能不带有极其浓厚的殖民主义色彩。

到 20 世纪中叶，由于无产阶级领导的社会主义革命在中国取得了伟大的胜利而发生了中外法律文化的第二次大交流。但因美国等当初对我国进行禁运封锁和我国采取“一边倒”的外交政策，因而法律文化交流方面，主要受到以前苏联为代表的社会主义法律文化的影响，而当时的社会主义法律文化，基本上是建立在前苏联经济模式的基础之上的。在这种影响下，不但民商法仍得不到充分的重视和发展，对仅有的一些国际私法关系，在法律适用上也深受前苏联当时极力鼓吹的属地主义的影响。

1978 年以后，国家进行了卓有成效的经济体制改革和对外开放，为了加强社会主义法制建设，并且为了建立起完善的为社会主义的商品经济服务的民商法制度，中外法律文化进行了我国历史上第三次大规模的交流。在这一次大交流中，通过广泛吸收全人类法律文化的精华，最终将产生具有中国特色的灿烂的社会主义法律文化。而具有中国特色的国际私法，也必将是其中的一朵艳丽的奇葩。

法律既然是上升为国家意志的统治阶级意志的表现，法律文化当然也深深地打上各个时代各个统治阶级意志的烙印。这一点，在我们讲到国际私法的趋同化倾向时，无疑是不容忽视的。其次，法律文化还深受各个民族和社会历史传统的影响。这一点，也是不容忽视的。但是在法律文化的发展进程中，终究从各个国家各个民族的共同实践中，形成了许多经过实践检验证明在当代国际经济民事活动中是行之有效的、带普遍性的规则和制度。为了减少我国发展国际经济关系的法律障碍，积极地在立法上采用这些规则和制度，无疑是十分必要的。

三、中国国际私法的未来发展取向

为了适应市场经济发展的需要，并且与国际社会国际私法的发展趋势相顺应，我国国际私法的未来发展，将呈现出以下几个特点：

1. 在广泛吸收国际社会普遍实践的基础上，建构具有中国特色的国际私法体系

在下一时期，市场经济体制的建立和对外开放的扩大将加快我国经济与国际经济的衔接，加快我国国内市场与国际市场的接轨，从而必然会推进我国国际私法与国际社会的普遍实践的衔接，使我国的国际私法与国际社会的普遍实践保持同步发展的态势。

随着市场经济全球化趋势的不断增强，我国在不断加强和改进国际私法的国内立法的同时，于1987年加入了海牙国际私法会议，并陆续加入了几个重要的国际私法公约，从而使我国国际私法的国内法源和国际法源呈现出相互交叉、互相渗透的局面。完全可以肯定，随着我国市场经济的进一步发展和发达，国际条约、国际惯例和国际社会的普遍实践在我国国际私法体系中的地位将不断提升，作用也将不断加强。在此基础上，具有中国特色的国际私法规范体系和学说体系必将逐渐建立起来。而在以前，由于受主客观条件的限制，我国的国际私法学界主要介绍外国的立法、司法实践和理论学说，只是到了近些年来，这种状况才有了很大的改变。可以预期，随着我国国际私法学理论研究和司法实践的推进，既面向整个国际社会，同时又能充分论述中国国际私法的理论与实践的国际私法学必将得到飞速发展。

2. 积极推进我国国际私法立法向法典化方向发展

我国学者普遍认为，改革开放以来，我国国际私法立法已取得了很大的成绩和丰富的经验，但从总体上看，已有的立法还不能适应建立社会主义市场经济的要求。具体表现在：（1）以法律适用规范为中心的国际私法体系还没有完全形成，许多重要的领域还有不少立法上的“缺漏”和“盲点”；（2）不少国际私法规范还相当粗略或比较模糊，缺乏可操作性；（3）在立法模式上，我国采取分散式立法，《民法通则》第八章与分布于其他有关法律、法规中的国际私法规范往往出现互相抵触、互不一致的地方。有鉴于此，国际私法学界早就呼吁尽快构筑我国国际私法立法体系，并且一致主张，应紧紧跟上世界的潮流，改分散式立法为编制比较统一的国际私法法典。中国国际私法学会1993年年会决定成立“中国国际私法立法起草工作小组”，负责起草《中华人

民共和国国际私法（示范法）》，迄今已产生了第三稿。我们相信，在不久的将来，我国将会出现一部比较完善的具有法律效力的国际私法典。

3. 国际私法的理论研究将越来越重视与实践的紧密结合

作为独立的法学学科，国际私法学在其漫长的发展过程中，经历了许多不同的理论形态，如法则区别说、国际礼让说、法律关系本座说、既得权说、本地法说，等等。这些理论对不同时期各国的立法和司法实践都产生过很大的影响。有的学者甚至认为，从13、14世纪国际私法产生的时候起，直到18世纪上半叶，国际私法本是以各个时期的理论形态存在和发展的。虽说已是一个法律部门，但还处于“法理学与科学”的阶段，因此，他们把此前的国际私法称为“学说法”。即使18世纪以后，国际私法开始出现出制定法，但学说对各国的立法与司法实践仍有很大影响。在英美法系国家，权威学者的学说的影响就更大了，它们至今仍是国际私法的一个重要渊源。正是因为有如此丰富的理论和学说，国际私法才充满活力。在我国，国际私法的研究虽已有了很大的发展，但具有世界水平的创新性的学术专著还不多见，因此，我国国际私法理论界应该在反思中求创新，以创新求突破，加强基础理论的研究。当然，要在我国建立起完善而实用的国际私法学，只进行基础研究，不重视对重点问题，特别是对我国法制建设和当代国际社会共同面临的重大实践问题的研究，很难取得突破性进展。因为法学理论本质上是一门实践科学。如果说前些年中国国际私法学的研究热点偏多于纯理论的“务虚性”问题，那么，下一阶段的国际私法学的研究热点更多的将是与建立社会主义市场经济体制和进一步改革开放等实践密切相关的“务实性”问题。中国国际私法学将更加贴近我国的实际生活。

第二节　当代国际私法趋同化倾向在改造传统冲突规范上的表现

一、传统冲突规范的严重缺陷

传统的冲突规范所采用的法律选择方法，基本上是一种由德国法学家萨维尼建立起来的连结点选择方法。他认为，法律关系的本座（seat）构成了国际私法的全部要素，人们所需要的仅仅只是对这个本座进行形式上的表述，以便使国际社会依据它确定应适用的法律。这个本座就是我们现在所称的连结点，而通过对连结点进行表述所形成的指导法律选择的规范，就是冲突规范。但是由于萨维尼认为，凡涉及人、财产、合同、侵权、继承的法律关系等，都可归属于“一个本座”，而以这个本座作连结点构成的冲突规范又具有普遍适用性，所以这种传统的冲突规范具有两个最显著的特征包括：

（1）强调法律适用的一致性和稳定性。著名的比较国际私法学者拉沛尔（Rabel）认为，自从萨维尼起，人们就习惯地把现实结果的一致当作国际私法的首要目标①。人们所追求的是，同一个案件，不论在哪国法院提起诉讼，都应当只受同一个实体法支配。因此，法律选择长期以来形成了许多基本不变的公式，如“侵权由侵权行为地法支配”、“合同由合同订立地法支配”等。

（2）主要是一种立法管辖权的选择方法。在传统的法律选择规范中，连结点如同“路标”，立法者就是通过连结点这种“路标”把不同的案件分配给不同国家的法律管辖，法官只需沿着相关的“路标”前进，就能迅速、准确地找到应适用的法律。至于这个法律的内容如何，法官在作出选择时并不一定知晓。因此，法官事实上选择的不是某个具体的规则，而是一个具有立法管辖权的国家的法律。对于这种法律选择的方法，索夫普兰称之为“分配法”②，美国冲突法“革命”的先驱之一凯弗斯（Cavers）称之为“管辖权的选择方法”。

传统的冲突规范既具有上述两个特征，它不可避免地带有僵固性和呆板性。因为，为了追求结果的一致，立法者就不得不放弃法律关系的其他的众多的连结点，而择其中所谓“最能体现法律关系本座”的连结点作为法律选择的指示器。但实际情况是，各个国家的立法者很可能对同一法律关系的本座所在认识不同，从而在冲突规范中采用了不同的硬性连结点，或者所采用的连结点虽然相同，而对连结点的解释不同，并不能达到适用法律的合理和一致。更为重要的是，在纷繁复杂的现实生活中，同一类法律关系，或同一类国际私法案件，必然存在着种种差别，从而要求选择应适用的法律的方法也应是相当灵活的，应随案件的不同而变化的。传统冲突规范依靠某一种连结点来指定应适用法律的僵固性和呆板性，便越来越受到人们的批判。

尽管如此，利用连结点作出法律选择的方法依然是大多数国家所采取的最基本的法律选择方法。这不仅仅是因为目前还没有更好的方法可完全取代它，更主要的还是这种方法本身也具有一些不可抹煞的优点。按照这个方法创立者

---

① ［德］拉沛尔著：《冲突法——比较法研究》第1卷，1958年英文第1版，第64页。

② 转见韩德培：《国际私法晚近的发展》，载《中国国际法年刊》，法律出版社1988年版，第4页。

的设想，连结点反映了法律关系与一定地域的法律之间的内在的、实质性的联系，立法者把这种联系用法律规范的形式表述出来，以指导法院在同类案件中作出相同的选择，在正常情况下，总是任何国家司法活动中所要求的。冲突规范既然也是一种行为规范，它就要求人们遵守和执行，它就不允许离开它而把每一个案件都交由法院依照各自的裁量去进行解决，否则，就不会有冲突规范可言。但是，在指引准据法的连结点上采取僵化的绝对的立场，则肯定是不能实现这一目的的。冲突法与任何其他理论与方法一样，都必须反映客观世界，反映社会生活的变化和发展。随着科学技术的进步及国际贸易和人员流动空前规模的高涨，传统的法律选择方法也必须有所发展。传统的冲突规则面对新形势所暴露出来的一种缺陷，虽不表明它已到了穷途末路，但是表明这种方法需要改造，需要加工，需要注入更多的灵活性，以适应迅速变化的社会现实。为了实现这个目标，国际上逐渐形成了一种对冲突规范进行软化处理的潮流。

二、当代国际私法立法对传统冲突规范普遍采用的“软化处理”方法

在运用传统的冲突规范进行法律选择的过程中所形成的识别、反致、外国法内容查明、公共秩序保留制度等，都在一定程度上起着克服传统的冲突规则所具有的僵硬性和呆板性的作用，因而亦未尝不可说是一些从消极方面对冲突规范进行“软化处理”（softening process）的最初形式。但除这几种旨在限制或校正冲突规范的制度外，软化处理的方式或途径还有多种多样，目前更常见到的是：

1. 用灵活的开放型的系属公式代替僵硬的封闭型的系属公式

正如本书在第二章中讨论到合同的法律适用时所指出的，在早先，合同的成立和效力本认为是应受合同缔结地法支配的，后来由于交通和通信工具的发展，使隔地合同和其他各种缔结地不好确定，或虽能确定但合同与缔结地的联系纯属偶然的情况大量发生，加上自由贸易的需要，产生了“意思自治”原则，主张合同准据法应由双方当事人自主选择。这是在合同的准据法选择上，由僵固的封闭型的系属公式向灵活的开放型的系属公式转变的第一步。但在这个阶段，也仅只在合同领域采用这种灵活的系属公式，其他各个领域则仍大都沿袭传统的指定单一连结点的僵硬的方法。直到“最密切联系说”问世，许多国家相继主张对各种法律关系适用与之有密切联系的国家的法律时，这种软化处理的方法又进入了一个新的更高的阶段。目前，更有用“利益分析”和“政策导向”的方法来构成开放型的冲突规范的。

采用灵活的、开放型的连结点的做法，虽然始于合同法领域，现在却已远远超过了这个范围。如在早先，对所有的侵权都是适用侵权行为地法的，但到20世纪中叶以后，如美国的一些法院，便开始抛开传统的硬性连结点，主张适用与侵权有最密切联系的法律。英国的学者更是比照合同特有法的理论，提出了“侵权特有法”（proper law of torts）的主张，即在决定侵权的法律适用方面，不再完全求助于侵权行为地这样的封闭的连结点，而是由法院根据案件的具体情况，选择适用与案件有最密切、最真实联系的法律。以最密切联系作为连结点，在合同、侵权以外的其他领域也是存在的。如1977年11月25日葡萄牙关于修改1967年民法典的法令中规定，有关配偶、父权和亲权的确定，适用长期共同居住地法，在无此法时，适用与其家庭生活有着较为密切联系的国家的法律。1987年的瑞士国际私法已将意思自治扩大适用于侵权和继承准据法的选择。1988年关于死者遗产继承法律适用的海牙公约也允许在继承准据法方面由被继承人生前通过遗嘱加以指定。

如在保护消费者、劳动者和妇女与儿童的利益方面，由于国际社会普遍以此作为国家的重要政策，并且尽管许多国家在这些领域的法律适用已有很大的改进，增加了适用消费者、劳动者和妇女与儿童的属人法的机会，但现在则更明确地要求在有几个法律可以适用时应适用对他们更为有利的法律。这方面的典型例证可数1978年的奥地利联邦的新国际私法规则。如它的第41条关于消费者契约的规定，明确指出：“一方面当事人由他有习惯居所的国家的法律将他当作消费者而给予专门司法保护的契约，只要契约是因企业家在该国进行活动并有意缔结的，或受企业家雇用的人为此目的而缔结的，则应适用该国的法律……在涉及该国法律的强制规定的范围内，损害消费者利益的法律选择不生效力。”其第44条关于雇佣契约的规定，也指出，雇佣契约依受雇人通常进行工作的地点的国家的法律；受雇人如被派往他国工作地点，仍受该法支配。如受雇人通常得在一个以上国家进行工作，或他无习惯工作地点，依其习惯居所地的国家的法律，它还规定，在雇佣契约中，只有双方明示选择的法律才能考虑其适用，而且在涉及上述两地的法律中的强制性规定时，“对受雇人不利的法律的协议选择无效”。奥地利国际私法关于父母子女关系的法律适用中，也十分强调在有多个法律可以适用时，应适用对子女有利的法律。

当然，这里需要指出的是，采用灵活的开放型的系属公式代替传统的僵硬的封闭型的系属公式来对连结点作软化处理是有限度的，否则，整个国际私法都可归结为一句话：“涉外法律关系由与该法律关系具有最密切联系的法律支配”，这样就会否定国际私法的存在。在我们看来，封闭型的连结点和开放型的连结点代表着两种不同的法律价值观：前者代表稳定性、明确性和可预见性；后者则代表灵活性，而法律必须是既具有稳定性又具有灵活性，必须是二者的统一。人们既不能完全抛开固定的连结点，也不能不规定一些开放型的连结点。如上述奥地利国际私法一方面将最密切联系作为总的指导原则规定下来，另一方面却又规定：本联邦法规（冲突法）所包括的适用法律的具体规定，则应认为体现了这一原则。瑞士国际私法也要求首先适用它所规定的各具体冲突规则，只在案件的事实与规定的准据法有微弱的联系，而与另一个法律明显地更有密切联系的时候，该法所确定的准据法才可以不适用。总的说来，人们对开放型连结点的需要程度，制约着封闭的连结点的适用；反过来，封闭的连结点在它符合案件实际的情况下，又限制了开放型连结点的作用。

2. 增加连结点的数量从而增加可供选择的法律

在冲突规范中规定两个或两个以上的连结点，可以增加连结点的可选性，也是软化连结点的一种在目前越来越被更多的国家采用的简单而有效的方法。规定复数连结点的动机可能是多种多样的，较为常见的是使法院能够有机会适用使法律关系能有效成立，或较能反映法律关系的重心所在，或有利于实现国家特定的政策的法律。

从法则区别说起，法律行为方式的有效，都是依照场所支配行为原则解决的，即法律行为的方式如果依行为地法为有效则到处有效；法律行为的方式如依行为地法无效则到处无效。然而，受目前国际上简式主义这个实体法上的政策的影响，各国在实践中越来越多地赋予这一种规则以弹性。如 1982 年的土耳其最新的立法便规定，法律行为的方式适用行为完成地法，但同时也可以适用调整该行为效力的法律。像这样允许对法律行为的方式规定多种连结点的，还有希腊 1946 年修订后的民法典第 11 条、波兰 1965 年国际私法第 12 条、1978 年奥地利国际私法第 8 条、1982 年南斯拉夫冲突法第 7 条、1986 年联邦德国国际私法也作为一般原则规定，法律行为只要在形式上或符合适用于行为内容的准据法关于形式要件的要求，或符合行为实施地国法律关于形式要件的要求，均在形式上有效。

在结婚的形式要件方面，美国、英国、丹麦及日本将婚姻举行地当作绝对的连结点，不论婚姻是在外国或是在法院地国家缔结的，在形式上都必须遵守缔结地国家的法律规定。但大多数国家坚持一种双重的立场，即当事人在法院地缔结婚姻时必须遵守法院地国家的形式要求，在法院地以外的国家缔结婚姻的，当事人必须或者遵守缔结地的法律，或者遵守当事人一方或双方的属人法。这种规定可有效地防止跛行婚姻的发生。

在合同的形式有效性方面，场所支配行为原则仍然适用，但大多数国家把合同形式遵守缔结地法的规则看成是任意性的。一般认为，只要合同的形式符合合同地法或合同自身的准据法，合同即为形式上有效。有的国家还规定，虽然合同的形式既不符合合同缔结地法，也不符合合同的准据法，但只要符合当事人双方的本国法，合同亦为形式上有效。德国的上述新国际私法甚至主张只要符合当事人一方国家法律所规定的形式要件，其合同在形式上即属有效。场所支配行为这个本来带有浓厚的封建属地色彩的原则，为什么在科学技术高度发展，人员流动特别频繁，缔约地往往系之偶然的今天仍然具有生命力呢？这是因为，有选择地适用合同缔结地法，可以使商业贸易交易更为便利，尤为重要的是，这个原则可产生使合同或其他法律行为有效化的效果。我们知道，在合同领域内，使合同尽可能地有效，是出于对当事人正当期望的保护。法院和立法者通过适用数个具有有效化效果的法律，就有可能补救僵硬的、只适用合同地法所带来的不公平的后果。

在遗嘱的方式方面，由于遗嘱保护主义在起作用，可供选择的决定遗嘱方式有效性的连结点数量更多。

各国实体法对遗嘱方式的规定差别较大，遗嘱人也很难预料遗嘱将在哪里发生效力，如果坚持遗嘱方式必须符合某一个国家的法律，在现实生活中，就会出现遗嘱大量无效的现象，其结果反而违背了实体遗嘱法保护遗嘱人最终意愿这一原旨。为了确保遗嘱人最终意愿的实现，为了协调冲突法政策和实体法政策，目前已有越来越多的国家主张放宽遗嘱方式的准据法的选择，以尽可能地防止遗嘱仅因方式上的原因而归于无效。

表现在法律行为的内容或实质方面，增加连结点的可选性也是一个趋势，尤其是在侵权领域，连结点的软化进程更是令人惊叹的。如 1979 年匈牙利国际私法第 32 条就规定：（1）除本法另有相反规定外，在合同关系以外造成的损害，适用侵权行为或不行为发生的时间和地点的法律；（2）如果损害发生地法对受害者更加有利，以该法作为准据法；（3）如果侵权行为人和受害人的住所在同一个国家，适用该国法律。这条规定至少体现了两个政策：其一是使法院能够适用对受害人更为有利的法律，其二是使法院适用与侵权有较为密切联系的法律。这条规定在灵活性方面实在不亚于只规定“最密切联系”这个开放性的连结点。

在婚姻家庭领域，增加连结点的数量也势在必行。许多国家从保护弱方当事人出发，采取利益分析、政策导向的方法，在数个所涉的法律中选择对子女妇女及其他弱方当事人有利的法律。这种以利益分析为指导的、软化连结点的方法，因其能反映和推进统治阶级实体法政策而特别具有发展前途。许多新的立法也反映了这一趋势。1964 年前捷克斯洛伐克国际私法及国际民事诉讼法第 23 条规定：(1) 父之承认，依子女出生时所取得国籍所属之国家的法律。(2) 子女居住在捷克斯洛伐克社会主义共和国境内，只要对子女有利，就依捷克斯洛伐克法。匈牙利国际私法第 46 条规定，如果匈牙利法律对子女比较有利，对匈牙利公民或者永久居住匈牙利的子女的父母子女关系适用匈牙利法。1979 年生效的奥地利国际私法第 21 条规定，父母的属人法不同时，依其中更有利于准正的法律。

原联邦德国 1986 年国际私法在诸多问题上，便均有这类规定。其中，关于婚姻的一般效力就规定：(1) 婚姻的效力在原则上要求：a. 适用配偶双方国籍国法，或婚姻存续期间双方最后共同国籍国法（只要一方还保留该国籍）；否则，b. 适用配偶双方共同习惯居所地法，或婚姻关系存续期间的最后共同习惯居所地法（只要一方还保留该居所）；或 c. 适用配偶其他有最密切联系的国家的法律。(2) 如配偶任何一方具有一国以上国籍，则双方可选择其中之一的法律加以适用（只要另一方亦具有此国国籍）。(3) 如果不存在 (1) 中所列条件，则夫妻可选择任一方的国籍国法，只要 a. 双方均不具有他们的习惯居所地国家的国籍；b. 双方的习惯居所在不同的国家。

3. 对同类法律关系进行划分依其不同性质规定不同连结点

传统的冲突法规范中的连结点缺少可选性，而且往往对同一类法律关系只规定一个冲突规则。第二次世界大战以后，由于科学技术的新发展，法律关系逐渐向复杂和多样化发展，从宏观上讲，一些新的法律部门不断涌现；从微观上讲，同一类法律关系内部也开始分化。侵权与合同领域最能体现这种发展。如新的瑞士国际私法关于知识产权的法律适用就分别规定：有关因侵犯知识产权的行为产生的请求，在侵害事件发生后，或适用知识产权在那里请求保护国家的法律，或适用当事人在任何时候约定适用的法律；有关知识产权的合同，则适用瑞士有关合同准据法的规定。

在侵权领域，产品责任、不当竞争、妨碍竞争、交通事故、环境污染、国际诽谤等，越来越成为重要的领域，从而使侵权这一类法律关系更加复杂化和多样化。如果一味坚持侵权行为地法这样的传统格言，就不符合当今的现实。因此，像新的瑞士国际私法就尽可能地对同类法律关系进行划分，分别规定各自应适用的法律。

在合同领域，许多国家也已着手对其进行划分，并规定不同的法律选择原则。如前南斯拉夫将合同划分成 21 种，在当事人未选择适用的法律，而案件的具体情况也未指向其他法律时，对不同的合同规定了不同的指导法律选择的连结点。但各国对合同划分的粗细情况不一，规定的连结点也不尽相同，一般规定适用特征履行地国家的法律或特征性履行一方当事人的住所、居所或营业地的法律。

把同一类法律关系依不同性质加以区分，规定不同的连结点，已为许多国家的国际私法法规所接受。连结点的这种从简到繁、从单一到多样的发展，无疑应看作是国际私法上的一种重大进步，因为它能使准据法的选择更符合于日趋复杂的法律关系的各种具体情况，从而使案件得到更公正、更合理的解决。

4. 对于一个法律关系的不同方面进行分割，分别采用不同的连结点

早在中世纪时，有些学者就主张有关违反合同的问题由履行地法支配，有关合同的其他问题由合同订立地法支配。这种对法律关系自身的不同方面进行分割，对其不同方面适用不同法律的做法，被称为 Dépeçage（分割）规则。传入美国后，曾受到许多批评，认为：（1）对同一法律关系的不同方面进行区分是困难的，会使法律适用更加麻烦；（2）会破坏法律适用的稳定性；（3）无论从经济和法律的观点看，合同都是一个整体。因此，关于合同的制定、解释和解除等，都应由一个法律支配。但美国新的冲突法理论主张重新回到 Dépeçage 的实践。美国第二次《冲突法重述》（1971 年）第 188 节就规定，在缺乏当事人的法律选择时，合同某个具体问题上的当事人的权利和义务，由在这个问题上根据第六节规定的几种因素所确定的同该交易和当事人有最重大联系的州的法律支配。这些可以分割的具体问题包括：缔约能力、合同形式、合同是否应为书面、诈欺、胁迫、不正当影响、错误、非法、高利贷、合同用语的解释、合同义务的性质、履行的细节、赔偿标准等。该重述在侵权问题上，也有类似的规定。

其实，分割方法不仅为美国所独有。由于法律关系或法律行为往往由不同的方面构成，并且部分与部分之间难免不具有相对的独立性，它们常常各有自己的重心，一概要求所有的方面受同一个连结点指引的法律支配，已越来越不切合时宜。因而，对同一个法律关系的不同方面进行划分，对不同的方面在法律适用上规定不同的连结点，并相对地增加连结点的数量，也是一种对传统冲突规范进行软化处理的方法，这种方法虽在过去便已出现，但现在已有了进一步发展的趋势。

第三节　当代国际私法趋同化倾向在改造传统立法模式上的表现

一、国际私法传统立法模式的缺陷

国际私法虽是国际经济关系发展到一定时期的产物，但必须承认，也正是由于过去国际经济关系终究还不很发达，不但许许多多的国家长时期没有国际私法的立法，而仅有的少数国家的国际私法立法，也不能不受到特殊主义思想的严重影响而存在种种缺陷。

第一，在立法模式上，大都受法国民法典的影响，仅在民法典中集中或分散加入几条冲突法条文，不但规定极其简单，涉及的事项或调整的范围也十分有限。如法国民法典中，把涉及国籍的取得和恢复的规定，外国人在法国的民事法律地位的规定，连同冲突法方面的有关涉及法国警察与治安的法律的适用，公共秩序的规定，以及有关位于法国的不动产的法律适用，有关法国公民个人身份及能力的法律适用，有关法国人与外国人结婚的法律适用，有关在外国的法国人成立亲笔遗嘱和公证遗嘱的法律适用，有关就在法国的不动产设定抵押权的规定等都计算在内，也不过数十余条而已。1896 年的德国民法施行法，虽以单行法出现，其内容也只涉及人的行为能力、禁治产和失踪及死亡的宣告、社团之法律地位、法律行为的方式、侵权行为的请求、婚姻的缔结、夫妻财产制、离婚、父母子女关系、遗产的继承、无国籍人本国法的适用以及公共秩序和反致等 25 条相当简单的规定。

第二，这些仅有的少数国际私法规定，多只采用一个硬性的单向连结点，因而十分封闭，如法国法和德国法那样，大部分冲突规范，或仅涉及与法国和德国有关的法律关系，或仅指定应适用法国和德国的法律，整个立法，都不是从一种“国际的”观点，而只是从一种“涉外的”观点出发来考虑问题的。法国民法典中这类规定有如：

“第二条　有关警察与治安的法律，对于居住于法国境内的居民均有强行力。

不动产，即使属于外国人所有，但适用法国法律。

关于个人身份与法律上能力的法律，适用于全体法国人，即使其居住于外国时亦同。”

“第十四条　不居住于法国的外国人，曾在法国与法国人订立契约者，因此契约所生债务的履行问题，得由法国法院受理；其曾在外国订约对法国人负有债务者，亦得由法国法院受理。”

“第十五条　法国人在外国订约所负的债务，即使对方为外国人的情形，得由法国法院受理。”

“第一七〇条　法国人与法国人或法国人与外国人在外国缔结婚姻，如按照当地通行仪式举行婚礼仪式，并依身份证书章第 63 条规定事先进行公告，且法国人不违反前节的规定时，其婚姻有效。”

“第一〇〇〇条　在外国订立的遗嘱，如遗嘱人在法国留有住所时，经向住所地登记机关登记后，如在法未留有住所，则经向遗嘱人在法国最后住所地登记机关登记后，始对其在法国的财产发生执行力。”

1896 年德国民法施行法中的这类规定就更多了。

第三，在传统的国际私法单行立法中，均只有涉及法律适用的冲突规范，关于国际民事管辖权及外国判决的承认和执行问题多付阙如，而由各国的民事诉讼法另作规定。已有这方面的规定，其有关制度，也与法律适用上深受特殊主义观点的影响一样，在允许外国人的行使诉讼权利和赋予外国判决以效力并协助执行上，限制条件较多①。

第四，在传统的国际私法立法中，极少见有在解决法律适用问题时应优先适用有关国际条约的规定。在这一点上，至少可见在过去通过国际立法来求得法律上的协调，还未被提出或至少还未被重视。

这些缺陷的存在，已越来越使早期的国际私法立法不能适应当今时代迅速发展的国际经济联系的需要了。因而从第二次世界大战结束以来，特别是 60 年代以来，许多国家纷纷修订或正着手修订自己过去的立法；许多国家则相继制定或正着手制定自己的国际私法；并且在修定旧法和制定新法时，都在不同程度上，反映出寻求法律适用和法院管辖权与民事诉讼制度上的国际协调的倾向。

二、当代国际私法立法所表现出的若干新特点

20 世纪 60 年代以后，在国际民商事联系进一步加强的推动下，受国际私法趋同化倾向的影响，许多国家的国际私法扩大了它们的调整范围。而各个国家国际私法调整范围的扩大，表明了这些国家在解决法律冲突、寻求法律适用的协调方面的努力，已扩展到民事生活的更广泛的领域。这可以说是这些新法

① 参见李双元、谢石松著：《国际民事诉讼法概论》有关章节，武汉大学出版社 1990 年版。

在趋同化方向上表现出来的第一个特点。

以1986年联邦德国的新国际私法（冲突法）和上面提到的1896年的德国民法施行法相比较，后者所规定的事项，正如上文已提到的不过十数项，全部条文仅25条而已，而前者已扩充到36条，其内容包括：（1）自然人与法律行为。其中涉及权利能力及行为能力、监护的设立、死亡的宣告、姓名、法律行为的方式以及对其他合同当事人的保护等方面。（2）家事法。其中涉及结婚、婚姻的一般效力、夫妻关系、离婚、扶养、婚生子女、非婚生子女、准正、子女的收养、同意、监护等方面。（3）继承法。其中涉及继承、临终处分等方面；（4）债法。债法在旧的德国民法施行法中，仅有关于侵权行为之债的一项单边规定，而在新法中，既包括合同之债，又包括非合同之债①；在合同之债中，涉外法律的自主选择、无法律选择时的准据法、消费者合同、雇佣合同以及个人雇佣关系、合同或其任何条款的有效性、合同准据法的适用范围、请求权的自愿转让和代位、强制性规定的适用、统一的解释及以上述种种方面规定的例外等，内容已大为扩充。

在过去，由于认为知识产权具有严格的地域性质，如不承担条约的义务，一般是根本不承认外国知识产权的域外效力的，因而冲突法典中均未涉及。而1978年奥地利新国际私法规则规定，无形财产权（当然也包括知识产权）的创立、内容和消灭，适用使用行为或侵犯行为发生地国的法律。它同时规定，对于因受雇人在其职务范围内的活动而产生的无形财产权，适用支配雇佣关系的冲突规则来选择解决雇主与受雇人对此种权利的争议的法律。1987年的瑞士新国际私法对知识产权的有关问题，规定得更为广泛，其内容包括：（1）知识产权由在那里寻求保护的国家的法律支配；（2）有关因侵权行为产生的请求，在侵害事件发生后，当事人可在任何时候约定适用法院地法；（3）有关知识产权的合同，由转让或同意转让知识产权的一方的习惯居所地国家法律支配，并允许当事人事先选择法律；（4）雇主和劳动者所订立的有关劳动者在其工作范围内所为的发明的知识产权的合同，由适用于劳动合同的法律支配。

其他如过去对代理关系，也很少在冲突法典中加以规定的，但目前，由于在国际商事活动中，代理关系日益增多，因而在上述奥地利、德国、瑞士等新法典中也都有了相应的条款。为了保障国家、社会与公民的利益不受侵犯与干扰，侵权行为法在许多国家已大为发展，与此相适应，在冲突法中，通过国内

① 立法意图不太明确的是该新法在非合同之债方面为什么仍只保留了1896年法中的一条单边规定，而未加改变。这与目前许多国际私法立法无疑是不相一致的。

立法来解决各种涉外侵权行为的法律适用问题，也已成为冲突法的一项重要内容。在侵权行为法中，由于国际经济贸易关系的发达而带来的产品责任问题、不正当竞争问题、因交通的发达而带来的国际交通事故，以及因工业、航海的发展而带来的国际环境污染等问题，也日见增多，因而在这些方面建立起健全的冲突法制度，已引起许多国家的重视。上述 1987 年奥地利新国际私法法规还设有关于消费者契约法律适用的专门条款。而 1987 年瑞士冲突法有关侵权行为的规定，更涉及因核装置或核物质运输所引起的损害，公路交通事故引起的损害，因缺陷产品而发生的损害，对不正当竞争行为的请求，对妨碍竞争提出的请求，对因不动产的有害影响而产生的请求，对传播媒介损害个人人格而产生的请求等方面。在非合同之债方面，现在规定不当得利和无因管理的法律适用的，也已有好几个国家（如奥地利、瑞士、秘鲁等）。规定了破产方面的法律适用问题的，也有秘鲁和瑞士等国际私法。

新近颁布的国际私法立法在趋同化方面表现出的第二个显著特点是，在法典结构上，许多都抛弃了过去只有解决法律适用问题的简单做法，而集法院管辖权、法律适用和外国判决的承认与执行为一体。

认为国际私法应包括国际民事法院管辖权、法律适用和外国判决的承认与执行三方面的内容，本是英美国家的主张，但在成文立法中采用这一体系的，却是晚近的许多欧洲和拉美国家。如 1964 年的前捷克斯洛伐克关于国际私法和国际民事诉讼程序的立法，1974 年阿根廷关于国际私法的立法，1979 年的匈牙利国际私法，1982 年的前南斯拉夫法律冲突法，1982 年的土耳其关于国际私法和国际诉讼法程序的立法，1984 年的秘鲁新国际私法，1987 年的瑞士国际私法，1992 年的罗马尼亚国际私法立法以及 1994 年意大利的国际私法制度改革法令等。其中更值得称道的是瑞士新国际私法，它不但分别就不同的国际私法关系的瑞士法院管辖权、法律适用和对外国判决的承认与执行作出具体的规定，在不少领域还对如保全措施、司法协助、公告、取证等其他程序法上的问题也有相应的规定。此外，它还专设有第十二章，系统地规定了国际商事仲裁的诸多程序上和实体上的制度。所以该法典可以说是目前国际私法国内成文立法中最为完备的一个，它的制定和实施，表明瑞士已将调整和解决国际私法实体上和程序上各个方面问题的立场和态度，完全纳入了成文的法制体系。

此外，在法典的结构上，一些最新的法典，还都像民法、刑法这些基本法一样，总则、分则均有规定。而且一些新法典在总则部分所涉及的问题，在过去，或者仅见于有关国家的国际私法学说，或者仅见于有关国家的法院判例。在最早的法典如《德国民法施行法》与日本《法例》中，属于总则部分的，只有反致与公共秩序保留两项规定。而一些最新的法典，则在总则中，除上述内容外，还规定了冲突法所调整的法律关系的性质和范围（如奥地利、瑞士、匈牙利、土耳其及前南斯拉夫法典），这既有利于把法无明文规定而随着实践的发展而出现的一些涉外民法关系及时纳入冲突法调整的对象，又有利于把一些不具民法性质的法律关系排除在冲突法调整范围之外。

许多新的法典还规定了法律适用的总的指导原则。如奥地利法典要求依最密切联系原则来选择法律；瑞士法规定了它对外国法的指定，包括所有该外国法适用于该案件的法律规定，不得仅以该外国法律规定被认为具有公法性质而排除其适用；匈牙利法规定它的国际私法的目的是为了发展和平的国际关系而解决法律适用、法院管辖权和程序问题。

许多法典都规定了关于外国法查明以及未能查明时应如何适用法律的原则。如奥地利法典就规定外国法应由法官依职权查明，而经充分努力在适当时间内仍不能查明外国法的内容时，适用奥地利法；同时，该法还规定了时际法冲突方面的问题，这就为解决法律的时间抵触（即新旧前后法律之间的抵触）提供了指示，即依该法的要求，对选择特定法律有决定意义的必要条件（如国籍、住所等）如果发生变化，对已完成的事实不发生影响。1979 年匈牙利国际私法则规定它应适用于该法令生效以前所发生而尚未经明确裁判的那些事实；规定了在以国籍作连结点时，如指引的是一个不具统一法律的国家的法律，如何确定当事人的属人法的问题等。

在阿根廷上述立法的总则中还特别规定："本法的用语，依准据法作出解释。"这是目前所见在识别的依据上，采准据法说的唯一一例。

法规总则部分的内容增加，对于发挥冲突法在调整涉外民事关系、解决法律适用问题的作用，显然是极有价值的。

第四节　当代国际私法趋同化倾向在涉外民事关系法律适用上的表现

国际经济贸易空前规模的发展，也使国际社会在涉外民事关系法律适用方面，不断出现寻求协调和统一的趋势。这主要表现为：

一、趋同化倾向在当事人属人法方面的表现

本来，在欧洲自巴托鲁斯以后直至 1804 年《法国民法典》颁布以前，属人法即是指当事人的住所地法，因为当时各国的国内法律尚未统一，还不具备

以本国法作属人法的客观条件。但是自《法国民法典》施行后，特别是经意大利法学家孟西尼大为鼓吹本国法主义，欧洲大陆国家便广为采用本国法作为当事人的属人法。在具体立法形式上，其一，简单规定人的身份及能力依当事人本国法。如《法国民法典》第3条第3款规定："关于个人身份与法律上能力的法律，适用于全体法国人，即使其居住于国外时亦同。"1979年《匈牙利国际私法》第10条、1986年《联邦德国国际私法》第7条也有这类规定。其二，是当前比较通行的，即在肯定以本国法为属人法的同时，又在空间场所上对它进行控制，使这类规范表现为一种不完全的双边冲突规范，如1977年生效的《约旦国际私法》第12条第1款规定："人的身份与能力，由其本国法确定。但是，在约旦王国内订立的，并对王国产生作用的金钱交易中，若一方当事人为无能力的外国人，而其无能力归于一种不清楚的，且不易为另一方弄清的原因时，该原因对其能力无效。"1948年《埃及民法典》第11条，1964年《捷克斯洛伐克国际私法及国际民事诉讼法》第3条，1965年《波兰国际私法》第9条、第10条，1967年《法国民法典国际私法法规》（第三草案）第2290条、第2291条，1975年《德意志民主共和国法律适用条例》第6条，《阿拉伯也门共和国关于国际私法的若干规定》第24条，《也门人民民主共和国有关国际私法的规定》第27条，《阿拉伯联合酋长国有关国际私法的规定》第11条，1982年《南斯拉夫法律冲突法》第14条均有此类规定。值得一提的，在传统国际私法上，还有一些国内立法以列举的方式明确规定某些涉外民事关系当事人的能力问题不依他的本国法确定。如1898年《日本法例》第3条规定："（1）人之能力，依其本国法。（2）外国人在日本所为的法律行为，虽依其本国法无能力，但依日本法有能力，则不拘前款之规定，视为有能力。（3）前款规定不适用于应依亲属法或继承法所为的法律行为及对在外国不动产的法律行为。"作类似规定的还有1896年《德国民法施行法》、1939年《泰国国际私法》、1942年《意大利民法典》。同上述国家相对立，国内存在复合法域的英美普通法系国家和南美一些国家则恪守古制，以住所地法为属人法。如1984年《秘鲁民法典》第2068条规定，"自然人的出生和死亡依其住所地法"。1974年《阿根廷共和国国际私法条例》（草案）第7条有同样规定。两大法系国家在当事人属人法方面的上述分歧与对立，构成了国际私法上著名的反致制度产生的基础，也是几百年来国际私法走向统一的重大障碍。究其原因，大陆法系国家多实行单一制结构，在18、19世纪还是大量向外移民的国家，采本国法主义是希望移出的人口仍受本国法律控制。而英美普通法系和南美一些国家多实行联邦制结构，各邦人员在身份及能力方面产生的法律纠纷也唯有以住所地法才能解决；加之长期以来外来移民的进入，采住所地法就可使外来移民受当地法律的管辖，也便于当事人参加诉讼和法院尽快解决纷争。因为这些国家的涉外民事纠纷，一旦依本法域冲突规范指定适用外州或外国法时，该外州或外国法的内容要由当事人负责查明，这当然增加当事人的举证负担，也使法院不能及时、公正解决纷争，而采取住所地法为属人法自然无此类问题。但是，就目前情况看，国际社会在属人法方面的传统分歧和对立却出现了殊途同归的倾向，这首先表现在一些大陆法系国家颁布的国际私法典一改往常，以当事人的住所地法为属人法。如 1987 年《瑞士联邦国际私法》第 35 条规定，“民事行为能力由住所地法支配。民事行为能力一经取得，即不受住所变更的影响”；其次，也表现在欧洲一些新的法典，多兼采本国法与住所地法而选择适用。如 1978 年《奥地利国际私法》第 9 条规定“自然人的属人法应是该人所属国家的法律”，但它同时也允许在不能或不应适用其（如无国籍或国籍不明，以及政治难民等）本国法时，改为适用其居所或住所地法，1979 年《匈牙利国际私法》第 11 条，1967 年《法国民法典国际私法法规》（第三草案）第 2290 条，1982 年《南斯拉夫法律冲突法》第 4 条、第 12 条均有类似规定。最后，更为重要是晚近一些国际私法法典和国际私法公约提高了习惯居所在解决当事人能力方面的地位，如 1972 年《加蓬民法典》第 32 条规定“无国籍人，以其习惯居所地法为其本国法”。1986 年《联邦德国国际私法》第 7 条规定“人之权利能力与行为能力适用其国籍国法律”。但若适用某人之所属国法律，而该人具有一国以上国籍，或无国籍，或国籍无法确定，则考虑或适用其习惯居所地法律；在监护的设立（第 8 条）、配偶双方婚后子女出生姓名的确定（第 10 条）、婚姻的一般效力（第 14 条）、夫妻关系（第 15 条）、扶养（第 18 条）等方面无不强调习惯居所地法的效力；在国际公约方面，1956 年《扶养儿童义务法律适用公约》第 1 条第 1 款规定：“子女可在何种程度上并可向何人要求扶养，应依子女惯常居所地法解决。”第 2 条规定：“各缔约国可以声明不适用第 1 条规定而适用其本国法，如果：（1）扶养请求是向该国当局提出时；（2）被要求扶养人与子女均具有该国国籍时；（3）被要求扶养人的惯常居所在该国时。”1965 年《收养管辖权、法律适用和判决承认公约》第 10 条规定：“为本公约的目的，收养人或儿童无国籍或国籍不明时，应视为其具有惯常居所地国家的国籍。”1955 年海牙《解决本国法和住所地法冲突的公约》更是表现出两大法系在当事人属人法方面传统对立的松动趋向，之所以如此，当归因于国际经济关系的蓬勃发展，各国人员的频繁交往，如一味要求在人的能力等问题上适用本国法，只会造成交易上不必要的阻碍。

二、趋同化倾向在物权方面的表现

在物权方面，中世纪意大利法学家巴托鲁斯创立“法则区别说”时就提出了“物权依物之所在地法”的冲突规范，只不过当时的“物”仅指不动产。由于它适合物的特性，利于国际民事交往，故一经提出即逐渐为国际社会所接受。1804年《法国民法典》、1811年《奥地利民法典》、1865年《意大利民法典》、1948年《埃及民法典》、1961年《苏联和各加盟共和国民事立法纲要》、1987年《中华人民共和国民法通则》均有基本相同的规定，不动产物权依物之所在地法已成为国际私法上的一项得到普遍承认的规则。但就动产物权而言，巴托鲁斯和他的一些追随者，都认为这种物权应依动产所有人的住所地法，并且一直有“动产随人”（mobiliu personam sequuntar）、“动产附骨”（mobilia ossibus inhaerent）、“动产无场所”（personalty has no locucity）等法谚，有一些国家在它们的法典中，也都作了这样的规定，如1794年《普鲁士法典》、1811年《奥地利民法典》、1864年《波罗的海法典》、1865年《意大利民法典》和1888年《西班牙民法典》。美国法学家斯托里曾说：“动产的转移，如果依照所有人的住所地法是有效的，那么不论该财产在什么地方，都是有效的。”① 这句话曾被视为“一般规则”。当时之所以广泛适用动产物权依住所地法的规则，是因为那时涉外民事关系相对来说还比较简单，动产的种类还不很多，其经济价值与不动产相比也较小，不具有不动产那样的重要性，而且它们一般存放于所有者的住所地。到19世纪，随着资本主义经济和国际商业流转的进一步发展，涉外民事关系越来越复杂，流动资本增加，动产数量增大，资本的国际活动范围日趋扩展，动产所有者住所地与动产所在地经常不一致，一个资本家拥有的动产可能遍及数国，并对这些国家的经济活动具有重要影响，因而使属人法的适用发生困难；同时，动产所在地国也不愿意用所有人的属人法来支配位于自己境内的动产物权问题。“动产随人”这一古老规则遭到德国萨维尼等学者的反对和批判。从19世纪末叶开始，许多国家相继在立法和司法实践中抛弃了“动产随人”原则，转而主张不分动产或不动产，物权关系一律适用物之所在地法。如1898年《日本法例》第10条第1款规定，“关于动产及不动产的物权及其他应登记之权利，依其标的物所在地法”；1939年《泰国国际私法》第16条规定，“动产及不动产，依物之所在地法”。1972年《加蓬民法典》第44条和1982年《土耳其国际私法和国际诉讼程序

① ［美］斯托里著：《法律冲突法评论》，1988年第8版，第384页。

法》第23条均有同样规定。也有一些国家对双边冲突规范——“动产物权依物之所在地法”的适用范围在内容上加以列举，如1977年生效的《约旦国际私法》第19条规定：“不动产的占有权、所有权及其他物权，适用不动产所在地法律；而动产的占有权、所有权及其他物权，适用产生或丧失这些权利之事实出现时动产所在地法律。”《阿拉伯也门共和国关于国际私法的若干规定》第28条与《阿拉伯联合酋长国有关国际私法的规定》第18条几乎有相同规定，1978年《奥地利国际私法》第31条、《也门人民民主共和国有关国际私法的规定》第31条也有类似规定。还有个别国家在肯定动产物权依物之所在地法原则的前提下，就运输中货物、运输工具等动产物权在立法上作了例外规定，如《南斯拉夫法律冲突法》第18条规定：“（1）所有权关系和其他物权以及管理社会财产的权利，依财产所在地法；（2）适用于本条第1款所指的关系，在涉及运输中的货物时，依目的地法；（3）除南斯拉夫法另有规定者外，本条第1款所指的关系涉及运输工具时，依运输工具的国籍国法。”作类似规定的还有《匈牙利国际私法》第21条、第23条，《秘鲁民法典》第2088条、第2099条，因此，自20世纪以来，物之所在地法已成为解决有关动产物权法律冲突的基本冲突原则。

三、趋同化倾向在遗嘱方式上的表现

在遗嘱方式上，受古罗马“场所支配行为”（locus reyit action）这一法律古谚的影响，巴托鲁斯在创立“法则区别说”时就主张关于遗嘱的成立要件依立嘱地法，此后一些学者则认为遗嘱制度本身就要求在遗产的处分上充分尊重立嘱人的意思表示，而且遗嘱也是一种准身份行为，并非纯粹是一种财产行为，因而应适用立嘱人属人法。在一些早期的立法上，如《阿拉伯联合酋长国有关国际私法的规定》第17条第4款规定，“遗嘱以及基于死亡而设立的其他处理措施的形式，适用处理人处理时之本国法”；另一些国家如《泰国国际私法》第40条则规定，“遗嘱的方式，依遗嘱人本国法，或依遗嘱地法”，1948年《埃及民法典》第17条第2款、1964年《捷克斯洛伐克国际私法及国际民事诉讼法》第18条第2款，1965年《波兰国际私法》第35条，1977年生效的《约旦国际私法》第18条第2款，以及奥地利、瑞典有关立法均有这类规定。法国法依判例的解释也有相同的趋向。还有些国家的立法，如1974年《阿根廷共和国国际私法条例》（草案）第33条规定，依立嘱地国法或立嘱人立嘱时或死亡时住所地国法。由于遗嘱作为一种单方法律行为，毕竟和一般的法律行为有很大区别，更何况立遗嘱人处分的遗产也可能位于几个国

家境内，因此，对于遗嘱方式的准据法选择，当今的发展趋势是走向宽泛或灵活。1963年的英国《遗嘱法》，对遗嘱的方式问题规定：遗嘱的作成如果符合遗嘱作成地法，或遗嘱人在作成遗嘱时或死亡时具有住所或惯常居所的地方的法律，或遗嘱人在上述的任一时间具有国籍的那个国家的法律，该遗嘱即属有效。1969年美国《统一遗嘱验证法典》规定，书面遗嘱的作成，如符合于法典中规定的方式，或遗嘱作成时遗嘱作成地的法律，或遗嘱作成时或遗嘱人死亡时遗嘱人的住所地法、居所地法或本国法，该遗嘱即属有效。1967年11月19日生效的海牙《遗嘱处分方式法律冲突公约》第1条规定："凡是遗嘱处分在方式上符合下列各国国内法的，应为有效：（1）立遗嘱人立遗嘱时所在地，或（2）立遗嘱人作出处分或死亡时国籍所属国；或（3）立遗嘱人作出处分或死亡时的住所地法；或（4）立遗嘱人作出处分或死亡时的惯常居所地；或（5）在涉及不动产时，财产所在地。"由于许多国家如法国、日本、德国、奥地利、瑞士、比利时、荷兰、波兰、匈牙利以及英国、美国等国家先后批准了该公约，并在国内立法中反映了该公约的上述内容，这就使国际私法的趋同化倾向在遗嘱方式的法律适用方面也表现出很强劲的势头。

四、趋同化倾向在子女是否为婚生的认知上的表现

在子女是否为婚生的认知上，早期的一些国际私法立法有的规定依生母之夫的本国法，如1896年《德国民法施行法》第18条规定，"子之嫡出，如其出生时母之夫为德国人或者母之夫于子出生前死亡时为德国人，依德国法"，1898年《日本法例》、1939年《泰国国际私法》、1946年《希腊民法典》、1978年《意大利民法典》也有这类规定；有的主张依父母双方的属人法，如1978年《奥地利国际私法》第21条规定，"子女婚生的要件及因此而产生的争议，依该子女出生时配偶双方的属人法，如子女出生前婚姻已解除，依解除时配偶双方的属人法。配偶双方的属人法不同时，依其中更有利子女为婚生的法律"。英国有些学者和判例还主张适用父的住所地法来决定子女是否为婚生子女。1934年美国《冲突法重述》则主张分别适用父母各自的属人法。卢森堡、比利时、荷兰《统一国际私法法典》也依父母中相关一方的本国法决定子女的婚生与否。但晚近一些国际私法立法，从保护子女利益出发，相继采用子女的属人法作准据法。如1965年《波兰国际私法》第18条第2款规定，"父子关系或母子关系的否认与承认，依出生时子女的属人法"；1964年《捷克斯洛伐克国际私法及国际民事诉讼法》第23条、1982年《南斯拉夫法律冲突法》第41条均有相似规定。近来还有明确规定适用对子女更为有利的法律，如1984年

《秘鲁民法典》第 2083 条规定，“婚姻中子女地位的确认，依婚姻举行地法或子女出生时婚姻住所地法，视其中何者最有利于子女的准正”，从而在婚生子女的认知方面，明显表现出一种充分考虑保护子女利益的趋势。

此外，在其他一些方面，如代理应区分本人与代理人、本人与第三人、代理人与第三人三种不同关系分别定准据法；合同除适用意思自治原则外，以最密切联系原则作为当事人未选择法律或选择无效时的补充原则，并依特征履行说定最密切联系；侵权适用侵权地法或与之有最密切联系的法律；对劳动合同、消费买卖合同、结婚和离婚、夫妻身份关系和财产关系，充分考虑保护弱方当事人的利益，也已为许多国家的立法和司法实践作为一种原则加以接受，从而使彼此在传统上十分歧异的各国立法，不断出现寻求统一的趋势。

第五节　当代国际私法趋同化倾向在确认适用国际条约和国际惯例上的表现

一、趋同化倾向在适用国际条约上的表现

致力于国际私法的统一化，本早在 19 世纪中叶即已开始。但在国家的国内立法中，明确规定在解决国际私法问题时，如自己受条约约束，得首先适用有关的国际条约，则是晚近出现的现象。这无疑表明国际私法的国际法源已在国家处理涉外经济民事关系方面具有越来越重要的作用。

如阿根廷规定，“在无对阿根廷共和国有强制力之条约存在的情况下，本法适用于所有含有阿根廷和外国因素且在阿根廷有关当局提起的案件”。

土耳其法第 1 条第 2 段规定，“土耳其参加的国际条约有不同规定的，不适用本法”。

秘鲁法第 2047 条规定，“与外国法律体系相关联的法律关系的准据法，依秘鲁批准的国际条约确定，国际条约不能确定的，依本法的规定”。

前南斯拉夫法第 3 条规定，“如其他联邦法或国际协定对本法第 1 条所指的各种案件已有规定，则不适用本法的规定”。

以上这些法律无疑都是就冲突法来规定国际条约或国际协定的适用的。除此之外，如匈牙利和德国的新法，则似从实体法和冲突法两个方面来规定首先适用国际条约或国际协定。

如匈牙利法在第 1 条规定了它是解决法律适用、法院管辖权和程序问题之后，紧接着在第 2 条规定，“本法令不适用于国际条约规定的问题”。

而德国法在第 1 条第 2 款中规定，“国际协定如果已成为直接适用的国内

法，则其规定优先于本法”。

我国《民法通则》第 142 条第 2 款规定，“中华人民共和国缔结或者参加的国际条约同中华人民共和国的民事法律有不同规定的，适用国际条约的规定，但中华人民共和国声明保留的条款除外”。我国《涉外经济合同法》规定，“中华人民共和国缔结或者参加的与合同有关的国际条约同中华人民共和国法律有不同规定的，适用该国际条约的规定。但是，中华人民共和国声明保留的条款除外”。

二、趋同化倾向在适用国际惯例上的表现

随着生产力和科学技术的迅猛发展，国际民商事关系发生了重大变化，传统的国际私法已无法适应这种日趋复杂的法律关系，从而在 19 世纪末 20 世纪初出现了国际私法统一化运动。在这一过程中，由于国际商业惯例是避免和消除法律冲突的最简便方法，在国际私法统一化发展的最初阶段，它成为国际统一私法最重要的渊源。如今，接受国际惯例已成为国际社会的普遍实践。诚然，各国立法和司法实践对适用国际惯例的态度和做法仍有一定的差异。归纳起来，主要有三种做法：

1. 允许当事人选择国际商业惯例而不参照任何国内法

法国是这一做法的最具代表性的国家。1981 年法国新民事诉讼法第 1496 条规定，仲裁庭适用于合同的法律是当事人选择的法律规范，在无这种选择时，适用它认为适当的法律规则。同时规定，在所有情况下，仲裁庭都应考虑到商业惯例。许多学者认为，法国新民事诉讼法中使用“法律规则”（rules of law），而没有使用“法律”（law）一词，其意义在于，“法律规则”不仅包括国内法，还包括商法或其他非国内法渊源①。而且，依法国法律，仲裁适用现代商人法不必以当事人授权它公正裁决为前提条件，甚至在当事人选择了一国法律作为合同准据法时，仲裁庭也可以一般法律原则和贸易惯例裁决，因为上述民事诉讼法第 1496 条第 2 款规定仲裁应考虑商业惯例②。法国在国际商事

① See Ole Lando, “The lex mercatoria in International Commercial Arbitration,” in: International and Comparative Law Quartcrly, Vol. 3, 1985, pp. 753-754; Rabal, Conflict of Laws, Vol. 4, 1958, p. 473; Audit. National Codification of International Commercial Arbitration, in: Resolving Transnational Disputes, 1984, p. 133; David, Arbitration in International Trade, 1985, p. 342.

② See Berthold Goldman, The Applicable Law: General Principles of Law-the lex mercatoria, in: Jolia Lew cd., Contemporary Problems in International Arbitration, London, 1987, p. 118.

仲裁中的实践也确实证明了这一点。1979 年国际商会仲裁庭依现代商人法对帕巴克（Pabalk）诉诺索罗（Norsolor）一案①所作的裁决，法国法院予以承认。对该案的裁决，奥地利最高法院也予以确认，从而在世界上最先在司法实践中对现代商人法的适用明确表明了态度②。此外，还有丹麦、前南斯拉夫、瑞士等国亦允许当事人选择国际商业惯例为可适用的法律。

2. 将国际商业惯例与国内法结合起来适用

美国《统一商法典》第 1—205（3）节，《日本商法典》第 1 条和原捷克斯洛伐克 1964 年《国际贸易法典》第 118 条的规定都是将国际商业惯例与其国内法结合起来适用的。我国《涉外经济合同法》第 5 条第 1 款、《民法通则》第 145 条第 1、2 款以及《海商法》第 269 条均允许涉外经济合同的当事人选择处理合同争议所适用的法律，但是当事人能否选择国际商业惯例或其他非国内法律规则，我国法律尚未明确。不过，实践中对当事人适用国际商业惯例的约定一般是承认其效力的。由此看来，我国是采取第一种做法的。上述我国有关法律同时又规定，在当事人缺乏明示选择时，则适用与合同有最密切联系的国家的法律，而依"最密切联系"原则不可能将国际商业惯例确定为合同准据法。据此，也就排除了单独适用国际商业惯例的可能性。但我国《涉外经济合同法》第 5 条第 3 款、《民法通则》第 142 条第 3 款以及《海商法》第 268 条第 2 款又规定，我国法律和我国缔结或参加的国际条约没有规定的，可以适用"国际惯例"，从而确立了"国际惯例"补缺原则。在这种情况下，我国法律又采取了第二种做法。

3. 对国际商业惯例的适用施以较严格的限制

以英国法最具代表性。在国际商事仲裁的法律适用上，英国的法律和司法实践持比较保守的态度。英国仲裁法的一项原则就是，争议应按照固定的法律原则而不应按照个别仲裁员作出的关于何为公正或公平的决定加以解决③。1978 年以前，英国法院多次撤销基于"公平"（equity）作出的裁决。1979 年《仲裁法》颁布后，大大削弱了英国法院对仲裁的监督权，当事人可以通过书面协定排除将法律问题提交法院审查。但是，若当事人选择适用商法，能否订

① 该案详情参见韩健著：《现代国际商事仲裁法的理论与实践》，法律出版社 1993 年版，第 253 页。

② 参见徐国建：《现代商法法论》，载《中国社会科学》1993 年第 3 期。

③ See Mustill and Boyd, The Law and Practice of Commercial Arbitration in England, 1982, p. 594.

立“排除协定”以排除英国法院的监督呢？英国对此尚无司法解释或判例。但是，近年来，英国国际私法学界和仲裁实践都倾向于赞成采用现代商法制度。英国上诉法院在 1987 年所作的德国油井勘探与建筑有限责任公司诉长玛国家石油公司一案的判决使英国司法实践向承认现代商人法适用的方向迈进了一步①。

除世界各国的国内立法对适用国际惯例有所规定外，国际条约亦有规定可以适用国际惯例的情况。如目前国际上大多数有关国际商事仲裁的公约都规定，国际商事仲裁首先适用当事人选择的法律，如无这种选择，适用国际私法规则所指引的法律，但不管在哪种情况下，仲裁庭都应考虑合同的规定和商业惯例，从而赋予了仲裁庭根据国际商业惯例作出裁决的权力。如 1961 年《欧洲国际商事仲裁公约》第 7 条第 1 款就是这样规定的。1965 年《解决国家与其他国家国民间投资争端的公约》第 42 条第 1 款规定，“仲裁庭应依据当事人双方协议的法律规则裁断争端；如无此种协议，仲裁庭应适用作为争端当事国的缔约国的法律（包括它的法律冲突规范）以及可以适用的国际法规则”。该条款中的“法律规则”被认为不仅包括国内法和国际公约中的规定，还包括跨国习惯规则（transnational customary rules），因此，仲裁庭也可以适用国际商业惯例②。解决投资争端国际中心在“美亚公司等诉印度尼西亚共和国”一案中也有类似的决定③。

很多国际性和国内的仲裁规则对国际商业惯例的适用都予以了肯定。《联合国国际贸易法委员会仲裁规则》第 33 条第 3 款以及《国际商会仲裁规则》第 13 条第 5 款都规定仲裁员在所有情况下都应考虑有关的贸易惯例。原《南斯拉夫经济联合会对外贸易仲裁规则》第 41 条第 4 款规定，在任何情况下，仲裁庭或独任仲裁员都必须考虑能够适用于该案的商业习惯。《美国仲裁协会国际仲裁规则》第 29 条第 2 款也规定：“涉及适用合同的仲裁，仲裁应按照合同的条款进行仲裁，并应考虑到适用于该项合同的贸易惯例。”我国 1956 年《对外经济贸易仲裁委员会仲裁程序暂行规则》第 27 条和 1959 年《海事仲裁委员会仲裁程序暂行规则》第 29 条都规定，仲裁庭为了专门问题或贸易惯

---

① See All England Law Reports Ⅰ/1987, pp. 769-784; Yearbook of Commercial Arbitration 13 (1978), pp. 522-536.

② See Berthold Goldman, The Applicable Law: General Principles of Law—the lex inercatoria, in: Julia Lew ed., Comemporary Problems in International Arbitration, London, 1987, p. 123.

③ See International Legal Materials, 23 (1984), p. 351.

例，可以咨询专家。这表明两个暂行规则对国际商业惯例的适用是持肯定态度的。1988 年《中国国际经济贸易仲裁委员会仲裁规则》第 28 条和《中国海事仲裁委员会仲裁规则》第 28 条都只规定了仲裁庭可以就案中专门问题向专家咨询，删去了两暂行规则中的“贸易惯例”，不知其意图何在。1994 年新修订的《中国国际经济贸易仲裁委员会仲裁规则》第 53 条规定：“仲裁庭应当根据事实，依照法律和合同规定，参照国际惯例，并遵循公平合理原则，独立公正地作出裁决。”这是一条新增加的规定，明确肯定了我国在国际商事仲裁中对适用国际商业惯例的态度。另外，1978 年中国国际贸易促进委员会海事仲裁委员会与社团法人日本海运集会所海事仲裁委员会《关于采用仲裁方式解决中日海运争议的议定书》第 1 条第 1 款规定：“仲裁根据……并参考国际习惯做法进行。”

综上所述，不难看出，从理论到实践，从国内到国际，从仲裁到诉讼，对国际商业惯例的适用大体上都持比较宽松的态度。这体现了这一法律制度的生命力。目前，尚未见到以适用了国际商业惯例为由而拒绝承认国际商事仲裁裁决的例子①。1958 年《承认及执行外国仲裁裁决公约》也未见这样的规定。同时，考察国际商事仲裁裁决后发现，国际商事仲裁实践中完全依国际商业惯例作出裁决的案件尚不多。正如西方一位学者朱立叶·刘（Julia Lew）所说：“很少的仲裁裁决是完全依据无固定标准的商业习惯和贸易惯例而作出的。”②但是，将国际商业惯例与国内法结合起来以及以国内法为基础同时考虑国际商业惯例作出裁决的仲裁案件还是有一定数量的③。

第六节 当代国际私法趋同化倾向在现代商人法上的表现

随着国际经济贸易的日益发展，各国传统的国际经贸法律制度已不能适应社会需要，为摆脱这种困境，国际法学界一些专家、学者开始寻求一种独立适用于国际贸易并能反映其活动特征的法律制度。目前，世界上大多数国家的立法和司法实践出现了逐渐承认并适用现代商人法的趋势。

① 转见徐国建：《现代商人法论》，载《中国社会科学》1993 年第 3 期。

② Julia Lew, Applicable Law in International Commercial Arbitration, New York, 1978, p. 466.

③ 参见徐国建：《现代商人法论》，载《中国社会科学》1993 年第 3 期。

一、现代商人法的概念和特征

所谓“商人法”（Lex. Mercatoria，Law Mcrchant）①，通常是指从事国际贸易活动的各国商人在实践中所共同认可并遵守的、统一规范国际贸易活动的某些习惯和规则。众所周知，传统的国际合同法律适用理论和方法是依据合同的连结因素把合同与有关的国家联系起来，并以该国法律作为支配合同当事人的权利、义务的法律。为了克服选择国际合同准据法的这种方法所存在的机械、僵硬的缺陷，一些旨在“软化”合同冲突规范的理论与方法，如合同当事人意思自治原则、合同最密切联系原则、合同准据法的分割理论以及合同特征性履行理论等等便相继产生。但是，所有这些都未能使国际合同摆脱受到“国内化处理”并受国内法支配的命运。在世界上，除中国、前捷克和斯洛伐克等极少数国家制定有专门规定国际合同的涉外合同法外，大多数国家都以支配国内合同关系的法律适用于国际合同关系。由于国际合同关系与国内合同关系存在着诸多差别，通过冲突法规范使国际合同关系置于国内合同法的支配之下很容易忽略国际合同关系的特殊性，因而往往被认为是不恰当、不合理的。针对上述问题，近几十年来有不少人提出了关于国际合同法律适用“非国内化处理”的各种理论和方法。其中较有影响者有英国法学家 F. A. 曼（F. A. Mann）的“万国商法理论”（Commercia Law of Nations）②，英国法学家施米托夫（C. M. Schmitthoff）、法国法学家卡恩（P. Kahn）等人的“自治合同理论”（Selfregulatory Contract）或称“不受法律支配合同理论”（Contrat dit sans Loi）③，美国法学家杰塞浦（P. C. Jessup）和德国律师兰根（E. Langen）

① 此词亦译“商业习惯法”、“商法”，这里采《牛津法律大辞典》的定义：“商人法（Law Merchant）指产生于中世纪西欧商人中间，调整他们彼此间关系的一系列习惯和法律。”参见［英］戴维·M. 沃克编、北京社会与科技发展研究所组织翻译：《牛津法律大辞典》，光明日报出版社 1988 年版，第 524 页。

② See F. A. Mann, Reflections on a Commercial Law of Nations, in: British Yearbook of International Law 1957, p. 27.

③ See Schmitthoff, Export Trade: The Law and Practice of International Trade, 1980, pp. 51-53; Schmitthoff, Das neue Recht des Welthandels, in: Rabelsz28 (1964), pp. 47-77; Kahn, La vente Commerciale Internationale, Paris 1961, p. 366; Baermann, Ist Internationales Handelsrecht Kodifizierbar, in: Festschrift Mann (1977), pp. 547-578; Verdross, Gibtes Vertraege, die weder dem Internationalen Recht noch dem Voelkerrecht Unterliegen? in: Zeitschrift fuer Rechts—vergleichung (Wien) 6 (1965), pp. 129-134.

等的“跨国商法理论”（Transnational Commercial Law，Transnationales Handelsrecht）①，德国法学家斯坦因道夫（E. Steindorff）的“国际私法实体法化理论”（Materialisierung des Internationalen Privatrechts）②，以及美国法学家施莱辛格（R. B. Schlesinger）和德国法学家贡蒂希（H. J. Guendisch）的“一般法律原则理论”（Allgemeine Rechtsgrundsaetze）③ 等。

本书所要探讨的现代商人法理论也属于近几十年中产生的旨在使国际合同得到非国内化处理的一种国际合同法律适用理论。与上述各种理论相比，现代商人法理论外延更广，内涵更丰富。它试图彻底变革传统合同冲突法，创制一种独立于国内法制和国际（公法）法制之外的、支配当事人双方皆为私人或法人的一般性国际合同以及当事人一方为私人或法人而另一方为国家的所谓国家合同或特许协议的法律制度。上述那些理论可以视为现代商人法理论的组成部分。值得注意的是，由于提出和研究现代商人法理论的出发点主要是仲裁国际合同争议时确定适用于支配合同当事人的权利与义务关系的法律问题，因此学者们往往要结合国际商事仲裁制度来探讨现代商人法理论。

1961 年，英国法学家施米托夫和原南斯拉夫法学家葛尔德斯汤（Goldstain）分别撰文，率先正式提出现代商人法概念④。与此同时，一些专门从事法学研究或法律统一工作的国际组织也积极开展了有关的研究，如国际法律协会于 1962 年在伦敦召集了一次有众多著名法学家参加的讨论会，就国际贸易的新的法律渊源进行探讨⑤；稍后，罗马私法统一研究所于 1976 年召集了一次主题为“国际贸易法的新方向”的大会，来自世界各国的国际法学者在这次大会上就现代商人法问题广泛地交换了意见⑥。然而，各国法学界对

① See Jesspu, Transnational Law, New Haven, 1956; Langen, Transnationales Recht, Heidelberg 1981; Langen, Transnational Commercial Law, Leiden 1973.

② See Steindorff, Sachnormen im Internationalen Privatrecht, Frankfurt am Main, 1958.

③ See Schlesinger & Guendisch, Allgemeine Rechtsgrundsaetze als Sachnormen in Schiedsgerichtsverfahren—Ein Beitrag zur Theorie der Entnationalisierung von Vertraegen, in: Rabelsz 28 (1964), pp. 4-46.

④ See Schmitthoff, International Business Law: A New Law Merchant, in: Current Law and Social Problems (University Western Ontario Torento) 2 (1961), pp. 129-153; Goldstain, The New Law Merchant, in: Journal of Business Law 1961, pp. 12-17.

⑤ See Schmithoff, Sources of the Law of International Trade: with Special Reference to East-West Trade, London 1964.

⑥ See New Directions in International Trade, Acts and Proceedings of the 2nd Congress on Private Law held by Unidroit, 9-15 September 1976, 2 Volums, N. Y. 1977.

现代商人法理论的反应是不一样的①。对该理论最先作出强烈反应并表示极大兴趣的是法国国际私法学界。不少法国学者，如葛尔德曼（Goldman）、卡恩、福夏德（Fouchard）、弗朗切斯卡基士（Francescakis）以及卡希斯（Kassis）等人纷纷著书或撰文阐述自己的有关看法。直到现在，法国国际私法学界对该问题的研究在世界上仍然处于领先地位②。德国、奥地利和瑞士等德语国家的国际私法学界对现代商人法理论发生广泛兴趣的时间较法国为晚。但到目前为止，以德语出版和发表的有关著作和论文也已达到相当数量，其中有代表性的作者有兰根、冯·霍夫曼（von Hoffmann）、劳伦茨（Lorenz）和希尔（Siehr）等③。以施米托夫、曼等人为代表的英国国际私法学界对于现代商人法问题同样非常重视，就此阐述了许多彼此不同甚至相互对立的观点④。近几年来，美

① 关于各国法学界对现代商人法理论的不同反应，See Lando，The Lex Mercatoria in International Commercial Arbitration，in：International and Comparative Law Quarterly 34（1985），pp. 756-760.

② 法国学者论述该问题的主要著作有：Goldman，Frontieres du droit et “Lex Mercatoria”，in：Archives de Philosophie du droit. 9（1964），pp. 177-192；Goldman，La Lex Mercatoria dans les Contrats et l' arbitrage Internationaux：realite et Pepectives，in：Journal du Droit International 1979，pp. 475-505；Goldman，Lex Mercatoria，Forum Internationale，3：（1983），pp. 3-24；Goldman，Une Bataille Judiciaire Autour de la Lex Mercatoria-L' affaire Norsolor，in：Revue de l' Arbitrage 1983，pp. 378-409；Goldman，The Applicable Law：General Principles of Law—the Lex Mercatoria，in：Contemporary Problems in International Arbitration（ed. Lew），London 1986，pp. 113-125；Kahn，Droit International Economique，Droit du Development，Lex Mercatoria，Concept Unique ou Pluralisme des Ordres Jurisdiques? in：Etudes Offertes a Berthold Goldman，Paris 1983，pp. 97-124.

③ 有关该问题的主要德语文献有：Felix Dasser，Interationale Schiedsgerichte und Lex Mercatoria，Zuerich 1989，pp. 36-37；von Hoffman，Internationale Handelsschiedsgeric-htsbarkeit（1970），p. 21；von Hoffman，“Lex Mercatoria” vor Internationalen Schiedsgerichten，IPR ax 1984；von Hoffman，Grundsaetzliches zur Anwendung der “Lex Mercatoria” durch Internationale Schiedsgerichte，in：Festschrift Kegel（1987），pp. 215-233；Lorenz，Die Lex Mercatoria：Eine Internationale Rechtsquelle? in：Festschrift fuer Karl H. Neumayer zum 65. Geburtstag，Baden-Baden 1986，pp. 407-429；Siehr，Sachrecht im IPR，Transnationales Recht und Lex Mercatoria，in：Internationales Privatrecht，Internationales Wirtschaftsrecht（Hrsg. Holl/Klinke），1985；Triebel/Petzold，Grenzen der Lex Mercatoria in der Internationalen Schiedsgerichtsbarkeit，in：Recht der Internationalen Wirtschaft，1988，pp. 245-250；Weise，Lex Mercatoria：Materielles Recht vor der Internationalen Handelsschiedsgerichtsbarkeit，Frankfurt am Main u. a. 1990.

④ 英国学者论述该问题的主要著作有：第 232 页注①—注③中所引 Schmitthoff 所撰论文和专著；Mustill，The New Lex Mercatoria：The First Twenty-five Years，in：Liber Amicorum Lord Wilberforce，Oxford 1987，pp. 149-183.

国法学界对该问题的研究一反过去那种冷清的局面而变得异常活跃。土伦大学法学院埃松—威曼比较法中心于1989年还召集了一次以现代商人法为主题的讨论会，国际上一批对该问题有专门研究的专家学者应邀参加，会议论文集于1990年出版①。此外，东欧和北欧国家的法学家也积极参与了现代商人法理论的讨论，并发表了一些富有价值的独到的见解②。

尽管学术界对于国际社会是否存在现代商人法这样最为基本的问题都还有着激烈的争议，但对如何称谓这种法律却没有不同意见。由于历史的原因，人们通常仍然把过去的商人法的拉丁文名称 Lex Mercatoria 作为当代国际社会商人法的名称。在法文文献中，现代商人法被直接称为 Lex Mercatoria；在英文文献中，现代商人法则往往被称为"现代"或"新"商人法（New or Mordern Lex Mercatoria），或者被直接冠以英文名称"新商人法"（New Law Merchant）。

由于学者们对现代商人法的性质、内容、效力等问题的理解各不相同，他们给现代商人法下的定义也很不一样。如：

法国学者葛尔德曼认为，现代商人法是"国际经济关系所特有的法律"③，"它如果不是全部，则起码主要也是由跨国性质的规范组成。它的最初渊源是习惯，因而，它便具有自发的性质，尽管它的适用可能会遭到国家机关或国家间机构的干涉。"④

丹麦学者兰多（Lando）认为："国际合同的当事人常常协议不将他们间的争议交由国内法支配，而是把它交由国际贸易惯例，交由参与国际贸易的所有或大多数国家相同的或与争议相联的那些国家相同的法律规范的管辖。如果这些相同的法律规范无法确定，仲裁员便适用或选择于他而言最为公正合理的

---

① See Thomas E. Carbonneau（ed.），Lex Mercatoria and Arbitration，New York 1990.

② 东欧国家学者论述该问题的主要著作有：Aleksander Goldstain，The Law Merchant，in：Journal of Business Law，London 1961，pp. 12-17；Goldstain，The New Law Merchant Reconsidered，in：Festschrift Schmitthoff（1973），pp. 171-185；Ferenc Madel. Codification of Commercial Practice in Eastern European Countries：Lex Mercatoria from a Hungarian Perspective，in：Carbonneau（ed.），Lex Mercatoria and Arbitration，New York 1990，pp. 195-212. 北欧国家对该问题最有研究的学者是丹麦哥本哈根经济与商业管理学院法学教授兰多（Lando），他发表在英国《国际法与比较法季刊》上的 *The Lex Mercatoria in International Commercial Arbitration*（ICLQ 34，1985，pp. 747-768）的论文在国际法学界具有重大影响。

③ See Goldman，The Applicable Law：General Priciples of Law—the Lex Mercatoria，in：Lew（ed.），Contemporary Problems in International Arbitration 113（1987），p. 113.

④ See Goldman，The Applicable Law：General Priciples of Law—the Lex Mercatoria，in：Lew（ed.），Contemporary Problems in International Arbitration 113（1987），p. 114.

法律规范或解决结果。在这样裁决案件时，他（仲裁员——作者）考虑多个国家的法律规定。这一部分地属于适用法律规范，部分地属于选择和创制法律规范的过程，我们这里称为现代商人法的适用。”①

美国学者哈赫特（Keith Highet）认为，现代商人法是“处于发展中的跨国商法或国际商法的能够被裁决的作出者——法官或仲裁员——确定裁决的内容而作为法律规范的一种渊源所适用的原则。同样，这些裁决的作出者也会去适用诸如法院地法（lex fori）或仲裁地法（lex loci arbitri）等实在的法律制度。”②

参考以上学者们的有关论述，结合对现代商人法理论的理解，我们也试图给现代商人法概念下一个定义，并由此出发，试图探讨现代商人法的性质、渊源等问题：现代商人法是指在国际贸易交往中逐渐自发产生的，到目前为止仍未完善的，以国际贸易惯例、一般法律原则和一般交易条件等形式体现出来的，独立于国际公法与国内法之外的，支配国际贸易合同当事人权利和义务的法律。我们认为，这样的表述至少概括了现代商人法的以下主要特征：

首先，现代商人法是法律。对于现代商人法是不是法律的问题，学术界存在着激烈的争论。那些认为现代商人法不是法律的人宣称，尽管国际社会中存在着被称为现代商人法的规范，但它们并非法律规范，而是一种贸易原则（principia mercatoria）③，因为它不具有法律所应有的五个特征，即可适用性（applicability）、公正性（fairness）、可预见性（predictability）、权威性（authoritativeness）和连续性（consistency）中的后三个特性④。笔者认为现代商人法是一种法律，正是因为它具有法律所应有的一般特征。当然，由于现代商人法产生于国际贸易社会，并因切合这一社会的特点而得以持续存在，因而它与国内法存在着诸多不同（如常常不以成文法形式表现出来等等），但这并不能说明它不是法律，恰恰相反，这正是现代商人法作为法律的生命力之所

① See Lando, The Lex Mercatoria in International commercial Arbitration, ICLQ34, 1985, pp. 747-748.

② See Keith Highet. The Enigma of the Lex Mercatoria, in: Carbonneau (ed.), Lex Mercatoria and Arbitration, New York 1990, pp. 100-107.

③ See Keith Highet, The Enigma of the Lex Mercatoria; Carbonneeau (ed.), Lex Mercatoria and Arbitration, New York 1990, pp. 100-107.

④ See Keith Highet, The Enigma of the Lex Mercatoria; Carbonneeau (ed.), Lex Mercatoria and Arbitration, New York 1990, pp. 100-107.

在。认为现代商人法不是法律的美国学者哈赫特也不否认这样的事实，即规定国家间关系的一些完全类似于现代商人法规范的规范，如强行法（jus cogens）是法律规范①。那么，为什么现代商人法规范就不是法律规范，而是一种所谓的非法律性的“原则”呢？那种一方面承认现代商人法的存在，另一方面又否认它是法律的暧昧观点是难以为人们接受的。笔者说现代商人法是法律，但同时也承认该法律远未完善。正如法国法学家葛尔德曼所说，现代商人法是尚在产生中的法律（droit en formation）②。

其次，现代商人法是跨国性质的法律。传统法学根据主体的不同把全部法律分为两大类，即国内法和国际法（主要是指国际公法）。随着国际交往的日益发展，调整各种性质和种类的国际关系的法律制度也相应地变得越来越复杂多样，出现了一种既不属于国内法性质，也不属于国际法性质的跨国法制度③，学术界有人称它为第三法律秩序或第三法律制度④。我们认为现代商人法是跨国法性质的法律，但这并不意味着它能够在全球范围内普遍适用，它并不是所谓世界普通法（universal law）⑤。由于地理位置、历史发展等方面的原因，国际上的贸易目前还远未实现全球化，地域性的贸易在国际贸易总量中仍然占有相当大的比例。与此相适应，目前的现代商人法规范既有统一适用于国际贸易的，也有仅适用于某一、某些地区或某两个国家间的。英国学者穆斯蒂尔（Mustill）把前一种规范称为“宏观现代商人法”（macro lex mercatoria），而把后一种规范称为“微观现代商人法”（micro lex mercatoria）⑥。美国法学家、著名的国际仲裁员罗文费尔德（Lowenfeld）预料现代商人法在本世纪内

---

① See Keith Highet, The Enigma of the Lex Mercatoria; Carbonneeau (ed.), Lex Mercatoria and Arbitration, New York 1990, pp. 100-107.

② See Goldman, La Lex Mercatoria Dans les Contrats et 1, Arbitrage Internationaux: Realite et Perspectives 106 Clunet (1979), pp. 475, 502.

③ 笔者在《运用系统论研究国际私法——兼论国际私法性质、名称》一文中曾提出“国际私法是跨国法性质的法律”的观点，该文载《武汉大学学报》（社会科学版）1987年第3期。

④ See Lalive, Contracts between a State or a State Agency and a Foreign Company, ICLQ 1964, p. 1008.

⑤ See Lowenfeld, Lex Mercatoria: An Arbitrator's View, in: Carbonneau (ed.), Lex Mercatoria and Arbitration New York 1990, p. 51.

⑥ See Mustill, The new Lex Mercatoria: The First Twenty-five Years, in: Liber Amicorum Lord Wilberforce, Oxford 1987, pp. 149-183.

是不可能发展成为“世界统一法”的①，这也就是说，宏观与微观的现代商人法将会较长时间地并存下去。

再次，现代商人法是支配国际贸易关系，且主要是国际经济合同关系的具有自律性质的实体法。现代商人法所调整的关系是国际贸易关系，由于国际贸易关系主要是通过各种经济合同，如货物买卖合同和国际投资协议等建立起来的，因此可以认为现代商人法所调整的关系主要是国际经济合同关系。如前所述，现代商人法是具有跨国法性质的法律，而不是一般的习惯或不具有法律效力的一般原则。那么，就这种法律本身的效力而言，它是实体法，还是程序法，抑或是两者的结合？这种法律能否独立地确定国际合同中的当事人的权利与义务？它是否像冲突法那样必须依赖国内实体法才能达到确定法律关系中的权利与义务的目的？学术界对这些问题的看法并不一致。有人认为现代商人法是由实体法、诉讼程序法和冲突法组成的法律实体②，意大利最高上诉法院在1982年对达米阿诺诉托勃佛尔（Damiano v. Topfer）一案所作的判决中似乎也承认有所谓的诉讼法性质的现代商人法存在③。但是，我们认为现代商人法是自律实体法。现代商人法是针对合同冲突法的缺陷，并为取代它而产生的，因此冲突规范与现代商人法无法结合在一起。同时，由于冲突规范必须与其所指引的某一国内法结合起来才能调整法律关系，因此冲突规范也不能与具有自律性质的现代商人法合而为一。再就诉讼程序规范而言，由于它所调整的不是国际贸易关系，加之法院和仲裁庭的程序规范（尤其是前者）难以实现统一，因此笔者认为诉讼程序规范也不是现代商人法的组成部分，所谓诉讼法性质的现代商人法是不存在的。

最后，现代商人法是混合法源的法律部门。构成现代商人法的法律规范来源于多个方面，其中主要是国际贸易惯例、一般法律原则以及一般交易条件等。对此，我们将在下面专门予以讨论。

二、现代商人法的渊源

法学界对现代商人法的渊源的看法虽然不尽一致，但多数学者都认为现代

---

① See Lowenfeld, Lex Mercatoria: An Arbitrator's View, in: Carbonneau (ed.), Lex Mercatoria and Arbitration New York 1990, p. 52.

② See Dasser, Lex Mercatoria: Werkzeug der Praktiker Oder Spielzeug der Lehre? in: Schweizerische Zeitschrift fuer Internationales und Europaeisches Recht 3/1991, p. 301.

③ See Dasser, Lex Mercatoria: Werkzeug der Praktiker Oder Spielzeug der Lehre? in: Schweizerische Zeitschrift fuer Internationales und Europaeisches Recht 3/1991, p. 301.

商人法有多个渊源，或者如一些人所说，它具有多个“存在要素”（existing elements）。这些渊源主要包括国际公法、国际统一立法、一般法律原则、国际贸易惯例、国际标准合同以及国际合同示范条款。

（一）国际公法

国际公法为现代商人法的形成和发展提供了丰富的材料，是现代商人法的一个重要渊源①。在国际贸易仲裁，且主要是国际投资争议仲裁实践中，国际条约法的原则、规则被多次适用于国际经济合同当事人的权利与义务的确定和各种争议的解决②。国际公法作为现代商人法的渊源主要就表现在国际条约法领域。1969 年通过的《维也纳条约法公约》的一些规定，如其中的第 6、7、26、27、31（第 1 款）、46（第 1 款）、48～52、53、63、69 条，实际上是各大法系和各国法制基本原则的体现，因而也适合于国际经济合同③。1965 年在世界银行倡导下通过的《解决国家和他国国民间投资争议公约》第 42 条第 1 款规定，当事人间关于选择法律没有协议时，仲裁庭除可适用争议一方的本国法律外，还可以适用有关国际法规则作出裁决④。该规定也在一定意义上说明了国际法是现代商人法的渊源⑤。

应当指出，我们这里所说的国际法是广大发展中国家、新独立国家所参与发展了的当代国际法，它的基本原则之一是建立国际经济新秩序。那种认为当代国际法仍然是所谓西方文明国家的法律规则，现代商人法也必然部分地渊源于这种国际法的观点是不能被广大发展中国家所接受的。同时，那种忽视当代

---

① See Lando, The Lex Mercatoria in International Commercial Arbitration, ICLQ 34, 1985, pp. 747-748.

② 这方面的案例有英国石油公司诉利比亚仲裁案、利比亚美国石油公司诉利比亚仲裁案、科威特诉美国独立石油公司仲裁案等，参见 *Yearbook of Commercial Arbitration* 1980 年第 5 卷、1981 年第 6 卷、1984 年第 9 卷。

③ See Delaume 载 Klunet（1982）文，第 775 页；Art. V of the Iran US Claims Settlement Declaration of 19 Jan. 1981，（1981）75 American Journal of International Law p. 422; See Dasser, Lex Mercatoria: Werkzeug der Praktiker Oder Spielzeug der Lehre? in: Schweizerische Zeitschrift fuer Internationales und Europaeisches Recht 3/1991, p. 301. See Lando, The Lex Mercatoria in International Commercial Arbitration, ICLQ34, 1985, pp. 747-748.

④ 参见姚梅镇：《国际投资法》，武汉大学出版社 1987 年版，第 458～466 页。

⑤ See Lando, The Lex Mercatoria in International Commercial Arbitration, ICLQ34, 1985, pp. 747-748; Weise, Lex Mercatoria: Materielles Recht vor der Internationalen Handelsschiedsgerichtsbarkeit, Frankfurt am Main u. a. 1990.

国际法已经发生了有利于发展中国家的变化，从而一味否认它也可以适用于特许协议等准私法合同关系或全私法合同关系的观点也是不足取的。

（二）国际统一立法

所谓国际统一立法，是指通过在某些地区或全世界范围内对私法进行统一，从而以国际公约和示范法的形式体现出来的统一法律规范①。从内容上看，支配国际经济合同关系的属于实体法性质的国际统一立法无疑是现代商人法的渊源。国际统一立法使得适用于国际合同的法律规范具体化、成文化，作为现代商人法的渊源，它使得现代商人法的内容更为明确和易于掌握。遗憾的是，由于国际上不同法系的长期并存，以及各国之间的利益冲突，到目前为止，私法的国际统一成果还相当有限，真正可以成为宏观现代商人法的渊源的国际统一立法所见无多。这种有限的国际统一立法包括国际运输法方面的海牙规则、海牙—维斯比规则、汉堡规则以及1929年的华沙航空运输公约，国际票据法方面的日内瓦《本票、汇票统一法公约》、《支票统一法公约》和国际货物买卖方面的1980年《联合国国际货物销售合同公约》②。从形式上讲，这些国际统一立法远未为国际社会全体成员所接受。譬如，我国到目前为止就还没有加入上述海洋运输的几个规则以及有关国际票据法的公约。但是，从实际运用情况看，上述统一立法已经被国际社会普遍接受了。我国在外贸实践中就早已接受了上述海洋运输的若干规则和日内瓦票据法公约③。

就国际统一立法的适用而言，如果与合同当事人或与合同争议的客体相联的国家批准了该立法，则法院或仲裁庭便应该适用该统一法。由于那些不具直接适用效力的国际统一立法大多包含有一些一般性的法律原则，因此它们在实践中常常被法院，且尤其是仲裁庭作为裁决案件的参考④。不少公开发表的国际商事仲裁裁决表明，国际统一立法在国际仲裁实践中可以“指引”（guide）

---

① See David, The International Unificcation of Private Law, International Encyclopedia of Comparative Law, Vol. Ⅱ, Chapt. 5, 1979; Kropholler, Internationales Einheitsrecht, Tuebingen 1975.

② 参见韩德培著：《国际私法》，武汉大学出版社1983年版，第208、240页。

③ See Lando, The Lex Mercatoria in International Commercial Arbitration, ICLQ34, 1985, pp. 747-748; Weise, Lex Mercatoria: Materielles Recht vor der Internationalen Handelsschiedsgerichtsbarkeit, Frankfurt am Main u. a. 1990.

④ See Lando, The Lex Mercatoria in International Commercial Arbitration, ICLQ34, 1985, pp. 747-748; Weise, Lex Mercatoria: Materielles Recht vor der Internationalen Handelsschiedsgerichtsbarkeit, Frankfurt am Main u. a. 1990.

仲裁员去仲裁案件①。

（三）一般法律原则

尽管“一般法律原则”这一概念频繁地出现于法学文献中，在法律实践中它也常常被使用，但它却至今没有一个明确的、获得普遍接受的定义②。我们不妨认为，所谓一般法律原则是指基于国际社会中各民族的一致的法律意识，各国法律所共同具有的指导思想和原则，以及国际贸易实践所据以进行的、为国际贸易的参加者所普遍接受的原则③。这里所说的一般法律原则与联合国国际法院规约第 38 条第 1 款丙项所规定的可以为国际法院所适用的“一般法律原则为文明各国所承认者”的内涵与外延是基本一致的④。

究竟有哪些法律原则可以作为一般法律原则，并且能够成为现代商人法的渊源呢？兰多教授曾正确地指出，“要确定哪些规则是一般原则并不总是容易的，但是，由于比较法著作的数量越来越多，可以这样去做的可能性也越来越大”⑤。尽管目前人们还无法将这种一般法律原则全部列举出来，但是法学界通常认为它至少有以下诸点：

1. 约定必须信守的原则

作为一条一般法律原则，约定必须信守原则（pacta sunt servanda）要求所有参与法律交往的当事人忠实地履行自己对对方当事人所作的承诺。该原则被普遍认为是当今各国法律的一项一般原则，是国际社会中确实存在着一种一般

---

① See Lando, The Lex Mercatoria in International Commercial Arbitration, ICLQ34, 1985, pp. 747-748; Weise, Lex Mercatoria: Materielles Recht vor der Internationalen Handelsschiedsgerichtsbarkeit, Frankfurt am Main u. a. 1990.

② See Bin Cheng, General Principles of Law, London 1953; See David, The International Unificcation of Private Law, International Encyclopedia of Comparative Law, Vol. Ⅱ, Chapt. 5, 1979; Kropholler, Internationales Einheitsrecht, Tuebingen 1975.

③ See Gentinetta, Die Lex fori Internationaler Handelsschiedsgeri-chte, Bern 1973, p. 192; Dasser, Lex Mercatoria: Werkzeug der Praktiker Oder Spielzeug der Lehre? in: Schweizerische Zeitschrift fuer Internationales und Europaeisches Recht 3/1991, p. 301.

④ See Dasser, Lex Mercatoria: Werkzeug der Praktiker Oder Spielzeug der Lehre? in: Schweizerische Zeitschrift fuer Internationales und Europaeisches Recht 3/1991, p. 301; Weise, Lex Mercatoria: Materielles Recht vor der Internationalen Handelsschiedsgerichtsbarkeit, Frankfurt am Main u. a. 1990.

⑤ See Lando, The Lex Mercatoria in International Commercial Arbitration, ICLQ34, 1985, pp. 747-748.

法律原则的佐证①。在国际法律实践中，它获得了广泛的承认和适用。例如，仲裁员卡维营（Cavin）在沙菲尔诉伊朗国家石油公司案（Sapphire v. National Iranian Oil Company；1963 年 3 月 15 日裁决）的裁决中就明确承认并适用了该原则，他指出："合同的约定必须得到尊重乃始终为国际法院认为是法律的一项根本原则。约定必须信守是所有合同关系的基础。而且，它也包含在争议双方当事人本国的法律中，即伊朗民法典第 219 条和加拿大法律中。"②

2. 诚实与信用的原则

考察各国法律，人们不难发现诚实与信用实际上是所有国家民、商事法律的基础，它在事实上早已为各国法律所承认。该原则同时也是进行国际贸易的基础。正因为如此，有人将该原则比喻为国际贸易的堡垒③。毫无疑问，该原则是参与国际贸易活动的当事人所必须遵守的一项法律原则，他们在进行国际贸易的所有活动时都必须做到诚实与信用。该原则要求当事人不得滥用权利，不应不当得利，要诚实地履行合同，在可能出现损害时尽可能地减少损害，以及对当事人的信任予以合理保护（Vertrauensschutz）④。在国际商事仲裁实践中，该原则曾被作为法律规范适用于国际商事合同当事人的权利与义务的确定。在这方面，最为著名的仲裁案件是国际商会第 3131/79 号帕巴尔克诉诺索罗仲裁裁决（Pabalk v. Norsolor）⑤。在该案中，仲裁庭认为无法依据冲突法规范确定案件应该适用的准据法，于是便决定依据"现代商人法"（Lex Mercatoria）来进行裁决，而它决定这样做的理由恰恰就是"当事人双方的交易行为必须遵循诚实与信用原则"。

3. 不可抗力免责的原则

由于不可抗力造成合同一方当事人无法履行其合同义务，他便可以不再履

① See Dasser, Lex Mercatoria: Werkzeug der Praktiker Oder Spielzeug der Lehre? in: Schweizerische Zeitschrift fuer Internationales und Europaeisches Recht 3/1991, p. 301.

② See International Law Report 35 (1967), p. 181.

③ See Leon E. Trakman, The Law Merchant: The Evolution of Commercial Law, Littleton 1983, p. 7.

④ See Mustill, The New Lex Mercatoria: The First Twenty-five Years, in: Liber Amicorum Lord Wilberforce, Oxford 1987, pp. 149-183; Goldman, The Applicable Law: General Priciples of Law-the Lex Mercatoria, in: Lew (ed.), Contemporary Problems in International Arbitration 113 (1987), pp. 113; Weise, Lex Mercatoria: Materielles Recht vor der Internationalen Handelsschiedsgerichtsbarkeit, Frankfurt am Main u. a. 1990.

⑤ Wien 3. 1. 1979, in: Rve. arb 1983.

行这种义务，且可以免负因不履行合同所可能产生的责任，这便是所谓的不可抗力免责原则。该原则被广泛地认为是一条一般法律原则，是现代商人法的一条法律规范①。但是，人们在实践中对于什么是不可抗力，当事人何时才可以基于该原则免除不履行合同义务的责任，以及诉诸该原则所产生的具体法律后果，理解得并不一致。通常说来，一项导致合同当事人不能履行合同的障碍，只有在下列情况下才可能被认定为不可抗力：（1）它不是当事人自己所致（evenement exterieur）；（2）它的出现在合同缔结时是不可能预料到的（imprevisibilite）；（3）它是当事人无法通过自己的力量予以克服的（insurmontabilite）②。因不可抗力而不能履行合同义务的当事人在知晓不可抗力后应立即通知对方当事人③。在新近的国际商事仲裁裁决中，出现了使合同当事人不因不可抗力免除履行合同义务，而只使他暂时中止履行合同义务的趋势④。与国内仲裁实践不同，在国际商事仲裁中还出现了让合同双方当事人平摊因不可抗力所导致的事先未约定的费用的裁决⑤。

（四）国际标准合同

所谓国际标准合同是指国际经济交往中所使用的，其主要条款已事先明确规定好的合同。它可以是空白表格合同，也可以一般交易条件的形式出

① See Mustill, The New Lex Mercatoria: The First Twenty-five Years, in: Liber Amicorum Lord Wilberforce, Oxford 1987, pp. 149-183; Dasser, Lex Mercatoria: Werkzeug der Praktiker oder Spielzeug der Lehre? in: Schweizerische Zeitschrift fuer Internationales und Europaeisches Recht 3/1991, p. 301; Weise, Lex Mercatoria: Materielles Recht vor der Internationalen Handelsschiedsgerichtsbarkeit, Frankfurt am Main u. a. 1990.；以及刊载于Harvard Law Review（1988）的无名氏“评论”。

② See Mustill, The New Lex Mercatoria: The First Twenty-five Years, in: Liber Amicorum Lord Wilberforce, Oxford 1987, pp. 149-183; Dasser, Lex Mercatoria: Werkzeug der Praktiker oder Spielzeug der Lehre? in: Schweizerische Zeitschrift fuer Internationales und Europaeisches Recht 3/1991, p. 301; Weise, Lex Mercatoria: Materielles Recht vor der Internationalen Handelsschiedsgerichtsbarkeit, Frankfurt am Main u. a. 1990.；以及刊载于Harvard Law Review（1988）的无名氏“评论”。

③ See Craig/Park/Paulsson, International Chamber of Commerce Arbitration, N. Y. et al. 1985, p. 4.

④ See Iran-US Interlocutory Award, 10. 12. 1986, Anaconda-Iran, in: Yearbook Commercial Arbitration 1988, p. 317.

⑤ See Bucher, Transnationales Recht im Internationalen Privatrecht, in: Aktuelle Fragen zum Europarecht aus der Sicht in-und Auslaendischen Gelehrter (Schwind Hrsg.), Wien 1986, pp. 11-59.

现。如果是前者，合同当事人只需把空白表格填上并签上字，他们之间的合同便告成立；如果是后者，当事人之间的权利与义务关系也已被明确规定，他们只需就交易的具体内容进行协商，达成协议。在实践中，这两种形式常常被有机地结合起来，构成一个标准合同。国际贸易中的标准合同具有非常重要的法律意义。它所确立的一些原则、规范构成了现代商人法的一个渊源①。尤其是那些由专业性的国际组织准备的供其成员选用的国际标准合同，因为它们在本行业的国际贸易中常常获得使用，具有广泛的代表性，因而在构成现代商人法方面就更具价值②。国际谷物和粮食贸易协会（Grain and Feed Trade Association，GAFTA）所准备的80多个国际谷物和粮食贸易标准合同，联合国欧洲经济委员会制定的货物出口一般交货条件和机器出口一般安装条件以及国际商会所制定的跟单信用证统一准则与惯例等就是这类国际标准合同③。

（五）合同标准条款

所谓合同标准条款是指在合同实践中逐渐标准化并固定下来的合同条款。这些条款的具体内容通常都由有关的民间国际组织予以统一，合同当事人在其所订立的合同中只需援引该条款，而不必重复规定该条款的具体内容。合同标准条款与上述国际标准合同都是为了方便合同当事人的谈判和订约，而预先确定了内容的协议。所不同的是，前者确定的只是合同的个别条款，而后者确定的是整个合同。在国际贸易实践中，最为广泛适用的合同标准条款有经国际商会统一后的标准不可抗力条款④，国际商会在《国际贸易条件解释通则》中所统一的离岸价格、到岸价格等国际贸易条件⑤。

（六）贸易惯例

按照美国《统一商法典》的解释，所谓贸易惯例是指在某一地区、行业或贸易中通常得以遵守的，并可以期待在该笔交易中获得遵守的习惯和做法。

---

① See Dasser, Lex Mercatoria: Werkzeug der Praktiker oder Spielzeug der Lehre? in: Schweizerische Zeitschrift fuer Internationales und Europaeisches Recht 3/1991, p. 301.

② See Dasser, Lex Mercatoria: Werkzeug der Praktiker oder Spielzeug der Lehre? in: Schweizerische Zeitschrift fuer Internationales und Europaeisches Recht 3/1991, p. 301.

③ See Dasser, Lex Mercatoria: Werkzeug der Praktiker oder Spielzeug der Lehre? in: Schweizerische Zeitschrift fuer Internationales und Europaeisches Recht 3/1991, p. 301.

④ IHK-Publ. Nr. 421, Paris 1985.

⑤ IHK-Publ. Nr. 350 (Version 1980), Paris 1980.

贸易惯例是贸易领域自发产生的法律的最重要的组成部分①。在国际贸易中，贸易惯例被普遍认为对交易当事人具有拘束力。1980 年《联合国国际货物销售合同公约》第 9 条第 2 款明确规定，除非另有协议，双方当事人应视为已默示地同意对他们的合同或合同的订立适用双方当事人已知道或理应知道的惯例，而这种惯例，在国际贸易上，已为有关特定贸易所涉同类合同的当事人所广泛知道并为他们所经常遵守。通常说来，贸易惯例是不成文的，但是，也有一些专业性的民间组织为使人们在实践中能够方便地掌握和运用贸易惯例，而对它们进行编纂，使其表诸文字。例如，汉堡货物联盟（Hamburger Waren-Verein）便编纂有买卖贸易惯例，并适用于汉堡的进口商与德国国内买方间的贸易②。

（七）国际组织制定的行为法典

一些政府间的国际组织制定有适用于不同领域的所谓行为法典（codes of conduct）。它们实际上是旨在保护和促进国际经济与贸易发展，并指导国际经济和贸易主体行为的规范。到目前为止，不同的国际组织所制定的主要的行为法典有 1980 年 12 月 5 日联合国大会所通过的《各国普遍同意的公平原则和限制约束贸易竞争规则》③、经济合作与发展组织（OECD）1976 年制定的《跨国公司行为规则》④ 以及国际劳工组织于 1977 年所作的《关于跨国公司与社会政策的原则声明》⑤。

国际法学界对于国际组织制定的行为法典的法律效力的认识基本上是一致的，即认为它们原则上并无法律约束力。这不仅是这些“法典”本身的规定，而且《联合国宪章》第 10 条和第 13 条也明确指出它们仅具有规劝的性质⑥。然而，就它们与国际公法的关系而言，学术界有人试图将它们归入所谓软法

① Fouchard, Les Usages, 1' Arbitre et le Juge, A Propos de Quelques Recents Arrets Francais, in: Etudea Goldman (1982), s. 67-87.

② See Dasser, Lex Mercatoria: Werkzeug der Praktiker oder Spielzeug der Lehre? in: Schweizerische Zeitschrift fuer Internationales und Europaeisches Recht 3/1991, p. 301.

③ Set of Multilaterally Agreed Equitable Principles and Rules for the Control of Restrictive Business Practices, in: International Law Materials 1980, pp. 813-823.

④ See International Law Materials 1976, p. 967.

⑤ See International Law Materials 1978, pp. 422-431.

⑥ See Dasser, Lex Mercatoria: Werkzeug der Praktiker oder Spielzeug der Lehre? in: Schweizerische Zeitschrift fuer Internationales und Europaeisches Recht 3/1991, p. 301.

（soft law）的范畴，甚至有人认为它们应该成为"国际公共秩序"的基石①。就它们与私法的关系而言，由于它们把一些既存的贸易惯例以文字形式规定了下来，并且使国际贸易中所应承担的一些法律义务，如依据诚实和信用原则进行国际贸易的义务变得具体化了，因而它们可以被作为私法规范来适用②。也正是在这个意义上，这些法典被人们认为是现代商人法的一个渊源。

（八）公开发表的国际商事仲裁裁决

如前所述，现代商人法的产生与发展与国际商事仲裁实践是紧密相连的，现代商人法是支配国际经济、贸易合同的法律，更是仲裁庭仲裁国际合同争议所适用的实体法律。由于国际仲裁裁决可以反映现代商人法的具体应用状况，现代商人法的内容可以部分地在仲裁裁决中得到体现，故它们对于现代商人法的发展具有重要意义。在这个意义上，公开发表的仲裁裁决也是现代商人法的一个渊源③。当然，这并不意味着仲裁裁决是一种"判例法"④。遗憾的是，到目前为止公开发表的国际商事仲裁裁决为数还很有限，因此人们正积极争取有更多的国际商事仲裁裁决能够公开发表。法国著名的《国际法杂志》（通常又被称为 Clunet）从 1974 年起，出版于荷兰的《商事仲裁年鉴》从 1976 年起，都定期发表一些重要的国际商事仲裁裁决的全文或摘要。

三、现代商人法的适用及其效力

既然现代商人法是一门明显地不同于其他法律的特殊法律，那么它的适用和效力问题便值得我们从理论上、实践上作一番认真研究。

国际合同法的一项最基本的原则便是合同当事人的意思自治原则，该原则已为参加国际贸易的所有国家的法律所承认⑤。合同当事人原则上可以协议决

① See Baade, The Legal Effects of Codes of Conduct for MNES, in: Legal Problems, p. 3; Horn, Die Entwicklung des Internationalen Wirtschaftsrechts durch Verhaltensnormmen, in: Rabelsz 1980, p. 423.

② See Sanders, Codes of Conduct and Souces of Law, in: Etudes Goldman (1982), p. 295.

③ See Weise, Lex Mercatoria: Materielles Recht vor der Internationalen Handelsschiedsgerichtsbarkeit, Frankfurt am Main u. a. 1990.

④ See Weise, Lex Mercatoria: Materielles Recht vor der Internationalen Handelsschiedsgerichtsbarkeit, Frankfurt am Main u. a. 1990.

⑤ See Bucher, Transnationales Recht im Internationalen Privatrecht, in: Aktuelle Fragen zum Europarecht aus der Sicht in-und Auslaendischen Gelehrter (Schwind Hrsg.), Wien 1986, pp. 11-59.

定与其合同有关的所有事项，包括合同所应适用的法律。由此可知，现代商人法适用的一个最重要的先决条件就是合同当事人协议适用这种法律。选择适用的方法有以下几种：

首先，合同当事人明示选择现代商人法作为合同的准据法。当事人既可以在合同缔结时，也可以在合同缔结后，甚至在他们之间产生合同争议后进行仲裁的程序之中作出这样的选择①。从国际合同和商事仲裁的实践来看，合同当事人常常并不笼统地选择"现代商人法"，而是明确地在其协议中规定适用诸如一般法律原则、贸易惯例等现代商人法的具体组成部分②。

其次，合同当事人默示选择现代商人法作为合同准据法。考察国际商事仲裁实践可以发现，国际合同当事人对于合同法律适用的沉默，常常被仲裁庭看做是当事人默示选择适用现代商人法作为合同准据法③。那么，在哪些情况下可以认为当事人确已默示选择适用现代商人法呢？法学界的看法很不一致。但是，可视之为默示选择的情况不外乎：第一，合同当事人的"消极法律选择"（negative rechtswahl）被视为他们已默示选择适用现代商人法④。这里所说的消极法律选择是指合同当事人在合同中未明示地确定合同的准据法。这种消极的法律选择一般被认为是当事人不愿使其合同受某一国家法律的支配，因而默示地选择了现代商人法⑤。基于这种观点而作出的最为有名的仲裁裁决是前面提到过的沙菲尔诉伊朗国家石油公司案的裁决。该案涉及的合同并未明确支配本合同的准据法，而且依据合同的连结点确定的伊朗的法律被认为不适合于本合同。面对这种情况，仲裁员卡维营在分析了合同的所有条款后指出，本案中合同当事人实际上默示选择了一般法律原则作为合同准据法。最后，仲裁庭果

① See Weise, Lex Mercatoria: Materielles Recht vor der Internationalen Handelsschiedsgerichtsbarkeit, Frankfurt am Main u. a. 1990.

② See Dasser, Lex Mercatoria: Werkzeug der Praktiker Oder Spielzeug der Lehre? in: Schweizerische Zeitschrift fuer Internationales und Europaeisches Recht 3/1991, p. 301.

③ See Weise, Lex Mercatoria: Materielles Recht vor der Internationalen Handelsschiedsgerichtsbarkeit, Frankfurt am Main u. a. 1990; Dasser, Lex Mercatoria: Werkzeug der Praktiker Oder Spielzeug der Lehre? in: Schweizerische Zeitschrift fuer Internationales und Europaeisches Recht 3/1991, p. 301.

④ See Dasser, Lex Mercatoria: Werkzeug der Praktiker Oder Spielzeug der Lehre? in: Schweizerische Zeitschrift fuer Internationales und Europaeisches Recht 3/1991, p. 301.

⑤ See Dasser, Lex Mercatoria: Werkzeug der Praktiker oder Spielzeug der Lehre? in: Schweizerische Zeitschrift fuer Internationales und Europaeisches Recht 3/1991, p. 301.

然是依据一般法律原则对本案作出了裁决①。除此之外，国际商会第 1641（69）、4840（86）号仲裁裁决都是在类似情况下确定合同当事人默示选择适用现代商人法的②。第二，如合同当事人协议将合同争议提交国际商事仲裁，便可据此确定他们已默示选择适用现代商人法。有一些学者认为，如果国际合同的当事人并未议定该合同的法律适用问题，但却缔结有将其合同争议提交国际仲裁的协议，便意味着他们不愿使其合同受一国国内法律的支配③，实际上也就是默示选择现代商人法来支配他们的合同法律关系。在国际商事仲裁实践中，这种主张似乎未获得明确的支持④。例如，在国际商会第 1337（65）号仲裁案中，申诉人申辩合同当事人缔结了将合同争议提交国际仲裁的协议便意味着同时排除了某一国内法的适用，而仲裁庭并未接受该意见⑤。第三，合同当事人授权仲裁庭公正仲裁他们之间的争议，也就意味着他们已默示选择适用现代商人法。一些合同当事人对合同争议所应适用的法律并不予以议定，而是授权仲裁庭公正地裁决（amiable composition；Billigkeit；exaequo et bono）他们之间的争议。当事人这样做常被认为是默示选择适用现代商人法，因为公正裁决与适用现代商人法是紧密联系的，甚至公正裁决就意味着灵活适用现代商人法进行裁决⑥。在国际仲裁实践中，不少仲裁裁决是基于这样的理由而依据现代商人法作出的，其中重要者包括国际商会第 1850（72）、3267（79）、3267（84）、3540（80）号仲裁裁决以及一临时仲裁庭于 1977 年 11 月 3 日所作的英国美协马有限责任公司诉比利时三 M 有限责任公司（Mechema Ltd. c. S. A. Mines，Minerais et Metaux）一案的仲裁裁决⑦。

① See International Law Report 35（1976），p. 136.

② See Clunet 1974，pp. 888-889.

③ See Carbonneau，Rendering Arbitral Awards with Reasons：The Elaboration of a Common Law of International Transactions，in：Colum. J. Transn. L 23（1985），p. 596.

④ See Dasser，Lex Mercatoria：Werkzeug der Praktiker Oder Spielzeug der Lehre? in：Schweizerische Zeitschrift fuer Internationales und Europaeisches Recht 3/1991，p. 301.

⑤ 该仲裁裁决未公开发表，其摘要 See Loquin，L'amiable Composition en droit Compare et International，Paris 1980，p. 326；Dasser，Lex Mercatoria：Werkzeug der Praktiker Oder Spielzeug der Lehre? in：Schweizerische Zeitschrift fuer Internationales und Europaeisches Recht 3/1991，p. 301.

⑥ See Bredin，in：Etues Goldman，p. 27；Lagard，Approche Critique de la Lex Mercatoria，in：Etudes Goldman（1982），p. 148.

⑦ See Clunet 1980，pp. 967，962；IHK Nr. 3267/79，in：Yearbook of Commercial Arbitration，p. 96；Clunet 1981，pp. 915-921；Rev. arb.（Paris）1980，pp. 560-568.

由于现代商人法必须在合同当事人选择适用它时才可以得到适用，因此如果合同当事人在合同中明确选择以一国的国内法作为合同的准据法，那么仲裁庭便不得适用现代商人法来仲裁有关的合同争议。作为支配国际合同关系的实体法律，现代商人法在合同当事人未选择适用它时，也可以因为合同本身连结因素的联系而得以适用。这种情况在国际商事仲裁裁决中不乏其例，其中重要者包括国际商会第 2291（75）、2375（75）、3131（79）、3572（80）、4338（84）、5065（86）、5321（87）号等仲裁裁决①。应予指出的是，考察上述国际仲裁裁决可以发现，以合同的连结因素的联系为基础而适用现代商人法，常常是在当事人未选择适用法律，且无法确定适用某一国内法律，或者由于有关不同国家国内法律的适用将导致截然相反的结果而不可能予以适用的情况下，现代商人法于是便作为“替补法律”而得到适用的。

我们不妨以一个案例说明现代商人法通过合同的连结因素而得到适用的情况。1979 年 4 月 1 日，土耳其公司帕巴克（Pabalk）向国际商会的一个仲裁庭提出针对法国公司诺索罗（Norsolor S. A.）的仲裁请求，请求裁决该法国公司赔偿因它未提供由两公司间的代销合同所规定的货物以及因它终止代销合同给己方造成的损失。在案件的法律适用问题上，原告土耳其公司指出，本案应依据法国法律和一般法律原则裁决；但是，被告法国公司却认为依据国际私法本案应适用土耳其法律，而根据该国法律原告无权获得这样的损害赔偿。仲裁庭则认为本案的裁决既不能依据土耳其法律，也不能依据法国法律。仲裁庭指出：“鉴于援引国内法的困难，仲裁庭认为，由于本合同的国际性质，因而不应强行地使它与某一特定国家的法律结合起来，而应适用国际现代商人法。这种法律所基于的其中一条原则就是任何一方都应诚实与信用地行事。”该仲裁庭最后依据现代商人法裁决被告法国公司应赔偿原告土耳其公司所受的损害②。

现代商人法的适用和效力问题决不仅仅是一个理论问题，而更多地是一个实践问题。从现实状况来看，有关国际条约和各国国内立法是否承认现代商人法这种法律的效力？外国或国际商事仲裁庭依据现代商人法作出的仲裁裁决是

---

① See Clunt 1976, p. 973, p. 989; Rev. arb. 1983, p. 525; Court of Appeal 24 3 1987 (2Lloyd's Report 1987, pp. 246-258); Clunet 1985, p. 982; Clunet 1987, p. 1039; Dasser, Lex Mercatoria: Werkzeug der Praktiker oder Spielzeug der Lehre? in: Schweizerische Zeitschrift fuer Internationales und Europaeisches Recht 3/1991, p. 301; See Dasser, Lex Mercatoria: Werkzeug der Praktiker oder Spielzeug der Lehre? in: Schweizerische Zeitschrift fuer Internationales und Europaeisches Recht 3/1991, p. 301.

② See IHK-Entscheid Nr. 3131 vom 26. 10. 1979.

否能在一国国内得到承认与强制执行？为了搞清楚这些问题，我们有必要首先从总体上对国际商事仲裁中适用现代商人法的情况进行观察和概括。国际商事仲裁裁决与法院判决有所不同，它在原则上必须获得当事人的允许方可公开发表①，因此到目前为止，国际上公开发表的国际商事仲裁裁决的数量还相当有限，这就给人们的研究带来了困难。人们依据业已公开发表的裁决所得出的关于国际商事仲裁实践中适用现代商人法的情况的结论都是不够准确的。雷伊（Lew）在其1978年出版的《国际商事仲裁的适用法律》一书中指出，“很少的仲裁裁决是完全依据无固定标准的商业习惯和贸易惯例而作出的”②。德国学者劳伦茨（Lorenz）在分析了约50个国际商事仲裁裁决后得出结论：大多数的裁决是通过传统的冲突法的指引而适用国内法作出的③。据英国学者穆斯蒂尔（Mustill）的统计，到1987年为止，总共有约25个国际商事仲裁裁决是依据现代商人法作出的④。达塞尔（Dasser）在其专门探讨现代商人法的博士论文中讨论了到1987年为止的近50个国际商事仲裁裁决，其中只有一个是完全依据现代商人法作出的，有20多个是同时以现代商人法与一个或多个国家的国内法或国际公法为依据而作出的⑤。总之，到目前为止，国际商事仲裁实践中完全依据现代商人法作出裁决的案件尚不算多，但是将现代商人法与其他法律如一国国内法明确结合起来进行仲裁的案件，以及以其他法律为基础但同时考虑现代商人法的内容而进行仲裁的案件，还是有一定数量的。

目前国际上关于国际商事仲裁的国际公约的数量还不多。这些公约对于现代商人法的态度大致有以下三种：首先，一些国际公约对于国际商事仲裁的法律适用问题未予规定，对于仲裁中是否可以适用现代商人法一事态度不明。例如，1966年1月20日通过的《欧洲仲裁公约》便属于这种情况⑥。其次，目前国际上大多数有关国际商事仲裁的公约都规定国际商事仲裁首先适用当事人

① 参见《国际商会仲裁规则》第23条第2款。

② See Lew, Applicable Law in International Commercial Arbitration, New York 1978, p. 466.

③ See Lorenz, Die Lex Mercatoria: Eine Internationale Rechtsquelle? in: Festschrift fuer Karl H. Neumayer zum 65. Geburtstag, Baden-Baden 1986, pp. 407-429.

④ See Mustill, The New Lex Mercatoria: The First Twenty-five Years, in: Liber Amicorum Lord Wilberforce, Oxford 1987, pp. 149-183.

⑤ See Dasser, Lex Mercatoria: Werkzeug der Praktiker oder Spielzeug der Lehre? in: Schweizerische Zeitschrift fuer Internationales und Europaeisches Recht 3/1991, p. 301.

⑥ 迄今为止仅奥地利和比利时两国签署了该公约，但公约本身并未生效。

选择的法律，如当事人未作选择，便适用国际私法所指引适用的法律；但不管在上述哪种情况下，仲裁庭都应考虑合同的规定以及商业惯例。例如，1961年通过的《欧洲国际商事仲裁公约》（第7条第1款）以及《国际商会仲裁规则》（第13条第5款）等都是这样规定的。多数学者认为，这样的规定无疑意味着这些公约正式承认了现代商人法的适用①。最后，有些国际公约规定仲裁庭在当事人明确授权时，可以“公正地裁决”案件（exaequo et bono, amiable compositeur）。1985年联合国国际贸易法委员会颁布的《国际商事仲裁示范法》第28条第4项便是这样规定的。如前所述，当事人授权仲裁庭公正裁决就意味着默示选择适用现代商人法，而公约作出这样的规定实际上也就承认了现代商人法的适用。

各国法律和司法实践对于现代商人法的态度也是不一致的，我们不妨试举数例予以说明：

（一）法国

法国国际私法学界对现代商人法理论特别感兴趣。尽管学者们对现代商人法理论毁誉不一，但占统治地位的观点是赞成该理论。这种态度给法国的立法和司法实践打上了深深的烙印。1981年法国新民事诉讼法第1492—1507条对国际商事仲裁作了详细的规定。该法第1496条指出，仲裁庭适用于合同的法律是当事人选择的法律规范，在没有这种选择时，适用它认为是合适的法律规范；此外，它尚应考虑商业习惯。多数学者认为，这一规定意味着法国立法承认了现代商人法的适用②。特别值得注意的是，依据法国法律，仲裁庭适用现代商人法不必以当事人授权它公正裁决为前提条件，甚至在当事人选择了一国法律作为合同准据法时，仲裁庭也可以一般法律原则和贸易惯例去进行裁决，因为上述民事诉讼法第1496条第2款已经作出了仲裁应考虑商业习惯（usages du commerce）的规定③。

---

① See Benjamin, The European Convention on International Commercial Arbitration, in: British Yearbook of International Law 1961, pp. 478-495.

② See Audit, A National Codification of International Commercial Arbitration, in: Resolving Transnational Disputes (1984), p. 313; David, Arbitration in International Trade, 1985, p. 342.

③ See Goldman, The Applicable Law: General Principles of Law-the Lex Mercatoria, in: (Lew, ed.) Cotemporary Problems in International Arbitration, London 1986, p. 118; Fouchard, L'arbitrage International en France Apres le Decret du 12 mai, 1981, in: Clunet 109 (1982), pp. 374, 394.

（二）英国

在国际商事仲裁的法律适用问题上，英国的立法和司法实践持比较保守的态度。不少人认为仲裁庭只能依据英国法或者在当事人协议选择外国法时依据该外国法律去进行裁决①。英国法律原本不承认仲裁庭可以进行所谓的公正裁决，但近来无论是英国国际私法学界的议论还是英国司法部门的仲裁实践，都表现出赞成采用公正裁决制度的倾向②。一个特别突出的案例是，英国上诉法院 1978 年对于鹰星保险公司诉玉瓦尔保险公司（Eagle Star Insurance Co. Ltd. v. Yval Insurance Co. Ltd.）一案所作的判决一反过去的判例，使得依据公正原则作出的外国裁决可以在英国获得承认与执行③。近十年来，英国上诉法院 1987 年对于德国油井勘探与建筑有限责任公司诉卡玛国家石油公司（Deutsche Schachtbau-und Tiefbohrgesell schaft m. b. H. c. Ras Al Khaimah National Oil Co.）一案所作的判决又使英国的司法实践向承认现代商人法的适用这个方向迈进了一步。上诉法院在该案判决中认为，绝对依"国际上公认的法律原则"作出的外国仲裁裁决并不违背英国的公共秩序，因而在英国可以获得承认与执行④。

（三）奥地利

奥地利法院率先在司法实践中对现代商人法的适用表明了支持的态度。本文前面讨论的帕巴克诉诺索罗案得到裁决后，被告法国诺索罗公司不服要求它赔偿原告 80 万法国法郎损失的仲裁裁决，于是向仲裁地奥地利维也纳商业法院提出了撤销该仲裁裁决的请求，其理由是该裁决没有依据国际私法所指引的国内法而是根据现代商人法作出的，而合同当事人并未授权仲裁庭进行所谓的公正裁决，据此，该仲裁裁决违反了《奥地利民事诉讼法》第 595 条第 3 项关于仲裁裁决不得违反法律或合同关于决定作出程序的规定，第 5 项关于裁决不得超越委托仲裁事项以及第 6 项关于裁决不得违反法律的强制规定的规定，因而该仲裁应予撤销。维也纳商业法院的判决认为，在本诉讼原告法国诺索罗

① See Lando, The Lex Mercatoria in International commercial Arbitration, ICLQ34, 1985, pp. 747-748; Dasser, Lex Mercatoria: Werkzeug der Praktiker oder Spielzeug der Lehre? in: Schweizerische Zeitschrift fuer Internationales und Europaeisches Recht 3/1991, p. 301.

② See Triebel/Petzold, Grenzen der Lex Mercatoria in der Internationalen Schiedsgerichtsbarkeit, in: Recht der Internationalen Wirtschaft, 1988, pp. 245-250.

③ See Lloyds Law Report 1 (1978), pp. 357-362.

④ See All England Law Reports Ⅰ/1987, pp. 769-784; Yearbook of Commercial Arbitration 13 (1978), pp. 522-536.

公司所提出的要求撤销原仲裁裁决的上述三个理由中，仅第三个理由，即该裁决违反《奥地利民事诉讼法》第 595 条第 6 项的规定这个理由可予考虑。该法院认为本仲裁裁决并非仲裁庭所进行的所谓公正裁决，因为仲裁庭是依据法律的规定而不是依据所谓公正原则作出裁决的，至于这种法律是一国的国内法或者是一般的法律原则，法官认为这是无关紧要的，它不影响裁决是依法作出的这样一种性质。据此，维也纳商业法院判决该仲裁是有效的，不得予以撤销①。诺索罗公司接着又向维也纳州最高法院提起上诉。该法院认为，该仲裁裁决非依冲突法所指引的一国国内法而作出并不像一审法院所认为的那样是违反了《奥地利民事诉讼法》第 595 条第 6 项的规定，应予考察的倒是仲裁庭适用现代商人法而拒绝适用冲突法指引的国内法是否超越了当事人仲裁协议的范围而违反了《奥地利民事诉讼法》第 595 条第 5 项。该法院后来认定仲裁庭适用现代商人法而拒绝适用冲突法指引的国内法是超越了仲裁协议范围，并据此判决撤销了原裁决中仲裁庭明确指出是依据现代商人法而作出的裁决的内容，而那些仲裁庭并未明确指出是依据什么法律作出的裁决的内容则保持有效②。对于二审法院的这一判决，仲裁案的原告土耳其帕巴克公司表示不服，遂向终审法院奥地利最高法院提出上诉。该法院认为，依据《奥地利民事诉讼法》第 595 条第 6 项的规定，如果仲裁裁决违反强制法律规范，便是无效的。但是，此处所谓法律规范仅指实体法律规范，而不包括程序法律规范。在本仲裁案中，仲裁庭拒绝适用冲突法指引的国内法而依据现代商人法中的诚实与信用原则来进行仲裁，并不违反有关国家的强制法律规定，而且仲裁庭的裁决也未超出当事人协议仲裁的范围。据此，该终审法院决定撤销二审法院的判决，维持一审法院的判决③。

（四）德国

到目前为止，德国的立法和司法实践对于适用现代商人法一事的态度仍然不很清楚。德国一些学者从德国法律允许仲裁庭在合同当事人授权时进行“公正裁决”这一情况出发，推定德国法院会承认依据现代商人法作出的仲裁裁决的效力④。但是，如果仲裁庭在无当事人授权的情况下自行适用现代商人

---

① 判决时间：1981 年 6 月 29 日；诉讼号：Nr. 13Cg 34/80-28。

② 判决时间：1982 年 1 月 29 日；诉讼号：Nr. 3R 211/81。

③ 判决时间：1982 年 11 月 18 日；诉讼号：Nr. 8 OB 520/82。

④ See Schlosser, Das Recht des Internationalen Schiedsgerichtsbarkeit, 1975, Nr. 622; Weise, Lex Mercatoria: Materielles Recht vor der Internationalen Handelsschiedsgerichtsbarkeit, Frankfurt am Main u. a. 1990.

法进行裁决，而且此裁决又具有《德国民事诉讼法》第1041条第1款第1、2项所规定的裁决得予撤销的因素，那么德国法院在一方当事人提出有关请求时则应判决撤销这一裁决（这也是德国一些学者的看法）①。

不难看出，在以上四个国家的立法与司法实践中都出现了逐渐承认与适用现代商人法的趋势。尤其是法国和奥地利，已明确承认了这一自律性质的国际合同法律制度。就依据现代商人法作出的国际商事仲裁裁决所得到的承认与执行而言，到目前为止世界上还没有哪一国的法院仅以仲裁裁决是根据现代商人法所作出的为理由便拒绝承认这种裁决的法律效力②。我们可以认为，世界上大多数国家的法律，包括我国法律在内，对现代商人法的适用都持有比较宽松的态度，这恰恰体现了现代商人法的生命力。

四、我国有关现代商人法的理论与实践

到目前为止，我国学者对现代商人法问题进行专门、系统研究的成果尚不多见，但在我国出版的一些国际公法、国际私法以及国际经济法著作中也可以看到对该问题的零星论述，而且我国的立法和司法实践也已经对该问题表明了态度。

我国国际私法学界普遍认为，国际惯例是我国国际私法的渊源之一③。按照我国学者的通常理解，所谓国际惯例，是指在长期的国际交往和国际经济贸易实践基础上逐渐形成的不成文的法律规范。国际惯例的构成必须具备两个条件，一是它已经过长期普遍的实践而形成为通例；二是它必须经过国家或当事人接受为法律。对于国际惯例的范围，我国学者的理解是不尽一致的。一部分人认为它仅指国际商事惯例，如调整国际贸易条件的《1932年华沙—牛津规则》、1953年国际商会颁布的《国际贸易条件解释通则》，调整国际贸易支付的《1967年商业单据托收统一规则》和1953年施行的《跟单信用证统一惯例》，以及调整海损理算的《1974年约克—安特卫普规则》等④。与这种狭义

① See Baumbach/Lauterbach/Albers/Hartmann, Zivilprozessordn ung, 42 Aufl. 1984, § 1041, Anm.

② See Weise, Lex Mercatoria: Materielles Recht vor der Internationalen Handelsschiedsgerichtsbarkeit, Frankfurt am Main u. a. 1990.

③ 参见韩德培著：《国际私法》，武汉大学出版社1983年版，第24~25页；李双元、金彭年著：《中国国际私法》，海洋出版社1991年版，第33~35页。

④ 参见韩德培著：《国际私法》，武汉大学出版社1983年版，第24~25页；李双元、金彭年著：《中国国际私法》，海洋出版社1991年版，第33~35页。

的理解相对应，另一部分人则认为在国际私法范围内有两种不同的国际惯例。一种是不需要经过当事人选择就都必须遵守的惯例，可以称之为强制性规范，如“国家财产豁免”原则；另一种是只有经过当事人选择才对他们有约束力的任意性惯例，如“离岸价格”、“到岸价格”等国际贸易条件。

我国国际私法学界对于现代商人法的探讨不只限于国际惯例的适用方面。1978 年，我国对国际私法的研究刚刚恢复，学者们马上便注意到了依据传统的冲突法方法（即所谓间接调整方法）来调整国际经济合同关系的缺陷。我国国际私法学界大多认为，调整国际经济合同关系的方法有两种。一种是由统一实体法规范对国际经济合同关系进行直接调整的方法，另一种是由冲突法规范指引的某一国国内法进行调整的方法，即所谓间接调整方法。这里所说的统一实体法与现代商人法概念的内涵和外延并不一致但却很为接近，我国国际私法学界所主张的由统一实体法对国际经济合同关系进行直接调整的方法与本文所探讨的由现代商人法对国际经济合同关系进行调整的方法也存在着很多共性。总的说来，我国国际私法学界对于现代商人法制度的建立与完善和由它直接调整国际合同关系的做法是持赞成态度的。

我国立法中已有对现代商人法问题的简略规定。1985 年 3 月 21 日颁布的《中华人民共和国涉外经济合同法》第 5 条第 3 款规定，中华人民共和国法律未作规定的，可以适用国际惯例。1986 年 4 月 12 日颁布的《中华人民共和国民法通则》第 142 条第 3 款规定，中华人民共和国法律和中华人民共和国缔结或参加的国际条约没有规定的，可以适用国际惯例。我国法学界到目前为止尚未对上述简略规定作出系统、详尽的学理解释，我国法律解释机构除了将国际惯例解释为实体法方面的惯例之外也没有进一步作出比较具体、全面的司法解释①。在这些规定的确切含义及其具体适用方面，存在着很多尚待解决的理论和实践问题，如适用国际惯例的先决条件及限制等。

有些外国法学家从现代商人法理论的角度对我国涉外经济合同法中关于适用国际惯例的规定进行了考察，并发表了颇具启发性的看法。德国著名的国际经济和贸易法学者霍尔恩教授（Norbert Horn）在一篇论述我国《涉外经济合同法》的文章中写道：“在我看来，《中华人民共和国涉外经济合同法》第 5 条第 3 款的规定是指向以调整国际贸易和经济关系的统一的法律基本原则为指导思想和全部内容的‘现代商人法’。它既包括法律规范（以国际条约为基础

① 参见《最高人民法院关于适用〈中华人民共和国涉外经济合同法〉若干问题的解答》。

的统一立法或习惯法）也包括对合同和法律规范的解释起帮助作用的实际行动的规范和习惯。"① 霍尔恩教授通过分析之后指出，中国法律实际上承认现代商人法可以作为本国涉外经济合同法的一个"替补渊源"。中国法律对于现代商人法的这种规定不仅表明了中国立法者对于国际上所公认的法律意识的友好态度，而且也是中国在对于现代商人法这一概念的解释方面所作出的一项重要贡献②。

既然我国法律承认可以适用现代商人法，那么外国仲裁庭依据这种法律作出的仲裁裁决是否必须为我国法院承认和执行呢？笔者认为我国法院不能仅以仲裁裁决是依据现代商人法作出的为理由而不承认它的法律效力。一项外国仲裁庭在适用现代商人法的基础上作出的国际经济和贸易仲裁裁决，只有在明显地含有我国法律所规定的不予承认与执行的因素时，方可不为我国法院承认与执行。具体地说，我国法院不应承认和执行的外国仲裁庭以现代商人法为基础作出的仲裁裁决主要包括以下两种情况：第一，当事人在合同中选择适用我国法律，且我国法律对所仲裁的问题有明确的规定，仲裁庭不适用我国法律而依据现代商人法作出的裁决；第二，仲裁庭依据现代商人法作出的裁决违反了我国的公共秩序。

① See Horn, Das Chinesische Aussenwirtschaftsvertragesetz vom 1985, in: Recht der Internationalen Wirtschaft 1985/9, p. 691.

② See Horn, Das Chinesische Aussenwirtschaftsvertragesetz vom 1985, in: Recht der Internationalen Wirtschaft 1985/9, p. 691.

中　　编

第五章　统一国际私法的组织

第一节　统一国际私法的含义

在对统一国际私法的国际组织进行研究之前，有必要对一些有关的名词术语作出界定。由于国际私法（private international law, droit international prive, internationales privatrecht）这一名称所表明的实质含义在不同的国家，甚至不同的学者都有不同的理解，因而，所谓“统一国际私法”或“国际私法的统一”（unification of private international law, unification de droit international prive, vereinheitlichung des internationalen privatrechts）的实质含义，在国际私法学界也有不同的理解。这主要包括以下几种观点：

第一，认为统一国际私法是对传统的国际私法，即德国和英美法系所谓的冲突法（conflicts law）进行的国际范围内的统一，经过这种国际统一的国际私法，主要包括冲突法规范、有关法院管辖权的规范以及关于法院判决的承认与执行的规范。在统一国际私法的实践中，海牙国际私法会议是从事这种传统意义上的国际私法的国际统一的最为重要的国际组织。

第二，认为统一国际私法乃对“私法”的国际统一，而这里所谓的私法是指作为实体法的民法、商法等法律部门，并不包括传统意义上的国际私法，即冲突法。从这一含义上来理解统一国际私法，则应把“统一国际私法”称为“私法的国际统一”（international unification of private law, unification international de droit prive, internationale vereinheitlichung des privatrechts）。在实践中，罗马统一私法学会（UNIDROIT）以及联合国国际贸易法委员会（UNCITRAL）便主要是进行这一意义上的国际私法的统一工作的国际组织。

第三，认为统一国际私法是一个广泛的概念，它不仅包括对传统的国际私法（冲突法）的国际统一，而且包括对民法、商法甚至劳动法等的国际统一。这一意义上的统一国际私法，在德语的一些文献中往往被称为“国际统一法”

（internationales einheitsrecht）或“统一私法”（einheitsprivatrecht）。美洲国家组织（Organization of American States），在实践中便是进行这一意义上的地区性的统一国际私法的活动的。

这里所称的“统一国际私法”便是上述第三种意义上的统一国际私法，并且常在下文中将把“统一国际私法”“国际统一私法”和“私法的国际统一”等作为同义词交叉使用，但在介绍海牙国际私法会议的活动时，则只在第一种意义上使用有关的概念。

第二节　统一国际私法的国际组织的种类

基于对统一国际私法的上述理解，这一节中所称的统一国际私法的国际组织，便是指那些从事冲突法、贸易法、劳动法、婚姻家庭法、海商法等私法部门国际规范化和统一化运动的国际组织。这些国际组织按不同的标准可以进行不同的分类。

一、普遍性国际组织与区域性国际组织

（一）普遍性国际组织

普遍性的国际组织，是指那些成员包括来自世界不同地区，不同的社会、经济、法制背景的国家，宗旨在于实现世界范围内的私法统一的国际组织。从国际公法的地位上来看，它们或者是政府间的国际组织，或者是非政府间的民间国际组织。到目前为止，这样的从事国际私法统一的广泛性的国际组织主要包括联合国及其前身国际联盟、海牙国际私法会议、罗马统一私法学会、国际商会、国际法律协会和国际法学会、国际航空运输协会，等等。

普遍性的国际组织在国际私法的国际统一化进程中具有非常重要的地位，起着非常重要的作用。这主要是因为其代表的广泛性，因而，其统一后的法律规范亦具有广泛的代表性，这些通常是以公约形式表现出来的法律规范若为成员国接受，则在实践中便具有广泛的影响。而且，可以认为，普遍性的国际组织所实现的法律的统一，是一种彻底的法律的统一，因为，国际统一私法的目标是最终实现国际范围内的私法的统一。当然，普遍性的国际组织进行国际私法的统一，与地区性的国际组织进行地区性的法律统一相比，有更大的困难。这不仅仅是因为普遍性的国际组织进行广泛性的私法统一必须克服不同法系间在具体法律制度方面的差异，而且，在进行私法统一时还应照顾到不同地区、不同国家的不同利益——这具体体现在现今国际私法之统一化进程中，在国际

私法的国际统一化方面需要贯彻建立国际经济新秩序的原则。总之，普遍性的国际组织在进行广泛的私法统一化中，要达到“每个国家都为获得一个共同的解决途径而达成在内容上一定程度的理想的共识”①，从而达到法律之国际统一，是非常困难的。

（二）区域性国际组织

这里所称区域性的国际组织，是指那些在世界上一定地区范围内从事私法国际统一的组织，它们既包括地区性的政府间的国际组织，也包括地区性的民间国际组织。从一百多年的私法国际统一运动的历史来看，地区性的国际组织在实现私法的国际统一方面，活动非常积极，成绩也很显著。例如，一个多世纪以来拉美地区性国际私法的统一，可以说始终受到国际范围内的广泛关注，而且，也为国际统一私法的进展积累了丰富的经验。

在国际统一私法的进程中，有一些原为地区性的从事私法统一的国际组织后来发展成为普遍性的国际组织。这方面最为典型的例子，是海牙国际私法会议：1893 年至 1900 年的三届海牙会议，实质上为欧洲大陆一些国家参加的一个欧洲地区性的国际会议，到 1904 年召开的第四届会议，由于日本派代表出席，结束了它作为一个欧洲地区性国际会议的历史。

二、政府间国际组织与民间国际组织

（一）政府间国际组织

政府间国际组织，是指那些由各国政府通过条约而成立的，由各成员国以国家或政府的名义参加的，进行私法国际统一活动的国际组织。它们可能是普遍性的国际组织，也可能是地区性的政府间国际组织。前者如联合国以及（1957 年第七届会议后的）海牙国际私法会议，后者如美洲国家会议、欧洲共同体等。

政府间国际组织从事国际私法的统一具有这样的一些特征：首先，由于这些组织在国际公法上的这种作为政府间（而非民间的，也绝非超政府）组织的地位，其统一私法方式通常表现为公约，如 1980 年《联合国国际货物销售合同公约》，而要使这些通过公约形式表现出来的统一法律在实践中得到实施，便需由各国按国际条约法的一般原则、规则进行；其次，这些组织从事统一私法往往具有较大的影响，因为，如果它们经过努力成功地使某些法律规范获得统一，则其成员国便可以发挥国家的职能，使这些法律得以实施；最后，

① J. Kropholler：《国际私法的统一化》，1975 年版，第 20 页。

尽管我们认为像海牙国际私法会议这样的政府间国际组织，是纯粹的从事私法统一的国际组织，而非一个政治性的国际组织，但是，不能不看到，只要会议由各国政府参加，便事实上不可能回避政治因素的渗入，而且，更不可能忽略各国对不同政治利益的考虑，如此种种都给这些组织从事私法之国际统一带来了困难。但不管怎样，从私法的国际统一化进程来看，政府间的国际组织，其中尤其是联合国以及海牙国际私法会议，在私法的国际统一中起着越来越大的作用。

（二）民间国际组织

进行私法国际统一的民间国际组织是指那些由民间发起组织的，一般是从事私法的一些具体领域法律统一的国际组织。从私法国际统一化运动的历史发展来看，这些非政府的民间国际组织，如国际商会、国际法律协会、国际法学会等，对私法国际统一作出了很大的贡献。这不仅是因为它们大多是一些活动仅涉及某一私法领域的专门性的组织，因此，可以致力于该领域系统深入的研究和探讨，而且，还因为它们的成员大多是相关私法领域的专家，更便于统一工作取得成功。

三、一般性国际组织与专业性国际组织

（一）一般性国际组织

这里所称的一般性的国际组织，是指在私法的国际统一化方面，其活动包括私法的各个方面的那些国际组织。它们既可是普遍性的国际组织，也可是地区性的国际组织；既可是政府间的国际组织，也可以是民间的国际组织。从事私法国际统一的一般性的国际组织，以美洲国家组织最为典型，该组织既从事实体私法，如国际货物买卖法、票据法、家庭法等的统一工作，也从事冲突法、国际民事诉讼法的统一工作。

（二）专业性国际组织

与上述从事私法国际统一的一般性的国际组织相对应，在世界范围内尚有一些国际组织专门从事私法的某一或某些领域的统一工作。我们把这些组织称为专业性的国际组织。如前所述，大多数的从事私法国际统一的民间国际组织是这种专业性的国际组织。从目前情况来看，这种专业性的国际组织包括专门从事冲突法国际统一的海牙国际私法会议，从事海商法统一的国际海商委员会、波罗的海及国际海事会议，从事航空运输法律统一的国际航空协会，从事国际民事身份法律规范统一的国际民事身份委员会，以及专门从事知识产权方面法律统一的世界知识产权组织等。

四、从事国际私法统一工作的国际组织之间的关系

众多的从事私法国际统一的国际组织在实现其相同的目标——进行私法的国际统一的活动中，彼此间存在着相互协调的关系。这种协调关系的产生，一方面是因为这些组织都具有的共同的实现私法国际统一化的目标，因而，彼此通过交换信息资料，互派观察员参加彼此之活动，相互间征求对具体的私法统一问题的意见，并彼此交换进行法律统一工作的经验，对各组织自己的活动无疑是非常有帮助的；另一方面，正如美国学者里斯（W. L. M. Reese）在分析海牙国际私法会议与联合国国际贸易法委员会彼此进行协调与合作时所指出的那样："海牙会议与联合国贸易法委员会的这一合作……如果继续下去的话，那么，海牙会议可以获得进行一些重要工作的新机会，而且，也不必过多地去担心其他有关法律问题的国际组织数量的增加。"① 换句话说，由于上述国际组织间的一些活动范围相互重叠，形成竞争或冲突，因而，有必要在实现国际范围内法律统一，以保证国际间法律交往之安全这一国际私法统一的最高目标的前提下，进行彼此间活动的协调。

从事私法国际统一的国际组织间的协调的方式，主要包括互派观察员参加对方活动，彼此征求对私法统一活动的意见和互相交换信息等。下面仅以海牙国际私法会议与其他有关的从事私法统一的国际组织间的关系，说明从事国际私法统一的国际组织间的相互协调的情况。

在海牙会议的长期实践中，它通常根据所着手进行统一工作的国际私法问题的性质，邀请一些国际组织派观察员参加海牙会议制定多边公约的预备性会议或大会。这些国际组织派出观察员参加海牙国际私法会议，对海牙会议获得更多的信息，或获得其他国际组织从事法律统一的经验，都具有重要意义。根据海牙会议的传统，这些有关国际组织所派出的观察员，可以自由地提出建议(甚至以书面形式提出)。

与海牙国际私法会议保持有合作关系的国际组织，在联合国组织中，主要有联合国法律委员会和联合国国际贸易法委员会。这两个委员会对海牙会议统一私法工作一直给予很大的帮助。海牙会议在着手修改 1955 年的《关于国际货物买卖合同法律适用公约》的时候，曾与联合国国际贸易法委员会进行密切的合作。海牙会议邀请了所有联合国国际贸易法委员会的会员国（不管是

① ［美］里斯（W. L. M. Reese）:《海牙国际私法会议评述》，载 *International Lawyer*，1985 年，第 19 卷，第 882~883 页。

否海牙会议成员国）参加了 1985 年海牙会议召开的特别会议。这是海牙会议开拓的与其他有关国际组织进行合作的新的途径。

与海牙国际私法会议保持有合作关系的其他国际组织包括：（1）欧洲理事会（the Council of Europe）。该理事会与海牙会议在某些领域具有部分一致的利益，因而，它们间通过交换观察员保持着比较密切的关系。（2）欧洲经济共同体。由于欧洲经济共同体作为一个欧洲地区性的国际组织，也从事一定范围内的国际私法的统一工作，因而，它的一些工作与海牙会议类似或有关，两个国际组织间也彼此交换观察员。从发展的角度看，欧洲经济共同体和海牙国际私法会议工作的一致性已逐渐从债法的领域扩大到家庭法和国际民事诉讼程序法的一些方面。（3）罗马统一私法学会（UNIDROIT）。这是一个旨在统一实体私法的政府间国际组织，它与海牙会议也建立了一种合作关系。1981 年该学会在起草关于租赁关系统一法律公约时，其秘书长便曾写信给海牙会议秘书长，请求海牙会议帮助修改该公约草案中的一个条文。

第三节　普遍性的政府间国际组织

一、国际联盟

第一次世界大战结束后，于 1919 年召开的巴黎和会上，成立了国际联盟。国际联盟的存在尽管已成为历史，然而它作为世界上第一个一般政治性的国际组织，不仅从国际组织的发展来看，具有重要的意义，而且从法律国际统一化运动的角度来看，也具有一定的意义。在其存在的历史中，就从事法律统一的活动来讲，它主要是进行国际公法领域的法律统一的活动，而其所进行的私法的国际统一活动，主要包括以下几个领域：

（一）关于自然人身份与能力问题

在这方面国联曾缔结了《关于俄国和亚美尼亚难民法律地位的协定》（*Arrangement Relatif an Statut Juridique des Réfugiés Russes et Armeniens*）（1928 年）、《难民国际地位公约》（*Convention Relative an Statut International des Réfugiés*）（1933 年，日内瓦）、《关于德国难民地位公约》（*Convention Concernant le Statut des Réfugiés Provenant d' Allmagne*）（1933 年，日内瓦）等。

（二）关于票据法问题

在这方面，国联曾成功地制定了《统一汇票本票法公约》（1930 年，日内瓦）和《统一支票法公约》（1931 年，日内瓦）。这两个公约从其生效一直适用至今，并成为统一票据法的重要的法律渊源。可以说，票据法的统一是国际联盟从事私法国际统一最成功的一个领域。

（三）关于仲裁问题

在这方面国联制定了《关于仲裁条款的议定书》（于1923年9月24日在日内瓦签署）和《关于执行外国仲裁裁决的公约》（于1927年9月26日在日内瓦签署）。

二、联合国

（一）联合国从事私法国际统一活动的法律依据

第二次世界大战以后，于1945年成立的联合国，是迄今为止人类历史上最有影响的一个国际组织。《联合国宪章》第13条第1款子项和第55条规定了联合国“……提倡国际法之逐渐发展与编纂”和促进国际经济、社会、卫生及其他有关问题的解决的任务。此处“国际法”尽管主要是传统的国际公法，但它也成为联合国进行私法的国际统一的法律依据。

（二）联合国直属机构中从事私法国际统一的机构

1. 联合国国际法委员会

为了实现宪章第13条规定之任务，1947年，第二届联合国大会通过了国际法委员会规约，成立了联合国国际法委员会。其规约确定了委员会目的在于“促进国际法的逐渐发展及其编纂”，规定了委员会的活动应主要集中于国际公法方面，但也不应排除国际私法领域。然而，实践中，联合国国际法委员会在其成立早期所进行的工作主要属于国际公法范畴。它对私法国际统一化仅仅作了一些间接的工作。但是委员会后来和正在从事的一些统一法律的工作，实质上也已直接涉及私法领域。这方面如关于“国籍包括无国籍”、“国家及其财产的管辖豁免”、“外国人的待遇”等问题，以及其所拟就的“消除未来无国籍公约草案”、“仲裁程序示范规则”等，都直接与私法有关，是对私法的国际统一。

2. 联合国国际贸易法委员会

为了更好地消除国际贸易中的法律障碍，联合国大会于1966年12月决议（2205 XXI），成立了贸易法委员会（UNCITRAL）。该委员会旨在促进国际贸易法的逐渐协调和统一。联大2205 XXI决议本规定委员会成员国为29个，但是联大通过其3108号决议，把委员会成员国增至36个。中国现为会员国之一。

联合国国际贸易法委员会为实现其宗旨，与其他从事国际私法工作的国际组织进行工作方面的协调，并推动这些组织间的合作，促进更多的国家加入既存之国际协定，准备和起草新的国际公约以及示范法律（model law）和统一法律（uniform law），促进这些公约、法律的采纳，以及促进国际公约和统一法律的统一解释。

该委员会从1968年第一届年会以后，便主要致力于国际贸易法的四个领域的法律统一工作：

第一，国际货物买卖领域。在该领域，委员会主要就几个问题展开工作，即国际货物买卖合同的法律问题，国际货物买卖的期限（time-limits）和时效（Limitation or Priscription）以及国际货物买卖的一般条件和标准合同。

在委员会第二届年会上设立了一个工作小组，审查如何对1964年海牙会议所通过的《国际货物买卖统一法》进行修改，以使该公约能够为更多国家所采纳，或确定是否有必要重新起草一个公约草案。后来工作小组起草了一个新的关于国际货物销售合同的公约草案，以取代上述《国际货物买卖统一法》。委员会于1977年6月采纳了该公约草案。工作小组尚在1962年海牙会议通过的《国际货物销售合同形式统一法》基础上，起草了一个新的关于国际货物销售合同形式的公约草案，并于1977年获委员会的采纳。委员会于其第11届例会上决定将上述两个新的公约草案合而为一，为此目的，成立了一个起草委员会专门从事此项工作。1980年在维也纳召开了联合国国际货物销售合同大会，会上通过了《联合国国际货物销售合同公约》。该公约已于1988年1月1日起生效。我国是该公约的原始缔约国之一。

关于国际货物买卖的时效与期限问题，由委员会设立的另一个工作小组负责起草一个公约草案。1972年委员会批准了工作小组起草的公约草案。1974年6月由联大发起召开的联合国外交会议上通过了《国际货物买卖时效期限公约》。该公约已于1988年8月1日起生效。

第二，国际贸易支付领域。1968年贸易法委员会第一届会议决定，国际支付应与国际货物销售和国际商业仲裁一起，成为委员会今后工作的重点。经过多年的不懈努力，贸易法委员会制订了《联合国国际汇票和国际本票公约》，1988年12月9日，根据第六（法律）委员会的建议，该《公约》由联合国大会通过。《公约》为国际交易中符合其规定形式的国际汇票和国际本票提供了一套全面的法律规则体系。它吸收了两大法系中有关规定的一致部分，并根据现代商业需要，制订了一些新的规定，使之更为符合金融市场的惯例。除此之外，委员会还与国际商会进行合作，对信用证（letter of credit）的统一以及各种银行担保问题展开工作。

第三，国际商事仲裁领域。1973 年，该委员会提请秘书长与其他有关国际商事仲裁的组织进行协商后，起草一个供国际贸易临时仲裁所选择适用的程序规则。其后，委员会秘书处草拟了一个规则草案，委员会于 1976 年 5 月通过了以该草案为基础写成的仲裁规则，即"联合国贸易法委员会仲裁规则"。联合国大会确认该规则对协调国际关系会起到重大的作用，并推荐以该规则来解决国际贸易中所产生的各种争议。1986 年召开的委员会第 19 届会议上决定，由委员会秘书处对国际商事仲裁程序中的取证问题以及多数当事人的仲裁进行深入研究。秘书处计划尽快地把研究成果提交给委员会。

第四，国际海运法领域。在该领域，委员会应联合国发展会议（UNCTAD）国际海运立法工作小组之邀，对既存关于海上运输人对货物灭失、毁损的责任的国际公约和规则进行审查，此举的目的在于消除关于该问题的不确定性并谋求货物所有人与运输人间风险的平衡。

委员会于 1976 年通过了一个关于海上货物运输的公约草案。1978 年联合国大会召集在原联邦德国的汉堡召开了外交会议，会上通过了该公约，定名为《联合国海上货物运输公约》（1978 年 3 月 31 日，简称《汉堡规则》）。

总之，联合国国际贸易法委员会在当今私法的国际统一化运动中起着非常重要的作用，这不仅是因为它是联合国的一个专门性国际组织，具有广泛的代表性，可以由联合国大会召集外交会议形式来进行私法的统一工作；还因为它具有大量的国际贸易法方面的专家协助其进行工作。

（三）联合国专门机构中从事私法国际统一的机构

1. 国际劳工组织（The International Labour Organization—ILO）

1919 年于巴黎召开的和平会议上的活动之一，便是设立一个有关国际劳工问题的委员会，以研究对国际劳工的保护并制定一个固定的章程。巴黎和会后来采纳了一个由英国起草的章程草案，从而成立了国际劳工组织，它隶属于国联。国联完成其使命后，该组织却依然存在下来，并于 1940 年将其所在地由日内瓦迁至加拿大的蒙特利尔。1946 年，联合国与国际劳工组织签订协议，从而使两者结合起来，并使该组织成为联合国的第一个专门机构，总部设在日内瓦。

联合国的所有成员国都可以成为国际劳工组织的成员国，非联合国会员国在国际劳工大会三分之二多数，包括三分之二的政府的代表同意的情况下，也得成为会员国。该组织有三个组织机构，即大会（也即"国际劳工大会"），一个执行机构和秘书处（即国际劳工局，The International Labour Office）。

国际劳工组织进行私法统一的运动，主要表现在它以公约和建议

(recommendations) 的形式制定国际劳工标准。截至 1979 年 12 月该组织已通过了 300 多项国际劳工标准。该组织是通过以下程序来制定这种标准的。首先，该组织的执行机构对各方面（包括国家、国际组织、专家等）提出的建议进行审查。如果某一建议被该执行机构采纳，则由秘书处起草一份报告，介绍该建议对各国的立法和实践会产生什么影响。执行机构在与专家小组协商后，若认为有必要，可把该问题列入会议之议程。在这种情况下，秘书处向各成员国政府发送有关问题的报告，并就该问题征求它们的意见。秘书在收到各国政府的意见后，准备一份文件草案供大会上讨论使用。国际劳工大会通常采用一种“双讨论法”(the double discussion method)。这就是说，把列入会议议程的问题，分由两次会议进行讨论。在第一次会议上，由专家委员会对秘书处的草案进行讨论，并进而草拟出一个初步草案。此一草案再由秘书处寄送给各国政府。在各政府对该问题进一步发表意见后，该问题则再在下次会议上，由另一个专家委员会进行讨论。经过这一讨论和修改后的最后草案由大会进行表决，若大会以2/3多数表示赞成，则此一文件便获通过。

如上所述，国际劳工组织通过公约和建议两种形式制定国际劳工标准。这里有必要简单介绍一下该组织制定的公约与建议间的关系。首先，这两种形式的文件都不能自动地对成员国产生约束力。法国学者勒内·达维在分析这一特征时指出：“必须清楚地认识到，国际劳工组织并不具有任何超国家的（supranational）的管辖权，因而它所通过的文件对国家不产生约束力。”①该组织之成员国的唯一义务是确定它们是否应采纳这些文件，并根据组织章程第 19 条的规定，在 12 个月内（特殊情况下 18 个月内）把这些文件提交给本国有关当局。当然，从实践来看，各成员国都比较乐意采用和批准该组织所制定的文件。其次国际劳工组织所制定的公约具有一般国际公约的特征。也就是说，一旦成员国有关当局同意，便可批准该公约，从而使之在该国生效，该国也因此而承担起公约所产生的国际义务。然而，该组织所制定的建议则不具有该特征。此种建议只起着指导成员国进行国内活动的作用，而不能产生任何国际义务。

国际劳工组织于 1919 年成立后共通过 3120 多项公约和 125 项建议。1947 年后，该组织主要集中精力于现存公约的修订，因而，通过的新标准越来越少。

① David, The International Unification of Private Law, International Encyclopedia of Comparative Law, Vol. I, 1979, pp. 176-177.

国际劳工组织从事私法国际统一活动的特征可归纳如下：

第一，该组织从性质上来看，是一个从事社会和人文问题工作的国际组织。尽管它也对私法的国际统一作了不少工作，取得了很大的成果，但是，这项工作并不是它的主要任务。该组织从事劳动法方面的国际统一，目的在于更好地保护劳工，从而实现该组织的宗旨。对该组织来说，实现法律的国际统一并不是一个目的，而仅为一种手段。它并不希望各国劳动法获得统一，恰恰相反，它希望各国立法继续存在差异，且各国根据其不同的情况寻求对劳工利益更为有利的保护途径。而这并不能由国际劳工组织统一规定下来。

第二，该组织统一私法的方法是通过公约和建议的形式，制定国际最低劳工标准，供各国采用。对于公约，若组织成员国批准，则对其生效。而对于公约在会员国执行公约的情况，该组织也有一套措施。这主要表现在，各国应向该组织提出年度报告，以介绍该国执行它所批准的公约的情况，供组织审查。该组织也召开一种特别会议，由此督促公约成员国执行公约。此外，该组织还通过公约一成员国对另一成员国的起诉或控诉，来审查公约是否获得适当的执行。在这方面，加纳曾于1961年起诉葡萄牙未遵守1957年《关于强迫劳动公约》（*Convention on Forced Labour*）。至于组织所起草的建议，它并不具有国际公约的特征，而只是一种供各国选择适用的示范规则。

2. 国际民航组织（The International Civil Aviation Organization）

1947年4月在美国芝加哥召开了一次国际民航会议，会上26个国家签署了《国际民航公约》（*the Covention on International Civil Aviation*）。国际民航组织便是根据该公约于1947年4月4日成立的一个政府间的国际组织，总部设在加拿大的蒙特利尔。1947年10月该组织成为联合国的一个专门机构。

国际民航组织的组织机构有大会（Assembly）、理事会（Council）和常设委员会（Permanent Comissions and Committes）。大会是该组织的最高机构，该组织的各成员国皆为大会的成员国，且均享有一票的投票权。大会决定该组织的政策，投票确定预算并解决与组织有关的其他一些重要问题。大会通常每三年举行一次。理事会是该组织的执行机构，其行动对大会负责。理事会由大会选出的30个成员国组成，其任务主要在于管理组织的财政，指定组织的秘书长和常设委员会的会员，并负责国际航空和安全的标准的制定。理事会根据前述芝加哥公约第84条规定，还有权解决对该公约及其附件解释与适用方面的冲突问题，而且，它还可以对与民航有关的争议进行仲裁。常设委员会包括从事技术问题研究的航空委员会、处理国际航空运输的经济问题的航空运输委员会，以及从事国际航空法公约起草并负责向大会和理事会提供法律咨询的法律委员会等。

起草国际航空法公约是国际民航组织的一项职能，但此项工作具体由上述法律委员会负责。国际民航组织起草公约的程序通常如下：首先，由法律委员会下设的一个专门委员会起草出初步草案。该专门委员会的成员的分配通常是尽可能地照顾不同的法系。其次，由一专门的起草委员会完成该草案的起草工作。法律委员会这时便把草拟完的草案提交给理事会，由理事会再送达各国政府以征求其意见。最后，公约草案在名为“空间私法国际会议”(The International Conference on Private Air Law）的外交会议上进行最后的审查并获得通过。

1947 年以后，国际民航组织已通过了下列五个关于国际航空法的公约。

(1)《关于飞行器的财产权和其他权利的国际承认的公约》（1948 年，日内瓦)。该公约的目的是，当航空器在外国时，保护航空器的所有人的这些权利。

(2)《关于外国航空器在地面对第三人造成损害的公约》（1952 年，罗马)。该公约中尚有条文规定对外国判决的强制承认与执行。

(3)《修订 1929 年华沙公约的议定书》(1955 年海牙公约)。该议定书把原来华沙公约所规定的对飞行事故受害者的赔偿责任提高了一倍。

(4)《关于承运人责任的公约》（1961 年，瓜达拉哈拉)。该公约规定了承运人在承运合同之外的一些未被华沙公约所规定的事故中的责任。

(5)《关于在航空器上进行犯罪的公约》（1963 年，东京)。该公约赋予航空器的注册国行使对这种犯罪的管辖权。

1960 年后，国际民航组织的法律委员会起草了一个关于统一飞机互撞事件中责任关系的公约草案。此外，该组织还计划起草一个关于空间交通管理服务责任的公约草案。

3. 国际海事组织（The International Maritime Organization)

1948 年在日内瓦召开了联合国海事会议，会上通过了一个公约，据此成立了政府间海事协商组织（Intergovemmental Maritime Consultative Organization, IMCO)，秘书处设在伦敦。它是联合国的专门机构之一。该组织旨在加强政府间的合作和技术信息的交流，在必要时召集国际海事会议，以及从事国际海事公约和协定的起草工作。1982 年，该组织改为现名“国际海事组织”。

国际海事组织具有三个主要机构，即大会、理事会和海事安全委员会。大会是该组织的政策制定机构，由该组织全体成员国和（中国）香港参加。它确定组织的工作计划，判定组织的预算，批准财政规定，选举组织的理事会以及批准秘书长的任命。理事会是组织的执行机构，由大会选出的16个成员国组成。理事会通常一年集会两次。海事安全委员会是该组织的第三个主要机构，它由14个国家的代表组成，这些代表由大会选举，任期4年。

政府间海事协商组织在其成立之初期的行动并不涉及私法问题。但是，从著名的“托利·刚勇号”油轮（Torry Canyon）事故（1967年）后，它也开始致力于私法的统一工作。该组织曾促使于1969年11月在布鲁塞尔签署了两个关于海事方面的公约，其中第一个是《关于公海油污的公约》，该公约于1975年5月生效。第二个是《油污损害民事责任公约》，于1975年6月生效。该公约规定了船主对受害者的赔偿及其他民事责任。我国于1980年1月加入了该民事责任公约。

1971年，该组织召集会议，并在会上通过了《建立油污损害赔偿国际基金公约》。该公约于1978年10月生效。而且，在该组织的促使下，于1973年通过了《防止船舶污染公约》（MARPOL）。该公约不仅规定油污而且还规定垃圾、化学品等其他有害物质对海洋的污染。然而，各国批准加入该公约之步伐却非常缓慢，1978年2月该组织再一次召集讨论了《关于油轮安全国际公约》和1973年《海上污染公约的议定书》，并强调应尽早使该两公约生效。

总之，国际海事组织在当今海事私法和海洋环境保护国际法律统一方面起着较大的作用。

4. 世界知识产权组织与知识产权保护联合国际署

世界知识产权组织（World Intellectual Propetey Organization，WIPO）于1967年7月14日在瑞典首都斯德哥尔摩根据《建立世界知识产权组织公约》而成立，其宗旨在于“促进世界范围内对知识产权的保护”。为实现这一宗旨，该组织试图制定有关世界知识产权保护的新的国际公约，即在知识产权法领域从事私法的国际统一工作。1974年12月17日，该组织与联合国缔结了一项协定，据此，世界知识产权组织成为联合国组织系统下十六个专门机构之一。

正如彼特斯（Marc Peeters）所指出的那样，“世界知识产权组织的结构及其活动与法只有通过其历史去加以理解，而这种历史却又大大地反映了巴黎和伯尔尼联盟的历史。”① 1873年，一些专利方面的法学专家聚首维也纳，试图实现国际范围内专利法的统一。五年后一个与此有关的委员会在巴黎成立。该委员会于1879年向各国政府提交了一份关于知识产权国际保护的公约草案。

① M. Peeters，World Intellectual Property Organization，in EPIL/Vol. 5，p. 411.

1880年在巴黎召开了一次国际会议讨论该公约草案，三年后在巴黎召开的第二次国际会议上便通过了《关于工业产权保护的公约》，即《巴黎工业产权公约》（以下简称《巴黎公约》），并据此产生了“工业产权保护的国际联盟”，即“巴黎联盟”。

在上述工业产权法律规范国际统一的同时，一个成立于1878年、名为“国际文学艺术协会”的民间组织，也积极开始准备文学、艺术产权保护方面的法律统一工作。该协会在1882年召开的大会上决定，由其执行理事会起草一个关于文学、艺术产权保护的国际公约的草案。执行理事会很快准备出一个草案，并在协会翌年于瑞士伯尔尼召开的大会上获得通过。协会把该草案提交给瑞士政府。1886年瑞士政府发起召开了一次国际会议，讨论文学、艺术作品产权的国际保护问题，协会提交给瑞士政府的草案成为该会议上讨论的基础。该公约在稍作修改后，获得通过，此即《关于文学艺术作品保护的伯尔尼公约》（1886年9月9日，以下简称《伯尔尼公约》）。与上述《巴黎公约》一样，《伯尔尼公约》产生了一个“关于文学、艺术品的国际联盟”（伯尔尼联盟）。

《巴黎公约》和《伯尔尼公约》在一个多世纪的历史中，均经过多次修改。其中《巴黎公约》于1900年在布鲁塞尔，1911年在华盛顿，1925年在海牙，1934年在伦敦，1958年在里斯本以及1967年在斯德哥尔摩获得修订。《伯尔尼公约》于1896年在巴黎，1914年在柏林，1928年在罗马，1948年在布鲁塞尔以及1967年在斯德哥尔摩获得修订或补充。

上述两个联盟产生后，都在伯尔尼设立了办事处，分别负责各联盟的事务。该两个办事处均在瑞士联邦政府的监督下进行活动。1892年在瑞士联邦政府的建议下，这两个办事处合二为一，称为“知识产权保护联合国际署”（Le Bureaux Internation aux Réunis Pour la protéction de la propriété Intellectuelle, BIRPI），总部先设在伯尔尼，后于1960年迁至日内瓦。该联合国际署主要目的在于在知识产权国际保护方面，提供信息和进行研究工作。它也经常判定公约草案或示范法律。

该国际署于1964年为发展中国家起草了一个示范专利法草案。该法律草案被送达给64个发展中国家的代表以征求意见，而且，该草案还被提交给一个由22个发展中国家代表组成的“示范法律委员会”。1966年该联合国际署又尝试为发展中国家起草了有关商标、商号及不正当竞争行为的示范法律。1968年它发表了一项为发展中国家起草的有关工业设计的示范法律草案。而且，该署尚与联合国教科文组织合作起草了一份版权示范法律。

由于国际社会的发展，尤其是广大第三世界国家的发展壮大和对国际社会事务的积极参与，“伯尔尼联盟”、“巴黎联盟” 及其国际联合署的活动已日显落后于形势，因而迫切需要改革。20 世纪 50 年代，联合国曾试图把该两个联盟纳入其体系，但遭到失败。进入 60 年代，很多新的国家加入联合国，使联合国原来仅受发达国家控制的局面大大改变。广大发展中国家为其利益积极努力，尤其是为建立代表它们利益的国际经济新秩序而奋斗，它们极力批评既存的两个联盟只代表工业发达国家在知识产权方面的利益，并争取发展中国家能有机会参与既存的知识产权国际公约的修改工作。在这种新形势下，上述原设在伯尔尼，且由瑞士联邦政府控制的两个联盟的办事处，改成现在的名称并迁至日内瓦，以与联合国组织进行密切的联系，从而实现了初步的 “国际化”，1958 年在里斯本召开的修改巴黎公约的大会上，对发展中国家的批评曾予以一定的注意，但未有大的改革行动，10 年后，于 1967 年在斯德哥尔摩召开的知识产权国际会议上，决定成立一个新的国际组织，“为进一步保护知识产权进行一般的服务工作，并使联盟的非成员国有机会参加，且体现发展中国家的利益”。这样便诞生了 “世界知识产权组织”。

世界知识产权组织是当今知识产权国际保护方面一个重要的国际组织。它有三个领导机构，分别为：大会（其成员为世界知识产权组织的成员国，但必须也是巴黎联盟或伯尔尼联盟的成员国）、成员国会议（其成员为世界知识产权组织的所有成员国）、协调委员会（在世界知识产权组织和巴黎联盟及伯尔尼联盟的成员国中选出的国家以及当然成员国瑞士，截至 1995 年 1 月 1 日，该委员会有 58 个成员国）。大会和成员国会议每两年召开一次例会，协调委员会每年召开一次例会。世界知识产权组织的行政首长为总干事，总干事由大会选出，任期 6 年。世界知识产权组织的秘书处称为 “国际局”，它负责知识产权国际保护方面的国际公约、示范法律的起草，以及一般的公约所应符合标准的确定工作。

世界知识产权组织目前管理的知识产权联盟或条约主要有：

在工业产权方面，有保护工业产权巴黎联盟、制止商品产地虚假或欺骗性标记马德里协定、商标国际注册马德里联盟、工业品外观设计国际保存海牙联盟、商标注册用商品及服务国际分类尼斯联盟、保护原产地名称及其国际注册里斯本联盟、建立工业品外观设计国际分类洛迦诺联盟、专利合作条约联盟、国际专利分类联盟、建立商标图形要素国际分类维也纳联盟、国际承认用于专利程序的微生物保存布达佩斯联盟、保护奥林匹克会徽内罗毕条约、简化商标注册手续的商标法条约。

在版权或邻接权方面，有保护文学艺术作品伯尔尼联盟、保护表演者、唱片制作者和广播组织罗马公约（与联合国教科文组织和国际劳工组织共同管理）、保护唱片制作者禁止未经许可而擅自复制其唱片日内瓦公约、发送卫星传输节目信号布鲁塞尔公约。

巴黎联盟或伯尔尼联盟的成员国，以及具备下列条件之一的其他国家，都可加入世界知识产权组织：（1）联合国、联合国专门机构或国际原子能机构的成员国；（2）国际法院规约的参加国；（3）应世界知识产权组织大会邀请参加世界知识产权组织公约的国家。

任何国家要成为世界知识产权组织的成员国，必须向总干事交存批准书或加入书。《巴黎公约》或《伯尔尼公约》参加国只要同时批准或加入《巴黎公约 1967 年斯德哥尔摩议定书》或《伯尔尼公约 1971 年巴黎议定书》的行政性条款，或已受其约束，即可成为世界知识产权组织成员国。截至 1995 年 4 月 9 日，已有包括中国在内的 152 个国家成为世界知识产权组织的成员国。我国于 1980 年 3 月 3 日递交了加入书，并于同年 6 月 3 日生效。

三、国际统一私法学会（Institut international pour l'unification dudroit privé，Unidroit）

国际统一私法学会（又译成“国际统一私法协会”等），成立于 1926 年。其宗旨在于统一和协调不同国家或不同的国际区域（group of states）间的私法规则，以促进逐渐地采纳统一的私法制度。成立该学会的建议是由意大利比较法学者西雅洛加（Scialoja）提出的，意大利政府采纳了该提议，并与当时的国际联盟订立协议，在罗马成立该组织，其经费由意大利政府负责，而其权利和作用则由国联理事会确定。因而，有人认为该学会最初实为意大利政府献给国联的一个礼物，是国联的辅助机构。该组织于 1928 年开始工作，后来，随着意大利退出国联，该组织也便成为不再依附于国联的独立的国际组织。国际联盟解体后，该协会于 1940 年根据多边协议——《国际统一私法协会章程》重新设立，并成为一个独立的政府间国际组织。

国际统一私法学学会现有（截至 1996 年 4 月）会员 58 个。我国于 1985 年 7 月 23 日正式接受该学会章程，并从 1986 年 1 月 1 日起正式成为该组织的成员国。

国际统一私法学会主要由大会、理事会、秘书处协会主席和行政部等几个部分组成。大会（General Assembly）是该组织的最高机构，由组织的所有成员国组成，每个成员国在大会上都有一个代表席位。大会的主要任务在于确定组织的工作计划和决定组织的财政预算。由于出席大会的大多是各国驻意大利的外交官，而非从事国际私法工作的专家，因而大会在该组织从事私法统一的具体活动方面并不起太大的作用。理事会（Governing Council）实际上是该组织进行私法国际统一活动的一个最重要的组织机构，它负责起草组织的工作计划，并决定组织的活动。执行委员会由大会选出的代表组成，这些代表大多是法学教授、法官、各国司法部的官员等，这种代表成分，无疑有利于组织顺利地从事私法国际统一的工作。该组织的第三个主要组织机构是秘书处（Secretariat），秘书处主要是在秘书长领导下负责组织的日常事务，实施各项工作计划。

在当今私法统一化进程中，海牙国际私法会议与罗马国际统一私法学会，无疑是联合国组织之外，最为重要的两个广泛性的国际组织。然而，该两组织统一私法活动的范围差别是很明显的。法国法学家达维教授非常简明扼要地归纳这种差别为："学会致力于那种可以实现统一的领域的实体法规则的起草，而把法律冲突和管辖权冲突的解决留给海牙国际私法会议。它们间的这种合作使得它们两者在行动方面互不干涉，即一方寻求那些有必要而且也有可能实现法律统一的领域的法律的统一；而一方则负责那些并不可能实现统一的领域的工作，以填补统一法律中可能出现的缺陷。"国际统一私法协会的宗旨是促进各国和各多国集团之间私法规则的统一和协调，并制定可能会逐步被各个不同国家接受的私法统一规则。协会成立至今已经完成了70多项研究和立法工作，涉及的领域主要有：有关货物买卖的法律、信贷法、货物运输法、与民事责任有关的法律、程序法和旅游法。

首先，国际货物买卖法律统一。该领域是该组织几十年工作的中心，而且，由该组织准备的、于1964年在海牙获得通过的关于国际货物买卖统一法的两个公约，即《国际货物买卖统一法公约》和《国际货物销售合同形式统一法公约》，是该组织几十年私法国际统一工作所获得的最大成果。

罗马统一私法学会在20世纪20年代成立时，国际上已有不少组织从事冲突法以及运输、版权、工业产权等私法领域的法律统一工作，因而，学会成立后便决定不与这些现存的组织竞争，而是与它们进行合作。然而，为实现学会的宗旨，并通过活动使其在私法国际统一化运动中有一定的地位，它不得不独立地选择课题，从事私法的统一工作。在20世纪20年代末，国际货物买卖法领域，尤其是国际货物销售合同的法律规范的国际统一，尚未有人问津，而这些领域的法律统一又无疑具有非常重大的意义。在这种情况下，该学会便选择该领域开始工作。

1930 年 4 月该学会执行理事会指派一个七人委员会起草国际货物销售统一法。1934 年 10 月，执行理事会通过了该起草委员会草拟的初步草案。该草案与一份报告由执行理事会提交给国联理事会。1935 年 1 月，国联秘书处把该草案发送（国联成员国或非成员国）各国政府，以征求意见。一些国家表示赞成这方面的法律统一设想及该公约草案，另一些国家建议该学会对草案作进一步的修改。学会因而改组起草委员会，以根据各国的意见审查和修改公约草案。第二次世界大战以后，在学会的建议下，荷兰政府于 1951 年在海牙召集了一次国际会议。会上通过了上述 1939 年由学会执行理事会通过的公约草案，但建议对它作进一步的修改。为此成立了一个由 12 位代表组成的特别委员会，负责公约草案的进一步修改工作，并于 1956 年完成新草案的起草工作。该新草案与一份报告，由荷兰政府发送给各国政府以广泛征求意见。特别委员会综合意见，于 1962 年拟出了最后草案。

荷兰政府邀请于 1964 年 4 月在海牙召开了一次外交会议，28 个国家的代表出席了该会议。会上正式通过了《国际货物销售统一法公约》，该公约于 1972 年 8 月 18 日生效。

1964 年海牙国际货物买卖统一法公约，只涉及此种合同的内容问题，而对国际货物买卖合同中当事人的责任问题、合同不履行的补救问题等置之不顾。而这无疑是不完善的。因此，在上述 1964 年海牙会议上又通过了《国际货物销售成立统一法公约》。该公约于 1972 年 8 月 23 日生效。这两项公约分别为 1980 年《联合国国际货物销售合同公约》第三部分（货物销售）、第二部分（合同成立）的前身。随着其成员国加入 1980 年公约，这两项公约将自动失效。

为了进一步推动合同法的国际统一，国际统一私法学会历经十余年的努力，于 1994 年 5 月理事会第 73 届会议上制定并通过了《国际商事合同通则》（以下简称《通则》）。《通则》旨在为国际商事合同确定一般规则，可用于解释或补充国际统一法律文件，可作为国内或国际合同立法的范本。《通则》吸收了当今国际社会合同法律与实践中带有共同性的一般原则，而且其适用范围比《联合国国际货物销售合同公约》更为广泛，即不仅仅适用于国际货物买卖合同，还适用于诸如特许经营协议、技术许可协议、专业服务合同等其他种类的国际商事合同。《通则》的内容也更为全面、具体，包括合同的成立、合同的有效性、合同的解释、合同的内容、合同的履行及不履行。《通则》在本质上并不是一项具有强制性的国际公约，而是可以完全由当事人任意选择适用的一般法律原则，具有更大的灵活性。

在此领域，罗马国际统一私法学会还制定了《国际货物销售代理公约》（1983 年）、《国际保付代理公约》（1988 年）等一系列与国际货物买卖有关的公约。

其次，国际运输法领域。鉴于世界上已有不少专门性的国际组织从事国际运输法律的统一，国际统一私法学会便选择公路、铁路以及内河运输方面法律规范的国际合作为其重点，学会在这一方面所起草的公约草案大多并入一些有关的地区性的公约中。例如于 1961 年生效的《陆路国际货物运输合同公约》及关于内陆水路船只物权的两个议定书，在联合国欧洲经济委员会负责下由各国政府签字。学会制定的关于陆路旅客运输公约草案，也已由意大利政府发给各国政府，征求意见。此外，学会还准备了两个公约草案，分别规定国际运输公司（international forwarding agents）和国际货物联运合同。

再次，国际仲裁领域。国际统一私法学会在该领域曾起草了《关于国际私法关系仲裁统一法初步草案》（*Preliminary Draft of a Uniform Law on Arbitration in Respect to International Relations of Private Law*），此项工作成为国联制定 1923 年日内瓦《仲裁议定书》和 1927 年日内瓦《关于执行外国仲裁裁决公约》的基础。学会的此项工作后来实际上也成为联合国制定 1958 年《关于外国仲裁裁决的承认与执行的国际公约》的基础，并由此在广泛的国际范围内产生影响，而且，此项工作也在地区范围内对欧洲经济委员会制定 1961 年《欧洲国际商事仲裁公约》和欧洲理事会起草《关于仲裁统一法的欧洲公约》都产生了深刻的影响。

最后，民事责任领域。在该领域，学会起草了两个公约草案，即《关于汽车司机民事责任统一法公约草案》和《关于旅馆主民事责任统一法公约草案》。该两公约草案均被并入关于汽车司机对第三人造成伤害的民事责任和关于旅馆主对游客行李责任的两个欧洲公约中，即欧洲理事会 1959 年《关于强制投保机动车民事责任欧洲公约》和 1962 年《关于旅馆经营者对其住客财产的责任公约》。

此外，罗马国际统一私法学会还制定有《关于旅游合同国际公约》（1970 年）、《国际融资租赁公约》（1988 年）、《文物保护公约》（1995 年）等。

总之，国际统一私法学会是国际范围内从事私法统一的一个非常重要的国际组织。它从成立至今已在私法国际统一方面取得了不少的成果。我国加入该组织，无论对该组织扩大其影响和更顺利地取得私法统一的成果，还是对我国加入私法国际统一化运动，以使国际统一私法能考虑我国法律的基本原则，并使我国的法制建设进一步完善，都是极为有益的。

四、海牙国际私法会议（Hague Conference on Private International Law）

在从事统一国际私法工作的国际组织当中，最有成效、最富影响的当首推海牙国际私法会议。旨在促进国际私法之国际统一的海牙国际私法会议，迄今（1893—1993年）已走过整整一个世纪的历程。一百年来，它为国际私法的国际统一化运动作出了巨大贡献。由于海牙国际私法会议在统一国际私法运动中的特殊地位，本书设专编对其详加介绍。

第四节 地区性政府间国际组织

严格说来，私法国际统一化运动最初是地区性的，这主要是因为在一个世纪以前，全球范围内的广泛的国际交流尚不普遍，因而，并不具备进行广泛的全球性的私法统一的客观条件。而且，加上殖民主义的横行，所谓“国际文明社会”和“非文明社会”观念的存在，也不能进行现在意义上的那种融各法系原则于一体，由各国际社会成员平等参加的私法统一化运动。但是，由地理位置接近的一些国家所组成的地区（groups of states），在文化、社会背景方面大多相似，而且，彼此交往也很频繁，所以，需要进行地区范围内的私法统一，以利于彼此的交往。再者，比较类似的文化、社会背景，也使得此种统一比较容易。在这种情况下，私法的统一化活动便容易在地区范围内开始。

在一个多世纪中，私法的地区性统一始终方兴未艾。这种地区性的私法统一化运动，以美洲尤其是拉丁美洲、西欧、东欧、北欧规模最大，取得的成果最多，因而也最为世人所瞩目。至于亚洲和非洲，尽管从二十世纪四五十年代起，也进行了一些地区性私法统一的工作，而且，也有些专门性的国际组织从事该方面的工作，但似乎无太大的成绩。然而，并非大多数国家现在都积极加入世界范围内的私法统一化运动。

一、拉美从事私法统一的国际组织

1. 巴黎大会和以后若干次拉美私法统一会议

1826年由拉美民族英雄西蒙·波利瓦尔（Simon Bolivar）发起召开的“巴拿马大会”（The Congress of Panama）上，有人提出进行拉美公法编纂和制定“美洲人民国际法典”（Code of International Law of American people）的建议，此一建议得到一些拉美国家的支持和拥护。此次会议实际上成为从西班牙和葡萄牙等殖民统治下独立起来的拉美国家联合起来进行法律（包括私法）统一化运动的开端。

巴拿马会议以后，拉美一些国家于 19 世纪中叶召开了几次进行法律统一的国际会议。就私法而言，这些会议研究和涉及的问题包括航海与通商、国际互惠待遇、司法及其他公文的相互承认、外国判决的承认等。1964 年 11 月在利马召开的美洲会议（the American Congress）上曾有人提出对拉美私法统一具有重要意义的建议，即厄瓜多尔全权代表皮德拉塔（Pon Vicente Piedrahita）提出的“旨在确定涉外公法，包括国际私法若干原则”的建议，以及委内瑞拉代表葛茨曼（Don Antonio Leocadio Guzman）提出的一个仅涉及国际私法的建议。遗憾的是这两项建议书当时并未获得大会讨论。

1875 年 12 月 11 日秘鲁政府呼吁拉美国家努力实现私法的地区性统一，并邀请拉美国家召开一次统一民法及国际私法的会议。拉美一些国家响应了秘鲁政府的倡议，并接受邀请，参加 1877 年在利马召开的统一私法大会，即美洲的法学家大会（The Congress of Jurists Congreso Americano de Jurisconsultos），也即通常人们所说的利马会议。围绕着私法统一的原则问题，在利马会议上持“属人主义”观点和持“属地主义”观点的两派人间进行了激烈的争辩。经过 10 个多月的工作，会议最后起草出《关于建立国际私法统一规则的公约》，该公约共 60 条，规定了人的民事地位和能力、财产、婚姻、国际管辖权问题，以及他国判决的执行问题等。据说该公约之内容深受意大利孟西尼（Mancini）属人法学派观点的影响，以至于公约不大受广大拉美国家的欢迎，而只有秘鲁一国批准，因而未获得成功。

利马公约的失败并未使拉美国家中止进行私法统一化运动的努力。1888 年 2 月阿根廷和乌拉圭两国达成协议，决定由它们分别向一些拉美国家发出邀请，召开一次“南美国际法律大会”（The South American International Juridical Congress），并在大会上制定一个关于国际私法的公约。该大会于 1888 年 8 月 25 日在蒙得维的亚召开，因此，它通常被称为“蒙得维的亚会议”（Montevideo Congress）或“南美会议”（Congreso sud-americano）。这次大会取得了成功，共起草和制定了关于国际诉讼法、文学艺术产权、版权、商标与专利、国际刑法、自由职业、国际民法、国际商法方面的八个国际公约和《关于国际私法若干公约的附加议定书》。上述各项公约不久便获得了绝大多数会议出席国的批准。总之，南美国际法律大会可以说是实际上取得了成功。

拉美国家进行地区性私法统一化运动，与西蒙·波利瓦尔领导拉美人民争取民族独立精神的鼓舞是分不开的。波利瓦尔的精神无疑是拉美各国团结起来的一个纽带。为了纪念拉美人民的这位英雄，拉美国家召开了若干次以波利瓦尔命名的大会——波利瓦尔大会（先称为“Congresos Boliviano”后改称“Congresos Bolivarianos”）。波利瓦尔大会也进行了私法统一工作，所以它是拉美私法国际统一化运动发展史的组成部分。

为纪念波利瓦尔 100 诞辰，于 1883 年在加拉加斯召开的“波利维亚大会”（Congreso Boliviano），尽管主要讨论公法问题，但会议最后议定书中却规定翌年在加拉加斯召开一次内容包括探讨国际私法统一的会议。然而，这一计划了的会议后来并未召开。1911 年适逢委内瑞拉独立一百周年，在加拉加斯召开的纪念大会上，就国际私法统一问题进行了专门的工作，并缔结了一些私法统一方面的公约。当然这些公约深受 1889 年的一些蒙得维的亚公约的影响。

中美洲四国哥斯达黎加、危地马拉、洪都拉斯及萨尔瓦多早在 1872 年便签署了一个协定，并在该协定中尝试对民事、刑事和诉讼法进行一定程度的统一。1897 年中美洲一些国家在危地马拉召开了所谓的“危地马拉大会”（即第一届中美洲法律大会，Congreso Juridico Centroamericano），会上除签署了有关中美洲联盟的条约外，尚通过了有关国际私法、商法、诉讼法、知识产权、刑法以及引渡等方面的若干公约。其中关于国际私法的公约，是以住所地原则为基础的。而且，这些公约均深受 1889 年蒙得维的亚公约的影响。这些公约在历史上均未生效。中美洲国家又于 1901 年在圣·萨尔瓦多召开了一次法律大会，即第二届美洲法律会议（Segundo Congreso Juridico Centroamericano）。会上以 1897 年的公约为基础，签署了七个公约，但只有萨尔瓦多一国全部批准。

2. 泛美会议

在美国政府的邀请下，于 1889—1900 年在华盛顿召开了第一届美洲国家国际会议，会上设立了美洲国家联盟。第一次泛美会议也对国际私法的统一问题进行了讨论。至 1914 年泛美会议共召开了六次。就泛美范围内对私法的统一化来看，这些会议并未取得实质性的成果。而且，住所地原则与国籍原则依然是泛美会议上争论的焦点。但是，这里尚有必要提及以下几次泛美会议的工作。

1923 年在智利圣地亚哥召开了第五届泛美会议，会上成立了一个国际法学家委员会（Comision International de Jurisconsultos Americanos）。会上就协调住所地原则与国籍原则的各种建议进行了讨论，并最后决定在考虑这些建议的情况下，制定一个内容广泛的国际私法典。

1928 年在哈瓦那召开了第六届泛美会议，会上通过了由古巴法学家布斯塔曼特起草的一个法典草案，即著名的《布斯塔曼特法典》（*Codigo*

Bustamante)。

这之后至第二次世界大战爆发，分别于1933年和1938年召开了第七、八届泛美会议，其间于1936年召开了泛美会议特别会议。但这几次会议对私法的统一并未取得成果。

3. 美洲国家组织

1938年于波哥大（Bogota）召开的第九届泛美会议上，成立了美洲国家组织（Organization of American States）。该组织宪章中规定，“发展与编纂国际公法与国际私法”是组织的任务之一，因此，该组织的成立，是美洲，尤其是拉美私法国际统一化运动的一件大事。

美洲国家组织的主要组织机构有美洲会议、外长会议、理事会和泛美联盟（即组织的秘书处）以及特别会议与特别机构。就私法的国际统一而言，有必要把美洲国家组织的几个特别机构予以简单介绍。首先，美洲法学家理事会（Consejo Interamericano de jurisconsultos，CIJ）。1948年的美洲国家组织宪章把该理事会规定为组织理事会中的一个机构（第57条）。CIJ的任务在于为发展和编纂国际公法和国际私法进行工作。然而，1967年修改后的宪章取消了该组织。其次，美洲法学家委员会（Comité Suridico Interamericano，CJI）。这实际上是从事法律编纂的一个机构。CJI是根据1948年美洲国家组织宪章，作为美洲法学家理事会（美洲国家组织理事会特别机构之一）的常设委员会在巴西里约（Rio）设立的。1967年修改后的组织宪章赋予它行使原来美洲法学家理事会的职能。

美洲国家组织从事国际私法统一化运动，主要是通过美洲法学家理事会，尤其是常设机构美洲法学家委员会（CJI）的活动进行的。1950—1965年，美洲法学家理事会共召开了五次大会，就国际私法范围内的货物买卖、司法协助等领域的法律统一问题进行了研究和讨论。特别应予指出的是，美洲法学家委员会（CJI）在这一段时间里，一直致力于《布斯塔曼特法典》的研究和修订工作，并最终于1966年完成了一个以住所地为基本原则的修订草案。

为了加强国际私法的编纂工作，并使国际私法的统一跟上美洲经济一体化的进程，美洲国家会议于1971年4月23日在哥斯达黎加召开的大会上决定召集国际私法特别会议。美洲国家组织国际私法特别会议的召开，开始了美洲国际私法统一的新阶段。

第一届美洲国家私法特别会议（Inter-American Specialiged Conference on private International Law，CIPIP）于1975年1月在巴拿马城召开，美洲国家组织的大多数会员国出席了会议。会议最后通过了两项决议和六个条约。这六个条约分别是：(1)《关于汇票、本票和发票法律冲突的美洲公约》；(2)《关于支票法律冲突的美洲公约》；(3)《美洲国际商事仲裁公约》；(4)《关于司法互助请求（Letters Rogatory）的美洲公约》；(5)《美洲外国取证公约》；(6)《关于在外国代理权力的法律制度的美洲公约》。第一届美洲国际私法特别会议获得了广泛的高度评价，这不仅是因为它所取得的上述统一私法的成果，而且，会议本身“无疑使得具有高深学术造诣的专家们能够直接交换意见；而且，正如经验所示，这种直接的接触也形成推动国际私法编纂的强大动力”。

第二届美洲国际私法特别会议于1979年4月23日至5月8日在蒙得维的亚召开。早在1975年12月美洲国家组织理事会便通过了第二届美洲国际私法特别会议的议程，根据该议程，会议应讨论以下八个方面的问题：(1) 外国判决的承认与执行；(2) 民、商事诉讼中保全措施的采用；(3) 美洲国家间彼此法律和法规的证明；(4) 国际支付中支票的法律冲突和统一；(5) 关于在拉美施行的公司、企业领域冲突法规范的更新；(6) 国际私法的一般规则；(7) 国际货物买卖；(8) 国际水路运输及提单。会议最后分别就上述前六项议题以及关于自然人的住所问题和关于司法互助请求的八个公约。

第三届美洲国际私法特别会议于1984年5月在波利维亚的拉不勒斯召开。本届会议起草了《关于未成年人收养的国际法公约》、《法人权利能力与行为能力公约》、《关于在外国取证公约的附加议定书》以及《国际管辖权作为承认外国判决先决条件的公约》。

1989年7月9—15日在乌拉圭首都蒙得维的亚召开了第四届美洲国际私法特别会议。会上通过了《国际交还（被拐卖——作者加）儿童的美洲公约》、《关于抚养之债的美洲公约》、《陆地国际货物运输的美洲公约》。这些公约均将于第二封批准书交存之日起30天后生效。本届会议上尚通过了一项关于对国际合同法律适用进行进一步研究的文件。由于一些国家的代表认为大会对国际合同的法律适用问题尚未作充分的研究，因而，会上未批准墨西哥代表所提交的一份关于国际合同法律适用问题的公约草案，而是通过了上述文件。此外，本届会议上还通过了与国际合同有关的三项决议。据此，大会建议美洲国家组织的成员国考虑签署、批准或加入以下几个国际公约：(1)《国际债权转让和国际融资租赁公约》(1988年，渥太华)；(2)《联合国国际货物销售合同公约》(1980年，维也纳)；(3)《联合国国际货物销售时效期限公约》(1974年，纽约) 及其修改议定书 (1980年，维也纳)；(4)《国际货物销售合同法律适用公约》(1986年，海牙)。

1994 年 3 月，美洲国家组织第五届国际私法特别会议在墨西哥城召开。本届会议上通过了《关于国际合同法律适用的美洲国家间公约》和《关于国际拐卖未成年人的美洲国家间公约》，并确定了第六届国际私法特别会议的议题。

拉美国家从事私法统一化运动有约一个世纪的历史，尽管其中多有曲折，但这一运动在不断发展着，而且，也取得了很大的成果。尤其是《布斯塔曼特法典》可以称为是世界上统一私法的伟大杰作。近几年来，随着拉美一体化的进程的发展，统一私法运动也随之发展壮大，这不仅表现在越来越多的拉美国家积极加入这一运动，如 1989 年召开的第四届美洲国际私法特别会议就有很多国家参加，而这也被认为是此届会议取得重大成功的主要标志之一，而且，统一私法的范围也越来越宽。

二、欧洲从事私法统一的国际组织

1. 欧洲联盟

欧洲联盟的前身是欧洲共同体。欧洲共同体实际上由三个共同体组成，即欧洲煤钢共同体、欧洲经济共同体和欧洲原子能共同体。由于这三个共同体，尤其是后二者间具有很多的相似之处，且为了便利共同体的统一行动，三个共同体间于 1965 年 4 月 8 日在布鲁塞尔签了一个称为《若干欧洲共同体设立单一理事会和单一委员会的公约》（*Treaty Establisbing a Single Council and a Single Commission of the European Communities*），通常称为“合并公约”（Merger Treaty），于 1967 年 7 月 1 日起生效。该“合并公约”并未合并既存的各共同体，而只是使三个共同体的理事会合而为一，称为“欧洲共同体理事会”，并使经济共同体和原子能共同体的“委员会”合并为一个，称为“欧洲共同体委员会”。该两个合并后的机构均设于布鲁塞尔。1991 年 12 月欧共体首脑在荷兰马斯特里赫特举行会议，通过了《政治联盟条约》和《经济与货币联盟条约》，统称《马斯特里赫特条约》。1993 年 11 月 1 日，该条约生效，欧洲联盟即告诞生。现有 15 个成员国。

欧盟有四个主要机构，即委员会、理事会、议会和法院。欧盟委员会，由成员国政府所指派的代表组成，其任务是建议欧盟采取新政策，协调成员国的活动以确保它们能够采纳委员会的建议，调整各成员国的国内政策并考察共同体既存政策的执行情况。欧盟理事会，“是成员国直接表明其权益的机构”。理事会的活动主要在于决定欧洲联盟的立法，与外国缔结协议，并与欧洲的议会一起制定共同体预算。欧洲议会（The European Parliament）以前称为各共同体的大会（Assembly），1962年才改为现名。它的宗旨是作为欧洲共同体人民的一个代议机构。欧洲议会的主要活动是作出建议，然后，由理事会将这些建议起草成相应的决议，推荐给成员国，使之根据各自宪法规定的要求去采用。欧盟法院（The Court of Justice of the European Communities）是一个司法机构，其主要任务在于确保联盟法律的施行，并作为成员国与联盟之间的中介，解决它们间的法律纠纷。此外，该法院还充当保护个人免受欧盟设在布鲁塞尔的机构官僚主义侵害的角色。

就私法的国际统一而言，在原欧洲三个共同体中，以欧洲经济共同体最为重要，因而，我们这里主要介绍作为区域政府间国际组织的欧洲经济共同体进行私法统一的情况。《建立欧洲经济共同体公约》（通常称为《罗马公约》）第3（9）条规定，成员国基于本公约所规定的目的，采取措施调整本国法律制度，以满足发挥共同市场作用的需要。欧洲经济共同体进行法律协调的一个特征，就是确认"法律制度的协调本身不是目的，而是实现共同市场的一种手段"。《罗马公约》作为欧洲经济共同体的一种重要的法律文件，尚有若干条文专门规定私法协调问题。如第54（3）（G）条规定公司对股东和第三人利益的担保，第56条关于外国人的特别规定，第57条规定无报酬活动，第117条规定社会福利制度的协调，第43条和第75条分别规定共同的农业政策和运输政策。

欧洲经济共同体进行法律的协调和统一，采用了一些不同的方法：

首先，共同体制定"得予一般适用，具有实质约束力，且对每一成员国直接适用的""规定"（Regulations）。由于这种"规定"约束所有成员国，而且具有一般地和直接适用的特点，因而，它是实现共同体法律一体化最为有效的一种法律文件。

其次，共同体制定"指令"（Directives）。根据《罗马公约》第189条第3款的规定，成员国可以采取不同的形式和方法执行这种法律文件。欧洲共同体理事会根据"罗马公约"，尤其是第100条的规定，于1985年7月25日公布的《关于调整成员国有关瑕疵产品责任的法律规定和行政规则的指令》就属这种法律文件。

最后，《罗马公约》第220条还规定，在一些情况下，共同体成员国间可以签署国际条约，而有关私法的条约也就成为欧洲经济共同体实现私法协调与统一的法律文件。在这方面，有欧洲经济共同体的六个原始成员国，比利时、原联邦德国、法国、意大利、卢森堡以及荷兰于1968年9月27日在布鲁塞尔签署了《关于民、商事管辖权和判决的执行的公约》（1973年2月1日生效）；

1971 年 6 月 3 日在卢森堡签署了关于法院解释上述公约的议定书（1975 年 9 月 1 日生效）；1988 年，为将《布鲁塞尔公约》扩大适用于欧洲自由贸易联盟国家，有关国家又签署了《洛迦诺公约》。1980 年欧洲经济共同体制定了一个《关于合同义务法律适用公约》，并于同年 6 月 19 日在罗马对成员国开放签字（该公约是欧洲共同体统一合同冲突法问题的一个非常重要的法律文件）。欧洲经济共同体的上述六个原始成员国还于 1968 年 2 月 19 日签署了《关于相互承认公司和企业实体的公约》。此外，在欧洲经济共同体于 1982 年草拟出《关于破产、结业、整理、债务了结以及类似程序的公约草案》之后，欧盟理事会于 1995 年 9 月 12 日在布鲁塞尔通过了《破产诉讼公约》，根据该公约第 48 条的规定，就该公约所及事项，它取代了其成员国之间原有的有关破产的双边或多边条约。

2. 欧洲理事会

欧洲理事会是于 1949 年成立的一个欧洲地区性国际组织，会址设在法国斯特拉斯堡。根据该组织章程第 1 条的规定，它的目标是“为达到保卫和实现作为成员国共同遗产的理想和原则，并促进它们的经济和社会的发展的目的，实现其成员国间更大的联系”。该章程还规定了实现这一目标的途径，即“通过在经济、社会、文化、科学、法律和行政事务方面缔结协定和采取共同行动，以及维护和进一步实现人权和基本自由”。进行私法的统一尽管不是欧洲理事会的任务，但也是它实现该组织的目标的手段之一。从该组织成立至今近半个世纪的历史来看，它在私法统一化进程方面，也取得了一些成就。

欧洲理事会的主要组织机构包括部长会议和协商大会（章程第 10 条）。部长会议是组织的执行机构，代表组织进行活动。它可以为实现组织目标采取一些行动，包括缔结条约或协定、采纳共同政策等。“协商大会”由各成员国的议员组成。与各成员国的议会制度相一致，该协商大会也由不同的政治组织组成。它们包括社会党、基督教民主党、自由党以及共产党等。1974 年该“协商大会”改名为议会（Parliamentary Assembly）。作为欧洲理事会的代议机构，议会可以在组织权限范围内，就任何问题进行讨论并作出决议，提出意见。

为了加强该组织内部的法律协调和私法统一工作，欧洲理事会部长会议于 1963 年设立了一个“法律协作委员会”。其具体任务在于“就欧洲理事会现在和将来的法律计划，尤其是国际公、私法及各国私法领域的公约草案，示范法律和统一法律的起草进行协调和监督”。该委员会在私法统一化方面的活动涉及非婚生子女的法律地位、水污染的民事责任、自然人身体伤害或死亡的民事责任、产品生产者的责任、消费者的法律保护、儿童的法定代理和监护、个人隐私及数据库的保护、民法中的刑事章程、民商事关系中的消灭时效、不同国籍的配偶及其子女国籍冲突的解决等。但是，根据1973年6月在瑞典召开的第八届欧洲司法部长会议的建议，该“法律协作委员会”其后的活动主要集中于家庭法领域，尤其是离婚及其经济的和社会的后果方面。

欧洲理事会成立后共签署了80多个公约和协定，其中主要涉及公法问题，涉及私法问题的有以下几个方面：

（1）专利法。这方面包括《关于专利申请形式要件的欧洲公约》（1953年）、《关于专利国际分类的欧洲公约（包括修订后的附件）》（1954—1961年）、《关于统一发明专利实体法律若干问题的公约》（1963年）。

（2）民、商事仲裁。这方面包括《关于适用欧洲国际商事仲裁公约的协定》（1962年）和《关于仲裁统一法的欧洲公约》（1966年）。

（3）民事义务。在这方面，欧洲理事会签署了以下几个公约：《关于旅店主对顾客的财产责任的公约》（1962年）、《关于机动车民事责任强制投保的欧洲公约》（1959年）、《外国人货币之债的欧洲公约》（1967年）。

（4）家庭法方面。欧洲理事会起草了《关于儿童收养的欧洲公约》。该公约于1967年4月24日向成员国开放签字。

（5）公司法方面。1966年1月20日欧洲理事会签署了《关于建立公司的欧洲公约》。

（6）破产法方面。欧洲理事会于1990年在伊斯坦布尔通过了《关于特定国际性破产的欧洲公约》。

（7）国际司法协助方面。这方面欧洲理事会签署了《关于外国法证明的公约》，该公约于1969年12月17日生效。

3. 比、荷、卢统一国际私法组织

比利时、荷兰和卢森堡是西欧三个紧密相连的邻国，各国间人员来往非常频繁，进行彼此间的私法的协调与统一，成为这些国家便于相互交往的一种迫切需要；而且，它们间密切的地理联系，类似的文化和法律传统，也自然成为这些国家进行私法统一化运动的有利条件。比、荷、卢统一私法的运动开始于20世纪初，从事这种运动的地区性国际组织有以下两个：

第一，比利时、荷兰、卢森堡统一法研究委员会。

1948年比、荷、卢三国成立了“比利时、荷兰、卢森堡统一法研究委员会”，秘书处设于比利时首都布鲁塞尔。根据该委员会章程的规定，它的首要任务是起草包括刑法领域问题以及私法问题的统一法的草案。委员会由10名比利时代表，10 名荷兰代表以及 6 名卢森堡代表组成。这些代表都是由各国司法部任命的法学专家和其他领域的一些专家。委员会分为两个分委员会，分别负责刑法和私法方面的问题。

该委员会起草的法律草案首先提交给三国司法部，然后，由各国称为“司法部工作小组”的机构对该草案进行审查并提出修改建议。一项法律草案在最终获得通过之前还得经过“议会联合咨询委员会”审查。

与统一法研究委员会进行法律统一活动有关的尚有一个地区性国际组织的机构，即比、荷、卢经济联盟的“司法互助工作小组”。比、荷、卢经济联盟根据 1958 年 2 月 3 日三国签署的条约成立，其宗旨在于努力实现比、荷、卢国家内商品、服务、资本以及人员流通自由。如果一项法律的统一与该联盟直接有关，则它便可以提议进行有关的法律的统一，并从而由统一法研究委员会在该经济联盟司法互助工作组的领导下进行法律的起草工作。

第二，议会联合咨询委员会。

该委员会成立于 1955 年，由三国 49 位议员组成，其中比利时 21 人，荷兰 21 人，卢森堡 7 人。根据委员会章程的规定，其目的在于统一关于经济、文化问题的意见，协调外交政策以及统一法律制度。该咨询委员会审议由上述统一法研究委员会准备的法律草案。一项法律草案只有获得该咨询委员会三分之二多数通过后，方能由该咨询委员会提交给各国议会审议批准。

由咨询委员会通过并提交给各国议会的法律，通常由该三国签署条约，规定该统一法在三国适用，然后，由三国议会批准该条约。如果咨询委员会通过后提交给各国议会的是示范法，则各国可以进行修改。

比、荷、卢议会联合咨询委员会已在冲突法、行政与司法协助、民事责任等私法领域进行了大量的法律统一工作。若干统一私法公约已获得成员国的签署，它们包括：(1)《关于国际私法的公约》(1951 年 5 月 2 日与 1986 年 11 月 3 日)；(2)《关于机动车民事责任强制保险公约》(1955 年 1 月 7 日与 1966 年 5 月 24 日)；(3)《关于破产管辖权以及司法判决、仲裁裁决以及一些公事效力及其执行的公约》(1961 年 9 月 24 日)；(4)《关于商标的公约》(1962 年 3 月 19 日) 等。1966 年 6 月比、荷、卢议会联合咨询委员会尚批准关于设计与图样的公约。此外，还有关于司法互助、律师职业的公约被提交该委员会批准。而且，该委员会还建议制定有关代理合同与代理权的示范法律。

比、荷、卢地区性的私法统一化运动在上述国际组织的努力下，尽管取得了一些成果，但是，这种成果正如比利时法学家林彭斯 (J. Limpens) 指出的那样是不能令人满意的。上述一些公约大多数都未获得比荷卢三国一致批准。

如1951年《关于国际私法的公约》，仅卢森堡一国批准，这样比荷卢议会联合咨询委员会不得不于1965年和1966年建议对该公约进行修改以便获得另外两国的批准。因而，1966年11月3日诞生了一个修改后的新文本，并于1969年7月3日签署。然而，该新文本也遭同样的不幸，这样三国最终不得不放弃统一国际私法的这一计划。但是这种情况并不表明三国无统一国际私法的愿望，而是如达维在分析比荷卢国家统一私法活动未能产生令人满意结果的原因时所指出的，主要是这些统一的尝试受到那些具有广泛目标的组织的竞争。因为这三国都是欧洲经济共同体、欧洲理事会以及海牙国际私法会议的成员国，它们缔结的协定如不与上述具有更广泛目标的国际组织的统一化工作相协调，将会在更大范围内引起问题，从而使得三国欲进行小范围内共同立法的工作出现困难。应该说，这一分析是合理的①。

4. 民事身份国际委员会（Commission Internationale de L'etat Civil，CIEC）

该委员会是根据1950年9月25日签署于伯尔尼的一项议定书而成立的一个地区性的政府间国际组织，其成员国包括比利时、前联邦德国、法国、希腊、意大利、卢森堡、荷兰、奥地利、土耳其以及瑞士。

该委员会的任务在于整理、收集立法及司法判决中有关人的地位方面的资料，通过法律和技术方面的努力以改善自然人的民事地位。为实现后一任务，该委员会积极制定一些有关的国际公约，从而实现该方面的法律统一工作。该委员会制定国际公约的程序，大多是先由各国的分会或由专门委员会准备出公约草案，再由委员会的办公室（由各国分会的主席组成）提出意见，最后由委员会每年一度的大会批准通过。

民事身份国际委员会制定了以下公约：（1）1956年9月27日《关于从外国获得自然人户口簿的巴黎公约》；（2）1957年9月26日《关于免费提供自然人身份证和免除法律认可的卢森堡公约》；（3）1958年9月4日《关于自然人身份事务信息国际交流的伊斯坦布尔公约》；（4）1958年9月4日《关于姓名更改的伊斯坦布尔公约》；（5）1961年9月14日《关于扩大承认非婚生子女之官员管辖权的罗马公约》；（6）1962年9月12日《关于确认非婚生子女的母亲关系的布鲁塞尔公约》；（7）1964年9月10日《关于简化在外国结婚手续的巴黎公约》；（8）1964年9月10日《关于对加入国籍相互通知的巴黎公约》；（9）1964年9月10日《关于对民事身份证修改决定的巴黎公约》；

---

① ［法］勒内·达维：《私法的国际统一》，载《国际比较法百科全书》第2卷第5章，第191页。

（10）1966年9月18日《关于在一些情况下确认自然人死亡的雅典公约》；（11）1967年9月8日《关于对婚姻问题判决承认的卢森堡公约》；（12）1970年9月10日《关于通过婚姻使非婚生子女准正的罗马公约》；（13）1973年9月13日《关于减少自然人无国籍状况的伯尔尼公约》；（14）1973年9月13日《关于通报自然人户口簿上姓名的巴黎公约》；（15）1974年9月12日《关于建立一个国际户籍簿（Stammbuch der Familie）的巴黎公约》；（16）1976年9月8日《关于多种语言户口簿的维也纳公约》；（17）1977年9月15日《关于免除对一些文件和公文效力认可手续的雅典公约》；（18）1980年9月5日《关于自愿承认非婚生子女的慕尼黑公约》；（19）1980年9月5日《关于出具结婚能力证明的慕尼黑公约》；（20）1980年9月5日《关于姓名法律适用的慕尼黑公约》；（21）1982年9月8日《关于出具不同姓氏证明的海牙公约》。

5. 斯堪的纳维亚国家统一国际私法组织

北欧的斯堪的纳维亚国家，包括丹麦、挪威、瑞典、芬兰和冰岛，在文化方面存在着诸多的相似之处：它们具有相同的宗教、相似的语言、类似的社会结构以及相同形式的民主理想。诸多的共性成为这些国家几十年来进行彼此间法律协调与统一的推动力量。就地区性私法统一而言，北欧斯堪的纳维亚国家取得了很大的成就。美国学者欧菲尔德（Orfieid）写道，与斯堪的纳维亚国家相比，“没有其他国家如此持久、持续并如此广泛地合作去进行法律的统一工作……也没有其他国家能以这样了不起的进行持续合作的尝试感到自豪”①。从事北欧国际私法统一工作的组织主要有：

第一，斯堪的纳维亚律师大会。1872年在哥本哈根召开了第一届“斯堪的纳维亚律师大会”，并由此揭开了斯堪的纳维亚国家进行合作以协调和统一它们间法律的序幕。斯堪的纳维亚律师大会共持续80年，先后召开过24届会议。该大会尽管只是民间组织召开的会议，对私法之统一并无很大的影响力，但是，它在北欧私法统一化运动最初阶段，无疑起到了发起和组织者的作用。这主要在于，会议每次有北欧五国众多的律师参加（七八百人），并就若干个法律课题进行讨论并作成报告，而这种课题往往是那些应进行法律统一的问题，因而，会议对五国立法机关进行合作制定统一法律铺平了道路。

第二，北欧立法合作委员会。1946年2月在哥本哈根召开了首届北欧国

① 转引自［法］勒内·达维：《私法的国际统一》，载《国际比较法百科全书》第2卷第5章，第180页。

家司法部长会议，会议决定每个国家得有 2~3 位代表长期负责斯堪的纳维亚国家在法律领域进行彼此间的合作，由此，便成立了北欧立法合作委员会（Nordic Committee for Legislative Collabaration）。该委员会由 12 位成员和 1 位秘书组成，是一个从事斯堪的纳维亚国家法律协调和统一的常设组织。

北欧立法合作委员会的各国代表肩负着双重任务。一方面，他们应该时刻关注各国在那些彼此有兴趣进行合作的法律领域的发展，尤其是提供和获取各国法律在具有统一示范法律的领域的改变；另一方面，他们还应该在时机成熟时主动地去扩大合作的范围。该委员会的五国代表不间断地通过召开会议或通过通讯保持联系。事实上，北欧立法合作委员会是一个法律合作的咨询和协调组织，委员会的各国代表尽管可以制订工作计划，并提出种种建议，然而他们并无作出决定的权力，只有五国的司法部长方能最后决定，是否成立专门委员会进行某领域的立法工作。正因为北欧立法工作委员会的代表无实际权力，因而不能充分地发挥委员会进行立法工作效率，所以，在 1959 年这些代表为各国的“联络官”（Liaision Officials）所代替。这些联络官都是各国司法部立法局的官员，或类似职衔的官员，他们不仅可以处理涉及司法部的一些事务，而且尚可以处理属于立法协作领域但在一些国家属其他部门管辖的问题，如在丹麦和挪威属于经济部门管辖的版权问题。

但是，应该指出，北欧立法合作委员会并不是从事北欧国家统一私法制定的一个国际组织，其活动对于北欧国家通过公约、示范法律等形式实现私法统一之所以具有重要意义，主要是因为北欧的共同立法（common legislation）虽是由“专门委员会”进行的，但这种专门委员会进行法律起草工作的过程就是与北欧立法合作委员会进行合作的过程。

第三，北欧理事会。1950 年成立的北欧理事会（Nordic Council），是斯堪的纳维亚国家会议和政府合作的一个组织，由各国议会选举的 69 名代表和各国政府任命的若干部长组成。北欧理事会尽管只有权向各国政府提出建议，然而，在北欧私法统一与协调方面，却起重要作用。

虽然北欧理事会的主要任务在于加强北欧国家议会和政府的合作，但是，它也“对斯堪的纳维亚国家法律的统一予以极大的兴趣和精力”。理事会的任何代表或成员国政府都可以建议立法。此种建议先提交给理事会下设的法律委员会，若该建议获得北欧理事会的批准，则它便建议各国政府就该有关问题起草法律草案。北欧理事会下设的法律委员会由作为北欧理事会成员的各国议会议员组成，定期召开会议。该法律委员会可以提议开始进行立法工作。

第四，司法部长会议。1962 年 3 月 23 日，斯堪的纳维亚五国于赫尔辛基签署了一个旨在保持和加强该五国彼此间立法、经济、文化以及社会交往的合作公约。公约签署以后，五国司法部长每年定期举行二三次会议，而且这种会议常常是与北欧委员会的法律委员会联席召开的。

1962 年 9 月在雷克雅未克召开的司法部长会议，决定成立一个合作委员会来研究斯堪的纳维亚国家加入欧洲经济共同体后如何保持和发展斯堪的纳维亚的法律制度。此外，各国司法部内都设立有专门的办公室以处理本国各部涉及统一法律的问题，各国这种办公室的负责人也定期召开会议，以协调属于斯堪的纳维亚法律合作计划内的问题。

北欧各国司法部长间的合作不仅仅在于进行共同的立法工作，而且更重要的在于通过这种持续和紧密的合作，以达到彼此对此的共识，而这无疑是一项主要的事情。

在上述各种组织的努力下，斯堪的纳维亚国家私法的各个领域均实现了一定范围的统一。在私法统一化运动的最初，即 19 世纪末，主要是在商法领域进行法律的统一工作，且第一个获得统一的法律是瑞典、挪威和丹麦三国在 1880 年 5 月制定的统一的汇票和支票法。其后，制定了有关商标、公司登记、商事代理等方面的共同立法。而且，1891—1893 年上述三国制定了一个共同的海事法典。此外，这三国在上个世纪末还曾尝试就自然人的入籍问题制定统一的立法，但未取得圆满的成功。20 世纪初，北欧国家间进一步加强统一私法工作。丹麦学者朱利尤斯·拉生（Julius Lassen）曾建议制定一个北欧统一的私法典，但此建议未能付诸实行。然而 20 世纪初北欧国家成功地进行了货物买卖法、合同法的共同立法；而且，还在 1915—1927 年就夫妻财产问题、儿童抚养、收养问题、继承等家庭法问题进行了共同的立法工作。在冲突法领域，北欧国家也进行了统一的立法工作，但这都是以实体法附录的形式进行各种冲突法领域的统一，而不是单独制定统一的冲突法典。第二次世界大战中断了北欧私法统一化运动，“二战”结束以后，北欧国家又重新开始私法统一工作，而且范围扩大到包括民事侵权责任、国家责任、分期付款买卖、时效期限、破产、自然人国籍、版权、专利等领域。

6. 东欧从事私法统一的国际组织——经济互助委员会

在原东欧社会主义国家中，进行私法统一的国际组织是经济互助委员会，简称经互会（Council for Mutual Economic Assistance，CMEA；Rat für Gegenseitige Wirtschaftshilfe，RGW）。经互会成立于 1949 年。1959 年 12 月 14 日在保加利亚首都索菲亚召开的经互会大会上，以公约形式签署了经互会章程。它于 1960 年 4 月 13 日生效。经互会成员国包括阿尔巴尼亚、保加利亚、原民主德国、波兰、罗马尼亚、原捷克斯洛伐克、前苏联、匈牙利以及亚洲的蒙古和美洲的古巴（1972 年以后）。

根据经互会章程第 1 条第 1 项的规定，经互会的宗旨在于“通过成员国的积极的联合与协调，以促进国民经济有计划地发展，加速这些国家经济和技术的进步，提高工业欠发达国家工业化程度，不断提高生产率的程度以及繁荣成员国人民的生活”。经互会成员国在进行经济、技术和科学合作中遵循自愿平等、互相尊重主权和彼此国家利益、互利及友好互助的原则（章程第 2 条第 2 项）。

经互会为实现其经济和社会目的，也进行成员国间的私法统一工作，它主要通过协定、决定和建议形式进行。

由于 90 年代东欧与前苏联形势发生巨大变化，经互会在 1991 年 6 月 28 日布达佩斯最后一次成员国代表会议上，宣布正式解散。

第五节　非政府间国际组织

在私法的国际统一化运动中，非政府间的国际组织也起着非常重要的作用。这主要表现在一些非政府间的组织，对国际范围内既存的一些私法方面的惯例进行统一工作，从而使得作为国际统一私法渊源之一的国际惯例，在实践中得以一致地适用。

非政府间国际组织进行私法国际统一化有它有利与不利的两个方面。有利的方面在于：首先，这些组织大多是些专门性的组织，它们对某一或某些专门的领域有很深的研究，因而，能够比较便利地制定适合于有关领域适用的统一私法规范；其次，这些组织大多由一些专家组成，如国际法学会便云集了世界上知名的国际法学者，他们丰富的专业知识自然使得这些组织进行法律的统一工作比较顺利；最后，这些组织与政府间的国际组织相比，较少受到外界来自政治等方面的直接影响，而可以比较独立、自由地进行工作。

这些组织进行私法统一的不利之处，大致也有以下几个方面：首先，由于这些组织是非政府间的组织，因而，不可能通过外交渠道进行工作，其统一的法律不可能对成员国产生直接的影响；其次，这些组织的代表往往不具广泛性，因而，制定的法律规范可能不足以广泛地代表不同的法系和不同国家的利益。例如，20 世纪初国际法律协会和国际海事委员会所制定的有关提单的统一规则，即《1921 年海牙规则》和《1924 年海牙规则》，为“船主规定了多项免责条款，明显地在国际海上货物运输中偏袒船主利益，因此，在使用过程中不断为货主的利益代表者所反对”。

一、国际商会（Chambre de Commerce International，CCI；International Chamber of Commerce，ICC；Internationale Handelskammer，IHK）

国际商会于1920年成立于巴黎。根据国际商会章程的规定，商会的宗旨在于，在整个国际经济交往中，谋求和表明一致的观点，采取改进国际经济关系的措施。因而，有人评价该组织，“是国际经济界最重要的喉舌”。该商会章程规定的组织成员有两种，即正式成员和非正式成员。正式成员是那些不具政治目的和没有独立的商业目的的社团组织，如商会、工业方面的专业协会等；非正式成员包括个人和贸易公司。

在私法统一化运动中，国际商会作为一个民间国际组织，起着重要的作用。它积极致力于贸易法的统一，以取消由于法律的冲突所造成的贸易方面的障碍，并积极努力去实现法律、行政手续和商业实践三个领域的标准化和简便化。为此它曾参与很多国际公约，尤其是国际货物买卖、运输、商业保护以及商事仲裁领域国际公约的起草工作。而且，它还成功地进行了国际货物买卖、信用证以及国际贸易支付方面一些“价格条件”、“贸易惯例”的统一化工作。国际商会在统一私法方面的成就主要有以下一些：

1. 国际商事仲裁领域

国际商会非常重视国际商事仲裁事务，于1951年开始准备关于外国仲裁裁决的承认与执行方面的公约草案；经过7年的工作，完成了草案起草工作，并提交给联合国经社委员会。联合国召开会议讨论该公约草案时，国际商会又派代表参加并进一步提出一些意见，阐明国际商会对该问题的观点。1958年6月联合国会议所通过的《关于承认与执行外国仲裁裁决的纽约公约》实际上是国际商会从事该法律问题统一的一项成果。此外，国际商会还汇集出版各国仲裁法律的资料，这些作为进行该领域统一化工作的基础，无疑具有重要意义。

2. 国际商业惯例

在国际贸易实践中，商业惯例起着非常重要的作用，然而，这种商业惯例的不统一，无疑阻碍了国际贸易的顺利进行。国际商会成立后，便把进行国际商业惯例的标准化与统一化作为其重要工作之一。1936年国际商会制定了一个《贸易价格条件国际解释通则》，1953年根据国际买卖关系的发展，对该通则进行了修改，定名为《1953年贸易价格条件国际解释通则》，简称《1953

年通则》（*Incoterms* 1953）。后来以此为基础，分别在1967年、1976年和1980年进行了增补和修订，鉴于1980年以来运输技术的不断更新以及电子数据交换（EDI）贸易方式的新发展，国际商会为使通则能更好地适应国际贸易中的新变化，又对《1980年通则》作了全面修订，并于1989年11月通过了新版本。该版本经进一步修订后于1990年4月正式公布，定名为《1990年国际贸易术语解释通则》，该通则已于1990年7月1日生效。在国际贸易实践中，国际商会制定的国际贸易价格条件解释通则，经常为当事人引用来作为确定其合同中权利与义务关系的依据。

3. 国际货物买卖统一法

20世纪30年代罗马统一私法学会开始进行国际货物买卖法的统一工作，并于1951年制定出国际货物买卖法公约草案。对此草案，国际商会，尤其是它下设的“国际商事实践委员会”，进行了大量的研究工作，并于1958年就该公约草案的二十几个对国际贸易至关重要的条款提出了意见和建议。该委员会特别强调国际贸易中的当事人应该以该统一法公约草案的规定，作为它们之间的合同的标准条款。

4. 统一跟单信用证规则

国际商会为适应国际贸易实践的发展，明确国际贸易支付中各方当事人间权利与义务关系，以保护银行的利益，在其成立后不久便着手进行跟单信用证惯例的统一工作，并于1930年5月5日公布了《跟单信用证统一惯例》。该惯例在颁布后经过了7次修改，现行的是1993年修订的，1994年1月1日生效的文本，国际商会第500号出版物，UCP500。国际商会制定的该项统一惯例，在实践中获得了各国当事人的广泛采用。我国金融机构尽管未正式宣布采用该文件，但是，考虑到它正在国际范围内长期地广泛地被采用，因而，为便于对外贸易交往，也参照采用该统一惯例。

二、国际法律协会（International Law Association）与国际法学会（Institute droit international）

这是两个具有悠久历史的民间性国际组织。它们皆成立于1973年，且具有相同的宗旨——促进国际法的发展。为实现这一宗旨，它们也进行法律的统一工作。

该两个民间国际组织尽管具有诸多的相似之处，然而，它们彼此是独立的，而且，二者间也有很多不同之处。首先，在活动范围方面，国际法学会的重点是国际公法领域，只是稍微涉及国际私法领域；但是，国际法律协会则主要是在国际贸易、运输法以及仲裁领域进行活动。其次，在会员构成方面，尽管两者都具有国际范围内的广泛性，但是，国际法律协会的成员不只限于法学家，而且，还包括商人以及其他一些个人和组织；然而，国际法学会只是一个法学家学术组织，且成员最多不超过 60 位正式会员和 72 位联系会员（associés）。

国际法律协会在其成立后，就私法的统一进行了很多工作，这主要集中表现在国际海商法领域。首先，该协会曾就海损问题进行法律规范的统一工作，并试图通过该方面规则的统一，避免由于各国海商法对一般海损问题规定不一"所产生的极为麻烦的法律冲突问题"。这一努力于 1980 年诞生了《关于一般海损的约克—安特卫普规则》。1924 年于斯德哥尔摩、1949 年于阿姆斯特丹，对该规则进行了两次修改。现行的《约克—安特卫普规则》是第三次修改后的 1974 年文本。该规则在实践中，广泛为当事人用于他们的海运提单和租船合同。其次，国际法律协会于 1921 年 9 月在海牙召开了一次旨在促进各国采纳一个有关海运提单统一规则的会议。该规则以公约形式——《统一提单若干法律规则的国际公约》（简称《海牙规则》），于 1924 年 8 月 25 日在布鲁塞尔签订，1931 年 6 月 2 日生效。该规则规定了在国际海上货物运输中用提单所证明的运输合同中，承运人和托运人的权利和义务。该规则在实践中获得了广泛的采用。我国远洋运输公司的提单也是参照该规则制定的，而且，规定按该规则来确定承、托运双方的权利与义务。此外，国际法律协会还与海牙国际私法会议合作进行国际私法的统一工作。这方面最重要的是该协会参与了 1955 年 6 月 15 日关于动产国际买卖法律适用公约的制定。

国际法学会作为一个更多偏重于国际法学术研究的民间国际组织，就私法的国际统一而言，主要在于为私法的国际统一作学术方面的研究和准备工作，并造成一个对法律统一"有利的氛围"。由于意大利国际私法学家孟西尼（Mancini）和荷兰国际私法学家阿塞尔（Asser）都是该学会的创始会员，因此，在他们的推动下，该学会对海牙国际私法会议最初的一些国际私法公约的制定产生了很大的影响。特别值得指出的，学会曾就国际私法中的"反致"问题进行过专门研究。在 1900 年于瑞士奴沙泰尔召开的学会例会上，学会认为应排除反致作为未成年人能力法律冲突时的补救方法。但是，1932 年在奥斯陆召开的例会上，学会又认为应采用反致作为未成年人能力法律冲突时的补救方法。其后，学会选派希腊雅典大学名誉教授马利达基棋（G. Maridakis）就反致作出报告。该报告于 1957 年 4 月 30 日公布。1961 年于奥地利萨尔支堡召开的学会例会上，对该报告进行了深入的讨论。会上就反致问题形成三派主要的观点。第一派观点以罗马的阿果教授（Prof. Ago）、英国的戚希尔教授（Prof. Cheshire）为代表，认为国际私法中不应采用反致规则。但后者保留一例外情况，即反致可适用于连结点为不动产和动产所在地的情况。第二派观点以德国马克洛夫（Makarov）教授、温格勒（Wengler）教授等为代表，认为除一些例外情况外，国际私法中原则上应排除反致的适用。这种例外主要是若本国冲突法反致的法律为“利益最大的国家”（the most interested countries），则应采纳反致。第三派观点以法国巴迪福教授（Prof. Batiffol）、瑞士尼德瑞（Niederer）教授等为代表，认为国际私法中应该采纳反致。在这派学者看来，“采纳或者拒绝（反致）乃一便利与否的问题，纵然在反致不能在所有有管辖权的国家取得一致判决（Entscheidungseinklang）的情形下，也是如此。如果法院国冲突规范规定适用外国法，且若该外国冲突法反致法院国法，为什么法官应去适用外国法，而不适用他自己最为熟悉的本国法律呢”？然而，学会依然未能对反致形成一个一致的意见。

三、国际海事委员会（Comité maritime international）和波罗的海国际海事会议（Baltic and international maritime Conference）

海商法是最早努力实现法律统一的领域之一，在该领域有若干个民间国际组织从事法律统一工作。这里仅介绍“国际海事委员会”和“波罗的海国际海事会议”。

1. 国际海事委员会

该会成立于1896年，会址设在比利时安特卫普，宗旨在于进行海事私法的统一工作。该委员会作为一个民间的国际组织，会员包括若干国家的“海商法协会”及一些个人与团体。

该委员会为实现其上述宗旨，在成立后积极进行工作，并在海事法律的几乎所有方面制定了统一法律公约草案。它所从事统一工作的海事法包括海上碰撞（1901年）、船主责任（1924年和1957年）、关于海运提单的若干规则（1924年）、租赁和抵押（1926年）、国有船舶的豁免（1926年）及其附加议定书（1934年），船舶碰撞民事管辖权问题（1952年），旅客行李海上运输（1967年），海事实践中使用之租赁的若干规则的统一（1967年），建设中的船舶的注册权问题（1967年）以及修改1924年货物海运公约若干规则的议定书（1968年）。此外，国际海事委员会还从事了《海牙规则》和《约克—安特卫普规则》的修订工作。

回顾和检讨国际海事委员会进行海事法律统一的历史和工作，我们大致可以对该委员会的工作作这样一个评价，即它在海事法律的统一方面作出过不少贡献；但是，“由于其工作被沉重地盖上了‘私人资本主义船舶航运’利益者以及‘资产阶级右倾法学家’的烙印，而且，它也受到西欧法律观点的支配”，因而，该委员会“在今天失去发展中国家，以及社会主义国家的信任”①。也正因为如此，该组织进行私法统一的工作也逐步为其他的有关国际组织所取代。

2. 波罗的海国际海事会议

这是于1905年成立于哥本哈根的一个民间国际组织，其最初名称为“波罗的海与白海会议”（The Baltic and White Sea Conference），1926年改为现名。其成员是世界范围内，包括原东欧社会主义国家从事海运业务的船主、船舶经纪人以及船运联合会。

就进行海商法统一而言，该组织的一项重要活动在于起草和制定租船运输合同及海运提单的条件。它所制定的最为重要的租船运输格式合同有Baltime Charter（1939）、Linertime Charter（1968年公布）、Gencon Charter（1922、1966年修订），最著名的海运提单有Congenbill（1946年），Conlinebill（1952年）以及Conlinethrubill（经1950、1952年修订）。这些格式合同和提单实际上也是统一海事私法的组成部分。

四、国际航空协会（International Air Transport Association，IATA）

该协会于1945年成立于哈瓦那，其前身是1919年成立于海牙的“国际航空交通协会”（International Air Traffic Association）。国际航空协会成员包括世界上从事国际航线运输的100多家航空公司。该协会的宗旨主要是加强国际航空运输的安全和经营。就进行国际航空私法的统一而言，该协会为实现上述宗旨，积极与国际民航组织（ICAO）进行合作，实现国际航空私法规范的统一化工作。

该协会的法律委员会就既存之国际航空领域的一些公约之修改提出意见，并建议制定一些新公约。而且，该法律委员会尚制定了国际航空运输的统一交易条款，从而补充了国际条约和国内立法中的一些空缺。它所制定的第一个这种交易条款，公布于1927年，并于1931年修改，1933年2月生效。第二次世

① See Kropholler，United Nations，p. 328.

界大战后，它所制定的新的交易条款于 1949 年 3 月 29 日生效，并于 1949 年和 1950 年分别于墨西哥和马德里召开的航空运输会议上获修改。这些交易条款的目的是作为规范成员国航空运输合同的规范，而适用于包括国内和国际航空运输的合同。

第六章　国际统一私法方法论

第一节　概　　述

一、国际统一私法方法论问题的含义

任何学科都有自己的方法论问题，法学也不例外，探讨法律规范的产生发展和它们在实践中适用的方法便构成法律方法论问题的主要内容。法学的研究方法也属于法律方法论的范畴。由于法律又分为若干部门，如宪法、民法、刑法、行政法、国际公法和国际私法等，因而，法律的方法又有诸多部门法方法，如宪法方法、民法方法、刑法方法、国际公法方法和国际私法方法，等等。与此相适应，以这些具体法律部门为研究对象的各具体法律学科又有自己的法学研究方法，如宪法学研究方法、民法学研究方法和国际私法学研究方法，等等。任何法律部门的方法问题都包括三大方面，即探讨该部门法律的产生发展的立法方法，探讨该部门法律在实践中适用的法律解释方法，以及以该部门法律为研究对象的该部门法学的研究方法。立法方法是指制定和修改法律的方法，它具体又包含很多内容，如立法的一般原则问题以及立法的各种技术方法。法律的解释方法是指适用法律规范的方法，具体又包括对法律规范意义的确定，对法律漏洞的填补以及对不确定法律概念和一般条款的价值补充。法学研究中所使用的技术和方法便是法学研究的方法，它主要有历史研究方法、分析研究方法、比较研究方法、社会学方法和综合方法等。

国际统一私法也像其他法律部门一样，具有自己的独特方法，对此加以研究具有十分重要的意义，这主要表现在：

第一，由于国际统一私法在法律性质、渊源以及法律规范的具体适用等方面，都既不同于任何一门国内法，也不同于国际公法，因而，无法将其他法律部门的方法简单地套用在国际统一私法上，它必须有自己独特的方法。例如，国际统一私法目前在相当大的程度上尚由不成文的法律规范组成，而它们的内

容的确定和解释便需通过特定的方法进行。德国学者克罗波勒曾正确地指出："将适用于国内民法的方法机械地用于国际统一私法肯定会危及人们通过该法所试图达到的统一；而且，把适用于国际公法公约的方法的规则运用于国际统一私法似乎并不适合它的对象以及它的法律渊源很多属于民事法律性质的情况。"①

第二，国际统一私法的目的也决定了有必要对它的方法进行研究，并从而发展出国际统一私法特定的方法。国际统一私法的目的在于实现世界范围内私法的国际统一，这一目的在实践中是无法仅仅通过跨国性质的法院或仲裁庭的法律解释权能、国际组织对国际统一私法的咨询和解释功能，以及对国际统一私法的法律条文进行修改等"组织方面的措施"予以保证实现的，它还必须通过适合这门法律的"法律方法方面的措施"来予以保证。

第三，对国际统一私法方法进行研究也是建立和完善国际统一私法学这门独立的法学学科的要求。如上所述，任何部门法律的方法问题都包括三个方面，即该部门法律的立法方法、法律适用方法和以该部门法律为研究对象的部门法学的法学研究方法。国际统一私法方法问题自然也不例外。我们除了应该研究国际统一私法的立法方法和法律适用方法外，还必须研究国际统一私法学的研究方法。一方面，国际统一私法学这门法学学科的建立与完善需要自己的法学研究方法；另一方面，这门法学学科的建立与完善，对于国际统一私法的发展和完善自然也会有很大的推动作用。

二、国际统一私法方法与其他部门法律方法的关系

尽管我们讲不能将国内法律或国际公法的方法简单地适用于国际统一私法，国际统一私法必须有自己独特的方法；但这不意味着，国际统一私法的方法与国内法律或国际公法的方法并无关系。恰恰相反，国际统一私法方法与国内法律，且尤其是国内民法，以及国际公法方法具有紧密的联系。正确理解这种关系无论对于国际统一私法方法的发展还是对于它们在实践中的正确运用都很有裨益。国际统一私法方法与国内法律和国际公法方法间的关系主要有以下几点：

第一，如上所述，国际统一私法的方法是这门法律所独有的方法，因此，国际统一私法方法并不等于国内法律或国际公法方法。国际统一私法的方法必须适应并服务于国际统一私法特定的性质和目的。在实践中适用国际统一私法

① See Kropholler, Internationales Einheitsrecht, Tübingen 1975, s. 236-237.

时，应该避免简单地运用国内法律或国际公法方法，而必须适用国际统一私法方法。

第二，国际统一私法方法与国内法律以及国际公法方法一样都是以立法的一般方法以及法律适用的一般方法为基础发展起来的，因而，它们间的一些基本原则和制度是相同的。例如本章后面将详细讨论的国际统一私法解释方面的一些方法和原则便与国内法解释的有关方法和原则是一致的。

第三，由于国际统一私法方法与国内法律和国际公法间的上述（第二）关系，以及国际统一私法与国内民法和国际公法，且尤其是国际条约法间的紧密联系，因此，在一些情况下，国内民法和国际公法方法的一些规则和制度经过修改、变动等处理后可以适用于国际统一私法。而且，在一些情况下，国际统一私法尚必须适用国际公法的方法。这是因为国际统一私法的重要渊源之一是国际公约，而且，公约也还是实现私法国际统一的一个重要方法。不管公约的性质如何，也就是说不管它们所调整的对象是否纯公法性质或者是否私法性质，它们都必须受国际条约法规则的约束。因此，有关国际条约方法的规则，如条约的保留、条约的生效、条约的适用范围、条约的终止以及条约的解释等，都既适用于属于公法性质的国际公约，也适用于属于私法性质的国际统一私法公约。但是，这并不意味着国际公法公约与国际统一私法公约的方法是完全一致的，而不必考虑国际统一私法公约及其方法的特殊性。实践中无论在制定国际统一私法公约，还是在适用这种公约的规范时，都必须考虑到国际统一私法公约调整私法关系的性质和实现私法国际统一的目的。

三、国际统一私法方法的体系与结构

如上所述，我们这里所说的国际统一私法方法包括三个方面，即国际统一私法的立法方法、国际统一私法的法律适用方法以及国际统一私法学的研究方法。而且，下面将依照这一体系具体探讨国际统一私法方法。

我们上面也已讲到国际统一私法必须有自己独特的方法，那么，就国际统一私法的立法方法和法律适用方法而言，人们是否应该，以及如果应该的话，能否发展出一套国际统一私法的“统一方法”呢？我们认为此一问题的答案是否定的。这一方面是因为实现私法国际统一的途径是多种多样的，而适用于它们的立法方法也是不可能统一的。例如，通过国际公约实现私法国际统一的方法便有别于通过国际贸易惯例法的途径实现私法国际统一的方法。另一方面，对于国际统一私法的不同渊源的法律规范的适用方法也应该是有差别的。

例如，适用国际统一私法公约的方法便不可能与适用一般法律原则的方法相一致。

我们讲国际统一私法不可能有统一的方法，仅仅意味着我们必须为私法国际统一的不同途径发展不同的“立法方法”，并为国际统一私法不同性质的法律规范的适用发展出不同的适用方法。但是，就这些不同方法的内在关系而言，它们是国际统一私法方法这一系统的组成部分。应予强调的是，我们这里所说国际统一私法不存在统一的方法绝不意味着国际统一私法的方法因地区不同而彼此相异，恰恰相反，国际统一私法的方法在世界范围内应该是一致的，也就是说，不同的国家应该运用相同的国际统一私法方法。

由于国际统一私法尚属于一门新的法律部门，法学界对这门法律的方法问题的研究还非常不够，就国际统一私法方法论的体系和结构问题而言，学术界尚无定论。譬如，法国学者勒内·达维（R. David）在为《比较法国际百科全书》第二卷所撰写的“私法的国际统一”一章中就“私法国际统一的技术与方法”以及“统一法律的解释和适用”作了专门的讨论。但就前者而言，达维所讨论的基本上属于“国际私法渊源”所讨论的内容；而就后者而言，他所讨论的主要限于国际统一私法的解释方法。与达维不同，德国学者克罗波勒（Kropholler）在其《国际统一法》一书中所探讨的国际统一私法的方法主要包括三个方面的内容：（1）国际统一私法的立法方法，且尤其是国际统一私法公约的制定方法；（2）国际统一私法的适用方法；（3）国际统一私法中的实体法和冲突法方面的概念问题。① 但他们都未探讨国际统一私法学的研究方法问题。

在国际统一私法的实践方面，国际统一私法的方法也已引起人们的注意。例如，海牙国际私法会议在进行冲突法国际统一的实践中便非常注意法律统一方法问题。仅就它实现法律统一的“立法方法”而言，该会议除保持传统的以公约方式进行法律统一的方法外，从 1960 年召开的第 9 届会议开始，还采用所谓的国际统一立法（loi uniform）作为它进行私法国际统一的又一种方法。与海牙国际私法会议的这种实践相似，其他从事私法国际统一的国际组织也在不同程度上发展了适合于自己情况的私法国际统一方法。然而，从目前的实践看，这些国际组织所发展和适用的私法统一的方法也是不一致的。因而，从事私法国际统一的国际组织应该通过彼此合作与交流以逐步实现它们所适用的私法国际统一方法的一致与统一。

① See R. David, The International Unifioation of Private Law, 1972, pp. 54-122.

四、国际统一私法方法的基准

无论是国际统一私法的立法方法和法律适用方法，还是国际统一私法学的研究方法的发展及其适用，都必须符合一个基本原则，即实现和维护私法国际统一的原则。为此，国际统一私法方法必须具体符合两个标准，即这种方法的国际性和统一性。

（一）国际统一私法方法的国际性

我们无论去发展国际统一私法的方法，或者是去适用这种方法，都必须考虑到国际统一私法是一门具有“国际”性质的法律部门这一特征。这一方面意味着，国际统一私法的制定和产生必须能够在整个国际社会范围内或者在地区范围内获得接受和采纳；另一方面，对国际统一私法规范的解释和适用都考虑到这种规范与国内法律规范的不同，并力戒把国内法律的解释和适用方法机械地套用于国际统一私法规范。下面试以一例说明国际统一私法方法的国际性原则。

美国联邦第五巡回上诉法院曾受理了一桩贝洛克等人诉法国国立航空公司上诉案。该案中的原告（也即原审案中的原告）认为 1929 年的《统一国际航空运输某些规则的国际公约》（以下简称《华沙公约》）并不适用于本案被告法国国立航空公司与在该公司的一架 1962 年 6 月 3 日失事的飞机中死亡的乘客之间的关系。因为这些乘客所属的“亚特兰大艺术协会”租了法航的这架飞机，而不是这些乘客与法航订立了运输合同。在该案中法官所需确定的问题之一是在这些死亡的乘客与法航之间是否存在有运输合同关系。而回答这个问题的一个关键所在是没有对价（consideration）能否使合同归于成立。根据英、美国内合同法，没有对价便不能成立合同，也就是说，如果合同一方承担义务，而合同另一方却不承担相应的义务，那么，这种情况下便不能成立合同。如果美国法官以国内的这种合同法律规定和方法来判决本案的话，那么，上述空难的死者与法航间便不存在合同关系，因为，是这些死者所属的协会负担了包机费用，而他们就法航而言并无对价。但是，美国联邦第 5 巡回上诉法院法官在考察了上述华沙公约的国际性质和有关情况后认为，“显然公约并没有把普通法意义上的当事人间的相对履行（对价）作为合同所必须具备的先决条件，而且，即使旅客没有作出付款的允诺，那么，合同也告存在；……根据该公约合同成立的唯一的要件是航空运输方作出了承运旅客的许诺，而且，旅客接受该许诺”。法官最后认为空难死亡的旅客与承运人法国国立航空公司间存在有运输合同关系，而它们间的这种关系应该适用《华沙公约》①。

（二）国际统一私法方法的统一性

我们讲国际统一私法方法的统一性主要是指国际统一私法的解释与适用方法的统一，也就是说，相同的国际统一私法规范在不同的国家应该获得相同的适用。这一意义上的国际统一私法方法的统一性与上述国际统一私法的不同性质和类型的规范有不同的立法方法和法律适用方法的理解是不相抵触的。恰恰相反，我们这里所说的国际统一私法方法的统一性也意味着，对于国际统一私法不同性质和种类的规范应该有不同的适用方法，但是，这些不同的适用方法在不同的国家却应该是一致的含义。例如，适用国际统一私法公约的方法就不同于适用一般法律原则的方法，但是，不同的国家适用国际统一私法公约以及一般法律原则的方法却应该是一致的。

国际统一私法的中心目的在于实现私法的国际统一，为此，不仅需要国际统一的法律规范，而且，更需要这种统一的法律规范能在实践中获得统一的适用，否则国际统一私法便是有名无实。这就是国际统一私法的"法律适用一致原则"或称"法律适用国际协调原则"，它具体要求所有国家都能在相同的意义上理解和适用国际统一私法的规范。但是，遵循这一原则并不意味着必须机械、死板地解释和适用国际统一私法规范，在不破坏国际统一私法的国际性的前提下，法官仍然可以发挥其在解释、适用和完善国际统一私法中的"创造力"。例如，法官对于国际统一私法也可以进行所谓的目的解释，并可以通过司法判决完善国际统一私法。

上述国际统一私法方法的两条原则，即国际性原则和统一性原则，在一些国际统一私法公约中已明确地被确认下来。例如，1980年《联合国国际货物销售合同公约》第7条第1款便规定："在解释本公约时，应考虑到本公约的国际性质和促进其适用的统一……的需要。"② 不少学者认为国际统一私法公约中规定这样的条款可以强调该二原则在解释和适用国际统一私法中的作用③。对此我们也没有任何怀疑，为了使法官或仲裁员在实践中能够时刻牢记

① See Rudolf, "United States Court of Appeals Fifth Chcuit, Bates Bolck und andere gegen Companie Nationale Air France, Urteil vom 8. November 1967, Warschauer Abkommen-Amerikanisches Recht", in: Zeitscrift fur Luftreoht und Weltraumrechtsfragen 18 (1969), s. 190-192.

② 相同的规定尚见于《联合国国际货物销售时效期限公约》第7条。

③ See Gutteridge, Comparative Law, 2. Auflage (1949), s. 59 ff.; Bayer, Auslegung und Ergänzung International vereinheitlicher Normen durch staatliche Gerichte, in: RabelsZ 20 (1955), 第624页以下; David, The International Unification of Private Law, 1972, pp. 100, 104-105; Kropholler, Internationales Einheitsrecht, Tübinger 1975, s. 242.

并始终遵循国际统一私法方法的上述两条原则，国际统一私法的所有公约中都可以以专门的条款确认解释和适用该公约的这两条基本原则。当然，仅仅这样还不够，这两条原则在实践中的切实贯彻执行尚需具体方法方面以及诸如国际间国际统一私法适用信息的交流等方面多种措施的保障。对此我们将在后面予以专门讨论。

第二节　国际统一私法立法方法

一、国际统一私法立法方法的概念

我们这里所说的国际统一私法的立法方法是指使不同国家彼此相异的私法规范在国际范围内予以统一，并从而形成国际统一私法规范的技术和方法。对于这里所使用的“立法方法”中的“立法”这一概念应从广义上去理解，而不能把它等同于国内法上立法的概念，它广泛地指产生与形成国际统一私法规范的所有途径。

二、私法国际统一的两大模式

国内私法大致可以分为两大类，即国内实体法和国内冲突法。由于不同国家的实体法通常是不相同的，因而，如果法律关系涉及几个国家，便会出现有关国家法律的“冲突问题”，这便是国际私法上的所谓法律冲突。为解决这种法律冲突，早在七个世纪以前，在意大利就已产生和发展了有关的法学理论和法律实践，也即冲突法理论和冲突法实践。国内冲突法的唯一目的在于解决不同国家国内实体法的冲突。但是，冲突法并没有，而且，也绝对不可能从根本上解决法律冲突，因为，只要不同的国家存在不同的私法规定，那么，法律的冲突便是不可避免的。因此，一方面，从纯法学理论的角度说，实现国内实体私法的国际统一是根本解决国家间法律冲突的唯一方法；但是，另一方面，在进行私法国际统一时却又不能不考虑到由于种种原因，实现国内实体私法的国际统一具有很大的难度。

人们在争取国际统一实体私法的同时，却也不能忽视，就实现私法国际统一，以使不同国家的法院审理相同案件能够得出相同的判决而言，通过对国内冲突法的国际统一也可以在一定程度上实现该意义上的法律的国际统一。因为，冲突法实现国际统一后，不同国家的法院在审理相同的案件时都根据同一国际统一冲突规范的指引去选择判决案件的准据法，因而此一准据法是同一的，不管它是一国国内实体法，或是国际统一实体法，因而，据此所作的判决也应该是相同的。

总之，实现国内实体私法的国际统一才能从根本上消除法律冲突，因而，实现实体私法的国际统一是私法国际统一的最终目标。但是，在目前以及未来相当长的时间内，在进行实体私法国际统一的同时尚必须进行冲突法的国际统一，只有这样才能够有效地进行私法的国际统一。

（一）私法国际统一两大模式优、缺点的比较分析

具体比较国际统一实体私法和国际统一冲突法，且尤其是它们的内容以及它们在实践中的适用，它们二者间的优点和缺点便昭然若现：

首先，实践中适用方面的优点、缺点。对于国际统一实体私法而言，由于这种法律规范本身便规定了涉外法律关系的具体内容，那么法官只要适用它们便可以达到判决涉外案件的目的。而且，由于这种法律规范是国际统一的，且同时以不同的语言写就，因而，法官在适用时与适用本国法律一样不存在对法律的查明问题。尽管国际统一冲突法也不存在法律的查明问题，但是，法官在具体案件中适用这种法律规范却不能直接解决案件，他尚需依据它们的指引去确定适用于案件解决的国内或国际统一实体法规范。如果这种统一冲突规范指引适用一国国内法，法官就必须去查明该法律并确定该法律规定的内容。而由于种种方面的原因，此项工作通常是非常困难，甚至是不可能的①。

其次，一方面，国际统一实体私法与国际统一冲突法对于涉外案件调整合理性方面的优点、缺点。从法学理论上说，跨国法律关系应该由跨国或国际性质的法律来调整，因为只有这样法律关系的跨国性质才能够获得体现，对法律关系的法律调整也才是合理的。实体私法国际统一后的国际统一实体私法便属于跨国或国际性质的法律，因此，以它来调整跨国法律关系符合这种法律关系的跨国性质。另一方面，国际统一实体私法的具体规定大都是在考虑到跨国法律关系的性质和内容等的特殊性的前提下制定和产生出来的，所以，以这种法律来调整跨国法律关系比较公正、合理。与此相反，通过国际统一冲突法对跨国法律关系进行调整，忽略了跨国法律关系的跨国性质和内容的特殊性，因为，如上所述，国际统一冲突法对跨国法律关系的调整实际上是一种间接的调整，依据冲突规范，在绝大多数情况下跨国法律关系最终还必须受某一或某些国家国内法律的支配。一般说来，国内法律规范是根据国内的具体情况，在考虑到国内法律关系的特征的基础上制定和产生起来的，它们很少考虑具有跨国

① 关于国际私法中的法律查明问题，参见韩德培主编《国际私法》中的讨论。

性质的涉外法律关系的性质和特征，所以，并不适合于跨国法律关系，使跨国法律关系受制于国内法律规范是不公平和不合理的①。

最后，实现国内私法国际统一的难易程度的差别。实体私法的国际统一较之冲突法的国际统一要难得多。一方面，这是因为实体法规定法律关系的具体内容，因而它的国际统一涉及有关国家的具体利益，所以，在进行这种国际统一时不同国家总是试图使统一后的法律能在更大程度上维护其自身利益，这种实体私法国际统一中不同国家的利益冲突客观上使得这种统一活动非常困难。另一方面，从实现私法国际统一的具体方法来说，由于实体私法涉及的面非常广泛，且属于私法不同领域的法律规范的性质和特征也彼此相异，如民法中债法的规范、物权法的规范、亲属法的规范与继承法的规范彼此性质、特征都有差别，因而，实现这些性质与特征不同的法律规范的国际统一便需要考虑这种法律规范的不同性质和特征，并采取不同的技术与方法。与实体私法的国际统一相比，冲突法的国际统一要容易一些。这不仅是因为冲突法不像实体法那样与国家的利益紧密相联，因而，冲突法国际统一中国家间利益的冲突较之实体法国际统一中国家利益的冲突要小得多，冲突法的国际统一也就较实体法的国际统一容易实现；而且，还因为冲突法的统一主要是实现冲突规范“连结点”的统一，所以，冲突法律规范尽管也有债法、物权法、亲属法和继承法等不同的领域和种类，但是，由于冲突规范的连结点的性质和特征基本是一致的，因而，所有冲突规范的国际统一的技术和方法基本是一致的，这也便使得冲突法的国际统一比较容易。

（二）冲突法的国际统一与实体法的国际统一的结合

比较了冲突法的国际统一与实体法国际统一的优点、缺点后，我们并不能认为只应该去实现实体私法的国际统一，而不应去进行冲突法的国际统一，或者相反。法国学者达维曾正确地指出，不能把冲突法规范的国际统一与实体法规范的国际统一视为是彼此相对立的。它们二者实际上是紧密相联、相互依赖的。在私法国际统一的进程中，冲突法的国际统一与实体法的国际统一将在很长的时间内，甚至于一直并存下去。

在进行私法的国际统一时，必须根据具体情况，如实现统一的私法领域、进行私法统一的地域范围以及实现统一的彻底程度等，选用实体法的国际统一途径或是冲突法国际统一的途径。

在实现私法国际统一的上述两条途径的相互关系问题上，西方法学界存在

---

① 参见徐国建：《现代商人法论》，载《中国社会科学》1993 年第 3 期。

有不同的观点。一些人在这一问题上持较保守的观点，认为不同国家应保持其独特的私法制度，所以，在私法的国际统一问题上应该尽可能多地去实现冲突法的国际统一。德国学者瓦尔（Eduard wahl）就曾明确地指出，（对私法规范的国际统一）“多则应以必须统一者为限，少则应尽可能地少”①。德国学者奥兵（Aubin）也持同样的观点②。与这种观点相反，另外有些学者认为，应该把进行私法国际统一的重点放在国内实体私法的国际统一方面，而只有在实体私法无法进行国际统一时才应该再去考虑进行冲突法的国际统一。法国学者达维极力主张这种观点，并且认为上述“保守派”的观点应该予以摈弃。“激进派”观点所基于的理由主要有两条：其一，如果不在不同国家的实体私法的统一方面取得进展，那么冲突法的国际统一简直是不可设想的。其二，只有实现国内实体私法的国际统一，跨国法律关系才能得到更合适的法律调整。实现私法的国际统一目的不在于“为统一而统一”（Vereinheitlichung um der Vereinheitlichung willen；unification for unification's sake），而是为了便于对跨国法律关系更好地予以调整——促进国际贸易和国际民、商事交往的发展。如上所述，通过冲突法调整跨国法律关系最终是把这种性质和内容不同于国内法律关系的跨国法律关系置于专门调整国内法律关系的国内法律规范的支配之下，而这显然是不恰当的。所以，依据激进派的观点，进行私法的国际统一应最先考虑实体私法的国际统一，只有在无法进行这种统一时，才应再考虑进行相应的冲突法的国际统一。

我们认为，尽管实现世界上所有国家的国内实体私法的国际统一是私法国际统一运动的最终目标，但是由于种种原因，在今后相当长的时期内私法的国际统一还只能是实体私法与冲突法的国际统一并驾齐驱。从目前情况看，私法的国际统一是由各种各样的从事私法统一工作的国际组织进行的，它们中有些专门进行实体私法的统一工作，而另一些则专门从事冲突法的国际统一，尽管这些组织之间在进行私法国际统一活动中有彼此合作关系存在，但是它们不同的工作范围决定了无法在世界范围内要求在某一私法领域先去进行实体法的统一工作，而把冲突法的统一放在次要的地位。我们不赞成上述保守派冲突法国际统一优先论的

---

① See Wahl, Methoden und Grenzen der Rechtsvereinheitlichung: Beiträge zur Rechtsforschung, Deutsche Landesreferaie zum III. Internationaler Kongress für Rechtsvergleichung in London 1950（Beilin, Tübingen 1950）, s. 302.

② See Aubin, Europüisches Einheitsrecht oder intereuropäis che Rechtsharmonie? Grundfragen einer europüischen Zusammenarbeit im privatrecht, in: Zweigert, Ruropäisohe Zusammenarbeit im Rechtswesen（Tübingen, 1955）s. 45-78.

观点，也不赞成上述激进派的实体法国际统一优先的观点，但是我们认为，为使世界范围内私法的国际统一能取得更快、更好的效果，所有进行私法国际统一的国际组织在进行私法的国际统一活动中应该彼此合作与相互协调。

第三节　私法国际统一的具体途径和方法

一、私法国际统一的具体途径

进行私法的国际统一，无论是选择实体私法的国际统一模式，还是选择冲突法国际统一的模式，都存在有对具体的私法规范通过什么途径予以统一的问题。一般说来，实现实体私法与实现冲突法国际统一的具体途径是基本一致的，因而，我们下面把实体私法与冲突法国际统一的具体途径结合起来予以讨论。

所谓实现私法国际统一的途径，是指各国国内不同的私法规范得以实现国际统一的渠道，以及在国际社会的民、商事交往中直接产生国际统一私法规范的途径。私法国际统一的途径与国际统一私法的渊源之间存在着紧密的关系。这主要表现在，一方面，私法国际统一不同的途径决定了国际统一私法不同渊源的存在。通过不同的统一途径而产生的国际统一私法规范存在于不同的载体中，或者换句话说，它们以不同的形式存在着，而这种“载体”或“形式”便是国际统一私法不同的渊源。另一方面，国际统一私法的渊源也揭示了具体的国际统一私法规范是通过何种途径实现统一的。正因为私法国际统一的途径与国际统一私法渊源间存在着这样的关系，因此，我们这里便不详细讨论，而只是简单地提及私法国际统一的各种具体的途径。与国际统一私法的渊源相一致，私法国际统一的具体途径主要有以下一些：

1. 通过国际条约进行私法国际统一的途径

这是一种传统的进行私法国际统一的途径，它也是迄今为止在国际统一私法运动中被运用得最多的一种方法。不少进行私法国际统一的国际组织通过这种途径已成功地实现了相当一部分私法规范的国际统一。通过此种途径进行私法统一的主要优点在于，以此实现统一的国际统一私法规范形式稳定，内容固定。但是，这种途径也有机械、不灵活的缺点①。

2. 通过国际统一立法进行私法国际统一的途径

在私法国际统一运动中，一些从事私法国际统一的国际组织试图在世界范

---

①　参见徐国建：《国际统一私法法源研究》，载《比较法研究》1993年12月第4期。

围内或地区范围内以类似于国内立法的形式，通过制定有关国家一致予以采用、但却不具有国际条约约束力的"法律"来进行私法的国际统一。目前为止，通过这种途径实现私法的国际统一取得成果最多，在这方面积累了最丰富经验的是斯堪的纳维亚国家。

3. 通过国际组织立法进行私法国际统一的途径

以欧盟为典型的"超国家组织"还通过制定在组织内部予以适用的属于私法性质的法律规范，以实现本组织内私法的统一。由于这种国际组织特殊的"超国家性质"，因此通过此种途径进行私法国际统一具有速度快、效果好的优点。而且，由于这种国际组织通常都拥有自己的法院，所以以此途径实现统一的私法一般能够有效地得以实施。但是，这种途径也存在着私法统一过程中缺乏民主，以及可能忽略成员国各自特殊性的缺点。

4. 形成国际贸易惯例法并使私法规范获得国际统一的途径

在长期的国际交往，尤其是国际贸易中，为了便于这种贸易的进行，各行业均制定有自己的标准合同、标准合同条款以及一般交易条件，它们中所确定的一些国际贸易的原则、规则长期以来为本行业的参与者所普遍遵守，并因而被认为对本行业的参与者具有约束力。这种形成国际贸易惯例法的过程也就是实现有关私法规范国际统一的过程。

5. 通过法院判决和仲裁裁决实现私法国际统一的途径

一般说来，无论是法院的判决还是仲裁庭的裁决本身并不能直接实现私法的国际统一，也就是说，人们无法让法院或仲裁庭去作出使各国私法得以国际统一的判决和仲裁裁决。但是，法院判决和仲裁裁决对于国际统一私法的统一执行，及其内容的具体化，具有重要的意义。正因如此，我们仍然把法院判决和仲裁庭的裁决视为私法国际统一的途径之一。

6. 通过适用一般法律原则实现私法国际统一的途径

一般法律原则是基于国际社会中各民族一致的法律意识，各国法律所共同具有的指导思想和原则，以及国际贸易实践所据以进行的、为国际贸易的参加者所普遍接受的原则。由于一般法律原则本身便是国际统一的，因而在国际贸易实践和司法实践中去解释和适用它们，也便可以使私法规范获得国际统一。

二、私法国际统一的方法问题

上述私法国际统一的各种具体途径都有不同的操作方法。由于国际统一私法的实践以及对该法律部门理论研究深度的限制，目前我们还无法全面探讨上述私法国际统一各种途径的方法问题。这里我们试图主要以国际统一私法条约进行私法国际统一中所应注意的方法问题来讨论私法国际统一中的若干重要的方法论问题。

1. 私法国际统一的风格问题

任何国家的立法都有自己独特的立法风格，例如，以《德国民法典》为典型的德国国内立法在立法的总体结构上大多体系完备，规定详尽具体，因而法典的篇幅通常很长，而在具体的法律条文的措辞上则通常高度概括和抽象①。再例如，由于为了避免对英国普通法的修改，并为使法院在适用成文法时能够依据字面的含义去进行解释，英国的成文法大多规定得非常详细和具体。与国内立法一样，私法的国际统一也存在有“立法风格”问题。究竟国际统一私法应该采用怎样的“立法风格”，国际私法学界到目前为止对这一问题还鲜有讨论。这在很大程度上是因为到目前为止私法的国际统一还只是零零碎碎的，尽管国际统一私法在面上已经涉及私法的各大领域，但是还没有哪个私法领域迄今完全实现了国际统一，因此很难把国内立法的风格与国际统一私法的立法风格相比较并得出国际统一私法应该采取什么风格的结论。

由于国内私法与国际统一私法具有不同的性质、不同的适用对象以及彼此绝然不同的“立法者”，因而从理论上说，国际统一私法必须有独立于国内立法的立法风格。当然，这并不排除国际统一私法在一定的程度上可以借鉴与采用国内立法的立法风格。例如，像《法国民法典》、《德国民法典》、《瑞士民法典》以及《统一商法典》等著名的国内立法的积极的立法风格都可以为私法国际统一所借鉴②。但是，在私法国际统一的实践中也常常出现这样的情况，即某一国际统一私法（如一国际统一私法公约），如果是采用某一个国家的立法技术制定出来的，那么其他有关国家一般对此不能予以理解，严重者尚可使这样的国际统一私法难以获得不同国家的广泛接受。这方面最典型的例子是有关国际海上货物运输法领域的一些统一私法。由于历史等方面的原因，像《统一提单的若干法律规则的国际公约》（海牙规则）等国际海上货物运输统一法在内容以及立法技术上便受到英国很大的影响。

2. 国际统一私法的稳定性与灵活性问题

---

① 关于德国民法典的立法风格，参见徐国建著：《德国民法总论》，经济科学出版社1993年版，第9~12页。

② 关于法国、德国和瑞士三国民法典的立法风格，See Zweigert/Kötz，Einführung in die Rechtsvergleichung I：Grundlagen（1971），第195页以下，第175页以下以及第205页以下。

一般说来，法律的稳定性具有两个方面的含义，一方面它是指法律的持续性，即法律一旦制定公布，便应该持续地适用下去，而不应朝令夕改；另一方面它又是指法律规定本身的确定性和具体性。我们这里所说的国际统一私法的稳定性主要是指后者。法律的灵活性是与法律的稳定性相对应的一个概念，主要是指法律规定本身所具有的适用于各种不同情况，且尤其是法律颁布后所改变了的和新出现的情况的适应性。

就国内法而言，法律必须既保持稳定性，且同时也具备应有的灵活性。国际统一私法也应该如此，但是为了避免对于国际统一私法规范适用的不统一，从而削弱国际统一私法的国际统一性，在进行私法国际统一时便应特别注意国际统一私法的稳定性①。这就要求对私法的国际统一应尽可能多地采用“具体规定的方法”，而尽可能少地运用“概括与一般化的规定方法”。

当然，强调国际统一私法的稳定性并不意味着可以忽略它的灵活性。在保证国际统一私法稳定性的同时，还应该使国际统一私法的规定能够在一定程度上适应客观情况的变化。为使国际统一私法能够具有应有的灵活性，在私法国际统一时也可以适用一些概括性的、抽象的和不确定的法律概念以及笼统的“一般性条款”（Generalklauseln）。而且，在诸如国际劳工与社会法方面的国际统一原则公约中规定一些意义不明确的条文，除可以增强国际统一私法的灵活性外，还可以使得公约能够与条约国国内法有关劳工和社会方面的规定协调一致起来。

国内立法经验表明，立法者可以通过在法律中规定立法的基本原则和评价因素，且使相同等级的因素可以彼此互换，并最终通过考虑这种因素的数量和质量，以达到确定法律的稳定性与灵活性相结合的目的。这种立法技术和方法在德国、奥地利和瑞士被称为“灵活制度”（Bewegliches System）②。例如，《德国民法典》等 254 条“共同过错”第 1 款规定：“损害的发生，被害人如也有过错，赔偿义务和赔偿范围，应根据情况，特别是根据损害主要是由当事人的一方还是他方造成的，来确定。”根据这一规定，法官在确定损害赔偿义务和赔偿范围时，必须考虑被害人对于损害的发生有无过错，以及过错的大

① See Tunc, Standards, Juridiques et Unification du Droit, in: Livre du Centenaire de la Societe de Legislation Compare II（1971）, pp. 105-107.

② See Wilburg, Entwicklung Eines Beweglichen Systems im Bürger-lichen Recht, Graz 1950.

小。这种法律规定的方法便是所谓的“灵活制度”①。这样的法律规定尽管具有相当大的弹性，但是它也保证了“法律最起码的安全”。正因为如此，这种方法也可以作为私法国际统一的方法予以适用。

与“灵活制度”不同，上述一般性条款则是灵活有余，稳定不够。这是因为，这种法律条款的具体化工作必须完全由法官去进行，而法律对于法官究竟应如何去做这样的工作通常并没有限制②。尽管我们上面提到，为使国际统一私法也具备应有的灵活性，国际统一私法中也可以使用一般性条款。但是，为了保证国际统一私法的稳定性，在进行私法国际统一时应该控制一般性条款的使用，只有客观情况决定不得不这样规定时才这样做。如果不严格控制一般条款在私法国际统一中的运用，国际统一私法的统一性在实践适用中便会遭到破坏，因为不同国家的国内法院便可能以在本国适用的价值观念和法律意识对国际统一私法中的一般性条款进行解释和具体化③。更加之世界上并不存在一个“最高法院”来监督和协调不同国家的法官对一般性条款的解释，而且不同国家的法官也不可能具有相同的法律意识，不同的国家又有着彼此相异的社会关系，所以，国际统一私法中过多运用一般性条款非常容易破坏该法律和稳定性。基于这种认识，有学者批评《保护文学艺术作品著作权的伯尔尼公约》1971 年 7 月 24 日的巴黎文本过多地使用了诸如“在特殊情况下”、“合理的”和“适当程度”等暧昧的措辞，破坏了该公约应有的稳定性④。

3. 国际统一私法中概念的选用问题

进行私法国际统一不可能不运用法律概念，法律概念是构成具体的法律规范的基石。为了确保国际统一私法形式上以及实践中适用的国际统一，私法国际统一时应该力求选择适用统一的概念、术语。这意味着，一方面，某一从事私法国际统一工作的国际组织应该保持它所统一的私法中概念、术语的一致性；另一方面，从事私法国际统一的各国际组织应该彼此协调，以力争在它们各自的私法统一活动中选用相同的法律概念和术语。此外，由于不同国家的法律有不同概念、术语，而且即使是字面相同的概念、术语在不同国家却有不同

---

① See Canalis, Systemdenken und Systembegriff in der Jurisprudenz (1969), pp. 74-85.

② See Hedemann, Die Flucht in die Generalklauseln (1933), p. 58; Sacker, Die Konkretisierung vager Rechtssätze durch Rechtswissenschaft und Praxis, in: Archiv für Rechts-und Sozialphilosophie 58 (1972), pp. 215-236.

③ See Kropholler, Internationales Einheitsrecht, Tübingen 1975, s. 245-246.

④ See Hirsch, Archiv für Urheber-, Film, Funk-und Theaterrecht (Ufita) 63 (1972), p. 57.

含义，因而为确保国际统一私法的真正的国际统一，它最终应有一套自己的独立于国内法之外的概念、术语①。但是，这在很大程度上取决于比较法的研究工作，且尤其是对于具体私法问题的深入的比较法研究。例如，有人期望《比较法国际百科全书》的编纂和出版便同时可以发掘和产生出一批国际统一的法律概念和术语②。而且，美国康耐尔大学法学院曾组织进行的对合同缔结问题的比较法研究也充分说明了，具体的私法问题的比较法研究对于获得国际统一的法律概念具有重要意义。

在进行私法的国际统一时，常常也需要创设一些新的法律概念。为了避免或减少实践中法官或仲裁员适用这种新法律概念的困难，国际统一私法中有必要对这种新概念进行定义，或者通过其他方法以明确它们的内容和准确含义。对此可以下例说明：

1980 年《联合国国际货物销售合同公约》中创设了根本违约制度，并使用了根本违约这一新的法律概念。尽管在普通法中曾有过“根本违反合同”（fundamental breach of contract）制度，但是它因英国上议院 1980 年所作的照相器材有限公司诉安全运输公司（Photo Production Ltd. v. Securicor Transport Ltd.）的上诉判决而归于消灭，因而该制度已不复存在③。除了用词一样外，1980 年合同公约中所使用的根本违约与上述普通法中的根本违约是“完全不同的一个合同规则”④。该公约在规定这一新合同规则和新法律概念时给它下了一个简短明确的定义：“一方当事人违反合同的结果，如使另一方当事人蒙受损害，以至于实际上剥夺了他根据合同规定有权期待得到的东西，即为根本违反合同，除非违反合同一方并不预知而且一个同等资格、通情达理

① See Werner Lorenz, The Comment on The Tources of the Law of International Trade, RabelsZ 30 (1966), p. 362; Schmitthoff, Das Neue Recht des Welthandels, in: RabelsZ 28 (1964), p. 76; Wilhelm F. Bayer, Auslegung und Ergänzung International Vereinheitlicher Normen durch Staatliche Gerichte, in: RabelsZ 20 (1955), p. 629.

② See Drobnig, Methodenfragen der Rechtsvergleichung iim Lichte der “International Encyclopedia of Comparative Law”, in: Ius privatum gentium, Festschrift Rheinstein I (1969), p. 225; Drobnig, The International Encyclopedia of Comparative Law: Efforts Toward a Worldwide Comparision of Law, in: Cornall International Law Journal 5 (1972), p. 127; And see Constantinessco, Rechtsvergleichung II: Die rechtsvergleichende Methode (1972), pp. 359-361.

③ Photo Production Ltd. v. Securicor Transport Ltd. 一案的上诉判决，载 All England Law Reports 1980, HL, pp. 556-570.

④ See Bianea & Bonell, Commentary on the International Sales Law: The 1980 Vienna Sales Convention, Mailand 1987, p. 211.

的人处于相同情况中也没有理由预知会发生这种结果。”（第 25 条）尽管该定义还很简短概括，但是它已给人们揭示了根本违约这一新的法律概念的基本含义和内容，而这也是国际统一私法中使用新的法律概念时所必须做到的。

4. 国际统一私法不同语言文本问题

由于世界上存在不同的语言，对不同国家的私法进行国际统一便会产生国际统一私法究竟以哪一国或哪几国语言写成，不同语言文本所用概念、术语如何统一协调及几种不同语言文本解释不一时应以何种语言的文本为准的问题。对于这一问题的解决直接关系到国际统一私法在实践中适用的统一。而对于这一问题的解决，在私法国际统一的实践中应该主要注意以下几点：

（1）国际统一私法应该本国语言化。与不同国家的私法制度应该国际统一化正好相反，国际统一私法应实现本国语言化，也就是说，国际统一私法的法律规范必须为具体国家接受，并以该国的官方语言表现出来。这一方面是因为国内法院使用本国官方语言是一国主权的标志，为此，本国法院适用国际统一私法也必须是以本国官方语言写成的法律文本；另一方面，不可能要求国内法院的法官或国内仲裁员全都精通同一门外文，因此为使他们方便与正确地适用国际统一私法，便应该使它本国语言化。

当然，国际统一私法本国语言化并不意味着在进行私法国际统一时就必须同时以几种，甚至几十种语言来起草与制定国际统一私法文本。这既不可能，也无必要。国际统一私法的起草与制定可以一门或两门语言进行，在实践中如果是广泛性的国际统一私法公约，如联合国国际贸易法委员会以及海牙国际私法会议所制定的国际统一私法公约，通常都是先以英文一种文字或者英、法两种文字起草制定出来的。

（2）国际统一私法的权威文本。就国际统一私法条约而言，在各不同语言的文本中必须有一个或者若干个文本是权威文本，在出现非权威文本与权威文本解释不相一致时，应以权威文本中的规定为准，如果有几个权威文本，则它们具有同等效力。至于某一具体的国际统一私法公约有哪些权威文本，完全取决于公约本身的规定，所有公约都应在公约的“最后条款”中规定公约的权威文本及其效力问题。国际统一私法公约权威文本的确定完全取决于从事私法国际统一的国际组织的私法统一政策以及该组织的工作语文的确定，但主要有三种模式：其一，以国际上最通用的语言的公约文本作为公约权威文本。例如，海牙国际私法会议于 1960 年第 9 届会议之前均以法文文本作为其国际私法公约的权威文本，而此后则以法、英两种语言的文本作为公约权威文本。其二，以进行该私法统一工作的国际组织的工作语言制作的公约文本为权威文本。譬如，联合国各专业委员会所制定的私法国际统一公约则都规定以联合国的六门工作语言，即中文、英文、法文、俄文、阿拉伯文和西班牙文的公约文本为权威文本①。其三，以制定该私法国际统一公约的国际组织所有成员国的语言的文本作为公约权威文本。欧洲共同体所制定的私法国际统一公约便规定共同体所有成员国语言的公约文本均具有相同的约束力。

（3）国际统一私法不同语言文本的一致性。为了保证国际统一私法的国际性和统一性，国际统一私法不同语言的文本应该具有严格的一致性。这种一致性不能只限于字面，而更主要的是其含义及精神的一致。对此可以一例说明：1951 年 7 月 28 日《关于难民地位的公约》第 12 条是关于难民“个人身份”的规定。对于“个人身份”这一概念，公约的法文文本和英文文本中分别使用了 statut personnel 和 personal status 一词，而公约的非权威文本德文文本中则使用了就纯字面意义而言与上述法文和英文词相一致的 personal statut 来翻译“个人身份”这一概念。但是，德文这个词的含义是“属人法律规范”，因而是不同于上述法文和英文词的。因而，德文本中本应以 persoenlicher status 或 persoenliche Rechtsstellung 来翻译个人身份②。总的说来，国际统一私法公约不同文本中使用的概念的含义彼此相异的情况是屡见不鲜的③。这就要求在起草和翻译国际统一私法公约时特别注意不同文本间使用概念含义的一致。在适用国际统一私法公约时，如果发现公约的非权威文本与权威文本使用概念不一致，则自然应以权威文本的规定为准，而如果发现公约的权威文本间使用概念不一致，则必须比较各文本并依据解释国际统一私法的原则对不同概念进行解释④。

5. 国际统一私法与国内法的协调问题

尽管我们认为各国国内私法的国际统一会形成一门独立的国际统一私

① 例如 1980 年《联合国国际货物销售合同公约》最后便规定：“1980 年 4 月 11 日订于维也纳，正本一份，其阿拉伯文本、中文本、法文本、俄文本和西班牙文本都具有同等效力。”1962 年 12 月 10 日《关于缔结婚姻的纽约公约》第 10 条也有相同规定。

② See A. N. Makarov, Gesetzliche Normen des Internationalen Privat-und Zivilprozessrechts in Deutschland, RabelsZ 20（1955），第 112 页以下。

③ 关于海牙国际私法会议公约中的这种情况，See Nadelmann and von Mehren, Equivalances in Treaties in the Conflicts Field, in: The American Journal of Comparative Law 15 (1967), pp. 195-203.

④ 参见第 332 页注①所引 Kropholler 书中对国际统一法解释的论述。

法，但是实践中这种国际统一私法还必须与国内法进行协调。这意味着像国际统一私法公约这一类的法律规范必须获得缔约国的批准才能在该国生效。而一国在接受和批准国际统一私法公约时便出现如何使国际统一私法与国内法协调的问题。严格说来，使国际统一私法与国内法进行协调的技术和方法并不属于私法国际统一的方法问题，而属于一国国内立法技术问题。但是，由于国际统一私法与国内法的协调直接关系到国际统一私法的国际性和统一性在实践中能否得以实现，因此我们这里也把它作为私法国际统一中的一个问题来讨论。

考察各国实践，可以看出世界上主要有以下两种采纳和接受国际统一私法的模式：

第一，通过国内立法接受与采纳国际统一私法的模式。例如，英国法律规定所有英国缔结或加入的国际条约，不管是否具有直接适用效力，都必须首先通过国内立法接受为国内法才能在英国予以适用。而这种立法基本上是重复国际条约的内容。例如，英国批准加入1961年10月5日关于遗嘱形式的海牙公约后于1963年7月31日颁布了《遗嘱法》。该法在内容上重复了海牙公约的全部内容。采用这种模式容易使人们产生国际统一私法与国内法内容并无二致的误解，而且如果同时还增加其他一些内容，更可能使人误以为国内立法的内容就是国际统一私法的内容，从而破坏国际统一私法的国际性和统一性，因而此种模式遭到国际私法学者们的批评。

第二，通过立法批准国际统一私法的模式。与上述模式不同，采用该模式并不在立法中重复国际公约的具体内容，而只是通过立法批准国际公约以及在国内适用该公约的一些问题，如本国宣布保留的公约条款不予适用等。国际公约的具体条文则作为该立法的附件与该立法一并公布。德国便采这种实践。下面我们以德国批准1980年《联合国国际货物销售合同公约》为例具体说明这种模式的运作：

1989年7月5日德国议会颁布了《关于1980年4月11日联合国国际货物销售合同公约以及修改1956年5月19日关于国际公路货物运输合同公约法的法律》。该法包括三个部分，即第一部分“对1980年4月11日国际货物销售合同公约以及公约执行规定的批准”，第二部分（与1980年公约无联系）以及第三部分“最后条款”。其中第一部分的三个条文的行文如下：“第1条，德意志联邦共和国于1981年5月26日在纽约签署的1980年4月11日《联合国国际货物销售合同公约》予以批准。该公约及其官方的德文翻译在下面予以发表①。第2条，如果国际私法规范指引适用一国法律，而该国依据1980年公约第95条已作出声明，那么公约第1条第1款第2项不予考虑。第3条，买方依据1980年公约第45条所享有的因货物违反合同所产生的请求权的时效，得相应地适用《德国民法典》第477、478条的规定，且时效依《德国民法典》第477条第1款第1句规定的期限并从买方依公约第39条规定通知卖方货物不符合同之日起计算，只要违反合同不是基于卖方所知晓或者对此他不可能不知晓，而且他没有通知买方的事实。”买方解除合同或者要求减价的权利视为第一句意义上要求撤消合同或减价的请求权。该法律的第三部分“最后条款”包括3条规定，其具体内容如下：“第5条（1）1973年7月17日《国际动产买卖统一法》（《德国联邦法律公报》第1卷第856页）以及1973年7月17日《关于缔结国际动产买卖合同的统一法》（《德国联邦法律公报》第1卷第868页）予以废除。（2）属于《国际动产买卖统一法》规定范围的合同，如果系1980年公约在德国生效之前缔结，则以该法为准。如果这种合同的要约和缔结系在1980年公约在德国生效之前作出，那么这种合同的缔结适用《关于缔结国际动产买卖合同的统一法》。第6条，本法也适用于柏林州，只要柏林州确定适用本法。第7条（1）除第2、3、5条外，本法自公布之日起生效。第2、3和5条自1980年公约在德意志联邦共和国生效之日起生效。（2）1980年公约依其第99条在德意志联邦共和国生效之日得在联邦法律公报上公布。”②

第三，对不同性质和内容的国际统一私法公约采用不同的采纳与接受方法的模式。我国在实践中采用这样的模式。根据1990年12月28日《中华人民共和国缔结条约程序法》第11、12条的规定，加入属于诸如司法协助、同我国法律有不同规定以及缔约各方议定须经批准的多边条约和协定，由国务院审核，并由国务院提请全国人民代表大会常务委员会作出加入的决定。而加入其他的多边条约、协定，由国务院作出加入的决定。接受多边条约和协定由国务院决定③。由此我们可以看到，我国法律实际上把国际条约分为“重要条约”和“非重要条约”两类，前者必须通过全国人民代表大会常务委员会的决定

① 随此法在《德国联邦法律公报》上发表了该公约的英文、法文本以及德文翻译文本。

② 《联合国国际货物销售合同公约》于1991年1月1日起在德国生效。该法律原文载于《德国联邦法律公报》1989年第2卷，第586~587页。

③ 《中华人民共和国缔结条约程序法》，载《中华人民共和国国务院公报》1990年，第1126~1130页。

方能在我国生效适用，而后者则只需国务院的决定便能接受为在我国生效的法律①。但是，就国际统一私法而言，哪些条约应通过全国人大常委会的决定予以接受，而哪些条约只需国务院决定便可接受在我国适用，我国国际法理论以及接受国际统一私法的实践对此问题尚无清楚明确的答案，甚至实践中还曾出现令人不解的做法。例如，对于海牙国际私法会议所制定的《关于向国外送达民事或商事司法文书和司法外文书公约》，全国人大常委会通过决定批准我国加入该公约②；但是，对于1980年《联合国国际货物销售合同公约》则未以全国人大常委会决定的形式予以批准，而仅以国务院对我国代表签字进行核准的方式批准与接受③。

总之，国际统一私法必须与国内法协调起来，而在进行这种协调的过程中必须保持国际统一私法的国际性及其适用的国际统一性。这不仅要求在制定国际统一私法时应该尽可能多地考虑这种法律与成员国国内法律的协调统一性问题，同时也要求国内立法机关在采纳与接受这种法律时充分地考虑国际统一私法的性质和特征，以免破坏这种法律的国际统一适用。

6. 制定国际统一私法过程中的有关原始资料以及解释性材料对于揭示国际统一私法实质含义的意义问题

就国内立法而言，立法过程中的一些材料对于理解立法者的真实意图，确定法律条文的准确含义具有非常重要的意义。法律解释的历史解释方法的一个重要方面就是结合某法律规范制定时有关该项法律规范的报告、说明等历史文件而对该法律规范作出解释④。与国内立法一样，国际统一私法制定过程中的一些原始资料，如会议讨论记录以及对公约的说明等，对于人们认识具体的国际统一私法规范以及揭示国际统一私法的具体内容具有非常重要的意义。正因如此，在制定国际统一私法，且尤其是国际统一私法公约时必须保留和整理好这些原始资料，甚至把它们汇编并正式出版，以供人们参考。

在这方面，海牙国际私法会议的实践尤其值得称道。该会议从1893年第

---

① See Xu Guojian. The People's Republic of China and the International Unification of Private Law, in: The Responsiveness of Legal Systems to Foreign Influnces, Zurich 1992, pp. 281-313.

② 《全国人民代表大会常务委员会关于批准加入〈关于向国外送达民事或商事司法文书和司法外文书公约〉的决定》，载《中华人民共和国国务院公报》1991年，第213页。

③ 参见《中华人民共和国国务院公报》1990年，第315页。

④ 参见唐琮瑶：《法的解释》，载《中国大百科全书·法学》，中国大百科全书出版社1998年版，第81页。

一届会议起均将起草公约的准备资料、会议讨论的记录以及对公约的报告汇集整理并公开发表①。另外有一些从事私法国际统一的国际组织尽管不像海牙会议那样公开发表所有公约制定过程中的原始材料，但却发表有关具体的国际统一私法公约的解释性报告。例如，欧洲共同体依据 1957 年 3 月 25 日《关于建立欧洲经济共同体公约》第 220 条所制定的《关于相互承认公司的公约》以及 1968 年 9 月 27 日制定于布鲁塞尔的《关于民商事件管辖权及判决执行的公约》均有对公约的解释性报告与公约一并发表②。此外，一些专家学者也进行有关国际统一私法公约原始资料的收集整理工作，并将它们汇编成册公开出版。这方面最典型的例子是美国学者洪诺尔德（John Honnold）收集整理 1980 年《联合国国际货物买卖合同公约》的原始材料，并编成《国际买卖统一法的文献历史》一书予以公开出版③。

国际统一私法制定过程中的原始资料以及关于国际统一私法公约解释性报告的公开发表，对人们认识具体的国际统一私法规范以及理解它的准确内容无疑具有非常宝贵的价值。因而，从事私法国际统一的国际组织在制定国际统一私法时也应该进行此项工作。但是，我们也必须注意到这些原始资料以及解释性报告对于理解国际统一私法规范都只具有“参考价值”而并非具有“决定性作用”。这也就是说对于国际统一私法具体规范准确含义的确定必须依据国际统一私法的解释方法进行。

7. 比较法研究以及比较法方法在私法国际统一中的作用问题

对于私法的国际统一来说，比较法研究以及比较法方法是不可或缺的。进行国际统一私法的工作实际上是比较有关国家有关的法律制度，考察它们间的共同点以及相异之处，并在这一基础上制定出国际统一的私法规范的过程。不但国际统一私法公约的制定如此，而且国际统一私法的其他成文的渊源，如国际统一立法和国际组织的立法等的制定也必须依赖比较法的研究④。此外，比较法研究以及比较法方法对于诸如国际贸易惯例法、一般法律原则等不成文的

① 参见《海牙国际私法会议文集》(*Actes et Doouments*)。

② See Kropholler, Internationales Einheitsrecht, Tübingen 1975, p. 253.

③ John Honnold, Documentary History of the Uniform Law for International Sales, Denver 1989.

④ See Rabel, Das Recht des Warenkaufs I (1936; Neudruck 1957), II (1958); Marks von Würtemberg, in: RabelsZ 10 (1936), 720; Constantinesco, Reohtsvergleichung II: Die rechtsvergleichende Methode (1972), pp. 400-402.

国际统一私法的形成与适用也具有非常重要的意义①。

就冲突法的国际统一而言，一些从事这方面工作的国际组织的实践表明，为使国际统一后的冲突法规范能够更好地与有关国家国内实体法协调起来，除了必须对有关国家的冲突法规范进行比较外，还必须对国内实体私法进行比较研究。下面我们试以海牙国际私法会议制定《关于死者遗产继承法律适用公约》的过程说明比较法以及比较法方法在私法国际统一中的作用：

1984 年 10 月在荷兰海牙召开的第 15 届海牙国际私法会议把制定一个有关死者财产继承法律适用的公约确定为第 16 届海牙国际私法会议的工作任务。但是，早在这之前，该会议便把实现死者财产继承法律适用冲突法规范的国际统一列为它所将从事的法律统一工作之一，且早已着手进行这方面的准备工作。1969 年 9 月海牙会议常设局的德罗兹（G. A. L. Droz）拟出了一份“关于国际私法上继承问题的调查问题清单”并发给各国政府以便获得各国国际私法在这些问题上理论与实践的信息②。对此“调查问题清单”，大多数海牙会议成员国都给予了书面答复，它们包括原德意志联邦共和国、奥地利、比利时、加拿大、丹麦、美国、芬兰、法国、希腊、爱尔兰、以色列、日本、卢森堡、挪威、荷兰、阿拉伯联合酋长国、英国、瑞典、瑞士、前捷克斯洛伐克以及前南斯拉夫等 21 个国家③。这实际上是一项非常重要的比较法研究工作，是制定继承法律适用冲突法公约的基本工作，因为成员国所提供的本国法律对于继承冲突法的规定及实践情况是进行比较法研究的第一手材料，只有在对这些材料进行充分的比较法研究后，才能制定出符合实际情况且在未来能够为成员国所广泛接受的统一法公约。

第 15 届海牙会议正式把制定死者继承法律适用法公约列入会议工作日程后，海牙会议常设局便进一步进行这方面的比较法研究工作。1986 年 4 月海牙会议常设局秘书范・龙（Hans van Loon）在比较研究各国现行的继承冲突法以及一些国家的冲突法草案的基础上写出了名为《继承问题的国际私法新述评》的研究报告。该报告就继承冲突法中一些重要问题，如继承法律适用的统一制与分割制问题、继承法律选择的连结因素、反致在继承法律适用中的

① See Schmitthoff 撰文，in：International and Comparative Law Quarterly 17（1968），p. 565.

② G. A. L. Droz，“Questionnaire sur le Droit International Prive des Successions”，in：Aotes et Doouments（1972），tome II，Administration des Successions，p. II-27.

③ These Réponse des Gouvernments au Questionnaire”，See Actes et Documents de lu Douzieme session，Tome II，Administration des Successions，p. II-67.

适用问题以及继承准据法的适用范围和限制等，作了详细的比较法研究，从而给人们展示了各国继承法律适用制度斑驳陆离的画面，且同时也揭示了实现继承冲突法统一的各种可能性①。如前所述，试图对冲突法进行成功的国际统一，除了有必要对各国冲突法制度进行比较研究外，还必须对与有关冲突法制度相适应的国内实体私法制度也进行比较法研究。也正是基于这样的认识，海牙会议常设局在进行继承冲突法比较研究的同时也在进行实体继承法制度的研究工作。1986 年 9 月海牙会议常设局公布了范・龙起草的《继承国际私法未来研究》的报告②。该报告对实体继承法制度的传统和变化以及继承问题国际化的趋势进行了比较法研究。

为了在正式起草的继承法律适用国际公约中能够更广泛地反映对各国继承比较法制度比较法研究的结果，海牙会议提请会议新成员国、原成员国以及有关非会员国在会议起草公约草案之前对前述“调查问题清单”进行答复或补充答复。包括我国在内的 9 个国家向会议常设局提交了书面的答复或补充答复③。这里特别值得指出的是，这是我国第一次向海牙会议提出此种答复。该答复向海牙会议提供了我国现行立法中对于涉外继承分割制原则、遗产的确定、继承人的权利与义务、确定继承准据法的住所地原则、反致问题、外国准据法的适用问题、遗嘱继承问题、对遗产的管理以及涉外继承管辖权问题方面的信息④。我国参与冲突法国际统一的这种新的实践无论对外国了解我国的冲突法制度，还是海牙国际私法为进行冲突法国际统一而扩大其比较法研究的范围都具有积极的意义。

在进行了上述比较法研究工作之后，海牙国际私法会议所指定的专门从事继承法律适用国际公约的特别委员会便以上述工作为基础起草出“死者财产

---

① 范・龙的“述评”主要比较了奥地利、波兰、西班牙、土耳其、前南斯拉夫现行的冲突法立法以及前联邦德国、瑞士、阿根廷、加拿大（魁北克）和委内瑞拉等国的冲突法草案中关于继承法的规定。See Update of the Commentary on Succession in Private International Law. Proceedings of the Sixteenth Session of the Hague Conference on Private International Law, pp. 107-139.

② Hans van Loon, Sucession in Private International Law-Prospective Study, Proceedings of the sixteenth Session, pp. 141-157.

③ 这些国家分别是中国、澳大利亚、阿根廷、加拿大（魁北克）、塞浦路斯、美国、葡萄牙、英国、英国（苏格兰）以及土耳其。

④ 中国的“答复”见 Proceedings of the Sixteenth Session, pp. 170-171。

继承法律适用公约初步草案"①。该草案被正式提交给 1988 年 10 月召开的第 16 届海牙国际私法会议讨论，并获得通过。通过上述对海牙国际私法会议准备与制定《关于死者遗产继承法律适用公约》的介绍，我们不难看出比较法以及比较法方法始终贯穿于该公约制定的全过程；而且，尤其是公约草案起草前的准备工作基本上就是收集比较法研究的第一手材料，并在此基础上比较各国法律，得出继承冲突法国际统一的答案的比较法研究过程。因此，我们也可以得出这样的结论，即不去对进行国际统一的冲突法问题以及与之相应的实体法问题作比较法研究，试图实现冲突法的国际统一是不可能的。同样，实体私法的国际统一也是绝对离不开比较法研究和比较法方法的运用的。

德国学者克罗波勒把从事国际统一私法工作的国际组织进行具体的私法国际统一工作的全过程划分为四个阶段，即一般性考虑阶段（确定具体统一项目阶段）、具体项目准备工作阶段、评估阶段（即对前阶段的工作进行评价阶段）以及起草公约草案阶段。而且，他还正确地认为所有这些阶段都离不开比较法的研究、比较法方法的运用以及比较法的知识。

在进行私法国际统一过程中既然必须对统一的对象进行比较法研究，那么就出现了应在多大范围内，也即对哪些国家的有关国内法律制度进行比较研究的问题。一般说来，进行私法国际统一的国际组织应该尽可能广泛地比较其成员国国内法律，而且尤其是地区性的国际组织应去比较所有组织成员国的国内法律。实践中欧洲共同体进行私法国际统一时便总是比较研究所有成员国国内法律的有关规定和实践的。当然，对于像联合国国际贸易法委员会这样的全球性的国际组织来说，试图对组织所有成员国法律进行比较法研究基本上是不可能的；但是，它应尽力扩大其比较研究的范围，起码也必须对世界上主要法系的主要代表国家的国内法律的有关问题进行比较研究。同时，各国都应积极配合国际组织所从事的私法统一工作，并积极地为它们提供本国法律对有关问题的规定和实践。此外，比较法学者的比较私法研究成果对于私法的国际统一也具有非常重要的意义。

① "Preliminary Draft Convention on the Law Applicable to Succession to the Estates of Deceased Persons" of 8, October 1987, Proceedings of the Sixteenth Session, pp. 232-237.

第七章　国际统一私法法源

第一节　概　　述

法律的渊源，或简称为法源，具有两个方面的含义，其一是指法律所体现的立法者的意志，也就是说法律在实质上究竟是什么人的什么意志的体现，这即所谓法律的实质渊源；其二是指法律规范所表现和存在的形式，也就是说法律在形式上是如何表现出来的，这即所谓法律的形式渊源。我们这里讨论的国际统一私法的渊源是后一意义上的法律的渊源，也即国际统一私法的规范所存在和体现的形式。

国际统一私法的渊源具有一些重要的特征。首先，国际统一私法的渊源形态具有多样性。国际统一私法的规范存在和表现于各种形式的法律文献中，例如各种有关私法统一的国际条约、有关国内立法以及国际标准合同中，通过这种方式存在和表现出来的法律规范是成文的法律规范。与此相反，国际统一私法的另一些法律规范是以习惯和惯例等不成文的形式表现出来的。其次，国际统一私法渊源的性质的复杂性。一方面，国际统一私法规范所存在和表现于其中的文献本身的法律性质不一致。其中有些属于法律文献，如国际条约、有关国内立法、国际组织具有法律性质的文件以及国际和国内法院的判决；而另一些则不属于法律文献，如国际标准合同、合同标准条款以及国际组织制定的不具有法律性质的文件。另一方面，从具有法律性质的渊源来看，它们中一些属于国内法律文献，如有关国内立法以及国内法院的判决等，而它们中的另一些则属于国际法律文献，这包括国际条约、国际组织制定的法律性质的文件以及国际法院的判决。再次，国际统一私法渊源的效力的不一致性。在国际统一私法的诸渊源中，一些渊源的效力要高于其他渊源，因而在实践中便应该先考察和适用效力最高的渊源中所存在和表现的国际统一私法的规范。而且，在效力不同的渊源中所存在和表现的国际统一私法的规范不同时，应以效力高的渊源中的规范为准。当然，国际统一私法渊源的效力不是绝对的，它们是随具体情况的不同而不断变化的。例如，一般说来国际条约的效力要高于国际标准合同的效力，但是，当事人如果在其合同中明确规定他们的合同关系受国际标准合同一般条款的支配，那么在这里国际标准合同的效力便高于国际条约的效力。最后，国际统一私法渊源间比例的非固定性。国际统一私法渊源间的比例不是一成不变的，它随着国际统一私法的发展而发生变化。在国际统一私法发展的最初阶段，国际惯例是国际统一私法最重要的渊源，而国际条约在国际统一私法的所有渊源中所占的比重却不大，而目前国际条约已经是国际统一私法最为重要的渊源，而且可以肯定它在国际统一私法渊源中所占地位还将会越来越重要。

研究国际统一私法的渊源具有非常重要的理论和实践方面的意义。这一方面是因为国际统一私法作为一门独立的法律部门它的完整的法律体系到目前为止尚未建立起来，这便要求法学家从这门法律的渊源出发，探讨它的所有规范，并从而通过归纳的手段来建立它的完整的体系。另一方面，国际统一私法这门法律现在还只处于建立与发展完善阶段，人们只有深入研究它的各渊源的优点和缺点才能够通过最好的途径去实现私法的国际统一和建立与发展作为一门独立法律部门的国际统一私法。此外，在国际贸易和法律实践中，人们只有知道什么可以成为国际统一私法的渊源，才能够正确地确定某一规范的法律效力，从而准确地适用国际统一私法。

国际统一私法的渊源非常广泛，例如国际条约、一般法律原则、国际组织的文件、国际贸易惯例、国际标准合同、合同标准条款、法院判决、公开发表的国际商事仲裁庭的裁决以及权威法学家的法学学说，等等。但是，本书仅选择其中最为重要的一些渊源进行详细的讨论。

第二节 国际条约

一、国际统一私法条约的概念

按照1969年5月23日《维也纳条约法公约》第2条的规定，国际条约系指国家间所缔结而以国际法为准之国际书面协议，不论其载于一项单独文书或两项以上相互有关之文书内，也不论其特定名称如何。此一定义揭示了条约的以下几个主要特征：第一，条约是当代国际法所承认的国际法主体，如国家、国际组织等间缔结的协议。因而，双方都非国际法主体或一方为国际法主体而另一方为非国际法主体，如自然人与自然人间、法人与法人间、自然人与法人间、国家与法人或自然人间所缔结的协议，无论其内容何等重要，都不是国际法上的条约。第二，条约必须符合国际法，否则条约便不具有法律上的约束力。第三，条约的内容在于规定国际法主体间在一些问题上的权利和义务关系。第四，条约这种协议通常以书面形式作出，作为一个书面文件而出现，但此种文件究竟是一项单独的文书或两个以上相互有关的文书，或者它的特定的名称如何，如公约、协定、议定书等，都不影响它成为国际条约。

作为国际统一私法渊源的国际条约主要是指国家间所缔结的协调彼此间私法规范，以实现缔约国间在某一或者某些私法领域法律规范统一的协议。我们称这种国际条约为国际统一私法条约。此种条约属于一般国际条约的范畴，因而也便具有上述国际条约的一般特征。但是，与一般的国际条约相比，国际统一私法条约具有以下几个特殊的方面：首先，它们的调整对象主要是国际私法关系；其次，这种条约通常由有关的国际统一私法的专门组织准备和制定，然后由缔约国签署和批准；最后，就这种条约的性质而言，一般说来它们不具有很强的政治性，相反，由于它们独特的调整对象的原因，它们具有一般的国际条约所不具有的强烈的法律，且尤其是私法的专业性。正因为国际统一私法条约具有这些一般的国际条约所不具有的特征，因而在这种条约的制定、签署、保留以及对它们的解释、内容漏洞的补救等国际条约的适用制度方面都有一些特殊的方法和制度。

二、国际统一私法条约的分类

下面我们试图依据不同的标准对国际统一私法条约作若干的分类，以便我们能更深入地研究国际统一私法的这一渊源，且同时也可使我们更清楚地了解国际条约在私法国际统一中的作用。

1. 根据缔结条约的主体的数目可以将国际统一私法条约分为双边条约和多边条约两种

前者是指两个国家之间为协调统一彼此间的私法所缔结的专门条约，如中国与法国、比利时、波兰、蒙古、罗马尼亚和意大利等国所缔结的司法互助协定便属于这种条约，后者则是指缔约国有两个以上的国家的国际统一私法条约，如1988年1月1日生效的《联合国国际货物销售合同公约》。国际统一私法双边条约大多是两国间为了彼此间在某一或某些私法问题上的利益而订立的；而国际统一私法的多边条约则大多是国家间为了在私法的某一特定领域建立起广泛一致的规则和秩序而缔结的，并因而在该私法领域实现法律的国际统一的目的。

由于双边条约的地域适用范围非常有限，因而严格说来通过这种条约实现私法的国际统一的意义并不很大。从目前私法国际统一的状况看，对私法的国际统一起最主要作用的还是多边国际条约。然而，在私法的国际统一方面双边与多边国际条约有时是相辅相成的，也就是说一些多边的国际统一私法条约需要通过双边条约进行双边化处理（Bilateralisation）。例如，1971年2月1日的《关于外国民、商事判决的承认与执行的海牙公约》便属于这种多边公约。该公约第21条规定，除非该公约的两个缔约国另外缔结有承认这种效力的附属的协议，在一缔约国作出的判决不得依据本公约的规定在另一缔约国获得承认和执行。第23条具体规定了这种附属协议所可以规定的具体事项。而且，根据公约第25条的规定，本公约的缔约国之间尚可以在一些例外的情况下缔结与本公约内容不相一致的有关外国的民、商事判决的承认与执行的双边条约。此外，在私法的国际统一实践中，尚有一些通过双边统一私法条约对多边国际条约的内容予以补充和深入具体的情况。这方面最主要的例子是原经互会国家之间通过缔结关于彼此交货共同条件的双边条约对经互会1958年“交货共同条件”的内容进行补充和具体化。

2. 根据缔约国的地区分布可以将国际统一私法条约分为广泛性的国际条约和地区性的国际条约

当然，这一分类是以上述多边国际统一私法条约为对象的，双边国际条约由于缔约国只有两个国家，因而无所谓广泛性与地区性之分。所谓广泛性的国际统一私法条约是指缔约国分布于几大洲，其影响及于全球的条约。例如，上述《联合国国际货物销售合同公约》便属于这种条约。与此相对应的地区性国际统一私法条约则是指缔约国主要局限于某一大洲，甚至某一大洲的某一地区，其影响也主要是限于该地区的国际条约。这种条约如拉丁美洲国家间、荷（兰）比（利时）卢（森堡）联盟间以及斯堪的纳维亚国家间所缔结的若干私法统一公约。

3. 根据条约所统一的私法的性质可以把国际统一私法条约分为国际统一实体法条约、国际统一冲突法条约和国际统一民事诉讼程序法条约

如果国际条约所统一的对象是实体法，那么这种条约便属于国际统一实体法条约。国际统一冲突法条约是指对冲突法规范进行统一的国际公约，属于这一类的有如海牙国际私法会议所制定的若干国际私法公约。规定国际民事诉讼程序以及国际商事仲裁问题的国际条约便是国际统一民事诉讼法条约，例如海牙国际私法会议所制定的一些调整法院管辖权、诉讼文书送达和外国法院民商事判决的承认与执行等国际民事诉讼问题的条约，以及1958年有关外国仲裁

裁决的承认与执行的纽约公约等都属于这类条约。到目前为止，这三类条约中以国际统一实体法条约所占比例最大，而国际统一冲突法和国际统一民事诉讼法条约的数量则相差无几。

4. 根据条约是否对第三国开放，可以将国际统一私法条约分为开放性的条约和非开放性的条约两种

由于所有双边条约都是不对外开放的，因而这种分类实际上就只限于多边国际条约。那些对第三国加入公约未设任何限制的国际条约便是开放性的条约；相反，绝对排除那些未参加公约的起草和制定工作的所有公约的第三国加入公约的可能性的国际公约便是所谓的非开放性的条约。当然，介于这两者之间还有一些只对特定的国家，如条约中明确指定的国家，特定的国际组织的成员国等，开放的国际条约。另外，还有一些所谓的半开放的国际统一私法条约，对于这类条约，第三国只有在所有条约成员国明示或默示同意它加入时方能加入。

一般说来，如果国际统一私法条约属于上述实体法性质的条约，那么它们原则上必须是对所有愿意加入的国家开放的，因为它们的成员国愈多则它们实现统一的效果愈好，一般而言，没有什么理由可以使得这种条约有必要不对第三国开放。当然，地区性的多边国际统一私法条约由于其特定的地区性的决定，因而常常只对本地区的国家开放，而不对其他国家开放。例如，国际民事身份委员会（Commission Internationale de I Etat Civil，CIEC）所制定的若干有关自然人的民事身份的国际条约就只对特定地区的国家开放。相反，在实践中一些有关法律文件、法院判决等的相互承认和执行问题，或者关于缔约国官署或法院间司法问题国际合作的国际条约，由于所涉大多是缔约国间紧密合作和相互信任事项，且它们通常都是由双边规定，因此，所有这些问题的多边国际条约大多是非开放性质的国际条约。

5. 根据条约的适用效力可以将国际条约分为具有自身执行效力的条约（国内一些国际法教科书，如王铁崖主编高等学校法学教材《国际法》① 直接称它为“自执行条约”）或可直接适用条约（self-executing treaties）和不具有自身执行效力的条约或不可直接适用条约（non-self-executing treaties）

前者指那些规定缔约国国际法上的义务，并且可以由缔约国的公民和法院直接予以适用的条约；后者则是指并不能直接为缔约国的公民和法院适用的条约，它们必须首先由缔约国通过专门立法接受为国内法后才能在国内获得适

---

① 参见该书第 47 页。

用。如果国际统一私法条约有必要与缔约国国内法进行协调，而具体的协调措施又应该由缔约各国的立法机构去进行时，那么这种条约常常以不具有自身执行效力的条约的形式出现。

如上所述，不具有自身执行效力的条约必须首先通过国内立法接受为国内法后才可以在缔约国国内获得适用。为了使所有条约成员国在接受这种条约成为国内法时立法所用语言保持一致，在私法的国际统一实践中产生了一种特殊的方法，即统一私法并不在国际条约中规定，该条约中只规定缔约国有义务颁布执行该统一私法，而该统一私法的文本只作为此一条约的附件留待缔约国在本国颁布。通过这种方法所实现统一的私法有如下面即将提到的关于支票和汇票的若干日内瓦公约，以及 1964 年关于国际货物买卖统一法的海牙公约等。这种实现私法国际统一的方法的优点在于它比较便于缔约国将在形式上与国际条约相分离的统一私法接收并在国内颁布成为国内法，因为统一私法与国际条约在形式上的分离就使得它实际上成为一种示范法律，而这种示范法律对公约的缔结国并不具有国际条约法上的约束力，缔约国可以较自由地予以接受。然而，这种方法也有其缺点，这主要表现在它在很大程度上使得国际统一私法的国际统一性质不得不被国内法的性质隐藏起来，而这便导致不同国家的法院对国际统一私法作不同解释和予以不同适用，并因而破坏国际统一私法的国际统一性的危险。正因如此，有学者建议对这种私法统一方法进行改革，以使统一私法成为可以直接予以适用的标准法律（Mustergesetz）。

6. 根据条约所调整的具体法律关系对国际统一私法条约的分类

（1）调整自然人、法人的国籍、住所和法律地位的条约

到目前为止，属于这一类的国际统一私法条约主要有以下一些：

①《关于外国人地位的公约》，哈瓦那，1928 年 2 月 20 日；

②《关于双重国籍某种情况下兵役义务的议定书》，海牙，1930 年 4 月 30 日；

③《关于无国籍情况的议定书》，海牙，1930 年 4 月 12 日；

④《关于无国籍的特别议定书》，海牙，1930 年 4 月 12 日；

⑤《关于执行自由职业的条约》，蒙得维的亚，1940 年 8 月 4 日；

⑥《国际劳工组织关于给予工人事故补偿外国工人与本国工人享受平等待遇的公约》（依 1946 年最后修订的文本订正）；

⑦《保障人权及基本自由公约》，罗马，1950 年 11 月 4 日；

⑧《关于难民地位的公约》，日内瓦，1951 年 7 月 28 日；

⑨《关于无国籍人地位的公约》，纽约，1954 年 9 月 28 日；

⑩《解决本国法和住所地法冲突的公约》，海牙，1955 年 6 月 15 日；

⑪《关于居留的欧洲公约》，巴黎，1955 年 12 月 13 日；

⑫《承认外国公司、社团和财团法律人格的公约》，海牙，1956 年 6 月 1 日；

⑬《已婚妇女国籍公约》，纽约，1957 年 2 月 20 日；

⑭《减少无国籍状态公约》，纽约，1961 年 8 月 30 日；

⑮《经济、社会、文化权利国际盟约》，纽约，1966 年 12 月 9 日；

⑯《难民地位的议定书》，纽约，1967 年 1 月 31 日；

⑰《关于相互承认公司和法人团体的公约》，布鲁塞尔，1968 年 2 月 29 日；

⑱《美洲国家间关于国际私法中自然人住所的公约》，蒙得维的亚，1979 年 5 月 8 日；

⑲《美洲国家间关于贸易公司法律冲突的公约》，蒙得维的亚，1979 年 5 月 8 日。

（2）调整物权关系的条约

属于这一类的国际统一私法条约主要包括有关国际货物买卖中货物所有权移转、信托问题以及知识产权国际保护的一系列条约，其中最主要者有以下一些：

①《保护工业产权的巴黎公约》，巴黎，1883 年 3 月 20 日（该公约经过若干次重大修改，包括 1934 年 6 月 3 日伦敦文本，1958 年 10 月 31 日里斯本文本以及 1967 年 7 月 14 日斯德哥尔摩文本）；

②《保护文学艺术作品著作权的伯尔尼公约》，伯尔尼，1886 年 9 月 9 日（该公约经过若干次重大修订，包括 1928 年 6 月 2 日罗马文本，1948 年 6 月 26 日布鲁塞尔文本以及 1971 年 7 月 24 日巴黎文本）；

③《国际商标注册马德里协定》，1891 年 4 月 14 日（该公约有 1957 年 6 月 15 日尼斯修订本，1967 年 7 月 14 日斯德哥尔摩修订本）；

④《关于知识产权的条约》，蒙得维的亚，1939 年 8 月 4 日；

⑤《世界版权公约》，日内瓦，1952 年 9 月 6 日（该公约后于 1971 年 7 月 24 日修订于巴黎）；

⑥《国际有体动产买卖所有权移转法律适用的公约》，海牙，1958 年 4 月 15 日；

⑦《成立世界知识产权组织的公约》，斯德哥尔摩，1967 年 7 月 14 日；

⑧《国际专利合作条约》，华盛顿，1970 年 6 月 19 日；

⑨《商标注册条约》，维也纳，1973 年 6 月 12 日；

⑩《关于信托的法律适用及其承认的公约》，海牙，1984 年 10 月 8 日。

（3）调整债权关系的条约

这类条约所调整的关系的范围非常广泛，如国际投资与贸易合同关系、国际支付关系、国际运输关系、国际侵权法律关系，等等。目前世界上调整债权关系的广泛性和地区性的国际统一私法条约主要包括以下一些：

①《统一船舶碰撞若干法律规定的国际公约》，布鲁塞尔，1910 年 9 月 23 日；

②《统一提单的若干法律规则的国际公约》（海牙规则），布鲁塞尔，1924 年 8 月 25 日；

③《统一国际航空运输某些规则的公约》（华沙公约），华沙，1929 年 10 月 12 日；

④《本票、汇票统一法公约》，日内瓦，1930 年 6 月 7 日；

⑤《解决汇票、期票法律冲突公约》，日内瓦，1930 年 6 月 7 日；

⑥《本票、汇票印花税公约》，日内瓦 ，1930 年 6 月 7 日；

⑦《解决支票法律冲突公约》，日内瓦，1931 年 3 月 19 日；

⑧《统一支票法公约》，日内瓦，1931 年 3 月 19 日；

⑨《支票印花税公约》，日内瓦 ，1931 年 3 月 19 日；

⑩《国际有体动产买卖法律适用公约》，海牙，1955 年 6 月 15 日；

⑪《国际铁路货物联运协定》（国际货协），索非亚，1959 年 12 月 14 日；

⑫《修改华沙公约的议定书》（海牙议定书），海牙，1955 年 9 月 28 日；

⑬《国际货物销售统一法公约》，海牙，1964 年 7 月 1 日；

⑭《国际货物销售合同成立统一法公约》，海牙，1964 年 7 月 1 日；

⑮《统一非缔约承运人所办国际航空运输某些规则以补充华沙公约的公约》（瓜达拉哈拉公约），瓜达拉哈拉，1961 年 9 月 18 日；

⑯《有关修改 1924 年 8 月 25 日在布鲁塞尔签订的统一提单若干法律规定的国际公约的议定书》（维斯比规则），布鲁塞尔，1968 年 2 月 23 日；

⑰《国际油污损害民事责任公约》，布鲁塞尔，1969 年 11 月 29 日；

⑱《公路交通事故法律适用公约》，海牙，1971 年 5 月 4 日；

⑲《产品责任法律适用公约》，1973 年 10 月 2 日；

⑳《联合国国际货物买卖时效期限公约》，纽约，1974 年 6 月 14 日；

㉑《美洲国家间关于代理人国外行使代理权法律制度的公约》，巴拿马城，1975 年 1 月 30 日；

㉒《美洲国家间关于汇票、期票和发票法律冲突的公约》，巴拿马城，1975 年 1 月 30 日；

㉓《美洲国家间关于支票法律冲突的公约》，巴拿马城，1975 年 1 月 30 日；

㉔《统一船舶碰撞中有关民事管辖权、法律选择、判决的承认和执行方面若干规则的公约》，里约热内卢，1977 年 9 月 30 日；

㉕《代理法律适用公约》，海牙，1978 年 3 月 14 日；

㉖《美洲国家间关于支票法律冲突的公约》，蒙得维的亚，1979 年 5 月 8 日；

㉗《关于合同义务法律适用的公约》，罗马，1980 年 6 月 19 日；

㉘《关于国际铁路货物运输规则的伯尔尼公约》，伯尔尼，1980 年 7 月 7 日；

㉙《联合国国际货物多式联运公约》，1980 年 5 月 24 日；

㉚《联合国国际货物销售合同公约》，维也纳，1980 年 4 月 11 日；

㉛《国际货物买卖合同法律适用公约》，海牙，1986 年 12 月 22 日；

㉝《联合国国际汇票和国际本票公约》，纽约，1988 年 12 月 9 日；

㉞《关于国际合同法律适用的美洲国家间公约》，墨西哥城，1994 年 3 月 17 日。

（4）调整亲属关系的条约

这类国际统一私法条约主要包括两大部分，即关于婚姻关系的条约和关于家庭关系的条约。其中主要者有以下一些：

①《婚姻法律冲突公约》，海牙，1902 年 6 月 12 日；

②《未成年人监护公约》，海牙，1902 年 6 月 12 日；

③《离婚及分居法律冲突与管辖冲突公约》，海牙，1902 年 6 月 12 日；

④《婚姻对夫妻身份和财产关系效力的法律冲突公约》，海牙，1905 年 7 月 17 日；

⑤《禁治产及类似保护措施公约》，海牙，1905 年 7 月 17 日；

⑥《关于婚姻、收养和监护的某些国际私法规定的公约》，斯德哥尔摩，1931 年 2 月 6 日；

⑦《抚养儿童义务法律适用公约》，海牙，1956 年 10 月 24 日；

⑧《关于未成年人保护的管辖权和法律适用的公约》，海牙，1961 年 10 月 5 日；

⑨《收养管辖权、法律适用和判决承认公约》，海牙，1965年11月15日；

⑩《抚养义务法律适用公约》，海牙，1973年10月2日；

⑪《夫妻财产制法律适用公约》，海牙，1978年3月14日；

⑫《结婚仪式和承认婚姻有效公约》，海牙，1980年10月25日；

⑬《国际性非法扣留儿童民事方面的公约》，海牙，1980年10月25日；

⑭《跨国收养方面保护儿童及合作公约》，海牙，1993年5月29日；

⑮《关于国际拐卖未成年人的美洲国家间公约》，墨西哥城，1994年3月18日；

⑯《关于父母责任和保护儿童措施的管辖权、法律适用、承认、执行与合作公约》，海牙，1996年10月19日。

（5）调整继承关系的公约

目前，调整继承关系的国际公约数量还相当有限，其中最主要者有以下一些：

①《丹麦、芬兰、冰岛、挪威、瑞典关于遗产继承和清理的公约》，哥本哈根，1934年11月19日；

②《遗嘱处分方式法律冲突公约》，海牙，1961年10月5日；

③《遗产国际管理公约》，海牙，1973年10月2日；

④《关于死者遗产继承法律适用公约》，海牙，1988年10月20日。

（6）国际民事诉讼程序公约

国际民事诉讼法领域是目前通过国际公约比较全面系统地实现国际统一的一个私法部门，可以说该法的所有领域都已经不同程度地实现了统一。因而，这类国际统一私法条约有相当多的数量，其中最重要者有：

①《关于统一国有船舶豁免的若干规则的公约》，布鲁塞尔，1926年4月10日；

②《关于国际民事诉讼程序法的条约》，蒙得维的亚，1940年3月19日；

③《关于扣留海运船舶的国际公约》，布鲁塞尔，1952年5月10日；

④《民事诉讼程序公约》，海牙，1954年3月1日；

⑤《国际有体动产买卖协议管辖权公约》，海牙，1958年4月15日；

⑥《抚养儿童义务判决的承认和执行公约》，海牙，1958年4月15日；

⑦《取消要求外国公文书的认证公约》，海牙，1961年10月5日；

⑧《民商事件诉讼和非诉讼文件的国外送达公约》，海牙，1965年11月15日；

⑨《协议选择法院公约》，海牙，1965年11月25日；

⑩《关于提供外国法资料的欧洲公约》，伦敦，1968 年 6 月 7 日；

⑪《关于民商事件管辖权及判决执行的公约》，布鲁塞尔，1968 年 9 月 27 日；

⑫《民商事件国外调取证据公约》，海牙，1970 年 3 月 18 日；

⑬《承认离婚和别居公约》，海牙，1970 年 6 月 1 日；

⑭《民商事件外国判决的承认和执行的公约》，海牙，1971 年 2 月 1 日；

⑮《民商事件外国判决的承认和执行的公约附加议定书》，海牙，1971 年 2 月 1 日；

⑯《关于国际豁免的欧洲公约》，巴塞尔，1972 年 5 月 16 日；

⑰《抚养义务判决的承认和执行公约》，海牙，1973 年 10 月 2 日；

⑱《美洲国家间关于国外调取证据的公约》，巴拿马城，1975 年 1 月 30 日；

⑲《美洲国家间关于嘱托书的公约》，巴拿马城，1975 年 1 月 30 日；

⑳《美洲国家间关于执行预防措施的公约》，蒙得维的亚，1979 年 5 月 8 日；

㉑《美洲国家间关于外国法证明和查询的公约》，蒙得维的亚，1979 年 5 月 8 日；

㉒《美洲国家间关于嘱托书的公约的附加议定书》，蒙得维的亚，1979 年 5 月 8 日；

㉓《美洲国家间关于外国判决和仲裁裁决域外效力的公约》，蒙得维的亚，1979 年 5 月 8 日；

㉔《国家司法协助公约》，海牙，1980 年 10 月 25 日。

（7）关于国际商事仲裁的公约

广泛性的和地区性的这类国际统一私法条约到目前为止主要包括以下一些：

①《仲裁条款议定书》，日内瓦，1923 年 9 月 24 日；

②《关于执行外国仲裁裁决的公约》，日内瓦，1927 年 9 月 26 日；

③《关于承认执行外国仲裁裁决的公约》，纽约，1958 年 6 月 10 日；

④《关于国际商事仲裁的欧洲公约》，日内瓦，1961 年 4 月 21 日；

⑤《规定统一仲裁法的欧洲公约》，斯特拉斯堡，1966 年 1 月 20 日；

⑥《关于解决各国和其他国家民间投资争端的公约》，华盛顿，1965 年 3 月 18 日；

⑦《联合国欧洲经济委员会仲裁规则》，1966 年 1 月制定；

⑧《联合国亚洲及远东经济委员会国际商事仲裁规则》，新德里，1966年4月4日；

⑨《关于解决因经济、科学和技术协作而发生的民事法律争议的仲裁公约》，莫斯科，1972年5月26日；

⑩《经济互助委员会成员国商会仲裁院统一仲裁程序规则》，莫斯科，1974年2月26日；

⑪《美洲国家间关于国际商事仲裁的公约》，巴拿马城，1975年1月30日；

⑫《联合国国际贸易法委员会仲裁规则》，1976年4月28日制定；

⑬《美洲国家商事仲裁委员会仲裁规则》，1978年1月制定；

⑭《联合国国际贸易法委员会调解规则》，1980年12月4日联合国大会通过。

（8）此外，尚有一类综合调整国际私法关系的国际统一私法条约。

它们中最主要者有：

①《关于国际民法的公约》，蒙得维的亚，1889年2月12日；

②《关于国际商法的公约》，蒙得维的亚，1889年2月12日；

③《关于国际私法的公约》（即《布斯塔曼特法典》），哈瓦那，1828年2月2日；

④《关于国际民法的公约》，蒙得维的亚，1940年3月19日；

⑤《关于国际通商航行法的条约》，蒙得维的亚，1940年3月19日；

⑥《关于陆上国际商法的条约》，蒙得维的亚，1940年3月19日；

⑦《荷兰、比利时、卢森堡关于国际私法统一法的公约（草案）》，海牙，1951年5月11日①；

⑧《美洲国家间关于国际私法通则的公约》，蒙得维的亚，1979年5月8日。

三、国际条约作为国际统一私法渊源的优点和缺点

（一）优点

国际条约作为国际统一私法渊源的最主要的优点在于其形式的稳定性和内容的固定性。国际统一私法条约以书面形式并经过国际法上条约制定、签署和

① 该公约于1969年修改，但1975年三国已决定放弃该公约草案，本书作者未找到该公约草案的中文翻译。

批准等严格的程序将各国的国内法统一起来。人们从条约的文字上可以比较容易地了解统一后的私法的内容，因而以这种方式统一的私法通常不会出现法律规范内容的查明和确定问题。任何国家在签署了国际统一私法条约后便承担有遵守该条约，履行它所规定的条约义务的国际公法上的责任。条约的缔约国不得通过国内立法或法院判决等任何形式擅自改变条约的内容。如果有国家在缔结某一条约时对它的某一或某些规定不满，因而不愿受其约束，它们可以书面保留这些规定，但是，它们必须忠实地履行除声明保留的规定之外的条约的所有内容。正因为条约具有形式稳定、内容固定的特点，以条约形式统一私法可以避免必须对统一私法的内容进行查明和确定的困难，以及各国适用统一私法不一致并从而使得国际统一私法名存实亡的危险。因此，那些在形式上需要非常确定，在法律规范的文字上需要各国严格一致的私法领域通常就必须采用国际条约的形式加以统一。

另外，对于那些特别需要根据互惠原则进行国际统一，并且在互惠的前提下予以适用的私法领域，一般说来也应该以国际条约的形式来进行统一，因为只有国际条约才能将缔约国的具体权利和义务最为准确地规定下来。

（二）缺点

国际条约作为国际统一私法渊源的上述优点便决定了它也必然存在一个缺点，即国际条约的机械性。这主要表现在，所有国际统一私法条约就性质而言都具有国际公法上的国际条约的性质，因而都受国际条约法的支配。与其他所有国际条约一样，这种条约只有在获得缔约国有关权力机构的批准后才在该国生效。就国际统一私法的多边国际条约而言，那些参与条约的准备和起草工作的国家的权力机构往往能够较快较顺利地批准该条约，而那些未参与这种准备和起草工作的国家往往由于对公约中某一或某些规定不满而又无法修改它们，而迟迟不批准甚至拒绝批准这种条约。为了克服这一缺点，一些从事私法国际统一的国际组织在私法统一的活动中发展了一种新的实践，即在某一具体的国际统一私法条约准备和制定工作时便尽可能多地邀请有关各国参与这种准备和制定工作，并使它们有机会发表自己对该条约的意见，从而有利于它们日后批准该条约。这方面最典型的例子是荷、比、卢三国的“议会协商委员会”（Conseil interpar lementaire consultatif）。该委员会参与私法条约的起草工作，这对日后三国的议会批准这种国际条约无疑是非常有帮助的。这种尽可能地让更多的国家参与国际统一私法条约的起草和制定工作的实践在《联合国国际货物销售合同公约》的起草和制定工作中也成功地获得运用。1980 年 3 月 10 日至 4 月 11 日召开了维也纳的关于制定该公约的外交会议就有包括我国在内的 62 个国家应邀出席。它们有机会在该会议上就该公约的内容发表各自的意见。可以肯定，该公约到目前为止所业已取得的广泛的影响是与这一实践的运用分不开的。

当然，国际条约的上述缺点尚可以在一定程度上通过让缔约国对条约的某些规定声明保留，从而不受它们的约束来获得弥补。国际统一私法条约通常都允许缔约国作出保留，只是有些条约规定可以作出保留的范围大，而另一些则只允许就条约中少数几条规定作出保留。考察国际统一私法条约缔结的实践可以看出，条约本身允许缔约国作出保留的范围愈广泛，相反缔约国在考虑批准这种条约时的观望态度就愈大。但是，考虑到国际统一私法条约应该最广泛地获得各国批准和缔约国对条约内容的特别要求应尽可能予以满足这一冲突，我们认为国际统一私法条约应该在不破坏条约的目的和宗旨的前提下允许缔约国广泛地就条约的具体内容作出保留。在这方面，《联合国国际货物销售合同公约》对于保留的规定（第 92、98 条），我们认为是合理的。

为了克服国际条约的上述缺点，还产生了一种以所谓的“最低标准条约”（Minimumkonventionen）进行私法国际统一的实践。这种最低标准条约是指本身只规定有关问题的国际最低标准，而不进一步规定更具体的内容，而且它们的实施留给缔约国的国内法规定的国际条约。例如，国际劳工组织便常常通过这种公约形式协调各国在劳工问题上的标准。而且，国际劳工组织所制定的这种公约中尚经常使用诸如“合理的”、“恰当的”、“有效的”、“必须的”、“充分的”、“实用的”以及“公平的”等不确定的形容词对条约进行软化处理，以克服国际条约通常所具有的僵硬的缺陷。

最后，还需指出的是，国际条约的缺点还在于缔约国在签署和批准条约后遇到对条约中的个别条款履行困难时，只有以退出条约的方式排除条约对自己的约束。而实践中，由于单方面退出自己所签署、批准的国际条约常常会被其他条约成员国认为是国家的一种不友好的行为，因而这些国家进退两难，一方面遇有履行条约某些条款的困难，而另一方面又不愿退出整个条约，以免给其他国家留下不好的印象。为了克服这一缺陷，有学者建议所有国际统一私法条约都应该不仅允许缔约国在签署或批准条约时对条约的一些条款作出保留，而且，尚应该允许它们在批准条约后的一段时间内对条约的部分条款声明保留，从而不受它们的约束。事实上在私法国际统一的实践中，已有一些条约规定缔约国可以事后对条约的一些规定作出保留。例如，《统一本票法公约》第 1 条第 4 款规定，在紧迫情况下，缔约国可以事后对公约提出保留。

四、国际统一私法条约与缔约国国内法的关系

就国际统一私法条约与缔约国国内法的关系而言，我们这里仅讨论两个问题，即国际统一私法条约在缔约国施行的国内法律基础问题以及条约与国内法规定相冲突时，冲突的解决问题。对于前者，也即缔约国在签署和批准某一条约后，该条约如何才能在该国施行的问题，世界各国有不同的实践。如上所述，具有直接适用效力的那些国际条约通常在缔约国批准后便可以直接在缔约国施行，而那些不具有直接适用效力的条约则必须首先通过缔约国国内立法接受为国内法后才能在该国施行。但是，英国法律却规定所有英国缔结或加入的条约，不管是否具有直接适用的效力，都必须首先经过立法接收为国内法才能在英国获得适用。例如，英国批准加入 1961 年 10 月 5 日关于遗嘱形式的海牙公约后，于 1963 年 7 月 31 日颁布了《遗嘱法》。该法重复了海牙遗嘱形式公约的全部内容。除此之外，它还包含了其他一些规定；但是，从法律本身人们无法看出哪些规定是海牙公约的规定，哪些规定是新的规定。正因为如此，有学者批评英国的这种实践忽略了国际统一私法的特殊性，从而可能导致以适用国内法的方法适用国际统一私法，破坏国际统一私法适用的统一性的危险。德国在该问题上的实践似乎比较合理，根据德国《基本法》第 59 条第 2 节的规定，所有涉及德国联邦立法范围的国际条约都必须由有关机关通过联邦立法形式予以批准，但与英国的实践所不同的是，这种立法只限于在形式上批准该条约，并申明该条约在德国具有约束力，而不涉及该条约的任何内容方面的问题。我国在该问题上的实践类似于德国的实践。根据我国《宪法》第 67 条第 14 项的规定，我国与外国所缔结的条约由全国人民代表大会常务委员会批准，在实践中，这种批准属于形式上的批准，而不涉及条约的具体内容。某一国际条约一旦获得这种批准便在我国具有约束力。

在国际法上，国内法与国际条约冲突的解决问题是一个比较复杂的问题。对此问题，各国的实践也不相一致，有些国家宪法或者法律明文规定条约和国内法具有同等的效力，也有些国家宪法或者法律明文规定条约的效力高于国内法。但是，我们认为，一国既然批准国际条约便意味着它有义务信守该条约，并履行该条约所规定的义务，因此，在条约规定与本国国内法相冲突时，该国必须适用条约的规定，而不得以此为借口违反自己所业已承担的国际义务。基于这种观点，我们认为我国法律在处理我国法律与国际条约相冲突时的一般规定，即“中华人民共和国缔结或者参加的国际条约同中华人民共和国的法律有不同规定的，适用国际条约的规定，但是中华人民共和国声明保留的条款除

外”，是合情合理的①。

第三节　国际统一立法

一、国际统一立法的名称、概念和特征

在通过国际条约进行私法国际统一的同时，一些从事私法国际统一的国际组织，尚试图在世界范围内或在地区范围内以类似于国内立法的形式，通过制定有关国家一致予以采用，但却不具有国际条约约束力的“法律”来进行私法的国际统一。这种国际统一私法的法律文件在国际私法学界常被直接称为“统一法”（loiuniforme，uniform act，Einheitsgesetze）。考虑到私法国际统一的这种方法以及以此种方法所产生的统一私法规范的性质和特征，我们姑且称这种国际统一私法以及这种国际统一私法规范为“国际统一立法”。国际统一立法也是国际统一私法的一种重要渊源。

国际私法学界对国际统一立法并无统一的定义，不同的学者对这一概念有不同的理解，而且在国际统一私法的实践中对这一概念的运用也是非常不一致的。下面试以几例说明：

例一：德国学者克罗波勒（Kropholler）认为，国际统一立法由于缺乏国际条约的约束力，加之这种法律的行文在各成员国又总是不完全一致的，因而“统一法”（Loi uniforme）最好应该称为“一致的法律”（Loi conforme），或者“原则统一法”（Einheitsrahmengesetze），以表明这种统一法律与上述通过国际条约实现的统一法律的差异。而且，克氏在其《国际统一私法》一书中论述国际统一私法时却又把这种法律称为“一致的国内立法”（uebereinstimmende nationale Gesetzgebung），并认为它是国际统一私法的渊源之一。但是，克氏是在严格意义上运用国际统一立法这一概念的，他认为作为国家统一私法渊源的这种法律只包括那些有关国家以特定的法律统一程序所协调、统一而不是基于国际条约才在有关国家予以适用的国际统一私法规范。凡是以国际条约为基础的统一法，如《联合国国际货物销售合同公约》等统一私法公约都不属于他所理解的国际统一立法的范畴。因而它们也属于克氏所理解的国际统一立法的范畴。因而它们也属于克氏所理解的国际统一立法的范畴。

① 参见《中华人民共和国民法通则》第142条第2款、《中华人民共和国涉外经济合同法》第6条有关法律条文等的规定。

例二：海牙国际私法会议在实践中也从其于1960年召开的第九届会议起使用国际统一立法（loi uniforme）这一概念，并以这种方法作为其进行国际私法的国际统一的方法之一。但是，该会议所理解的国际统一立法却是指在国际条约本身予以规定或者作为国际条约的附件而存在，并为其成员国通过缔结国际条约的程序而接受的统一国际私法规范。因而，海牙国际私法会议所理解的国际统一立法正是我们上面所讨论的国际统一私法条约，而不是我们这里所说的作为国际统一私法另一独立渊源的国际统一立法规范。

此外，美国国内法律统一实践中所使用的两个与我们这里所讨论的国际统一立法类似的概念也有必要简单提及。美国全国州法统一会议（National Conference of Commissioners on Uniform State Laws）。区分这两种法律统一的方法的标准在于，由该会议所进行统一的法律是否必须予以统一，或者是否可进行也可不进行统一的法律领域，以及与此相应，所进行统一的法律的范围是否必须是联邦所有州，或者仅仅是联邦的若干州。对于那些必须在所有联邦州进行统一的法律，该会议都以统一法规方法去进行统一，以此所实现统一的法律称为统一法规①。不难看出，美国国内法律统一的这两种法律就其性质而言都只是不具有条约约束力的示范法律，与我们这里所讲的作为国际统一私法渊源的国际统一立法也是不一致的。

我们所理解的作为国际统一私法渊源之一的国际统一立法是与上述克罗波勒的理解一致的。所谓作为国际统一私法渊源之一的国际统一立法是指有关国家通过特定的立法程序和法律统一程序在这些国家间原则上实现统一的法律规范。国际统一立法有以下几个主要特征：第一，它是国家间统一的法律规范；第二，它是通过特定的立法和法律统一程序在有关国家间实现统一的法律规范。这里所说的特定的立法和法律统一程序是指与国内立法和法律统一程序以及私法国际统一的一般方法，如国际条约等不同的私法统一方法。至于这种方法的内容，我们将在下面介绍斯堪的纳维亚国家以这种方法进行其私法统一的经验时予以讨论。第三，它只在原则上实现了有关国家间私法的国际统一，这意味着，这种统一法律规范使有关国家私法实现国际统一的程度不及国际统一私法的其他渊源。

---

① See Peter Hay, "Uniform of Law in the United States: Uniform State Laws, Treaties and Judicially Declared Federal Common Law", in: Hazard/Wagner (ed.), *Legal Thought in the United States of America under Contemporary Pressures* (1970), pp. 261-293.

二、国际统一立法作为国际统一私法渊源的优点和缺点

国际统一立法不具有国际条约的约束力，因而不能像国际私法条约那样在有关国家执行。正因如此，以国际统一立法实现私法的国际统一便具有与以国际条约进行私法国际统一正好相反的优点、缺点：一方面，就具体的国家而言，由于国际统一立法可以允许它们单方面对这种“统一立法”进行变动，或者事后以国内立法或判例方式予以修改，因而这种私法国际统一方法便于具体国家使统一私法规范适应本国的具体情况，并因此可能更易为有关国家所接受；但是，另一方面，由于各国根据自己各自的需要变更、修改这种“统一立法”，便可能实际上使这种私法的国际统一名存实亡，不能实现私法真正的国际统一，这样也便可能使一些国家根本就没有兴趣参与以这种方法进行私法的国际统一的活动。

对于一些特别的联邦国家而言，由于这些国家的宪法将私法的立法权只赋予各联邦州，而不是联邦，但联邦却绝对地享有缔结国际条约的权力，因而，从国内宪法对私法立法权的这种区分来看，以国际统一立法的形式进行私法的国际统一有利于使这些联邦国家加入私法的国际统一运动。因为，这种私法国际统一的方法并不束缚这些国家的联邦政府，使得它们要么逾越本国宪法所赋予的权限去缔结私法国际统一条约并使该国的所有联邦州受制于这种私法条约，要么干脆不接受任何私法国际统一条约。采用这种方法，联邦政府便可以在不逾越自己的立法权限的情况下缔结通过国际立法形式所产生的私法国际统一条约，联邦各州也便可以不死板地受联邦政府所缔结的私法国际统一条约的约束，而可将这些条约作为自己立法时参考的“示范法”（Modellgesetz）予以采用①。

三、国际统一立法在私法国际统一中的具体运用——斯堪的纳维亚国家的实践与经验

瑞典、挪威、丹麦、芬兰和冰岛五个斯堪的纳维亚国家长期以来便进行彼

① 美国最初加入海牙国际私法会议时国内便曾有过这样做是否合宪的讨论，See Nadelmann，“Legislation versus International Conventions Revisited” in：*American Journal of Comparative Law* 16（1968），p. 281；美国正式加入海牙国际私法会议后曾积极建议会议制定“示范法”，且尤其是1965年11月25日的“关于选择法院的海牙公约”。See Reese，A Proposed Uniform Choice of Forum Act，in：Colum. J. Transna. Law 5（1966），pp. 193-204；同作者“The Model Choice of Forum Act”，in：Ameri. J. Comp. L. 17（1969），第292页以下。

此的私法统一活动。但是，它们除对国际私法予以特别形式要求的私法部门采取国际公约的方法进行统一外，大多以灵活、机动的所谓“立法合作程序”（Verfahren gesetzgeberischer Zusammenarbeit）进行它们间的私法的国际统一工作。这种“立法合作程序”也就是我们这里所说的进行私法的国际统一的国际统一立法方法，以这种方法所实现国际统一的法律规范便是作为国际统一私法渊源之一的国际统一立法。

斯堪的纳维亚国家所采用的“立法合作程序”可以简单概括如下：首先，这些国家的司法部长和本部的官员每年相会若干次，讨论将对哪些私法领域进行彼此间的统一。1962 年 3 月 23 日所缔结的斯堪的纳维亚立法合作公约规定成立一个部长委员会的机构。此后，上述司法部长会议便成为该部长委员会活动的一个部分①。除司法部长会议外，各国议会也可以在某一国际统一立法草案提交各国议会讨论通过之前，通过部长委员会的法律委员会提出法律统一的建议，讨论法律统一方案并相互交换对该方案的意见②。此外，各国司法部中都有若干官员专门负责与其他国家进行立法统一方面的联系工作。各国司法部的这些官员定期会面交流信息。

一项私法统一计划一旦确定下来，便由各国的专家委员会在本国进行统一法律的准备和起草工作。各国专家委员会在工作中通常以书面或口头形式彼此联系，相互交流经验，共同寻求为各国都能接受的共同法律原则，探讨各国措辞尽可能一致的法律条文。各国专家委员会在完成这些工作后都公开发表各自的工作报告和自己所负责起草的本国的法律草案，并同时将别国专家所起草的它们各自国家的法律草案作为附件一起发表。各国司法部在紧接着对本国专家委员会所提交的法律草案进行加工的同时，尽可能广泛地与其他国家进行相同工作的司法部的官员，以及在必要的情况下，与各国议会法律委员会取得联系，以便各国所分别制定出来的法律草案能更趋统一。

值得指出的是，与美洲国家私法国际统一的实践不同，斯堪的纳维亚国家在进行私法国际统一时并不预先制订所谓统一的“标准法律”供各国立法借鉴、采用。只是在例外的情况下，斯堪的纳维亚国家才产生单一的统一的法律

① See “Dolva, Cooperative Nordique en Matiere Juridique Etharmonisation Communantaire des Legislations”, in: *Revue du Marche Commun* 1972, pp. 29-32.

② 关于斯堪的纳维亚国家部长会议在法律统一中的作用，参见该会议的“备忘录”，载 UNIDROIT 1956-II, 291-297；Falk, *Unidroit* 1956-II, 第 309 页以下；Kling, “La Cooperation Legislative des Pays Nordiques”, in: La Cooperation Internordique (1965), pp. 99-107.

草案和关于该法律草案的报告，如 1967 年 12 月斯堪的纳维亚国家统一的专利法草案及关于该草案的报告，而在其他情况下一项私法统一计划则是五国分别有自己的法律草案和关于该草案的报告。

值得注意的是，斯堪的纳维亚国家采用这种方法对它们的私法进行国际统一的速度很慢，这主要是因为这种方法需要各国在起草自己的法律时不间断地与他国取得联系，彼此交流工作信息和经验，而到最后各国的法律草案内容达到一致，往往需要相当长的时间。正因如此，它们中的个别国家，且尤其是瑞典已无太大的耐心通过这样的私法国家统一进程，实现自己本国的私法改革。因而，瑞典在保持与其他斯堪的纳维亚国家进行私法统一合作的同时，独自加快步伐通过自己的立法进行本国的私法改革。这样的结果，一方面是影响了斯堪的纳维亚国际私法国家统一的统一步伐；但另一方面这些国家独自的私法改革也为斯堪的纳维亚其他国家所密切关注，并可成为该地区新的私法统一计划的前奏曲。

斯堪的纳维亚国家通过国际统一立法形式进行它们间的私法统一取得了相当大的成果，这一方面应归功于这些国家司法部和议会官员的不懈努力，但另一方面这些成果的取得也是与这些国家间内在的紧密联系分不开的。由于地理位置和历史背景等因素，斯堪的纳维亚国家之间存在着一种紧密的联系，这种联系是它们可以国际统一立法的方式实现它们间私法统一的先决条件，因为此种私法国际统一方式特别需要有关国家彼此的理解和信任。也正因如此，我们认为这种私法国际统一的方法难以甚至无法在广泛的国际范围内予以采用。

第四节　国际组织的立法

一、国际组织立法的概念

在着手讨论国际组织的立法作为国际统一私法的渊源之前，有必要首先弄清楚国际组织立法这一概念中“国际组织”和“立法”两个概念的含义。根据我国国际法学界的一般理解，国际组织是指由国家作为主体参加的以成员国主权平等为最基本原则，并以国家间多边条约为基础而建立的国家之间的组织。按不同的标准可以将国际组织分为不同的种类，如一般性的和专门性的国际组织、世界性的和区域性的国际组织、政府间和非政府间的国际组织、常设的与临时的国际组织，等等。

我们这里所说的国际组织并不是指所有的国际组织，而只是指一些特定的国际组织。它们与一般的国际组织相比具有以下一些特征：第一，它们具有与国家的组织结构相类似的组织结构；第二，在组织内部适用自己独立的法律规范；第三，具有自己独立的和合法的至高无上的权力；第四，组织机构所作出的决定至少能对被决定者（国家、法人、自然人等）具有约束力；第五，该组织拥有一个自治的法院，可对一些法律争议作出司法裁决①。由于这种国际组织具有一般国际组织不具有的上述特征，西方国家的一些国际法学者通常称它们为“超国家组织”（Suprantionale Organisationen）。到目前为止，完全具备上述特征，并成为“超国家组织”的国际组织还只有欧洲共同体一个。

我们这里所说的国际组织的立法并不是通常所说的国内立法意义上的立法，而只不过是借用“立法”一词来表明上述特定的国际组织制定、形成其组织内部适用的属于私法性质的法律原则、规范的程序，以及通过这种程序所产生的该组织的专门的私法性质的法律规范。通过这种“立法”程序，该组织的成员国间的私法便在一定程度上获得统一，因而，我们认为这种特定的国际组织以这种程序所制订的统一适用于该组织的专门的私法规范也是国际统一私法的一个渊源。

二、以国际组织立法进行私法国际统一的优点和缺点

由于进行国际组织立法的这种国际组织具有区别于一般国际组织的上述特殊性，而这种立法又总是以该组织的成员国自愿放弃或限制自己在某些方面的立法权为条件的，因而，以这种方法进行私法的国际统一速度快、效果好。而且，还因为这种国际组织具有自己的立法机构，且其立法活动有一定的连续性，所以，以该方法进行私法的国际统一活动，不但可以使个别的国家不致因为私法统一过程中的一些麻烦而放弃参加私法国际统一运动，而且，尚可以使私法的国际统一更具系统性和连续性。当然，从私法国际统一的长远发展看，私法国际统一的工作如果与具体参与国家的意愿不符，那么，这种私法统一工作是不可能取得成功的。

如上所述，我们这里所讲的进行立法的这种国际组织拥有自己自治的法院，这一特征决定了以国际组织立法的方法所实现统一的私法的统一实施在一定程度上获得了保证，因为此一法院可以对这种统一私法的统一解释以及这种统一私法优先于国内法的适用进行监督。以欧洲共同体为例，该共同体所属的

---

① See Schlochauer, “Das Verhaeltnis des Rechts der Europaeischen Wirtschaftsgemeinschaft zu den nationalen Rechtsordnungen der Mitgliedstaaten”, in: *Arch. VoelkR.* 1963/1964. s. 2.

设于卢森堡的“欧洲共同体法院”对保证欧共体法律的统一执行起到了非常重要的作用①。

然而，另一方面，我们也应看到，以欧洲共同体为典型的这种所谓超国家组织在其进行法律的国际统一活动中往往缺乏民主。这意味着它们在进行私法的国际统一时常常过于强调它们的成员各自的特殊性。而且，在进行具体的立法活动时，这些组织也不大注意与其成员国的立法机构进行配合，并在一些关键问题上获得成员国的普遍的共识。正因为如此，在实践中这种国际组织的成员国的立法机关只在极个别的情况下才把自己立法和司法的权力拱手让给这种国际组织去行使。再以欧共体为例，人们批评该组织的活动，包括其进行私法国际统一的活动，在一定程度上尚缺乏“透明度”（Transparenz）、“参与性”（Partizipation）以及“效率”（Effizienz）。因而，人们提出了不少使该组织的活动更为民主化的建议②。可以说，尽管欧共体在法律国际统一方面业已取得很大的成果，欧洲共同体法的体系也已形成，但是，欧共体实现法律一体化活动中的非民主因素，以及该组织与其成员国在法律统一方面的相互协调问题还远未获得圆满解决。

三、以国际组织立法进行私法国际统一的范例——欧洲共同体和其他有关国际组织的私法统一活动

1. 欧洲共同体的私法立法活动

欧洲共同体到目前为止主要是通过“指令”（Directive，Richtlinien）和“规定”（Regulations，Verordnungen）两种立法形式进行私法的国际统一活动。

1957年3月25日《关于建立欧洲经济共同体公约》第100~102条一般性地授权共同体理事会可以根据共同体委员会的建议颁布“指令”以实现共同体成员国法律和行政管理规定的协调、统一。这种指令对有关成员国具有约束力，但是，成员国有权选择它们贯彻、实施这种指令的形式和方法③。在欧洲共同体中，这种指令的最主要的目的在于在那些成员国的国内法律的不统一可

① See Blechmann, *Europarecht* (5. Auflage, Munich 1991); Oppermann. *Europarecht* (1991 Munich); Grossfeld/Bilda, “Europaeische Rechtsangleichung”, in: *Zeit* fuer *Rechtsvergleichung internationales Privatrecht und Europarecht* GIRV) 6 (1992) . s. 421-433.

② See Zuleeg, “Die Anwendbarkeit, des parlamentarischen Systems auf die Europaeischen Gemeinschaften”, in: *Europarecht* 7 (1972) s. 1-15.

③ 参见《关于建立欧洲经济共同体公约》第189条；《关于建立欧洲原子能共同体公约》，第161条。

能会影响欧洲共同市场的建立或其作用的领域，如农业、保险、能源、对外贸易、税收、金融与财政事务以及关税等领域，各成员国法律的协调和统一①。欧洲共同体实现其法律统一的这种指令与我们下面即将讨论的“规定”不同，前者不具有直接适用的效力，而必须由有关成员国采取自己所选择的形式和方法来贯彻和实施它们。共同体理事会在制定指令时大多规定有关成员国贯彻和实施这种指令的期限，但是，实践中一些国家往往都不能严格遵守此一期限。例如，1985 年 7 月 25 日的欧共体关于产品责任的指令便明确规定，成员国必须在该指令颁布后三年内，即 1988 年 7 月 30 日之前，予以贯彻和实施。然而，德国直到 1989 年 12 月 15 日才颁布其贯彻和实施该指令的产品责任法②。

规定（Regulations，Verordnungen）是欧洲共同体实现私法统一最为重要的一种方法，也是欧洲共同体法最重要的一个“二级渊源”。根据《关于建立经济共同体公约》第 189 条，欧共体的这种规定“具有一般的适用效力。它们具有完全的约束力，并可在所有成员国直接适用”。而且，依据欧洲共同体法院的“判例法”，规定可以产生所谓的“直接效力”（direct effect）③，且优先于国内法的适用。欧洲共同体的指令与规定是完全不同的，这种差别不仅在于它们的适用效力，即后者具有直接适用的效力，而前者则不具有此种效力；而且，还在于它们实现欧共体私法统一的途径和程度上。在这方面，前者主要在于修改和协调成员国既存的法律制度，使它们趋于统一，而不创立一套独立于成员国法律之外的法律制度；与此相反，欧共体的规定则并不修改成员国各自的法律，而是在成员国法律之外建立一套欧洲共同体法律制度。以卡特尔法为例，欧共体以规定形式制定了一套独立于成员国卡特尔法之外的欧共体统一的卡特尔法律制度。这两套卡特尔法都有各自的适用范围，前者适用于欧共体成员国之间的经济交往关系，后者则只适用于成员国国内的经济交往关系。如果在具体适用中它们二者出现冲突，则如前面所述，欧共体现规定享有优先于成员国国内法适用的效力。

---

① See Toth, *The Oxford Encyclopedia of European Community Law*, Vol. I, International Law, Oxford 1990, p. 176；参见《关于建立欧洲经济共同体公约》，第 43、49、54、56、57、63、66、75、99、100、101、103、112、113、213、235 条。

② 参见徐国建：《联邦德国新产品责任立法》，载《法学季刊》（重庆）1990 年第 6 期。

③ “直接效力”是欧洲共同体法院所创造的欧洲共同体法上的一个专门概念。欧洲共同体的一些规范可以直接产生权利和义务，且这种权利和义务均为成员国承认，并可在成员国国内法院执行，此种效力便是直接效力。

2. 其他国际组织通过国际组织立法进行私法国际统一的活动

如前所述，能够通过国际组织立法进行私法国际统一的“超国家”国际组织到目前为止还只有欧洲共同体。其他有一些重要的国际组织具有上述“超国家”组织的部分特征，但是，它们进行私法国际统一的活动无论在方法上或在实现统一的法律的效力上都与上述“超国家”的组织的国际组织立法存在很大的差别。这里我们仅简单地提及若干个这种国际组织及其统一私法的活动。

例一：国家劳工组织。第一次世界大战结束后于 1919 年成立的国际劳工组织是一个政府间的多边国际组织，它于 1946 年与联合国缔结协议从而成为联合国的专门机构之一。在酝酿成立该国际组织之初，意大利曾于 1918 年建议赋予该即将成立的国际组织充分的权力以使其以三分之二多数代表同意通过的组织的决定能对所有成员国具有约束力。然而，此一过于激进的建议未获通过，国际劳工组织到目前为止都不具有如此大的制定国际劳工法律方面权力。

国际劳工组织成立以来主要通过公约（Convention）和建议（Recommendation）两种方式进行劳工法方面的国际统一活动。与上述“超国家”组织的国际组织立法不同，国际劳工组织所制定的公约和建议正如法国学者勒内·达维（Rene David）所明确指出的那样，都不具有“超国家”的性质，并不对组织的成员国具有必然的约束力①。

例二：国际民航组织。根据 1944 年 12 月 7 日芝加哥《国际民用航空公约》所成立的国际民航组织也通过“指令”和“建议”的方式进行国际民用航空法方面的国际统一工作。然而，该组织的“指令”与上述欧洲共同体所颁布的“指令”不同。一方面，国际民航组织所颁布的这种指令只涉及民用航空的技术领域，如民用航空的安全性、规则性和效力，因而，其运用范围较小；另一方面，这种指令只有在成员国通过本国立法予以采纳才在该国有效，而成员国不是必须采纳这种指令。

第五节　国际贸易惯例法

一、国际贸易惯例法的概念

在长期的国际交往，且尤其是国际贸易中，为了便于这种贸易的进行，各

① See Rene David, International Encyclopedia of Comparative Law, Vol. II, Chap, 5, The International Unification of Private Law, pp. 176-177.

行业均制定有自己的标准合同、标准合同条款以及一般交易条件，它们中所确定的一些国际贸易的原则、规则长期以来为本行业的参与者所普遍遵守，并因而被认为对本行业的参与者具有约束力。在西方国际私法学界，这种体现于标准合同、标准合同条款和一般交易条件中的对有关当事人具有法律约束力的国际贸易原则、规则常被称为“共同法”（Droit Corporatif）、“条款法”（Clausal Law，Klauselrecht）或“行业法”（Verbandsrecht）。当然，无论是关于这种法律的法律性质、适用范围，还是它们的名称，在西方法学界都还存在着激烈的争论。考虑到这种法律的产生历史、法律性质并结合我国国际私法学界的理解，我们这里把这种法律称为国际贸易惯例法。国际贸易惯例法是国际统一私法的重要渊源之一。

如上所述，国际贸易惯例法是在国际标准合同、标准合同条款以及一般交易条件中体现出来的，那么，国际贸易惯例法的这三种“载体”究竟分别指什么？它们间的关系怎样呢？首先，所谓国际标准合同是指国际经济交往中所使用的合同的主要条款事先已明确规定好的合同，就这种合同而言，合同的当事人只需按合同的要求将一些事项填入合同所留下的空白处并在合同上签字，他们间的合同关系便告成立。其次，所谓一般交易条件是指对大批量的合同所事先规定的，由合同的一方当事人，即一般交易条件的使用人在合同缔结时向另一方当事人所提出的合同的条款。在国际贸易实践中，一般交易条件与上述国际标准合同具有紧密的联系，甚至它们二者常常结合在一起组成一种标准合同。正因如此，在法学界一般交易条件常常被视为标准合同的一种（另一种重要的标准合同是空白表格合同），或者被认为是构成标准合同的一个组成部分（标准合同的另一个重要组成部分为空白表格，且在实践中空白表格常作为标准合同的正面，而一般交易条件则多以很小的字体印于合同的背面）。最后，我们这里所说的合同标准条款是指在合同实践中逐渐标准化并固定下来的合同条款。合同标准条款与上述国际标准合同都是为了便于合同当事人谈判、订约，而预先确定了内容的格式协议。所不同的是，前者只是合同的个别条款，而后者则是整个合同。合同标准条款的具体内容通常都由有关的民间国际组织予以统一，合同当事人在合同中只需援引该条款，而不必规定该条款的具体内容。在国际贸易实践中，最为广泛适用的合同标准条款有如国际商会统一后的标准不可抗力条款、离岸价格和到岸价格等国际货物买卖合同的价格条款。

二、国际贸易惯例法的法律性质

应予指出的是，我们这里所说的国际贸易惯例法中的“法”是指特定意义上的法，它通常说来并不是具有一般拘束力的法律规范，而是国际贸易中的一种“软法”。那么，这种国际贸易“软法”的法律性质究竟是怎样呢？为能更清楚地看出国际贸易惯例法的法律性质，我们有必要首先考察国内贸易惯例法的法律性质。

就国内贸易惯例法而言，如果上述体现于标准合同、标准合同条款和一般交易条件中的贸易惯例已经成为一种习惯法，或者，业已通过国内立法被确定为法律规范，那么，它们成为国内法律规范，具有与国内立法相同的法律效力。但是，就世界各国司法实践来看，国内贸易惯例通过此种程序改变自身性质，而成为国内实证法律规范的情形并不普遍。原苏联和东欧国家，也即原经济互助委员会国家间的共同交货条件的实践是这方面的一个典型。这种共同交货条件实际上是一种国际贸易的一般交易条件；但是，由于经济互助委员会各成员国都以各自国内法律所规定的方式，如通过国内立法、国内有关部的承认此种共同交货条件的文件等，将它们纳入本国法律的体系，因而，它们实际上已成为经互会国家国内法律的有机组成部分，具有与一般法律相同的法律效力。然而，在大多数情况下，国内贸易惯例并不是国内实证法，不具有国内一般法律规范效力。它们只有在当事人协议适用时，方对他们具有法律约束力。从各国一般的司法实践来看，当事人适用贸易惯例的协议既可以明示作出，也可以默示方式作出。在我国，习惯被一致认为是我国民法的渊源之一。一项习惯只要与我国现行法律、法令等规范性文件不相抵触，或经国家认可，便具有民法渊源的意义。由此，我们可以认为，一方面，在我国，当事人可以协议选择适用贸易惯例或贸易习惯，并从而受它们的约束；另一方面，习惯通常并不具有一般法律规范所具有的法律约束力。贸易惯例或贸易习惯只有为我国立法机关在立法中确定下来，才成为我国国内的一般法律规范，具有法律的一般约束力。但是，参与贸易的所有当事人都有义务顾及贸易惯例或贸易习惯，因为，通常说来，贸易惯例或习惯反映了贸易的一般规律，体现了大多数贸易参与者的要求，因而顾及它们便是顾及贸易伙伴的利益，而这正是我国 1986 年 4 月 12 日的《民法通则》第 4 条所规定的诚实信用原则的内容之一。从这一意义出发，我们也可以认为，在我国的贸易和司法实践中，贸易惯例在一定程度上也具有广泛的一般的约束力。这意味着，在一些情况下，即使当事人不选择适用这种贸易惯例，它们也可能会对当事人具有约束力。在这方面，德国法律有明确的规定。《德国民法典》第 157 条规定，合同得考虑交易习惯(Verkehrssitte) 依诚实与信用进行解释。《德国商法典》则明确规定商人有义务顾及贸易交往中所适用的贸易习惯和惯例。

国际贸易中的所谓国际贸易惯例法的法律性质与上述国内贸易惯例法的法律性质是不同的；但是，国际贸易惯例法的法律性质究竟怎样，目前仍是国际法学界所激烈争论的一个问题。此一争论是与国际私法学界长期以来所探讨的所谓现代商人法问题紧密相联的。由于国际贸易惯例法是现代商人法渊源之一，是构成现代商人法这门独立于国内法和国际法的国际贸易自体法律的组成部分，因而，国际贸易惯例法的法律性质是与现代商人法的法律性质一致的。目前，法学界对于现代商人法的法律性质意见尚存很大的分歧①。我们不同意法学界有人所持的那样的观点，认为现代商人法不是法律，而只不过是一种所谓的贸易原则。在我们看来，现代商人法是法律，具有法律所具有的一般约束力，因为，它具有法律所应有的所有必要条件，即可适用性（applability)、公正性（fairness)、可预见性（predicability)、权威性（authoritativeness）和连续性（consistancy)。总之，国家贸易惯例法也是法律，对国际贸易的当事人具有约束力。国际贸易惯例法也是法律，对国际贸易的当事人具有约束力。国际贸易惯例法的这一法律性质也已为一些私法国际统一条约所明确确认。例如，1980 年的《联合国国际货物销售合同公约》第 9 条规定：（1）双方当事人业已同意的任何惯例和他们之间确立的任何习惯做法，对双方当事人均有约束力；(2) 除非另有协议，双方当事人应视为已默示地同意对他们的合同或合同的订立适用双方当事人已知道或理应知道的惯例，而这种惯例，在国际贸易上，已为有关特定贸易所涉及同类合同的当事人所广泛知道并为他们所经常遵守。

三、以国际贸易惯例法实现私法国际统一的优点和缺点

（一）优点

首先，通过国际贸易惯例法可以较快地实现私法的国际统一。国际贸易惯例法存在和得以为人们遵守的基础是国际贸易当事人的一致同意，也即所谓的国际贸易中当事人意思自治原则。而此一原则实际上为所有国家的法律所确认②。正因如此，通过国际贸易惯例法所实现国际统一的私法不必像上述国际

① 参见徐国建：《现代商人法论》，载《中国社会科学》1993 年第 2 期。

② See Schmitthoff, Das neue Recht des Welthandels, in: RabelsZ 28 (1964), pp. 68, 76.

统一私法公约那样需要获得公约成员国的批准。因而，以这种方法实现私法的国际统一起码可以省去那些常常是旷日持久的国内法律所规定的条约批准程序。而且，以这种方法所业已实现国际统一的私法也同样可以较快地得以修改，以适应发展了的形势的需要。

其次，通过国际贸易惯例法所实现国际统一的私法往往较符合国际贸易的实际情况，能够更好地为国际贸易的当事人所接受。由于国际贸易惯例法通常是在国际贸易中自发产生的，并常常经由有关国际贸易的专门组织加工整理，因而，这种国际贸易惯例法，且尤其是包含于国际标准合同中的规范，一般说来更符合一般以及特殊国际贸易的实际情况，并从而能够更好地为国际贸易的当事人所接受。对此，有学者非常恰当地把国际贸易惯例比喻成"将现实翻译成法律规范，而不是把现实强行地纳入法律制度"①。

而且，由于国际贸易惯例法中的相当部分是十分专业化了的，因而，它们能在很大程度上满足国际贸易的法律安全的需要。国际货物买卖法领域中的所谓横向的统一私法（vertikale Vereinheitlichung）则是这方面最典型的例子。这里所说的横向的统一私法是与纵向的统一私法（horizontale Vereinheitlichung）相对应的一个概念，前者是指适用于国际贸易的特殊领域，或特定种类的货物，如某类原材料、机器和设备的国际买卖的统一的国际贸易惯例法，而后者则是指适用于所有国际货物买卖领域的统一的国际贸易惯例法，如《国际贸易术语解释通则》便属于这种纵向的统一私法②。一般说来，纵向的统一私法较之横向的统一私法，其内容要更为周密、详细，较少有内容方面的漏洞③。

（二）缺点

在国际统一私法领域，一种私法国际统一方法的优点通常都是与相应的缺点紧密相联的，或者，换句话说，这种优点之所以存在，是因为它存在有相应的缺点。对此，国际贸易惯例法这种私法国际统一方法也不例外。作为私法国际统一的一种方法，国际贸易惯例法也有它的缺点：

首先，在实践中国际贸易惯例法的效力受到多方面的限制。如上所述，国际贸易惯例法的存在和得以为人们遵守的基础是国际贸易中当事人意思自治原

① Henri Cornil, The ECE General Conditions of Sale, in: Journal of World Trade Law 3 (1969), p. 400.

② See Eisemann, Die Incoterms in Hndel und Verkehr, Wien 1963.

③ See Eisemann, "Incoterms and the British Export Trade", The Journal of Business Law 1965. pp. 114-122.

则。尽管该原则得到世界各国广泛的接受，但是，它也同时受到种种限制。(1) 这种限制首先来自该原则的自身，也就是说，国际贸易的当事人适用法律的协议只能限于特定的领域，如国际货物销售、银行、保险以及国际货物运输领域等，因而，以国际贸易惯例法所实现统一的私法，且尤其是上述所谓的纵向国际统一私法，其效力也就只能限于特定的领域。(2) 尽管我们认为国际社会存在一种独立于国际公法与国内法之外的，支配国际贸易合同当事人权利和义务的现代商人法，而且，我们这里所说的国际贸易惯例法是这种国际贸易自体法律的渊源之一；但是，在实践中这种法律的效力尚未获得国际社会广泛、明确的确认。正因如此，国际贸易惯例法在实践中尚受到有关国内法律的限制。这意味着，一方面，国际贸易惯例法的内容不得违反有关国家强制法律规范的规定；另一方面，国际贸易的当事人尽管可以在最大程度上彼此协议规定他们间合同的内容，并使之受国际贸易惯例法的支配，然而，他们不得完全排除国内实证法的基本原则对他们的合同关系的控制作用。因为，不同国家的法律为确保标准合同和一般交易条件等贸易惯例法的公正与合理，而对它们的适用和效力有不同的严格要求，因此，国际贸易当事人应使他们的合同关系受国内实证法律的“控制”，以使这种合同关系合法有效。当然，在对贸易惯例法进行控制时，各国立法都应尽量顾及国际贸易的一般标准，以便它们能在国际范围内获得统一的适用。(3) 此外，国际贸易惯例法还不得不受公共秩序(order public) 的限制。这主要表现在两种情况下：其一，如果当事人间的国际贸易合同关系受制于一外国法律，那么，这种国际贸易惯例法便不得与该国法律的强制规定以及该国法律所规定的公共秩序相抵触；其二，如果当事人间的国际贸易合同关系受一般法律原则的支配，那么，国际贸易惯例法的效力以它们不违反这种一般法律原则中的强制性的原则以及公共秩序原则为前提条件。

其次，国际贸易惯例法的内容有时有对国际贸易中不同利益的当事人利益不均的缺点。此一缺点的产生主要是由于在国际贸易的实践中，一些专门性的进行私法国际统一的民间国际组织在制定供本行业适用的标准合同或一般交易条件时，总是优先考虑对本行业的当事人的利益的保护，忽略了对本行业的国际贸易伙伴的特殊利益的保护。但是，应予指出的是，我们这里所说的国际贸易惯例法的这一缺点并不是普遍的，也就是说，出于种种不同的原因，在国际范围内有不少民间国际组织致力于制定对国际贸易的不同利益的参与者予以同等保护的公正合理的国际贸易惯例法。这种不同的原因包括，譬如，像国际商会这样的国际组织，由于它不是行会性质的专业性的国际组织，而是一个国际商事方面一般性的国际组织，因而，它在制定国际贸易惯例法时较能够中立行事，制定出对不同利益的当事人的利益予以同等保护的公正合理的国际贸易惯例法。而且，即使一些专业性的国际组织，例如1872年成立的不来梅棉花交易所（Bremer Baumwollboese）、1873年成立的美洲丝绸协会（Silk Association of America）以及1877年成立的伦敦谷物贸易协会（London Corn Trade Association），由于它们的成员同时是货物买卖的买方和卖方，因而，这些国际组织所制定的贸易惯例法自然必须同时兼顾贸易各方当事人的利益。此外，随着广大第三世界国家积极参加广泛性的国际贸易，它们要求建立国际经济新秩序的斗争也直接或间接地迫使一些国际组织去制定公正合理的国际贸易惯例法。

四、国际贸易惯例法向国际贸易习惯法的转变

我们上面所讨论的国际贸易惯例法与所谓的国际贸易习惯法是不完全一致的两个概念。就国内法而言，所谓习惯法是指国家认可和由国家强制力保证实施的习惯，是法的渊源之一。而所谓国际贸易习惯法，则如我们前面所已经提到的，是业已为国家认可并由国家强制力保证实施的那部分国际贸易惯例。尽管国际社会有诸多进行私法国际统一工作的机构从事私法的国际统一工作，但是，不管它们是政府间的国际组织，还是非政府间的民间国际组织，它们都不拥有国家立法机构那样的立法权，因而，我们这里所说的国际贸易习惯法并不是国际组织，或者甚至“超国家的国际组织”所确认的国际贸易惯例，而是国家立法机构所确认的国际贸易惯例。从体现形式上看，国际贸易习惯法通常表现为各国立法中对国际贸易惯例的一致的确认和规定。例如，冲突法中的不动产物权适用不动产所在地法的冲突法原则（locus regit actum）便是一条国际贸易习惯法规则，但它主要并不是存在于国际统一私法条约中，而是一致地存在于世界各国的冲突法立法中。例如，《中华人民共和国民法通则》第144条便明确规定，不动产的所有权，适用不动产所在地法律。

国际贸易习惯法是国际贸易惯例法的一个部分，是转化了的国际贸易惯例法。在一定的条件下，国际贸易惯例可以转化为国际贸易习惯法。德国学者霍尔恩（Horn）认为国际贸易习惯法的形成经过三个阶段：第一阶段是所谓的实际运用阶段，这种实际运用便形成一种实践，这就是人们通常所说的习惯（Brauch）或交易道德（Verkehrssitte）；第二阶段是这种习惯或交易道德发展成为一种具有规范作用的贸易惯例的阶段；第三阶段则是这种贸易惯例获得国

家认可，并因而由国家强制力保证实施的阶段①。霍尔恩在其所著的《国际借贷法》一书中认为，在国际借贷领域，一种国际习惯法正在形成②。

国际贸易习惯法和国际贸易惯例法在法律性质上是不完全一致的。国际贸易习惯法由于业已为国家确认，并由国家强制力保证实施，因而，它具有国内法律所具有的一般的法律约束力，其适用通常并不需要当事人的选择；与此相反，国际贸易惯例法一般说来则不具有这种一般性的法律约束力，它们的适用以国际贸易当事人的选择为前提条件，只有在当事人协议选择适用它们时，它们才对当事人具有约束力。如果我们把国际贸易惯例法比喻为国际贸易的"软法"（soft law），那么，国际贸易习惯法则可比喻为国际贸易中的"硬法"（hard law）。

第六节　判　例　法

一、判例法的概念及其在私法国际统一中的作用

判例是英美普通法系国家法律的主要渊源。在大陆法系国家，尽管判例并不是法律的渊源，但是，它们对于这些国家法律的正确解释以及法律制度的完善和发展起着非常重要的作用，在这些国家的司法实践中法院的判决被法官和律师加以援引是司空见惯的。在国际贸易法和国际私法实践中，判例也起着很重要的作用，西方法学者普遍认为判例是这种法律的渊源之一。尽管我国法律实践中一般不承认判例这一渊源；但是，我国学者都一致认为判例在国际私法和国际贸易法中具有重要的作用。那么，就本书所探讨的国际统一私法而言，判例在私法的国际统一中究竟具有什么作用呢？它是不是国际统一私法的渊源？如果是，那么它与我们前面所业已讨论的其他渊源地位有何不同？

在回答这些问题之前，我们有必要首先探讨这里所说的判例的准确含义。一般说来，判例是指法院可以援引，并作为审理同类案件的法律依据的判决和裁定。这种判例所产生的法律规范在西方法学界常被称为判例法（case law）或法官制定法（judge-making law，Richterrecht）。与一般意义上的判例相比，我们这里所说的判例具有以下几个主要特征：首先，这里所说的判例不仅指法院所作的判决和裁定，而且，还指仲裁庭所做的仲裁裁决；其次，我们这里所

① See Horn, *Das Recht der internationalen Anleihen*, Frankfurt a. M. 1972. s. 528.

② See Horn, *Das Recht der internationalen Anleihen*, Frankfurt a. M. 1972. s. 517.

说的判例除包括一国国内法院的判决和裁定，以及一国国内仲裁庭的国际经济和贸易仲裁之外，尚包括国际法院和国际商事仲裁庭所作的判决、裁定和仲裁裁决。

我们认为判例法是国际统一私法的渊源之一，但是，它作为国际统一私法渊源的意义不如国际私法条约等国际统一私法的其他渊源的意义大。换句话说，判例对于私法国际统一的意义不及我们前面所说的私法国际统一的其他诸途径。一般说来，判例本身并不能直接实现私法的国际统一，也就是说，人们无法让法院或仲裁庭去作出使各国私法得以国际统一的判决和仲裁裁决。正因如此，德国学者克罗波勒（Kropholler）正确地指出，就目前判例在法律统一方面的作用而言，它只起着一种补充的作用。然而，人们却不能忽视法院的判决与裁定和仲裁庭的裁决在私法国际统一中的作用。与国内法一样，国际统一私法的产生与有效的执行离不开三个方面的相互作用，即立法、司法和法学研究，而其中司法则主要是法院的执法活动。而且，尤其重要的是，国际统一私法必须在法院司法实践及仲裁活动中获得统一的执行，且其内容也应通过法院的判决和裁定以及仲裁庭的裁决得到进一步的具体化。总之，我们一方面要看到判例作为国际统一私法的渊源之一在私法国际统一中的作用；但是，另一方面，我们也应认识到其局限性。

二、国内法院的判例在私法国际统一中的作用

一般而言，国内法院有义务适用在本国生效的国际统一私法，并从而使国际统一私法得到进一步发展与完善，因而，国内法院对于国际统一私法的适用来说具有非常重要的意义。但是，这并不意味着国内法院自己创制新的国际统一私法规范，恰恰相反，通常说来，国内法院不必，而且也不应创制新的国际统一私法规范。这是因为在大多数国家——起码在欧洲大陆国家——国内法院习惯上受本国法律的约束，而这些国家的国内法律显然都不要求本国法院这样去做。即使在司法实践中有的国家的法院在本国法律无具体规定的情况下创制一条新的法律规则，而该规则与另一国或另一些国家的法律规定是完全一致的，那么，法院的这种活动也不是进行私法国际统一的活动，而只不过是一种所谓的法律的同化活动（Rchtsangleichung）。

当然，实践中也存在一些例外的情况，其中以欧洲共同体成员国国内法院以法院判决实现共同体有关私法统一的实践最引人注意。欧共体各成员国法院试图通过法院判决在违反欧洲共同体法的民事法律责任，如民事损害赔偿责任领域中，发展一种在欧共体统一适用的法律规范。

出于多种原因，且尤其是因为不同法系的国家对于判例是否国内法律的渊源的实践不同，世界上不同法系的国家对于国内法院判决在私法国际统一方面的作用有不同的认识和实践。这里我们仅举一些主要的例子加以说明：

首先，就民法法系国家而言，这些国家的法院总是严格地受本国法律的约束，并在司法实践中适用本国的法律。而且，就这些国家的法官的法律意识而言，他们事实上总是存在着这样的一种感觉，即认为世界上并不存在一种应予普遍适用的统一法（Rechtseinheit）。因而，一般说来，民法法系国家法院判决所产生的新的法律规范对于私法国际统一而言，并不具有非常直接的意义。然而，如果我们考察一下一些新诞生的，在整个世界范围内具有重要影响的国际统一私法国际公约，以及一些民法国家较新的司法实践，就不难看出，即使是民法法系国家法院的司法判决，对于国际统一私法的发展也具有重要的意义。例如，1980年的《联合国国际货物销售合同公约》第7条第1款就规定："在解释本公约时，应考虑到本公约的国际性质和促进其适用的统一……"① 这意味着，各国法院在适用本公约时，应该顾及其他国家法院适用该公约的情况，以便能满足公约所规定的对公约解释的这一要求。从这一意义上说，民法国家法院适用国际统一私法所作出的判决，对于国际统一私法的正确适用及其发展也具有重要意义。再就一些民法法系国家法院的实践来看，像荷兰等国家的法院在实践中实际上也是考虑外国法院适用国际统一私法的判决的，而且，本国高等法院尤其最高法院（Hoge Raad）适用国际统一私法所作的判决事实上（de facto）对其他法院均有约束力②。

其次，原东欧社会主义国家在该问题上的实践与上述民法法系国家的实践是基本一致的。有趣的是，在波兰，学者们普遍认为法院在解释国际统一私法时应采用比较法的方法。而且，波兰的法院在实践中也是考虑外国法院适用国际统一私法的判决的。这方面最典型的判例是波兰最高法院于1975年所作的一项解释《华沙国际航空运输公约》的"瓜达拉加拉议定书"的判决。保加利亚也有类似的实践。保加利亚法院以及保加利亚国际商事仲裁院在解释国际统一私法公约时也总是考虑公约其他成员国法院和仲裁庭对这些公约的解释，

---

① 类似的规定尚可见于1974年《联合国国际货物销售时效期限公约》第7条；1978年《联合国海上货物运输公约》第3条。

② See Honnold, Uniform Words and Uniform Application: The 1980 Sales Convention and International Juridical Practice, in: Schlechteriem (Hrsg.), Einheitliches Kaufrecht und Nationales Obligationsrecht, Baden—Baden 1982, s. 123-124.

以便能揭示公约规定的确切含义，和使对公约的解释得以一致。

最后，普通法系国家的 法院在该问题上的实践与上述民法法系国家的实践大相径庭。法院的判决在普通法法系国家都被认为是法律的渊源之一，对法院具有约束力①。在普通法法系国家法官的心目中，世界上存在一种统一的法律（Rechtseinheit），法官也应适用此种法律。但是，在国内法院的判例对于私法国际统一的意义问题上，普通法系中不同的国家的实践并不是完全一致的。这里我们仅就几个主要的普通法系国家的实践加以讨论：

第一，英联邦国家的实践。英国是普通法的发源地，英国法律由于历史的原因，经过漫长的岁月，广泛地为英联邦其他成员国所接受。因而，英联邦国家存在着一种共同的判例法，或者更准确地说，这些国家在私法领域存在着大量相同的法律规定。但是，英联邦国家接受英国法律的实践却是不完全一致的。如果说原来属于英国殖民地的一些国家曾在一些法律领域全盘接受英国法律制度，那么，随着这些国家的独立，现在这些国家在法律制度方面已不愿，且也在一定程度上不再紧紧地依赖英国的法律制度，而是根据本国的情况，发展具有自己特点的法律制度。例如，为保证法院判决质量，以及为维护英联邦法律的统一性，作为英联邦最高上诉法院而存在的枢密院（Privy Council）已不再为一些新独立国家承认为最高上诉法院。尽管在一些目前尚未通过立法加以统一的“传统”法律领域，英国法院的判例目前仍为英联邦国家视为具有“权威性”，但是，英联邦成员国仅在这些判例所适用的解决法律问题的方法符合本国实际情况时，才予以接受。由此，我们可以得出这样简单的结论，即在英联邦国家，法院的私法判例对于英联邦国家的私法统一具有直接的作用，可以说英国法院的判例是英联邦统一私法的渊源之一；但是，随着原英殖民地国家的纷纷独立，以及私法范围内成文立法的不断增加，英国国内法院判例对于私法国际统一的这种重要作用愈来愈大地受到削弱。

上面我们揭示了英联邦成员国接受英国法院判例的情况，那么，英国法院对于其他国家法院的私法方面的判例的态度又怎样呢？就外国法院解释国际统一私法的判例来说，英国法院的传统是不去考虑这些外国法院判决的。直到现在英国法院在解释有关国际范围内非常重要的一些国际运输方面的统一私法公约（如《海牙规则》和《华沙条约》）时也还固守这一传统，而不肯顾及外国法院解释这些公约的判例。

① See David/Grasmann，Einfuehrung in die grossen Rechtssysteme der Gegenwert，Munich 1988，s. 480-493.

第二，美国的实践。作为一个联邦制国家，美国各联邦州各自拥有自己不同于其他州的私法制度，在美国全国范围内并无统一的“美国私法制度”。这意味着，一方面，在美国并不存在联邦各州统一适用的联邦私法方面的立法；另一方面，在美国也不存在全国统一适用的由法院判例所创制的私法规定。当然，这不是说美国联邦法院不想通过判例法去实现各州私法的统一。事实上，近一个世纪以来，美国联邦法院都在为创立联邦统一的私法制度而进行不懈的努力①。实践中，联邦法院的私法方面案件的判决也形成了一些联邦判例私法规则，只是这种联邦统一判例私法在法院司法实践中并不起多大作用罢了。因为，根据美国联邦最高法院 1938 年所作的埃利铁路公司诉唐姆金斯（Erie Railroad Co. v. Tompkins）一案的判决，即使是联邦法院作为例外情况所受理的住所在不同州的当事人间的私法方面的案件（即“不同州籍管辖权”，diversity-of-citizenship jurisdiction），法院也只能依据有关联邦州的法律，而不是依据这种所谓的联邦私法去作出判决②。总之，判例作为私法统一的一种方法和手段在美国国内私法统一中并不起很大的作用，美国国内私法的统一主要是通过各联邦州合作，并由有关促进私法统一的民间机构所编撰的成文法典（如《美国统一商法典》）的方式来进行的。

三、跨国法院判决在私法国际统一中的作用

由于联合国所属的设立于荷兰海牙的法院被称为国际法院，为避免混淆，我们这里把所有国际组织所设立的从事司法裁判活动的法院组织称为跨国法院。目前，世界范围内跨国法院为数不少，但是，它们中只很少几个与私法的国际统一有关。因而，相对于国内法院的判决而言，跨国法院的判决对于私法的国际统一意义是比较有限的。

1. 联合国国际法院与私法的国际统一化运动

作为联合国的主要司法机关之一的联合国国际法院的职权主要是诉讼管辖权与咨询管辖权。国际法院的诉讼当事人限于国家，任何组织、团体或个人均不得成为诉讼当事人。由于这一限制，当事人主要是法人和自然人的私法方面

---

① 早在联邦法院 1842 年所作的 Swift v. Tyson 案判决中，该法院就认为应在那些主要是以判例法形式表现出来的私法领域，创立联邦统一适用的判例法。

② 此判决的旨意在于防止国内法律适用中“选择法院”情况的出现。See Thann—Haeuser, *Die “Erie—Doctrine” in Spannungsfeld Zwischen Bund es-* und Staatsgerichten der Vereinigten Staaten（1969）.

的案件便被排除在其管辖权之外。而且，又由于《国际法院规约》第38条明确规定国际法院裁判案件时所应适用的法律包括：（1）国际公约；（2）国际习惯；（3）一般法律原则为文明国家所承认者；（4）司法判例和各国权威最高之公法学家学说，而并不包括冲突法规范，因而，国际法院并不经常遇到依据冲突规范确定法律适用的情况①。

与联合国国际法院不同，它的前身国际联盟常设法院在司法活动中曾有机会经常涉及冲突法问题。这是因为国联常设法院认为冲突法是国内法的一部分，而它常常适用国内法，因而，也便不得不经常适用冲突法规范来确定有关国内法的适用②。这方面最有名的案件是国联常设法院曾受理的塞尔维亚贷款案和巴西贷款案③。该两案的原告均为法国，被告则分别为塞尔维亚和巴西。原告法国向国际常设法院诉请判决被告分别依据贷款协议以金法郎偿还该两国分别欠法国债权人的款项。而该两被告国则认为法国债权人只有权要求以业已贬值的纸法郎获得支付。该两案的中心问题在于对于债券的支付是适用被告塞尔维亚和巴西的法律，抑或适用原告法国的法律。如果适用法国的法律，债券便应以金法郎支付，而如果适用塞尔维亚和巴西的法律，债券便可以纸法郎偿还。由于不存在可以适用的国际公约、为文明国家所承认的一般法律原则以及国际惯例，国联常设法院就不得不在上述国家的国内法中确定支配该案的法律。就法律适用问题，法官最终判决原告国法国的法律是支配该两案件中债券支付问题的准据法，而被告塞尔维亚和巴西的法律是支配债券发行所赖以进行的贷款合同实质问题的准据法。

在联合国国际法院成立40多年的司法实践中，涉及冲突法以及私法国际统一问题方面最著名的案例是1958年11月28日判决的波尔案（Boll Case），或称荷兰诉瑞典案（Pays—Bas v. c. Suede）④。本案案情可以简单归纳如下：玛莉·伊丽莎白·波尔1945年5月7日生，她的父亲约翰内斯·波尔是荷兰人，而母亲格德·伊丽莎白·林德瓦尔系瑞典人。小波尔居住在瑞典。1953

---

① See Erades, "Application of Private International Law by the International Court of Justice," in: *De Conflictum Legum*, *Essays Kollewijn/Offerhaus*, Leiden 1962. s. 145-153.

② See Wilfred Jenks, "The Interpretation and Application of Municipal Law by the Permanent Court of International Justice," in: *British Yearbook of International Law* XIX (1938). p. 67 et sep.

③ Serbian and Brasilian Loans Cases, P. C. I. J. Series A, nos. 20/21.

④ Affaire Relative a I' Application de la Convention de 1902 Pour Regler la Tutelle des mineurs (Pays Bas c. Suede), C. I. J. Receil 1958, p. 55 ff.

年 12 月 5 日她的母亲林德瓦尔死后，父亲约翰内斯·波尔即依据《荷兰民法典》第 378 条的规定而成为小波尔的监护人。其后，根据荷兰一地方法院的判决，由波斯特玛太太取代约翰内斯·波尔作为小波尔监护人的资格。与此同时，瑞典根据其 1924 年 6 月 6 日的有关未成年人保护的法律把小波尔送入育儿院（Child Welfare Bord）进行所谓的托管教育（skyddsuppfostran，protective upbringing，Fuersorgererziehung）。对此，波斯特玛太太不服并向瑞典最高行政法院诉请撤销这一决定。然而，瑞典最高行政法院驳回了这一诉请，拒绝将小波尔交给她监管。为支持波斯特玛太太，荷兰政府于是向国际法院提起了针对瑞典的诉讼，请求国际法院裁决瑞典有关机构所作出的、得到瑞典最高行政法院支持的关于对小波尔进行托管教育的决定违反了对瑞典和荷兰均具约束力的 1902 年《海牙未成年人监护公约》。1958 年 11 月 28 日国际法院作出了判决，判决中首先对“监护”和“托管教育”这两个概念作了界定，然后指出瑞典有关机构所作出的决定与 1902 年《海牙未成年人监护公约》的规定并无冲突，因而，荷兰所提出的诉请不予支持。法院这样判决的主要理由在于，依据 1902 年海牙未成年人监护法律在未成年人的国籍国（本案中荷兰）所确定的监护，如果受到该未成年人居住国（本案中瑞典）法律所规定的对未成年人保护措施（本案中瑞典的托管教育）的限制，那么，除非这种保护措施属于该公约所规定的内容，否则，对该公约适用的限制便不构成违反该公约义务，因为，该公约并未禁止它所规定的内容以外的其他法律的适用。

对于国际法院的这一判决，且尤其是该判决所依据的理由，在法学界曾引起激烈的争论。一些学者对判决提出尖锐的批评，如参与该案审理的法官之一的劳特派特（H. lauterpacht）便指出，如果仅以“托管教育”措施不属于公约规定的范畴，因而判定以此种措施限制公约的适用便不构成对公约义务的违反这种观点是不对的①。与此相反，巴蒂福尔（Bartiffol）和法朗希斯卡基斯（Francescakis）则在法学理论上支持该判决。他们认为此一判决有利于避免统一私法公约义务的扩大，从而使缔约国对国际统一私法公约敬而远之的危险②。

在国际法院与私法的国际统一关系问题上尚需指出的是，国际劳工组织的

① See “Seperate Opinion of Judge Sir Hersch Lauterpacht”, in: C. I. J. Recueil 1958, p. 79 ff.

② Batiffol/Francescakis, Phocion: L’ arret Boll de la Cour Internationale et sa Contribution a la Theorie du droit International Prive, in: *Rev. Crit.* 48 (1959), p. 274.

宪章第 37 条第 1 款规定，所有涉及该组织的宪章以及该组织的其他任何公约的解释的争议均由国际法院受理。此外，诸如《1962 年 12 月 10 日关于缔结婚姻的纽约公约》（第 8 条）、《1960 年 3 月 15 日关于内河船舶碰撞公约》（第 14 条）、《1948 年 6 月 26 日伯尔尼版权公约》（第 27 条）、《1952 年 9 月 6 日世界版权公约》（第 15 条）等私法国际统一条约中均规定联合国国际法院享有对这些公约争议解释的管辖权。但是，到目前为止，这些公约的成员国很少将这种争议提交给国际法院。因此，总的说来，国际法院的司法活动尚未对私法的国际统一起大的推动作用。

2. 欧洲共同体法院与私法国际统一化运动

欧洲共同体法院是欧洲共同体的司法机构，其任务主要在于进一步发展欧洲共同体的法律和维护共同体法律的统一①。该法院的管辖权主要包括四个方面：（1）裁决共同体成员国是否违反它所承担的国际公约的义务；（2）裁决共同体的决定是否有效地作出；（3）受理向欧共体提出索赔的民事和行政方面的诉讼；（4）受理共同体与其工作人员间的纠纷。与联合国国际法院不同，欧共体法院所受理案件的当事人可以为自然人个人，换句话说，个人可以向欧共体法院寻求法律方面的救济，但是，该法院的上述四项管辖权仅第（1）、（4）项可以涉及共同体成员国公民个人的诉讼②。

就欧共体法院与私法国际统一的关系而言，它的“先行裁决程序”（preliminary ruling；decision a titre prejudiciel；vorabendscheidung）对于欧共体国家法律，且尤其是它们的法院判决的统一一致具有重要意义③。根据《关于建立欧洲经济共同体公约》第 177 条和《关于建立欧洲原子能共同体公约》第 150 条的规定，如果成员国法院在作出有关共同体公约的解释或者共同体机构的行为的解释和有效性方面的裁决时认为有必要，它可以将该问题提交给欧共体法院，请它作出先行裁决。而且，如果遇到这种问题的成员国法院是该国法律规定的这一案件的终审法院，那么，该法院必须把一问题提交给共同体法院进行先行裁决。欧共体法院的这种先行裁决在形式上只对提交该案件的国家

---

① 参见：（1）1957 年《关于建立欧洲经济共同体公约》第 164 条；（2）1957 年 3 月 25 日《关于建立欧洲原子能共同体公约》第 136 条；（3）1951 年 4 月 18 日《关于建立欧洲煤钢共同体公约》第 32～32c 条。

② See Herey G. Schermers ，“ The European Court of Justice：Promoter of European Intergration.” in：Am. J. Comp. L. 22（1974），p. 446.

③ 关于欧共体法院的“先行裁决”，请参见 Wall，The Court of Justice of the European Communities，London 1966，pp. 130-140。

的该法院具有约束力，而并不具有对所有共同体成员国的普遍约束力。尽管如此，欧共体法院通过这种司法活动有利于渊源于共同体各种法律文件，如共同体公约、指令和决定，以及共同体不成文的一般法律原则的统一私法规范的统一解释和适用。也正因如此，欧共体各成员国都非常重视共同体条约所确定的这一司法制度，并且通过缔结有关议定书的方式进一步发展和完善了这一制度。

就欧洲统一私法中的经济法分支的发展而言，欧洲共同体法院作为共同体的"行政法院"的司法活动具有特殊的意义。这集中表现在共同体法院在通过其司法活动保证共同体为保护竞争禁止垄断所颁布的许多保护竞争法规的统一解释与适用方面。

欧洲共同体法院受理的案件的当事人可以是自然人和法人，所以，从一定意义上说，该法院对私法统一的影响较之像联合国国际法院那样只受理国家间诉讼的跨国法院要更大。当然，欧洲共同体法院所受理的涉及自然人和法人的案件的种类也是有限制的。《关于建立欧洲经济共同体公约》第 173 条第 2 款和《关于建立欧洲原子能共同体公约》第 156 条规定，任何一个自然人和法人都可以向共同体法院提出反对共同体有关机构直接针对该人所作的决定，或者是针对某第三人但却直接或个别涉及该人的利益的决定的诉请。

3. 荷、比、卢法院与私法国际统一化运动

荷兰、比利时和卢森堡三国于 1951 年 11 月 5 日缔结条约成立三国联盟。该联盟除在经济领域进行合作外，还进行法律的国际统一活动，而且，目前为止业已取得相当大的成就。在进行法律，且尤其是私法国际统一的同时，三国也在酝酿设立一个"荷、比、卢法院"（The Benelux Court）以促进该三国共同的法律规范的统一适用。1965 年 3 月 31 日，三国在布鲁塞尔签署了《关于成立荷、比、卢法院及其章程的公约》。该公约于 1974 年 1 月 1 日生效，荷、比、卢法院因而也正式在布鲁塞尔成立。

荷、比、卢法院享有三个方面的管辖权，即先行裁决管辖权、咨询管辖权和对若干行政事务的管辖权。该三国国内法院在解释三国共同的法律规范遇有困难时，可以将所遇问题提交荷、比、卢法院，请它作出先行裁决。但是，如果遇到这种问题的是该三国的国内最高法院，那么，它们必须提请荷、比、卢法院作出先行裁决。由此，我们可以看到荷、比、卢法院的这种先行裁决管辖权与上述欧洲共同体法院所享有的先行裁决管辖权是很相似的。如果荷、比、卢三国政府在该三国共同的法律规范的解释问题上遇到困难，可以提请荷、比、卢法院作出咨询意见。但是，实践中三国政府很少提出这种请求，因而，

该法院也就很少有机会行使其咨询管辖权。

四、国际商事仲裁裁决对私法国际统一的作用

国际商事仲裁裁决对于私法的国际统一起着非常大的作用。这集中表现在作为国际统一私法重要渊源的习惯法和一般法律原则通过国际商事仲裁裁决而更好地得以确定。

由于国际商事仲裁具有速度快和费用低等优点，在国际商事合同实践中，有不少合同当事人选择这种方法解决他们间可能出现的争议。据有人统计，实践中 90%以上的对外贸易合同中规定了合同争议仲裁条款。而且，尤其是国际海商法领域的争议几乎全部是通过仲裁手段解决的。所以，国际商事仲裁在解决国际商事争议方面的作用是明显的。

适用于国际商事仲裁的实体法在很多情况下是习惯法和所谓的一般法律原则。这些法律规范是不成文的，且其具体内容也有待进一步确定，而国际商事仲裁庭在实践中适用这种法律规范裁决案件就必须确定它们的内容，并解决在适用中所遇到的其他一些问题，这样，广泛的国际商事仲裁裁决自然也就促进了私法的国际统一。但是，由于国际商事仲裁裁决并不像法院判决那样都可以公开，而是只有获得当事人同意的裁决才能公开，因而，国际商事仲裁裁决对私法国际统一的作用受到了限制。

国际上进行国际商事仲裁的仲裁机构很多，其中主要包括国际性的常设国际商事仲裁庭、国内涉外商事仲裁庭以及特别的临时仲裁庭。这里我们仅以国际商会和伊朗—美国仲裁庭的活动来具体说明国际商事仲裁裁决对私法国际统一的意义。

1. 国际商会的国际商事仲裁活动与私法的国际统一

国际商会的国际商事仲裁活动对私法的国际统一化运动具有重大的影响。成立于 1919 年的国际商会是一个旨在“促进世界范围内的国际贸易”而由主要是参与国际贸易事务的公司以及它们的本国组织所缔结的一个民间国际组织。目前，它的会员计有 7 164 个，分布于 114 个国家。解决国际商事争议是国际商会的重要活动之一，由其下设的五个机构来完成：（1）国际商会仲裁院；（2）国际仲裁委员会；（3）国际海事仲裁组织；（4）技术鉴定国际中心；（5）调整合同关系常设委员会。然而，就国际商会的国际商事仲裁活动而言，上述国际商会的国际仲裁委员会和国际海事仲裁组织并不参与具体的仲裁活动。

根据《国际商会合同调整规则》第 1 条第 1 款的规定，国际商会调整合同关系常设委员会的任务在于“为促进国际经济活动，安排第三人进行调停，

完成当事人在他们的合同关系范围内所委托给他的任务”。合同当事人可以在合同关系存续的任何时候请求该常设委员会指定调停合同争议的第三人或三个人组成的调停小组。《国际商会技术鉴定规则》第 1 条第 1 款规定国际商会设立技术鉴定国际中心，以向在国际贸易活动中寻求技术专家的服务的当事人提供此种服务。国际商会设立该两机构的目的在于避免提交仲裁之前国际商事争议的升级，并试图通过这种新颖的方法来解决国际商事争议。但是，它们成立至今在实践中所起的作用却受到很大的限制。因而，到目前为止，它们对私法国际统一所起的作用并不大。

我们讲国际商会的仲裁活动对私法国际统一化运动具有重大意义，主要是讲国际商会下设的仲裁院的国际商事仲裁活动。该仲裁院的目的主要在于通过仲裁活动解决具有国际性质的商事争议，但它同时也可以受理由当事人通过仲裁协议所提交的不具有国际商事性质的商事争议。国际商会仲裁院在成立至今的 70 多年时间中共仲裁了 6 000 多个案件，且目前提交给它仲裁的案件愈来愈多。实践中，国际商会仲裁院积累了非常丰富的国际商事仲裁经验，而这些经验对于一些重要的商事仲裁国际公约，如 1923 年和 1927 年关于承认仲裁条款和仲裁裁决的日内瓦公约、1958 年关于承认与执行外国仲裁裁决的纽约公约、1961 年关于欧洲商事仲裁的日内瓦公约、1966 年联合国欧洲经济委员会仲裁规则、1976 年联合国国际贸易法委员会仲裁规则以及 1980 年联合国国际贸易法委员会仲裁示范法等的问世都起到积极的影响。而且，在具体的法律适用方面，国际商会仲裁院的实践对于私法的国际统一也起着积极的作用。例如，对于国际商事仲裁适用法律方面的所谓“现代商人法”问题，该仲裁院的仲裁裁决中所表明的意见基本上是倾向于赞成这种“在国际贸易交往中逐渐形成的，到目前为止仍未完善的，以国际贸易惯例、一般法律原则和一般交易条件等形式体现出来的，独立于国际公法和国内法以外的，支配国际贸易合同中当事人的权利与义务的法律”。而这实际上便有利于现代商人法这一与国际统一私法紧密相联的理论和实践问题的进一步发展。

2. 伊朗—美国仲裁庭与私法的国际统一

1979 年 2 月伊朗革命推翻巴立维王国，同年 11 月 4 日美国驻德黑兰大使馆被占，使馆内的 52 名美国人被扣为人质。次年 4 月两国断绝外交关系。为了解决美国人质问题以及伊朗革命和美伊断交所产生的其他一些问题，作为美伊冲突调停斡旋者的阿尔及利亚政府于 1981 年 1 月 19 日发表了为伊朗和美国政府所认可的，对它们均具有约束力的两个“阿尔及尔声明”，即“一般声明”和“权利要求解决声明”。声明除规定伊朗释放美国人质以及美国所冻结的伊朗在美国的财产问题的解决外，还主要规定了该两国公民与对方国家间因商业债务、国有化、财产没收、违反合同等问题所产生的争议的解决。依据该声明伊朗—美国仲裁庭（The Iran-United States Claims Tribunal）于1981年在荷兰海牙成立。

作为一个临时（ad hoc）仲裁庭，伊朗—美国仲裁庭的作用主要包括两个方面。其一，它是解决伊朗与美国两国之间的争议的仲裁机构，其使命在于和平解决国际公法意义上的美伊两国之间的国际争端。其二，该仲裁庭作为一个国际商事仲裁庭，其使命同时又是解决自然人和法人作为当事人的私法性质的争议。但是，从仲裁庭受理的争议的法律性质来看，它们实际上都属"私法"性质，例如，美伊两国彼此间因货物买卖合同和服务合同所生的争议。上述"权利要求解决声明"第5条对于该仲裁庭仲裁案件所应适用的法律作了明确规定："仲裁庭应在尊重法律的基础上，适用仲裁庭决定可以适用的法律选择规则以及商法和国际法的原则，并考虑贸易习惯、合同规定以及变化了的情势裁决所有案件。"仲裁庭所适用的程序法是1976年联合国国际贸易法委员会仲裁规则①。只是仲裁庭在具体适用时，可以根据案件的具体情况，并出于对仲裁工作的方便对该仲裁规则进行修改。

伊朗—美国仲裁庭共由九名仲裁员组成，其中伊朗和美国各占三名，另外三名是第三国的仲裁员。仲裁庭下设三个仲裁室，每一仲裁室均由三名仲裁员组成。提交给仲裁庭的大多数案件都是由这三个仲裁室进行仲裁的，只是美伊两国间的属于国际公法性质的争议以及其他特别重要的案件才由九人仲裁庭审理裁决。伊朗—美国仲裁庭成立至1988年，共受理自然人和法人所提交的仲裁案件3 800多件，其中涉及标的金额最高者达120亿美元。截止1988年9月该仲裁庭共审结案件1 100多件。

伊朗—美国仲裁庭的实践对于私法的国际统一具有重要的意义。这集中表现在仲裁庭仲裁实践中具体适用仲裁程序法和实体法律规范两大方面：

首先，在程序法方面，正如我们上面所述，该仲裁庭灵活地适用了联合国国际贸易法委员会仲裁规则。伊朗—美国仲裁庭适用该仲裁规则可以说是对此规则本身最重要的一次检验，也是该规则在实践中最全面的一次运用。通过这次全面的检验，该仲裁规则的优点和缺点便得以更直接地揭示。这对于该规则

---

① 《伊朗—美国仲裁庭规则》第33条有类似的规定。该规则载于 Baker and Davis, The UNCITRAL Arbitration Rules in Practice—The Experience of the Iran—United States Claims Tribunal, Kluwer 1992, pp. 239-273.

的进一步完善无疑是很有益的。而且，这一国际仲裁庭对于该仲裁规则在实践中所作的解释，对于该规则以后其他适用者来说也具有很好的参考作用。此外，伊朗—美国仲裁庭在具体的仲裁程序问题上（如：书面审与口头审、取证与证据材料、鉴定人、临时保全措施以及仲裁费用等）都有独到和创新的做法，而这些对于国际商事仲裁法律制度的国际统一无疑也具有有益的参考作用。

其次，伊朗—美国仲裁庭在实体法律适用方面的一些独到的实践对于私法的国际统一具有重大影响。尽管我们上面已提到仲裁庭所适用的实体法依据“权利要求解决声明”以及“伊朗—美国仲裁规则”的规定可以是依据冲突法规范所指引的伊朗和美国的国内法，但是，由于仲裁庭所审理的具体案件的一方当事人大多为一国政府或者政府所控制的实体（state controlled entity），因而，仲裁庭在遇有根据冲突法中“最密切联系原则”或者所谓的“商事交往的重心”（center of gravity of the business dealings）规则应适用伊朗或美国国内法律时，常常也不直接去适用这种国内法，而是依与这种国内法规定一致的所谓一般法律原则去作出裁决。总的说来，伊朗—美国仲裁庭对于“现代商人法”（lex mercatoria）理论以及适用现代商人法裁决案件是持肯定态度的。这对于该理论的进一步发展具有重要意义。此外，伊朗—美国仲裁庭还在其仲裁裁决中对国际贸易法中的不可抗力（force mejeure）、情势变迁（clausula rebus sic stantibus，changed circumstances，we gfall der Geschaeftsgrundlage）、国家外汇管制、货币兑换比率变化以及利息等一些具体问题表明了自己的意见，而这些意见对于国际统一私法中有关法律制度的具体适用具有参考作用。

第七节　一般法律原则

一、一般法律原则的概念

尽管一般法律原则（general principles of law，principes generaux du droit，allgemeine Rechtsgrundsaetze）这一概念频繁地出现于法律文献中，而且它在国际和国内法律实践中也获得广泛适用，但是，国际法学界对这一概念却没有统一的理解①。这种理解的不统一根源于很多原因，比如，它既是国内法中的一

① 不少国家的民法典中规定一般法律原则是本国民法的渊源。如西班牙现行民法典第1条第4款便规定：“如果没有法律规定，且也没有惯例可供适用，则可适用一般法律原则。”各国在这方面的详细规定请参见 Bin Cheng，General Principles of Law，London 1987 Reprinted，pp. 400-408.

个概念，同时却又是国际公法和国际私法中的一个概念，与此相适应，不同的法学者从不同的法律学科角度出发又可能会对此概念有不同的理解，例如，国内民法学者、国际公法学者和比较法学者，由于他们的出发点和着眼点各异，因而也可能会对这一概念有彼此相异的理解。为便于我们更好地理解作为国际统一私法渊源的一般法律原则这一概念的确切涵义，我们这里先举国际上几位著名的法学家给《国际法院规约》第38条第一项（寅）款所规定的“一般法律原则为文明各国所承认者”这一概念所下的定义，然后提出我们的建议。

（1）法国国际法学家卢梭认为所谓一般法律原则是“文明国家视为每一个法律秩序的必要组成部分的法律理念”。

（2）奥地利国际法学家费德罗斯认为人们不能把不同国家那些偶尔相同的法律规范理解为一般法律原则，而真正的一般法律原则是那些以一般的法律理念为基础的在国家和国家的交往中可以互换的法律原则。

（3）英国国际法学家奥本海所理解的一般法律原则是国内法律的一般原则，且尤其是可以适用于国家间关系的私法的一般原则。

（4）我国国际法学家王铁崖主编的高等学校法学教材《国际法》一书认为“一般法律原则可以理解为各国法律体系中所包含的共同的原则”，“这里所谓‘文明各国’当然不能按照西方资本主义国家污蔑不发达国家的意义来解释，而应该指作为国际社会成员的主权独立国家”。

我们认为作为国际统一私法渊源的一般法律原则与上述联合国国际法院规约中所规定的一般法律原则的内涵与外延是基本一致的。参考国际法学者们对一般法律原则所下的各种不同的定义，且尤其是我国学者对这一概念的理解，并考虑国际统一私法的特点，我们不妨认为作为国际统一私法渊源的一般法律原则是指基于国际社会中各民族的一致的法律意识，各国法律所共同具有的指导思想和原则，以及国际贸易实践所据以进行的、为国际贸易的参加者所普遍接受的原则。

在法律发展史上，大约从20世纪初开始，有的法学家便开始以比较法的方法寻找一般法律原则，直到现在探寻一般法律原则也还是比较法研究的重要任务之一。也正是由于比较法学者长期大量的研究工作，才使得人们可以越来越多地认识属于一般法律原则的一些具体的法律原则。法学界通常认为一般法律原则起码包括以下诸点：

（1）约定必须信守的原则。作为一条一般法律原则，约定必须信守原则（pacta sunt servenda）要求所有参与法律交往的当事人忠实地履行自己对对方当事人所作的承诺。该原则被普遍认为是当今各国法律的一项一般原则，是国际社会确实存在着一种一般法律原则的佐证。在国际法律实践中，它获得了广泛的承认和适用。例如，仲裁员卡维营（Cavin）在著名的沙菲尔诉伊朗国家石油公司案（Sapphire v. National Iranian Oil Company；1963 年 3 月 15 日裁决）的仲裁裁决中就明确承认并适用了该原则。他在裁决中指出："合同的约定必须得到尊重乃始终为国际法院认为是法律的一项根本原则。约定必须信守是所有合同关系的基础。而且，它也包含在争议双方当事人本国的法律中，即《伊朗民法典》第 21 条和加拿大法律中。"

（2）诚实与信用原则。考察各国法律，人们不难发现诚实与信用实际上是所有国家民、商事法律的基础，它在事实上早已为各国法律所承认。该原则同时也是进行国际贸易的基础。正因为如此，有人将该原则比喻为国际贸易的堡垒。毫无疑问，该原则是参与国际贸易活动的当事人所必须遵守的一项法律原则，他们在进行国际贸易的所有活动中都必须做到诚实与信用而为。该原则要求当事人不得滥用权利，不应不当得利，要诚实地履行合同，在可能出现损害时尽可能地减少损害，以及对对方当事人的信任予以合理的保护（Vertrauenschutz）。在国际商事仲裁实践中，该原则曾被作为法律规范适用于国际商事合同当事人的权利与义务的确定。

（3）不可抗力免责的原则。由于不可抗力造成合同一方当事人无法履行其合同义务，他便可以不再履行这种义务，且还可以免负因不履行合同所可能产生的违约责任，这便是所谓的不可抗力免责原则。该原则被人们广泛地认为是一条一般法律原则。但是，人们在实践中对于什么是不可抗力，当事人何时才可以基于该原则免除不履行合同义务的责任，以及诉诸该原则所产生的具体法律后果，理解得并不一致。通常说来，一项导致合同当事人不能履行合同的障碍，只有在下列情况下才可能被认定为不可抗力：（甲）它不是当事人自己所致（evenement exterieur）；（乙）它的出现在合同缔结时是不可能预料到的（imprevisibilite）；（丙）它是当事人无法通过自己的力量予以克服的（insurmontabilite）。因不可抗力而无法履行合同义务的当事人在知晓不可抗力出现后，应立即通知对方当事人。在新近的国际商事仲裁裁决中，出现了使合同当事人不因不可抗力免除履行合同义务，而只使他暂时中止履行合同义务的趋势。与国内仲裁实践不同，在国际商事仲裁实践中还出现了让合同双方当事人平摊因不可抗力所导致的事先未约定的费用的裁决。

我们讲一般法律原则是国际统一私法的一个非常重要的渊源，是因为国际统一私法无论在法律性质、调整的对象还是在产生历史和具体内容上都有别于国际公法。尽管《国际法院规约》第 38 条明文规定一般法律原则是国际公法的渊源，但它不是独立的国际法渊源。事实上，作为国际公法渊源的一般法律原则是为数不多的，它在国际公法上并不占重要的地位，国际法院以及国际仲裁庭在它们裁决案件中也很少适用一般法律原则。但是，我们不能因此就认为一般法律原则作为国际统一私法的渊源也是不重要的。与国际公法不同，国际统一私法所调整的主要是自然人、法人之间具有跨国因素的私法性质的法律关系，而对于私法关系的法律调整，国内法的原则大多比较一致，这种一致性一方面是一般法律原则存在的基础，另一方面也是一般法律原则能够成为国际统一私法重要渊源的基础。而且，又由于一般法律原则本身具有灵活性，因而，尤其是在不存在成文的国际统一私法规范时，一般法律原则的适用便显得格外重要。此外，世界范围内一般法律原则的存在也是使得世界各国能够较顺利地进行彼此私法的国际统一的一个重要因素，从这一意义上说，一般法律原则对于私法的国际统一也具有重要意义。

我们讲一般法律原则是国际统一私法的重要渊源，但是，我们也不否认这种法律渊源的缺陷。与上述灵活性的优点相对应，一般法律原则较之国际统一私法的成文法渊源则具有标准不确定，因而在实践中难于掌握和适用的缺点。也正因如此，在私法的国际统一化运动中一般法律原则作为国际统一私法的渊源尚需进一步得到发展。为此，不仅法官、仲裁员和律师等国际法律实务工作者应在实践中探索适用一般法律原则解决跨国民、商事法律关系的规律，而且，国际法学者是和比较法学者也应通过其法学理论研究去更多地揭示地区范围内和国际范围内所普遍适用的一般法律原则。

二、一般法律原则的适用范围

就国际统一私法而言，一般法律原则主要在两种情况下适用，即在国际统一私法无成文法律规范可以适用时，作为对国际统一私法空白的补充而得以适用，以及在存在可供适用的国际统一私法成文规范时，独立于这些成文法规范之外获得适用。

1. 一般法律原则填补国际统一私法成文法的空白

私法的国际统一是一个漫长的过程，到目前为止尽管世界上已有相当数量的国际统一私法的成文文件问世，但是，它们还远没有使国际统一私法成文化；而且，由于国家间的利益冲突等多方面的原因，国际统一私法在相当长的时间内还只能部分地以成文法的形式表现出来。因此，现在以及在将来很长一段时间内，在国际统一私法无成文规定的情况下，一般法律原则都会获得适用。

2. 一般法律原则的独立适用

一般法律原则还可以在国际范围内独立地支配国际民、商事法律关系，直接获得国内法院、跨国性质的法院以及国际商事仲裁庭的适用。

（1）一般法律原则可以直接被国内法院适用于处理国际民、商事法律关系。但是，法院这样适用必须以国内法律允许法院这样去适用为前提条件。而这种允许可以不同的形式表现出来，如国内法律允许国际合同的当事人选择合同准据法，当事人据此选择一般法律原则支配他们的合同关系，这便应视为国内法律允许法院适用一般法律原则。在国际商事法律实践中，一些自然人与法人彼此间，或者法人且尤其是跨国公司与国家之间所缔结的与多个国家相联系的跨国经济合同（即特许协议）常常规定适用一般法律原则。对于特许协议适用一般法律原则调整，我国已故著名的国际经济法学家姚梅镇教授曾持否定的态度，认为"一般法律原则无固定标准，概念抽象，理解不一，难于起到规范的作用"，加之国际上习惯于把一般法律原则冠之"文明国家所公认的"定语，而这"显然是从西方资产阶级法制观点出发，与发展中国家当然就没有同一语言、同一标准"，"事实上，难为发展中国家所接受"，并因而认为一般法律原则不得适用于特许协议。我们认为这种断然拒绝特许协议可受一般法律原则支配的观点，是不符合发展了的国际形势和国际法律实践的，因而，也是我们所不能赞成的。当然，实践中如果当事人滥用法律所赋予的法律适用方面的意思自治权，排除本应适用的国内法，且尤其是发展中国家的国内法的适用，而一味地追求适用一般法律原则也是不允许的。

西方有些国际法学者建议，国内法院在依据冲突法规范应该适用某一外国法律，而该外国法律的内容却无法获得证明的情况下，法院可以以一般法律原则作为替代的法律予以适用。德国学者柯茨（Koetz）认为，在上述情况下世界上很多国家都以法院地法（lex fori）作为替代法律予以适用的做法是不合理的，因为，法院地法可能与案件不存在实质联系，而且，实践中这种解决方法可能也会得出很不合理的结论，因此，他建议法院在上述情况下可以直接适用一般法律原则。

尽管国内法院在上述情况下可以或者应该适用一般法律原则，但是，国内法院是否有能力去取证一般法律原则的内容呢？由于法学研究，且尤其是比较法的研究到目前为止还远没有使人们可以方便地掌握一般法律原则的内容，因而，国内法院在适用一般法律原则时肯定会遇到确定一般法律原则具体内容的困难。对此，西方一些法学家们提出了相应的建议。首先，世界各国的比较法学者应进一步加强对一般法律原则的比较法研究，更广泛、更全面深入地揭示一般法律原则的内涵。其次，国内法院为了能在实践中顺利地适用一般法律原则，可考虑安排对该问题有专门研究的法官从事这方面的审判工作。最后，如果国内法院在具体案件的审理中尽管作出很大努力但确实无法确定一般法律原则的具体内容，则可以某一国国内法律作为替代法律适用于案件。

（2）一般法律原则可以为跨国法院直接适用于解决国际民、商事关系方面的法律纠纷。如前所述，联合国国际法院规约中明确规定，国际法院可以适用一般法律原则。但是，在国际法院几十年的实践中，它很少适用一般法律原则来解决国家间属于商事、经济关系的法律纠纷。其他的一些跨国法院，如两次世界大战后分别为解决战争遗留问题而设立的国际性质的法院和仲裁院，也同样很少有机会适用一般法律原则于国际民、商事争议的解决，因而也就未能在一般法律原则的适用方面推动私法的国际统一。

与上述一般性的跨国法院的实践不同，欧洲共同体法院在实践中曾多次在属于国际民、商事性质的案件的审判中适用一般法律原则。《关于建立欧洲经济共同体公约》第 215 条第 2 款和《关于建立欧洲原子能共同体公约》第 188 条第 2 款均明确规定，共同体的机构和职员在进行公务时所为的损害，“应依据成员国法律中所共有的一般法律原则”予以赔偿。这便要求共同体法院通过其审判活动去发展一套统一的共同体损害赔偿法律制度。通过适用一般法律原则，欧洲共同体法院一方面可以建立这样一套共同体统一的损害赔偿法律制度，另一方面，这一法律部门的统一也有利于诸如因果关系、过错的形式等统一民法的基本概念的形成和发展。此外，欧洲共同体法院在其他法律领域也有适用一般法律原则的实践，这些一般法律原则具体涉及民法上的意思表示的生效、不当得利以及物权法上的所有权保留问题。

（3）国际商事仲裁庭由于其本身性质以及所受理的案件的性质都有别于上述国内法院和跨国法院，因而，它在实践中则有更多的机会直接适用一般法律原则。如前所述，国际商事和经济合同，且尤其是那些国际投资协议的当事人经常在合同中规定合同争议的仲裁适用一般法律原则。而且，国际上的一些仲裁规则也规定仲裁庭可以适用一般法律原则裁决案件。如联合国 1958 年制定的《仲裁程序示范规则》第 10 条便规定，在当事人未指定适用什么法律，或者未达成协议时，法庭应适用一般法律原则进行裁决。1966 年 10 月 4 日生效的《解决国家和他国国民间投资争议公约》规定解决投资争议国际中心有选择适用属于国际法规范内一般法律原则的可能和权限。在国际商事仲裁实践中已有一些仲裁裁决是依据一般法律原则作出的。

三、一般法律原则内容的确定

就法学方法论而言，一般法律原则的内容主要是运用“功能比较法方法”（Funktionelle Rechtsvergleichende Methode）并通过“从具体问题出发解决具体问题”（topisches Denten）的比较法的思维方式去予以揭示。我们这里并不试图去专门探讨这些复杂的比较法方法论问题，而仅就实践中确定一般法律原则的内容时所应注意的一些问题予以简单讨论。

首先，在国内法律中揭示一般法律原则的内容。如前所述，一般法律原则是基于国际社会中各民族的一致的法律意识，各国法律所共同具有的指导思想和原则，以及国际贸易实践所据以进行的、为国际贸易的参加者所普遍接受的原则。那么，这种原则究竟应从什么地方去揭示呢？只要世界上仍然存在国家，而各国又都有自己的法律制度，那么我们所说的一般法律原则便只是作为国际社会的成员国的各国所共同具有的一般的原则。尽管人们也可以认为，国际社会存在有独立于国内法之外的，支配国际私法关系，如国际贸易合同关系的所谓现代商人法（lex mercatoria）的存在，但这种法律的一个重要渊源也是一般法律原则，而这种一般法律原则也同样根源于国内法中。因此，人们不能以这种法律规范的存在为由，认为可以从国内法之外去获得一般法律原则的具体内容。

其次，揭示一般法律原则内容的具体方法和步骤。一般法律原则的具体内容既然必须从各国国内私法中去获得，那么，只有通过比较法的方法对不同国家的法律进行比较研究，才能看出在所有这些国家统一适用的一般法律原则。在具体操作上，应是先针对案件中所应解决的某一具体问题考察各国法律，找到这些国家的法律对这一问题的答案。比较这些答案，如果它们的内容是一致的，那么，我们由此所得到的法律规范便是我们依据一般法律原则所应适用的法律规范，而这一法律规范也就是有人所说的“一般法律原则所浓缩成的具体法律规范”。相反，如果这些答案内容上彼此相异，我们不能通过剔除不同而保留相同的程序得出一个“起码的共同标准”，并以由此得出的“相同的法律规定”判决案件。而应是在这诸多的答案中寻找“最为恰当的那个答案”，并以此法律规则判决案件。当然，这种最为恰当的答案应该是通过比较法上的所谓“严格的评价”（kritische wertung）所得出的答案。

在通过比较法方法确定一般法律原则的内容时，便出现了究竟应在多大范围内进行比较的问题。实践中那些需要进一步补充内容的成文的国际统一私法法律条文以及当事人间所缔结的内容欠全面的协议都可以提示人们应在多大范围内比较哪些国家的法律。例如，《关于建立欧洲经济共同体公约》第 215 条和《关于建立欧洲原子能共同体公约》第 188 条规定适用的一般法律原则只是共同体成员国的一般法律原则，因而，确定这种一般法律原则只需比较考察这两个共同体成员国的法律。然而，如果所应适用的一般法律原则不是这种“地区性的一般法律原则”，而是广泛性地适用于全球的一般法律原则，那么在确定其内容时则应该尽可能地扩大比较的面，例如，所比较的面应包括世界上各大法系的各主要国家以及各种社会制度的国家。当然，这主要是指那些与经济密切相关的法律领域，如合同法、贸易法、运输法以及票据法等法律部门；而那些与家庭和亲属关系紧密相联的，具有浓厚的伦理道德因素的法律部门，如婚姻法、继承法等方面的问题，则在一般情况下无法进行如此广泛的比较，而只需在有限的范围内，即在有关的法系内进行比较。

再次，成文的国际统一私法作为一般法律原则的证明。西方有学者提出这样的论题，既然成文的国际统一私法，如国际统一私法公约，是基于长期大量的比较法研究而最后制定出来的，且这些成文立法的具体规定大多又是直接或稍有变动地接受了一般法律原则的内容，也就是说是不成文的一般法律原则的成文化，那么，法院或仲裁庭在应适用一般法律原则时，是否可以反过来直接适用有关的国际统一私法的成文法律规范，或者，通过这种成文法律规范证明一般法制原则的内容呢？德国学者克罗波勒对此持肯定的态度，认为只要当事人不特别排除这样的适用，且案件的具体情况并未表明这样做不恰当，那么，法院或仲裁庭便可以这样做。而且，法院或仲裁庭这样做还可以减轻它们在确定一般法律原则内容方面繁重的负担。我们认为，如果存在与法院或仲裁庭应调查和确定其内容的一般法律原则相对应的成文的国际统一私法规范，那么，法院和仲裁庭可以以这些法律规定作为有关的一般法律原则内容的证明，而不必再去作更多的比较法研究。例如，1980 年《联合国国际货物销售合同公约》的规定在实践中便可以作为有关货物销售合同方面的一般法律原则的具体内容的证明。但是，法院和仲裁庭只能以成文的国际统一私法规范作为确定所应适用的一般法律原则的证明，而不能像上述克罗波勒所主张的那样，以成文的国际统一私法规范代替一般法律原则的适用。

最后，比较法对于揭示一般法律原则的具体内容的意义。这主要表现在两个方面。首先，法官和仲裁员必须具备比较法的知识。如上所述，一般法律原则内容的揭示通常必须通过比较法方法进行，因此，实践中从事国际统一私法适用工作的法官和仲裁员应具备必要的比较法知识。否则，对一般法律原则的适用便可能演化成适用法院地法（lex fori），或者，变成以本国法为基础加上

"想象与愿望"。其次，比较法的科学研究有利于实践中对于一般法律原则内容的揭示。比较法学早已成为一门重要的法学学科，世界上目前有不少的专家学者在从事比较法的研究。比较法研究的成果也不断地问世。目前，世界上比较法研究的一个最大的项目要算《比较法国际百科全书》的编纂，该书由世界上为数众多的私法各领域的著名专家撰稿。到目前为止，该书已出不少分卷。像这样的比较法著作的问世无疑给实践中人们揭示一般法律原则的具体内容提供了很大的方便。

美国康耐尔大学法学院20世纪60年代所进行的一项重要的比较法研究工作充分说明了比较法的研究对于一般法律原则内容的揭示具有重要的意义。康大法学院所进行的这个研究项目是组织世界上主要法系国家的多位法学家一起对合同缔结问题进行比较研究。在该研究结果公布之前，即使是比较法的专家们也都不清楚法院在下面这一案件中应如何判决：一国家将一条破废了的远洋船只卖给一外国公司，但却在该要约中所规定的、供被要约人考虑是否接受该要约的承诺期限内撤消了此要约，而该外国公司却又在承诺期限内作出了接受此要约的承诺。对于要约是否具有约束力，以及要约能否撤消，各国法律规定不同。例如，《德国民法典》第145条规定，要约具有约束力，对要约的撤销是无效的。然而，英、美普通法对该问题的规定却截然不同，认为要约一般说来是没有约束力的。这样粗略的比较似乎给人这样的印象，即在这一问题上并不存在全球普遍适用的一般法律原则。但是，上述康大比较法研究却得出了与此不同的结论，也即上述德国民法规定要约具有约束力且不可撤销所企图达到的保护被要约人的目的恰恰也是普通法的目的之一，只不过普通法是通过另一制度，即所谓的投邮主义（mailbox theory）去达到这一目的罢了。根据投邮主义，上述案件中要约人作出的在承诺人发出他接受要约的承诺之后到达承诺人的对要约的撤销是无效的。康大比较法研究中所比较的所有国家的法律几乎都认为要约人作出的在承诺人发出承诺之后到达承诺人的对要约的撤销是无效的。由此人们不难看到比较法的研究对于揭示一般法律原则的内容具有非常重要的意义。

下　　编*

* 本编各章在写作中，曾得到德国马克斯—普朗克外国与国际之私法研究所、瑞士比较法研究所、海牙国际私法会议常设局、海牙和平宫图书馆在资料利用上所提供的友好帮助以及 Overbeck 教授、Adair Dyer 先生、V. Trieble 博士、Von Senger 教授等的支持。撰写本编的部分参考书目见本书附录。

第八章　统一国际私法的最重要国际组织——海牙国际私法会议

第一节　海牙国际私法会议的性质、特征、宗旨和任务

一、概述

海牙国际私法会议（Conference de la Haye de droit International Prive, Hague Conference on Private International Law）在性质上包括两种含义，其一是从1893年第一届海牙国际私法会议召开至1951年第七届海牙国际私法会议通过《海牙国际私法会议规约》，从而正式确定海牙国际私法会议作为一个固定的国际组织的性质为止，实际上是一种临时的国际会议，而非一个国际组织，因此，我们把这60多年中在海牙召开的目的在于统一国际私法的这种会议称为海牙国际私法"会议"是比较恰当的；其二是从第七届海牙国际私法会议以后，海牙国际私法会议，实际上已经是指设立在荷兰海牙并由世界各地区几十个国家参加的，目的在于逐渐实现国际私法统一的一个政府间的国际组织。因而，1951年以后，人们所说的海牙国际私法会议，实为一个固定的政府间的国际组织，而非一种临时的国际会议。所以，有人认为该组织仍名为"海牙国际私法会议"是不大恰当的。在本书中，我们使用"海牙国际私法会议"（简称为海牙会议），既包括1951年以前的那种临时的国际会议，也包括1951年以后作为固定的政府间组织的海牙会议，而且，我们还把作为国际组织的海牙国际私法会议所召开的四年一次的例会也称为"海牙国际私法会议"。

海牙会议已有100年的历史，在这一漫长的历史过程中，其性质、特征、宗旨与任务都有较大的变化。因此，我们必须以历史的和发展的观点来探讨这个问题。

二、海牙国际私法会议的性质和特征

一般的学者在论述海牙国际私法会议性质、特征时，往往都只探讨1951年第七届海牙会议以后的作为一个固定的国际组织的海牙会议的性质及特征，而忽略这以前几十年海牙会议的性质、特征。应该认为，这样来研究这个问题显然是不全面的，也不利于通过对海牙会议两阶段的比较，更好地分析当今海牙会议的性质、特征。在我们看来，对海牙会议的性质、特征应分两个阶段进行考察，即第一届海牙会议到第七届海牙会议这一阶段（亦即第二次世界大战以前阶段），及第二次世界大战以后这一阶段。

（一）第二次世界大战以前海牙国际私法会议的性质和特征

1893年第一届海牙国际私法会议召开，至第二次世界大战爆发，共召开六届会议。由于历史的原因，这六届会议断断续续，但总的说来，这些会议都是临时的国际会议。这一性质与特征，我们可以从以下几点加以分析。

第一，该阶段海牙国际私法会议，是由一国邀请和组织的。海牙国际私法会议最初是由荷兰法学家阿塞尔（Asser）提议并获荷兰政府的支持，而由荷兰政府发起和召集的一个目的在于统一欧洲范围内各国国际私法的一个地区性的国际会议。而且由于从1893年第一届会议至1951年第七届会议召开，每届会议都由荷兰政府向各国发出邀请，并由荷兰政府组织召开，有人曾戏称海牙国际私法会议是荷兰出生的，由荷兰政府抚养的一个婴儿。

第二，从该阶段历届会议的参加国范围来看，最初海牙会议实际上仅限于欧洲国家，而且，由于英国政府以其普通法制度与欧洲大陆法律制度相差甚殊为由，拒绝了荷兰政府发出的参加会议的邀请，因而，前几届海牙会议实际上只是欧洲大陆一些国家（包括斯堪的那维亚半岛一些国家）参加的地区性的国际会议。只是1904年召开的第四届海牙会议，日本派代表出席，从而结束了海牙会议作为一个欧洲地区性的国际会议的历史。但是，1951年以前的历届会议，都未有普通法系国家参加，所以，我们可以这样认为，该阶段的海牙国际私法会议，实际上是限于大陆法系国家参加的国际会议。

第三，该阶段海牙会议的召开是不定时的。第一届海牙会议于1893年召开，第二届会议于翌年1894年召开，第三届会议于1900年召开，而第四届会议则于1904年召开。这之后由于海牙和平会议的召开，更因为第一次世界大战的爆发，会议中断了21年，因此，第五届会议于一战结束后的1925年召开，第六届会议于1928年召开。由此，该阶段的海牙会议也是一种非固定性质的国际会议。

（二）第二次世界大战以后的海牙国际私法会议的性质和特征

第六届海牙会议召开后，由于第二次世界大战的爆发，会议不得不又一次中断约23年之久。第二次世界大战结束后，于1951年召开的第七届海牙国际私法会议上，通过了一个《海牙国际私法会议规约》，并于1955年7月15日生效，该规约正式确认了海牙国际私法会议作为一个政府间的国际组织的性质，而且规定海牙会议每四年召开一次例会。因而，第七届海牙国际私法会议开始了海牙国际私法会议新的历史，并成为政府间的国际组织。其性质与特征可以概括为：

第一，海牙国际私法会议是一个政府间的国际组织，而非民间的国际组织，因此，它具有政府间国际组织的一般特征，如出席会议的代表由各国政府派出，会员国皆享有平等的投票权，会议经费由各国政府承担等。

第二，海牙国际私法会议是一个政府间的国际组织，而不是一个超国家的国际组织。因此，它以公约、统一立法等形式所产生的统一国际私法规范，并不能直接对会员国产生约束力，一国只有在自愿批准加入条约，或者采纳统一立法后，这些统一国际私法规范才对它们具有效力。

第三，海牙国际私法会议不是一个政治性质的政府间国际组织，而是一个专门从事国际私法国际统一这一专门性任务的非政治性的政府间的国际组织。海牙国际私法会议的这一性质和特征，不仅表现在各国派出的参加会议的代表主要是各国资深的国际私法学者，或最高上诉法院法官，或其他具有国际私法专门知识的人士，而且还体现在，该组织的活动，很大程度上是对国际私法一些专门的问题进行研究和讨论等，并不涉及国际政治方面的问题。

所以，可以称当今海牙国际私法会议是一个旨在逐渐实现国际私法规范之国际统一的，政府间的非政治性质的国际组织。

三、海牙国际私法会议的宗旨和任务

荷兰政府最初发起和召集海牙国际私法会议的主要目的在于，通过这一会议，制定出若干关于国际私法问题的欧洲统一的法典。因此，海牙国际私法会议最初的目的是进行统一欧洲国际私法的国际立法工作。1951年通过的《海牙国际私法会议规约》，其第一章仍明确规定，作为国际组织的海牙国际私法会议的宗旨与任务是“从事国际私法规范的逐渐统一工作”。正确理解该规约所规定的海牙国际私法会议的宗旨与任务，包含以下三个方面：

1. “国际私法”的含义并非仅限于传统的冲突法的统一

众所周知，关于国际私法的含义，即主要是指国际私法的范围问题，各国有着不同的理解和实践，因而，我们有必要弄清楚该规约里的国际私法（droit international prive，private international law）的含义。按照比较权威的理解，海牙国际私法会议规约里所说的国际私法，以及海牙国际私法会议通常所使用的国际私法这一概念，主要是指冲突法（conflict of laws），且主要包括这样几个方面，即法律选择问题（choice of law），国际民、商事案件的管辖权问题，以及外国民、商事判决的承认与执行问题。此外尚包括关于国际民事诉讼方面的其他一些问题，如国外送达、国外取证、承认外国公文的效力、给予外国人获取法律保护的充分待遇等国际民事诉讼方面的问题。而国际统一实体私法规范，不包括在海牙国际私法会议所谓的国际私法范围之内。

2. 国际私法的国际范围内的统一

由于海牙会议已经发展成为一个广泛性的国际组织，因而，它所追求的实现国际私法规范的逐渐统一，实际上应是指实现国际范围内国际私法的逐渐统一。就是说，海牙国际私法会议的任务，在“二战”以后，已在于将世界不同法系、不同国家的国际私法加以统一，从而形成国际范围内的、统一的国际私法规范。海牙国际私法会议在从事国际私法统一的过程中，必须考虑各不同法系、各不同国家国际私法的规定，从而归纳或创制出一种为大多数国家所愿意或乐于接受的国际私法制度。它不能简单地以一国或某一法系的既有的国际私法制度来代替其他法系或其他国家关于该问题的不同实践。

3. 通过统一国际私法活动促进国际私法制度的发展

海牙会议规约将实现国际私法规范之逐渐统一（l’ unification progressive）这一工作作为会议的宗旨和任务，而这个“逐渐统一”具有两层含义。其一，海牙国际私法会议将实现国际私法的国际统一作为其长远的目标。海牙会议统一国际私法是一个渐进的过程，从时间来看，可能几年才能实现某一国际私法问题的国际统一；从范围来看，一个关于统一国际私法的多边公约可能只规定一个国际私法的具体问题。因而，海牙国际私法会议只能将逐渐实现国际私法的国际统一作为其长远目标。其二，这里所说的“逐渐统一”，不仅仅是指在“量”上逐步实现国际私法的国际统一，而且，还指从“质”上，通过对国际私法的统一逐步实现国际私法的发展。这是因为就规约原文中的l’ unification progressive，从德文含义来看，应包含有实现国际私法的统一和实现国际私法的进步两层含义，这是由于德文 progressive 除具汉语逐渐之意义外，尚有“进步”、“前进”的含义。总之，海牙国际私法会议不只负有使各国既存之国际私法规范趋于国际统一这一任务，而且，它还应该通过其实现国际私法规范国际统一这一活动，使国际私法之规定更加进步，从而符合新的国际形势的需要。

第二节　海牙国际私法会议的组织机构、会员国及会议代表

一、海牙国际私法会议的组织机构

1951 年第七届海牙国际私法会议上通过的“海牙国际私法会议规约”，不但确定了海牙国际私法会议作为一个固定的国际组织的性质，而且还规定了该国际组织的组织机构。

（一）海牙国际私法会议大会（例会）（Session Ordinaires de la Conference, ordinary Session of the Conference）

海牙国际私法会议大会，又称海牙国际私法会议例会，是指原则上四年召开一次，由所有会议成员国派代表参加的，就海牙国际私法会议本身的一些问题，以及海牙国际私法会议统一国际私法的具体问题进行讨论研究的大会。

海牙国际私法会议大会通常为期三周，而且，会议期间，采取划分专门委员会（commissions）分别讨论研究各自的问题，并各自拟出报告，然后汇总的方法进行活动。海牙会议大会的召开是不对外公开的，各成员国政府可以自由地指派其出席大会的代表，但各国政府通常都是指派其著名的国际私法专家出席会议，而且，各国政府可以自由地指示其出席会议的代表阐述该国对某些具体问题的观点和意见。因而，在大会期间，各国代表通常都是一方面表明其本国对国际私法某些具体问题的实践和态度，另一方面也致力于谋求一种协调各国不同实践的方法。

各成员国派出参加会议的代表，都由一位全权外交代表负责，他有权代表其本国，并且代表其政府在会议最后文件上签字。从实践来看，各国出席会议的代表都是在平等的基础上进行活动的，他们彼此都非常协调和有礼貌，而且，由于海牙国际私法会议的非政治性质，决定了在海牙会议的实践中，很少出现各国代表互相攻讦，或其他不友好的情况。

海牙会议每届例会的最后，都形成一个会议最后文件（Final Act），它包括每届会议上制定的确定的条约文本、大会上所形成的一些决定，以及对会议未来工作的建议等内容。

（二）海牙国际私法会议常设局（Bureau Permanent）

海牙国际私法会议常设局，通常又称为常设秘书处（the permanent

Secretariat)，它是根据《海牙国际私法会议规约》第3、4、5条之规定，于1955年建立起来的海牙国际私法会议的一个常设性的机构，地点在荷兰海牙。它由一位秘书长、一位副秘书长以及属不同国家国籍的两位秘书组成。所有常设局的这些官员，都应具有充分的法律知识和法律实践经验。根据《海牙国际私法会议规约》第4条（第2、3款）的规定，海牙会议常设局官员由荷兰政府根据荷兰国际私法常设政府委员会的建议就上述人选进行提名。

海牙国际私法会议常设局在荷兰国际私法常设政府委员会的指导下进行工作。这些工作主要包括：第一，准备和组织海牙会议各届例会及专门委员会会议；第二，从事海牙会议各届大会以及专门委员会会议的秘书工作；第三，负责秘书所应负责的其他工作。此外，与大会各成员国根据规约第6条规定成立的“国家机构”及有关的国际组织进行联系，也是大会常设局的一项日常工作。

海牙国际私法会议常设局作为一个政府间国际组织的常设机构，按照国际惯例应享有国际法上的豁免权。因而，海牙会议秘书长曾与荷兰政府签署了一个协议，据此荷兰政府给予海牙会议常设局一些豁免权，如与各国政府之通讯自由权、会议办公地址不可侵犯、有关税收的豁免等。

（三）国家机构（National Organs）

根据《海牙国际私法会议规约》第6条的规定，各成员国政府应该指定一个“国家机构”来负责与会议常设局进行联系。实践中，成员国大多指派其司法部和外交部的某些机构来完成该项任务，但是也有一些国家指派其驻海牙的大使馆甚至个人作为其国家机构的。举例来说，英国政府是指派其外交部中的一个机构作为国家机构，丹麦政府则委派司法部从事该项任务，荷兰则由其国际私法常设政府委员会作其国家机构，而土耳其则指派一位法学教授作为其国家机构。这些国家机构的设立，提供了海牙国际私法会议常设局与各成员国非常方便地进行联系的渠道。在实践中，各国国家机构通常负责回答会议常设局向各国政府发出的征求其对会议所将统一的一些国际私法具体问题的征求意见书。而且，在一般情况下，海牙会议的常设局也与这些国家机构就该国出席会议的代表的提名、代表团的组成与派出等问题进行协商与研究。所以，这些国家机构在海牙国际私法会议的活动中起着非常大的作用。

（四）荷兰国际私法常设政府委员会（the Netherlands Standing Government Committee on Private International Law）

荷兰国际私法常设政府委员会于1897年成立，其目的在于促进国际私法的统一，本来该委员会是荷兰的一个国内组织，但是，1951年以后该委员会便被“国际化”了（internationalised），因而此后它便具有既是“主人”又是“客人”的双重身份：一方面它是荷兰政府所指派的与海牙会议常设局进行联系的国家机构；另一方面，它又是一个负责指导海牙会议常设局进行工作的机构。

根据《海牙国际私法会议规约》第3条的规定，荷兰国际私法常设政府委员会负责指导海牙国际私法会议常设局的工作，并且负责对所有提议列入海牙国际私法会议议程的课题进行审查，并自由地作出决定；该委员会在与会议成员国进行协商以后，可以决定海牙会议大会的会期和具体日程；该委员会还可以提请荷兰政府召集各成员国会议，而且，如前所述，该委员会在征得各成员国同意后，还可以提请荷兰政府召集海牙国际私法会议的特别会议。此外，该委员会还有权就海牙会议常设局委书的人选提出建议。由此，不难看出，荷兰国际私法常设政府委员会实际上是海牙国际私法会议的中心，是其重要的决策性机构。这也反应出海牙会议与荷兰政府的密切关系。

（五）海牙国际私法会议特别会议（Extraordinary Sessions of the Conference）

根据《海牙国际私法会议规约》第3条的规定，海牙会议原则上每四年召开一次例会，但是，荷兰国际私法常设政府委员会在征得会员国的同意后，可以提请荷兰政府召集特别会议。该特别会议制度的确立，目的在于处理一些比较大的课题。在大会期间完成这些课题任务太重，而且势必影响大会期间其他课题的工作，所以有必要召集特别会议继续研究这些课题。

1966年，为了准备关于外国民、商事判决的承认与执行的公约，曾经召集过一次特别会议。1985年10月召开了海牙国际私法会议历史上第二次特别会议，其目的在于修改1955年7月15日《国际货物买卖法律适用公约》。而且，由于国际货物买卖法律适用问题是国际贸易法领域一个具有广泛利益的课题，因而，海牙会议不但决定召开一次特别会议来进行讨论研究，而且，还决定扩大会议规模，广泛邀请非海牙国际私法会议会员国，尤其是那些发展中国家以及“全部计划经济”国家参加会议。又由于该公约之修改会与联合国国际贸易法委员会起草并于1980年订立于维也纳的《联合国国际货物销售合同公约》相辅相成，因而，海牙国际私法会议还邀请了联合国国际贸易法委员会所有成员国参加修改该公约的准备工作。海牙会议此次召集特别会议来处理国际贸易法问题的实践，还可能为今后国际货物买卖领域以外其他方面公约的准备树立榜样。

二、海牙国际私法会议的会员国

海牙国际私法会议截至1996年7月1日有会员国43个，它们包括阿根廷、澳大利亚、奥地利、比利时、加拿大、智利、中国、克罗地亚、塞浦路斯、捷克共和国、丹麦、埃及、芬兰、前南斯拉夫马其顿共和国①、法国、德国、希腊、匈牙利、爱尔兰、以色列、意大利、日本、卢森堡、拉脱维亚、马耳他、墨西哥、摩洛哥、荷兰、挪威、波兰、葡萄牙、罗马尼亚、斯洛伐克共和国、斯洛文尼亚、西班牙、苏里南、瑞典、瑞士、土耳其、英国、美国、乌拉圭、委内瑞拉。

根据《海牙国际私法会议规约》第 2 条的规定，凡至 1951 年第七届海牙会议为止，业已参加了一届或多届海牙会议，并接受该会议规约的国家，成为海牙会议会员国。其他那些对会议工作的法律性质感兴趣的国家，根据一个或多个既有会员国的提议，并在该提议送达至各会员国政府起的 6 个月内，由所有既有会员国投票表决，若多数会员国同意，而且该国还接受了《海牙国际私法会规约》，则该国便被接受为会议会员国。任何国家接受海牙会议规约的声明由荷兰政府保存，并由荷兰政府通知所有既有会员国政府。任何会员国可以在规约对其生效 5 年后宣布废除该公约，但废除规约之通知必须在海牙国际私法会议每一财政年度结束前至少 6 个月前通知荷兰外交部。

这里不妨简单地分析一下海牙国际私法会议会员国成分的变化，以更好地认识海牙国际私法会议在国际私法国际统一方面的作用和地位。

如前所述，1951 年以前的海牙国际私法会议，都只有大陆法系国家参加，而且，除日本外，会员国都是欧洲大陆国家。1951 年以后，才逐渐有越来越多的国家开始对它产生兴趣。下面我们且以英国和美国这两个典型的普通法国家加入海牙国际私法会议的过程和实践，说明海牙国际私法会议会员国的变化情况。

（一）英国加入海牙国际私法会议

早在荷兰政府准备第一届海牙国际私法会议的时候，便曾向英国政府发出了参加会议的邀请，但英国政府以普通法制度与大陆民法制度具有诸多差异为理由谢绝了荷兰政府的邀请。第一次世界大战结束以后，荷兰政府重新召集已中断 20 多年的海牙会议，并决心扩大会议的规模，因而，荷兰政府向包括美国和英国在内的一些国家发出了参加会议的邀请。此次，英国政府接受了邀请，并派观察员参加了 1925 年举行的第五届海牙国际私法会议，但是，由于会议上准备起草一个关于破产问题的公约草案，而这是英国代表所不希望的，加上该草案采用为英国反对的普及破产主义的所有破产财产由单一国家行使管理的原则，

① 前南斯拉夫马其顿共和国没有得到希腊的承认。

英国代表中途退出了会议。1928 年召开的第六届海牙国际私法会议时，英国政府才再一次派观察员参加会议。英国的观察员参加了会议上两个议题的工作，即关于国际民事诉讼公约的修订工作和准备制定国际货物买卖合同法律适用公约，并一直参加会议至会议结束，在会议最后文件上签了字。第二次世界大战结束后，于 1951 年召开的第七届海牙国际私法会议上，英国政府终于派正式代表参加了会议，而且，在会议结束不久，英国政府便成立了一个大法官国际私法委员会（the Lord Chancellor's Committe on Private International Law，1952 年）。

英国作为普通法系国家参加海牙国际私法会议，无论是对海牙国际私法会议规模、影响的扩大，还是对该会议从事国际私法统一的内容、方法的发展，都具有重要的意义。

（二）美国加入海牙国际私法会议

1963 年美国加入了海牙国际私法会议，成为会议正式会员国，从而结束了美国对海牙会议长期徘徊观望的历史。荷兰政府最初召集海牙国际私法会议未向欧洲以外的国家发出邀请，因而，海牙会议前期，美国并未被邀请参加海牙会议。但是，第一、二届海牙会议召开以后，美国法学家巴尔德温（Simon E. Baldwin）便在美国法学杂志上撰文介绍海牙会议情况。总的说来巴尔德温原则上赞成英国和美国两个普通法国家不参加海牙会议的观点，但是，他又指出，如果海牙国际私法会议采用统一立法（uniforme legislation）的形式来实现国际私法的统一，那么美国参加会议的宪法方面的困难便可以克服。而且，他还以美国促进统一立法年会（the Annual Confevence for Promofing Uniform Legislation），即后来的全国统一州法大会（national Conference of Commissioners uniform State Laws）业已完成的制定统一票据法，并获得各州广泛采纳的实践来加以论证。1904 年在美国圣·路易斯召开的全球律师和法学家大会（the Universal Congress of Lawyers and Junists）上，两位欧洲的教授，即荷兰阿姆斯特丹大学的吉达教授（prof. Josephus Jitta）和瑞士苏黎世大学梅里教授（prof. F. Meili）向美国法学界介绍了海牙国际私法会议的情况。而且，在该会议上吉达教授表示希望在今后，海牙会议邀请欧洲大陆以外其他一些国家参加，对此美国法学家巴尔德温表示赞同。在第一次世界大战以前，美国学者库恩（Arthur k. kuhn）也积极建议美国加入海牙会议。在 1913 年于马德里召开的国际法协会会议上，库恩便呼吁英国以及美国加入海牙国际私法会议。美国另一位法学家威格摩尔（John H. Wigmore）也积极建议其政府加入统一国际私法的行列，他在 1921 年提交给美国统一州法大会上的一篇文章中便这样呼吁并提醒美国政府："如果某一个世界会议通过了一个统一的法典，而并不包括美国的观点，那么，美国的立法者便不得不或者是接受一个外国间讨价还价最后形成的外国的模式，或者是拒绝该统一法律，从而使美国落伍于国际统一体，而遭致法律分歧与法律冲突的不利的结果。”①

第一次世界大战后，荷兰政府重组海牙会议，并向美国发出了参加会议的邀请，但是，美国谢绝了邀请。而且，令人感到奇怪的是，美国法学界对第一次世界大战以后召开的第五、六届海牙会议（1925 年；1928 年）置若罔闻，据说对该两届会议，美国法学界未有任何报道。第二次世界大战以后，于 1951 年 10 月召开的第七届海牙国际私法会议上，关于美国参加海牙会议的问题，引起了讨论。对于该届会议，美国法学界产生了很大的兴趣，总的说来，美国学术界是支持美国参加海牙国际私法会议的。这以后，美国政府也开始改变其完全不参加海牙会议的态度，并决定先派观察员出席会议，因而，1955 年 10 月，美国国务院向美国一些全国性的法学组织发出遴选参加海牙会议观察员的通知，并最后于 1956 年后组成美国观察员代表团。这样，美国终于第一次派代表（观察员）出席了 1956 年 10 月召开的第八届海牙国际私法会议。1960 年召开的第九届海牙国际私法会议，美国继续派观察员代表团出席。这些观察员的出席，使美国更多地了解了海牙会议的性质、工作，从而使美国觉得应该参加会议。1963 年 12 月 30 日，美国总统约翰逊签署了美国国会于该月 17 日通过的一个关于美国加入海牙国际私法会议和罗马统一私法会议的决定草案。此后，美国国务院便召集了一个 7 人代表团参加于 1964 年 10 月召开的第 10 届海牙国际私法会议。美国便正式加入海牙会议成为会议正式会员国。

美国加入海牙国际私法会议客观上使海牙会议会员国的构成产生了一些变化。这一方面是由于美国是一个普通法系国家，它加入会议使会议增加了更多的普通法成分；另一方面，是由于美国是加入会议的第一个北美国家，因而，使会议扩大了地区范围。此外，美国独特的立法、司法制度也给海牙会议统一国际私法以有益的参考。

三、海牙国际私法会议的代表

出席海牙国际私法会议的代表都是由会议各成员国政府选定的。由于海牙国际私法会议是一个有关国际私法专门问题的专门性会议，因而，实践中，各国政府往往指派其国内的国际私法专家，包括大学国际私法教授、上诉法院法

---

① 关于美国参加海牙国际私法会议的历史情况，参见纳德尔曼（Nadermann）有关这一问题的论文（本书主要参考书目“英文部分”之 30）。

官、外交部门的官员以及其他具有国际私法专业知识的人士参加会议。海牙国际私法会议代表的这一特征，美国国际私法学者纳德尔曼曾形象地形容海牙会议是“比较冲突法名人（who is who in Comparative Conflicts Law）的聚会”。下面我们选择第一届（1893 年）、第十届（1964 年）和第十四届（1980 年）海牙国际私法会议，分别分析这三届会议代表的构成，从而说明参加海牙国际私法会议代表的总的特征。

（一）第一届海牙国际私法会议代表分析

1893 年召开的第一届海牙国际私法会议共有 13 个国家，29 名代表出席。他们分别是德国柏林司法部官员舍肯道夫，大使秘书阿里高—瓦雷；奥匈帝国皇家司法部官员哈安、亚利山大，混合上诉法院官员考里兹米斯；比利时的驻海牙部部长阿施唐，议院议员、律师范·克莱姆希特，布鲁塞尔司法部部长贝克曼，布鲁塞尔外交部官员布尔克；丹麦哥本哈根大学教授马称；西班牙驻海牙部长乌如提亚，司法部次长、皇家历史学会成员艾斯泰勒，格雷纳达大学教授冈姆波斯；法国驻海牙部长莱格洪，巴黎大学家庭法教授雷诺；意大利驻海牙部长松纳兹，都灵大学教授富斯拿多；卢森堡最高法院总检察长乔梅；荷兰政务院成员阿塞尔，下议院议员希洛克兰，高等法院法官费斯，第一议院议员拉乌森；葡萄牙驻海牙事务总管森达尔；罗马尼亚雅西大学法律系教授米西尔；俄国圣·彼得堡司法部官员马诺金，圣·彼得堡外交部官员马雷夫斯基—马雷维茨；俄国圣·彼得堡外交部官员马滕斯，瑞士苏黎世大学梅里教授，瑞士洛桑大学教授罗弗银。

在第一届海牙国际私法会议上，各国派出的代表一般是 2~3 人，最多是会议东道国荷兰共 4 位代表。而且，这些代表大多是各国从事外交司法等方面工作的官员，其次则是法学教授和律师。

（二）第十届海牙国际私法会议代表分析

1964 年召开的第十届海牙国际私法会议，23 个会员国出席，共有代表近 90 人。一些较大的国家一般是派出 5~6 人的代表团。会议代表的近 1/3 是各国的政府官员，法学教授约占 1/3，其他大多是上诉法院的法官以及开业律师。美国法学家纳德尔曼在分析本届会议代表构成时指出：“之所以在出席会议的代表中政府官员占相当大的数目，部分是由于本届会议议程中涉及司法行政方面（Judicial Administration），另外一个原因则是，在一些大陆国家，杰出的国际私法专家，大多作为文官受聘于司法部门供职。”①

① 参见纳德尔曼（Nadelmann）有关这一问题的论文（本书主要参考书目“英文部分”之 30）。

据统计，出席本届会议的代表约有一半人过去至少参加过一届海牙会议，其中 20 人参加过两届，10 人甚至参加过三届海牙会议。

（三）第十四届海牙国际私法会议代表分析

1980 年召开的第十五届海牙国际私法会议，32 个会员国出席，共有正式代表 82 人。大多数国家派两至四人出席会议，最多的是荷兰，共派出代表 7 人，其次是加拿大 6 人，有些国家仅派一人代表出席会议。参加本届会议的代表的 1/4 为大学法律教授，另 1/4 为各国司法部的官员，再 1/4 是各国外交部的官员，其他 1/4 的代表则包括上诉法院法官、开业律师和公证员等。举例来说，本届会议代表最多的荷兰，其代表包括一位大学教授（他又是荷兰国际私法编纂委员会主席），一位荷兰最高法院法官（他又是荷兰国际私法编纂委员会副主席），一位司法部官员，一位外交部官员，两位公证员，还有一位荷兰来的列斯群岛法律和一般事务中心局官员。加拿大共派 6 名代表出席会议，其中两位司法部官员，一位法学教授，一位魁北克省司法部官员，一位检察部法律处官员，一位加拿大驻海牙使馆官员。美国共派 4 名代表出席，其中两位法学教授（其中一位是美国哥伦比亚大学教授，美国第二次冲突法重述报告人里斯），一位美国国务院助理法律顾问，另一位是美国国务院副助理秘书。前捷克斯洛伐克共派两名代表出席，其中一位是外贸部法律司司长，另一位是外交部法律司官员。

海牙国际私法会议前秘书长范·厚梅斯特拉滕（van Ho ogstraten）曾指出，（海牙国际私法会议）“代表应该主要由法律教师、法学著作之作者以及最高法院法官组成，我们不应强调行政官员去作出席会议的代表，因为，我们应该承认，会议除了重新组织法律（reshaping the law）——说得婉转些，即除了各国政府和议会应表现点意见的活动，会议没有其他的目的”①。尽管范·厚梅斯特拉滕的这一观点不免过于片面，但强调出席海牙会议代表本身的法律知识尤其是国际私法知识，则对一国表明其国际私法实践和其对统一国际私法某些问题的态度，从而使会议制定的公约更多地体现其政府的观点，以及推动会议各项工作的顺利进行，是大有裨益的。美国学者纳德尔曼在分析了第十届会议以前各届会议大会的情况后指出，“在海牙会议过去的实践中，每届会议上都涌现出一些优秀的代表，他们能够在纷繁的观点之外，找出一些潜在的理由，或者，他们能够天才地寻找出处理一些分歧的折衷的办法，或者能够

① 范·厚梅斯特拉滕：《联合王国加入一个非普通的市场：海牙国际私法会议》，载《国际比较法季刊》1963 年第 12 卷。

高超地起草一些条文，或者他们能够就某些问题进行非常精明的讨论”；“对外国法律制度的了解，对会议代表来说是非常有帮助的，而且，实践中会议上任何国际知名学者的观点往往比那些一般代表所提出的意见，要更能够引起大家的兴趣和考虑”①。这一事实也说明各国派出知名的国际私法专家参加会议的重要性。

第三节　海牙国际私法会议与非会员国和有关国际组织的关系

一、海牙国际私法会议与非会员国的关系

在历史上，1951 年以前的一些海牙国际私法大会，便有一些国家派观察员参加会议。这些观察员虽不作为这些国家派出参加海牙国际私法会议的正式代表，但是，他们参加会议无论对该国进一步了解海牙会议的目的、性质和工作，还是对会议本身影响的扩大、工作的便利都具有重要意义。1951 年以后，海牙会议继续邀请一些非会员国派观察员出席会议，这不仅包括每四年召开一次的海牙会议大会，而且还包括吸收一些非会员国派出的观察员参加海牙国际私法会议进行国际私法统一工作的一些专门会议。

一般认为，非会员国派观察员参加海牙会议，会成为该国正式申请会员国资格的基础。而且，在海牙会议的实践中，如果某一非会议成员国是海牙会议正在修改的某公约的成员国时，那么，海牙会议根据《维也纳条约法》第 40 条规定，均邀请这些国家参加条约的修改工作，而且，这些国家在进行条约的修改活动中，享有全部的投票权。这里特别需要指出的是，1980 年召开的第十四届海牙国际私法大会上，会议在决定召集一次特别会议去修改 1955 年 7 月 15 日《海牙国际货物买卖合同法律适用公约》的同时，还决定广泛地吸收海牙国际私法会议会员国以外的其他国家，尤其是那些发展中国家以及全部计划经济国家，参加该问题的讨论和研究工作。而且，由于该公约的修改会与 1980 年订立于维也纳的《联合国国际货物销售合同公约》相互对应和互为补充，大会上还决定邀请所有联合国国际贸易法委员会的成员国参加该公约修订的准备工作，不管这些国家是否海牙会议成员国。这样，于 1985 年 10 月召开

① ［美］纳德尔曼：《美国加入海牙国际私法会议历史的检讨、法律及当代诸问题》，参见本书主要参考书目“英文部分”之 30。

的旨在从事国际货物买卖法律适用公约的海牙国际私法会议特别会议便有 130 多个海牙会议非会员国被邀请参加会议，并且享有全部的表决权。

海牙国际私法会议非会员国除了参加海牙会议统一国际私法的一些活动以外，一些国家还积极地加入海牙国际私法会议所准备的一些公约。到 1988 年 7 月底为止，已有 25 个非会员国或多或少地加入了海牙国际私法会议的公约。

总之，海牙国际私法会议一方面积极争取非会员国参加会议，成为会议会员国，或者积极邀请非会员国参加会议的活动；另一方面，越来越多的非会员国对海牙会议的工作表示兴趣，这不但表现在很多非会员国积极参与海牙会议的活动，还表现在越来越多的非会员国加入海牙会议所制定的一些公约。

二、海牙国际私法会议与有关国际组织的关系

海牙国际私法会议作为一个政府间的国际组织，与其他有关的国际组织保持着密切的关系。海牙会议规约第 6 条第 2 款便明确规定，会议常设局负责与有关国际组织保持联系。

在海牙会议的长期实践中，它通常根据所着手进行统一工作的国际私法问题的性质，邀请一些国际组织派观察员参加海牙会议制定多边公约的预备性会议或大会。这些国际组织派出观察员参加海牙国际私法会议，对海牙会议获得更多的信息，或获得其他国际组织从事法律统一的经验，都具有重要意义。根据海牙会议的传统，这些国际组织所派出的观察员，可以自由地、甚至以书面形式提出建议。

与海牙国际私法会议保持有合作关系的国际组织，在联合国组织中主要是联合国法律委员会，联合国国际贸易法委员会。该两个委员会对海牙会议统一国际私法的工作持续地给予了很大的帮助。海牙会议在着手修改 1955 年的《国际货物买卖合同法律适用公约》的时候，曾与联合国国际贸易法委员会进行密切的合作。海牙会议邀请了所有联合国国际贸易法委员会的会员国（不管是否海牙会议会员国）参加了 1985 年海牙会议召集的特别会议。这是海牙会议开创的与其他有关国际组织进行合作的新的途径。

与海牙国际私法会议保持有合作关系的其他国际组织包括：（1）欧洲议会（the Council of Europe），它与海牙会议在某些领域具有部分一致的利益，因而，该两组织间，通过交换观察员保持着比较密切的关系。（2）欧洲经济共同体。由于欧洲经济共同体作为一个欧洲地区性国际组织，也从事一定范围

内的国际私法的统一工作，因而，它的一些工作与海牙会议的工作类似或者有关，该两个国际组织间也彼此交换观察员。从发展的角度看，欧洲经济共同体和海牙国际私法会议工作的一致性逐渐地从债法领域扩及家庭法和国际民事诉讼程序法的一些方面。(3) 罗马统一私法研究所（UNIDROIT)。这是一个旨在统一实体私法的政府间国际组织，海牙会议也与该研究所建立了一种合作关系。1981 年该研究所在起草关于租赁关系统一法律公约时，该组织秘书长便曾致信海牙会议秘书长，请求海牙会议帮助修订该公约草案中的一个条文。(4) 海牙会议还与美洲国家组织（the Organization of American States)、亚非法律协商会议（the Asian African Legal Consultative Committe）等组织存在着互换文件和观察员的关系。海牙会议还与一些专门性的国际组织保持一定的联系，如在家庭身份法方面，海牙会议与民事身份国际委员会（the International Commission on Civil Status, CIEC）具有互换文件和互派观察员的关系；在信托的承认和有效性方面，会议曾接受国际清算银行（the Bank of International Settlement）派出的观察员。此外，海牙国际私法会议还与如国际公证联盟(International Union of Latin Notaries)、国际律师协会（International Bar Association）等非政府间的国际组织具有一定的关系。

美国国际私法学家里斯（Willis. L. M. Reese）在分析海牙会议开创的前述与联合国国际贸易法委员会的新合作方式时有趣地指出，海牙国际私法会议“背离其通常实践，对会议来说，是具有重要意义的。在会议的早期历史上，它在进行冲突法国际统一时并不存在其他的竞争者，然而，今天却存在着很多的组织（联合国是一个最典型的例子）也正在寻求一些实体法领域，如国际货物买卖领域的法律统一，实践中，这些组织起码至少是其中一些组织，可能会注意到冲突法的问题，由于这些组织具有比海牙会议更充裕的经济来源和更广泛的会员范围，因而，最终可能会出现这样的危险，即这些组织可能会夺走冲突法的一大部分领域。如果这一情况发生，那么海牙会议便会影响越来越小，乃至最终或者是被迫解散，或者更可能是分别地削减其作用，这将是不幸的，因为在海牙会议存在的很多年中，它实际上已经获得了进行冲突法问题国际范围内统一工作的经验”。“海牙会议与联合国国际贸易法委员会的这一合作，对于会议的未来是有很大好处的。……如果这一实践继续下去的话，那么海牙会议可以获得进行一些重要工作的新的机会，而且，也不必过多地去担心其他有关法律问题的国际组织数量的增加，而且，海牙会议保持其就冲突法问题进行统一的实践，可以更好地获得对这些冲突法问题圆满的解决结果，因为这些问题具有很大的困难性，而海牙会议具有处理这些问题的长期的经验，所以，其他的组织都不能够像海牙会议这样，很好地解决这些问题。”①

总之，海牙国际私法会议与有关的国际组织保持密切的联系和合作关系，无论对会议从这些国际组织那里获得有关国际私法统一方面的信息经验，从而更有利于其实现国际私法的逐渐统一的任务，还是对扩大海牙会议，尤其是扩大海牙会议制定的统一国际私法的公约的影响，都会具有很重要的意义。

第四节　海牙国际私法会议统一国际私法的方法与途径

一、海牙会议统一国际私法的基本方法

对于国际私法的范围，学术界历来存有不同的观点，从而也导致了在“国际私法统一化”问题上的不同主张和实践。一种观点认为，对统一国际私法应作广义理解，它既包括对传统国际私法即冲突法的统一，也包括对于实体民商法的国际统一。另有一种观点则认为，统一国际私法乃是对“私法”的国际统一，所以，关于国际私法的“国际立法”是指统一实体民商法的各种国际条约。诸如罗马统一私法学会、联合国国际贸易法委员会均持这种观点。海牙会议则采取了第三种立场，即统一国际私法只是就传统的国际私法进行国际统一，认为国际私法的国际统一只涉及冲突法领域，但经过这种统一的国际私法，仍包括冲突规范、法院管辖权规范以及关于判决的承认与执行的规范。因此，长期以来海牙会议主要是从事冲突法的国际统一化工作。

海牙会议的这一立场，无疑是应该赞同的。无论对国际私法的范围采取何种观点的学者，都从未否认冲突法是其核心部分。实现冲突法的国际统一，是统一各国实体民商法的必经阶段。冲突规范本是解决国家间实体法冲突的重要手段，但各国冲突规范本身也存在很大差异。因此，法律的冲突并不仅限于各国实体法之间的冲突。要解决各国法律间的冲突，就有必要首先解决各国冲突规范本身的冲突。对冲突规范进行国际统一，显然是最佳选择。由于冲突法的国际统一并不涉及国家间存在着根本分歧的实体民商法领域，所以它比实体法的国际统一更易取得成功。这一点已由海牙会议的实践予以证实。

在具体选题上，海牙会议总是力图与国际社会的实际需要相适应，其工作的重点表现出了从婚姻家庭法等传统民事领域向国际经济、贸易等新领域转移

① 里斯有关海牙会议的评述，参见本书主要参考书目“英文部分”之33。

的明显趋势。在早期，海牙会议统一冲突法的范围，重点放在婚姻家庭法、继承法、国际民事诉讼法等领域，并陆续制定了关于结婚、离婚、家庭、国际民事诉讼等方面的一批公约。这与那时国际社会的实际情况显然是相适应的，当时的国际社会，自由资本主义仍占据主导地位，各国之间的联系主要表现为私人间的往来，由此而产生的也多为婚姻、家庭、人的身份能力和一般的债的关系。但第二次世界大战以后，国际经济生活发生了根本性变化，国家间经济技术合作明显加强，国际经济贸易活动得到迅速发展，这就使得经济、贸易关系成为涉外民事法律关系中的主要内容；而已有关于一般的债的冲突规范，已不能适应这种新的形势，急需加强这方面的国际统一立法工作。海牙会议正是顺应了这种潮流，将其工作的重点由传统民事领域逐渐转移到了国际经济、贸易关系与侵权行为责任这些新领域，且显示出向更为广泛的领域铺开之势。“二战”之后，它已制定了一系列涉及商业关系的冲突法公约，如《国际货物买卖合同法律适用公约》、《关于产品责任法律适用公约》、《关于代理的法律适用公约》等等。这都是它的这一发展趋势的具体表现。

从海牙会议制定统一公约的内容来看，也正经历一个由全面性公约向单一性专门公约转变的过程。起初，海牙会议的目的是考虑制定有关国际私法问题的欧洲统一国际私法典，即制定一个囊括各方面内容的综合性公约的可能性。在第一届海牙会议上，发起国荷兰的外交部长范·庭欧文在开幕词中，就表示希望在将来制定出一部能为“文明国家”所采纳的国际私法典。虽然这一愿望不切合实际，也未被尝试过，但在早期还是制定了企图涵盖国际私法某一领域所有问题的公约。例如，海牙会议于1905年制定的民事诉讼公约以及于1954年修订后的该公约，大都包括了司法和司法外文件的送达、在国外取证、诉讼费用担保的免除、免费的诉讼救济、免费提供民事身份登记等较为全面的内容。尽管该公约曾是一个较为成功的公约，但它经不起后来各种情况所发生的巨大变化和具体实践的考验。而且，国家间法律的歧异往往普遍存在于各个方面，如果要求统一立法的内容太多，便会大大增加谈判起草的难度，造成公约迟迟不能诞生，既使拟订了，也会因各国难能同意其中所有问题，使公约不能奏效。正是由于这些原因，促使海牙会议在后来改变了这种做法，它所制定的公约的内容越来越专门化，立法范围也愈加缩小。前述民事诉讼公约在后来的修订过程中，就已分别被《关于民商事域外取证公约》和《关于减轻国际诉讼负担公约》等几个新公约所取代。这种转变还可从海牙会议制定继承方面公约的实践得到进一步证实。早在两次大战之间，海牙会议就开始着手起草一个继承公约，但因其内容过于广泛而未能取得进展。“二战”之后，海牙会议放弃了这一做法，转而选择各国分歧较小而又亟待统一的两个专题，分别制定并通过了《关于遗嘱处分方式法律适用公约》和《关于遗产国际管理公约》等两个专门性公约。

海牙会议还明显表现出另一重要趋势，即已由初期的地区性的临时国际私法会议，日益发展成为当代最有影响的统一国际私法的全球性常设国际组织。为此，海牙会议进行了长期的努力，采取了诸多措施。1893 年，通过法学家阿塞尔（Asser）提议，并获荷兰政府的支持，荷兰政府发起和召集了统一欧洲范围内各国国际私法的地区性国际会议。此后，这种会议不定期地在荷兰海牙举行了七届。在这一时期，日本于 1904 年召开的第四届会议上派出了它的代表。尽管从第一次会议开始，荷兰政府就曾向英国发出邀请，但被其以普通法制度与大陆民法制度存在很大差异为由而谢绝。但最初召开的几届会议均未向欧洲以外的国家发出邀请。所以，前期的海牙国际私法会议主要乃是欧洲国家统一大陆法系国际私法的地区性质的临时国际会议。在 1951 年召开的第七届会议上通过了《海牙国际私法会议规约》，此后，海牙会议便具备了政府间常设国际组织的性质，并开始致力于国际范围内国际私法的统一化工作。在前期，海牙会议虽也曾向美国发出参加会议的邀请，但被谢绝；直到 1963 年美国国会才批准美国加入海牙会议，并在第十届会议上成为该组织的正式会员国。随着英、美等普通法系国家的加入，以及世界各大洲其他国家的陆续参加，截至 1988 年，海牙会议已有包括我国在内的 36 个成员国，从而使它逐渐发展成了当代最大的统一国际私法的普遍性国际组织。

为使海牙会议统一国际私法的工作进一步全球化，它还十分注意加强同一些非会员国和其他从事国际私法统一化工作的国际组织间的联系。例如，在修订 1955 年《关于国际货物销售合同法律适用公约》时，海牙会议便突破其传统实践，在就此召开的几次专门委员会会议和特别会议上，决定邀请非海牙会议成员国参与此项工作，几乎所有联合国国际贸易法委员会的会员国不论其是否为海牙会议成员国都受到了邀请。事实上，中国、美国等许多国家在正式加入海牙会议前，都曾受到海牙会议的邀请，都经历了先仅派自己的观察员代表出席会议的过程。实践证明，海牙会议的这一做法，对于让更多国家了解其工作的意义，吸引更多国家加入该组织，从而增强其普遍性，起到了极为重要的作用。在海牙会议的长期实践中，它还根据其着手统一的国际私法问题的性质，邀请其他从事统一化工作的国际组织派观察员参加该组织制定多边公约的预备性会议或大会。根据海牙会议的传统，这些组织所派的代表，可以自由地提出建议、参与讨论。这对于海牙会议获得广泛信息、借鉴其他组织统一国际私法的经验，无疑具有重要意义。海牙会议与联合国法律委员会和联合国国际贸易法委员会保持有较为密切的合作关系，这两个国际组织曾给予海牙会议的工作很大帮助。海牙会议还与欧洲议会、欧共体、罗马统一私法研究所、美洲国家组织、亚非法协等地区性组织保持着联系。

此外，在会议所使用的语言方面，海牙会议也作过调整，以使其适应它作为普遍性国际组织的需要。起初，法语是会议使用的唯一正式语种。但由于会员国的不断增多，尤其是普通法系的英语国家广泛加入该组织，从 1951 年第七届会议起，英语便在一定程度上被英语国家或讲英语的代表在会上使用。而从第九届会议起，会议的最后文件和公约便都以法、英两种语言作成，这些公约本身也规定法、英两种文本具有同等效力。因此，在这届会议上，英语已基本上与法语一样，成了会议的正式语言。

上述种种措施，都从各个不同方面扩大了海牙会议及其所制定的统一国际私法公约的影响，并促使其愈益全球化。

二、海牙会议统一国际私法采取的形式

通观海牙会议的历史，它所取得的最终成果，大都是以条约的形式表现出来的。目前，海牙会议已经通过了 34 个公约。可以说，海牙会议是以制定国际条约作为其统一国际私法的主要形式的。

海牙会议之所以采取条约这种形式，是由其性质决定的。如前所述，海牙会议是一个政府间的国际组织，而不是超越国家之上的组织。因此，它只能以条约形式制定统一国际私法的规范，这样的规范并不能直接对会员国产生拘束力，一国只有在自愿批准加入条约后，这些统一国际私法的规范才对它发生效力。早在最初的海牙会议上，就曾有人提出制定统一国际私法典的设想，但正如荷兰的吉达教授所指出的那样，“在不具有一个联邦立法权的欧洲，不可能制定超越国家之上的法律。会议必须在使用统一立法和制定一般公约两种形式之中选择一种。结果选择了制定一般公约的方法，即一种给予契约性互惠的方法。采取这种方法可能有其缺陷，但是，这一实践开辟了一条可以日臻完善的道路”。吉达教授的见解，显然是正确的，这已被海牙会议后来的实践所证实。条约形式的缺陷，就在于它生效程序较为繁琐，对成员国拘束力又过大，以致许多国家不愿轻易加入；即使加入，也会作出种种保留或依据公共秩序的理由排除公约之规定的适用。因此，在实践中，海牙会议根据具体情况，也采用了其他一些形式，以弥补单纯采用条约形式的不足。以下将分别对其中几种主要形式进行简要评介。

1. 示范公约

在国际私法范围内，有些问题往往难于取得协调、达成一致协议，所以不便于采用公约的形式。例如，关于破产法律的统一问题就与国际私法的其他领域如物权、婚姻等不同，后者主要是在各国法律规定不同时，确定依哪一法律来处理这些具有涉外因素的民事关系；而前者则主要在于确定根据一国法律所作的破产宣告，是否影响位于外国的财产、破产者的法律地位对破产的国际影响，以及对部分支付证明、和解协议等如何进行国际解释的问题。由于破产问题的特殊性，在第二、第三届会议上虽都曾就此进行讨论，但终未取得一致意见。于是，在第四届会议上最终形成了一个与海牙会议以前制定的公约不同的草案。海牙会议在破产问题上，并不是试图去制定一个对参加国都有约束力的公约，而是制定了一个示范公约（model treaty），以供会议参加国之间缔结有关破产问题的公约时参考采用。又如，关于判决的承认与执行问题，在第五届会议上拟出了一个供各国签署该问题的双边条约时可供参考的示范公约。这个示范公约被认为是第五届海牙会议在该问题上取得的“可喜成果”，更有人评价它“对这一重要领域的双边关系的扩大，作出了非常大的贡献”。关于示范法律的问题，第十届海牙会议还决定把它作为未来应予专门研究的一项工作。

2. 建议书

在 1966 年召开的海牙会议特别会议上，制定了关于外国商事判决的承认与执行的公约草案。这次会议所设专门委员会还就无恰当管辖权的法院所作判决的承认与执行问题进行研究，并于 10 月份就制定一个关于解决该问题的附加草约的实质内容达成协议。海牙会议决定将公约与附加草约之关系问题列为第十一届大会的议程，本届会议对此进行了讨论，最后制定出一个建议书草案，并获全体代表同意。海牙会议要求成员国同时签署与批准公约和附加草约；如果成员国不愿这样做，会议则建议它们在制定双边条约时考虑附加草约的内容。最后，建议书还建议任何业已受有关条约约束的国家，应采取一切有效措施去遵循附加草约所阐述的原则，如果这些既存条约所采用的原则与该附加草约中的原则不一致的话。此外，本届会议还就成员国的国家机构间彼此交换信息问题进行讨论，并作成了一个建议书。

3. 附加议定书

在第六届海牙会议上，制定了一个附加议定书，规定妻子并不因为结婚而丧失其本国国籍和在本国的住所，以及妻子由于结婚而丧失本国国籍但别居后重新获得本国国籍的问题。该附加议定书对海牙会议制定的离婚与别居的公约中的有关规定作了一个例外规定，即在上述情形下，妻子的本国法院可以其本国法律规定的理由作出离婚判决，而不必考虑丈夫的本国法律、或夫妻的最后共同本国法是否允许离婚。同样，该附加议定书的任何签署国，尤其是丈夫之本国，可以拒绝承认此种离婚判决。本届会议之所以在该问题上选择附加议定书这一途径，是因为难以在这个问题上达到一致协议；另一方面也是为了避免由于在这个问题上的争议而影响对 1902 年公约修正案的签署。它的效力和影响，则取决于究竟有多少国家以及哪些国家同意和采用它。附加议定书形式的采用，为解决类似的难题提供了另外一条统一国际私法的灵活途径。

海牙会议统一国际私法的立法模式的多样化，为其工作的开展带来了许多方便，促成了各国法律间的进一步协调。

三、海牙会议统一国际私法的方式和具体手段

为了在某一专门问题上使各国法律间的歧异得以消除，从而达成协议，海牙会议在其统一国际私法的实践中，不断研究探索出了一些颇有效果的具体手段，其统一国际私法的方式正日见灵活多样。

海牙会议在制定多边国际公约时，基本上都遵循下述程序：会议分成若干专门委员会（或小组），分别自由地、详细地讨论具体问题，并形成具体的意见和解决方法，而且，从 1890 年开始，各国政府都对具体问题表明其态度。荷兰政府收集这些意见和建议并连同荷兰特别委员会的意见一起转达给各国政府。各专门委员会的主席还准备一份详细的报告提交给全体会议，有时这一报告也由特别指定的报告人拟出。这类报告首先由委员会成员审查讨论，其间各国代表都可提出修改意见。作为会议的一项规则，对条约草案应两读通过，这通常是对文本本身进行修改、进一步讨论和对一些问题表决通过。条约草案形成后，由荷兰政府递请会议参加国签署批准。这种第一届海牙国际私法会议时便开始采用的方式，已经成为历届会议的一种惯常工作方法和作风。

在海牙会议制定统一国际私法公约的过程中，大陆法系国家与普通法系国家之间在属人法方面存在的本国法和住所地法的尖锐对立，往往成为其统一化工作的重大障碍。在属人法问题上，各国无论是采用本国法、还是住所地法，都有其深刻的社会历史原因。在早先，欧洲许多国家内部政治、法律均未统一，只有以住所地法作属人法才是切实可行的，但到后来，各国相继实现了内部政治、法律的统一，一些国家并出现了向国外大规模移民的情况，这不仅使适用本国法有了可能，而且对继续支配移居海外的本国公民，也很有必要。而英、美普通法系一些国家，包括加拿大、澳大利亚以及南美若干国家，或者至今内部法律仍不统一，或者是大量向内移民的国家，为了有效控制在本国境内

居住的外来移民，便一直以住所地法作为属人法。因此，以何者为属人法，关系到各国的重大利益，属人法的统一就极其困难。但是，在国际私法中，自然人的权利能力和行为能力，以及其身份问题，包括结婚、婚姻的效力、收养、亲子关系、扶养等，均只适用有关当事人的属人法。而且，当事人的属人法往往也是处理离婚等问题的准据法。可见，属人法在国际私法中具有十分重要的地位，尤其是在海牙会议制定一系列关于亲属法等方面的公约时，统一属人法是首先必须解决的、不可回避的难题。

为解决两大法系在属人法问题上的传统分歧和对立，海牙会议曾于1955年制定了一个试图协调本国法与住所地法冲突的专门公约，即《关于解决本国法与住所地法冲突的公约》。该公约规定："当事人住所国规定适用他的国籍国法，而他的国籍国规定应适用他的住所地法时，各缔约国应适用他的住所地国的内国法"（第1条）；"当事人住所地国和国籍国都规定适用他的住所地法时，各缔约国应适用他的住所地国的内国法"（第2条）；"当事人住所地国与他的国籍国都规定应适用他的本国法时，各缔约国应适用他的国籍国的内国法"（第3条）。从这些规定可以看出，该公约并不要求缔约国放弃其所采用的确定属人法的某些标准，而是帮助缔约国去确定属人法。而且，条约主要是以住所地作为连结因素来协调本国法与住所地法的对立的，后来的实践证明，该公约并未达到预期的效果，海牙会议在制定有关公约时，两大法系在属人法方面的严重对立，仍是制定统一冲突法公约的主要障碍之一。

为了寻找到一个更为有效的办法，经过长期的研究，海牙会议率先采用"惯常居所地"作为连结点，从而使这一矛盾得到了一定程度的调和。早在第五届海牙会议对它以前制定的一些有关家庭法方面的公约进行补充与修订时，该原则就开始被采用，但这主要是在解决国际私法中自然人国籍的积极与消极冲突时，作为补充性原则使用的。在1958年第八届海牙会议制定的《未成年人抚养义务法律适用公约》和《未成年人抚养义务之判决的承认与执行公约》中，"惯常居所地"这一连结点作为沟通"住所"与"国籍"间不可逾越的鸿沟的方法，受到各国的普遍赞同，并首次作为一项基本原则在公约中得到正式采用。如前一公约的第1条规定："子女可在何种程度上并可向何人要求扶养，应依子女惯常居所地法律决定。"

与前述1958年公约不同，第十六届海牙国际私法会议制定的《死者财产继承法律适用公约》则采用了另一种规定方式。该公约第3条规定："继承受死亡人死亡时是其国民的惯常居所地国法律支配（第1款）；死亡人临终前在一国已居住不少于五年的期限时，继承也受该死亡人死亡时的这一惯常居所地国法律支配，但在特别情况下，如果他死亡时与当时是其国民的国家有明显的更密切联系，则应适用该国的法律（第2款）；其他情况下，继承受死亡人死亡时是其国民的国家的法律支配，除死亡人当时与另一国有更密切的联系。这种情况下，应适用该另一国家的法律（第3款）。”可以看出，在本公约中“惯常居所地”这一连结因素并未起决定性作用，它受到了“国籍”这个连结因素的制约。同时最密切联系原则在继承的准据法的确定方面，也起到了辅助作用，并协调了“惯常居所地”和“国籍”之间的关系。

除以上公约外，在海牙会议制定的许多亲属法方面的法律适用公约中，“惯常居所地”这一连结因素都得到了广泛采纳。当前，海牙会议首创的这一原则，已成为国际私法中消除属人法标准问题上本国法与住所地法对立的基本手段。惯常居所地法原则之所以能为各国普遍接受，主要是因为它是本国法与住所地法之间的一个较好的中介点，两大法系的主要国家都能够容允它的存在、并在某些情况下成为各自的属人法标准。而且当前在许多国家的国内立法中，这个连结点也被广泛采用。例如，阿根廷本以住所地法作属人法，但在它1971年颁布的国际私法草案中，却建议把习惯居所作为认定人的住所的首要标志；而德国惯以本国法作属人法，在它1986年颁布的新法中，也以习惯居所作为解决国籍的积极和消极冲突的首要标志。这样，在本国法与住所地法的对立中，习惯居所就成了沟通二者的桥梁。此外，惯常居所地本身的一些特点，也是它能被广为接受的重要原因。现代社会中，人口流动频繁，原有的住所和国籍并非一定是当事人的生活中心；加之住所往往不易认定，住所和国籍的积极冲突和无国籍现象的大量存在，更增加了法院确定住所和国籍的困难，相反，惯常居所不但易于认定，而且它往往是人的生活中心和主要财产所在地，它取代住所和国籍而成为属人法的标准就是势所必然的了。

海牙会议在确定法律适用原则时，还往往以一种连结因素为主，同时又规定一些例外情况。例如，在第十三届海牙会议上制定的《关于夫妻财产法律适用公约》中，便规定以适用惯常居所地国家的法律为基本原则。但在当事人婚前未选择适用于其财产关系的准据法时，公约规定了夫妻婚后第一个共同惯常居所地、夫妻共同国籍国、最密切联系国等三个另外的连结点。这届会议制定的《关于婚姻缔结及婚姻有效性承认的公约》，规定婚姻缔结地法为主要适用的法律，并同时附加了若干例外情况下确定准据法的方法。另外，海牙会议还采用了其他一些较为灵活的规定，以协调各国立法上的冲突。例如，《关于产品责任法律适用公约》规定了采用“选择性的重叠连结点”的法律适用原则；《关于离婚及别居管辖权与法律冲突公约》规定的是“双重隶属原则”；

《关于信托的法律适用及其承认公约》则仅试图就实践中所出现的有关信托的问题作出比较一般性的规定，而有意把一些问题留给人们在适用公约时通过对公约的解释来解决。

在海牙会议的实践中，反致制度也曾作为调和国际上不同法系间法律差异的方法而被采用过。例如，在《关于婚姻法律冲突的公约》中，在采用当事人本国法作为主要原则的前提下，同时规定在当事人之本国法指引适用本国法以外的另一国法律如当事人之住所地法时，则不管该人在何处，皆适用这后一法律。在海牙会议制定的统一国际私法的公约中，在允许对公约作出保留的同时，还越来越多地规定公共秩序保留条款。例如，《关于婚姻缔结及婚姻有效性承认公约》第 6 条规定，公约成员国可以对公约第 3 条第 1 款的适用作出保留，但它同时又规定可以适用公共秩序条款限制其中某些激进规定的适用；《关于继承与遗嘱的法律冲突公约》要求原则上得承认遗产所在地国家的“公共秩序”；而在《关于婚姻法律冲突的公约》中，实际上也规定了公共秩序制度。如它规定在涉及条约所明确规定的宗教和社会政策的一些情况下，一国可以拒绝为外国人缔结其本国法所允许的婚姻，或者可以拒绝仅为该国（即法院地国）法律禁止的婚姻。该公约还规定了根据婚姻缔结地法可以拒绝外国人结婚的请求，如果其婚姻违背该国法律关于绝对禁止的可通婚亲等的规定，或拆散一方之婚姻而缔结新婚的通奸者结婚的绝对禁止性规定，或禁止试图谋杀一方当事人之配偶的内部通婚规定。这种实践，一方面虽然通过有关国际条约使各国在某些问题上取得了国际私法的统一，但另一方面又允许各国在认为适用条约中的某些统一规则会与自己的公共秩序相抵触时，排除条约规定的适用。表面看来二者似乎是矛盾的，但允许这种灵活性的存在，有利于吸收更多的国家参加到统一国际私法的国际努力中来。

总之，制定国际条约的过程，就是一个各国间讨价还价、取得国家意志协调的过程。由于国家间在社会生活习惯、历史文化传统、经济发展水平、社会政治制度等诸方面存在种种差异，各国都要维护其自身的利益，这都使得条约的缔结极为复杂，很难达成一致的协议。所以，要想使某一国际条约的制定取得成功，关键就在于找到一个能调和各国之间在某个问题上的矛盾、求得国家意志协调的恰当方法。海牙会议正是认识到了这一点，因而它一直非常重视这个问题，并曾设立特别小组研究统一国际私法、制定国际私法公约的方法。它所采用的上述一些方式与手段，不仅使其在统一国际私法方面获得了巨大成就，而且还为其他从事这类工作的国际组织提供了宝贵的经验。海牙会议所作的这些探索和尝试，是具有重要价值的。

第九章　第一次世界大战前海牙国际私法会议——从特殊主义走向统一化的初步尝试

第一节　第一次世界大战前的四届海牙国际私法会议概述

一、第一届海牙国际私法会议

早在1893年荷兰政府便向欧洲国家发出邀请，召开统一国际私法的国际会议。翌年，欧洲12个国家接受邀请，派代表在荷兰海牙召开了第一届海牙国际私法会议。派代表参加这次会议的，包括东道国荷兰，共13国：奥匈帝国、比利时、丹麦、德国、法国、意大利、卢森堡、荷兰、葡萄牙、罗马尼亚、俄国、西班牙、瑞士。各国派出参加会议的代表大多是世界知名的法学家，如俄国的马滕斯（Martens）、荷兰的阿塞尔（Asser）、法国的路易斯·雷诺（Louis Renault）、瑞士的爱耐斯特·罗贵银（Ernest Roguin）以及西班牙的托雷·坎坡（Senor Manuel Torres Campos）。故海牙国际私法会议最初是由一国邀请，一些欧洲国家参加的，目的在于统一欧洲国家国际私法，或者更确切地说是“考虑制定若干国际私法问题的欧洲国际私法典的可能性”的欧洲地区性的国际会议。由于出席会议的大多是一些国际法学家，因而，海牙会议从一开始便具有专家会议的性质。

荷兰政府于会议召开前的一个月，向每个接受邀请参加会议的国家发送了备忘录，表明会议只就一些具体领域予以考虑，即关于人的身份问题，物权问题，合同问题，结婚、离婚与别居问题，父权问题，收养问题，父亲的身份问题，监护问题以及继承问题。该备忘录尚附有一份关于这些问题荷兰既有法律规定以及荷兰与其他国家缔结的条约中的有关规定的副本。荷兰还请求各国代表提供其本国法律及条约中类似规定的信息（各国代表在后来都提供了其本国该方面的信息）。这反映出，海牙会议从一开始也具有各国彼此交流其法律，尤其是国际私法信息的作用。

第一届海牙国际私法会议，由荷兰著名的法学家阿塞尔（T. M. C. Asser）担任主席，荷兰外交部长范·廷欧文（Van Tienhoven）致开幕词。在开幕词中，廷欧文表示希望在将来制定出一部能为所谓“文明国家”所采纳的国际私法典。廷欧文的这一态度，可能代表了当时在对待刚刚开始的国际私法国际统一运动上的激进的思想。与廷欧文的态度有所不同，阿塞尔显得更为谨慎，他认为，除了那些会影响商业票据、海上贸易、国际运输以及其他商事合同等的法律规范外，其他领域的“统一法律”是既无必要也不可行的。阿塞尔的这种态度，也许代表了当时在统一国际私法方面比较保守的一种观点①。

第一届海牙国际私法会议下设四个委员会，分别讨论不同领域的法律统一问题。它们各自的建议都附有一份详细的报告，而且，这些建议都经过充分的讨论。这次会议最终形成了一份各国代表所一致同意的备忘录（Protocal），通过该备忘录，各国代表同意向各自政府提出关于下述方面的法律和条约计划：（1）结婚问题；（2）公文的传送与证明，这种公文包括司法文书或非司法文书（actes judiciaires ou extrajudiciaires）；（3）委托搜集证据（Commissions regatoires）；（4）死者财产的继承。

1893年海牙会议召开之前，出席会议的一些国家彼此间便已签订了一些有关国际私法方面的条约，这些条约的存在，对这些海牙会议的参加国能够就上述一些问题达成一致协议是非常重要的。既存的这些双边条约主要有：（1）1881年奥地利与塞尔维亚缔结有关于各自公民民事诉讼权利互惠，彼此判决的相互执行以及遗产继承、监护和公文证明的条约；（2）1882年匈牙利与塞尔维亚签订了关于民事诉讼、判决、破产以及继承的若干双边公约；（3）匈牙利与参加海牙会议的另外六个国家订立有司法协助公约；（4）西班牙也与另外三国存在有此种条约；（5）比利时与德国、摩纳哥、卢森堡、罗马尼亚以及瑞士订有公文传递与证明的协定；（6）法国与瑞士、意大利都有较紧密的司法合作关系；（7）俄国与比利时、意大利、奥地利、法国和希腊存在有承认彼此商业公司的互惠协定。此外，还有经过12年之久的讨论，于1890年在瑞士首都伯尔尼签订的一个国际铁路、货物运输公约，根据该公约，成员国彼此给予对方以运输合同争议诉讼以及判决执行的互惠权利。

---

① ［法］勒内·达维：《私法的国际统一》，载《比较法百科全书》第2卷第5章，1979年。

总之，第一届海牙国际私法会议，开始了海牙会议统一国际私法的历史。而且，第一次会议所采用的分不同小组，就一些具体问题进行自由和详细讨论并最终获得解决方法的方式，对后来各届会议都有影响，并成为海牙会议的一种传统的工作方法和作风。但是，对于会议的成果，即对会议所形成的法律与公约计划的细节内容，无论是荷兰政府，抑或参加会议的成员国代表都感到不甚满意。因为会议只15天时间，在这有限的时间中，讨论这么复杂的问题，是非常仓促的。因而，他们在会议备忘录中都建议召集第二届海牙国际私法会议以修正这些计划。

二、第二届海牙国际私法会议

在荷兰政府的召集下，参加第一届会议的所有13个国家，以及瑞典和挪威，于1894年6月重聚海牙，召开第二届海牙国际私法会议。阿塞尔再次被选为会议主席。

在这次会议上，阿塞尔又一次代表荷兰政府表示，在目前情况下，制定任何世界国际私法典的计划都是不可行的。他认为，尽管当时既有的一些条约或组织，如国际邮联（the Postal Union）和国际电讯联盟（the Telegraphic Union），都可能包括了所有所谓的文明国家，但是，参加海牙会议的各国的活动只代表其自己，而且，只反映目前的情况。然而，他却肯定地认为，这些国家也不会忽视在未来讨论一些更为激进的事情的可能①。

此次会议上，荷兰政府不仅提议重新考虑上次会议所通过的关于结婚、公文的传递与证明，委托收集证据以及死者财产继承的法律统一方案，而且，建议采纳关于破产、遗嘱以及法定继承条约或法律的建议案。

第二次海牙国际私法会议会期近一个月，会议下设的各委员会都在充分讨论的基础上拟出了各自的报告。参加会议的各国代表一致同意，将会议上拟出的一个关于下列问题的条约草案提交给各国，这些问题包括：

（1）结婚、离婚与别居；

（2）监护；

（3）有关前一个条约草案所涉及的，并且包括免除外国人诉讼费用担保（而使其本国对诉讼费用承担一切责任），以及保证对外国人不实施适用于本国公民的监禁等问题的民事诉讼规定；

① ［法］勒内·达维：《私法的国际统一》，载《比较法百科全书》第2卷第5章，1979年。

（4）破产；

（5）遗嘱继承、遗赠（donativ causa mortis）。

但是在休会后，荷兰政府只将有关民事诉讼的部分规定提交给各国政府批准。荷兰政府之所以这样做，是考虑到在签署国际私法条约的最后步骤上，对于应采纳的条约不应存在有任何实质性的反对意见。在经过一些外交联络，其间采纳了一些建议，作了一些修改后，1897 年 12 月 30 日最后互换批准书，1899 年 5 月 25 日条约对所有有关国家生效，只有意大利对诉讼费用担保（the cautio judicatum solvi）作了保留。

为了更好地进行国际私法的合作，1896 年荷兰政府成立了一个国际私法与比较法专家专门委员会。这之后，比利时、法国以及苏联也效法荷兰，设立了各自类似的专门委员会。

三、第三届海牙国际私法会议

在荷兰政府的邀请下，1900 年 5 月 29 日至 6 月 18 日，在海牙召开了第三届海牙国际私法会议，参加会议的有 15 个国家的代表。会议分四个专门委员会，分别负责讨论研究各自的问题。第一委员会负责婚姻的有效性问题；第二委员会负责继承与遗赠问题；第三委员会负责民事诉讼法方面的问题；第四委员会负责家庭法方面的问题。会议最后形成了一个总的条约草案，它基本上包含了上述各专门委员会所提出的方案，即包括关于结婚法律冲突的公约草案，关于离婚与别居法律冲突的公约草案，关于未成年人监护管辖权及法律冲突的公约草案，关于继承、遗嘱及遗赠法律冲突问题的公约草案。这些草案之获得采纳是通过投票进行的，各参加国均享有一票的投票权。这里值得一提的是，俄国代表对关于结婚方面的公约草案中的有关规定，提出了特殊的反对意见，认为这些规定似乎忽视了教会对缔结婚姻方面的权威。

在本届会议结束之际，会议主席、荷兰的阿塞尔表示希望各国能像荷兰、法国、比利时和俄国一样，都在其国内设立一个国际私法的专门委员会；这些委员会应不仅有权向其政府提出报告，而且，还应彼此可以自由地联系，而不必通过外交渠道。

会议的最后备忘录中表示，荷兰政府应在任何适当的时候，与参加本届会议的各国就下次会议应予考虑的、而业已由本届会议的一些专门小组准备的“方案”进行联络。这些方案包括婚姻对妇女儿童的身份的效力问题，婚姻对夫妻财产关系的效力问题，离婚及别居的效力，成年人的监护问题，破产问题以及一国在基于另一国请求时，提供其本国有关的民、商事法律的证明书的问题。

1902年夏天，荷兰政府曾通知各有关国家关于结婚、离婚、别居以及未成年人监护的若干公约，截止1902年6月12日为止，已为12个国家接受，而且，另外两国，即瑞典与挪威正准备采纳。俄国则仅批准了其中关于监护的公约。

关于继承方面的公约草案，本来与会国家中十国已表示同意采纳，但由于俄国与匈牙利的坚决反对，荷兰政府认为，最好是再准备一个草案提交下届会议，而该草案在坚持前一草案基本原则的情况下，可以避免一些引起反对的问题。

四、第四届海牙国际私法会议的召开和第五届海牙会议的推迟

第四届海牙国际私法会议，由荷兰政府邀请，于1904年5月至6月间在海牙举行。参加会议的除第三届会议的全体参加国外，日本第一次派代表参加了会议。这是海牙国际私法会议历史上，第一次有非欧洲国家参加的会议。日本参加海牙会议这一事实，据说使得一些代表感到惊讶，因为到那时为止，美国以及南美一些国家，都未参加会议，而英国，则以其法制与其他欧洲国家不同为由，也一直谢拒参加会议的邀请。

本届会议上不但修订了1899年5月生效的民事诉讼公约，而且还讨论了上届会议上业已获得通过的关于继承、夫妻关系、精神病人监护以及破产问题的四个公约。

1904年第四届海牙会议召开后，由于1907年海牙和平会议的召开，海牙和平宫（Peace Palace）的兴建，以及更重要的是后来第一次世界大战的爆发，直至第一次世界大战结束20多年间，未召开海牙国际私法会议。

在该阶段中，海牙会议前期制定并生效的一些条约得到了检验。这里应予指出的是，第三、四届会议上制定出来并且生效的一些公约，尤其是关于婚姻法律冲突的公约，在适用中出现了一些问题。这主要是因为这些公约都采用当事人的国籍作为唯一的或重要的指引支配自然人之民事身份的“属人法”（Personal law）的连结因素，与普法战争所遗留下来的领土争议所带来冲突。尤其是法国与比利时，不愿意禁止被赶出阿尔萨斯地区人的婚姻，因为根据德国法律规定，这些人结婚必须获得德国军事当局的批准。前期海牙会议制定的公约中都未明确规定公共秩序保留制度。不过一些学者认为，公法的适用问题本不应在公约中予以规定，因而，任何国家在适用公约时都不言而喻地享有由于公共秩序之考虑而排除公约适用的权利。更为重要的是法国与比利时都在一战爆发前夕宣告不再适用关于婚姻法律冲突的公约。

第二节　第一次世界大战前海牙国际私法会议公约（草案）评析

一、关于民事诉讼的公约

这里所说的"关于民事诉讼的公约"是指1896年11月14日在海牙签署的民事诉讼公约（Convention relative à la Procedure Civil）及一附加议定书，以及1905年7月17日签署的一个新的民事诉讼公约。前者于1899年5月25日在参加海牙会议的欧洲16国生效，后者于1909年在欧洲16国生效，并因而取代了前者。

海牙国际私法会议长设局一等秘书A. 达叶（Adair Dyer）曾正确地指出："海牙国际私法会议所制定的若干民事诉讼法公约，是会议业已取得的成果的重要组成部分。"① 早在1893年和1894年的第一、二届海牙会议上，民事诉讼方面的问题便被列为讨论议题之一，而且上面提到的1896年的民事诉讼公约是海牙国际私法会议统一国际私法历史上第一个被签署并第一个生效的多边国际公约，可以说，它是海牙会议统一国际私法成功的最早标志。然而，该公约本身存在的一些缺陷在经过一段时间的检验以后也暴露了出来，这便要求海牙会议考虑修正该公约。于是，1904年第四届海牙会议上便着手修正原公约，并进而形成了一个新的民事诉讼公约，这就是我们上面提到的1905年的民事诉讼公约。下面主要分析该公约。

1905年的民事诉讼公约，主要包括以下几个方面的内容：（1）司法文件及非司法文件（如通知、证书、传票）的送达；（2）代为询问委托书；（3）外国人的诉讼担保；（4）贫民案件的诉讼程序；（5）对债务人的监禁（Contrainte Par Corps）。

该公约将公文在条约生效国家的范围内的送达或传递，提高到国际法上"正式义务"（formal obligation）的地位，因而，缔约国仅得在有极特殊的原因时拒绝递达。条约还规定了缔约国法院间代为询问制度，并且认为这也"在该海牙公约生效之范围内，设立了一项非常重要的国际法上的义务"。而且，

① 达叶：《关于民事诉讼程序和国际私法之海牙公约》，载《国际公法百科全书》第9卷，1986年英文版。

如果收到请求询问书的法院无进行此种询问的管辖权，该法院也应将请求书转至有管辖权的法院。这里应予指出的是，该公约规定了“公共秩序”制度，即其第2条（以及第7条部分内容）规定，如果递达外国公文或接受外国法院之委托对涉讼的有关人进行询问会损害其本国主权和安全时，该国得拒绝代为递达或代为询问的请求。当然判断为外国代为公文递达或代为询问是否有害本国主权和安全，仍只有该国法律判断，而无统一的标准。本来1896年的第一个民事诉讼公约中未规定代为递达、询问的费用问题，1904年新公约也弥补了此一缺陷，规定（第16条）缔约国间彼此代为递达公文、代为询问涉讼当事人是免费的，请求国只负担证人和专家的费用，以及被请求国官员为强制获得证人证据而介入此种活动的费用。

该公约还免除外国人提供诉讼担保的义务，即在一国的外国人或在该国没有住所的人，在该国法院作为原告起诉时，不必提供任何诉讼费用的担保。这一制度的确立被认为是一大进步，因为它排除了对人们起诉权这一主观权利的不合理的限制。

最后，海牙诉讼公约还规定了所谓有利于贫民的诉讼制度，即外国贫民得享有与本国贫民同样的“特权”。对此，有人认为，从国际慈善事业（international philanthropy）的角度看，是一种进步，但实际上，可能更是“统一文明国家间关于贫民诉讼的便利措施”。

二、关于婚姻法律冲突公约（1902年6月12日）

该公约只规定了婚姻有效性的条件，其第1条规定：“结婚的权利，适用结婚当事人各自的本国法……”由此不难看出，条约在处理婚姻法律冲突问题上，也是采用了大陆法系国家处理自然人身份问题的基本原则——当事人本国法原则的。

这里得顺便介绍一下在19世纪末与20世纪初，也就是海牙关于婚姻法律冲突公约诞生的时代，大陆法系和英美普通法系国际私法在结婚问题上的不同制度，以便能更清楚地了解该海牙公约产生的时代背景。在国际社会，婚姻作为“世界不成文的普通法上的一种制度”，不仅是丈夫与妻子间的一种关系，而且更是各国社会生活之基石。正因为如此，不同的社会，不同的国家，便有不同的调整婚姻关系的法律。这不仅表现在各国都规定有在其国内缔结婚姻的实质要件与形式要件（即国内法上结婚要件的规定），而且还表现在各国对涉外结婚所规定的不同要件（即涉外婚姻的法律冲突规定）。对于后者，即解决涉外结婚要件法律冲突问题，英美法系国家主要是采用住所地法主义。换句话说，依这些国家的法律，结婚的要件由当事人的住所地，而且，甚至是他们短期居留地（Place of Sojourn）法律确定。正因为如此，当时的英国，正是那些想要结婚但在欧洲大陆又不能获得结婚的人们的理想圣地（Eldorado），其情形正如英格兰的男女在英格兰不能结婚而私奔去苏格兰 Gretna Green 村结婚一样。所以，在当时英国等普通法系国家规避法律从而获得缔结涉外婚姻的情况是较多的。与普通法系国家的上述法律规定不同，欧洲大陆法系国家大多认为结婚问题属于人的身份方面的问题，因而他们的法律都规定，只有当事人的本国法才能确定其缔结婚姻的必要条件，从而可以保证他们难以甚至无法通过改变住所之方法，规避法律以缔结被其本国法律所禁止的婚姻。由于当时海牙国际私法会议主要只是欧洲国家之间的一个会议，从而决定了海牙关于婚姻法律冲突公约第一条规定必然采用当事人本国法原则。

但该条约在采用当事人本国法作为基本原则的前提下，为了协调国际上既存的关于该问题的其他不同做法之间的对立，同时也规定，当事人的本国法指引（反致）适用本国法以外之另一国法律，如当事人之住所地法，则不管该人到何处，皆适用这后一法律。在这里，反致制度便作为调和国际上不同法系间差异的一种方法被采用了。

公约实际上还规定了公共秩序制度，即如在涉及条约所明确规定的宗教和社会政策的一些情况下，一国可以拒绝为外国人缔结其本国法所允许的婚姻，或者可以拒绝仅为该（法院地——作者注）国法律禁止的婚姻。公约第 2 条规定，婚姻缔结地（Loci Celebrationis）法可以拒绝外国人结婚，如果其婚姻违背该国法律关于：

（1）绝对禁止的可通婚的亲等的规定；

（2）绝对禁止拆散一方之婚姻的通奸者之间的结婚的规定；

（3）绝对禁止共谋杀害配偶一方而被定罪的共谋者之间的结婚的规定。

但违背上述规定缔结的婚姻，只要根据第 1 条规定的法律有效，不得予以撤销（仍强调本国法的作用）。不过对于第 1 条，又通过第 3 条来适当加以限制。第 3 条规定："尽管第 1 条所规定的法律有禁止性的规定，而这些规定完全是基于宗教的原因而作出的，则婚姻缔结地国法（Lex Lou Celebrationis）可以允许外国人缔结的婚姻，但是，其他国家有权认为在这种情况下缔结的婚姻无效。"

关于结婚的形式要件，条约采用一条古老而为各国广泛采纳的原则——结婚的形式要件适用结婚地法。但是，条约考虑到该问题国际上存在的一些特殊情况，也同时作了一些例外的规定。公约第 5 条规定：

“根据婚姻缔结地法成立的婚姻，任何地方都得认为该婚姻之形式有效。”

“但是，其国内立法规定需要依宗教仪式结婚的国家，得有权认为其本国公民在外国缔结的不符合该国法律规定的宗教仪式要求的婚姻无效。”

“如果一国法律要求婚姻公布，则得进行此种公布，但是，未进行此种公布并不影响该婚姻在其他国家有效，除非这些国家法律也有规定。”

“结婚证（Marriage Act）的有效副本得送至丈夫和妻子之双方的国家。”

三、关于离婚及别居管辖权与法律冲突的公约（1902 年 6 月 12 日）

在统一国际私法领域，离婚的法律统一与结婚的法律统一具有同等的重要性。早在海牙第一届会议上便有人提出应将离婚问题的法律统一列为会议议题之一。

就当时各国法律关于离婚制度来看，这方面是存在非常大的差异的。一方面表现在，一些国家，如奥地利、意大利、西班牙、葡萄牙等国，认为夫妻间的离婚是违背神法的（the Law of God），因而，法律禁止离婚，而只允许夫妻别居（Separation，Jeparation de Corps）；另外一些国家则只允许离婚，而不允许别居。另一方面，允许离婚的国家，法律规定离婚的原因又不相同：一些国家只规定一种离婚的原因，即通奸；另外一些国家则规定了一系列的离婚原因，如遗弃、非人待遇（虐待）、犯了刑事罪，甚至不讲卫生。此外，一些国家还将当事人双方在法庭上表示同意离婚作为允许离婚的一个条件。

统一各国规定如此不同的离婚方面的实体法，显然是海牙会议所不可能去做的事情。但是，会议在离婚，包括别居的管辖权及法律适用问题上，作出了努力，并取得了成果。1902 年 6 月 12 日签署了关于离婚及别居管辖权与法律冲突的公约。

由于前述海牙关于结婚的公约采用结婚的实质要件适用当事人本国法的原则，该离婚公约为保持与该原则一致，便规定根据当事人之本国法规定不许离婚的，不得离婚。且这一规定不因当事人改变住所而改变。但是，条约考虑到在那时，实际上那些认为离婚违背上帝旨意从而禁止离婚的国家，也不允许居住在其境内的外国人离婚的，因而，规定离婚以及别居必须同时获得当事人之本国法及诉讼进行地法律之允许方得为之，即采用一种所谓双重隶属原则（Principle of douqle Subjeetion），或称“重叠冲突规范”的方式。但它也并不绝对需要该两国法律所规定的同样的离婚原因存在，才能获得离婚准许，如果有两个离婚原因，其中一个符合当事人本国法所规定的离婚原因，而另一个则符合法院地法所规定的原因，此种情况下，法院也得判决离婚。而且，一国法律可以规定，离婚之原因适用当事人之本国法，而不管法院地法律的规定。

我们可以清楚地看出，海牙离婚与别居公约所采用的“双重隶属原则”实际上是海牙会议试图协调当时世界上存在的一些国家不允许离婚而只许别居，而另一些国家只许离婚不许别居这两大制度的结果。对于这一规定，出席海牙会议的瑞士代表梅里教授指出，“在具体的案件中，去证明两国法律制度的一致是非常困难的。我并不认为在国际私法领域试图通过遵守两国法律的方法去解决这些困难是合适的，这实际上意味着只增加了处理这一问题的困难”。梅里教授的这一观点是正确的，所以他在第一次海牙会议上力主解决离婚法律冲突问题应分为一国法律是否允许离婚这一基本问题，以及在允许的情况下应符合什么离婚原因这一次要问题，就前者来说，他主张应适用当事人的本国法（Lex Patriae），若当事人之本国法禁止离婚，则其住所地国家也不应准许其离婚，因而，意大利人、葡萄牙人、西班牙人便不得在其住所地获得离婚，即使该国法律允许离婚；就后者来说，应适用当事人之住所地法是比较合理的，因为，它可以比较科学地协调当时世界上所存在的上述关于离婚问题的不同规定①。这种设想较之条约所采纳的简单地要求当事人同时遵守两国法律的方法更为可行。

关于离婚的管辖权问题，当时欧洲大陆法系国家一般都采用当事人本国法院管辖的原则，而英美普通法系国家一般采用当事人的住所地法院管辖的原则。据说当时美国南达科达州及俄克拉何马州法律规定离婚特别容易，在欧洲曾称这两地为离婚工厂（divorce factories），而在欧洲大陆，当时一个结婚的妇女在短期居住后，获得一个独立的住所，并因而请求离婚，则是不可想象的事情。在这种历史条件下，海牙离婚与别居公约作为欧洲大陆国家关于离婚与别居的统一冲突法，自然在管辖权上采用了欧洲大陆各国的一般实践，即接受当事人本国法院管辖的原则。这样一来，即使该当事人居住在外国，其国籍国对他的离婚案件享有管辖权。不过，条约允许当事人之本国放弃该管辖权，而将它转让给另一国专属享有；但是，如果未作此种专属性的声明，则当事人的住所地国家法院根据条约所规定的特殊规则享有管辖权。

四、关于婚姻对夫妻双方人身与财产权利义务效力的法律冲突公约（1905年7月17日）

荷兰政府在其1897年12月的“方案”中便把取名为“婚姻对夫妻财产

① ［瑞士］梅里：《四届海牙国际私法会议的检讨》，1905年英文版。

关系的效力的规定”列为第三届会议的方案之一。该问题在第三届会议上，又被分为以下专题：（1）婚姻对妇女身份与能力的效力；（2）婚姻对夫妻财产的效力；（3）离婚与别居的效力。第四届会议又将它们合并起来，并最后形成一个条约草案，取名《关于婚姻对夫妻人身关系和财产关系权利与义务效力法律冲突的公约草案》。

该公约草案出台后即遭到一些人的反对。如出席海牙会议的瑞士代表梅里教授便认为："该条约草案获得接受的条件尚不成熟，当人们仔细考察它时，便会发现很多的困难，因而，会议还得对它进行更深入的研究。"荷兰法学家杰达教授（Prof. Jitta）也对该公约草案所采用的原则可能产生的副作用表示担忧。但是，公约最后还是于 1905 年 7 月 17 日获得签署。

该公约采用结婚时丈夫的本国法，作为处理夫妻关系的基本原则。同时，条约对夫妻关系的形式、内容、婚前登记等问题也作了特别的规定。

夫妻关系是一个重要而且复杂的问题，实践中，各国法律对该问题的规定差别很大，因而获得统一是一件非常困难的事情。海牙会议试图以当事人本国法，而且，是只以丈夫本国法来统一各国夫妻关系的冲突法，是非常片面的，它忽视了两性平等的原则。这也是一些人反对该条约草案的一个重要原因。

五、关于未成年人监护的公约（1902 年 6 月 12 日）

第三届海牙国际私法会议上制定的该公约，被法国、德国、比利时、荷兰、卢森堡、罗马尼亚以及瑞典等七国接受，它们于 1904 年 6 月 1 日互换批准书而生效。公约的内容可以概括为以下几点：

（1）未成年人的监护适用其本国法。

（2）如果根据未成年人的本国法规定，不能为不居住在其境内的未成年人指定监护人，则可由未成年人之国籍国驻未成年人之居住国的外交或领事官员进行指定。

（3）如果根据上两项规定，尚不能为非居民之未成年人指定监护人，则依未成年人之居所所在国法律为其确定监护人。

（4）但如果之后根据前两项的规定指定了监护人，则根据上条所确定之监护权得让予给该监护人；而且，指定监护人得随时通知未成年居住国之政府。

（5）任何监护权之开始与终止之原因及时间，得由未成年人之本国确定。

（6）监护权及于未成年人及其所有财产，但受当地特殊的法律支配的不动产可以例外。

（7）在任何紧急情况下，当地有关主管部门可以对外国未成年人之人身和财产行使保护。

（8）任何国家在发现在其国内之外国未成年人应获得监护人时，得及时通知该未成年人之本国；如果监护人业已指定或将予指定，该国得及时通知对方国家。

（9）本公约仅适用于属于本公约成员国公民或惯常居住于本公约成员国的在其欧洲领地之未成年人。

由此，我们可以看出，海牙关于未成年人监护的公约仍然采用当事人的本国法原则。对于监护问题法律统一的特点以及海牙该监护公约，荷兰阿姆斯特丹大学的杰达教授曾经指出，各国法律对监护问题的规定千差万别，但这种差别不是像结婚与离婚的法律那样是由于宗教原因，也非缘于社会、哲学之争议，而是因为各国法律各自采用不同的方法去达到保护未成年人利益这一相同的目的。所以对这方面的法律统一并无不可克服的反对意见。但是，最为重要的是如何在国际交往中对需要保护的外国未成年人予以保护。当我们记住这一点时，便容易理解条约尽管赋予未成年人之本国法院以管辖权，但却没有给予该国法院以对此种案件以专属管辖权的原因。未成年人居住地国家法院也享有管辖权。它们有权利，同时也有义务在必要时对未成年人采取临时保护措施，只是在未成年人的本国为未成年人安排了监护人时，未成年人的居住地国才必须停止对其行使监护权①。应认为，杰达教授的分析是具有参考价值的。

六、关于禁治产及类似保护措施的公约（1905 年 7 月 17 日）

第四届海牙国际私法会议上制定的这一公约。于 1905 年 7 月 17 日获得会议参加国的签署并生效。公约采用与上述监护公约同样的原则，即当事人本国法原则。条约第 1 条规定，禁治产及其他类似之保护措施，适用禁治产人的本国法。条约所称之禁治产人是指那些精神错乱、低能的人或霍挥无度浪费成性的人。

但是，条约第 7 条规定，如果禁治产人的居留地（the place of sojourn）的官员采取了保护措施，则禁治产人居留地的法律以及当事人的本国得为准许。这一规定实际上是对上述条约所采用的当事人的本国法原则的一个例外规定。这一规定曾遭到一些人的反对。比如梅里教授便认为，将两个国家的法律重叠

① ［荷］杰达：《四届海牙国际私法会议之回顾》，1905 年英文版。

起来适用，从理论上说是不可行的，实践中也并非一个好的解决方法①。

禁治产的效力及于禁治产人进行一切行为的能力问题。禁治产人的居留地国家得对外国所作的禁治产宣告，在其生效之前予以公布。但是，条约第9条规定，并非所有的禁治产宣告（如因低能而进行的禁治产宣告）得在任何地方予以承认。就第四届海牙会议的记录来看，禁治产人的人身自由并未涉及。

七、关于继承及遗嘱法律冲突的公约

第一届海牙会议上，关于死者财产继承法律冲突的统一问题便被列为会议的议题，由专门的小组进行讨论，并最后形成一些条文。第二届会议以及第三届会议上都曾就该问题进行讨论研究，第三届会议还最后就该问题拟成一个条约草案取名为《关于继承、遗嘱以及遗赠法律冲突的公约草案》（*Projetd' une Convention Pour Régler les Conflits de lois Relativement aux Successions, aux Testaments, et aux Donations à Cause de mort*）。但是，该条约并未获得会议参加国积极的采纳，荷兰政府也宁愿不建议由各国外交官进行草签。第四届会议在考虑一些国家对条约草案所提出的一系列的批评意见的基础上，再次讨论研究该问题。但是，会议上只讨论继承法的一些问题，如赠与、继承合同以及法人在继承问题中的地位等问题则未予考虑。这届会议最后形成的关于继承问题的公约草案的名称为《关于继承与遗嘱法律冲突的公约草案》（*Projet d' une Convention Surle Conflit de lois Enmatiere de Successions et de Testaments*）。

第四届海牙会议上制定的继承公约与上面已分析的6个公约不同，它在历史上尽管也曾获签署，但从未生效过。而前6个公约都曾有过生效的历史。但是，由于它毕竟是海牙会议统一国际私法历史上第一个关于继承的公约，并多少反映了当时各国关于继承法律适用制度的一般情况，因而，它仍具有一定的意义。

该公约主要是采用了以下一些原则来统一继承冲突法的：

（1）它采用遗产继承的单一制原则，就是说，它主张不区分死者遗产的动产与不动产性质，而统一适用一个准据法。

在当时的欧洲大陆，继承的单一制度被认为是非常重要的一条原则，为大多数国家法律所采用。尽管当时法国、比利时、荷兰、匈牙利以及俄国仍采用遗产继承的区别制，但是，这一制度在一些国家已经失去其力量，所有采用分割制国家的法学家都认为这种法律规定应予改革，遗产不应被分割开来，而受

---

① ［瑞士］梅里：《四届海牙国际私法会议之检讨》，1905年英文版。

不同法律的支配。在这种历史背景下，条约符合发展的趋势，采用单一制原则，在当时是受欢迎的。

(2) 条约在单一继承的基础上，采用死者本国法原则。就是说，涉外继承中继承人的范围、继承之份额、先扣问题（deduction for advances）以及特留份额（peremptory quota）等问题，都依死者本国法确定。遗嘱的实质问题也适用该原则。但是，关于遗嘱的形式问题，适用遗嘱订立地国家的法律，但这不是绝对的。而关于土地的继承问题，条约规定有关土地之分类等问题，适用土地所在地国家的法律。它同时还明确规定，任何缔约国无权就土地继承的一般问题作例外的规定。

不过在采用单一制继承制度的欧洲国家，关于继承的准据法仍是有分歧的。如挪威、丹麦、瑞士等国，当时便采用继承适用被继承人住所地法。如瑞士当时的联邦条例第 22 条规定，“继承适用死者最后住所地法”；“但是，任何人得以遗嘱或继承合同，规定其继承适用其本国法律”。根据该法第 32 条规定，此一原则也适用于在瑞士的外国人。正因如此，瑞士出席海牙会议的代表之一，梅里教授在会上便提出条约应该采取一定的措施以协调继承问题采用本国法主义与住所地法主义的分歧。他建议，条约在采用当事人本国法主义的同时，应允许当事人以通过法律行为（formal act）将其继承问题委于其住所地法支配，即采用上述瑞士法律规定的模式。他指出，在现代社会，个人往往与其住所国（domicilary state）有密切联系，过分强制继承适用与其仅有微弱联系的本国法律是不恰当的①。但是，出席会议的多数代表坚持条约采用当事人本国法作为支配继承的唯一准据法的观点。

(3) 条约坚持在继承问题上外国人与内国人平等的原则。在当时，这被认为是具有重要意义的。因为，当时欧洲一些国家的法律，尚赋予本国公民对位于境内的财产继承份额方面的优先权。

涉外继承中法院的管辖权问题，虽是涉外继承非常重要的一个问题，但该条约对此未予规定，而是将该问题留待以后的会议去专门研究解决。

八、关于破产的公约草案

国际私法上的破产问题与国际私法上的其他领域，如物权、债权、婚姻、继承等有所不同，后者主要是在各有关国家法律规定不同时，确定依何法律来处理这些具有涉外因素的民事关系，而前者则主要涉及确定根据一国法律所作

① ［瑞士］梅里：《四届海牙国际私法会议之检讨》，1905 年英文版。

出的破产宣告，是否能影响位于外国的财产，或外国的破产宣告是否能影响位于内国的财产，以及破产者的法律地位对破产的国际影响，对部分支付证明（certificates of inconplete payment）、和解协议（compromise aqreements）等如何进行国际解释等问题。

关于破产的法律统一，在1894年召开的第二届海牙会议上便已提出讨论，并形成一个初步成果。1900年召开的第三届海牙会议上，又被提出来研究，但未最终形成条约草案。1904年召开的第四届海牙会议上，再一次讨论该问题，并最终形成一个草案。与前述各种条约（草案）不同的是，海牙会议在破产问题上，并不试图去制定一个对参加国都有约束力的条约，而是制定一个示范条约（model treaty）供会议参加国间缔结有关破产问题的公约时参考采用。海牙会议之所以如此，是有其客观原因和历史背景的。

德国法学家萨维尼（Friedrich carl von Savigny，1779—1861）于1849年出版了其著作《当代罗马法体系》（*Systems des Heutigen Romischen Rechts*）第8卷，在该书中他抛弃了这样的观点，即破产的效力只及于破产宣告地。这一观点特别为意大利的法学家们所推崇，并且提出了破产属地主义或复数破产主义的概念（the Conception of the Pluralité or territorialité de la faillite），以反对统一（或单一）破产主义（the Conception of Unite de la faillite）。这一原则也获得了在都灵召开的国联会议（International Congress）的支持，并制定了一个关于破产问题的详细的规定。统一破产法律适用问题，也获得国际法学会的重视。1894年在巴黎召开的第十三次国际法学会会议上，曾起草了一个《关于国际破产关系的一般规定》（*Reqles Générales sur les Rapports Internationaux en Mutière de Faillite*）。与此同时，拉丁美洲的蒙得维的亚条约草案（draft treaty of Monfevideo，1889）也涉及了破产问题，但它并不是去制定统一的破产规范。

实现破产法律国际统一的思想，正如梅里教授所说的那样，看上去是非常诱人的——它表明破产宣告具有域外效力，作用于破产者位于任何地方的财产，因而，破产宣告地的破产人的财产管理人，应对所有债权平等地分配财产。但是，梅里教授接着又指出，一旦将该问题纳入实践，破产宣告的效力便只产生惠顿教授（Wharton）所说的“浪漫的世界效应”（romantic cosmopolitan efficacy）。因为，实践中想将一国破产宣告的效力及于破产者世界范围内的财产，是一件非常困难的事情，这种困难主要是由于：

（1）破产者的财产分散于不同的地方；

（2）实行破产之诉讼只在一地提出，这样可能会出现语言方面的困难；

（3）可能会产生与外国官员的可信赖程度以及外国法院在处理破产问题

以及在考察所有的债权人时是否会同样对待的问题。

但不管怎样，海牙会议还是制定了一个关于破产问题的示范条约草案，草案的主要目标在于，规定破产宣告管辖权规则，并保证此种宣告在外国的完全效力，从而达到保护内国与外国所有债权人共同利益的目的。条约赋予破产者主要营业地或公司之所在地享有破产宣告管辖权，而且，规定破产财产管理人（trustees or recewers）享有处理破产者财产的域外权力。

第三节 对这一时期工作的评价

从上面关于海牙国际私法会议第一届至第四届会议情况的介绍，以及对这一阶段海牙会议所制定的曾获通过生效的公约及未获通过的公约草案的分析评价，不难看出这一阶段海牙会议及其公约（草案）的若干特征。

第一，会议是由荷兰政府邀请并不定期举行的，既不是国际组织，也无固定会期。

第一届至第四届海牙会议，皆由荷兰政府邀请召开，而且，也基本上由荷兰政府来安排会议的一些程序。从会议召开的期限来看，该阶段的海牙会议并未形成固定的会期，基本上是不定期举行。所以这一时期的海牙会议只能说是由荷兰政府邀请，主要由欧洲大陆一些国家参加的，目的在于统一国际私法的国际会议。而现在，海牙会议已是一个以条约为基础建立起来的，目的在于“逐渐统一”国际私法规范的政府间的“组织”（Organization），而不是一个（临时）会议了。由于这以前欧洲尚无统一各国国际私法的历史，海牙会议是欧洲统一国际私法历史的开始，到第四届会议结束，荷兰政府又一直起着组织和召开会议的作用，所以对于荷兰政府与海牙会议的关系，早在1903年美国学者巴尔德温（Simeon E. Baldwin）便精辟地指出，荷兰政府对海牙会议极大的体贴（great delicacy），很容易使其他国家产生忌妒和不信任感。他主张海牙会议应有其自己的归属，应由所有的参加国来控制。当然，这在其最初是不可能的，因为海牙会议当初就是荷兰的一个“孩子”，因而，需要细心的爱抚，但是，现在它已长大而且也很强健，可以自己走路了①。

在当时也曾有人提出将海牙会议变成一个固定的国际组织并定期召开会议的设想。如阿塞尔教授在国际法学会（Institute of International Law）会议上便

① 参见［美］巴尔德温：《1904年海牙会议对国际私法的促进》，载《耶鲁法律评论》第14卷第1期，1904年。

建议，从下届（即第四届——作者注）会议起，把海牙会议变为一个固定的组织，并每两年举行一届会议。这些设想，可说是后来海牙会议成为固定的政府间组织的思想萌芽。

第二，会议参加国具有极大的局限性的，非欧洲国家参加者极少。

这一阶段海牙会议的参加国，除日本国外，都是欧洲大陆国家，因而，它基本上是一个地区性的国际会议，是欧陆国际私法学家的一个俱乐部。

最初，荷兰政府也曾向英国政府发出参加第一届海牙会议的邀请，英国政府非常认真地审查了此项计划。现在，我们从荷兰外交部的档案中可以看到桑德生爵士（Lord Sarderson）给荷兰大使的一份很长的信函，并说，不列颠当时并不认为此项计划会取得什么成果，因而谢绝了邀请。而实际上，大不列颠拒绝参加会议的一个重要的理由是英国普通法制度与其他欧洲国家法制不一致。对于英国拒绝参加海牙会议的这一理由，梅里教授在1904年9月于美国圣·路易斯召开的“全球律师与法学家大会”（Universal Congress of Lawyers and Jurists）上作的报告中曾予以批评。他指出，“英国从其英国私法（English Private Law）具有特殊性为由，拒绝参加1893年海牙会议，在我看来，是对会议目的与任务错误理解的结果”。因为，“制定世界性的冲突规范，并不妨碍各国自己制定其国内的实体私法。事实上，冲突规范协定的产生是以不同的私法制度的存在为前提的。”① 在这个时期，已有不少学者在探讨扩大海牙会议参加国，尤其是争取英、美等普通法系国家参加会议并进而批准会议制定的条约的问题。

第三，这一阶段海牙会议以制定国际私法条约作为统一国际私法的方法，并根据当时需要选择了首先应予统一的若干领域，但成果主要集中在家庭法和国际民事诉讼法领域。

在当时海牙会议准备与制定的8个公约草案中，有6个获得海牙会议参加国的签署和批准。但就此阶段海牙会议制定公约的选题来看，完全是根据当时的实际需要和可行性而定的，并无系统的计划。上述获得签署并曾生效的6个公约除民事诉讼公约外其他均为家庭法方面公约，而从第一届会议开始便研究讨论并于第四届会议上制定出来的有关继承的公约草案则以失败告终。由此可以认为，海牙会议在这一阶段所以能够比较成功地制定出6个公约，并获得签署生效，主要是因为这些公约本身便于各国解决实践中所遇到的有关问题，同时，这些条约所处理的问题与各国实际利益又无很大的冲突，它们并不像继承

① ［瑞士］梅里：《四届海牙国际私法会议的检讨》，1905年英文版。

问题那样直接关系到各国实际利益。

本来在最初的海牙会议上，曾有人提出制定统一法的设想。但实际上，该阶段的海牙会议，都是采用签订关于冲突法问题的国际条约的方法来达到统一国际私法的目的。对于海牙会议究应采用何种方法统一国际私法，荷兰的杰达教授曾指出："我们必须铭记，在不具有一个联邦立法权（federal legiolatwp power）的欧洲，不可能制定超越国家之上的法律（supra-national statute）。会议必须在使用统一立法和制定一般公约的两种方法中选择一种方法。结果选择了制定一般公约的方法，即一种给予契约性互惠的方法。采取这种方法，可能有其缺陷，但是，这一实践开辟了一条可以日臻完善的道路。"①

在制定这种多边国际公约时，海牙会议一开始便基本上遵循下述程序：会议分成若干委员会，分别自由地和详细地讨论具体的问题，并形成具体的意见和解决方法。而且，从1900年开始，各国政府都对具体问题表明其态度。荷兰政府收集这些意见与建议并连同荷兰特别委员会的意见一起转达给各国政府。各委员会的主席最后还要准备一份详细的报告提交给全体会议（有时这一报告也由特别指定的报告人拟出）。这种报告首先由委员会成员审查讨论，然后在全体会议上进行讨论，其间各国代表自然都可以提出修改意见。作为一条规则，对条约草案都应两读通过。条约草案形成后，由荷兰政府递请会议各参加国签署、批准。

第四，以当事人本国法作为属人法受到特别的重视。

从该阶段海牙会议制定的若干条约（草案）中可以看出，这些公约基本上都采用当事人本国法原则。形成这一状况的原因主要在于，该阶段海牙会议参加国基本上是欧洲大陆国家，而在欧洲大陆，由意大利法学家孟西尼（Mancini）提出的本国法思想这时已获得广泛的支持与接受。在当时除了英国、丹麦、挪威以及瑞士外，欧洲国家都在其立法和实践中，采用当事人本国法作为属人法，尤其是以当事人本国法作为解决自然人属人地位、家庭、继承等方面的准据法。但是，这一做法也遭到一些人的反对。如瑞士的梅里教授就从其本国的不同实践并坚决维护这种实践的立场出发，认为："本国法（Lex patriae）可以作为国际私法一些领域的标准。但是，我否认该原则能够绝对地适用，它经不起实际生活的检验。我总是乐此不疲地指出，应把两个主要的原则（本国法原则与住所地法原则——作者注）结合起来。"梅里教授为了论证他的这一观点，明确地承认："无限制地强调本国法的重要性对私法

① ［荷］杰达：《四届海牙国际私法会议的回顾》，1905年英文版。

的统一是有害的，因为一旦外国人在其所在国可以要求适用其本国法，则这种统一便遭到了破坏。在国内居住有很多外国人的国家则情况更为糟糕。像瑞士这样的小国更处于特别不利的地位。因为它们必须承担这种只有稍许正确性的实践与理论的重担”。仅此一例，既足以说明，要协调属人法方面的本国法主义和住所地法主义之间的对立，亦是国际私法的统一工作中一项非常艰巨的工作。

第五，上述几个条约（草案）的获得通过，仅是在统一各国国际私法方面的简单妥协的结果。

该阶段海牙会议制定的一些条约能就某些具体问题达成协议，是通过存在不同制度的参加国采取简单的让步措施而实现的。下面仅以两例说明：

例一，在制定 1902 年关于结婚法律冲突公约时，本来公约采用这样的规定，即根据婚姻缔结地法（loci celebrationls）成立的婚姻，得在任何地方认为其形式有效（第 7 条）。这实际上是确定行为地法（locus regit actum）原则的绝对适用。然而，关于在结婚的形式问题上，当时俄国有特别的规定，即俄国当时只承认在其教堂按宗教仪式缔结的婚姻形式有效，因而，在外国的俄国人结婚，即使按该国规定的一般方式结婚后，也得去俄国教堂举行宗教婚姻仪式。正因如此，在公约制定过程中，俄国代表便提出适当修改上述规定，以满足俄国这一特殊制度的要求。会议对俄国作出让步，采纳了俄国代表的要求，在条约上述规定之下加了一个“但书”，规定：“但是，那些国内立法规定采用宗教婚礼形式的国家，得自由认定其公民在外国未按宗教婚姻要求缔结的婚姻无效。”可是俄国还进一步要求，它的国民在外国按民事婚姻方式缔结的婚姻任何地方都得认为无效，终于俄国未参加该公约。

例二，在 1900 年第三届海牙会议上，大多数意见认为，离婚只有在当事人之本国法和住所地法都允许，而且，根据该两国法律还必须都存在有离婚理由时，方得为之。这个意见被会议最后形成的草案全盘接受。但是为了照顾当时意大利的特别实践，即意大利尽管其法律规定不许离婚，但却允许外国人离婚，该草案所确认的上述原则，在后来通过外交谈判而作出了适当的修改。

早期海牙会议采取这种简单妥协的方法以满足具体国家特殊实践需要的做法，是不一定妥当的。因为这样势必照顾了特殊却影响了一般，并会使大多数国家产生不满。也正如此，瑞士梅里教授在分析了我们引述的第一个例子后感叹说：“……在这种情况下，究竟能够给予一国多少优遇呢！”

尽管早期海牙国际私法会议存在这样那样的不足或缺陷，但它终究表明了在国际上，谋求国际私法的统一，是既有迫切的需要，又有实现的可能的。在历史发展到19世纪末、20世纪的时代，国家之间的经济、民事联系的进一步加强，已开始形成推动国际私法从特殊主义向普遍主义归复的强大力量。

第十章　两次世界大战之间的海牙国际私法会议——艰难的历程

第一节　第五届和第六届海牙国际私法会议概述

第一次世界大战结束后，荷兰政府便积极准备召集第五届海牙会议，以继续中断达20多年的海牙会议统一国际私法的进程。而且，荷兰政府还试图扩大会议的规模，除了向原所有会议参加国发出参加新一届会议的邀请外，并又一次邀请英国以及美国参加会议。这时英国终于改变了以往的态度，接受邀请，第一次派代表参加这个“非共同市场”（uncommon market）的海牙国际私法会议。而美国仍拒绝了邀请，其理由主要在于，第五届海牙会议将讨论的一些议题中，有三个在美国是属于各州管辖范围内的事项（即关于继承问题、离婚与别居问题以及结婚问题），对于任何有关这三个方面的公约，由于宪法方面的原因，美国加入都是非常困难的。而且认为，就会议将予讨论的破产问题来说，这实际上是在考虑改革各国破产法，因而，纵然形成公约，获得签署却是困难的。再就会议将讨论的最后一个议题即关于判决的承认与执行来说，尽管关于该议题的一些提问已提交给美国律师协会，但无充分的时间准备恰当的答复。但美国政府也表示，如果第五届海牙会议能够制定出一些条约的话，它将非常乐意有机会考虑它们，从而决定是否加入。

第五届海牙国际私法会议于1925年10月12日至11月7日在海牙召开。会议着重讨论了关于结婚、离婚与别居、继承、破产以及判决的承认与执行的法律统一问题。会议并未能制定出日后生效的新公约，然而，关于判决的承认与执行的一般问题的研究取得了可喜成果，并拟出了一个供各国签署该问题的双边条约可以参考的示范公约。对这个示范公约，有人曾作过这样的评价：“实际上，20世纪20年代关于这方面的双边公约的涓涓细流，到30年代初便成为洪流，而海牙会议的该示范公约对这一重要领域的双边关系的扩大，作出了非常大的贡献。"

1928年1月，应荷兰政府之邀，22个国家派代表又在海牙召开了第六届海牙国际私法会议。

本届会议上分四个专门委员会就不同的议题进行讨论：第一委员会讨论关于遗嘱与继承的问题；第二委员会讨论1902年和1905年的关于结婚与未成年人监护公约的修订问题，尤其是不同国籍之夫妻离婚的问题；第三委员会讨论对1905年的民事诉讼公约的修改以及准备一个对国际民事诉讼中的贫困者予以救助的公约；第四委员会讨论关于国际货物买卖合同的法律统一问题。

本届会议经过23天的工作，形成了一个最后议定书。议定书中包括关于遗嘱和继承法律适用及管辖权冲突的公约草案，关于无偿地进行司法互助等问题的公约草案，关于1905年7月17日民事诉讼程序公约的补充草案，关于1902年的离婚及抚养公约的修正案，关于1905年7月17日禁治产及其类似保护措施的公约的修正案，以及关于1905年外国破产宣告的承认与执行的公约的修正案。然而，本届会议上并未制定出正式的公约。

海牙会议从本届会议开始着手进行国际货物买卖合同法律的统一工作，从而使会议跨出传统的婚姻家庭法与国际民事诉讼法领域。

第二节　两次世界大战之间海牙国际私法会议公约草案评析

一、关于破产法的统一公约草案

前面曾予分析介绍的1904年关于破产问题的海牙公约草案，目的在于确定破产的国际效力问题。基于这一目的，该公约草案赋予商人的主营业地或公司的所在地国家的有关机构行使破产宣告权。被宣告破产的公司在外国之分支机构也得因而破产，但是，破产必须在其他国家予以公布。破产管理人可以在条约成员国采取管理措施，并可在法庭参与诉讼活动。如果要进行执行活动，则需要一份"认可书"对进行破产宣告的管辖权等发出执行命令的必要条件进行确认。破产宣告后签署的"财产清理合同"也同样具有国际承认的效力。

本来1904年的破产公约草案只适用于"商业破产"（konkurs von kaufleuten），然而，在第五届会议上，荷兰政府认为新准备的公约也应涉及"非商业破产"（konkurs von nichtkaufleuten），但那些本国只承认商业破产的国家可保留对其它的破产不予承认的权力。所以第五届海牙会议准备的公约草案仍只规定承认商业破产（见第 1 条）。在破产宣告的管辖权问题上，新的公约草案规定由被破产宣告人的主营业地或住所地国家，或在公司的情况下由公司之所在地行使破产宣告的管辖权。由具有管辖权的机构作出的破产宣告，在其他国家予以公布后具有效力。这是新公约草案第 8 条第 2 款所规定的“属地法原则”（loi territoriale）。而且，根据草案的规定，“属地法”可以对在此种公布之前业已有效的“占有权”予以取回，这种取回的效力及于被宣告破产人之主营业地、住所地以及公司之所在地所作出的破产宣告。破产的公布尚有使债务人不能再对被宣告破产的财产行使处置权的效力。而且，债权人也必须承受破产的强制效力。如果破产宣告由具有国际承认的效力的机构作出，则破产管理人可以在破产公布之先，在外国采取财产保护措施，而且还可在法院进行必要的诉讼活动。如果对采取这种保护措施的先决条件有争议，便有必要签署一对发出采取这一措施命令的确认书（见公约草案第 4 条第 2 款第 1 项以及第 5 条第 3 款）。对被宣告破产者的不动产的出卖和强制措施的采取以及所有需要第三国官员合作的破产执行措施都有必要出具认可书（见公约草案第 4 条第 2 款）。公约草案中尚规定了破产后的“财产清理合同”（第 7 条），但却未规定法国以及比利时破产法中的“司法清算”（liquidation judiciaire）。在关于破产处理原则方面，公约草案规定“全部破产”（toute faillite）原则，从而确定公约所有成员国的债权人享有平等的权力，而债务人之国籍对破产的国际效力不起任何影响（第 16 条）。

与 1904 年的破产公约草案不同，新草案还规定了一些破产实体方面的问题。新草案第 10 条与第 15 条规定，优先权与物权依动产与不动产所在地国家的法律确定，且必须在该国有权力机构进行。据此也可以推断，如果第三者对位于外国的财产主张权利，则必须在该财产所在地国家的法院解决争议。然而，新草案中并未规定债务人在外国的这种设立有第三人的权利的财产如何纳入破产财产的清算。在这个问题上，有人认为“要么必须承认破产财产管理人的没收权和清理权（beschlags-und liquidationsrecht），要么规定财产所在国的官员有义务在一定的期限内对该财产进行清理”。上述草案第 10 条与 15 条规定的优先权并不适用于所谓的“一般优先权”（privilèges généraux）。这种“一般优先权”根据草案第 11 条规定，适用破产地的法律（la loi de la faillite déclarée）。当然，根据第 10 条和第 11 条规定的含义，并不排除关于财产执行权是否存在的问题要依“国际法律规则”（regel des internationale rechts）来确定，也就是说，如果根据被执行财产权所适用的法律不具有此种执行权，则财产所在地和破产地的国家的有关机构便无须承认这种执行权。但是如果依据准据法具有此种执行权，而依财产所在地或破产地法律不具有这种执行权，则也无须承认这种执行权（第 12 条）。最后，公约草案规定，对“财产处理的不可抗辩性”（non-opposabilité de ces actesà la masse）适用破产地的法律（第 6 条第 1 款与第 13 条）。如果财产所在地国家并不承认“不可抗辩性”（non-opposabilité）制度，则该国有权不允许采用这一制度。

新公约草案中未规定法院对有关破产诉讼的管辖问题。但一般认为，在涉及该问题的情况下适用国际上习惯法律的一般规定，也就是说，这种案件由被告住所地或破产执行财产之所在地法院管辖。而且，关于债务人的不在破产宣告地国家的财产上是否存在有第三者的物权问题，也应由该物之所在地国家的法院依据该国法律进行确定。该财产所在地国法院甚至可以根据其本国法律对财产清理活动的可抗辩性问题进行裁断。

二、关于外国判决的承认与执行的公约草案

在第五届海牙会议上，由第二专门委员会讨论研究关于外国判决的承认与执行问题，并于会议最后形成一个《关于司法判决的承认与执行的公约草案》。该公约草案共 5 条，主要规定了公约成员国彼此互助进行承认与执行的司法判决的概念以及进行这种司法互助的条件。

公约草案规定成员国彼此进行司法互助，就“民、商事司法判决”（decision judiciaires rendues en matière civile et en matière commerciale）予以相互间的承认与执行。如果那些非讼案件管辖（juridiction gracieuse）案件的裁决，如禁治产宣告等，也具有法院判决的特征，即在法院由法官作出，则也属于该公约草案的管辖范围。但是关于人的身份的法律文件以及“公文”（actes authentique），由于对它们的承认以及证明由国内法和一般的国际私法管辖，因而，不属于本法管辖的范围。仲裁裁决以及法庭调解书也属于该公约草案所称的司法判决的范围，由公约成员国予以承认与执行，但是，得以这些裁决或调解文书在其作出国与法院判决具有同等效力为前提条件（第 4 条）。

作出民、商事司法判决的法院应具有管辖权，是公约草案规定该判决能否在其他国家得到承认与执行的一个先决条件。这里便出现了究竟依什么法律或依什么标准确定一国对某一案件是否具有管辖权的问题。对此自然不能简单地认为，法院的管辖权根据判决作出国法律或根据判决承认与执行国法律确定。因为涉及外国因素的案件，牵涉不同国家关于管辖权的规定，应该寻找一种比较客观的标准来划定涉外案件的管辖权问题。在第五届海牙会议上人们曾提出了各种不同的定管辖权的标准，如被告住所地、被告明示或默示所选择的国

家、在争议为合同的情况下合同缔结和履行地国等，但这些标准各不相同，因而，人们便试图找到一个折衷的“一般标准”，如有人认为，可尝试采用这样的标准，即如果被请求承认与执行国法律规定法院对类似的案件具有管辖权，则该国应认为请求承认与执行国法院对该案件具有管辖权。但是，这一观点并没有获得应有的支持，后来公约草案所采用的标准是这样的：如果被请求承认与执行的国家所承认与采纳的国际法律的规范不拒绝判决国的管辖权，则便应该对该国法院作出的判决予以承认与执行。据此，在确定管辖权的标准方面，公约认为，原则上应该采用被请求承认与执行国的法律，但是，该国的法律并不是该国的国内法，而是该国的国际法律，即国际私法实践中所采用的确定涉外民事案件管辖权的规则。

如果可以把公约草案所规定的法院应具有管辖权称为承认与执行外国判决的积极标准，则公约草案还规定了一个消极标准。草案在第 1 条第 2 项规定，“判决的承认与执行不得违背被请求承认国的公共秩序或公法原则”。由于公约并未给所谓的公共秩序和公法的基本原则下一定义，因而，自然由被请求国依其法律来识别这一含糊的法律概念。此外，公约草案也把判决业已生效作为承认与执行的条件之一（第 1 条第 3 项）。

三、关于遗嘱与继承的法律冲突公约草案

第五届海牙会议上，第三专门委员会对遗嘱与继承的法律统一问题进行了专门的研究，并以 1904 年第四届海牙会议制定的有关公约草案为基础，起草了《关于遗嘱与继承法律冲突公约草案》。

1904 年的关于遗嘱与继承的公约规定了遗产继承的单一制并适用被继承人本国法的原则；在关于遗嘱的问题上，该公约草案规定，如果遗嘱依据遗嘱作出地或遗嘱人之本国法律作出，则其形式有效；如果遗嘱人之本国法律规定其国民在外国作出之遗嘱必须符合本国法律规定，则在外国作出的不符合本国法律的遗嘱，遗嘱人本国可以认为无效。为了防止分割房地产或者与所谓的“特殊土地制度”（régime foncier spécial）紧密相连，则遗嘱得适用所谓的属地法律（lois territoriales）。而且，如果存在有通过共同的公约所规定的具有“强制或禁止性质”的法律，则此种法律也得予以适用。公约草案把公约成员国公民的平等，作为处理涉外继承的一项原则确定下来。

在第五届海牙会议上，大多数代表仍认为涉外继承应采用单一制和被继承人本国法原则。但由于同时要求原则上得承认遗产所在地国家的“公共秩序”，从而实际上是对前公约草案绝对采用被继承人本国法原则的一个修正。

这一观点主要是由出席会议的法国代表提出的。他们在本届会议第三专门委员会第一次会议上强调指出，财产权具有一定的社会基础，基于一定的社会目的，财产继承也同样如此，因而，制定法律的当地立法者，可以坚持其本国继承的法律。

公约草案所规定的继承人仅包括自然人，从而排除了有关法人的继承问题。而且，由于公约草案坚持公约成员国公民在继承方面的平等权，它也排除了一些国家法律为保护本国继承人利益片面规定的“特留份”制度。在关于继承案件的管辖权问题上，尽管与会代表中不少人认为应由被继承人本国行使管辖权，但是，这种观点仅占极微弱多数而无法规定进公约草案，最后，只得把管辖权这一颇具争议的问题留待以后进一步讨论。

在第五届海牙会议上，瑞士的代表曾提出了以被继承人之住所地法作为调和涉外继承的被继承人本国法原则和物之所在地法（属地法）原则的折衷的观点，并认为它是与荷兰政府所提出的一个折衷的解决方案相一致的。荷兰政府建议在解决涉外继承案件时，凡是实体法方面的问题适用被继承人之本国法，关于继承的其他问题则适用被继承人住所地法。但荷兰的这一观点只是其政府在回答海牙会议的提问时的一个建议，后来在本届会议第三专门委员会的讨论中，荷兰代表放弃了这一观点，改为强调属地法原则的重要性。瑞士的这一建议最后以 7 票反对，3 票弃权（法国、罗马尼亚和前捷克斯洛伐克）和 3 票赞成（瑞士、荷兰、波兰），而未获得通过。

第六届海牙会议对继承与遗嘱的法律适用问题作了进一步的讨论，不过主要集中于继承的管辖权问题，对上次会议起草的公约草案中业已确定下来的关于遗嘱与继承的基本原则与规则并未过多涉及。第六届海牙会议上采用了被继承人本国法院与住所地国法院对继承争议具有同等管辖权原则。且如公约中没有关于某些案件应由某国法院管辖的特别规定，则可在该两国间任意选择一国法院管辖（第 8、9 条）。上述具有管辖权法院所作的生效的判决，只要符合公约所规定的实体的及形式的规定，且不违背有关的公共秩序或公法原则，公约的其他成员国得予以承认。在缺席判决的情况下，判决要在别国承认尚需具备这样的条件，即被告根据诉讼地国家的法律已被传唤，而且被传唤时他居住在公约另一成员国，传票事实上已经送达或根据当地法律的规定已经通知（第 10 条）。公约草案关于继承判决的承认与执行的规定实际上是以我们前面所讨论过的 1925 年第五届海牙会议所制定的有关判决的承认与执行公约所确定的基本原则为基础的。但是，与前述公约草案规定不同的是，继承公约草案规定，被请求执行判决的国家，可以对判决国法院是否正确地适用了公约的实体规定进行审查。如果审查的结果认为法院判决并不符合公约所规定的承认判决的先决条件，则被请求国法院可以拒绝执行。当然，上述继承公约草案关于缺席判决的规定，是一个创新，自然也是对判决的承认与执行统一法律制度的新发展。

1928 年海牙会议关于遗嘱与继承公约草案还涉及了有关继承问题的非诉讼管辖（nichtstreitige gerichtsbarkeit）。公约草案规定，对于遗产继承中的非诉讼问题，采取有限制的选择管辖原则（第 12 条），其中最重要的限制在于，如果遗产特别受某一法律制度的支配，或者基于公共秩序而排除外国法律的适用，则财产所在地国家的官员得对继承的非诉讼事件行使排他的管辖权（第 13 条）。这里应顺便指出的是，会议在讨论这个问题时存在很多分歧的观点，这主要是因为各国对非诉讼管辖的范围和结构规定不同。如一些国家规定有所谓的官方遗产清理（amtliche nachlassbehandlung）制度，而另一些国家则不存在这一制度。而在规定有该制度的国家中，不同的国家对它的理解又有所区别。如在讨论这个问题时，瑞士与德国的代表都认为遗产的清理应由被继承人的本国官员进行。所以公约草案后来所采用的选择管辖原则，是不同观点折衷调和的结果。

此外，1928 年的遗嘱与继承公约草案还规定了无国籍与多国籍的被继承人的遗产的继承问题。对于无国籍人，如果他在合同缔结国有惯常居所，则与该国公民同等对待；对于双重或多重国籍者，则以其住所地国或居所地国为其本国。但是，这些国家皆可认为其自己的法律是该被继承人的本国法。公约之成员国也可以彼此签署特别协定修改该公约的有关规定。

四、关于家庭法方面公约的修正案和议定书

第五届海牙会议对它以前所制定的一些有关家庭法方面的公约也试图作一些补充与修改。这一工作的主要意旨在于使海牙会议统一家庭法的规定能够适应第一次世界大战后自然人国籍变化的新情况。第一次世界大战后，不少国家立法不再坚持原来的那种妻子与子女的国籍依丈夫和父亲国籍的传统，从而把国籍法上的“家庭一体性”取消了。而且，战后无国籍现象也越来越多。这次会议上对以前海牙会议的家庭法方面的公约的修改和补充的内容可以大致归纳为几点：第一，在当事人无国籍的情况下，以其惯常居所地国家的法律作为其本国法；若无惯常居所地则以婚姻缔结时的居所地国家的法律作为其本国法，或即以居所地国法为本国法；无国籍的未成年人以其惯常居所地法为本国法。第二，具有两个以上国籍的自然人，以其惯常居所所在之国籍国法律为本

国法；如果没有惯常居所，则以居所所在之国籍国为本国法。第三，夫妻间的关系适用夫妻的共同本国法；若他们在婚姻期间无共同本国法，则以婚姻缔结时丈夫的本国法为准。总之，本届海牙会议在解决家庭法中自然人国籍的积极与消极冲突方面，开始采用了“惯常居所地法”和“居所地法”这些新属人法连结点。

第六届海牙会议上再一次就海牙会议1902年和1905年的有关婚姻与未成年人监护等公约的修改与补充问题进行了讨论研究。在关于这些公约有关国籍冲突问题的解决方面，会议坚持上届会议所确立的上述原则，并在会议最后以公约修正案的形式确定下来。

1902年海牙会议关于离婚与别居的公约中只规定离婚与别居适用夫妻共同的本国法，这样，自然便不适用于夫妻双方从未有共同国籍，或当事人尽管曾有过共同国籍但后来由于一方或双方归化等原因而不再存在共同国籍的离婚与别居的情况。公约的这一缺陷，无疑是需要对公约进行修改的一个原因。但对该公约进行修改的一个更为重要的原因，是瑞士政府的推动。在瑞士，纵然夫妻在婚姻期间都生活在瑞士，而且，在他们别居后妻子重新获得瑞士国籍，也会由于丈夫为意大利人，而意大利的法律不允许离婚，妻子仍无法根据该公约的规定在瑞士法院离婚。正因如此，瑞士公众舆论认为瑞士应退出该公约，瑞士政府不得不促使海牙会议对公约进行修改。公约的上述规定在那些不因结婚而改变国籍的国家，也同样会产生上述瑞士所遇到的那种冲突情况。

第六届海牙会议修改后的公约规定，仅当夫妻一方获得另一国籍时，才适用夫妻最后的共同本国法；如果夫妻双方从未具有共同国籍，或他们曾经有共同国籍但后来又获得不同的国籍，只要他们不同的国籍国法律皆允许离婚，则可以离婚。公约对此一规则未作例外的规定。

第六届会议最后的附加议定书中规定了瑞士以及瑞典政府所提出的问题。这些问题包括妻子并不因为结婚而丧失其本国国籍和在本国的住所，以及妻子由于结婚而丧失本国国籍但别居后重新获得本国国籍的情形。该附加议定书对公约的有关规定作出了一个例外的规定，即在上述情形下，妻子的本国法院可以其本国法律规定的理由作出离婚判决，而不必考虑丈夫的本国法或夫妻的最后共同本国法是否允许离婚。同样，该附加议定书的任何签署国，尤其是丈夫的本国，可以拒绝承认此种离婚判决。在本届会议上之所以选择附加议定书这一途径，一方面是因为难以在该问题上达成一致的协议；另一方面，也是为了避免由于该问题的争议而影响对1902年公约的修正案的签署。至于该附加议定书的效力和影响，自然取决于究竟有多少国家以及那些国家同意和采用它。

举例来说，如果只是那些本国法律规定允许离婚的那些国家签署该附加议定书，则对瑞士来说，该附加议定书便不具有什么实际意义了。

五、关于国际货物买卖冲突法的统一问题的讨论

第六届海牙会议的第四专门委员会就国际货物买卖冲突法制度的统一问题开展了工作。但在该委员会中，各种观点分歧很大，尤其是对于当事人究竟应享受多大的意思自治权，以及公约应该有多大的地域适用范围问题上，存在不同的意见。在关于当事人意思自治权问题上，比较一致的观点认为，应由各国法律确定意思自治原则的界限。但对于国内法律的强制规定应在多大程度上限制当事人的自由，则未达成统一的意见。一种观点认为，国内的强制法律规定，并不能决定在国际法律关系中当事人选择不同法律的权利。另外一种观点则认为，如果说国内的强制法律规定在国际法律关系中只具有任意法的意义，是不符合逻辑的。在国际法律关系中究竟适用什么法律，并不取决于法律的性质，而是取决于法律关系与一国或另一国法律制度的联系。在公约从这一基本点出发规定适用一国法律时，则应以该法来确定当事人的意思自治。这也同样适用于法律关系与多国相联系，而这些国家的法律应予适用的情况。

鉴于上述意见的分歧，专门委员会在关于当事人意思自治问题上，认为公约应该对国内法中的强制规定予以承认。换句话说，如果出现当事人意思自治权方面的争议，则由法院依据法院地的冲突法规定所指引的国家的法律去解决。当然对此也曾存在有别的建议，即在这种情况下，应适用法院地国的实体法。

关于国际货物买卖合同应以什么法律作为准据法，专门委员会原则上倾向于采纳国际法律协会和国际商会的建议，即以债的所在地法律（lex debitoris）或合同地法律（lex loci contractus）作为准据法。由于本届会议上关于国际货物买卖合同的一些问题尚未获得比较统一的意见，该专门委员会决定成立一个附属委员会负责继续对该领域的法律统一问题进行工作。

第三节 对这一时期国际私法统一化工作的评价

从1904年召开了第四届海牙国际私法会议一直到第二次世界大战结束后，1951年召开第七届海牙国际私法会议，其间历时40余年，仅于第一次世界大战结束以后的1925年和1928年，召开了两届会议（即第五届和第六届），而

且成效甚微，只通过了几个公约草案，因而可以说，这正表明这一时期，因帝国主义和战争力量的勃兴，资本主义世界经济大萧条的到来，已使国际间通过协定法来调整国际私法关系，进入到一个艰难的阶段。

海牙国际私法会议的这一段艰难历程，从它所通过的所有公约或草案的年代亦可清楚地看出：

（1）1896 年（后发展为 1905 年的）《关于民事诉讼程序公约》；

（2）1902 年的《关于解决婚姻问题法律冲突的公约》；

（3）1902 年的《关于离婚与别居的法律冲突及管辖权冲突公约》；

（4）1902 年的《关于未成年人监护的公约》；

（5）1904 年《关于继承和遗嘱的法律冲突公约草案》；

（6）1905 年的《关于婚姻对夫妻身份和财产的效力的法律冲突公约》；

（7）1905 年的《关于禁治产及与此相类似的保护措施的公约》；

（8）1925 年的《关于破产的公约草案》；

（9）1925 年的《关于承认和执行外国判决的公约草案》；

（10）1928 年的《关于继承和遗嘱的法律冲突及管辖权的公约草案》；

（11）1954 年的《民事诉讼程序公约》（部分取代了前面 1905 年的同名公约的内容）；

（12）1955 年的《关于解决本国法和住所地法冲突的公约》；

（13）1955 年的《关于有体动产国际买卖的准据法公约》；

（14）1956 年的《关于扶养子女义务的准据法公约》；

（15）1956 年的《关于承认外国公司、社团和财团法律人格的公约》；

（16）1958 年的《关于承认和执行子女扶养义务判决的公约》；

（17）1958 年的《关于国际有体动产买卖协议管辖权公约》；

（18）1958 年的《关于国际有体动产买卖所有权转移的法律适用公约》；

（19）1961 年的《关于行政机关对未成年人保护的管辖权及准据法公约》；

（20）1961 年的《关于遗嘱方式法律冲突公约》；

（21）1961 年的《关于取消要求外国公文书认证的公约》；

（22）1965 年的《关于收养的管辖权、法律适用和判决承认的公约》；

（23）1965 年的《关于协议选择法院的公约》；

（24）1965 年的《关于民商事件司法文书和司法外文书的国外送达公约》；

（25）1970 年的《关于民商事案国外取证公约》；

（26）1970 年的《关于承认离婚和别居的公约》；
（27）1971 年的《关于民商事件外国判决的承认和执行公约》；
（28）1971 年的《关于民商事件外国判决的承认和执行的附加议定书》；
（29）1971 年的《关于公路交通事故法律适用公约》；
（30）1973 年的《关于遗产国际管理公约》；
（31）1973 年的《关于扶养义务判决的承认和执行公约》；
（32）1973 年的《关于扶养义务法律适用公约》；
（33）1973 年的《关于产品责任法律适用公约》；
（34）1978 年的《关于夫妻财产制法律适用公约》；
（35）1978 年的《关于代理法律适用公约》；
（36）1980 年的《关于国际司法救助公约》；
（37）1980 年的《关于国际性非法诱拐儿童民事方面的公约》；
（38）1980 年的《关于结婚仪式和承认婚姻有效公约》；
（39）1984 年的《关于信托的法律适用及其承认的公约》；
（40）1986 年的《关于国际货物销售合同法律适用公约》；
（41）1988 年的《关于死者遗产继承的法律适用公约》。

但是，海牙国际私法会议中断的这 40 余年，也给人们提供了回顾、总结和检验早期阶段所得到的经验和教训的充裕的时间。正是经历了这么一个艰难的阶段，才使越来越多的国家和政府认识到进一步开展国际私法统一化工作的重要性和迫切性。也正因为经历了这么一个艰难的阶段，终于使两大法系的主要国家之间，进一步认识到必须从过去的长期对立中寻求各种调和和妥协的方法，以保证国际民事交往的便捷、安全和稳定。

第十一章　第二次世界大战后至60年代的海牙国际私法会议——新的起点

第一节　第七届海牙国际私法会议——从临时性国际会议到常设国际组织的转变

第二次世界大战后，荷兰政府又积极筹备召开因战争而耽误了的新一届海牙会议。1949年荷兰政府向战前原有会员国发出了一个备忘录，并通过该备忘录提出召开新一届会议以及在新一届会议上讨论扩大会员国问题的建议。

1951年10月，17个国家的代表重聚海牙，召开了第七届海牙国际私法会议，从而继续了海牙会议的历史，并且，开辟了海牙会议历史的新篇章。这届会议上制定了一个关于海牙国际私法会议本身的公约，取名《海牙国际私法会议章程》以及另外四个公约草案，即《国际货物买卖合同公约草案》、《关于外国法人承认的公约草案》、《关于国籍国法与住所地法冲突的公约草案》即反致公约，以及《国际民事诉讼公约草案》。

《海牙国际私法会议章程》的制定与通过是海牙会议发展史上一件非常重要的大事。这主要由于它以条约形式，正式确认海牙会议是一个固定的“从事国际私法规范之逐渐统一化”的政府间国际组织，从而结束了从19世纪开始近60年作为一个临时会议的历史。章程共15条，规定了海牙国际私法会议的任务，会员资格，会议常设机构（即会议常设局）的设立、组成及活动，专家委员会的组成及活动，会议的财政问题，以及会议原则上四年举行一次例会等方面的内容。

本届会议在上一届会议已进行的工作的基础上，制定出《国际货物买卖法律适用公约》草案，并于1955年6月15日获得签署。它共有12条，其中8~12条为公约签署生效方面的程序条款。公约的第1条共4款，规定本条约的适用范围问题；第2条共3款，规定国际货物买卖合同之当事人选择法律问题；第3条共3款规定国际货物买卖合同当事人未选择法律时的法律适用问题；第4条1款，规定在无相反的合同条款时，交货地的法律适用于货物的检验以及拒绝交货情况下的补救措施采用等问题；第5条1款4项，规定本公约所不予适用的国际货物买卖合同的情况，如本公约不适用于当事人能力的确定、合同形式问题等；第6条1款，规定公共秩序的采用；第7条1款规定本公约参加国将上述1~6条内容采纳到其本国立法中去的权利与义务。

属人法标准的分歧是海牙会议统一国际私法的一大障碍，特别是第一次世界大战以后英国参加了海牙会议，这一问题显得更为严重。而且，在实践中，由于属人法上本国法主义与住所地法主义的分歧，会给国际私法造成反致现象，而对于是否接受反致以及在何种范围和程度上接受反致，各国亦常有不同做法，所以，第七届海牙会议试图通过制定一个协调“本国法”与“住所地法”的冲突的公约，以减少反致问题上的困扰。第七届海牙会议制定的关于国籍国法与住所地法冲突规定的公约，共13条，并于1955年6月15日获得签署。该公约并不要求缔约国放弃其所采用的确定属人法的某些标准，而是帮助缔约国如何去确定当事人的属人法。但是，条约原则上是以住所地法为主要的连结因素，来协调本国法与住所地法冲突的，如条约第1条规定，如果当事人的住所地国采用本国法原则，而其国籍国法采用其住所地法，则所有缔约国得适用住所地国家的内国法。而关于住所的含义，条约于第5条规定，“本公约所称住所者，除以他人之住所或以某公共团体（public body）之所在地为住所者外，即为其惯常居住地”，以避免适用本公约中可能会产生的关于“住所”定性的冲突。

本届会议上还制定了关于承认外国公司、社团及基金会法律人格的公约，并于1956年6月1日获得签署。该公约共14条，它采用一般认许原则，即凡在任何缔约国根据该国法律规定进行登记注册，具有法定所在地的公司、社团及基金会，在该国获得的法律人格，其他任何缔约国得予承认。

两次世界大战使1905年民事诉讼公约的履行遭到极大的破坏，因而，在第二次世界大战后召开的本届会议上，便将修订该公约的工作列为会议议题之一，并最后制定了一个新的条约草案，于1954年3月1日获得签署。这个公约基本上是效仿1905年公约，但有较大的改动。它规定了向国外送达诉讼文书、国外取证、免费给予法律帮助、免费提供公文的复制本或摘录、诉讼费用的担保以及在监禁债务人问题上平等对待内外国人等方面的问题。

总之，第七届会议在海牙会议历史上是一次非常重要的会议，是海牙会议历史上的一个里程碑，这不仅是因为它制定了上述公约，而且，更主要的是因为，它是在第二次世界大战结束以后，在海牙会议中断了23年后，不但成了一个承上启下的会议，而且由于确定了海牙会议作为一个固定的国际组织的性质和地位，从而揭开了海牙会议历史的新篇章。

第二节　第八届海牙国际私法会议

1956年10月召开了第八届海牙国际私法会议，19个会议成员国全部出席了会议，南斯拉夫仍派观察员出席会议，而美国则第一次派观察员参加。会议上，代表们主要就国际货物买卖法律统一问题以及家庭法问题进行讨论，并最终形成四个条约草案，即《国际动产买卖中货物所有权转移法律冲突的公约》、《国际动产买卖合同当事人选择管辖法院公约》、《未成年人抚养义务法律适用公约》以及《未成年人抚养义务判决的承认与执行的公约》。下面在简单介绍这些条约之前，先分析一下美国参加会议的背景。

在第八届会议召开之前，荷兰政府通过其驻华盛顿的大使馆向美国政府发出了派观察员参加会议的邀请，但是，美国国务院仍认为美国不能派真正的政府代表出席会议，而将荷兰政府的邀请转给了各地的律师协会和法学团体，要它们提名出席会议的观察员，但政府予以资助。因此，三个民间法学团体指定了三人作为美国观察员代表团出席了会议，他们实际上并不代表美国政府(联邦的或州的)，而是代表各自的民间团体，他们所负担的义务也只是给会议和参加国从美国法律和经验的角度提供会议所讨论的议题方面的信息和意见。美国观察员代表团向会议提出的建议海牙会议采用统一立法方式作为一种统一国际私法方法的备忘录，引起会议代表的广泛兴趣和热烈的讨论。美国派观察员参加会议对于海牙会议规模的进一步扩大是件好事，这不仅因为美国是北美的一个大国，而且更因为它的法制是普通法系的又一代表，因此，它的加入对海牙会议进一步吸收普通法系的有关因素以实现世界范围内更广泛的国际私法的统一是有利的。

上面所提到的本届会议上制定的关于《国际动产买卖所有权转移法律冲突的公约》，实际上是第七届会议有关工作的继续。由于第七届会议上制定的前已提及的《国际货物买卖法律适用公约》第5条明确排除该公约适用于国际货物买卖中货物所有权的转移和货物买卖对第三人的效力问题，而这两个问题也是国际货物买卖中的重要问题，因而，第八届会议决定对这两个问题进行了讨论并制定了这个公约。根据该公约规定，支配货物买卖合同法律确定货物买卖双方各自的权利与义务的终止期，而关于货物的买卖双方对抗第三人的权利问题，条约区分买卖双方的不同情况，规定买方只要根据诉讼提起时货物所在地法律或者其占有时货物所在地法律享有所有权，则可对抗第三人；但是，未获支付的卖方则无此种选择，其权利只由货物第一次被第三者占有时或诉请提起时之货物所在地法确定。

本届会议上还讨论了另一个与上届会议制定的《关于国际货物买卖法律适用公约》有关的问题，即国际货物买卖诉讼管辖权的问题。在 1951 年的上届会议上曾讨论过一个有关的草案，该草案在承认当事人意思自治选择管辖权（the prorogation agreement）的同时，规定在当事人未作选择的情况下，被告住所地国家法院具有专属管辖权。这样规定，其目的在于消除一事而在多国起诉的可能性。但这种一国专属管辖权的规定遭到多方面的反对。因此，本届会议上制定的《国际动产买卖合同当事人选择管辖法院公约》，取消了在当事人未协议选择法院时某国法院对案件有绝对管辖权的规定。该公约于 1958 年获得签署，但从未生效。

本届会议上还制定了两个关于未成年人抚养义务方面的公约，即《未成年人抚养义务法律适用公约》和《未成年人抚养义务判决的承认与执行公约》。这两个公约是相互联系而又彼此独立的。先就后者来说，它规定了未成年人抚养义务的判决的承认与执行的条件，同时规定禁止对案件的实质问题进行任何重新的审查，并且确认不仅义务人的惯常居所地国家的有关机关享有管辖权，而且，权利人之惯常居所地国家的有关机关也享有管辖权。而就前者来说，具有特别意义的是它采用了一个与“一战”前制定的家庭法方面各种确定准据法的公约所采取的截然不同的原则，即惯常居所地原则。在研究制定该公约的专家小组起草的报告中，对于他们为什么第一次提出采用未成年人的惯常居所地作为连结因素的建议，作了一系列有力的说明。他们认为，在实践中，未成年人生活成长所在地国家的有关法律最适合于确定未成年人的抚养义务，而且，未成年人的利益也能够最好地受到这一法律的照料。采用该原则另一个有利的方面在于，对未成年人负有抚养义务的人不能通过移居他国的方法以逃避抚养责任。后来，尽管在关于是否以未成年人之惯常居所地作为采用住所地法国家和采用本国法国家都可接受的唯一标准问题上，曾有过激烈争论，但是，1956 年会议上以未成年人惯常居所地这一连结点作为沟通“住所”与“国籍”间这一不可逾越的鸿沟的方法，未经讨论而被一致采纳。当然，这里也应指出，公约在采用上述未成年惯常居所地法作为解决对未成年人抚养义务法律冲突的一般原则时，也规定了一些例外情况，即如根据条约第 2 条，如果未成年人与抚养义务人同具法院地国国籍，且后者还在国籍国有惯常居所，也可适用法院地国法律。

第三节 第九届海牙国际私法会议

1960年10月在海牙召开了第九届海牙国际私法会议，18个会员国派代表参加了会议，另外，两个会员国爱尔兰和土耳其未参加会议，美国仍派观察员代表团出席会议。此外，更为重要的是，联合国、欧洲议会、国际社会服务组织（International Social Service）、民事身份国际委员会（Commission Internationale de l'Etat Civil）、国际统一私法协会（International Institute for the Unification of Private Law）、司法工作者国际联盟（International Union of Justice and Judicial Officers），以及欧洲经济共同体等国际组织派观察员出席了会议。

本届会议的主要成果在于制定出三个新的公约，即《关于免除外国公文认证的公约》、《关于遗嘱形式法律冲突公约》以及《关于未成年人保护机关的权力及适用法律的公约》。除上述外，会议还取得了其他一些成果。

根据欧洲议会的建议，本届海牙会议上，讨论并制定了一个《关于外国公文认证问题的公约》。它规定，缔约国彼此免除各自公文的外交或领事认证。同时，公约也提出了一种证明形式，即apostille（证明书）。这是一种确认签字的真实性、文件签署人的能力以及文件上印章的可靠性的一种手续。每个缔约国都应指定一定的机关颁发此种证明。条约后还附了一个此种证明的样本。对于该公约的实践意义及其此后的影响，当时各国国际私法学者多有肯定的评价。许多学者都对这个公约所体现的精神或宗旨给予高度的赞许。如美国学者纳德尔曼（Kurt H. Nadelmann）认为："我们可以这样期待，一旦条约获得批准，由此而产生的新实践的结果所引起的注意会超出会员国的范围。该公约可能会被参加第九届会议的所有国家批准，而且，还可能会被爱尔兰、土耳其、冰岛以及列支敦士登批准。其他国家也可能遵循该公约。"① 英国学者格雷夫森（R. H. Graveson）更是直截了当地概括了当时人们对条约的反应："人们相信，该公约的规定会改进关于此一问题的既有实践。"②

在第八届海牙会议上，英国代表曾提出一个关于考虑制定有关遗嘱形式问

① ［美］纳德尔曼：《第九届海牙国际私法会议》，载《美国比较法杂志》1963年第12卷。

② ［英］格雷夫森：《第九届海牙国际私法会议》，载《国际法和比较法季刊》1961年第10卷。

题的公约的建议并被会议采纳，因而，大会常设局秘书冯·欧维贝克先生（Monsieur Alfred von Overbeck）据此建议起草了一个详细的报告，并成为会议召集的一个研究该问题的专家委员会据以研究该问题的重要的依据。专家委员会于1959年5月召集了一次会议并拟出了一个关于遗嘱形式法律适用公约草案，它成为本届会议制定出的《关于遗嘱形式法律适用公约》的基础。公约采用的一条基本原则是广泛承认遗嘱形式有效性原则，换句话说，条约规定遗嘱只要符合其所列的一系列法律中一个法律的规定便为有效。关于该公约，这是特别需要指出的是：第一，在海牙国际私法会议统一国际私法历史上，它第一次制定出一个多法域国家确定准据法的条款。公约第1条第2款规定："根据本公约，如果一国内法为不统一法制，则准据法得依该国现行法律的规定确定；若无此种规定，则适用该国与立遗嘱人有最密切关系的法域的法律。"第二，它还规定了一个有关识别问题的条款，即公约第五章规定："根据本公约，任何基于当遗嘱人之年龄、国籍或其他属人原因而作的限制本应允许的遗嘱形式的法律规定，都应视为属于形式之问题。该规定得适用于因确定遗嘱之有效性所需之证人的资格的确定。"

在第八届海牙会议上，关于修改20世纪最初海牙会议制定的若干公约的问题也被提了出来。尽管这些公约代表了海牙会议在统一国际私法的历史上所迈出的重大一步，但是，在经过半个世纪以后，海牙会议的性质、组织等都发生重大变化，而且，60多年来，许多民法概念或观点也发生了很大的变化，更加之移民运动的扩大，因而，这些公约中的许多内容业已过时，有必要修正或重新制定新公约以适应新的形势。在这种情况下，本届会议上讨论并制定了《关于未成年人保护机关的权力及适用法律的公约》。它与1902年公约相比较被认为是一个全新的公约，不管是内容还是标题都未因袭旧公约。根据公约的规定，未成年人之惯常居所地国家的机关为保护未成年人及其财产，可以根据其本国法律直接采取保护措施。由此，可以看到，该公约实际上又是采用"惯常居所"这一连结因素成功地协调了在关于自然人身份问题上长期存在的本国法主义与住所地法主义的对立。这一成功，大致有以下一些原因：首先，"惯常居所"是"国籍"与"住所"间的一个中间概念，是国籍与住所这两个相互冲突概念间的一个很好的妥协；其次，作为1956年关于抚养的海牙公约所取得的一条经验，采用一个实际概念（factual notion）比采用一个在不同国家有不同意义的法律概念（legal concept）要更为可靠；最后，实践中，未成年人的住所大多是法定住所，即未成年人以其父母之住所或监护人之住所为住所，因而，未成年人与父母或监护人不住在同一国家的情况下，以住所之标准将保护未成年人之权利与义务委诸未成年人不在其领域内生活的国家法律及其机关就更是不合理的，而且也是有违公约的目的的。当然，也应注意，公约并未完全放弃国籍这一连结因素的适用。如根据公约，未成年人之国籍国的机关，在通知未成年人的惯常居所地国家有关机关后，仍可以根据其本国法对未成年人及其财产采取保护措施。对于该公约，美国学者纳德尔曼曾有过恰当的评价："新公约所确定的制度较之旧公约所确定的制度要更为可靠，而且，法院也会更乐意去适用。"①

本届会议除制定出上述三个公约外，还花了大量的时间讨论了法院管辖权与外国判决的承认和执行问题，并最终决定成立一个专家委员会继续讨论研究这两个问题。本届会议上还根据法国代表的建议，决定由常设局研究与协商制定一个关于人的身份问题判决的承认的公约，以及关于向居住在外国的当事人发送传票的问题。这里特别需指出的是，本届会议上还就海牙会议统一国际私法的方法问题进行了热烈的讨论，并且为此问题专门设立了一个特别小组进行研究，该小组最终形成了一个向大会提交的报告。此外，本届会议上还决定成立一个专家小组研究涉外收养的管辖权和法律适用问题。

第四节　第十届海牙国际私法会议

1964年10月召开了第十届海牙国际私法会议，23个会员国全部参加了会议。此外，上届会议后成为会员国的美国、以色列以及阿拉伯联合共和国参加了会议。会议上分五个专门委员会分别讨论与研究各自负责的问题。本届会议的日程包括制定四个公约草案，即关于外国判决的承认与执行的公约，关于儿童的国际收养的公约，关于司法及司法外文书的国外送达的公约以及关于协议选择法院的公约。同时要求将对涉及离婚、别居以及宣告婚姻无效而作的关于身份问题的判决的承认问题进行初步讨论，也列入了会议的日程。但是，会议最后只制定出三个公约，关于外国判决之承认与执行公约由于时间关系未能完成，因而，本届会议在"最后文件"中提请荷兰国家委员会（the Netherlands State Commission）在两年内安排一次特别会议以继续讨论该问题并完成该公约的起草工作。

从1893年第一届海牙会议起，法语一直作为会议唯一的正式语言使用。

① ［美］纳德尔曼：《第九届海牙国际私法会议》，载《美国比较法杂志》1963年第12卷。

但是，由于会员国的扩大，尤其是普通法系的英语国家参加会议，从1951年开始，英语在一定程度上被英语国家或使用英语的代表在会议上使用，而且，凡在此种情况下，英语都被翻译成法语。会议的所有文件材料也仍以法语作成。在第九届会议上，法国代表朱利叶（Julliot）建议从下届会议起英语也成为会议的正式语言。因而，在本届会议上，设置了英语和法语的同声翻译，而且，在会议的历史上，第一次以法、英两种语言作成会议最后文件和制定会议的公约，公约本身也都规定英、法文本具有同等的效力。总之，本届会议上除会议记录仍只以法语作成外，英语已基本上与法语一样成为会议正式语言。

20世纪60年代初，国际收养问题便已是一些国际组织讨论的热门课题。1962年在布鲁塞尔召开的国际法学会（International Law Association）会议上，它就得到了关注，并且由英国学者李普斯坦（Lipstein）提出了一个报告。该学会家庭关系委员会（Family Relations Committee）在1964年于日本东京召开的会议上，继续研究了这个问题。与此同时，欧洲议会社会委员会（Social Committee of the Council of Europe）于1964年2月起草了一个关于儿童收养的公约草案和一个报告。就海牙会议来说，上届会议后，组成一个专门委员会研究这个问题，并于1963年11月起草出一个公约草案和一个报告，它们成为本届会议上完成制定关于儿童收养公约的重要基础。从本届会议制定的关于儿童收养公约取名为《关于收养管辖权、准据法及收养判决之承认的公约》可以看出，公约不但规定收养判决的承认问题，而且，还规定哪一国家的有关机关能作出此种收养令（判决）（decrees relating to adoptions）的管辖权以及收养的法律适用问题。作为上届会议制定的关于未成年人保护的公约的必然结果，公约也采用"惯常居所"这一概念，因此，本国法主义与住所地法主义再次获得妥协。公约适用于个人或夫妇双方收养18岁以下未结婚且为一缔约国的公民并在一缔约国有惯常居所的儿童的情况。根据公约第3条规定，收养人惯常居所国或国籍国的有关机关享有作出收养令的权力，而且，这些有管辖权的机关均只适用其本国法律。但是，收养人的惯常居所地国有关机关在行使管辖权时，应尊重收养人本国法中有关禁止收养的规定。公约还规定，如果收养令以及宣告收养无效决定的作成符合公约的规定，则缔约国应予承认。

司法工作者国际联盟在向第九届海牙会议提交的一份备忘录中，描写了各国诉讼制度彼此歧异的情形，从而更引起海牙会议对该问题的重视，并因此召集一个专门委员会，负责研究各国诉讼制度异常不同的情况下，国际民商事诉讼中的送达问题。委员会经过研究，拟出的一个关于民商事司法文书及司法外文书的外国送达的公约草案，成为本届会议上研究该问题的基础。本届会议上最后制定出并为各参加国一致接受的公约取名为《关于司法及司法外的民商事文件的国外送达公约》。公约的制定实际上取代了1905年与1954年国际民事诉讼公约中关于国外送达的规定。公约适应新的条件，并且比这类诉讼公约中的旧的规定有大大的改进。它要求各缔约国都依其本国法律的规定成立一个中央机关（Central Authority），负责接受其他缔约国之请求，在其国内送达民、商事的司法及司法外文书。正如海牙国际私法会议常设局前秘书桑德斯（M. L. Saunders）所指出的那样，“灵活与简便是该公约引人注目的特征”①。也正因为此，美国学者纳德尔曼认为，该公约无论从一般意义上说，还是从美国的立场出发，都能证明具有极大的实际意义②。这里有一点应予指出，即在送达问题上民法法系国家的制度与普通法法系国家的规定是有极大差别的，这种差别甚至可以很明显地从公约两个文本的不同标题中看出：公约的法文本标题为关于Signification和Notification的公约，而英文本则仅为关于Service的公约。这是因为普通法国家不存在大陆民法国家中在送达问题上的Signification和Notification两种制度，而在民法国家，Signification是指法院官员的送达，而Notification是其他人进行的送达。由此可见，民法法系与普通法法系间，而且甚至可以推而广之，不同法系间的一些法律制度的差异，有时是难以实现统一的。而且，有趣的是，由于美国代表阿拉姆（Philip Amram）是本届会议上负责起草该公约的第三委员会的副主席，甚至导致该公约的英文本只反应了美国法的观点而非英国法的观点。对此英国出席会议的代表似乎有些不满③。

本届会议上制定出的第三个公约是选择法院的公约。上届海牙会议上曾就奥地利提出的关于制定选择法院问题的公约的建议及该国代表所提供的一个有关该问题的公约草案进行了长时间的讨论，会议以后，会议常设局召集了一个专门委员会研究制定关于选择法院问题的公约，并制定出一个条约草案，它成为本届会议上第四委员会据以讨论研究并最后获得通过的关于选择法院公约的基础。本届会议制定的关于选择法院的公约，主要规定了三个方面的问题：首先，它规定当事人在条约规定范围内所达成的选择法院的协议有效；其次，它规定了此种选择法院的协议的效力；最后，它还规定了当事人选择的法院作出

① ［美］桑德斯：《海牙国际私法公约》，载《澳大利亚国际法年刊》，1966年。

② ［美］纳德尔曼：《第十届海牙国际私法会议》，载《美国比较法杂志》1964年第13卷。

③ ［美］阿拉姆：《在第十届海牙国际私法会议上的报告》，载《美国比较法杂志》第14卷。

的判决在外国的承认与执行问题。这里值得一提的是，公约提出了一个“新的非常重要的思想，即如果法院选择（协议）是通过滥用经济权力或其他不正当手段（by an abuse of economic power or other unfair means）而实现的，则无效或可宣告无效”。

本届会议除制定出三个条约草案外，还就其他一些问题进行了讨论，这些问题包括：第一，外国判决的承认与执行问题。本届会议的第一委员会负责此项工作。在讨论过程中，关于如何制定有关公约曾有两种建议。一种建议是比利时代表提出的，即“双边化建议”，根据此建议，公约中规定一些一般原则以使各国自由选择这些原则适用于那些自愿受公约约束的所谓国家组织（grous of states），而不是像一般公约那样拘束所有缔约国。另一种建议是英国代表提出的，他们认为会议应制定一个内容包括一般规则的有关外国判决的承认与执行的、具有约束所有缔约国的效力的公约，任何缔约国不得有违公约的规定。这些建议引起了热烈的讨论，但未能获得完全一致的结果。不过专家认为，将制定出的公约不应完全采用传统的公约那种形式，而应考虑所谓双边主义（bilateralism）的一些形式。会议最后决定在本届会议结束后两年内将召集的一次特别会议召开之前，由一个新组成的专门委员会就双边化问题进行进一步的研究。第二，关于离婚、别居以及宣告婚姻无效判决之管辖权、法律适用以及承认问题是由本届会议的第五委员会负责研究的，但也未制定出公约，而只被列入下届会议的议程。第三，关于示范法律（model laws）问题，会议决定将其作为未来应予专门研究的一项工作。

第五节　第十一届海牙国际私法会议

第十一届海牙国际私法会议于 1968 年 10 月召开。25 个原有会员国全部出席了会议。加拿大与原捷克斯洛伐克在上届会议结束后加入会议成为会员国，均为第一次参加会议。印度尼西亚派观察员参加了会议。此外，一些政府间的国际组织也派代表出席了会议。

本届会议的议程包括制定三个新的公约草案，即关于离婚与别居判决的承认的公约，关于交通事故法律适用公约以及关于民商事问题国外取证公约。另外，审查 1966 年 10 月召开的海牙国际私法会议特别会议上制定出的关于外国民、商事判决的承认与执行的公约草案也在本届会议的议程之中。

海牙会议早期曾制定过一个关于离婚与别居的公约（1902 年 6 月 12 日），但是，第一次世界大战以后，该公约受到多方面的指责，因而，在本届会议召开以前，经常有人建议修改该公约。1960年召开的第九届会议决定由会议秘书处对制定一个关于离婚、别居等影响自然人身份问题的公约作初步研究，第十届会议上设立的第五委员会讨论了秘书处对该问题所作的所有研究工作。此后，会议便决定召集一个专门委员会具体研究制定一个关于离婚、别居等问题的公约。专门委员会在研究该问题的过程中，曾遇到两个困难：其一是关于公约所规定的范围问题，委员会最后决定主要集中规定离婚及别居问题，而关于宣告婚姻无效问题则暂置一旁，这不仅是因为实践中宣告婚姻无效问题较少发生，而且还因为该问题在各国法律制度中与结婚的规定联系更紧。其二是关于制定一个 simple convention，还是制定一个 double convention 的问题。所谓 simple convention 是指公约只规定离婚与别居判决的承认问题，而所谓 double convention 是指公约不仅规定离婚与别居判决的承认问题，而且还规定此种判决的管辖权问题，可能的话，还规定法律适用问题。对于 simple convention，有人认为它能够大大减少当事人的婚姻在一国被认为已经通过离婚而解除而在另一国则被认为仍存在婚姻关系情况的出现。而且，它也能够保证离婚后的人重新缔结的婚姻的稳定性。但是，由于它仅规定了那些有助于保证离婚与别居判决国际承认的管辖权的根据（heads of jurisdiction），而未完全规定涉外离婚与别居之管辖权问题，因而，它也就不能完全防止“跛足婚姻”（limping marriages）的出现。正因为此一原因，同时也希望防止在离婚问题上“挑选法院”（forum shopping）现象的出现，一些代表认为海牙会议未来制定的公约应是 double convention。为了方便起见，专门委员会最后还是决定制定一个 simple convention，并且于1965年召开的会议上拟出公约草案，提交给各国政府征求意见。本届会议上最后制定出的公约草案便是以该草案为基础的。

《关于离婚及别居承认的公约》第2、3条规定了离婚及别居获得国际承认的管辖权基础，这些是该公约最为重要的规定。就这些规定的内容来看，它们实际上是大陆民法法系国家所采用的以国籍作为管辖权标准与普通法系国家以住所作为管辖权标准的有机结合。当然，为了防止“挑选法院”现象的出现并且为了保护被告的利益，对这两个标准也都各有修改。如公约规定，原告惯常居所地或住所地国家所作出的离婚判决要获得承认尚需具备这样的条件，即该惯常居所或住所在诉讼开始前应至少持续了1年，或者配偶双方必须惯常在那里一起居住；如果是以原告国籍作为判决的国际承认的管辖权基础，则也应符合另外的条件，即原告还必须或者是在该国有惯常居所或住所，或者在诉讼之前的两年中连续，或至少不间断地在此惯常居住不少于1年；然而，如果配偶双方都是作出判决国的公民，或者被告在该国有惯常居所，则无别的附加条件，这是因为在此种情况下，法院自然会采取保护被告及防止“挑选法院”的措施。公约还规定了一国可以拒绝外国离婚与别居判决的情况。而且，公约对那些本国法律不允许离婚的国家，如意大利、西班牙、葡萄牙、爱尔兰等，还作了特别的规定。

1964年召开的第十届海牙会议建议对侵权诉讼的管辖权和法律适用进行了研究，并为此成立了一个专门委员会负责此项工作。该委员会于1967年10月举行第一次会议，决定选择交通事故这一具体问题作为制定公约的主题。对此选题，参加该委员会的美国代表曾极力反对，其理由有二：一为交通事故案件判决结果的可预见性、统一性以及确定性尚不具有去制定一个规定该问题的专门公约的重要性；二为交通事故方面的冲突法规范目前尚处于变化着的不稳定状态，如果制定这方面的公约会阻碍其进一步发展。但专门委员会还是于1968年5月2日召集了第二次会议，并草拟出关于交通事故法律适用的公约草案，提交给各会员国政府以征求意见。公约草案规定采用交通事故发生地国的内国法作为案件所适用的准据法，但同时也规定了不适用该规则的若干例外情形。草案曾建议区分无偿运输与有偿运输两种情况。在起草过程中，专门委员会还试图在公约中规定一个处理一切侵权案件的所谓客观自体法（objective proper law），但在本届会议上，代表们认为公约应不适用于合同上债的问题，因而，取消了草案中关于有偿运输与无偿运输的区分。大会还认为制定该公约最关键的是要考虑法律的确定性（certainty）问题。因而本届会议所制定出的最后公约在规定以侵权行为发生地国法律作为准据法时，仅规定了对该一般规则极少的例外情形，而且，这些例外情况比专门委员会所制定的草案中的例外情形也更为确定，即唯一可以代替侵权行为地法适用的是交通事故所涉的车辆的登记国的法律。

就本届会议制定出的《关于交通事故法律适用公约》的内容来说，有以下几点值得注意：首先，根据条约第4、5条的规定，在一些情况下，确定准据法的连结点是车辆的登记地。有学者认为这一连结点较之侵权法方面常使用的其他一些连结点具有某种优越性，因为它不但能够较可靠地指明事故最终责任人所应适用的法律，还可以避免某一具体时间关于所有权可能带来的困难的事实方面或法律方面的问题。其次，条约规定分别确定适用于每一受害人责任的准据法，因而，如果出事车辆不是在出事地国登记，则可能会适用两个不同的法律来确定同一事故所引起的多个诉请。最后，公约第8条规定，根据公约的规定所选出的准据法，还适用于一些附属问题，如案件中的识别问题、替代责任问题以及时效问题等。这一规定反映出，海牙会议一般说来，它是赞成在所有与案件有关的问题上，以准据法的适用来代替法院地法（lex fori）的适用的。

1905年和1954年旧的关于国际民事诉讼的海牙公约都分别于第一章规定了诉讼文书的国外送达以及于第二章规定了国外取证问题，但是，随着形势的变化，有必要制定一个专门的关于民、商事问题国外取证的公约。因而，第十届会议上，便将进一步研究并制定该公约的问题列为会议议题之一，并成立一个专门委员会负责此项工作。该委员会于1968年6月在海牙举行会议，并拟就一个公约草案。本届会议第三委员会便是在该公约草案的基础上制定出关于民、商事问题国外取证公约的。本届会议上在讨论该公约的过程中遇到一些困难，主要是由于民法国家与普通法国家对待该问题的不同做法所引起的。涉外诉讼中的国外取证在普通法系国家比在民法法系国家要更为自由，如民法国家认为取证问题是司法机关的职责，而非诉讼当事人的一种活动，因而它们认为，通过外交或领事代表或通过特派员（commissioners）进行取证，是对其司法主权的一种侵犯。这些国家还认为，由领事或特派员进行取证会导致权力滥用。不过这种对立最终都通过不同途径获得一定的妥协。

根据海牙国际私法会议第十一届会议通过的制定公约的报告归纳，制订该公约的宗旨是：（1）完善现有的请求书制度；（2）扩大领事取证的权力，并在有限的基础上引进特派员取证这一新概念，以丰富取证手段；（3）保证各国依其国内法或条约现存的更为优越和限制更少的做法不受影响。基于上述宗旨，该公约共分3章42条：第1章（第1～14条）规定请求书制度，包括请求书的形式和内容、转递方式、所用语言、执行方式、费用承担、拒绝理由、强制措施以及证人的权利等。第2章（第15～22条）规定领事取证和特派员取证制度，规定采用这种取证的情形及其取证权力限制等。第3章（第23～42条）是一般条款，规定本公约与其他有关公约和各国现存实践之间的关系，以及公约的保留、声明、适用领土、争端解决、签署、批准、加入、生效、失效等事项。从这些内容看，该公约是迄今为止有关民商事域外取证方面最为完善的多边公约，对各国实践具有深远影响。公约的主要内容如下：

（一）关于公约的适用范围

1. 关于“民事或商事”的概念

公约第1条开宗明义规定公约只适用于“民、商事案件”中，但正如送达公约一样，各国对于“民、商事”均有不同理解。这方面的原则分歧，上一节已经述及。但与送达公约不同的是取证不仅仅是文书的转递，它实际意味着被请求机关对国外诉讼程序的直接或间接的参与，因此，被请求国中央机关对此给予了更严格的限制。正因为如此，大多数国家均主张，某一案件是否属于民商事范畴，应依被请求国法律识别，而不是像送达那样往往依请求国法律识别。

2. 关于取证公约是否排他性适用的问题

决定取证公约与国内法的关系，解决公约是否具有排他性问题，对公约所能发挥的作用具有重大影响。对于这一问题，公约并未明文规定，而且由于公约中选用了比较灵活的措辞，这就给各国对之赋予不同解释留下了余地。

在 1989 年特委会会议上，各国对公约是否排他性适用问题仍未能达成一致。但作为妥协，会议通过了几点“结论”，供各缔约国执行公约时参考：

（1）特委会强调，公约制定者的主要目的之一是在大陆法系国家和英美法系国家的取证制度之间建立一种联系；

（2）特委会注意到在公约是否排他性适用问题上观点仍有分歧；

（3）然而，考虑到公约的目的，特委会认为不论各缔约国对公约的排它性适用问题持何观点，其在需从域外取证时应优先适用公约所提供的程序；

（4）为便于优先利用公约，委员会鼓励根据第 23 条已作保留或将作保留的国家限制该保留的范围（该条涉及美国的“审判前文件调查”制度）；

（5）如果一缔约国司法机关为获取处于另一缔约国境内的证据仍依其本国诉讼程序规则采取强制措施，委员会敦促该司法机关尊重其他国家依第 23 条作出限制性保留的精神。

3. 关于“获取证据”的概念

公约对“获取证据”一词并未下定义。在拟订公约的过程中，公约草案曾在“获取证据”一词后用括号加了一段解释，指明取证“包括获取证人、当事人或鉴定人证词、提供或检查文件或其他物品或财产”。这一列举的目的显然是要排除其他种类的取证。但在最后拟订的公约中取消了上述括号中的措辞。同时公约第 3 条规定，请求书的内容包括：被调查人的姓名和住址、需向被调查人提出的问题以及需了解的问题的内容说明、需检查的文件或其他动产或不动产。可见，公约所规定的“获取证据”的概念已超出了公约草案的范围。在 1978 年特委会上，各国专家对取证概念也采取了灵活态度。

与送达公约不同，本公约要求提出请求和执行请求的机关均为“司法机关”。但公约对“司法机关”并未作出解释。虽一般将这里的司法机关理解为对民、商事案件有管辖权以及有权执行取证请求的法院，可各国又并未局限于此，在特定情况下，其他机关或个人（如司法部长、法院特派员、公证员、甚至律师）只要依其本国法律有权发出或执行请求，都可视为“司法机关”。

（二）关于中央机关的建立及其职能

各缔约国建立一个中央机关作为接收外国取证请求书的固定渠道，这既是本公约的一项创新性规定，也是海牙送达公约有关中央机关的规定的继承和发展。各国依本公约指定的中央机关与依海牙送达公约指定的中央机关基本上相同，依本公约指定的中央机关与依海牙送达公约指定的中央机关的职能在其性质上也大体相仿。依本公约，中央机关的主要职权是“负责收受缔约另一国司法机关发来的请求书，并转交给主管机关执行”。同时，中央机关有权对外国请求书进行审查，并在其认为不符合公约规定时提出异议。某些国家的中央机关还负责转递执行结果和本国向外国提出的取证请求书。

（三）请求的提出

如上所述，中央机关的主要职能是接收外国提出的请求书，因此，公约规定：“请求书应直接送交执行国中央机关，无须通过该国任何其他机关转交。”就是说，对被请求国而言，其中央机关必须是第一类接到请求书的机关，在此之前，无须别的机关介入。但对请求国而言，司法机关提出请求后是否还要经其他机关审查后才能转递给被请求国，公约则将此留待各国国内的法律及程序自行解决。大多数国家认为，请求取证与请求送达不同，这类请求应一概经过本国中央机关转递，但美国和瑞典等国则主张由请求机关向外国中央机关直接提交请求书。各国在这一问题上的实践并不一致。

（四）请求的执行

1. 执行请求所适用的法律

作为一项原则，公约规定，执行请求书的司法机关执行请求时适用其本国法。换言之，收到外国提出的取证请求后，由何机关代为取证，在取证中采取何种方式，遵循何种程序，均依被请求国法律确定。但由于各国证据制度上的差异，不同国家对证据的形式要件也有不同要求，完全按照被请求国法律获取的证据有可能在请求国诉讼程序中不能发挥证据的作用。有鉴于此，公约还规定，请求国可在一定前提下采用特殊方式或程序取证。

2. 取证过程中的若干程序问题

公约第6条、第7条、第8条、第10条、第11条分别对执行请求书过程中涉及的移交执行、当事人及请求机关出席、强制措施以及证人的权利作了规定。

（1）移交执行问题

公约第6条规定，如果收到请求书的机关无权执行该项请求，应将该项请求书转交给该国依其本国法规定有权执行的机关。这一规定的出发点是该项请求中所要求执行的事项本身属于被请求国司法机关的职权范围，但由于某种技术上的原因，该请求所涉事项并不处于收到请求书的机关的管辖范围内。在此情况下，不能依公约第12条的规定简单予以拒绝，而应转交给有权执行的机关予以执行。

（2）当事人及请求机关出席问题

关于案件的当事方出席域外取证过程问题，按照公约规定，如请求机关提出要求，被请求方应将执行请求的时间和地点通知请求机关，以便有关当事各方及其代理人得以出席。

（3）强制取证问题

公约第10条规定，被请求国在执行取证请求时，应采取其本国法规定的同等的强制措施，以便让不愿作证的人出庭作证。这里的“采取强制措施”，是公约规定的缔约国的一项义务，旨在保证取证合作的切实有效。但此项义务有两个限制：第一，这些强制措施应是“适宜的”；第二，这些强制措施应与在同等情况的国内诉讼程序中采取的强制措施相当。

（4）关于证人的权利

公约第11条对证人可拒绝作证的情形作了规定。这一规定最大限度地保障了证人的权利。证人拒绝作证，既可基于被请求国法律，也可基于请求国法律和第三国法律。

（五）请求的拒绝

公约第5条规定，如被请求国中央机关认为请求不符合本公约规定，可以提出异议；第12条进一步规定了拒绝协助取证的理由。关于提出异议、以主权和安全为由拒绝协助以及不得仅以被请求国对案件拥有专属管辖权为由拒绝协助等问题，与海牙送达公约的规定相似。至于公约第12条第1款（a）项所规定的拒绝理由（即“在执行地国执行该请求不属司法机关职权范围”）是国际上司法协助条约中拒绝协助取证的常见理由之一。尽管公约有此规定，但在各国实践中，依此拒绝协助的情况并不常见。

（六）领事和特派员取证方式

对领事官员和特派员取证方式用专章加以规定，是本公约的一个重要特点，也是对1954年《国际民事诉讼程序公约》的最重要的发展。这一规定给各国在利用请求书制度之外选用其他途径进行取证提供了方便，进一步丰富了域外取证制度，在一定程度上照顾了不同国家的实践。

但是，无论领事官员取证还是特派员取证，实际上都涉及一国官员在另一国领土上从事司法行为。按一般国际法理论，一国司法权的行使是专属于该国国内司法机关的权限，如未经别国许可在别国领土上行使这种司法权，就构成对该国主权的侵犯。有些国家对这一主权权力极为强调，有的国家立场则较灵活。基于此，公约对两种制度作了截然不同的规定。这种不同，一方面体现在具体条款本身对领事取证和特派员取证作了更严格的限制；另一方面，公约整个第二章都是建立在缔约国自愿采用的基础上，允许缔约国对这两个方式作出部分乃至全部保留。

1. 领事途径

所谓领事途径，是指一国司法机关通过该国派驻他国的领事或外交官员在其驻在国直接调取证据的途径。因这种取证大部分由领事官员进行，外交人员的介入并不常见，且外交人员取证时实际上也是行使领事职务，因此，国际上习惯将之简称为“领事途径”。

与请求书制度相比，领事取证在某种程度上的优越性是显而易见的：第一，采取领事取证的方式，避免了转递请求书的复杂程序，简便易行；第二，领事官员进行取证，是其行使领事职权的公职行为，因此，一般不会产生费用问题；第三，如果被取证人是其本国国民，在取证过程中也就不存在语言上的障碍，无须使用翻译；第四，尤其重要的是，领事官员对其本国的法律概念和证据制度比较了解，因此，领事官员调取的证据往往在形式上更符合法院地的法律要求。如果被取证人是其本国国民，也熟悉法院地的证据规则，那么这一优越性就更为明显。但正因为存在上述司法主权方面的考虑，尽管领事取证具有上述优越性，各国仍对之给予了一定程度的限制。这种限制因被取证人国籍的不同而各异。

2. 特派员取证制度

法庭委派特派员取证的制度主要存在于英美法系国家，其含义是：受理诉讼的法院如需从国外获取证据，可委派官员直接在外国领土上调取证据。采取这种制度的好处与领事取证类似。事实上，领事官员在取证时也是作为法院特派员行事的，从这个意义上讲，领事取证也是特派员取证的一种特殊类型。但特派员取证又不仅限于领事取证。

3. 对领事和特派员取证的限制

领事和特派员取证制度，除受制于各国所作的保留和声明及其所设定的条件外，公约本身还作了以下几方面的限制：

职能上的限制：领事取证只能在其执行职务的区域内进行（有些国家还要求必须在使馆或领馆馆舍内进行），而且前提是其派遣国已依法赋予其取证的权力。如果一国并未赋予其领事官员取证的权力，则本公约不创设此项权力。特派员取证的权力完全源于法院委托，他只能在法院委托的权限内行事，不能超越该权限。

取证范围上的限制：领事和特派员取证与依请求书取证相比，在适用范围上有两大差异：其一，一国司法机关除可用请求书方式请求另一国司法机关协助“获取证据”外，还可请求代为“履行某些其他司法行为”，而领事和特派员取证的职权仅限于获取证据，不得履行专属司法机关职权的“其他司法行为”；其二，可采用请求书方式要求取证的案件既可是“已经开始”的诉讼，亦可为“即将开始”的诉讼，而由领事或特派员取证的案件只能是“已经开始”的案件，除非有关国家另有协议。

不得采取强制措施的限制：这是对领事和特派员取证权力的最重要的限制。对不愿作证的证人采取一定的强制措施，是取证地国的主权权力，必须由取证地国司法机关行使。因此，领事取证和特派员取证只能在证人自愿的基础上进行。为便于在证人拒绝作证的情况下也能取得证词，公约第 18 条还规定，缔约国可声明外国领事或特派员在取证过程中，可向其主管当局提出申请，要求该当局对证人采取强制措施，协助取证的完成。这一措辞非常灵活。按照这一规定，领事官员或特派员提出申请并非一项权利，只有在取证地国作出声明的情况下，这种申请才有可能。

（七）审判前文件调查

虽然公约对“审判前文件调查”程序仅作了一条规定（公约第 23 条规定，缔约国可声明其不执行旨在寻求进行审判前文件调查的请求书）。但这一问题在实践中分歧最大，从而成为 1978 年和 1985 年两次特委会会议上引起广泛关注的最关键的问题。

“审判前文件调查”程序主要存在于美国的司法实践中，是指在诉讼中，当事一方在案件审判前对另一方或非当事方就有关事实和情报进行调查，以便为进入审判阶段作准备。在利用请求书进行涉外取证中采用这一手段，是指法院根据当事一方的请求，在向外国提出的取证请求书中要求外国司法机关协助进行这方面的取证。但是，其他国家都反对美国的做法，其主要理由是，采用这一手段进行调查时，并不具体说明需获取或审查哪些文件，只要可能，与讼争有一点关系的文件均在其搜寻之列，调查对象过于广泛和不特定，随意性很大。一些国家还指责美国利用这一手段，在国外索取与案件毫无关系的文件，特别是别国的科技和经贸方面的机密文件，用于其他目的，严重危害了别国的主权和安全。此外，英国也认为，尽管美国的这一程序与英国法律中的调查程序主旨相似，但美国的“审判前文件调查”在程度上远远超过了英国法律中的调查，尤其是它可对非当事人适用，而英国法律中对此作了非常严格的限制。因此，虽然英美同属普通法系国家，英国仍强烈反对美国的“审判前文件调查”制度（事实上，首先建议在公约中明文规定允许对这一制度声明保留的国家也是英国）。

正是因为存在上述分歧，大多数国家都依公约第23条于签署、批准或加入公约时，宣布不执行“审判前文件调查”这种程序。但同时，大多数国家也意识到，由于美国诉讼程序的特点，缔约国作此保留后，理论上无异于拒绝执行美国法院在其受理案件后，进入审判阶段前所发出的所有取证请求，这显然也是不合理的。因此，许多国家在作出保留时或在其后，都仿照英国模式，作了一段限制性声明，即说明该国政府将“旨在寻求进行审判前文件调查的请求”仅理解为要求某人：（1）说明哪些与请求书所涉及的诉讼有关的文件正在或已在其持有、保管或权限的范围内；（2）提供在被请求法院看来处于或可能处于该人持有、保管或权限范围内，且非请求书中所明列的特定文件的其他任何文件。

在两次特委会会议上，按照美国代表解释，所谓“审判前”，并非指提起诉讼以前，而是在当事人已向法院提起诉讼，且已向被告完成传票送达程序之后，进入实质性审理之前。虽然在美国进行“审判前文件调查”时不同于大陆法系国家由法院进行取证，而是由当事双方进行，但这一调查过程是按照有关法律规定，在一定的诉讼程序中，在法院的授权和监督下进行的，且在当事双方对取证对象、调查内容等问题不能取得一致意见时，也需法院介入。按照美国法律，在这一程序中，当事人不自动承担提供文件或证人的义务，他可就此提出异议或主张权利，还可要求法院发布保护性命令，以使其贸易秘密不致泄露。

1966年4月召开的海牙会议特别会议上曾制定出关于外国民、商事判决的承认与执行公约草案，但是，由于对一些国家所使用的据以行使管辖权的根据，如被告之国籍、住所，对人诉讼中物的所在地，在观点上存有分歧，使制定公约的任务未能及时完成。于是会议决定成立一个专门委员会负责研究解决无恰当管辖权的法院所作判决的承认与执行问题。1966年10月该专门委员会召开会议，并就制定一个关于解决该问题的附加议定书（supplementary protocol）的实质内容达成协议，但对于议定书是否应强制适用于使用关于外国民商事判决的承认与执行公约的国家的问题仍未能获得解决，因此，海牙会议将公约与附加议定书的关系问题列为第十一届大会的议程。本届会议就上述文件进行了讨论，最后制定出一个建议书草案，而且获得全体代表的同意。海牙会议要求成员国同时签署与批准公约和附加议定书。如果成员国认为不愿这样做，则会议建议它们在制定双边公约时，考虑附加议定书的内容。最后，建议书还建议任何业已受有关条约约束的国家，应采取一切有效措施去遵循附加议定书所阐述的原则，如果这些既存条约所采用的原则与该附加议定书中的原则不一致的话。由此可见，海牙会议试图通过其道义的力量（moral weight）以反对滥用管辖权所作的判决（jurisdictionalty excessive judgments）的国际执行。事实上，人们也希望该附加议定书施行的结果会阻止对这种判决的广泛的执行。

本届会议还就下届会议应讨论的课题进行了研究，并基本确定下届会议应予研究的两个课题，即关于产品责任的法律适用公约和财产继承，尤其是死者财产管理的公约。至于其他课题，则将由荷兰国家委员会予以考虑并决定是否列为下届会议议程。这些课题有：关于成年人之扶养公约，关于婚姻，包括宣告婚姻无效法律适用公约，关于夫妻财产法律适用公约，以及关于流通证券法律适用公约。

本届会议上还就会议成员国的国家机构间彼此交换信息问题进行了讨论，并作成一个建议书。它建议：（1）各成员国在正式收到会议常设局所发送的每届例会的最后文件后的两年内，通过其国家机构就其有可能予以签署和批准的公约的评价通知常设局。（2）在每年年终之际，常设局可以邀请各成员国就公约（尤其是就 1950 年以后所采纳的公约而且已超过上条所说的时间限制）通报其国家机构声明它业已作出的签署和批准各具体公约的努力。常设局的这种请求一年不得超过一次，而且，最好在秋季作出。在对常设局的请求作出反应时，国家机构也可表明公约的规定对其国内立法会有什么程度的影响。（3）在每届例会上，各国代表应或者以口头方式或以书面形式简单地介绍其国家就 1950 年以后所制定的公约的签署和批准业已作出的努力。（4）除另有要求外，常设局得将上述文件、信息转发给各成员国的国家机构。

第六节　对这一时期工作的评价

第二次世界大战以后召开的第七届至第十一届海牙国际私法会议在海牙国际私法会议的历史发展中占有非常重要的地位。这一点，从本书上一章开列的海牙会议历年通过的公约的名单中，已可清楚地看到。这一阶段的海牙国际私法会议的特征可以简单地概括为以下几点：

第一，该阶段的海牙国际私法会议既是 19 世纪便已开始，然而经过历史灾难而中断了的海牙会议以及海牙会议统一国际私法活动历史的继续，也是海牙会议新的历史、新的发展阶段的开端。

第二，在这个阶段，海牙会议已经从一个非固定的国际会议，发展成为一个旨在从事国际私法逐渐统一工作的固定的政府间国际组织。在当今国际社会它是从事私法国际统一的最重要的国际组织之一。

第三，在该阶段，海牙国际会议的成员得到进一步的扩大。美国、加拿大等普通法国家加入会议。这对扩大该组织的影响和进行更广泛的私法国际统一工作都具有非常重要的意义。

第四，就海牙会议对国际私法统一的原则而言，它已逐渐地放弃（或至少减损了）自然人属人法中的国籍原则，住所地原则，尤其是惯常居所地原则得到了重视。海牙会议以惯常居所地法原则去实现有关私法上属人法的国际统一，应该说是极成功的尝试，它为会议进行广泛的国际私法统一工作带来了美好的前景。

第五，海牙会议在该阶段着手对原有的一些业已过时的统一私法公约进行修订，这也构成该阶段海牙会议工作方面的一个特征。海牙会议逐渐地、系统地修订会议历史上的旧公约，对会议工作的连续性，对公约的实用性都是非常重要和必要的。

第六，在该阶段的历史上，海牙会议正式采用英、法双语制。这对于会议顺利地进行统一国际私法工作也具有重要意义。

第十二章　20世纪70年代以来的海牙国际私法会议——新时期的丰硕成果

第一节　第十二届海牙国际私法会议

一、概述

1972年10月在海牙召开了第十二届海牙国际私法会议，当时所有29个会员国，包括新加入会议的巴西和阿根廷，除阿拉伯联合共和国一国外，均参加了会议。本届会议代表共101名，其中法学教授、最高法院法官以及政府官员的比例基本平衡。本届会议主席仍然由曾担任上届会议主席的荷兰阿姆斯特丹大学教授温特担任。温特教授在本届会议的致词中（为了体现海牙会议的双语制，其致词前半部分使用法语，后半部分使用英语）回顾了海牙会议80多年的历史，并且对会议今后的前途作了充满乐观情绪的展望。

本届会议的议程主要包括对已经作出的三个初步的公约草案进行讨论，并因此设立了三个专门委员会。由于时间的关系，本届会议上还决定成立一个特别委员会，专门就起草制定一个关于扶养义务法律适用公约进行工作。该特别委员会于1973年3月16—25日在海牙召开会议，并制定出上述公约草案。总之，第十二届海牙国际私法会议的成果是制定出四个新的统一国际私法的公约：（1）《关于扶养义务判决的承认与执行的公约》；（2）《关于遗产国际管理公约》；（3）《关于产品责任法律适用公约》；（4）《关于抚养义务法律适用公约》。下面试就这四个公约予以简单的介绍和评述。

二、关于扶养义务判决的承认与执行的公约

1. 公约的背景

海牙国际私法会议早在1956年召开的第八届会议上便制定了两个有关扶养义务（之债）的公约，即《关于未成年人扶养义务法律适用公约》和《关

于未成年人扶养义务判决的承认与执行的公约》。这两个公约获得了不少成员国的签署批准，并于1962年生效。

第十一届会议结束后，一个专门从事扶养义务法律统一问题的专门委员会分别于1971年12月和1972年3月制定出两个公约草案，即《关于成年人若干抚养义务法律适用的公约草案》和《关于成年人若干扶养义务判决的承认与执行的公约草案》。在准备制定上述后一公约的过程中，便有人提出，把成年人与未成年人扶养义务判决的承认与执行问题不在一个公约中统一予以规定，会给生活实践中处理扶养义务判决的承认与执行问题带来麻烦。正因如此，本届会议上第三委员会（专门负责有关扶养公约的准备工作）建立之初，便尝试以上述既有的关于扶养义务判决的承认与执行公约草案为基础，制定一个兼含有关未成年人扶养义务法律适用和判决承认与执行两方面内容的公约。但是，由于时间的关系，本届会议不得不决定把《关于成年人若干扶养义务法律适用的公约》的制定工作交给一特别委员会在本届会议之后再行完成。

本届会议上第三委员会集中精力顺利地制定出《关于扶养义务判决的承认与执行公约》。公约共七章，其主要内容与1958年的《关于未成年人扶养义务判决的承认与执行公约》相比，是有很大的发展的。

2. 公约的范围

与上述1958年的公约相比，新公约扩大了规定范围，它不只是规定有关未成年人扶养义务决定的承认与执行问题，还同时规定成年人间扶养义务决定的承认与执行问题。总之，新公约规定所有亲属法上扶养（包括抚养、扶养和赡养）决定的承认与执行问题。不过公约也同时（第26条）规定了允许成员国以保留方式限制它的适用范围。

与1958年公约相比，新公约扩大了适用的范围还表现在它所规定的关于扶养义务的判决，不只包括法院所作的判决，而且尚包括由有关当局或在有关当局作出的关于扶养义务的裁定和调解协议。公约这样规定被一些人认为是一个重要的进步，而被另一些人认为是一个错误。例如，出席本届会议的美国代表卡佛斯教授（David F. Cavers）便指出，由于公约未同时规定应适用哪一国法律来确定公约中所规定的调解协议（settlement）的含义，且由于该协议在不同国家具有不同的效力，公约又未规定这种文件必须公证，因而，实践中这种不经检查的协议，势必不会为公约国承认与执行的①。

① ［美］卡佛斯：《美国代表团在十二届海牙国际私法会议上的报告》，载《国际法律资料》（1973年），第870页。

3. 扶养义务判决的承认与执行的要件

公约第7、8条规定了有关扶养义务判决的承认与执行的要件，这些要件归结为一条，即作出判决的法院或其他当局应享有管辖权。承认与执行扶养义务的判决的管辖权根据（即所谓的间接管辖权根据，grouds of indirect jurisdiction）有以下四种：

第一，判决（调解协议，下同）作出时扶养权利人或义务人在判决作出国（也即所谓的原始国，the state of origin）有惯常居所；

第二，判决作出时扶养权利人和义务人均具有原始国的国籍；

第三，被告明示或者默示地将管辖权提交给该判决机关；

第四，此外，如作出离婚、别居判决或者宣告婚姻无效的国家对这些问题的管辖权若为被请求承认与执行扶养义务的国家承认，则也有作出扶养义务判决的管辖权。

凡属上述有管辖权的国家的法院或其他当局所作出的判决或调解协议，原则上在其他公约成员国均应予以承认。但是，条约同时也规定了一些拒绝承认与执行的情况。

4. 拒绝承认与执行外国扶养义务判决的理由

（1）如果外国扶养义务判决不是终审、有效判决，则被请求国得予拒绝承认与执行（参见公约第4条）；

（2）如果被请求国认为承认与执行该外国扶养义务判决违背其“公共秩序”，也可以拒绝承认与执行该判决（参见公约第5条第1款）；

（3）如果诉讼（或司法外）程序中存在有诈欺现象，则被请求国也得拒绝对该判决的承认与执行（参见公约第5条第2款）；

（4）如果同判决的当事人之间尚存在有还未了结的诉讼，则该判决得被拒绝承认与执行（参见公约第5条第3款）；

（5）如果在诉讼过程中，被告未获得及时的通告，因而未能有充分的时间进行答辩，则被请求国也可以对因此而作出的扶养义务判决的承认与执行予以拒绝（参见公约第6条）。

5. 承认与执行外国扶养义务判决所应适用的程序法

公约第13条规定，承认与执行外国扶养义务判决的程序，除公约另外有不同规定，得适用被请求国法律。由于各国对外国判决的承认与执行所采用的程序相差颇大，因而，公约的这一规定对于协调各国，且尤其是普通法系（多采再审程序）与大陆法系（多采简单程序，summary proceedinqs）国家之间在该问题上的不同实践，具有重要意义。

但是，在实践中还可能出现这样的情况，即普通法系国家法院在再审外国业已作出之扶养义务的判决诉讼中，一方当事人要求改变原判决。在大陆法系国家，这种改变原判决的问题应该通过独立诉讼，单另处理，而在普通法系国家，则会出现法院在再审原判时，允诺当事人的此种请求，且一并审理，并可能最终变更请求国（原始国）作出的判决。美国的卡佛斯教授便认为，在这个问题上，美国的立场是不管大陆法系国家的实践如何，美国法院在再审外国判决中如当事人提出修改原判的请求，这一问题应属于诉讼程序问题，应该适用被请求国法律规定的程序来处理。而且，在美国法院的司法实践中，已确定了这一原则。所以，公约上述第 13 条规定尽管具有重要意义，却未能充分、彻底地解决问题。海牙会议应该尝试以更具体的规定来实现这个问题上的统一。

三、关于遗产国际管理公约

1. 公约的背景

在普通法系国家，死者（被继承人）遗产的管理问题几乎出现在大多数的（遗嘱和法定）继承案件中。由遗产管理人出面收集死者财产，偿还死者的债务，以及分配死者的遗产的情况，在普通法系国家财产继承案件中屡见不鲜，而且，具有重要的意义。然而，在大陆法系国家的继承法实践中则并非如此。因而，在涉外继承案件的实践中，常常出现英美普通法系国家法院所指派的死者遗产的管理人，在大陆法系国家不被承认，以致难于甚至根本无法履行其遗产管理人的职能。为了协调各国在该问题上的不同实践，且主要是便于普通法系国家的死者遗产管理人能够在大陆法系国家得到承认，并从而可以履行其职能，早在 1960 年召开的第九届海牙国际私法会议上，美国出席会议的观察员便提出了制定遗产国际管理公约的建议。1968 年召开的第十一届会议上终于决定把该问题作为第十二届会议所要进行的工作之一。

第十二届会议上，第二专门委员会（主席为巴黎大学教授 Berthod Goldmann；报告人为瑞士日内瓦大学教授 Pierre Lalive）负责准备关于遗产国际管理公约草案。该委员会以上届会议后成立的一个负责遗产国际管理公约草案初步工作的专门委员会的初步草案为基础，最终制定出《关于死者遗产国际管理公约》草案，交由大会签署。

该公约的目的不在于统一继承法律制度，而只是为了使位于不同国家的死者的遗产的管理简单化。为了实现这一目的，公约规定了一种并不为大陆法系国家所熟悉的“国际证明”（international certificate）制度。下面即以这一制度为主，对该公约的内容加以简单介绍和评述。

2. 国际证明的签发

公约第 2 条规定，国际证明由死者生前惯常居所地国家的有权机构作出。因而，公约在确定国际证明签发管辖权问题上，采用了惯常居所地原则。死者生前惯常居所地国家的有权机构得根据该公约所附的国际证明的格式，并依据本国法律规定的内容签发这种证明。但是，在下述两种情况下，上述国家的有权机构得适用死者国籍国的法律作出这种证明：

第一，死者惯常居所地国与死者国籍国法律均规定，该问题适用死者的国籍国法律。

第二，死者的国籍国（而非惯常居所国）法律规定，该问题适用国籍国法律，而且，死者在其死亡之前在惯常居所国居住尚不足 5 年。

3. 对国际证明的承认和拒绝

由上述具有管辖权的国家的有权机关所签发的国际证明，必须得到本公约其他成员国的承认（见公约第 1 条第 1 款）。被请求国可以根据本国法律规定的简单程序（expeditious procdeure）由有关机关作出对这种证明予以承认的决定，也可以直接采用公告的方式承认这种证明。

公约同时赋予被请求国在一些情况下，拒绝承认国际证明的效力。这些情况概括起来有以下几点（见公约第 13—17 条）：

第一，国际证明非按公约规定方式由公约所规定的有管辖权国家的有权机关制定、签发；

第二，死者在被请求国有惯常居所或者具有该国国籍，据此，根据该公约的规定，国际证明本应由被请求国作出；

第三，国际证明与被请求国所作出或承认的判决相矛盾；

第四，一国有权机关先后所作的两个国际证明内容不一致，且前者业已为被请求国承认；

第五，被请求国承认该证明显然违背其本国的公共秩序。

如果不存在上述理由，被请求国则必须承认这种国际证明，而且，即使被请求国有关当局先行对死者遗产采取了管理措施，也不能够使被请求国免除承认这种证明的义务。在这种情况下，究竟对遗产如何管理由国际证明的持有者全权决定（参见公约第 20 条）。公约的这一规定实际上是排除了遗产所在地的地方当局对遗产的所谓合作管理或称合作代理（co-representative）。而且，被请求国也不得减少国际证明中所赋予证明持有者的权限。但是，如果国际证明中赋予证明持有者对遗产管理方面的权限小于被请求承认国通常所赋予给遗产管理人对遗产管理的权限，则该被请求国可以指定某人行使对遗产管理的其他权限。

4. 国际证明的使用及其效力

被请求承认国际证明效力的地方当局，可以对国际证明持有人行使其权力的活动进行监督和控制，而且，还可以用位于其领域的死者的遗产，偿还死者生前所欠债务（参见公约第 21 条）。本届会议第二委员会在讨论该条规定时，加拿大、爱尔兰、以色列、英国以及美国的代表声明，公约之所以作这一规定，并非是企图去影响国际证明中指定的人对死者遗产的管理，也不是企图去影响该人所享有的对遗产管理的权力。公约这样规定的目的只不过是为了便于在被请求国进行财产管理活动，而且地方当局对这种管理活动的监督与控制只限于位于其境内的遗产，并不扩及至所有遗产的管理。公约这样规定，还在于保证国际证明持有人能够更加充分地获得被请求国财产购买人、银行、股票转让代理人的承认。根据美国出席本届会议的代表波埃德教授（Willard L. Boyd）的见解，公约所规定的被请求国地方当局对国际证明的持有人管理死者遗产的活动的监督，是指允许被请求国要求对获得债券情况，结算清理情况以及其他对遗产司法监督所通常需要的情况的监督。而且，公约所称的“控制”是指对死亡税、货币的控制管理以及对古董出口的限制等。

公约还（第 22、23 条）专门规定了对第三人（即将财产转移给死者遗产管理人和从该管理人处获得财产的人）的保护问题。

但是，由于公约所规定的遗产管理问题，只是普通法系国家实践中所碰到的问题，它对于大陆法系国家来说是陌生的，因而，公约并未引起广泛的注意和兴趣。而就公约本身对遗产国际范围内的统一管理问题的规定而言，普通法系国家，尤其是美国又认为它过于保守，因而，对该公约的规定也不很满意。

四、关于产品责任法律适用公约

1. 公约的背景

随着科学技术的不断发展和体现新科技的产品在日常生活中的广泛运用，以及国际间交往的日益加强，国际间的产品责任案件屡见不鲜，在这种情况下，为了保护国际产品责任案件中受害人的合法权益，保护和促进国际经济交往的进一步发展，有必要对产品责任案件的法律适用问题进行国际范围内的统一。在这一背景下，海牙国际私法会议采纳了美国建议，决定制定有关统一产品责任案件法律适用问题的公约。

上届会议后成立了一个专门委员会负责就此进行研究，本届会议上成立的第一委员会负责根据这一专门委员会的研究成果和会议常设局所收集到的各成员国政府对制定该公约的调查意见，最终制定出公约草案。负责关于产品责任法律适用公约准备和起草工作的专门委员会和本届会议的第一委员会，皆由比利时鲁汶大学教授海克（Georges Van Hecke）担任主席，美国哥伦比亚大学里斯教授（Willis L. M. Reese）担任报告人。

2. 公约的范围

本公约的适用范围非常广泛，它适用于缺陷产品的生产者和提供者对该产品所造成的他人人身、财产损害应承担责任的案件的法律适用问题。说本公约适用范围非常广泛，不仅是因为公约所规定的缺陷产品包括自然产品和工业产品，半成品和成品，以及不动产和动产（参见公约第2条第1项），而且，还因为公约所规定的缺陷产品所造成的损害既包括人身伤害，财产损害，还包括经济损失（参但不包括缺陷物本身的损失）（参见公约第2条第2项）。最后，公约所说的人，既包括自然人也包括法人（参见公约第2条第3项）。

公约规定的产品的责任人包括成品或成品部件的生产者，自然产品的生产者，产品的提供者，以及产品的商业流通过程中的其他一些人，如产品库存人、代理人、雇员等（参见公约第3条）。从这一意义上来讲，公约的适用范围也是非常广泛的。

但是该公约明确规定不适用于产品的受让人与产品的直接转让人间的属于纯合同性质的责任（参见公约第1条第2款）。

3. 产品责任案件的法律适用

该公约于第4~7条规定了产品责任案件的法律适用问题。据说这些规定是采纳了美国和挪威代表的建议，并获得了出席会议的大多数成员国的支持而得以通过的。该建议的主要内容在于，原告应该可以在两个或者三个国家的法律中选择一个对其利益可予最大保护的法律适用于产品责任案件。这些可供原告选择的国家包括缺陷产品造成损害所在国、受害人获得产品的国家以及被告的主营业地所在国。提出这一建议的主要理由有二：其一，目前各国产品责任立法都以保护消费者利益为主要目的，因而，在统一的产品责任案件的法律适用公约中也应该充分体现对消费者利益的最大保护，并且只有这样，才能够保障公约在实践中得到很好的施行；其二，公约这样规定，并不会在实践中给美国的产品生产者造成不利，因为，美国大多数的州都采用严格责任制度。在这里，我们不难看出，美国出席会议的代表的上述建议主要还是从维护美国利益的考虑而提出来的，因而，对于后来采用了美国建议的该公约，美国自然“可以真正地心满意足”。由于这一建议在客观上也符合各国关于产品责任法律适用统一立法的要求，因而在会议上差不多有三分之一以上的代表支持上述建议。

尽管公约在法律适用上规定（第 4~7 条）允许原告在多国法律间进行选择，但在具体立法技术上，公约采用有条件的选择和以重叠性的连接点指定准据法的方法加以适当的限制。主要表现在：

首先，公约不但采用了两个主要连结点——侵害地和受害人的惯常居所地。原则上原告可以在这二者所指定的法律中择一适用，而且，还进一步规定了一个补充性的连结点——被告的主营业所所在地，即如果在公约前面所明确规定的法律不得适用时，可予适用。

其次，公约的上述连结点并非具有纯粹的选择性，即这些连结点只有和其他连结点联系起来构成重叠连结点时，该连结点所指定的法律才得以适用。具体地说，如只有侵害地同时又是直接受害人的惯常居所地，或被告的主营业地，或直接受害人获得产品地时，侵害地的法律才予适用。同样，如果直接受害人的惯常居所地，同时又是被告的主营业地，或该受害人获得产品地时，则适用该惯常居所地的法律。

公约之所以在选择连结点的基础上附加重叠因素，并最终采用“选择性的重叠连结点”的规定，是基于这样的原因：第一，这种规定实为海牙会议上采用纯选择性连结点的观点（美国、挪威等）与其他观点折衷调和的结果。这种规定被认为是协调不同观点，对几种观点冲突的“最妙的解决方法”。第二，这一规定实际上也是在产品责任法律适用方面的国际统一中，协调受害者利益与产品责任者利益的结果，即试图在统一立法中最充分地去保护受害人利益时，也不得不考虑对产品责任者利益的保护。公约第 8 条规定则更是体现了这种调和双方保护的思想。

总之，关于产品责任法律适用的海牙公约是一个非常适应时代需要的国际私法统一化立法（公约），其立法精神在于在尽可能大的限度内，保护受害人的利益，同时兼顾对产品生产和提供者的保护，因而，较好地在实践中求得这两种利益间适当平衡。公约为谋求这一目的，所采用的“选择性重叠连结点”的立法技术，正是国际私法统一化中成功的技术性尝试。

五、关于扶养义务法律适用公约

（一）公约的背景

早在 1956 年第八届海牙国际私法会议上便制定了《关于未成年人扶养义务法律适用公约》，然而，该公约的范围仅仅限于关于儿童扶养义务的法律适用问题。尽管该公约在实践中获得不少成员国的采纳，但由于该公约不能适用于日常生活中频繁出现的其他种类的扶养义务的法律适用问题，因而，由海牙会议根据制定1956年公约的经验，制定一部内容包括家庭法方面的所有扶养（扶养、抚养、赡养）之债法律适用公约的呼声越来越大。在这种情况下，第十二届海牙会议决定制定一个广泛的有关扶养之债法律适用的公约。但由于本届会议工作量太大，无法完成该公约的工作，因而会议决定由大会常设局指定一个专门委员会在1973年4月1日之前完成公约的制定工作，并使该公约并入会议最后文件，由成员国签署。该专门委员会在预定期限内完成了公约的制定工作。

（二）扶养义务的法律适用

该公约基本上把扶养分为两类，分别规定法律适用问题：

1. 由于离婚和别居而产生的扶养义务

根据公约第8条的规定，法院所适用的解决离婚或别居的法律，不仅是处理离婚或别居判决时确定扶养关系的准据法，而且，也是事后有关的扶养诉讼或对先前扶养判决的修改所应适用的准据法。但是，对该规定有一例外情况，即如果后来受理扶养诉讼的法院不承认原法院所作的离婚或别居判决，则扶养不适用上述法律，而适用下面为一般扶养之债所规定应适用的准据法（公约第4~6条规定的准据法）。

公约的上述规定，未考虑到实践中所可能出现的特殊情况。例如，在一些离婚或别居判决中，法院所适用于作出离婚或别居判决的准据法，不是一国法律，而是几个国家的法律（常见于重叠冲突规范的情形），则势必会出现这样的问题，即究竟应依哪一国法律来解决扶养问题。公约对这种情况并无明确规定。在这种情况下，似乎有以下几种解决方法：第一，选择一个对于扶养债权人最为有利的法律；第二，重叠适用上述解决离婚或别居的诸法律解决扶养之债问题；第三，原则上适用对扶养债权人更有利的一国法律，但若债权人依该法实际上无法获得扶养，则适用另外的法律；第四，适用这些法律中与扶养债权人具有最密切关系的法律。

2. 一般扶养义务的法律适用

公约所规定的第二类扶养之债的准据法适用于上述因离婚和别居而产生的扶养之债以外的其他一般扶养之债。对此公约采用了依次选择连结点指定准据法的方法予以规定。这些依次的连结点包括扶养债权人的惯常居所地，扶养之债的债权人与债务人的共同国籍以及法院地（该公约所采用的这些连结点与1956年《关于未成年人扶养义务法律适用公约》所用连结点相同）。

根据公约第 4 条的规定，扶养之债适用债权人惯常居所地国的法律。但是，如果根据该国法律，债权人不能获得扶养，则可以适用扶养债权人与债务人共同本国法律（参见公约第 5 条）。再进一步，如果扶养债权人与债务人没有共同国籍或者根据该共同国籍国法律债权人不能够获得抚养判决，则可以适用法院地法律来处理扶养之债问题（参见公约第 6 条）。不难看出，公约这样规定的目的，是试图对扶养债权人的利益予以最大程度上的保护。但是，在实际生活中，即使作了这样的规定，也并不一定能够对扶养债权人提供最充分的保护，因为，扶养债权人惯常居所地国家的法律所规定的债权人所可能获得的扶养权利可能会远远不如扶养债务人和债权人共同国籍国法律所规定的扶养权利人的权利广泛。当然，如果扶养债权人的惯常居所地国法律无理由地限制债权人获得扶养权利，法院可以根据公约第 11 条第 1 款有关公共秩序条款的规定，拒绝适用该国法律，而适用共同国籍国法律。

紧接着上述公共秩序条款，公约于第 11 条第 12 款规定，“尽管准据法有不同的规定，在确定扶养数额时尚应考虑债权人的需求和债务人的财力”。公约规定这一条款的目的是比较清楚的，即公约在尽可能大的范围内给予债权人的利益以充分保护的前提下，也应给债务人的利益以应有的保护。但是，这一规定显然是一条实体法规定，在一个关于扶养之债法律适用的公约中规定一条有关扶养问题的实体法规范以使法院在处理扶养这类案件时予以遵守，似与公约作为冲突法统一的法律文件这一性质不协调。更何况这一规定在实践中也不一定会发生什么实际作用，因为法院只能依据本公约规定的某准据法去处理案件，而不负有同时考虑其他实体规定的责任。

第二节　第十三届海牙国际私法会议

一、概述

1976 年 10 月 4—23 日，在海牙召开了第十三届海牙国际私法会议。本届会议是海牙会议迄今为止最大的一次会议，海牙会议 28 个成员国包括新成员国澳大利亚的代表出席了会议，委内瑞拉第一次向会议派了观察员。列入本届会议议程的公约起草制定工作，包括关于夫妻婚后财产制法律适用公约，关于婚姻的缔结和婚姻有效性的承认的公约以及有关代理法律适用公约。但是，由于时间的关系，且由于关于代理法律适用的统一会议无过去的经验可以借鉴，在客观上也比较困难，因而，会议未能完成预定工作，余下的工作只得交给一个专门委员会在会后予以完成。本届会议上尚有一个委员会（第四委员会）就海牙会议下届会议的工作计划进行了研究，并初步决定下届会议就以下问题的法律统一问题进行工作：法律救济和诉讼费用担保，有价证券、合法绑架（legal kidnapping），许可证协议和技术诀窍以及修改海牙会议既已制定的有关国际货物买卖公约以及有关国籍与住所间法律冲突的公约。

二、关于夫妻财产法律适用公约

（一）公约的背景

1905年的海牙会议所制定的关于婚姻效力的公约，以国籍原则为基础，故仅在少数几个欧洲大陆国家生效，总的说来并未受到广泛的欢迎。而且，由于公约本身的缺陷以及世界形势的变化，本来是成员国的法国、比利时还退出了公约。因而，到本届会议时，该公约只在原联邦德国和意大利、荷兰间生效。在这种历史背景下，海牙国际私法会议早已计划修改该公约。1968年温特（Winter）教授建议会议制定一个有关夫妻财产制的公约。建议于1972年获得会议采纳，定为第13届会议上的一项工作任务。

上届会议后成立了一个专门委员会负责准备该公约的制定工作。专门委员会于1975年2月和6月两次在海牙集会，就公约的制定进行准备。本届会议上成立的一个专门负责关于夫妻财产制法律适用公约制定工作的委员会，由丹麦代表菲立浦（Allan Philip）担任主席，瑞士弗赖堡大学教授冯·欧维贝克（Von Overbeck）担任报告人，在上述专门委员会所进行的准备工作的基础上，制定出关于夫妻财产制法律适用的公约草案。

公约的主要目的在于实现夫妻财产制法律适用规范的统一。由此，公约的起草者试图使该公约成为一种“统一法”，因而，公约的适用既不考虑夫妻是否具有公约成员国的国籍，也不管他们是否在公约成员国具有惯常居所。但是，这一美好的愿望却被公约本身的规定而破坏。公约第20条规定：“本公约不影响公约成员国所缔结或加入的其他任何国际协定中关于本公约所涉及的问题的规定。”这就意味着公约的施行，并不影响既存的或未来的有关公约的效力，从而使它自己实际上仅起到一个替补角色的作用。公约这样规定，主要是为了满足斯堪的纳维亚国家的要求。因为，斯堪的纳维亚国家业已制定有关于夫妻财产制度的地区性的公约，这些国家并不想在未来采纳了海牙会议的该公约后必然地放弃既存的地区性公约。公约的起草者们这样规定，也还同时考虑到其他一些地区，如南美洲也存在有有关统一法的事实。因此我们似乎可以认为，所以，这个公约之所以如此规定，无非是想求得普遍性的统一国际私法的公约与地区性的统一国际私法的公约间的一种协调和妥协。

公约的制定过程据说是非常困难的，这主要是因为公约的起草者们必须努力去实现国籍原则和住所地原则的妥协。本届会议上负责制定该公约的委员会的主席菲力蒲称这两个原则的对立是制定该公约的主要的“绊脚石”。而找不到这两个原则之外相对中立的适合本公约的第三个原则，无疑更加加深了该公约制定的困难。

（二）当事人意思自治原则

在制定公约的过程中，一些国家的代表提出，该公约应明确排除夫妻可以选择适用于其婚姻财产制的准据法的可能性，即不赋予夫妻在该问题上的意思自治的权力。根据这些人的意见，公约所规定的夫妻财产制的准据法要么是丈夫的国籍国法律，要么是夫妻婚后住所所在地国的法律，但不管采用这两种法律中的哪一种，这一准据法的适用都必须是强制性的。但是，这一思想显然是不符合普通法系国家以及法国司法实践。在普通法系国家以及法国，夫妻财产制的约定被认为具有合同法性质，夫妻可以自愿选择法律来确定其婚姻财产制。

公约最终采纳了一个折衷的方法，规定了当事人有限制地选择准据法的原则。根据公约第3条的规定，夫妻可以在结婚之前从下列法律中选择一个法律适用于他们婚后的夫妻财产关系：（1）在确定该准据法时夫妻一方的本国法；（2）在确定该准据法时，夫妻一方的惯常居所地法；（3）婚后夫妻一方的第一个惯常居所地国法律。选择的法律适用于夫妻婚后的所有财产，但是，考虑到不动产的特殊性质，公约规定夫妻可以确定不动产所在地法律为处理他们在不动产关系方面的准据法。当事人选择上述准据法必须明示地进行，但也可在婚姻合同（contrat de mariage）中默示作出（公约第11条）。

当事人在结婚后可以改变他们婚前业已确定的适用于他们之间财产关系的准据法，但是，他们仅可以在下述两国法律中选择一个作为新的准据法。他们在作出这种选择时双方之一国籍所属国法律；以及作出这种选择时，双方之一惯常居所所在国法律（公约第6条）。

总之，从公约规定的当事人可以选择的国家法律来看，这些国家要么是婚姻缔结时与当事人联系最为紧密的国家，要么是在结婚时与当事人暂时联系紧密并在婚后保持这种紧密联系的国家。因而，当事人的这种选择权实际上是一种有限制的权利。当事人不得像一些国家法律规定的那样选择一个他们最为熟悉，但是与当事人却没有什么联系的国家的法律。

（三）法定连结点

在制定该公约的过程中，关于当事人未自主选择准据法时适用于夫妻间财产关系准据法的确定问题存在有几种不同的观点。不少国家的代表认为在这种情况下，应适用夫妻共同国籍国法律，如果他们不存在共同国籍，则适用丈夫结婚时的国籍国法律。而普通法系国家在处理该问题时，通常采用结婚时丈夫的住所地法。此外，法国的实践在该问题上，一般是采用夫妻婚后的住所地法。在如此众多的观点和实践互相对立的情况下，公约的起草者们决定在坚持男女平等原则的基础上，谋求一条能够为各方所采纳的解决途径。最后，公约的解决办法是以惯常居所地国家法律为基本原则，但在一些例外情况下适用国籍国法。具体地说，当事人在婚前未选择适用于其财产关系的准据法时，公约所规定的连结点有以下三个：

1. 夫妻婚后第一共同惯常居所地

由于实践中，惯常居所的确立得经过较长时间，因此夫妻在结婚时及婚后一段时间内势必无法确定他们之间的财产制，公约的起草者们认为，为了使夫妻间的财产制与夫妻事实上的婚后所在地结合起来，夫妻间的财产制在结婚时不予确定是能够允许的。公约规定依这一连结点的指引所确定的适用于夫妻财产关系的准据法，是统一规定动产与不动产的法律，但是，如果夫妻双方愿意，也可以再选择他们的不动产所在地的法律（lex rei sitae）作为确定他们间不动产关系的准据法。

2. 夫妻共同国籍国

由于采用夫妻婚后惯常居所地法作为其财产关系的准据法，实际上便是排除了夫妻国籍国法对其财产关系的适用，而这对于在外国有众多移民的国家势必是不利的。因而，在公约起草过程中，不少在外国具有较多移民的国家代表对上述规定提出批评。为协调这种冲突，公约便规定了夫妻共同国籍这一连结点。

公约第 4 条第 2 款规定在以下三种情况下，夫妻财产制必须适用夫妻共同本国法：第一，公约成员国在签署该公约时作出保留，其本国法律作为夫妻的国籍国法，得适用于处理夫妻财产关系；第二，夫妻双方的共同国籍国不是公约成员国但其冲突法规范规定适用本国法，而且，他们在婚后所建立的第一个惯常居所地国尽管为公约成员国，但在签署该公约时作出了上述“适用国籍国法”的保留；或者，他们在婚后所建立的第一个惯常居所地国并非公约成员国，但其冲突法规定夫妻财产制适用夫妻国籍国法律；第三，如果夫妻双方在结婚后未在同一个国家设立其共同的惯常居所，则适用他们的共同国籍国法作为其夫妻财产关系的准据法。由于是一种妥协的结果，公约的这一规定似乎并不尽如人意，有人称这种规定是“并非完美的规定”。

3. 最密切联系国

公约第 4 条第 3 款规定，如果夫妻无共同惯常居所且也没有共同的国籍，则以与夫妻关系最密切联系的国家的法律作为规定他们的财产关系的准据法。公约把“最密切联系国”这一连结点，作为最后的救济手段。以所谓“最密切联系”或“法律关系重心”这样的任意性的连结点构成的冲突规范被一些人称为是“无规范的规范”（the rule of Non-Rule）。出席本届会议的德国代表拜茨克（Günther Beitzke）在分析这一规定时指出，公约之所以这样规定，只是为了使人们不要产生这样的印象，即公约在准据法的规定上留有缺口①。但是，应该认为公约规定采用这一任意性的连结点，从而使复杂的问题在实践中根据其具体的情况得以适当的解决，是合理可行的。

（四）准据法的可变性

考察各国关于夫妻财产制的立法，可以发现一些国家法律为了保护夫妻间弱方的利益，并保护法律关系的稳定性，规定夫妻财产制在确定后不得予以改变。而在具体做法上，这些国家通常以其冲突规范规定不许当事人选择别的法律去规定他们间的财产制，或者规定夫妻一方国籍或住所的变化并不得使业已适用于其财产关系的准据法发生改变。

在公约起草过程中，围绕公约是否应允许改变适用于夫妻财产制的准据法，也出现两种互相对立的观点。那些坚持国籍法原则的人认为准据法应该保持稳定，因而反对准据法的可变性；与此相反，坚持惯常居所原则的人则强调准据法的可变性，认为适用于夫妻财产制的准据法应该随着客观情况的变化而变化。这两种对立的观点协调的结果，使得公约采用了准据法有限制的可变性，或称为“限制的变更主义”。

公约第 6 条规定，夫妻在结婚后可以确定一个新的法律，作为适用于其财产制的准据法。但是，这一新的法律只能是确定该法律时夫妻一方国籍国法律或住所地法律。而且，这一新的准据法原则上适用于夫妻的所有财产，包括动产和不动产；但是，夫妻也可协议选择不动产所在地国家的法律，作为适用于他们的不动产关系的准据法。

公约还进一步规定了准据法自动改变的情况（automatic changes of the applicable law）。根据公约第 7 条的规定，只要夫妻未协议选择适用于其财产

① ［德］拜茨克：《第十三届海牙会议及婚姻财产法协定草案》。

关系的新的准据法，则原先适用于他们夫妻财产关系的准据法得一直适用下去，纵然他们的国籍或惯常居所发生变化，也不改变该准据法的继续适用。但是，如果夫妻既未协议选择原先适用于其财产制的准据法，也未缔结婚姻合同，则在下列三种情况下，原先适用的准据法不再继续适用，而改为适用夫妻共同惯常居所地法（公约第 7 条第 2 款）：

第一，如果该共同惯常居所地法是（或成为）夫妻共同国籍法律。举例来说，如果夫妻双方由其国籍国甲移民至乙国，其夫妻财产制原先受他们婚后最初共同惯常居所国法律，即乙国法律的支配；但是，一旦他们双方又回到甲国并在那儿设立惯常居所，则其财产关系便改为受甲国法律的支配。同样，如果一对夫妻移民至乙国，但其夫妻财产制最先受他们共同本国法甲国法律的支配，一旦他们获得乙国国籍，则其财产制便不再适用甲国法律，而改为适用乙国法律。

第二，夫妻婚后的惯常居所持续超过 10 年，则该惯常居所地国的法律取代原先适用于夫妻财产关系的准据法。

第三，由于夫妻双方在婚后未在其共同国籍国设立第一共同惯常居所并从而导致以他们共同的本国法作为其财产关系的准据法，如果夫妻双方最终设立了惯常居所，则以该惯常居所国法律代替原先的国籍国法来调整他们的财产制。这是实践中较少出现的情形。

根据公约（第 8 条）的规定，准据法的变化不具有溯及既往的效力，夫妻在准据法变化之前的财产状态仍然保持不变。新准据法的效力只及于其未来的财产。但是，夫妻可以在任何时候，协议以新的准据法支配其全部财产，从而避免在实践中出现夫妻间统一的财产却不适用统一的准据法的不方便的情况。

三、关于婚姻缔结和婚姻有效性的承认的公约

（一）公约的背景

海牙国际私法会议成立后便非常重视婚姻问题的冲突法的统一工作，早在 1900 年召开的第三届会议上，便制定出《有关婚姻法律适用的公约》（1902 年海牙婚姻公约）。但由于这一公约与海牙会议前期所制定的其他公约一样，以国籍国法作为当事人属人法的基础，总的来说并未获得成员国广泛的采纳，而且，由于对公约解释方面的困难，还导致法国于 1913 年退出了公约。可以肯定，这一旧公约和海牙会议前期所制定的一些有关人的身份关系方面的公约一样，已经不可能为更多的国家所采纳，加之，由于海牙会议成员国的不断增

加和会员成分的新变化（不同法系的国家成为会议会员国），已越来越认识到，它必须对这些旧公约进行重新审查，或加以修订或重新制定新公约。因而在第十二届会议最后文件中，正式决定在本届会议上修订1902年的海牙婚姻公约，并在修订后的新公约中加入关于有效婚姻在外国承认的规定。

上届会议后成立了一个专门委员会负责新的关于婚姻公约起草的准备工作。专门委员会于1975年5月和10月两次集会，并制定出一个取名《婚姻缔结及有效性和关于婚姻决定的承认的公约草案》。草案包括三个主要部分，即第一章，"婚姻的缔结"（celebration of marriages）；第二章，"婚姻的有效性"；第三章，"与婚姻有关的决定的承认"（recognition of decisions relating to marriage）。与1902年海牙婚姻公约不同，新公约草案的重点在于对在外国有效成立的婚姻的承认问题，而前者的重点则是有关缔结婚姻形式的规定。本届会议上成立的第三委员会（里斯任主席，Malstrom任报告人）以上述公约草案为基础，最后草拟了《关于婚姻缔结以及婚姻有效性的承认的公约》。

（二）公约制定的基本设想和原则

关于婚姻的形式要件和实质要件，各国法律规定差别颇大。为了能够在众多的差异中，寻找到有关婚姻缔结和婚姻有效性国际承认的，且能够获得会议成员国广泛接受的统一的冲突法规范，公约的起草者们决定公约应该以"有利于国际关系中的婚姻"的思想为基准，主张公约应该采取"有利于婚姻成立的原则"（principle of favor matrimonii）。这一原则在上面提到的专门委员会所制定的公约草案中曾得到充分的体现，相反，在大会最后正式通过的公约中的体现得不十分明显。

基于上述思想，公约在立法技术方面采用了以婚姻缔结地法（locicele brationis）这一系属公式构成主要冲突规范，并同时附以若干例外的立法方法。公约第9条的规定，除一些例外情况外，凡是依婚姻缔结地法成立的婚姻得被其他公约成员国承认为有效。这一规定实际上大大地限制了一些国家传统上所采用的关于婚姻缔结问题的本国法原则或住所地法原则。

（三）婚姻缔结的法律适用

根据"有利于婚姻成立的原则"，前述负责该公约起草工作的专门委员会试图在公约中规定成员国应该准许当事人缔结婚姻的一般义务，且同时排除成员国可以以结婚不符合婚姻缔结地法律或配偶一方不符合他（她）的本国关于结婚的规定为由而拒绝当事人结婚的权利。公约的起草者们之所以这样考虑，也是因为在实践中，一些国家或者规定结婚必须符合该国法律关于结婚实质要件的规定（即法院地法，lex fori），或者规定配偶双方必须同时符合其本国法律或住所地法（也即属人法，personal law）许多人由于经济等方面的原因而不得结婚，未婚同居的现象大量发生。所以，公约起草专门委员会在公约初步草案中规定，只要配偶双方具备配偶一方国籍国法或惯常居所地国家法律所规定的结婚的要件，则可以结婚。据此，如果配偶双方符合其中任一方的属人法所规定的结婚的条件，则应被准许结婚。这一规定显然是抛弃了传统的结婚必须双方当事人分别符合其属人法规定的原则与实践。

但是，公约起草专门委员会的这一思想以及公约初步草案的有关规定却遭到了出席本届会议的代表们的大力反对。这种反对不只来自那些本国法律规定结婚必须符合婚姻缔结地国家法律规定的结婚实质要件的代表，还来自那些本国法律规定结婚必须配偶双方分别符合其属人法规定的国家的代表。前者以英国为首，后者以原联邦德国为首。总之，公约起草专门委员会的上述激进的思想，似乎远远超出各国的有关实践，因而纵然公约也规定了公共秩序条款的适用，但是成员国到底不满足于这个“安全阀”而拒绝接受这种激进的规定。为了协调这种冲突，公约最后草案只好将第一章“婚姻的缔结”（celebretion of marrǘges）规定成具有可以选择的性质，就是说，那些想接受公约中有关承认婚姻效力的国家（即公约第二章），并不一定同时必须也接受关于婚姻缔结的规定（第一章）。

公约（最后草案）在具体规定上似乎也远远不是公约的起草者们最初的想法。因为，根据公约第 3 条第 1 项的规定，如果当事人双方符合结婚所在地国家内国法律的实质要件，且其中一方具有该国国籍，或在该国有惯常居所，则可以结婚，但公约并未规定成员国有义务给予只符合外国法律规定的结婚实质要件的当事人结婚，相反，它倒允许任何成员国有权拒绝给那些不符合结婚所在地国家法律规定（lex loci celebrationis）的当事人结婚。公约的上述规定在实践中的作用在于，使当事人不因其一方的属人法规定不得结婚而终于不能缔结婚姻，这一规定体现了“有利于婚姻成立”的原则，但却也给“法律规避”提供了一个缺口。为了阻塞这一缺口，公约（第 6 条）规定公约成员国可以对公约第 3 条第 1 项的适用作出保留，从而拒绝使不符合其本国法规定的结婚实质要件的当事人结婚。举例来说，由于德国声明对公约第 3 条第 1 项规定的适用作出保留，一个在德国无惯常居所，且不符合西班牙法律关于结婚的实质要件规定的西班牙人想与一个德国公民在德国结婚，德国负责结婚的当局（Standesamt）便可以不允许他们结婚，纵然该他们符合德国法律规定的结婚要件。

总之，公约第一章关于结婚的规定，虽具有选择适用的性质，既采纳了婚姻缔结地法原则，也采用了分别适用（符合）当事人属人法的原则，但是由于作了各种各样的妥协，公约的这些规定并未太多地体现有利于婚姻成立的原则。

（四）关于婚姻有效性的承认

公约第二章专门规定有效婚姻的承认问题，这是该公约的核心部分。公约所规定的有效婚姻的承认具有广泛性，就是说，公约规定的成员国对婚姻的承认，不只限于那些在其他缔结国成立的婚姻，而是所有其他国家有效成立的婚姻（参见公约第7章）。公约尽管试图去统一各国有关外国婚姻承认的法律规定，但是，它却并不想排除各国冲突法的适用，相反，公约力图以各国的冲突法规定作为其实现法律统一的一种手段。

该公约关于外国婚姻承认的基本原则集中体现在公约第9条第1款的规定中，它规定，在婚姻缔结地国家有效成立的婚姻或其后根据该国法律获得效力的婚姻，得同样被公约成员国承认为有效。这也同样适用于外交和领事婚姻（第9条第2款）。而且，根据婚姻缔结地国家有关当局签发的结婚证明也得推定该婚姻有效成立，且应予以承认（第10条）。

尽管公约为体现有利于婚姻成立的原则，规定了承认既已在外国有效成立的婚姻的上述非常宽松的条件，但公约同时也规定了成员国得以拒绝承认在外国有效成立的婚姻的各种情况。根据公约第11条的规定，如果存在有下列原因，公约成员国可以拒绝对在外国依婚姻缔结地法有效成立的婚姻的承认：第一，在结婚时，配偶一方尚存在有婚姻关系（重婚）；第二，夫妻间存在有直接的血缘关系或收养关系，或者他们间具有旁系血缘的兄弟姐妹关系（存在有近亲属关系）；第三，配偶一方未到最低的婚姻年龄；第四，配偶一方在结婚时不具有行为能力（精神病人）；第五，配偶一方非自愿结婚（强迫婚姻）。公约所列出的这些拒绝承认的理由尽管可以认为属于“公共秩序”的范围，但终究不是公共秩序的全部内容，所以，公约进一步规定（第14条），除上述拒绝承认的理由外，如果承认国认为对在外国有效缔结的婚姻的承认与本国公共秩序显然不符，则可拒绝对这种婚姻承认。

公约本章规定的是对根据婚姻缔结地国家法律有效成立的婚姻的承认问题，因而，实践中根据婚姻缔结地法并非有效成立的婚姻的承认，便不得适用本公约的规定。在这种情况下，有人认为对于这种“无效婚姻”的承认问题应该依据承认国国内法的规定解决。如果该国法律规定对这种尽管在婚姻缔结地未有效成立的婚姻可以予承认，则可承认这种婚姻。这样做与公约（第13条）的规定也是一致的。

该公约于第 12 条专门规定了关于外国婚姻承认的先决问题（incidental question）。这是海牙国际私法公约历史上第一次关于先决问题的专门规定。根据第 12 条第 1 款规定，即使对外国婚姻的承认是作为另一问题（主要问题）的先决问题，该公约关于婚姻承认的规定也应予以适用。但是，如果根据法院地国家的冲突法规定，该主要问题应适用一个非本公约成员国法律，则本公约不适用于该先决问题（公约第 12 条第 2 款）。

四、关于代理的法律适用公约

（一）公约的背景

在第十二届海牙会议上，有代表建议海牙会议应该积极扩大其统一冲突法的范围，即除在传统的家庭法领域进行法律统一之外，还应该更多地涉及国际贸易法和合同法领域。大会采纳了这一建议，并决定下届会议进行代理法律适用法的统一工作，只不过这些工作是伴随国际货物买卖法律统一工作而进行的。海牙会议之所以决定单独就代理的法律适用问题制定公约，主要是基于两个原因：其一，在最近几十年中，代理活动在国际民商事交往中起着越来越大的作用，实践中因各国关于代理规定的不同所产生的关于代理的法律冲突问题日显频繁；其二，罗马统一私法学会（UNIDROIT）于 50 年代便着手从事关于代理的实体法的统一工作，并于 1961 年制定出有关代理统一法的第一个公约草案。1973 年又完成了一个新的公约草案的起草工作。但是，这些公约草案只是试图就代理的一些实体法问题进行统一，而把冲突法问题继续留给各国冲突法去解决。这使得海牙会议认为自己来从事代理冲突法的统一不但有用，而且，也是可行的。

本届会议例会上曾成立一专门委员会负责代理法律适用公约的制定工作，但是由于该项工作的难度较大，且限于时间，例会上未能完成任务。因此，大会决定成立一个专门委员会负责完成公约的起草工作。该专门委员会于 1977 年 6 月在海牙集会，并完成了公约草案的起草工作。1978 年 3 月《关于代理的法律适用公约》开放签字。

（二）公约的范围

公约第一章（第 1~4 条）规定了公约的适用范围。由于各国关于代理的概念、范围规定不同，为了避免解释方面的分歧，公约在规定其适用范围时未抽象地规定“公约适用于确定具有涉外因素的代理关系”，而是具体地通过给代理关系下定义的方式规定公约的适用范围。根据公约第 1 条规定，公约适用于由一方（代理人）有权代表他人（被代理人）与第三人进行交易活动所产生的具有国际性的关系的准据法的确定。只要是这样的代理关系，不管代理人是否以自己的名义或以被代理人名义进行代理活动，都属于本公约的适用范围。公约这样规定实际上既包括了普通法上的不明身份的代理（undisclosed agency），也包括了大陆法系法律上的间接代理（indirect agency）。而且，公约既适用于商业代理（commercial agency），也适用于非商业代理（non－commercial agency）。此外，公约还适用于“假代理人”（falsus procurator）的行为以及“代理谈判人”（neqotiorum gestio）的追认。

尽管公约规定了非常广泛的适用范围，但是，它却也明确规定了与代理关系有关，但都不属该公约适用范围的事项。公约第 2 条明确地列举了这些事项，其中主要包括有关当事人的能力，有关代理的形式要件以及一些法定代理等问题。而且，单位实体内部人员所谓的职务性“代理”也不属于公约的适用范围（公约第 3 条）。此外，该公约也不适用信托代理关系（trust）（公约第 3 条第 2 款），对于信托关系海牙会议在第 14 届会议制定了一个专门公约。

由于普通法系国家有关代理人在代理活动中所进行的侵权行为的责任问题也包括在代理关系中，因而一些学者提出究竟代理人侵权行为产生的责任是否也排除在公约适用范围之外的问题。公约对此并未明确予以规定，但普通法系和民法法系国家的学者都认为该问题不属于公约适用范围。

（三）代理人与被代理人内部关系的法律适用

在代理法律适用的国内法规定上，各国的实践大致可分为两大类，即所谓的单一制（the system of a single law）和分割制（system of “dépeçage”）。采用单一制的国家（以法国为典型）根据代理人的职能，尤其是代理人与被代理人间关系的从属性的程度，将代理关系分为两类，即一般性的代理关系（mandate）和商事代理关系（commercial represntatisn）。前者通常被视为一种合同关系，首先依当事人意思自治确定准据法，若当事人未选择准据法，则依合同特征履行的理论（characteristic obligation of agency）去确定准据法。就后者而言，又依代理人与被代理人间是否存在有从属关系而分为两种，即有从属关系的商事代理（通常称为 representant mandataire）和无从属关系的商事代理（通常称为 representant salarie，或 salaried agent），而分别适用不同的准据法。总之，采用单一制的国家不区分代理关系的内部关系和外部关系而视为一个完整的单一的法律关系，并适用单一的准据法。采用分割制的国家则将代理关系分割为内部关系与外部关系，分别适用不同的准据法。在国际上后者是大多数国家的实践，海牙会议所制定的关于代理法律适用的公约也采用了分割制。

在代理人与被代理人的内部关系的法律适用上，公约（第 5 条第 1 款）

赋予代理人与被代理人选择准据法的权利（意思自治的权利）。这种选择既可以是明示的，也可以是默示的（第5条第2款）。如果当事人未自主选择准据法，公约规定应以建立这一代理关系时代理人营业地法律，若无该种营业地，则以其惯常居所地法作为准据法（第5条第1款）；但是，如果代理人的主要活动地国家又是被代理人的主营业地，或其惯常居所地，则应以该国法律作为准据法（第6条第2款）。而且，如果代理人或被代理人有一个以上的营业地，则一律以他们与代理关系联系最为紧密的营业地为准（第6条第3款）。

公约（第6条）关于当事人未自主选择准据法时，准据法确定的规定，是制定公约时两种不同观点（即认为公约的规定应体现灵活性的观点和认为公约应主要坚持准据法的确定可预见性观点）折衷调和的结果。本来在公约的初步草案中规定如果当事人未自主选择法律，则适用代理人营业地法律（或他有多个营业地，适用其中与代理关系联系最为紧密的法律），或者，如果他没有营业地，适用其惯常居所地法律。这一规定体现了准据法的可预见性原则，然而，却遭到不少代表的批评。这些人认为这一规定过于机械、呆板，且过于为代理人的因素所左右（too agent-oriented）。因此，在进一步讨论中产生了另外的建议。比如，有人认为代理人的营业地法律只能是在根据案件的情况显然没有其他一国法律与代理协议有更密切联系时才可以予以适用。会议最后基本达成一致认识，采用有限的"连结点组合"（grouping-of-contacts）的方法去确定准据法，这些不仅是与代理人有关系的连结点，而且也包括被代理人的连结点。当然也有一些人提出反对意见，认为公约不能以这种方法统一代理的冲突法。

公约第8条规定了依本公约确定的准据法的适用范围。总的说来，代理的准据法适用于代理关系的产生、有效性、当事人的义务、履行的条件、不履行的结果以及代理义务的消灭等内容。

最后值得一提的是，公约（第10条）明确排除公约对因雇佣合同所产生的代理关系的适用，从而，大大限制了公约关于代理人与被代理人内部关系准据法的适用范围。

（四）代理的外部关系的法律适用

确定代理的外部关系，即被代理人与第三人间关系的法律适用的关键问题，在于协调各方当事人的利益，而实际上在公约中有机地协调好当事人各方利益却是非常困难的。在公约起草过程中，有人认为公约中确定代理外部关系的准据法的连结点应主要是甚至只能是与被代理人有关的连结点，从而对被代理人的利益予以最大限度的保护。当然也有人指出，公约中冲突规范的连结点，应该是代理人的行为地或者主合同准据法的连结点。然而，由于这些建议都过于偏向对一方当事人利益的保护，而忽视他方利益，所以，无法为专门委员会接受。专门委员会因而不得不去寻找折衷的途径。在这种情况下，有人提出了一个具有两个连结点的选择性冲突规范的方案：其中第一个选择性连结点指向的是支配主合同的法律（the law of the main contract），而第二个选择性连结点指向的则是代理人的行为地的法律。但由于上述第一个连结点（准据法）可能会导致实践中代理人与第三人选择主合同地法律以侵害被代理人的利益，因而未获专门委员会采纳。

专门委员会最后采纳了德国和瑞士代表的建议，规定以代理人的营业地和行为地作为连结点，从而形成现在公约第 11 条第 1 款的规定。该款规定，在被代理人与第三人之间，有关代理人的代理权的存续及范围，代理人进行代理活动的效力等均适用代理人进行代理活动时其营业地的法律。但是，紧接着该款的规定，公约于本条第 2 款规定了一系列例外情况。这一款的规定是公约起草专门委员会采纳斯堪的纳维亚国家和日本代表的建议的结果。根据该款规定，如果存有下述情况，代理的外部关系不适用代理人营业地法而适用代理人的代理行为地法（place of acting）：第一，如果被代理人在代理人的行为地国家有营业所或惯常居所，而且，代理人以被代理人的名义进行代理活动；第二，第三人在代理人的行为地国家有营业所或惯常居所；第三，代理人代理进行兑换活动或者进行拍卖活动；第四，代理人并无营业所。如果当事人（任何一方当事人）具有一个以上营业所所在地则以其中与代理人的有关活动联系最密切的一个为准（公约第 11 条第 3 款）。有人认为公约上述第 11 条第 2、3 款的规定符合对第三人予以充分保护的要求。

公约第 12 条规定了对上述第 11 条第 2 款第 4 项（即如果代理人没有营业所时，代理的外部关系的准据法不是代理人的营业地法，而是其行为地法）的一个例外情况。根据这一条的规定，代理人根据与被代理间的雇佣合同进行代理活动，且代理人没有自己的营业所，则以代理人所附属的被代理人的营业所在地为其营业所在地，并从而依该营业所在地法作为被代理人与第三人间关系的准据法。公约之所以这样规定，是考虑到在这种情况下，第三人知道代理人与被代理人间的代理关系，因而无太大的必要通过适用代理人的行为地法对第三人的期望予以保护，相反，在这种情况下应对被代理人予以特别的保护。

公约第 13 条则是对公约上述第 11 条第 2 款所作的一个例外规定。但是，这一条却不影响第 11 条第 2 款第 3 项及与它有关的第 12 条的规定。根据第 13 条规定，如果代理人与第三人在不同的国家并通过电报、电话等长途通信媒介进行交易活动，则以代理人的营业所所在地为其行为地，或者，如果在他没有该营业所所在地时，以其惯常居所地为其行为地。

根据公约第 15 条规定，支配代理的外部关系的准据法同样适用于代理人与第三人间由于代理人行使其代理权、超越代理权或进行无代理的活动所产生的关系。

（五）其他问题

本公约第四章（第 16～22 条）规定了与公约适用有关的一些基本问题，如公共秩序保留、公约的保留、内国法强制性规定的优先适用等。这些规定中值得在这里专门指出的是，第 16 条关于内国法律有关代理的强制性法律规范优先适用的规定。根据该条规定，法院应该给予任何一个与特定的代理关系有重要联系的国家的强制性法律优先适用的效力。在实践中，这一规定既应适用于具有公法性质的规范，也应适用于在私法关系方面国内立法为保护被代理人，代理人或第三人的利益，所作的强制法律规定。而且，这一规定实际上排除了当事人依本公约（第 5、14 条）规定进行法律选择时，规避有关国家强制法律规定的可能性。

第三节　第十四届海牙国际私法会议

一、概述

第十四届海牙国际私法会议于 1980 年 10 月 6 日至 25 日在海牙召开。会议上组成四个委员会，分别就有关问题进行工作：第一委员会负责有关儿童国际诱拐问题公约的制定工作；第二委员会负责有关诉讼费用减免和诉讼费用担保的免除的公约的制定工作；第三委员会讨论海牙国际货物买卖合同法律适用公约的适用问题以及制定有关消费合同法律适用公约；第四委员会负责就下届会议所要进行工作的课题进行讨论。

在上届会议以后，由海牙会议常设局设立三个专门委员会分别就上述前三个委员会所进行的课题进行初步研究和准备工作，并分别制定出三个有关的公约的初步草案。这些公约的初步草案成为本届会议上上述前三个委员会进行工作的基础。在 3 周的会议中，第一、二委员会顺利完成其各自所负责的公约的起草任务，而且，其所完成的两个公约，即《关于儿童国际诱拐的民事方面的公约》和《关于减轻国际诉讼负担公约》，于 1980 年 10 月 25 日本届会议结束前开放签字。但是，会议第三委员会并未完成公约的全部起草工作，只是制定了一个有关消费者保护方面的公约初步草案。

二、关于儿童国际诱拐的民事方面的公约

（一）公约的背景

随着国际间民事交往的不断增加，一国公民与外国公民的涉外婚姻日益增多，在实践中，由于一国公民与外国公民结婚生育子女后离婚所产生的儿童国际诱拐（internation child abduction）的案件，也随着涉外婚姻的增加而不断增加。这种涉外婚姻组建的家庭破裂后，父母一方把子女带回国（国籍国或住所地国）或者乘子女来访之机将他们留置下来从而使这些儿童脱离其监护人的事件在一些国家已屡见不鲜，因而加强国际间的协作，以解决这种跨国的儿童诱拐案件，已成为很多国家的一个迫切要求。

第一个尝试对该问题进行多边国际合作的组织是欧洲理事会。1972 年于法国斯特拉斯堡召开的欧洲理事会会议上，该理事会的一个委员会准备了一个关于外国监护判决（foreign custody decrees）的承认与执行的欧洲公约草案。1980 年 5 月 20 日该公约——《关于儿童监护判决的承认与执行以及归还监护儿童的欧洲公约》——在卢森堡获得签署。海牙国际私法会议于上届例会上决定把制定有关“合法绑架”（legal kidnapping）的公约列为第 14 届会议的议题。

上届会议后，海牙会议常设局便着手就有关儿童诱拐的问题进行“法律社会学的研究”（sociolegal study），并由会议常设局一等秘书达叶（Adair Dyer）写出一份内容详尽的研究报告。该报告以及一份由常设局准备的调查询问书（questionnaire）于 1978 年秋季由会议寄发给会议各成员国政府。这些工作对后来本届会议上第一委员会顺利完成公约的制定工作无疑起到了很大的帮助。

制定这一对于海牙会议来说并非是完全陌生的工作，因为早在 1900 年召开的第三届海牙国际私法会议上便诞生了《关于儿童监护的海牙公约》。半个世纪以后海牙会议为了适应变化了的国际社会的需要，对该海牙公约进行了全面的修订，于 1960 年召开的第九届会议上期定了一个全新的有关儿童保护的公约——《关于未成年人保护的机构的权力和法律适用的公约》（1961 年 10 月 5 日）。然而，有关儿童诱拐问题，由于它只是儿童保护法律问题的一个非常狭小和具体的领域，在国际国内立法方面都属于较新的课题，因而，制定该公约对于会议来说仍然是一件较为困难的工作。

1979 年 3 月一个由海牙会议常设局指定的负责该公约初步起草工作的专

门委员会在海牙集会，基本上就下列问题达成共识：

第一，由于上述1961年10月5日海牙未成年人保护公约规定了有关儿童保护的管辖权问题并尚在若干欧洲国家生效，为了不使制定出来的新公约改变上述公约的内容，专门委员会决定在新公约中不规定有关管辖权的规范；

第二，未来的公约应该适用于监护的诉讼程序开始之前或进行中的儿童的诱拐案件；

第三，该制定的公约中不应规定公共秩序条款；

第四，公约中应规定成员国都应该设立一个有关的中央机构（Central Authority），帮助被侵害人与外国取得必要的联络以领回被劫持的儿童。

但是，该专门委员会会议上却未能就外国监护判决的承认与执行问题达成共识。在这个问题上的意见分歧，主要表现在两个方面：一些代表认为公约中应该明确规定对外国监护判决的承认与执行，且尽可能少地规定不予以承认与执行的例外情况；另一些代表则认为，公约应该赋予内国法院重新审查外国监护判决的权力，并根据维护儿童利益的原则再行作出判决，而不管儿童来到法院地国是否由于诱拐所致。对于公约的这一至为关键的问题的上述意见分歧，无疑给公约后来的制定工作投下了阴影，所幸的是，专门委员会在后来的工作过程中，寻找到一条协调上述分歧观点的途径。这样由专门委员会准备的公约的初步草案中便放弃了对外国监护判决的承认与执行的规定，大大缩小了公约适用的范围。公约初步草案之所以采取这一态度，是因为有的代表提出，儿童的诱拐问题只有在儿童立即回到其原在国并恢复原来的身份（status quo ante）时才能获得解决。也只有在儿童回到其原在国时，才能确定儿童的监护问题。正是基于这一认识，公约规定在任何情况下都必须恢复诱拐前儿童的监护关系。

（二）公约的目的及其实现

无论是从公约的性质还是从公约的内容来考察海牙会议所制定的这个公约，人们都不难看出它与海牙会议所制定的一系列其他公约的明显差异。这个公约似乎既不是一个有关冲突法统一的公约，也不是一个有关国际民事诉讼程序法统一的公约，而像一个“国际行政法律”（international administrative law）。公约的这种独特的性质及其与海牙会议公约家族的关系，自然是值得人们去研究的问题，但这里主要就本公约的目的进行些探讨。

本公约的一个主要目的在于使成员国采取最及时的措施以及时返送因错误迁移或留置而滞留在其领土上的儿童（公约第1条第1项）。为了实现这一目的，公约并不排除成员国有关当局请求警察或检察机关的帮助，但是，这种国家机器的使用只是基于民事程序，而非刑事程序，因为，公约名称明确表明，本公约只涉及儿童国际诱拐的民事方面。但是，公约的目的不只限于上述内容，根据公约第 1 条第 2 项规定，它的目的还在于确保根据一成员国的法律所取得的监护权及监护权的行使，能够得到公约其他成员国有效的尊重。

为了确保公约上述目的的实现，公约规定了一项有效的措施，即各成员国都必须成立一个中央机构来负责保证公约的实施。联邦制国家可以指定几个这种中央机构（公约第 6、7 条）。这种中央机构的主要作用在于接受和传达当事人所提出的返送被诱拐儿童的申请，帮助寻找被诱拐的儿童，促进监护和探访（即子女和已离散的父母的互访）争议的和解，以及帮助受害人获取法律上的代表人（公约第 7 条）。

（三）公约的适用范围

1. 公约适用于有关儿童的诱拐问题

“诱拐”（abduction）这一概念仅在公约的标题中出现过一次，公约的前言及正文中都避免使用这一更接近于刑法意义上的概念，而采用了一个在立法技术上更为准确的概念——“非法地迁移或留置儿童”（wrongful removal of retention of a child）。因而，公约所说的对儿童的诱拐，便是指非法迁移或留置儿童。而且，根据公约第 3 条的解释，如果对儿童的迁移或留置损害了他人、其他组织或机构依据儿童被迁移或留置前惯常居所地国家的法律所获得的监护权，且他们在儿童被迁移或留置时正在实际上行使这种权利，则构成非法迁移或留置儿童，亦即构成对儿童的诱拐。

2. 公约只适用于儿童的国际诱拐问题

尽管该公约中未像前述欧洲的理事会 1980 年 5 月 20 日公约那样规定儿童的迁移和返还应跨越国界，但无论从该公约的标题、序言部分以及公约的结构都可以清楚地看出，该公约只适用于儿童的国际诱拐问题。但是，究竟什么是儿童的国际诱拐则是值得研究的问题。一般认为，儿童的国际诱拐应包括两种情况：一种是儿童因诱拐已实际上跨越其原在国国境；另一种情况则是儿童的父母一方已把儿童带走，却无法知晓其去向，只是种种情况表明很可能已随父或母去到父（或母）的原来的国家。依公约规定，在后一种情况下，也应该适用本公约的规定，这样可以便于当事人通过公约规定的途径查找儿童的下落，并通过国家间的合作，最后领回儿童。

3. 公约只适用于在公约成员国有惯常居所的儿童的诱拐案件

公约第 4 条规定，本公约只适用于监护权遭到破坏之前，被诱拐儿童在任何一公约成员国有惯常居所的案件。据说公约采用儿童的惯常居所这一标准是经过深思熟虑的。在公约制定过程中，参加该公约制定的代表们一致认为公约只能够采用单一的标准，而且，也认为以儿童的国籍作为标准是不合适的。从反对对儿童实施诱拐和更有利于保护儿童的利益出发，会议认为应主要考虑以儿童所惯常生活的国家即以儿童的惯常居所地作为唯一标准更为准确合适。

4. 公约只适用于16岁以下儿童的诱拐案件

公约第4条规定，一旦儿童年满16岁公约便不再（停止）适用本公约。公约之所以采用这样的措辞，是因为这样规定更为简单和实用。而且根据这一规定，即使有关儿童诱拐的案件已向公约国的中央机构或法院提出，一旦被诱拐儿童年满16岁，也应停止该公约的适用。这样会减少实践中因儿童的年龄所产生的争执。在公约起草过程中，围绕究竟应以儿童多大的年龄为界产生过较大的争论，最终同意16岁这一标准。不过，尽管公约规定了儿童年龄标准，但一般认为，如果在实践中认为必要，也可以该公约所确定的原则适用于超过16岁的儿童诱拐问题。

（四）儿童的返还

1. 向中央机构提出申请

被诱拐儿童的监护权人可以向儿童惯常居所国的中央机构或其他缔约国的中央机构提出请求它们协助返还儿童的申请（公约第8条）。公约还规定了这种申请所应该包括的内容，如申请人，儿童以及返还儿童义务人的身份方面的情况；儿童的出生年月；申请者申请返还儿童的理由；以及有关儿童的下落及儿童的特征方面的情况，等等（公约第8条）。然而，公约并未规定当事人有义务请求中央机构提供帮助。儿童的监护权人可以直接向一本公约的成员国的司法或行政机关提出返还儿童的申请（公约第29条）。

儿童的监护权人若向中央机构提出申请，可以采用海牙会议所推荐的标准申请格式。该申请格式由一个委员会研究制定，但在本届会议上对它未进行深入的研究。海牙会议推荐申请标准格式的目的在于便于从申请者那里获得有关的信息并迅速传递给其他国家。

2. 返还儿童的司法或行政诉讼

如果通过交涉返还儿童的义务人不自愿交还儿童，中央机构有义务帮助申请人向法院或行政机构提出司法或行政诉讼以确保儿童的返还。公约第12条具体地规定了法院判决返还儿童的义务，这一规定是本公约的中心所在。根据这条的规定，如果儿童被诱拐但在提起司法或行政诉讼时尚未满1年，公约国的司法或行政机构除个别例外情况外，应判决儿童返还义务人返还儿童。儿童诱拐 即使超过一年期限，上述机构也得判决返还儿童，除非该儿童现在已经在新环境下安定生活下来（公约第 12 条第 2 款）。这一款规定是公约起草过程的最后阶段才追加进去的。公约之所以加进这一规定，是因为考虑到公约应该能够保证申请人在诱拐人将儿童隐藏较长时间的情况下也应该能够领回儿童。

3. 拒绝返还儿童的理由

在公约起草过程中，有一种观点认为，只要儿童遭诱拐，则司法或行政机关便应判决诱拐人返还儿童，而不必考虑当事人之间所存在的监护权的争议。与此相反，另一种观点认为，司法或行政机关在原则上应裁定儿童诱拐人返还儿童，但是，根据具体情况在一些案件中偏离这一原则可能更有利于保护儿童的利益。公约最后的规定，是这两种观点相互妥协的结果，即在一些情况下，司法或行政机关并不一定必须裁定儿童诱拐人返还儿童。公约第 13 条具体规定了司法或行政机关可以拒绝裁定返还儿童的三种理由：

第一，儿童诱拐人基于以下理由拒绝返还儿童，即他（她）在诱拐儿童时儿童的监护权人并未实际上行使其监护权，或者，该监护权人在当时或之后允诺诱拐人带走或滞留儿童；

第二，司法或行政机关发现被诱拐儿童不愿被返还，且其年龄和成熟程度以足以使他自行作出决定；

第三，如果返还儿童会给该儿童的身体或身心带来伤害，或者将其置于其他会使该儿童陷入无法忍受境地的地方。

此外，公约第 20 条还规定，如果返还儿童不为被请求国的有关人权保护和基本自由的基本原则所允许，则也可以拒绝返还该儿童。尽管公约起草过程中，代表们一致同意公约成员国不得以“公共秩序”为由拒绝返还被诱拐儿童，而且，也同意公约中不应有“公共秩序”条款的规定，但是，上述第 20 条规定，实际上就是一个公共秩序条款，只不过它不像海牙会议的其他公约明确使用公共秩序一词罢了！由此人们也可以看出统一国际私法的国际公约毕竟只是一种公约，它不得不留给成员国一定的自主考究的余地。

4. 举证责任

（1）申请人的举证责任

根据公约的规定，申请人必须证明儿童被非法迁移或置留。公约规定了一系列帮助申请人承担这种举证责任的措施。首先，尽管根据公约第 15 条的规定被请求国法院可以要求申请人提供儿童惯常居所地国家法院所作的儿童被诱拐的裁决，但是，申请人并非必须去获得这种法院裁决。如果申请人业已获得这种裁决，则被请求国法院（或行政机构）应立即承认这一裁决。如果申请人未获得这种裁决，则被请求国法院应直接适用儿童的惯常居所地国的法律。其次，申请人在提起行政或司法诉讼时不必提供诉讼费用担保（公约第22条）。公约任何一国的公民或在公约任何一国惯常居所地的人在公约其他成员国都享有这些国家内国法律规定的法律救济和咨询服务。再次，被请求国的法院或行政机构应考虑儿童惯常居所地国家的中央机构所提供的有关儿童的社会背景方面的信息（公约第13条第3款）。由此也减轻了申请人的举证责任。最后，公约第30条规定，当事人的申请文件及所附的其他文件应为被申请国的法院或行政机构采纳为证据。这实际上也是给申请人所提供的举证方面的帮助。

（2）被告人的举证责任

如果儿童诱拐者意欲拒绝返还儿童，则也负有举证证明其具有公约规定的拒绝返还儿童的理由的责任。首先，就公约第13条第1款a项和b项规定和两个拒绝返还儿童的理由而言，被告显然负有举证责任，其次，就公约第12条第2款规定来看，也应该由被告举证究竟儿童是否业已在新环境下定居下来。最后，就公约规定的拒绝返还儿童的其他理由（公约第13条第2款，第20条）而言，尽管从公约的规定的本身并不能明显地看出究竟由谁举证，但一般认为应由被告向法院提出这些理由，并提请法院适用公约的这些规定。总之，公约规定被告具有较重的举证责任，并从而对申请人的利益予以更大的保护。

三、关于减轻国际诉讼负担公约

（一）公约的背景

正如前面所讲，海牙国际私法会议从事国际私法统一工作的一个传统的且也是最重要的一个领域，是民事诉讼法领域。本届会议所制定的《关于减轻国际诉讼负担公约》，“暂且结束了1905年第一个海牙民事诉讼公约开始的一个发展阶段”。

1905年海牙民事诉讼公约涉及国际民商事法律交往中一些传统的领域，包括：司法和司法外文件的送达；在外国取证问题；保证对外国人提供诉讼救济和免除他们提供诉讼费用担保义务。该公约后来被1954年3月1日的新的海牙民事诉讼公约所代替。

1954年的新的海牙公约所规定的领域与1905年的公约基本相同。第一节（第1~7条）规定司法和司法外文件的送达（送达协助）；第二节（第8-16条）规定在外国取证问题（取证协助）；第三节（17~19条）规定诉讼费用担保的免除；第四节（第20~24条）规定免费的诉讼救济；第五节规定免费提供民事身份登记文件问题；第六节规定禁止关押当事人。在送达协助方面，公约主要规定了送达的途径、文件的语言以及翻译及费用问题。就诉讼费用担保的免除而言，公约规定了外国人享受诉讼费用担保的免除的先决条件，以及外国人在什么情况下可以获得免费的诉讼救济问题。但是公约在这两个问题的规定上并不是具体的实体法上的规定（对此由各国的民事诉讼法去规定），而是仅规定在国际民事诉讼中内外国人应平等对待，不予歧视的原则。

尽管该1954年公约是一个非常成功的公约，在本届会议召开时它已有27个成员国，是到那时海牙会议公约中拥有成员国最多的一个公约，但是，它所规定的制度，在经过30多年后已发生了深刻的变化。举例来说，在公文的域外送达方面，公约规定采用领事送达为主的方式，然而实践中通过公约规定各成员国设立一个送达的中央机构进行司法协助，已是送达的一个非常重要的途径。因而，有必要对1954年的海牙民事诉讼公约进行修订。有关修订的决定，早在1960年召开的第九届海牙会议上就作出了，并在其后的会议上，分别就该公约的具体内容一步一步地进行。如1964年第十届会议上制定了《关于民商事司法外文件的海外送达公约》，从而修订了1954年公约中第1~7条的规定；1968年的第十一届会议上制定了《关于民、商事海外取证公约》，从而修订了1954年公约中第8~16条的规定。本届会议上所制定通过的《关于减轻国际诉讼负担公约》也是海牙会议修订1954年民事诉讼公约工作的继续，且主要是就上述公约中有关诉讼费用担保问题以及免费提供诉讼救济等问题进行的。

（二）公约的基本结构

本公约共6章36条。第一章（第1~13条）规定免费提供诉讼救济问题；第二章（第14~17条）规定诉讼费用担保的免除；第三章（第18条）规定免费提供注册登记文件和民事判决文件副本；第四章（第19~20条）规定禁止拘禁当事人以及保证证人和专家安全；第五章（第21~30条）规定一些与公约有关的一般性的问题前本公约与其他公约的关系和公约的保留问题等；第六章（第31~36条）是公约的最后条款。

本公约的核心部分是第一、二章的规定。这两章并非是全新的内容，而是以1954年的有关规定为基础，对有关问题作了更广泛的规定。与1954年公约不同，本公约并非规定纯粹的免费提供诉讼救济，而是规定依据申请人的经济状况部分地提供免费诉讼救济，而这自然是以寻求免费诉讼救济人本国的机构提供可靠的关于该人财产状况的信息为先决条件。为此公约规定各成员国应成立有关的中央机构以提供司法互助方面的工作。

（三）免费提供司法救济

与1954年公约一样，本公约并未规定免费提供司法救济的实体法上的要件，而只是确认了在国际民事诉讼中，内外国人同等待遇的原则，但是，它与1954年公约在对该原则的规定上有以下几点差别：

首先，在该原则对人的适用范围上，两个公约存在有差别。1954年公约规定该原则适用于所有成员国的公民，也就是说，旧公约以国籍作为标准；新公约则以当事人的惯常居所地和国籍为标准，规定该原则适用于所有在公约成员国有惯常居所的人以及具有公约国国籍的人（公约第1条第1款）。

其次，就是公约的适用领域而言，新公约比旧公约的范围更为扩大。具体表现在下述三个方面：第一，新公约不仅适用于民事问题，还适用于行政法、社会法以及税收法律方面的法律救济问题（公约第1条第3段）；第二，新公约还不只是适用于诉讼中的法律救济问题，而且还适用于免费提供咨询问题（公约第2条）；第三，新公约还规定凡是在一个成员国通过免费的诉讼程序所作出的法院判决，在其他成员国也应免费获得承认与执行（公约第13条第2款）。

最后，就免费给申请人提供司法救济的条件而言，1954年公约是建立在申请人完全贫困（indigence）的基础上的，而新公约在是否给予申请者以免费的司法救济上，并不取决于申请者是否一贫如洗，而是考察如果不给他提供免费的司法救济，他是否能够承担诉讼费用。因而，公约试图建立一种部分地提供免费司法救济制度，即只免除当事人所承担不起的那部分诉讼费用。公约各成员国依据该公约所成立的中央机构应该彼此协作，提供申请人财产情况方面的信息，以供法院在决定是否给申请人以免费司法救济时参考。

（四）诉讼费用担保的免除

公约第二章规定诉讼费用担保的免除问题。根据1954年公约的规定只有公约成员国的公民在作为原告时才可以免除提供诉讼费用担保的义务，而新公约规定，所有在公约成员国有惯常居所的人都可以免除提供诉讼费用担保的义务（公约第14条）。作为一项必要的补充，公约第15条规定了简化对原告败诉情况下，费用支付判决执行的措施。过去执行这种费用支付判决都是通过外交途径进行的，而公约规定（公约第16条）应通过成员国的中央机构进行。

根据英国和澳大利亚代表的建议，公约第28条规定，成员国在批准该公约时可以就整个第二章的规定作出保留。英、澳代表之所以提出该建议，是因为在英美普通法系国家，诉讼费用担保的免除与否由法官自行决定，因而这些代表不愿该公约改变这些国家的这种实践。

（五）其他有关规定

公约第 18 条关于公文免费提供的规定以及第 19 条关于拘禁债务人的规定，也都近似于 1954 年公约中的有关规定，只是新公约中免费提供公文的范围扩大到包括向公共登记注册官（public registers）索取有关登记注册文件的副本以及有关民商事判决的副本。至于公约第 20 条有关保证专家、证人安全的规定，则是该公约的一个新规定。据说公约起草者们是采纳了瑞士代表的建议才作这一规定的。

四、关于消费者买卖合同法律适用公约草案

（一）海牙会议关于 1955 年 6 月 15 日动产买卖法律适用公约适用范围的声明

1955 年 6 月 15 日《关于动产买卖法律适用的海牙公约》，由于各国，尤其是斯堪的纳维亚国家，国内保护消费者法律的制定，在实践中已日显脱离实际，因而被适用的机会越来越少。根据该公约第 2 条规定，国际动产买卖合同首先适用当事人所选择的法律；当事人在未作这种选择时，适用卖方惯常居住地国家的法律（公约第 3 条）。根据公约的这些规定，国际动产货物买卖中的消费者（买方）便无法获得其住所地国家旨在保护消费者的那些法律的特别保护，因为，1955 年的海牙公约并未专门规定动产买卖合同必须受这些强制性的国内法律规定的支配。

这种客观形势产生了解决海牙公约与各国新的司法实践的冲突问题的两种可能性：即要么公约成员国宣告退出公约，要么海牙会议必须制定一个新公约。但是，本届会议上，负责准备有关消费者买卖合同的第三委员会采纳了斯堪的纳维亚国家代表的建议，找到了解决上述问题的第三条道路。该委员会提请大会最后通过一项关于限制 1955 年 6 月 15 日动产买卖法律适用公约适用范围的声明，大会接受了该委员会的建议，并在大会的最后会议上通过了一个取名《关于 1955 年 6 月 15 日国际货物销售法律适用范围的声明和推荐文件》。据此便使 1955 年的海牙货物销售合同公约不至于妨碍公约成员国有关消费者买卖法律适用的特殊规定。

在海牙会议的历史上，制定这种旨在改变原来公约的内容的声明尚属首次，这种做法自然也提出了一些新的问题。首先，这种声明实际上只是一种临时的措施，但是，这种声明毕竟是各国代表在一个政府间国际会议上协议一致并由大会所作出的具有国际公约性质的文件。根据国际公法以及各国有关国内

法的规定，要使得这种声明对成员国具有约束力，参加会议的代表应该获得其本国进行这种声明的专门授权。其次，从这种声明的性质和内容来看，它并不是一种对公约的含义进行具体解释的文件，而是一种“公约修正案”，尽管在形式上，它与海牙会议所制定的公约具有极大的差异，却完全具有公约的效力，因此，这种声明也必须获得成员国的批准。最后，由于声明仅规定 1955 年的海牙货物买卖公约不妨碍成员国适用其专门保护消费者利益的特别规定，因而，国际货物买卖中的消费者只能够在该海牙公约的框架下获得有关国家关于对消费者保护规定的保护。显然，海牙会议仅仅这样去保护消费者利益是不充分、不完善的，它有必要根据形势的发展，在国际私法的国际统一领域建立一套保护消费者利益的统一冲突法制度。

（二）有关消费者买卖法律适用公约草案的几个问题

本届会议在采纳上述有关 1955 年销售公约适用范围的声明的同时，也采纳了一个由第三委员会准备制定的《关于若干消费者买卖合同法律适用公约》的草案。但是，草案只 10 个条文，不像海牙会议的其他公约那样包括有关公约的签署批准、保留等一般问题的规定。

该公约草案 10 条规定的内容主要包括：公约的适用范围；消费者买卖合同的当事人选择法律的意思自治原则；当事人未选择准据法时的法律适用；消费者买卖合同准据法的适用范围以及公共秩序条款。草案的核心部分是第 6、7 条关于消费者买卖合同法律适用的规定。根据第 6 条的规定，消费者买卖合同适用当事人明显地并以书面形式协议选择的国家的法律；但是，当事人作这种选择时，不得排除消费者惯常居所地国家法律对消费者保护所作的专门的强制性规定。如果当事人未选择准据法，则适用消费者惯常居所地国家的法律（公约第 7 条）。

合同当事人意思自治选择合同准据法本是国际合同法的一项最基本的原则，但是在当今国际社会，为了保护消费者的利益，各国消费者保护法以及国际上有关消费者保护的国际公约都大大地限制了当事人意思自治的原则，从这一意义上来说，海牙会议的上述公约草案也是顺应了这一潮流的。

第四节　第十五届海牙国际私法会议

一、概述

第十五届海牙国际私法会议于 1984 年 10 月 8 日至 20 日在海牙举行，22

个会议成员国，包括上届会议之后新加入会议的 3 个新成员国乌拉圭、塞浦路斯和波兰（重新加入）派代表出席会议。巴拿马以及联合国、国际拉丁公证联盟等政府间和非政府间的国际组织派观察员出席了会议。

由于海牙会议准备于 1985 年在海牙召集一次由成员国和非成员国广泛参加的旨在修订 1955 年关于国际货物销售法律适用公约的特别会议，因而，在本届会议与以往的海牙会议历届例会不同，会期仅为两周，会议上也只制定了一个公约，即关于信托的承认及其法律适用的公约。

本届会议设两个委员会：第一委员会负责一些一般问题的研究工作。该委员会由芬兰代表萨乌莱能（M. Savolainen）担任主席，加拿大代表朱厄特（M. L. Jewett）担任副主席。该委员会未专门设报告人，而由海牙会议常设局派员负责报告工作；第二委员会，由荷兰代表范·波休顿（C. D. van Boeschoten）任主席，美国代表特普特曼（D. T. Trautman）任副主席，瑞士代表冯·欧维贝克教授（Prof. AE von Overbeck）任报告人，负责托管公约的制定。

二、关于信托的法律适用及其承认的公约

（一）公约的背景

上届会议正式把制定有关信托的冲突法公约列为本届会议的一个议程。上届会议结束后，海牙会议常设局便着手对各国的信托制度进行深入和比较研究，研究的成果集中体现为常设局的两位秘书达叶（Dyer）和范·龙（van Loon）于 1982 年 5 月所联名发表的一份取名为《信托及其类似制度》的研究报告，为本届会议后来顺利完成公约的制定工作作出了非常出色的准备工作。

海牙会议常设局于 1982 年成立的一个从事信托法公约起草的专门委员会分别于 1982 年 6 月、1983 年 3 月和 1984 年 10 月在海牙召开了三次会议，制定出《关于信托的法律适用及其承认的公约初步草案》。本届会议上成立的第二委员会以该公约草案为基础，制定出《关于信托的法律适用及其承认的公约》。

在具体介绍和分析本公约内容之前，我们有必要先分析一下本公约的特点。信托作为一种法律制度并非所有国家普遍采用的，但普通法系国家大多有信托制度，因而，海牙会议这一公约正是试图去解决这种在一些国家有而在另一些国家却没有的法律制度在国际法律交往实践中所产生的问题。由此，人们不难看出，本公约与海牙会议所制定的其他公约的差别首先在于，如果说海牙会议的其他公约是试图协调冲突法方面本国法原则与住所地法原则的冲突，则

本公约却是在普通法系与大陆法系之间架设一座桥梁。这是本公约的特点之一。

本公约的第二特点在于，它仅试图就实践中出现的有关信托问题作比较一般性的规定，且有意把一些问题留给人们在适用公约时通过对公约的解释去解决。举例来说，本公约在第 1 条中规定了公约的适用范围，亦即公约所予适用的信托制度和标准，但是，实践中一些民法法系国家法律中类似于信托的制度，究竟是否属于该公约的适用范围，则未在公约中予以明确规定，只能通过对公约的具体解释去决定。

（二）公约的基本结构

本公约共五节 32 条。第一节（第 1~5 条）规定该公约的适用范围。第二节（第 6~10 条）规定信托的准据法。公约在本节中主要规定以财产信托关系中财产授与人（settlor）的意思去确定准据法，而在该人未自主选定准据法时，公约规定采用“最密切关系原则”。本节还规定了信托准据法的适用范围以及托管关系可以分割开来而受不同的准据法支配的可能性。第三节（第11~14 条）规定对信托的承认。公约规定了对信托予以承认起码应该包括的内容，信托在官方登记注册机关可以注册登记的形式。公约在这一节还规定了允许不予承认的一些信托情况。根据公约第 10 条规定，成员国可以声明保留该节的规定不适用于那些其有效性受公约成员国法律支配的信托。第四节（第 15~25 条）是关于一般条款的规定。其中第 15~16 条规定法院地冲突法所指定的国家的有关强制性法律规定的适用，以及法院地国法律中应予直接适用的法律适用问题；第 17、18、19 条规定排除反致的适用、公共秩序条款以及条约与税法问题的关系；第 20、21、22 条规定本公约第三节适用范围的扩大与限制；第 23、24 和 25 条规定对不具统一法域的国家公约的适用以及本公约与既存的或未来的有关该问题的其他公约的关系。最后，公约的第五节（第 26~32 条）是海牙会议各公约所通用的，且内容一致的“最后条款”的规定。

（三）公约的适用范围

1. 公约适用于信托准据法的确定和信托的承认（第 1 条）

这一条从文字上看是非常简单的规定，但却是公约制定过程中诸多分歧观点妥协的结果，在实践中适用公约该规定时，也定会出现解释的不同。规定在制定过程中的主要分歧以及它在实践中所可能出现的解释问题，主要有以下几点：

（1）关于公约是否只适用于普通法上信托制度的问题。公约起草专门委员会在讨论该问题时，曾出现过不同的意见，但是，专门委员会最后决定，公约只适用于普通法中信托制度，后来在委员会起草的公约序言中也表明了这一观点。但是，在第 15 届会议上，第二委员会决定反其道而行之，使公约不仅适用于普通法中的信托制度，而且也适用于符合公约第 2 条所规定的标准的其他法系的类似的法律制度。这一观点得到了与会的不少代表的赞成。例如埃及和波兰代表都表示他们国内存在有类似于普通法中信托的制度，日本代表和卢森堡代表要求大会制定的该公约中包括进其本国的类似制度，委内瑞拉代表指出，该国已于 1956 年采用了信托制度（但鲜为适用）。其他还有不少国家的代表也赞成公约包括类似信托制度。

国际结算银行（设在瑞士巴塞尔）在提交给海牙会议的一份备忘录中以及该组织派来出席会议的观察员都强调，公约应该明确排除适用于“商业信托”（business trust）的可能性，不然的话，普通法系国家非常不严格的商业信托势必必须为大陆法系国家承认，并因而危及对大陆法系国家当事人或第三人的保护。对于国际清算银行所指出的这一危险，与会各国政府代表也深表关切，但是，他们认为对于这种商业信托可以通过公约所规定的其他一些措施予以排除，而不必在公约中明确规定公约不适用“商业信托”，因为“商业信托”这一概念不太确定，无法把它在公约中规定下来。

（2）关于信托的法律适用问题。从公约的名称人们也不难看出，它的一个重要内容是确定信托的法律适用，即建立一套有关信托制度的统一冲突法规范。人们认为这一套关于信托的统一冲突法制度无论对于大陆法系国家，还是普通法系国家都是非常有用、很有意义的。就前者而言，由于这些国家国内法中无这一制度，更无关于这一制度的冲突法规定，因而，这些国家一旦采用公约，则便弥补了这一空白；而对后者来说，这些国家有关信托的冲突法制度彼此多有不同，本公约无疑是这些不同国内法规定的统一。

（3）关于信托的承认问题。公约的另一个主要的目的在于规定一套有关信托的承认的制度。但是，在公约制定过程中，荷兰代表建议公约不应该用“信托的承认”这一说法，而应规定“信托的效力”。这一建议遭到不少代表的反对，这些人认为公约中已有第 8 条规定信托的效力的条文，而且“承认”一词在当代法律中，也不仅仅是指对判决的承认，对于信托这一法律制度自然也可以使用“承认”一词。由于大多数代表的反对，荷兰代表的这一建议未被采纳。

由于信托制度不同于婚姻、合同等法律制度，对于普通法系以外的众多大陆法系国家的法官来说，是一个陌生的制度，若要使公约关于对信托承认的规定，在实践中起到应有的效果，公约就必须规定对信托承认的内容以及信托的效力。基于这一认识，公约对此作了规定。而且，公约同时还规定了那些国内无托管法律制度的国家，在承认信托制度时的安全保护措施（尤其是第 15 条的规定）。

（4）关于公约的广泛适用效力的问题。公约所规定的冲突规范是否也适用于指定非成员国的内国法，以及公约规定的对信托制度的承认是否也包括对非公约成员国的信托的承认？这一问题在公约的制定阶段存在有激烈的争论。普通法系国家及少数大陆法系国家的代表认为公约应具有广泛的适用效力，而其他很多大陆法系国家则认为，他们所可能承认的信托只是在那些公约成员国所获得的信托，而不是世界上任何一国的信托。此外，也还有人提出，关于信托的法律适用的规定应具有广泛的效力，而关于对信托的承认的规定，则应是有限制的效力。会议最后所得的妥协的结果是采用公约具有广泛适用效力的原则，但同时允许成员国在批准该公约时对这种广泛的适用效力作出保留（第 21 条）。

2. 公约所支配的信托的范围（第 2、3 条）

公约第 2 条也是确定本公约适用范围的一个重要规定。这条规定目的在于通俗明白地给信托下一定义，或者换句话说，界定受本公约支配的普通法系国家中的信托以及大陆法系国家类似信托制度的确定标准。根据本条规定，构成信托应具备以下几个主要的要素，即财产的移转、财产移转人（a settlor）、受托管理人（a trustee）以及受益人（bemeficibries）。这里所说的财产移转人和受托管理人既可以是自然人也可以是公司、企业。公约还具体规定了信托的特征（见第 2 条第 2、3 款）。

公约仅适用于当事人自愿设立的且有书面文件为证的信托（第 3 条）。这就排除了把公约适用于执行法律所产生的信托以及法定信托司法判决中所规定的信托的可能性。但是公约第 20 条也规定，允许公约成员国把该公约的适用范围扩大适用于这两种信托。

3. 公约所明确规定不予支配的情况（第 4、5 条）

就信托制度而言，它实际上与两种行为有关，即移转财产的行为和托管行为。冯·欧维贝克教授非常形象地形容信托就如同发射火箭①，托管行为是火箭，而移转财产等先行行为为发射架。根据公约第 4 条的规定，它不适用于这种“发射架”，即不适用于移转财产从而设定信托的行为的形式和实质有效性

① ［瑞士］冯·欧维贝克：《对十五届海牙国际私法会议文件及文献第二卷所做解释的报告》，第 730 页。

问题。

公约第 5 条还明确规定，如果依据本公约第二章关于信托冲突法规定所指定的一国国内法未规定信托制度，则本公约也不予适用。

（四）信托的准据法

1. 当事人意思自治原则

在信托准据法的确定上，公约第 6 条采用了当事人意思自治原则，即由财产移转人（settlor）自主地、明示或者默示地选择适用于信托的法律。尽管公约中未作明确规定，但是权威的观点认为，财产移转人选择的准据法应该是与信托行为具有实质关系的法律。

与上述公约第 5 条紧密相呼应，公约规定如果财产转移人所选择的法律和国家不存在信托制度，那么，这种法律选择无效（公约第 6 条第 2 款）。

2. 最密切联系原则

如果当事人（财产移转人）未自主选择一个准据法，或者，其所选择法律和国家不存在信托制度，那么，根据公约第 7 条的规定，信托适用与之有最密切关系的国家的法律。公约在这里采用最密切联系原则，作为确定信托准据法的又一重要原则。为了使这一“非规定的冲突规范”在实践中适用更为具体和更为一致，公约规定了实践中确定与信托最密切关系国家的诸要素。它们包括财产移转人所指定的托管地（the place of adminishation of the trust，或移转信托管理地），托管财产所在地，受托管理人的居所地或营业地，信托的目的及这些目的实现地。

3. 信托准据法的适用范围

公约第 8 条规定了信托准据法的适用范围。这一规定非常详细地列举了信托准据法所予支配的各种事项，然而这一列举却不是穷尽的。从立法技术上来看，这一条规定是对上述公约第 2 条的补充。

公约规定，信托准据法支配信托的有效性、信托的解释、信托的效力以及信托的管理。而且，公约进一步规定信托准据法所应特别予以适用的情况，包括以下 10 点：第一，受托管理人的指定、辞职和撤换，作为受托管理人的能力，以及受托人职能的转移；第二，受托管理人之间权利与义务；第三，关于受托管理人将其受托管的权利与义务部分地或全部地移转给他人的权利；第四，关于受托管理人管理或处分托管财产，在托管财产上设立抵押或者取得新财产的权力；第五，受托管理人投资的权力；第六，对托管期限以及积累托管收入的限制；第七，受托管理人与信托受益人间的关系，包括受托管理人对于受益人的人身责任；第八，信托的变更和终止；第九，托管财产的分配；第十，受托管理人说明其管理活动的义务。

4. 分割原则的采用

在规定信托关系和准据法上，该公约采用了分割原则（dépecage）。公约第 9 条规定："在适用本章时，信托的可分割的方面，尤其是管理问题，可以受不同法律的支配。"这是一项充分考虑了实践中常常出现的情况后所制定的符合实际情况的规定。在实践中，对于信托的管理往往有必要适用支配信托有效性以外的一个法律，通常是信托管理地国家的法律。而且，实践中有些信托关系中的财产位于不同的国家，或者托管受益人居住在不同的国家，在这种情况下如果使信托关系只受一国法律的支配显然是不尽合理的。

由于公约第 9 条所规定的分割原则是该公约确定信托准据法的一条基本原则，因而，它也适用于财产移转人选择准据法以及依最密切关系原则确定准据法的情况。但是，如果财产移转人根据本公约第 6 条规定选择了一个适用于整个信托关系的法律，那么便不可能再按第 7 条规定确定一个法律适用于信托关系的某一方面。

5. 准据法的变更

由于信托关系可能会延续很长时间，因而，便出现这样的问题，即在信托关系存续期间，原来所规定的准据法是否能够或必须变更。关于这一问题，在制定该公约的专门委员会准备公约草案阶段以及本届会议上都有激烈的讨论，最终形成现在公约第 10 条的规定。

根据公约第 10 条规定，支配信托有效性的法律，也得决定该法律或支配信托可分部分的准据法是否可以为其他法律所代替。考察各国实践，人们可以发现，一些国家法律认为只有在产生信托关系的文件中明确规定有支配信托的原准据法可以变更时，受托管理人才可以变更准据法，另一些国家则认为要由法律来明确规定受托管理人是否具有变更准据法的权力，依据上述公约的规定，受托管理人变更准据法权力自然要由支配信托有效性的法律去确定。第 10 条除了涉及受托管理人变更准据法的情况外，还涉及信托关系中的实质性要素变化所导致准据法变更的情况。

由于公约采用确定信托准据法的分割原则，因而，如果一个信托关系的各个方面分别适用不同的准据法，则这些不同准据法的变更自然也是由支配信托有效性的法律而不是由这些各个准据法去确定了。

（五）对信托的承认

公约所规定的对信托的承认的基本原则是，根据公约第 2 章关于信托准据法的规定（具体地说即公约第 6、7 条规定）的法律所产生的信托得被承认为信托（公约第 11 条第 1 款第 1 句）。由于对信托的承认不像对外国婚姻和外国法院判决等的承认那样，具有差不多是公认的统一的内容，不同国家对信托的承认则可能具有不同的内容，因而，公约在规定上述基本原则之后，紧接着规定了对信托承认的内容。

第一，对信托的承认起码应包括承认信托财产构成独立的管理财产受托管理人有能力作为受托管理人起诉、应诉；有作为受托管理人在公证员以及所有官员处进行公证及办理其他事务的能力。

第二，受托管理人个人的债权人不得请求该管理人（债务人）以托管财产偿债。

第三，托管财产不构成受托管理人无力还债或破产时的清算财产。

第四，托管财产不构成受托管理人的婚后财产（matrimonial property），也不构成其死亡后的遗产。

第五，如果受托管理人把托管财产与自己的财产混合起来，或让渡了托管财产，则他应该弥补这部分财产；但是，任何获得该财产的第三者的权利和义务得以法院地的冲突规范所指引的法律确定。

第六，受托管理人应享有登记注册托管财产或有关文书的权利（第 12 条）。

公约第 13 条规定了一项对第 11 条所确认的对信托的承认的基本原则的例外情况，即成员国可以不予承认的信托的情况。如果与信托的重要的因素（除准据法的选择，托管管理地以及受托管理人的惯常居所外）具有更密切关系的国家没有信托制度，那么对这种信托可以不予承认。

（六）公约的其他有关规定

公约第 15 条规定，依据法院地国冲突法所指定的国内法律中有关与信托有联系但却不属于信托范围之内的事项的强制法律规定，不因本公约的适用而失去效力，也就是说这些强制规定得予继续适用。

公约第 16 条规定了法院地国的“直接适用于国际事务”的法律规范的适用问题。

在反致问题上，公约明确规定，依据该公约所确定的准据法只是实体法，不包括冲突规范，从而排除了反致产生的可能性（公约第 17 条）。

三、关于未来会议工作的安排

根据本届会议第一委员会的建议，会议最后就未来会议的工作作了安排。这些工作主要包括以下几项：

第一，下届会议上着手讨论制定一个有关死者财产继承法律适用公约，并由会议常设局预先指定一个专门委员会负责该公约的初步准备工作。

第二，由会议常设局就下列事项进行初步研究工作：

（1）关于送输合同的法律适用问题；

（2）关于不正当竞争的法律适用问题；

（3）关于不正当竞争法律及类似的经济法律规范的域外适用所产生的管辖权冲突问题；

（4）关于数据的跨国传递所产生的法律冲突问题；

（5）关于是否应修订 1965 年 11 月 25 日关于选择法院的海牙公约问题。

第三，关于合同之债法律适用问题。

第四，关于有价证券的法律适用问题，以及对许可证协议和技术诀窍的法律适用进行研究。

第五，由秘书处指定一个专门委员会负责对 1970 年 3 月 18 日关于民、商事海外取让的海牙公约进行调查、研究工作。

第五节　海牙国际私法会议特别会议

一、概述

早在 1976 年召开的第十三届海牙会议上，便有人提出修订 1955 年 6 月 15 日的关于国际货物销售法律适用的海牙公约，会上也就此问题进行了讨论，但终因时机尚不成熟，而暂时未从事该项工作。1980 年召开的第十四届海牙会议决定把对上述 1955 年公约的修订列为会议今后工作的议题。正如我们前面在讨论第十四届海牙会议工作时所指出的那样，在当时的会议上已经就 1955 年公约进行了一定的修订工作，其成果表现为它所通过的一项内容在于限制本公约不适用于消费者买卖的声明以及关于若干消费合同法律适用的初步规定。

由于联合国国际贸易法委员会已于 1980 年 4 月顺利地完成了《联合国国际货物销售合同公约》的制定工作，且该公约已经在国际范围内产生了广泛的影响，海牙会议认为要制定有关国际货物买卖法律适用的统一法公约，就不能不考虑已经发展了的国际货物买卖法制度，尤其是不能不考虑上述 1980 年联合国已制定的上述公约这一事实，而应该尽可能地使海牙会议所制定的国际货物买卖法律适用公约与联合国 1980 年货物买卖公约一致起来。基于这种认识，海牙会议突破其传统实践，决定邀请非海牙会议成员国参与会议关于国际货物买卖法律适用公约的讨论和制定工作。海牙会议这一大胆的创新，被认为是海牙会议历史上的一个转折点，因为它不再局限于自己成员国的范围内进行工作，而是在处理一些具有广泛性质的问题上，向非成员国也敞开其大门。

根据海牙会议第十四届会议的决议，所有联合国国际贸易法委员会的会员国不管是否是海牙会议的成员国都应邀请参加海牙会议修订1955年货物买卖适用公约的准备工作。1982年12月6—14日在海牙召开的修订1955年公约的专门委员会会议上，有11个非海牙会议成员国出席；1983年11月7—14日在海牙召开的上述专门委员会第二次会议上，有包括中国在内的13个海牙会议非成员国出席了会议。这是我国第一次涉足海牙国际私法会议，我国后来很快正式成为该组织的成员国，与这"第一步"的迈出也是分不开的。专门委员会的这两次会议对1955年公约的修订工作进行了充分的讨论和研究，并且形成了《国际货物买卖合同法律适用公约草案》。公约草案连同一份由美国哈佛大学教授冯·梅伦（Arthur Taylov von Mehren）准备的有关该公约草案的解释报告，由海牙会议常设局于1984年8月发送给16个国家政府征求意见。

1985年10月14日至30日召开了"关于国际货物买卖合同法律适用问题的外交会议"，通常称为1985年海牙会议特别会议。包括中国在内的54个国家派代表出席了会议。巴西、印尼等6个国家派观察员出席会议。联合国国际贸易法委员会、罗马国际统一私法学会等5个政府间国际组织派代表参加了会议。此外，国际商会的代表也出席了会议。本届外交会议由荷兰代表舒尔兹教授（Prof. J. C. Schultsz）任主席，会上分设两个专门委员会，第一委员会由法国代表著名国际私法学家纳贾德（Lagarde）任主席，挪威代表容利安（Rognlien）任副主席，美国代表著名的国际私法和比较法学者冯·梅伦任报告员，负责国际货物销售合同法律适用公约的实质性条款（第1~22条）的起草工作。第二委员会由捷克斯洛伐克代表茹捷西卡（Ruzicka）任主席，西班牙代表贡乍莱茨·卡姆坡斯（Gonzalez Campos）任副主席，海牙会议常设局负责报告工作，负责公约最后条款的起草制定工作。

关于国际货物买卖合同法律适用公约草案于1985年10月29日由本届外交会议一致通过，包括该公约草案的会议最后文件于翌日在海牙由出席会议的各国代表签署。

二、关于国际货物买卖合同法律适用公约

（一）公约草案的背景

由于本届外交会议所通过的上述公约草案是作为海牙国际私法会议修订

1955 年的《国际货物买卖法律适用公约》的一项结果而出现的，因而，在讨论新公约草案之前，先简单地探讨一下 1955 年公约之所以要修改的原因，尤其是该旧公约与发展了的新的国际贸易法律制度所不协调的历史原因。

1. 对 1955 年海牙公约的检讨

早在 1928 年召开的第六届海牙国际私法会议上，便着手准备有关国际货物买卖法律适用公约草案的起草制定工作，并由一个专门委员会于 1931 年制定出一个有关的公约草案。该公约草案部分地采用了第六届会议第四委员会所草拟的若干初步草案的内容，并受到意大利提交给该专门委员会的一个草案以及当时海牙会议主席荷兰人劳德（Loder）自己所草拟的一个草案的很大的影响。

该专门委员会的公约草案重要的一个特征在于，它非常强调规定本身的简明、通俗、易懂。一般说来，进行私法的国际统一应该体现简明、通俗、易懂原则，因为只有这样，统一法规范才能在实践中很好的为当事人、律师、法官等理解，也才能够真正地保证统一法规范能够得到统一的适用。但上述专门委员会的公约草案在强调这一原则时，达到了物极必反的程度。这正如佩利协特（Michel Pelichet）在其所作的《关于国际货物买卖法律适用的报告》中所指出的那样，过分强调简明原则是导致 1955 年海牙公约失败的一个原因①。这是其一。

其二，由于在 1955 年海牙公约的制定过程中海牙会议还主要只是大陆民法法系国家的一个组织，尽管英国也曾参加了该项工作，但是它似乎并未对该公约的制定产生太大的兴趣，因而活动也不很积极，并未把普通法的有关规定和实践主动地介绍给会议代表。所以，1955 年的海牙公约只是大陆民法法系有关国际货物买卖冲突法的协调，而未考虑和体现普通法系以及其他法系的有关实践。正因为如此，有人提出，海牙会议 1955 年的公约是海牙会议狭窄的框架的牺牲品。

其三，随着各国法律中对消费者保护的加强和消费者立法的产生，以及私法的国际统一领域若干新的关于国际货物买卖统一公约的诞生，1955 年的海牙公约已日显过时。这也是需要对它进行修订的一个重要原因。

2. 1964 年 7 月 7 日关于国际货物买卖的两个海牙公约的回顾与考察

罗马统一私法学会（UNIDROIT）早在 1931 年便开始进行该国际货物买

① ［美］佩利协特：《关于国际货物买卖法律适用的报告》，载《海牙会议的文件及文献》1985 年 10 月，第 29 页。

卖实体法的工作，1939 年该学会采纳了一个关于国际货物买卖的公约草案。1951 年由荷兰政府邀请召集，在海牙召开了一个由 20 个国家政府的代表出席的国际会议对该公约草案进行了全面的审查，会上还专门成立了委员会负责进一步对该公约草案进行研究、修改工作。这一委员会于 1963 年完成了上述公约草案的第二修改案。与此同时，罗马统一私法学会又起草了一个关于国际货物买卖合同形式问题的统一法公约草案。1964 年，荷兰政府再次邀请在海牙召集了一个关于统一国际货物买卖法律的外交会议，会上（1964 年 7 月 7 日）通过了上述两个公约，即《关于国际货物买卖统一法公约》（ULIS，*Uniform Law on the International Sale of Goods*）和《关于国际货物买卖合同形式的统一法公约》（ULFC，*Uniform Law on the Formation of Contracts for the International Sale of Goods*）。

在私法国际统一（尤其是国际货物买卖法律国际统一）过程中，这两个公约具有重要的历史意义。就海牙国际私法会议制定国际货物买卖合同法律适用统一法公约来看，上述 1964 年的两个海牙公约（由于这两个公约皆在海牙签署，故得名，其实它们与海牙私法会议并无关系，更不是海牙国际私法会议所制定的统一法公约）在处理国际货物买卖合同法律适用的冲突问题上的做法值得在此加以简单讨论。

一般来说，国际统一实体私法的公约在对待有关的冲突法问题时有三种不同的处理方法：第一种方法，是一些比较古老的国际统一法公约，如 20 世纪初的日内瓦票据法统一法公约所采用的方法，这些统一实体私法的国际公约规定公约成员国应该把公约的规定纳入国内法律体系成为国内法的有机组成部分，而对这些公约的具体适用，则依赖各国的冲突法规范的指引。正因如此，有人把这种统一法公约处理冲突法的方法称为“依赖的方法”（submission）。第二种方法，是一些国际运输统一法公约所采用的方法，这些公约明确规定公约规范的直接适用范围，而把一些与公约有关的不很重要的问题交给冲突法去指引所适用的准据法。根据这种方法，统一法公约的适用并不求助于冲突法，而只是那些不很重要的问题留给冲突法规定。此一方法又称为“次要问题求助冲突法的方法”（indifference）。第三种方法，称为“拒绝冲突法规范的方法”（reject）。采用这种方法的统一法公约规定，公约本身的规定具有广泛的直接适用的效力，而不求助冲突法的指定，从而排除了冲突法规范的适用。

1964 年的两个海牙买卖法公约便是采用了上述第三种方法。该两个公约中都明确规定，“基于本公约适用的目的，国际私法规范得予排除”，从而排除了公约适用冲突法规范的可能性。而且，它们都规定了普遍的适用效力，即公约适用于在不同国家有营业地的当事人间所缔结的国际货物买卖合同。法国国际私法学者贝耶（Pierre Bellet）在讨论该两公约的广泛适用的性质时曾作过以下一段富有启发性的论述："从事1964年海牙买卖统一法公约准备工作的大多数人，希望制定一个不只是广泛的，而且是绝对统一的法律。在权衡了所有利弊后，他们认为这是他们所可能找到的最好的方案。而且，公约最好也应具有普遍适用的职能，它应为所有人接受，其统一与普遍的性质也排除了法律冲突规范的适用。"①

1964年的海牙买卖法公约试图广泛地、绝对统一地实现国际货物买卖法制度的美好的愿望，似乎难以实现：一方面为了获得更多国家的批准，不得不在多处规定允许成员国作出保留；另一方面，从两个公约在实践中适用的情况来看，他们也终于仅为少数几个国家批准，且这些国家也大多对公约的适用有所保留。

海牙买卖法公约给人们一个启示，也就是说，在目前情况下，试图广泛、绝对地实现国际货物买卖实体法上的统一似乎当时还早，时机尚不成熟，所以，通过统一有关国际货物买卖的冲突法，从而协调统一国际货物买卖法制度，应该说仍然是十分必要的。

3. 1980年联合国国际货物销售合同公约（1980年维也纳公约）

1964年海牙外交会议的第二年，联合国国际贸易法委员会诞生。委员会的最初工作之一就是审查既存的国际货物买卖统一法制度，且主要是1964年的两个海牙买卖法公约。委员会决定首先把1964年的两个海牙买卖统一法公约发送给其所有成员国以征求这些国家对它们的准确态度。从各国的反应来看，大多数国家显然不满意这两个公约，在这种情况下，联合国贸易法委员会决定着手重新研究国际货物买卖法律的统一问题。这一工作，旷日持久，一直到1980年由联合国大会在维也纳召集有关国际货物买卖法律统一公约的外交会议才告结束，其间经过11年。

1980年《联合国国际货物销售合同公约》（简称1980年维也纳公约）是迄今为止国际范围内规模最大的一次国际货物买卖法律的国际统一活动，对于海牙国际私法会议制定新的国际货物买卖合同法律适用公约来说，也具有非常重要的意义。可以认为，海牙国际私法会议就是直接受到1980年公约的影响，才决心制定一个与1980年维也纳公约有同样代表性、先进性和广泛影响的国际货物买卖法律适用公约。

① ［法］贝耶：《法国国际私法委员会工作年》（1964-1966），第103页。

就 1980 年维也纳公约与冲突法的关系而言，该公约不像 1964 年的两个海牙买卖统一法那样完全拒绝冲突规范，而是力图使公约规定的统一买卖法规范与冲突规范有机地结合起来。这表现在两个方面：首先，维也纳公约规定如果法院地国家的冲突法规范导致适用该公约某一缔约国的法律时，则本公约的规定得予适用（第 1 条第 1 项）；其次，它也明确规定把冲突法的适用作为弥补公约所未曾规定的问题的一个方法（第 7 条第 2 款）。

海牙国际私法会议在准备新的买卖法律适用法公约的过程中，围绕着新的冲突法公约是否应严格地与 1980 年维也纳公约保持平行（或说是否应该坚持“平行主义”，Parallelism）曾有过激烈的讨论，但总的来说，最后平行主义的观点占了上风。坚持这种观点的人认为，海牙公约应该与维也纳公约尽量保持一致，只有这样才能够使冲突法公约易于为那些未来接受维也纳公约的国家所理解和掌握。而且，如果把未来的海牙买卖冲突法公约的作用限于确定维也纳公约的规范在什么情况下予以适用，则更需要使这一冲突法公约与 1980 年维也纳公约平行起来。

（二）公约的适用范围

1. 公约所支配的国际货物买卖的范围

就这种买卖合同的客体而言，该公约明确规定，“为本公约的目的，货物包括：a. 船舶、船只、气垫船和飞机；b. 电力（第 3 条）。”在公约制定过程中，大多数代表都认为这些货物的销售买卖与其他货物的买卖一样，没有必要专门规定特别的法律适用规范，因而，有必要明确规定，这些货物的买卖的也属公约的支配。但是，也有一些人指出，至少那些业已登记注册的船舶的买卖应该适用特别的法律适用规则。但此一建议未被采纳。

比较该公约的这一规定与 1980 年维也纳公约的有关规定，人们应发现上述几种“货物”本被后者排除在适用范围之外的。维也纳公约那样规定，主要是因为各国法律对船舶、飞行器这类商品的分类不同，而且，大多数国家的法律规定船舶、飞行器这类产品都要受国内的有关“注册法”的拘束，所以，为减少执行维也纳公约过程中的困难，便把船舶、飞行器这类产品排除出公约的适用范围。至于电力，由于世界上大多数国家都不把它划归为货物的范畴，而且，电力销售也会产生在一般货物销售中所不存在的许多独特问题，维也纳公约也把它排除出其适用范围。从这两个公约在对这一问题的不同态度上，人们也可以看出，统一实体法较之统一冲突法更受各国国内法制左右的特征。

2. 公约适用于国际货物销售合同

公约草案所采用的确定买卖合同国际性的标准与 1980 年维也纳公约所采

用的标准基本上是一致的，但是，考虑到国际货物买卖法律适用的特征，公约草案还规定了其他标准：

第一，在不同国家有营业地的当事人间订立的货物买卖合同受公约的支配（第1条第1项）。在公约制定过程中，在确定货物买卖的国际性问题上，不少代表认为公约在该问题上应与1980年维也纳公约保持一致，这样可以推动更多国家采纳和适用这两个公约。但是，也有人指出，由于这两个公约并不是处理同样的问题，且各自具有自己的功能，因为过分的强调它与维也纳公约在适用范围上的一致性是不恰当的。现在公约草案所采取的态度是，在原则上保持与维也纳公约一致的适用范围，但同时予以适当的扩大。

第二，凡是涉及选择不同国家的法律的一切其他所有货物销售合同也受公约的支配，但是，如果这种选择系出自各当事人对适用的法律所作的一项规定，则即使附有对法院或仲裁的选择，亦不在此限（第1条第2项）。在公约起草过程中，有人担心这项规定中"涉及选择不同国家的法律"这一标准会导致把那些并非真正是国际性的货物买卖合同也纳入公约适用范围的不合理情况，因而建议取消公约草案中的这一规定，但是，这一建议未获采纳，只是作为一种妥协，公约中（第21（1）a条）允许对于这一规定声明保留。

由于考虑到"涉及选择不同国家的法律"这一标准本身含义不甚明确，在实际适用中可能会出现理解的差异，有人提出一些在公约中明确规定这一概念的含义的建议。这些建议最终诞生了这一条款上述"但书"规定。

3. 公约所明确排除适用的情况

公约草案第2、5两条明确规定了公约所不予适用的情况：

第一，就货物买卖的性质和方式而言，公约不适用于依法执行的销售或法律命令的其他销售、公债、股票、投资证券、流通票据或货币的销售以及消费者买卖合同。

公约草案把这些货物销售合同排除在其适用范围之外的基本思想在于，这些受国内特殊的实体法律规范所支配的货物买卖，在确定法律适用问题上也应该特别对待。因此，规定一般性货物销售合同法律适用的海牙公约也不应支配这些特殊的合同。据说公约草案第2条的起草受到1980年维也纳公约第2条的影响，但是，两者的规定并不完全一致。

第二，在适用范围上，公约明确规定不适用于下列情况的准据法的确定：（1）合同当事人的行为能力或某一当事人无行为能力导致合同无效或失败的后果；（2）代理人能否使委托人受合同拘束，或某一机关能否使某一法人或非法人公司或团体受合同拘束的问题；（3）所有权的转移；（4）销售对当事人以外的任何人的影响；（5）关于仲裁或关于选择法院的协议，即使这种协议裁于销售合同以内。

公约草案把当事人的行为能力和代理人的代理权问题排除出公约的适用范围，是因为不少国家的冲突法皆不使这些问题受合同准据法（Lex Contractus）的支配。它把所有权的转移和销售对第三人的影响也排除出公约适用范围，是考虑到，在不少国家所有权的转移是一个具有相对独立性的法律问题，因而，以合同准据法来支配所有权的转移是不合适的。同样以合同准据法来规定销售对第三人所产生的后果也是不合适的。最后，公约草案的起草者们还考虑到适合于货物买卖合同的冲突法制度并不一定也适合于规定仲裁或法院选择的协议，在实践中有必要把货物买卖合同与规定仲裁或法院选择协议区分开来，分别对待，因而，也把仲裁协议和选择法院的协议排除于公约适用范围之外。

（三）国际货物买卖合同准据法的确定

1. 意思自治原则的采用

在国际货物买卖合同准据法的确定方面，公约采用了当事人意思自治原则。公约草案第7条第一句规定："销售合同受当事人选定的法律支配。"对于公约草案规定的这一基本原则，有以下几点值得指出：

（1）关于选择法律的方法，公约的态度非常明确，即当事人关于选择合同准据法的协议，必须以明示为之，或从合同条款和当事人的行为可明显地看出他们之间存在有这种选择的存在。所以公约允许当事人明示选择（express choice）和默示选择（choice by implication）。

在公约的制定过程中，一些代表提出公约应规定当事人只能明示选择。尽管这一观点在会上受到不少人的支持，但最终未获通过。另一种观点则认为公约应允许当事人明示选择，且也应该允许当事人默示选择，不过公约中也应该规定当事人的未明示的意图必须比较确定。对此又有人提出当事人的默示的选择只能够从合同条款本身，而不能够根据具体情况推断，而另一些人则认为在考虑当事人所默示选择的法律时，也应该适当考虑具体情况，但这只能在结合合同的语言的情况下进行。而现在公约草案在对待当事人的默示选择方法上的措辞是"以合同条款和当事人的行为明确表示，考虑时顾及全面"。

（2）关于当事人所选择的法律是否应该与合同有联系的问题。在海牙外交会议上，美国代表曾经提出过一个建议，认为当事人这样选择的法律必须"是在考虑所有情况后，与合同有合理联系"的国家的法律。然而，由于公约草案中业已有第17条规定法院国强制法律规定适用和第18条公共秩序条款的限制，美国代表的此一建议遭到了严厉的反对。从立法来看，该公约似乎并不要求当事人所选择的法律与合同有合理的联系。

（3）关于分割合同适用不同准据法的问题（dépeçage）。在这个问题上，公约采用了分割合同适用不同准据法的原则，具体表现在两个方面：其一，合同当事人选择合同准据法时，可以合同的一部分为限；其二，各当事人可以随时达成协议使合同的部分受制于先前适用的以外的法律。不过在草案制定过程中，围绕公约是否应该采用这一原则，也有过不少的争论。有的代表认为这一原则会造成麻烦，并且会损害所应适用的法律规范和原则的一致性和连结性。

（4）关于当事人所选择的准据法能否变更的问题。公约草案采取肯定的态度。公约第 7 条第 2 款规定，各当事人可以随时达成协议使合同的全部或一部分受制于先前适用的以外的法律，而且，不论先前支配合同的法律是否是由各当事人选择的。但是，各当事人在合同订立后对适用的法律的任何变更，都应不妨碍合同的形式有效性或第三方的权利。

2. 卖方营业地国家的法律

如果买卖合同的当事人未自行选择适用于合同的准据法，根据公约第 8 条第 1 款的规定，合同受合同订立时卖方营业地国家的法律支配。在这里公约之所以规定依卖方营业地法而不依买方营业地法，是考虑到卖方在买卖关系中的特征性履行（charactristic performance）。但同时也考虑到其他一些因素，公约对“卖方营业地法”原则也规定了若干的例外情况，这主要包括以下几点：

第一，在下列三种情况下，合同与买方营业地具有更多的联系，因而，公约规定合同受合同订立时买方营业地国家的法律约束。

（1）在该国，进行谈判，并由当事人在场缔结合同；

（2）合同明文规定卖方必须在该国履行交债义务；

（3）合同是按照主要由买方确定的条件和根据买方向应邀投标的人发出的邀请函（投标）缔结的。

第二，也可以适用与合同最密切联系的国家的法律（公约第 8 条第 3 款）。在海牙外交会议上围绕公约是否应该把“与合同有最密切联系的国家的法律”作为当事人来选择合同准据法时确定合同准据法的一个方法，曾有过激烈的争论。但是，占主要地位的观点，似乎是认为公约在当事人未自主选择合同准据法时，只规定适用卖方或买方营业地法律而排除第三国法律适用的可能性是不合理和不能接受的。因而，公约草案最终采纳了这种意见，接受了最密切联系原则，规定如果根据整个情况其中包括当事人间的任何商业关系，合同与某一法律的关系显然比与其他情形下根据第 8 条第 1 或 2 款的上述规定所确定的法律联系更密切，则合同受该最密切联系国的法律的支配。公约草案之所以这样规定，也还是考虑到最密切联系原则业已为很多国家的国际私法所使用的这一事实。

但是，公约草案同时（第 21 条第 1 款 6 项）允许成员国对这一规定予以保留，因而如果合同缔结时，买方和卖方在作出这种保留的国家有营业地，则公约关于与合同最密切联系的国家的法律的规定不予适用（第 8 条第 4 款）。

3. 以拍卖等交易方式进行的销售的法律适用

由于以拍卖、展销等方式进行的货物买卖具有与一般的以合同方式进行的货物买卖所不同的特征，因而，公约草案以专条规定这种销售的准据法问题。公约草案第 9 条规定，以拍卖、展销或其他交易方式进行的销售受当事人选择的法律支配，只要拍卖或交易进行所在国法律对这种选择不加禁止。如果当事人未作选择，或者，如果这种选择属于禁止之列，则应适用拍卖或交易进行所在国的法律。

4. 有关确定合同准据法的几种特殊情况

公约草案第 10、11 条规定了有关确定合同准据法的几种特殊情况，包括当事人选择法律的同意的存在和实质有效性的确定，合同或其任何条款的存在和实质有效性问题，在同一国家内的当事人订立合同的有效性问题，在不同国家的当事人订立合同的有效性问题，以及代理人订立的合同的法律适用问题等。

（四）国际货物买卖合同准据法的适用范围

公约草案第 12 条规定，依据公约规定所确定的合同的准据法，适用于下列合同事项的解决：

（1）合同的解释；

（2）各当事人的权利与义务以及合同的履行；

（3）买方对由货物产生的产品、成果和收入拥有权利的时刻；

（4）买方对货物开始承担风险的时刻；

（5）对货物保留所有权的条款在各当事人间的效力和效果；

（6）不履行合同的后果，其中包括可以获得赔偿的损失的类别；但这不妨碍法院地的诉讼的适用；

（7）撤销义务的各种方式，以及行为的时效和期限；

（8）合同无效或失效的后果。

但是，货物检验所在国的法律适用于这种检验的方式和程序性要求（公约第 13 条）。

（五）当事人营业地的确定

在公约草案所规定的合同准据法的确定规则中，当事人的营业地这一点起着重要的作用，因此，海牙外交会议上不少代表联名建议对当事人营业地这一概念下一个定义。但是这一建议遭到来自两个方面的反对。其一，有些人认为，这样做势必与1980年维也纳公约的做法背道而驰，因为，维也纳公约尽管规定了“营业地”但并未对该概念作一定义；其二，给营业地下定义是非常困难、复杂的。这一建议未获得通过，现在公约仅就当事人有多少个营业地或无营业地时，营业地的确定或推定问题作了规定。如根据公约草案第14条，如果当事人一方有一个以上的营业地，则以与合同及合同的履行关系最密切的营业地为营业地，同时考虑到各当事人在订立合同前任何时候或订立合同时所知道或所设想的种种情况；如果一方当事人没有营业地，则以其惯常居所地为营业地。

第六节　第十六届海牙国际私法会议

一、概述

第十六届海牙国际私法会议于1988年10月3日至20日在海牙举行。包括中国在内的31个海牙会议既有会员国出席了本届会议。我国已于1987年7月3日正式成为海牙会议成员国，因而，本届海牙国际私法会议是我国第一次出席该组织的例会。

本届会议所取得的成果主要是通过了《死者遗产继承法律适用公约》以及有关会议今后工作的议题的安排。

二、关于死者遗产继承法律适用公约

（一）公约产生的背景

1984年召开的海牙国际私法会议第十五届会议，决定将起草死者遗产继承法律适用公约列入海牙会议日程，并且决定在1988年第十六届会议召开前，拟出公约的初步草案。为此，成立了一个专家委员会，负责公约草案的起草工作。专家委员会于1986年11月17日至21日召开了第一次会议，会议推选瑞士比较法研究所所长冯·欧维贝克教授担任主席。这次会议就三个问题进行了讨论：一是成员国所遇到的数量不断增加的，带有国际因素的死者遗产处理问题，以及目前国际私法中解决死者遗产继承法律冲突问题的状况；二是遗产继承的分割制原则，即动产与不动产分别适用不同准据法的原则；三是就选择什么连结因素来实现继承冲突法的统一问题。1987年3

月30日至4月10日召开了第二次专家委员会会议，会议就未来公约的主要条款进行了讨论并拟出了一些条文。同年9月28日至10月9日召开了第三次会议，该次会议上最终形成了条约草案——死者遗产继承法律适用公约草案。本届会议又对该公约草案进行了讨论、修改，最后于1988年在外交大会上获得本届会议的通过。

公约共有5章31条。第一章“范围”，规定本公约是关于自然人死亡后遗产继承法律适用问题的公约，表明了不属该公约处理的事项，以及本公约与非缔约国法律的关系。第二章“准据法”，这是本公约的核心部分，它规定了继承准据法的确定和继承准据法的具体适用对象。第三章“继承协议”，规定继承协议的实质有效性、撤销和效力。第四章“一般规定”，规定了公共秩序原则、信托法律适用的例外、多法域国家的法律适用等问题。第五章“最后条款”，规定公约的加入、生效等附属问题。

（二）统一制和分割制

1. 两种制度简况

在确定遗产继承的准据法时，首先要考虑世界上存在着两个不同的法律制度的特点，即单一制（unity principle）和分割制（scission principle）。所谓单一制，是指被继承人的遗产均适用一种法律，即死者的属人法，而不论其是动产还是不动产。在适用单一制的国家中，又因采用的连结点不同而分为两类：一类是原联邦德国、意大利、奥地利、前捷克斯洛伐克、埃及、芬兰、希腊、日本、荷兰、波兰、西班牙、葡萄牙、瑞典、土耳其、前南斯拉夫、苏里南等适用被继承人本国法；另一类是阿根廷、巴西、智利、丹麦、以色列、挪威、瑞士、委内瑞拉等国适用被继承人住所地法。所谓分割制，即将遗产分为动产与不动产两种，然后分别适用不同法律，动产适用被继承人住所地法，不动产适用不动产所在地法。采用这种制度的国家是澳大利亚、比利时、加拿大、中国、塞浦路斯、法国、爱尔兰、英国、美国、乌拉圭等。

2. 两种制度的统一

在上面提到两种制度并存的情况下，若制定一个把这两种制度原封不动地包括进去的国际公约，必然是一个大杂烩，用处不大。而要制定一个独特的、有关国家都可遵循的国际公约，就必须在两种制度中找出一个有关国家都可接受的妥协性的制度。在衡量两种制度的利弊情况下，不少成员国认为采用统一制更有助于两种制度的统一。关于这一点，连明确主张分割制的英国也承认在适用上述制度于不动产时，按不动产所在地法（lex situs）处理，也不时地遇到困难，感到应该制定新的办法来解决这个问题。所以最后特委会决定采用统一制原则。

（三）连结因素的统一

1. 以住所为连结因素

如前所述，采用统一制的国家，在确定对遗产继承的法律适用时，以国籍（nationality）或住所（domicile）为连结因素，而主张分割制的国家，对动产和不动产分别以住所和不动产所在地为两个连结因素。那么如何将两种制度的不同连结因素融合在一起而选择统一的连结因素呢？

1986 年海牙会议分析了国籍和住所两个连结因素后，认为如采用国籍为连结因素，会有不少困难。因为世界上持双重国籍或多国籍的大有人在，如以国籍为连结因素，在处理遗产继承时会涉及不同国家的法律。何况近来由于难民人数增多，带来的困难就会更多。当然，采用住所为连结因素也不是没有问题，其中一个问题就是定义问题。目前采用住所为连结因素的国家对于住所的定义远没有统一。尽管如此，在衡量两种连结因素的利弊时，主张采用住所为连结因素的呼声比较高，一些本主张以国籍为连结因素的国家如芬兰、日本等也表示为了求得统一，可放弃国籍这一连结因素，转而接受住所为连结因素，但要求公约不包括反致（renvoi）而应包括允许选择法律（professio juris）。后来，特委会决定采用住所为连结因素。

2. 以惯常居所为连结因素

但是对于以住所为连结因素遭到原联邦德国的强烈反对，在 1987 年 4 月及 10 月的会议上，特委会进一步讨论连结因素问题。美国代表强调，在美国统一遗嘱法典中，住所已成为决定性的因素。英国代表认为国籍因素是一个技术性很强而不易掌握的东西，如以它为连结因素，会给联邦国家带来严重困难，因此仍主张采用住所为连结因素的原则。原联邦德国代表除了重申德方交给海牙会议的保留意见书的观点外，还提到在德国修改了的法律中仍然保留了国籍的原则，如果公约的原则与德国立法相矛盾，在德国履行该公约就很困难；同时表示，为了使公约尽快制定，德方愿意接受在保留国籍为连结因素的情况下允许例外条款存在。中国代表支持将住所作为连结因素的主张，但同时表示也应充分考虑主张国籍为连结因素的国家所面临的困难。

面对上述情况，特委会力图寻找出一个使双方都可接受的方案。英国代表提出，应研究出一个新形式的住所的概念或旨在于“定居下来的惯常居所（habitual residence）”的概念。欧洲共同体秘书处代表提出应该对住所的概念予以重新定义，以便它能与惯常居所的定义相类似。在讨论中，与会其他各国代表也感到，要想取得一致，必须在住所的定义中输入其他因素。为了寻求一种解决办法，中国、英国、法国、挪威等国均提出方案。中国代表根据中国《民法通则》第15条规定“公民以他的户籍所在地的居住地为住所，经常居住地与住所不一致的，经常居住地视为住所”，提出议案（参见海牙私法会议第15号工作文件），主张以住所为主，惯常居所为辅。英法等国则提出惯常居住所与国籍重叠的议案。最后，法国的议案获多数票被特委会所接受。从此，住所的概念便被惯常居所的概念所代替，形成以惯常居所为连结因素的新局面。必须指出，本公约中出现的惯常居所的概念，实际上已不是目前各国在司法实践中所通常理解的惯常居所的概念，它既带有惯常居所概念的一般特点，又包含着一些新的因素，因此它是一个由统一制和分割制两种制度混合的产物。会议期间，一些代表曾试图给惯常居所下个确切定义，但受到大多数代表的反对。他们主张定义要松散些，以便各国可根据其国内法的具体规定灵活掌握。

3. 多元连结因素

公约草案第3条规定：继承适用死者死亡时惯常居所地的法律，但须具备下列任何一个条件：

a. 他是该国公民；或者

b. 在他死亡之前已在该国居住5年以上，除非那时死者已与另一国家有更紧密的联系，在这种情况下，应适用该另一国的法律。

但是在其他情况下，继承应受其死亡时的国籍国法支配，除非其死亡时已与另一国家有更密切联系，在这种情况下，适用该另一国的法律。

这种以惯常居所为主的、多元的连结因素，已给惯常居所增加了新的内容，即它或包括国籍或包括居住年限，从而既照顾了主张以国籍为连结因素的国家，也照顾了主张以住所为连结因素的国家。对于前者，按照这一规定，可以对居住在这些国家的本国公民按其国内法行使管辖权。从这一点出发，海牙继承法公约草案的有关条款与主张以国籍为连结因素的国家的国内立法矛盾不大。当然，对于居住在国外的本国公民来说，意味着这些国家要放弃部分传统的法律适用范围，对居住在外国5年以上的本国公民在涉及继承问题时，就不能适用国籍国法，因而海牙继承法公约草案上述条款又与主张国籍为连结因素的国家国内立法相冲突。对于采用住所为连结因素的国家来说，改用惯常居所为连结因素一般来说困难也不大。尤其需要提及的是，海牙继承法公约草案在一般惯常居所的概念中又加进了“5年”的时间因素，这样就使惯常居所的涵义更趋向于住所的涵义。

4. 关于更密切联系的法律的适用问题

由于在公约第 3 条第 2、3 款中，都允许用更密切联系的国家的法律，或取代死者已有 5 年以上习惯居所的国家的法律，或取代死者国籍国的法律，所以，对于如何判定与死者有更密切联系的国家，便是很重要的了。对于何为更密切联系，与会各国持有不同看法。在 1987 年 4 月会议上制定的公约草案讨论稿中，更密切的内容包括下列各项：是否在该国有居所，是否是该国公民，他个人及其家庭是否与该国有密切联系，他是否在该国有常住的意愿及其他重要因素。这里除国籍的因素外，其他均是构成住所的要件。但由于各国对这些具体要件认识存在分歧，只好不在公约中一一列明，在实践中让各国根据自己的需要进行解释。在本公约中，更密切联系这一项，实际上是对前一项国籍因素的约束。在实际生活中，在很大程度上会出现由更密切联系因素取代国籍因素的现象，国籍的作用充其量也只能构成更密切联系的内容的一部分，因此，二者之间的关系可以说是全部和局部的关系。更密切联系的提出，与其说是对主张以住所为连结因素的国家有利，倒不如说对双方都有利，因为，尽管主张以住所为连结因素的国家认为较为密切联系已包括了国籍的因素，但主张以国籍为连结因素的国家会感到在这一款中的两项他们都占上了。因此，从这一款很难看出双方得失情况。

5. 关于意愿问题

在普通法系国家里，在决定某人在该国是否有住所的一个根本条件是，他是否在该国有长期住下去的打算或意愿。在海牙会议期间，土耳其、英国、中国、美国、阿根廷、比利时和丹麦于 1987 年 9 月 29 日就继承法公约的准据法问题提出联合提案（见海牙会议第 71 号工作文件），就如判定被继承人与某国有更密切的联系时，指出应包括“明示的意愿”。但是许多大陆法系国家对把意愿作为判定有更密切联系的要件之一持保留态度。他们认为这属于主观因素，在实践中很难掌握；另外，允许“意愿”的存在，就等于允许默示选择法律的做法，而默示选择已被特委会所拒绝，现在又这样做，会打破原已达成的妥协方案。经过表决，联合提案以 9 对 15 票未获通过。

（四）在遗嘱继承中被继承人对遗产继承准据法的选择

1. 背景

一些西方国家，特别是普通法系国家的法律规定，被继承人可以在遗嘱中选择法律适用。但更多的国家，包括中国和东欧国家，没有这方面的法律规定。在海牙国际私法会议上，这个问题之所以能成为普遍关注的问题，除了照顾到上面提到的一些国家的国内法有这一规定外，还由于需要有一个缓冲器以求得对连结因素持不同观点的大陆法系和普通法系两方的妥协。在 1986 年 11

月的海牙会议上，以住所为连结因素的国家的观点占了上风，持以国籍为连结因素的国家作为接受以住所为连结因素的条件就是要求写入选择法律条款。如日本代表明确表示，作为妥协，他可以接受住所地法，但条件是，被继承人可以通过选择法律的手段选择国籍国法。西班牙代表也认为，如果允许采用住所地法，就应允许被继承选择法律。

2. 对赋予被继承人在遗嘱中选择准据法的权利，特委会虽表接受，但认为对选择的范围应有所限制，不宜太宽

但到底限制在什么范围内，存在着不同看法。归纳起来，主要集中在下面几个方面：不动产、特留份、国籍、惯常居所等。

关于对不动产、特留份的选择法律的问题，一些原来持分割制的国家主张，被继承人应被允许对不动产进行法律选择，因为采用统一制后，在对遗产继承的法律适用上，不管动产还是不动产，均适用一种法律，这样可能会与不动产适用于物之所在地法的规定有矛盾。英、美代表率先提出了这个问题，中国代表根据中国民法总则和继承法有关规定，表示选择法律应有助于实现不动产所在地国家对在其领土上的不动产的管辖权。法国代表认为，选择法律的范围不应包括对不动产，如果允许这样做，就等于又打破了已经达成的统一制的协议。会议最后表决把不动产从法律选择范围内排除在外。至于特留份问题，这种法律规定在西方国家，特别在英、美等国较为普遍，其用意在于保护尚活着的配偶，包括情妇及被继承人的子女，特别是非婚生子女。这些人有时不生活在同一个国家里，由于各国对继承的法律有不同规定，如果允许法律选择，被继承人就可能去选择对某些继承人有利而对享有特留份的继承人不利的法律。对于这个问题，虽然引起一些国家的兴趣，但特委会认为，由于选择法律的规定对不少成员国来说还是新的东西，所以对特留份的法律选择，可不包括在公约里，最好利用公约以外的其他安排表现出来。

关于选择法律的范围只限于国籍国法或惯常居所地法的问题，公约持肯定态度，而且还必须有其他条件的，即：

首先，他所选择的只限于在为此选择时或死亡时他是该国国民或该国习惯居所者的国家的法律，否则选择无效（The designation will be effective only if at the time of the designation or of his death such person was a national of that state or has habitual residence there）。

其次，选择法律的意思表示必须是明示的。普通法系国家对被继承人选择法律是否一定要明示，不太严格。但大陆法系国家要求比较严格，认为法律选择是一个重要问题，被继承人必须明确表示他的意愿，而且还要了解这样选择

的后果，因此，他们主张应该明示，否则选择法律无效。特委会最后采纳了大陆法系国家的主张。

此外，公约还规定，这种明示选择的法律应支配选择行为的存在和实质效力，且如依此法律其选择无效，继承则仍由依公约第 3 条所确定的准据法支配。

（五）准据法的适用范围

海牙国际私法会议制定的《继承法公约草案》第 5 条第 1 款指出，公约第 3、4 条规定的法律适用于死者一切遗产，包括动产与不动产，不管它们在什么地方。前面已提到，特委会在讨论法律选择时，一些国家的代表曾提出不动产例外的主张，但特委会出于维护统一制原则的考虑，没有采纳这一主张。在研究准据法适用范围时，这一问题又重新提出。因为这是一个存在着的实际问题，有关国家不会无条件地放弃这一主张。公约草案第 5 条规定的本公约准据法适用于死者的一切遗产，不管是动产还是不动产，是照顾了采用统一制国家的利益。但公约草案除第 5 条外，又规定了几个例外条款，这也可以说是照顾了采用分割制国家的利益。如公约第 11 条规定，本公约的准据法并不影响不动产及一些企业所在地国适用任何其他法律。此外，也不影响该国因经济、家庭和社会原因而适用公约准据法以外的法律。适用法律时考虑到经济和社会因素，有利于某些国家接受该公约。这一观点首先是由中国代表提出，并认为，如公约的准据法与有关国家保护文物的法律规定相冲突，一些采分割制的国家及对某些物品的管辖权有特殊规定的国家，在适用依本公约所确定的准据法时，就会感到方便一些。

除了上述例外，公约第 10 条还规定，如果遗嘱中包含着信托财产继承，公约确定的对遗产继承的法律适用不能妨碍适用于该信托财产的另一法律。这一条规定首先由英国代表提出，因为它在普通法系国家有现实意义，在这些国家里，信托财产继承现象是大量存在的。公约第 14 条还规定公共秩序例外条款。该条款在一般公约中经常出现，但在本公约中，它在调节两大法系在继承法方面的立法差别上会产生更大的、积极的影响。

另一个分歧较多的方面是对继承法的适用范围的规定问题。由于普通法系和大陆法系国家对这个问题规定不一致，就产生了法律适用范围的区别。大陆法系国家认为继承法是调整所有与遗产继承有关的所有问题的法律，包括遗产管理、转移和分割，而普通法系国家则认为，继承法只调整遗产的分割，至于遗产的管理和转移，是属于法院地程序法调整的范围。由于双方分歧较大，只好将双方都认为是属于继承法调整范围的事项列举出来。依公约确定的准据法应适用于调整以下事项：（1）继承人、受遗赠人以及遗产承受人；他们各自取得遗产的份额；死者施于他们的责任，以及因死者死亡，包括遗产以外法院或别的权力机关对与死者有关系的人有利的决定等原因而产生的其他继承权利的确定。(2) 剥夺继承权和剥夺接受遗产的资格。(3) 确定继承人、受遗赠人或遗产承受人取得的遗产份额时，归还或考虑赠与、预赠或遗赠的任何责任。(4) 基于死亡而处理遗产时，遗产中可以处理的部分，不能取消的利益以及别的限制。(5) 遗嘱的实质有效性。但这样做的结果自然会出现某些国家认为是属于继承法调整的范围的事项而公约没有列出。于是公约对这个问题又作了灵活的安排，即规定缔约国可以将准据法适用于法院地法认为属于该继承法调整的其他事项。这样，对于大陆法系国家来说，公约所确定的准据法既调整遗产的分割，也适用于遗产的管理和转移；对于普通法系国家来说，准据法也可以只适用于遗产的分割和公约所确定事项。

三、关于未来会议工作的安排

本届会议上还就海牙会议以后所应从事的国际私法统一工作的议题进行了研究，并形成了一个工作安排的决定。该决定由大会通过并列入本届会议最后文件。决定所列的会议以后工作的内容包括以下几点：

(1) 关于儿童收养的统一冲突法公约。本届会议决定在 1992 年召开的第十七届海牙国际私法会议上制定一个有关对外国儿童收养的公约，要求会议秘书长在本届会议后着手进行此项计划的准备工作，并且为此目的召集一个专门委员会负责具体工作，而且，大会要求应该努力吸收那些目前尚不是海牙会议成员国，但有很多儿童被外国人收养的国家，参加该专门委员会的临时工作。

(2) 关于票据的法律冲突法的统一问题。大会决定把制定票据法律适用公约列为海牙会议今后工作的议程，并要求会议常设局起草一个一方面说明对 1930 年和 1931 年有关汇票、本票和支票若干法律冲突的日内瓦公约的修订，另一方面对《联合国国际汇票和本票公约》所产生的法律冲突问题进行研究的报告。

(3) 决定将下列议题列入会议议程：

a. 关于技术许可证协议和技术诀窍（know-how）的转让的法律适用；

b. 关于不正当竞争的法律适用；

c. 关于把 1961 年 10 月 5 日《保护未成年人的管辖权以及法律适用的公约》扩大至对无能力的成年人进行保护问题；

d. 关于死者遗产继承判决的司法管辖权和承认与执行问题。

(4) 决定在会议未来的工作中，对商法领域中由于使用电脑所可能产生的特殊的国际私法问题进行研究，并请会议常设局就此问题与有关国际组织尤其是联合国国际贸易法委员会进行联络。

（5）此外，还决定把下述问题作为会议未来工作的议题：

a. 关于数据跨国境交流中的隐私权（privacy）的保护；

b. 未配同居者的法律适用；

c. 多式联运的法律适用；

d. 合同之债的法律适用。

（6）决定由大会秘书长召集一个专门委员会，考察 1955 年 11 月 15 日《关于民商事司法文件和司法外文件海外送达的公约》以及 1970 年 3 月 18 日《关于民事海外取证公约》的施行情况。

（7）决定由大会秘书长召集一个专门委员会，负责考察 1980 年 10 月 25 日《关于儿童国际诱拐民事问题的海牙公约》的施行情况。

（8）决定由大会秘书长为促进更多国家批准 1973 年 10 月 2 日《关于产品责任法律适用的海牙公约》而召集一个专门委员会负责就各国能够更好地理解该公约的适用而进行工作。

最后，十分值得指出的是，本届大会希望各成员国的法学期刊在 1992 年或 1993 年海牙国际私法会议一百年纪念之际，留出一定的篇幅，刊登有关海牙国际私法会议研究的文章，以使该会议从 1893 年以来所从事的工作能为更多的人所知晓。

第七节　第十七届海牙国际私法会议

一、概述

第十七届海牙国际私法会议于 1993 年 5 月 10 日至 29 日在海牙举行。包括中国在内的 36 个成员国、31 个非成员国、5 个政府间组织以及 12 个非政府间组织的代表出席了本次会议。在本届会议上，与会代表审议并一致通过了《跨国收养方面保护儿童及合作公约》，确定了第十八届大会的工作议题安排。

二、关于跨国收养方面保护儿童及合作公约

（一）公约的制定背景及经过

收养问题由来已久，早在公元前 18 世纪，最早的成文法《汉谟拉比法典》中就有关于收养子女的规定。进入现代社会以来，收养问题更为突出，

这主要是因为战乱、经济发展等一系列因素，产生了大量的无父母子女。为解决这一日趋尖锐的社会问题，收养作为一种建立拟制父母子女关系的手段，日益受到各国的重视，收养儿童也成为各国民事活动中广泛存在的一种实践，而跨国收养则是含有涉外因素的收养活动。跨国收养活动的第一个高潮始于“二战”的末期。从“二战”末期到20世纪70年代中期，跨国收养活动一直与战争形势，特别是朝鲜战争和越南战争的后果紧密相联。跨国收养除了这一特点，还表现在被收养的儿童多是来自不发达国家。自70年代始，由于社会和人口因素的变化，广大发展中国家采取各种措施，对人口开始进行控制，发达国家从这些国家收养的儿童的数目急剧下降，跨国收养活动进入低潮。

近年来，随着国际形势的变化，苏联、东欧的剧变，社会体制的变化，以及地区冲突的爆发，使一大批儿童无家可归，而在许多发达国家，人口数目的逐年递减，生育率的明显下降，已引起有关国家的关注与忧虑，增加人口已经成为不可忽视的问题。因此，跨国收养作为保护儿童的一个辅助性措施，同时也是发达国家增加人口的一个手段，再一次活跃起来，进入第二个高潮。

从目前形势看，跨国收养儿童已成为一种有越来越多的人参与的活动，经营跨国收养的组织不断增多，经跨国收养的儿童数目激剧增加，收养涉及的国家和地区也不断扩大，有关的法律联系也逐渐频繁。但是，由于跨国收养涉及的地区遥远，参与此活动的国家对跨国收养的法律规定不一，有些国家甚至没有这方面的法律规定，跨国收养活动方式不能统一，引起了一系列问题，不利于保护儿童的权益。比如，收养程序在有些国家是通过中央机关进行，有些是通过收养组织进行，此外还有私人收养，收费没有统一规定，在被收养儿童的年龄、收养案件的管辖权等方面没有统一的法律标准，等等。在有的国家，跨国收养活动甚至到了完全失控，不得不中止的地步。

由于对收养活动没有统一的法律文件来调整各国之间的法律差异，大多数国家在跨国收养的原则问题上都本着尽量扩大适用本国法律的原则去处理具体问题，致使这方面的法律冲突日渐突出，给拐卖儿童的活动以可乘之机。鉴于此，在跨国收养中如何协调各国法律，避免冲突，最佳保护儿童利益的问题被提到海牙会议的议事日程上。

海牙会议是致力于解决各国、民商事法律冲突问题的一个专门性政府间组织。它自1893年成立以来，已经制定了30多个消除民、商事方面法律冲突的公约。其中与保护儿童及收养有关的国际公约共有五个，这五个公约是：（1）1956年《儿童抚养义务的法律适用公约》；（2）1958年《承认和执行抚养儿童义务决定的公约》；（3）1961年《关于未成年人保护的管辖权及法律适用公约》；（4）1965 年《关于收养的管辖权、法律适用及判决承认的公约》；（5）1980 年《民事方面防止国际儿童拐卖公约》。上述五个公约只涉及收养儿童的某些法律方面，均未对跨国收养中的原则及法律适用等问题提供具体的解决办法。因此，1988 年的海牙会议第十六届外交大会正式决定，将制定这一公约作为第十七届海牙会议的主要工作议题。

1990 年 6 月，为制定公约，海牙会议召开了第一次特委会，邀请成员国和与跨国收养有关的非成员国一起出席会议①。会上，代表们分别陈述了各自国家跨国收养活动的近况以及所存在的问题，讨论了即将制定的新公约的宗旨和原则。代表们一致认为，新公约的重点不应放在制定一个统一法来协调各国有关收养的法律，而应旨在建立原住国和收养国在收养活动中的合作制度，以防止拐骗、买卖儿童现象的发生，达到最佳保护儿童利益的目的。会议在各国代表的共同努力和积极合作下，拟定了公约的框架草案，并成立了公约起草委员会。此后，1991 年 4 月、1992 年 2 月又举行了二次特委会，其间，1991 年 9 月还举行了一次起草委员会的专门会议。经过这四次会议的努力工作，完成了提交给本届大会审议的公约草案。

在特委会讨论公约草案的过程中，联合国《儿童权利公约》于 1990 年 9 月生效，这对公约的制定提供了政策依据。目前通过的公约在很大程度上体现了《儿童权利公约》的精神和原则。

本届海牙会议，除了上述的与会代表外，还邀请了一些国家的收养组织与会。与会代表对特委会提交的公约草案进行了全面的审议。由于各国收养的法律规定均有差异，且在有关本国利益的条款上各方立场不同，因此，公约的审议工作难度很大。会议除了起草委员会外，还设立了工作小组讨论专门问题，最后以逐条通过的方式，通过了本公约。无论从公约的原则，还是公约的具体内容来看，新的公约兼顾了原住国和收养国双方的利益，是两种立场经过妥协达成的协议，反映了跨国收养活动总趋势，即加强各国的合作机制，最大限度地便利跨国收养程序，最佳地保护儿童的利益。

（二）公约的主要内容

本公约共分七章、48 条，包括范围、跨国收养的要件、中央机关和委任机构、跨国收养的程序要件、收养的承认及效力、一般规定和最后条款。

1. 序言及范围

① 非成员可以参加会议工作的原则虽早已在 1980 年第十四届会议上确定，但是，此次是该原则第一次在家庭法议题上适用。

公约序言表明了跨国收养的必要性，即出于保护儿童的考虑，可为在其原籍国不能找到适当家庭的儿童提供永久家庭。它体现了《儿童权利公约》和《关于儿童保护和儿童福利，特别是国内和国际寄养和收养办法的社会和法律原则宣言》所确立的各项原则。

公约的宗旨是保护儿童最佳利益和基本权利，在缔约国之间建立合作制度，防止拐卖儿童的行为发生，保证根据本公约进行的收养得到缔约国的承认。公约的规定只适用于产生永久性的父母—子女关系的收养，排除了类似简单收养的其他形式的收养。被收养儿童的年龄应在 18 岁以下，与《儿童权利公约》的规定一致。

对于公约规定的收养人为夫妻或个人，一些拉美国家对于作为主要收养人的夫妻的定义要求予以确认，即希望明确排除同性恋者作为收养人。对这一问题，报告员解释认为公约没有必要对夫妻作详细的解释，原住国可在具体的收养案例中予以把关，实际上回避了对这一敏感问题作出正面回答，而将问题留给各国自行处理。

2. 跨国收养的实质要件

跨国收养的实质要件即收养所适用的法律，这是一个原则问题。在跨国收养活动中，实质条件一般适用属人法原则，即依当事人本国法，收养案件中的当事人包括收养人和被收养人。公约规定收养程序的开始须适用收养人所在国和被收养人所在国双方的法律。即对儿童是否适于收养的条件的规定适用原住国法律，而对预期养父母是否适于收养儿童的规定适用收养国的法律。

公约规定收养进行的条件为：原住国的主管机关必须确认该儿童适于收养；对在原住国内安置该儿童的可能性作了应有的考虑后，确认跨国收养符合儿童的最佳利益；收养涉及的有关个人、机构和机关对同意收养作出的保证等。收养国的主管机关必须确定预期养父母条件合格并适于收养儿童；保证预期养父母得到必要的商议；确认该儿童已经或将被批准进入并长期居住在该国。

公约强调了原住国方面对作出同意收养的重要性。对作出同意的方式，原草案中仅规定书面方式。一些拉美国家提出异议，认为在他们国家，由于送养人的文化水平有限，其作出同意的方式有时也以口头表达。经讨论，决定采纳这一建议，在公约中将作出同意的方式灵活地规定为“或以书面形式予以表达或证明”。

3. 中央机关和委任机构

公约规定了中央机关的制度，以保证各国间的合作机制。中央机关的职能可通过三种方式来实现：或是中央机关之间直接进行合作；或是通过由政府直接控制的公共机关进行合作；或是通过由政府批准委任的民间机构进行合作。

中央机关直接采取的措施包括：提供各自国家有关收养法律的资料以及其他一般资料，诸如统计数字、标准格式等；就本公约的执行情况经常互通信息，并尽力消除实施公约的任何障碍。

中央机关通过公共机关或委任机构收集、保存和交换有关儿童和预期养父母的资料；促进、遵守和加快收养的程序；推进各自国家的收养咨询和收养后服务的发展；相互提供关于跨国收养经验的综合性评价报告；对其他中央机关或公共机关关于提供某一具体的收养情况资料的正当请求作出答复。

公约规定，委任机构应按照主管机关确定的条件并在其限制范围内工作，不得营利；指导培训跨国收养领域方面的人员；接受主管机关对其组成、业务和财务情况的监督。本公约中之所以对委任机构作专门规定，是因为在许多西方国家中，收养活动都有民间机构参与，这类机构主要起收养的中间介绍作用，同时也从事一些儿童福利方面的慈善工作。这些机构不受政府的直接控制，但都有其政府主管部门颁发的经营执照，受政府的监督。在跨国收养活动中，这类机构比较活跃，但也往往容易出现问题。公约的规定强调了各国对这类组织的控制和管理。

4. 跨国收养的程序要件

跨国收养的程序要件包括从收养开始到结束的整个过程中原住国和收养国应作的工作以及工作的程序。这主要涉及收养案件的管辖权问题。对收养方式，国际上一般通行“场所支配行为”的原则，一般只适用收养成立地法。由于保护儿童的合法利益是原住国和收养国所面临的共同任务，且在收养过程中涉及原住国和收养国双方的具体工作，公约对原住国和收养国双方都给予了适当的管辖权。

公约规定跨国收养应通过中央机关进行。对于收养的准备工作，公约规定，首先由收养人按规定向本国的中央机关提出申请，然后由收养国的中央机关向原住国的中央机关转交该申请。对于申请内容，公约作了具体规定。原住国的中央机关在收到申请后，应准备一份报告，报告中对儿童的成长、其种族、宗教及文化背景给予适当考虑；根据有关儿童和预期养父母情况以确认所面临的安置是否符合该儿童的最佳利益等。

公约规定，将儿童托付给预期养父母时，原住国的中央机关必须确认预期养父母同意这种安置，收养国的中央机关同意该决定，而且此项同意符合收养国法律或不违背原住国中央机关的要求等。

对于儿童已被移送到收养国而该国的中央机关认为该安置不符合儿童的最佳利益的情况，公约规定了以下几种保护儿童的措施：收养的中央机关须促使儿童脱离该预期养父母，并安排临时性照顾；与原住国中央机关协商，为收养之目的重新安置该儿童，这种收养只有在原住国中央机关得到有关新的预期养父母情况的适当通报后才能进行；作为最后一个措施，安排将儿童送回原住国。

由于程序问题涉及收养的管辖权，是公约的重点之一，与会代表对此问题作了比较详细的讨论。在讨论关于儿童的背景情况的报告时，埃及代表就伊斯兰国家的收养制度进行了阐述。在伊斯兰国家，收养是不合法和无效的，因为它引起了血统的混乱。但是伊斯兰国家也承认别的国家照顾伊斯兰儿童，但前提是不得建立父母子女关系。因此，在讨论儿童的可收养性时应对儿童的种族、宗教及文化背景予以适当考虑。经过讨论，埃及代表的这一建议被纳入公约条文。

对于儿童的交接问题，大多数原住国的代表认为，从原则上讲，为防止拐卖儿童的发生，交接儿童时，预期养父母应在场。但大多数收养国认为这样做实际上存在着困难，如旅途遥远、出国不便等，因而只能托付给有关的收养组织。鉴于收养组织一般都是经政府授权而注册的机构，受两国中央机关的监督，一般不会出现拐卖儿童的情况。所以，对交接要求，公约作了灵活的规定，即：如有可能，由养父母或预期养父母陪同。

收养的适应期问题，是收养各方都极为敏感的关注点。所谓适应期，即建立了收养关系后，养父母与被收养儿童之间彼此适应的时期。许多国家的法律规定，收养必须有一个适应期，一般为一年的时间。其政策考虑是，收养人和被收养人以前从未生活在一起，彼此需要一段适应的过程。如果一开始就从法律上正式确认他们的收养关系，有可能对彼此双方都不合适。因此，设立一个适应期，以利养父母和儿童彼此相互熟悉，相互适应。如果在适应期内发现该收养不合适，则可以中断收养，中断收养不需办理复杂的法律手续，因为在适应期内，法律上收养关系没有确定。但对于适应期，大多数原住国的法律都没有规定，我国是其中之一。这些国家认为，适应期对保护儿童利益是不利的。因为儿童被移送到收养国后，在适应期内，养父母和儿童的关系在法律上没有确认下来。在这种情况下，儿童得不到有效的法律保护，很容易造成买卖儿童现象的发生。在实际的收养活动中，由于原住国坚持不承认适应期制度，一些收养国如英国、加拿大的魁北克省等为收养儿童不得不修改其国内收养法，去掉适应期这一规定，以适应原住国的法律。因此，公约没有对适应期作出强行规定。

收养国安排再收养的问题，是原住国与收养国之间另一个矛盾的焦点。公约规定，收养国只需向原住国的中央机关通报有关新的预期养父母的情况后即可安排再收养。对此，我国和其他原住国提出反对意见，认为再收养只有在原住国的中央机关同意后方可进行。这是因为安排再收养涉及新的预期养父母的情况，而原住国的中央机关没有新的预期养父母的情况的报告，不能确定再收养对该儿童是否合适，因此，对再收养的安排必须经原住国的中央机关同意的规定是出于对儿童保护的考虑。对公约的这一规定，大多数原住国持保留意见。

从对收养程序要件的审议情况来看，跨国收养活动总的形势具有以下特点，即原住国从保护本国儿童利益的原则出发，对收养程序的规定比较严格，因为送出儿童涉及国家的责任和国民的利益，原住国本着对儿童负责的精神，对收养国在这一实践中的要求也比较高。而收养国则倾向在这一活动中尽量便利本国工作程序，使收养制度的规定比较灵活，赋予社会团体和个人的权限比较大。尽管原住国和收养国双方都是以保护儿童利益为宗旨，但由于利益不同，法律政策重点并不完全一致，有关的法律制度和规定之间的冲突在所难免。

5. 收养的承认及效力

收养的承认和效力在跨国收养中一直是一个非常重要的、有争议的法律问题。收养的承认关系到收养各方的切实利益，也涉及各国的法律适用。收养的效力主要涉及两方面的内容，即养父母的权利义务和养子女的权利义务。公约规定，对收养的承认即确认了儿童和其养父母之间的父母—子女法律关系，同时儿童和其生身父母之间先前存在的法律关系即告终止。对于养父母的权利，公约规定，收养一经成立，儿童和其养父母之间的关系即为合法的父母—子女关系，养父母对该儿童负有父母责任。对于养子女的权利，公约规定收养关系一经成立，养子女即享有与该国其他被收养人同等的权利，而没有类比亲生子女的权利。这主要是因为各国的法律规定不同，尤其是收养国从其自身的利益出发，不愿给予养子女和生子女同等的权利。

公约规定了拒绝承认收养的条件，即当对收养的承认明显违背缔约国的公共政策和儿童的利益时，可予拒绝。公共政策原则是国际私法中的一项普遍原则。这里增加了儿童的利益，与本公约的宗旨和目的相衔接。

6. 一般规定

公约的一般规定部分包括下列各个方面：移送儿童在原住国或在收养国境

内进行的情况；收养未成立之前有关方面之间的接触；有关儿童背景的资料的保存和参与跨国收养活动涉及的费用以及收养的法律适用等。

对移送儿童的时间，公约没有作出具体要求，而取决于原住国和收养国的国内法。为防止在收养过程中出现不合理的收费以致造成买卖儿童的情况发生，公约规定，在收养要求未满足前，预期养父母和儿童及其有关方面人员不能接触。

有关儿童背景资料的保存和使用情况，即有关收养的背景资料，公约规定应予保密。收养资料涉及收养当事人的隐私，一般不应公开。大多数国家的法律对当事人的这种要求予以尊重。我国收养法也有同样的规定。

为防止买卖儿童现象的发生，公约对跨国收养活动的费用专门作了具体的规定。

公约通过后，包括我国在内的 67 个国家的代表在会议的最后文件上签了字，截至 1996 年 7 月 1 日，已有 23 个国家签署了该公约，其中部分国家批准或加入了该公约，并已对这些国家产生效力。

三、关于未来会议工作的安排

第一，决定将修订 1961 年 10 月 5 日《未成年人保护的管辖权和法律适用的公约》的问题纳入第十八届外交大会议程并探讨将新公约扩展适用于无行为能力成年人的可能性。

第二，决定将民商事案件外国判决的承认与执行问题纳入会议工作日程。要求秘书长在适当的时候召集特别委员会讨论下列问题：

（1）以常设局准备的文件为基础并考虑第十七届大会的讨论情况，进一步研究有关起草新公约的问题；（2）对可能进行的工作提出建议；（3）建议进行上述工作的时间。

由会议一般性事务及政策特别委员会向第十八届大会就下一步工作提出建议。

第三，决定将确定环境损害的民事责任法律适用和因管辖冲突产生的问题纳入会议工作日程。

第四，决定将下列议题纳入或保留在会议的日程，但不具有优先地位：

（1）死亡人继承的管辖权和判决的承认与执行；

（2）与跨界数据交换有关的私人数据的保护问题；

（3）事实夫妻的法律适用；

（4）流通票据的法律适用；

（5）因电子数据交换产生的国际法律问题；

（6）银行担保的法律适用；

（7）不正当竞争的法律适用。

第五，请求秘书长在适当时候召集特别委员会审议下列公约的执行情况：

（1）抚养义务的法律适用或判决的承认与执行的海牙公约和 1956 年 6 月 20 日国外恢复抚养的纽约公约，

（2）关于民事诉讼程序和国际司法与行政合作的海牙公约。

第八节　海牙国际私法会议特别会议

一、概述

随着世界各国之间经济贸易关系的迅速发展和人员交流的急剧增多，为保障国际交往的顺利发展，在国际范围内建立更有效的相互承认与执行判决制度的需求越来越迫切。海牙国际私法会议对此曾作出许多努力，并于 1971 年制定一项《关于承认与执行外国民事和商事判决的公约》，但是该公约在诸多方面尚有不完善之处，迄今为止，只有塞浦路斯、荷兰和葡萄牙三国参加。虽然欧洲和美洲的区域性组织制定了一些具有较大影响的公约，但能够适用这些公约的国家毕竟有限。为此，美国代表团于 1992 年 5 月向海牙国际私法会议建议，就民商事管辖权和相互承认与执行判决问题制定一项新的全球性的公约。这一建议提出后，立即得到了许多国家的响应。同年，海牙国际私法会议组织了一次工作组会议，对美国代表团的建议进行了评估。1993 年 5 月，海牙国际私法会议第十七次大会决定，将这一问题列入该组织的工作议程，其后，又于 1994 年和 1996 年两次举行特别委员会会议，讨论制定该公约所需解决的主要问题。

二、讨论制定民商事管辖权和判决承认与执行公约的情况

1996 年 10 月第 18 届大会将民事和商事案件的管辖权、判决的承认与执行问题列入第十九届外交大会的工作日程。

（一）关于公约的性质

目前国际上承认与执行外国民商事判决的公约主要有两种类型：一是“单一公约”，即仅规定承认与执行外国判决问题，其中对于原审法院管辖权，仅规定了被请求法院审查该种管辖权的若干标准（即“间接的管辖权标

准”），而未规定缔约国间统一的管辖权规范（即“直接的管辖权标准”）。这类公约例如海牙 1971 年公约、美洲 1979 年《外国判决和仲裁裁决的域外效力公约》等。二是“双重公约”，即将缔约国法院在审理国际民事诉讼时管辖权的规范和缔约国之间相互承认与执行对方法院判决的规范合为一体的公约。1968 年订于布鲁塞尔和 1988 年订于洛迦诺的两个欧洲《民商事管辖权和判决执行公约》即是“双重公约”的典范。

讨论中，大多数国家认为，新公约应当是一项类似于两个欧洲公约的双重公约，而不是单一公约。即，公约中应对缔约国行使管辖权的情形作出明确规定（称为“白色清单”），缔约国只能并且应当在“白色清单”内行使管辖权，而其他缔约国应当承认与执行依此种管辖权作出的判决（当然还要符合公约规定的其他条件）；同时，公约中还应规定禁止缔约国行使管辖权的情形（称为“黑色清单”），如果缔约国在此情形下行使管辖权，则有关判决不得予以承认与执行。

大多数国家之所以主张制定一项双重公约，是因为与单一公约相比，双重公约有其明显的优点：第一，它可给当事人提供更多的有关管辖权的信息，使其可以预见有关案件将由何国法院管辖，从而在一定程度上预知案件的审理结果，有利于保障民事法律关系的稳定；第二，可避免单一公约给被请求国法院带来的在判断外国法院管辖权方面的困扰；第三，可便利外国法院判决的承认与执行，节省时间与费用。

起初，美国代表团曾建议，新公约应当既不同于单一公约，也不同于双重公约，而是“混合型公约”，即除规定“白色清单”和“黑色清单”外，还应当设立一个所谓的“灰色区域”，允许缔约国在“白色清单”和“黑色清单”均未规定的方面自由决定是否行使管辖权，而对于一国在“灰色区域”行使的管辖权，其他缔约国可以自由选择承认与不承认有关判决。他们的理由是，制定一项全球范围的公约不同于欧洲公约，应当更为灵活，否则，很难就“白色清单”和“黑色清单”达成各国都满意的协议；此外，双重公约详尽无遗地列举“白色清单”，也有可能妨碍直接管辖权规则的发展，而混合型公约的灰色区域正可以为各国国内立法和判例提供发展这部分规则的自由空间。不难看出，美国的这一立场与其国内法中所主张的“长臂管辖”是一脉相承的。因此，这一建议虽然在工作组得到了肯定，但在特委会会议上，遭到了大多数国家的拒绝。他们认为，如果允许存在这样一个灰色区域，就意味着允许继续存在管辖权的不确定性，不仅无法真正解决管辖权冲突问题，而且会使有关新公约的谈判变得毫无意义。最后，会议决定，优先考虑制订双重公约。

（二）关于公约的适用范围

讨论中，大多数国家认为，新公约应像1971年海牙公约和两个欧洲公约一样，不适用于自然人的身份和能力、婚姻关系引起的财产权、遗嘱和继承、破产和类似程序、社会保障、仲裁等方面，也不适用于法院禁令。但在其他一些问题上，各国则有不同的主张。这些问题包括：

1. 是否适用于扶养案件问题

奥地利、法国等国认为，由于公约的目的主要是为了保护国际贸易，而扶养案件与家庭法的关系过于紧密，对于涉及扶养的判决的承认与执行问题，已另有公约加以规定，因此，这类案件不应包括在新公约之中；瑞士、加拿大等国则认为，将这类案件列入公约中，将会使公约内容更为全面，也有助于本国日后批准公约。

2. 是否适用于环境法、竞争法和反托拉斯法问题

大部分国家认为，这些法律中涉及的政府性行为属于公法范畴，不应列入新公约的适用范围；至于其中涉及的私法领域的事项（如损害赔偿、无效合同等），英国、法国、荷兰等国主张列入公约范围，意大利、克罗地亚等国则表示，这方面的情况比较复杂，公法和私法往往混杂在一起，因此在扩大公约范围时应慎重。

3. 关于知识产权案件

大多数国家倾向于在公约中作出某些规定，但在具体内容方面，各国还有不同意见。

（三）关于管辖权的“白色清单”

管辖权的“白色清单”，即缔约国可以行使管辖权的依据。特委会经过讨论，初步认为该清单应包括：

（1）基于自然人被告与法院地之间的联系而确立的管辖权，这种联系包括法律上的住所地和事实上的惯常居所地，或其他有待确定的连结因素。

（2）基于公约或其他法人与法院地之间的联系而确立的管辖权，这种联系包括其所在地、成立地、主要营业地或其他有待确定的标准。

（3）公司的分支机构所在地法院可就与分支机构的活动有关的案件对该公司行使管辖权。

（4）不动产所在地法院可就与不动产的物权有关的诉讼行使管辖权。但有关所有权本身以及出租或租赁方面的问题有待进一步研究。

（5）信托机构所在地法院对与信托关系有关的诉讼有管辖权。

（6）侵权行为地法院对侵权的民事责任案件有管辖权；但如侵权的行为

和结果发生在不同国家，如何确定管辖权问题有待进一步讨论。

(7) 受理主诉的法院对反诉有管辖权；另外，还有专家提到由此衍生的法院对共同被告的管辖权，但也有一些专家认为，这种管辖权在区域性公约中是颇为可行的，但对全球范围而言有一定困难。

(8) 当事人选择的法院具有排他的管辖权；但有关选择法院的协议的形式及其实质效力问题，尚有待进一步讨论，尤其是在为了保护某种特定利益(例如消费合同、雇佣协议等）而另有主管法院时，当事人能否选择法院，尚待研究。

(9) 被告自愿出庭时，法院有管辖权；但许多专家指出，关键是要辨别被告是否确实自愿出庭，而不是受情势所迫或受制于某种经济方面的权力滥用。专家们认为，判断选择法院协议的有效性时，也要考虑是否存在滥用经济权力和其他不正当手段的因素。

(10) 专家们提到公司或其他法人的有效性及其解散方面，应建立一种排他的管辖权，但未具体讨论如何确定这种管辖权标准。

(11) 一些专家还建议，为保护弱方当事人（例如消费者、某些保险合同中的被保险人、工人、被扶养人等)，应确定一些特别管辖权的依据。这方面的问题有待进一步研究。

(12) 关于合同案件中的特别管辖，尚未详细讨论，但一些专家指出，两个欧洲公约中的有关规定已经在实践中带来了许多困难。

上述“白色清单”的内容，目前仅讨论了一个轮廓，许多具体问题都有待仔细研究。各国均认为，由于新公约作为一项全球范围的公约，不可能建立类似于两个欧洲公约中的那种统一解释机制（两个欧洲公约由欧洲法院统一解释)，因此，“白色清单”应尽可能精确全面，便于操作。

(四) 关于管辖权的“黑色清单”

管辖权的“黑色清单”，即禁止各缔约国行使管辖权的情形。特委会会议经过讨论，初步认为该清单应包括：

(1) 因原告与有关国家之间的联系（如住所或惯常居所）所确定的管辖权；但原告住所或居所地可作为某些特别管辖权的依据，例如在保护特定利益的案件中。

(2) 因当事任何一方的国籍所确定的管辖权。

(3) 被告有财产在法院地不能作为法院对与该财产无关的诉讼享有管辖权的依据。

(4) 关于能否基于被告在法院地国经营业务而就与该业务无关的诉讼对

其行使管辖权问题，各国分歧较大。一些国家的专家指出，按其本国法律，被告通过在该国注册的分支机构经营业务这一事实，就足以构成法院对母公司行使管辖权的基础；其他国家的专家则认为，除非有关诉讼与分支机构的业务有关，否则，不得对母公司行使管辖权。

(5) 在被告临时出现在有关国家境内时向其送达传票，不得作为该国法院行使管辖权的依据。

特委会报告还专门指出，上述清单并不是穷尽的，可能还有其他禁止行使管辖权的情形需要列入。一些专家还认为，由于该公约是一个双重公约，缔约国只能在公约明文规定允许行使管辖权的情形下才能行使管辖权，换言之，只要公约没有明示允许，就不能行使管辖权，因此，“黑色清单”没有必要穷尽。

(五) 关于拒绝行使管辖权问题

缔约国拒绝行使管辖权，是指依公约有管辖权的法院基于一定的理由不行使管辖权。这种理由主要有两类：一是已有另一个国家的法院受理案件，二是普通法系国家中的“法庭不便”学说（在这些国家，第一类情形也适用“法庭不便”学说）。

关于第一类情形，大多数国家认为，新公约应规定一定的机制，防止“一案两理”的情况发生。但在如何规定的问题上，各国有不同意见。英国等国的代表认为，仅规定由先受理的法院行使管辖权是不够的，而应该规定得更为灵活，包括应当考虑其他国家法院判决的可执行性、不同国家法院之间的合作关系、传统的“法庭不便”学说的适用等因素；德国等国则认为，以受理案件的先后确定由何国行使管辖权的做法不应排除，解决这一问题的方法不应过于复杂。

关于“法庭不便”，这一学说主要存在于普通法系国家。由于在这些国家，法院管辖权的范围较宽，这一学说使对案件具有管辖权的法院在其认为对案件的审理存在严重的不方便时，可以依其自由裁量，拒绝行使管辖权，从而促使原告到另一个更为方便的法院进行诉讼。讨论中，大陆法系的一些国家认为，由于这一学说的目的主要是限制过分的管辖权，而将要制定的公约是一项双重公约，其所规定的管辖权均应被视为与诉因具有合理的联系，而不能视为过分管辖权，一旦当事人向有关法院提起诉讼，该法院有义务受理，而不能以“法庭不便”为由予以拒绝，否则，既对原告不公平，又不利于当事人预知案件的结果，不利于法律关系的稳定性。因此，不能将“法庭不便”作为新公约的一项原则；即使要作出某些规定，也只能规定为例外。澳大利亚也表示，虽然该国存在“法庭不便”学说，但由于该国最新的判例将“法庭不便”与“一案两理”联系在一起，故在公约排除了过分管辖权，且在“一案两理”另有明文规定的情况下，可以不再规定“法庭不便”问题。但是，英国、美国、爱尔兰等国认为，“法庭不便”学说的提出，不仅仅是为了解决过分管辖权问题，而是为了在多种情况下保留法院的自由裁量权和灵活性。即使是制定一项排除了过分管辖权的双重公约，仍有必要作为一项原则，允许缔约国法院根据“法庭不便”拒绝行使公约中规定的管辖权。加拿大也支持上述意见，并表示，即使在属于大陆法制度的魁北克省，也以成文法的形式制订了这方面的规则；日本表示，虽然其本身并无“法庭不便”制度，但认为，最初受理案件的法院不一定是最合适的法院，因此同意在公约中引入“法庭不便”制度。经过讨论，初步形成的折衷意见是，允许有限度地适用“法庭不便”理论，这种适用应仅限于例外性质；在起草公约案文时，要尽可能使用大陆法系国家能够理解的概念。也有人提出，可在公约中建立一种协调机制，即规定，如果某一缔约国法院认为另一缔约国法院更方便审理案件，则应中止诉讼，直至该另一国法院受理案件；如该另一国法院拒绝受理案件，则第一个法院应行使其管辖权。

（六）关于惩罚性赔偿判决的承认与执行

在一些国家（如美国），法院作出的赔偿损失的判决不仅包括对实际损失的赔偿，还包括惩罚性赔偿。这种惩罚性赔偿数额的确定，具有很大的随意性，往往远远超出实际损失的数倍。美国代表强调，这种做法具有合理性，惩罚性赔偿属于陪审团的权力，但这种权力在法律上有很多限制。对此，其他大多数国家认为，惩罚性赔偿的判决属于行政或刑事性质，不应得到承认与执行；在实践中，德国、瑞士等国也有拒绝执行此类判决的案例。它们在讨论中提出，仅利用“公共秩序保留”条款还不足以解决问题，公约中应就此作出专门的限制性规定，例如，有的国家建议，在公约中列入类似英美相互承认与执行判决条约草案中的有关规定，该草案规定：该条约不适用于惩罚性或多重赔偿的判决；如果答辩人证明，原审法院判定的赔偿数额大大超过基于有关法律和事实所应判的数额，则被请求承认与执行的法院可仅承认与执行该判决中的较少数额。但也有国家指出，如作这类规定，就不能避免对案件进行实质性审查，而进行实质性审查的做法不符合公约的宗旨。经过讨论，大多数国家主张，公约中可明确规定，惩罚性赔偿或多重赔偿的判决不属于“民商事”的范围，从而排除对这种判决的执行。

（七）关于承认与执行时的审查

在这一方面，目前讨论的主要问题包括：

1. 对原审法院管辖权的审查

关于被请求承认与执行判决的法院对原审法院管辖权的审查，目前国际上有几种不同的制度。第一种是根据原审国法律进行审查，采取这种做法的有印度、尼日利亚、土耳其等国。第二种是适用被请求国法律，这是大多数国家采用的制度。采取这种制度的国家，一般是直接适用本国的直接管辖权规范；法国则认为，外国法院只要与诉讼有足够的联系，不存在欺诈等情形，就可承认其管辖权；西班牙、澳大利亚等国认为，除非外国法院的管辖权侵犯了被请求国的专属管辖权或公共秩序，或当事人提出了相反的证据，否则推定原审法院具有管辖权。第三种制度是单一公约的模式，即根据公约规定的间接管辖权标准进行审查。第四种制度是两个欧洲公约中规定的制度，该两公约规定，被请求法院不审查原审法院的管辖权。

虽然大多数国家都主张将要制定的公约应是类似两个欧洲公约的双重公约，但同时认为，欧洲公约有关不审查原审法院管辖权的规定，有其特定的政治基础，而新公约是一个世界范围的公约，不具有同样的基础，而且，也不能建立欧洲公约中规定的那种统一解释公约的机制，因此，被请求法院应有权对原审法院的管辖权进行审查；但也有少数国家认为，应限制这种审查，以体现缔约国之间的相互信任。关于被请求法院审查的权力，有的国家（如英国）认为，法院只在当事人对原审法院管辖权提出异议时才进行审查，当事人负有举证责任；也有的国家（如葡萄牙）认为，只在涉及专属管辖权时，被请求法院才主动审查原审法院的管辖权；但大多数国家认为，被请求法院在任何情况下都有权审查原审法院的管辖权。关于审查的范围，大部分国家认为，被请求法院不应审查原审法院确定管辖权所依据的事实问题，但也有国家（如意大利）认为，在某些情况下，事实和法律之间很难作出明确的区分。

讨论中，还涉及两个管辖权方面的特殊问题：

（1）对存在不同法律制度的国家原审法院管辖权的审查问题，即如果某一国家作为一个整体对案件有管辖权，而具体审理案件的法院对案件的管辖权是过分的，在此情况下能否承认与执行有关判决问题。一部分专家认为，如果要求被请求国对原审法院国不同法域的管辖权划分及其相互关系进行调查，过于复杂，因此倾向于被请求国仅将原审国作为一个整体予以考虑；另一种意见则认为，应考虑原审国内部的法律制度，即：如判决由州法院作出，则有关州应有管辖权；如判决由联邦法院作出，则应将原审国作为一个整体予以考虑；

第三种观点认为，只要原审法院的管辖权在其本国得到承认，而根据公约，该国作为一个整体具有管辖权，则被请求国亦应承认原审法院的这种管辖权；还有人认为，可在公约中明确规定，哪些管辖权必须要求受理案件的法院具备，哪些管辖权可将原审国作为一个整体考虑。对上述问题，尚未形成统一的看法。

（2）关于原审法院对管辖权问题的“审判前调查”。

英国代表在特委会会议上提出，有的国家法院在确定是否具有管辖权时进行的“审判前调查”给当事人施加了过分的提供文件和资料方面的负担，这将会给公约的实施带来严重的困难，建议会议讨论这一问题。但有的国家表示不懂问题之所在，故将此问题留待今后进一步研究。

2. 对原审法院适用法律的审查

在法国等少数国家，在承认与执行外国法院判决时需要审查外国法院所适用的准据法；1971年海牙公约则将这种审查仅限于自然人的身份和能力方面。在讨论中，大部分国家认为，新公约不应赋予被请求法院审查原审法院所适用的法律的权力，但法国等国认为，被请求国法院有权审查原审法院在处理不属于公约适用范围的先决问题时所适用的法律。

3. 关于对被告权利的保障

美国建议，在公约中规定一项“自然正义”的一般性条款；其他国家则倾向于在公约中对被告权利作出明确、具体的规定。

关于被告在送达程序中的权利，瑞士等大部分国家认为，如果被告未被实际送达，则可拒绝承认与执行外国法院的判决；新公约应对被告在这方面的权利规定最低标准；还有一些国家提出，应在公约中对被告的“正当程序”权利作出更具体的规定，包括：是否在有足够的答辩时间时收到传票、参与调查取证的机会、上诉的可能性、在进入判决程序时是否收到通知等。

4. 要求判决书说明理由问题

在讨论中，有的国家（如法国和丹麦等）提出，要求承认与执行的判决中应说明作出该项判决的理由，起码应提供最低限度的情报，否则被请求法院难以判断有关判决是否属于公约范围；普通法系国家则认为，在它们的法律制度中，“即时判决”往往不说明理由。为此，一些国家建议，在需要外国承认与执行的判决中，可要求提供足够的情报，以便被请求方作出判断；这种情报可以载入判决之中，也可在承认阶段由原审法院以出具证明书的方式提供。

5. 欺诈问题

一些国家认为，欺诈应被作为拒绝承认与执行的理由列入公约；我国代表在会上表示，对欺诈的判断涉及法律和事实问题，各国判断标准不一，如果由被请求法院对此进行审查，将会导致对案件进行实质性审查，不利于判决的确定性，因此倾向于不作此类规定。

6. 关于原审法院的公正性和独立性

根据某些国家（如美国）的做法，被请求法院需要审查原审法院的独立性和公正性，并在其认为原审法院不具有独立性和公正性时拒绝承认与执行。为解决这一问题，海牙会议秘书处曾提出过两种方案，一是在公约中规定“法院”的定义，并规定其应具备独立性和公正性；二是将原审法院的独立性和公正性明确规定为承认与执行外国法院判决的条件之一。在讨论中，美国专家表示，如果原审法院缺乏公正性和独立性，则美国法院有权拒绝承认与执行该法院作出的判决；这属于法院自由裁量权的范围，不过实践中尚无这方面的案例（秘书处官员指出，美国法院曾以这一理由拒绝执行伊朗法院的一项判决）。但其他大多数国家认为，各缔约国之间应相互信任，不赞成将原审法院的公正性和独立性规定为承认与执行外国判决的先决条件，也不赞成被请求法院对此问题进行审查；另外一些国家（如丹麦、葡萄牙、希腊等）则认为，公约中不必对此作出具体规定，在具体案件中，如确有必要，可以援用“公共秩序”条款。

除上述问题外，讨论中还涉及外国法院判决的自动承认问题、公约的双边化问题、对公约的统一解释问题等。但在目前阶段，尚未对这些问题作深入探讨。到现在为止，各国仅就一些基本问题交换意见，尚未就具体案文进行具体谈判。据了解，海牙国际私法会议秘书处将根据讨论情况，起草公约草案，然后送各国研究，并组织进一步的讨论和谈判。从目前的讨论情况看，各国在该公约的一些重大问题上还存在较大分歧，尤其是在管辖权方面，最终能否成功地协调各国的不同法律制度，制订出统一的管辖权规则，尚难断言。无论如何，由海牙国际私法会议这样一个颇有影响的政府间国际组织对这一问题组织研究，必定有助于增进各国间的相互了解，为各国在这一领域的进一步合作与协调提供了一个良好的契机，也必将产生深远的影响。

第九节　第十八届海牙国际私法会议

一、概述

海牙国际私法会议第十八届会议于 1996 年 9 月 30 日至 10 月 19 日在荷兰

海牙举行。包括中国在内的 35 个成员国、15 个非成员国、8 个政府间组织和 9 个非政府间组织出席了会议。会议选举荷兰代表团团长为本届会议主席，日本、阿根廷、西班牙、捷克、法国、美国代表团团长为副主席。本届大会仍分两个委员会进行工作，并分别通过了《关于父母责任和保护儿童措施的管辖权、法律适用、承认、执行与合作的公约》（以下简称公约）和有关会议今后的工作安排的决定。

二、关于父母责任和保护儿童措施的管辖权、法律适用、承认、执行与合作的公约

（一）公约产生的背景

自其成立以来，海牙国际私法会议陆续制定了一系列有关保护儿童方面国际私法规则的公约，例如 1956 年《儿童抚养义务的法律适用公约》、1958 年《承认与执行抚养儿童义务决定的公约》、1961 年《关于未成年人保护的管辖权和法律适用的公约》、1965 年《关于收养的管辖权、法律适用和判决的承认的公约》、1980 年《国际儿童诱拐民事方面的公约》、1993 年《跨国收养方面保护儿童及合作的公约》等。其中 1961 年《关于未成年人保护的管辖权和法律适用的公约》（以下简称 1961 年公约）自 1969 年 2 月生效至今只有十国参加。这一方面是由于该公约未能体现被国际社会广泛接受的联合国《儿童权利公约》的宗旨和原则，如儿童的最佳利益原则等，另一方面则是由于公约本身存在诸多缺陷。有鉴于此，海牙国际私法会议第十七届外交大会作出决定，将修订 1961 年公约列入第十八届会议的工作议题，并为此设立了特别委员会。自 1994 年 5 月至 1995 年 9 月，该特别委员会召集了三次会议，就修订旧公约和制定新公约问题进行讨论，在第三次特别委员会上形成了提交本届会议审议的“保护儿童公约草案”，经过与会的各国代表和专家的进一步讨论和修改，10 月 19 日公约以现在的名称获得通过。

公约分序言和正文两部分，正文共七章 63 条，内容包括公约的范围、管辖权、法律适用、承认与执行、合作、一般条款和最后条款。公约的目的在于：（1）决定何国机关具有实施采取保护儿童人身和财产的措施的管辖权；（2）决定上述机关在实施管辖权时应适用的法律；（3）决定父母责任应适用的法律；（4）使一缔约国机关采取的措施在所有缔约国得到承认和执行；（5）在缔约国间建立为实现公约的目的所必需的合作。

（二）公约的范围

公约适用的主体范围是自出生之时至 18 岁的儿童——即使该儿童已达缔

约国法定成年年龄或因特定法律事实如结婚而独立——从而将一个颇有争议的问题即对胎儿的保护排除在公约的适用范围之外。

公约所适用的保护措施并不仅限于司法机关适用家庭法等私法而采取的措施，还包括由行政机关采取的措施。公约特别以列举方式分别列明公约适用和不适用的情况。公约所不适用的情况为：父母子女关系的建立或争议、收养、儿童姓名、脱离父母管束（emancipation）、抚养、信托、继承、社会保险、关于教育和健康的普遍性公共措施、因刑事违法行为而采取的措施和关于庇护和移民的决定。这一列举为穷尽性列举，除此之外，任何与保护儿童有关的措施都应适用公约，其中特别包括涉及以下内容的措施：父母责任的归属、实施、终止和限制，对儿童的监护权（custody）和探望权（access），监护、保护或类似制度，对儿童人身或财产负有责任、代理可帮助儿童的人员或团体的指定，将儿童置于一家庭寄养或团体照料，或由“卡法拉”（Kafala，穆斯林国家适用的一种制度，这些国家法律中不存在收养概念，而只能将儿童交由卡法拉进行照料，与收养不同的是，在儿童与卡法拉之间并不建立新的父母子女关系）或类似团体提供照料，公共机关对照顾儿童情况的监管，对儿童财产的管理、保存和处分。

（三）管辖权

公约确立了儿童惯常居所地国行使采取保护儿童措施的管辖权的基本原则，同时规定儿童国籍所属国、儿童财产所在地国、对儿童父母离婚、分居或宣告其婚姻无效的申请具有管辖权的机关（以下简称离婚法院）所属国、与儿童有实质联系的其他国家享有补充管辖权和儿童父母离婚法院享有并存管辖权，对如何避免管辖冲突也作出了规定。

1. 确立儿童惯常居所地为基本管辖根据

虽然1961年公约第1条规定以未成年人惯常居所地为管辖根据，但是，该公约的其他规定实际上使儿童国籍所属国的管辖权凌驾于儿童惯常居所地机关之上。根据该公约第4条的规定，如果未成年人的国籍国为保护未成年人利益的需要，可在通知该未成年人的惯常居所地机关后根据其国内法的规定采取保护措施。又如其第5条第3款规定，由其国籍国保护的未成年人，在其居所发生变化后，该国籍国所采取的措施在新的惯常居所地国仍然有效。

这构成一些国家加入1961年公约的主要障碍。即使对加入该公约的国家，这样的规定在实际适用中也产生了困难。原因之一是多重国籍现象。在制定1961年公约时，许多海牙国际私法会议的成员国法律规定，跨国婚姻中，妻子自动丧失其原有国籍而加入丈夫的国籍，多重国籍现象并不突出。但是随着国际社会人员交往的日益频繁，海牙国际私法会议成员国的范围不断扩大，多重国籍现象日益突出，这使适用公约确立的国籍国管辖原则十分困难。与其他海牙公约（如 1980 年《国际儿童诱拐民事方面公约》，以下简称 1980 年公约）可能产生的冲突是另一个原因，如儿童被由惯常居所地非法转移或扣留在儿童国籍国的情况。另外，现代社会频繁的国际交往使儿童国籍与其惯常居所地发生分离，儿童国籍实际上与儿童不存在任何实质联系的现象日益增多，儿童国籍国对儿童采取的保护措施可能会不符合儿童利益，也可能在儿童的惯常居所地国很难实施。国际公约和各国国际私法已纷纷倾向于以儿童的惯常居所地代替国籍作为连结点。因此，修订后的公约将儿童的惯常居所地机关管辖确定为对儿童采取保护措施的一般管辖原则。

而且，儿童惯常居所地极易发生变化并且往往不易预见。这包括儿童的惯常居所地的合法改变和儿童被非法转移或扣留的情况。公约规定，如果儿童的惯常居所地合法地由一缔约国转移至另一缔约国，新的惯常居所地机关享有管辖权。但儿童被非法转移或扣留在一缔约国的情况则较为复杂。

根据 1980 年公约，缔约国有义务返还被非法转移或扣留的儿童。因此，一般情况下，管辖权不应据此发生转移。但是该公约同时规定在几种特殊情况下，缔约国无义务返还儿童，这时仍由原惯常居所地国行使管辖对儿童利益未必有利。公约规定，在儿童被非法转移或扣留的情况下，儿童被非法转移或扣留前最后惯常居所地国机关保留管辖权直到该儿童已在另一国获得惯常居所并且所有对其具有监护权的个人、机构或其他团体默认这一转移或扣留或者自他们知道或应当知道儿童的下落之日起，儿童已在该国居住至少一年时间，在此期间未提出返还儿童的请求，并且该儿童已在他或她的环境中安定下来。至于非法转移和扣留儿童的定义，公约则完全采纳了 1980 年公约第 3 条的规定，（1）转移或扣留侵犯了在转移或扣留行为发生前依儿童惯常居所地国法律已赋予某人、某机构或其他团体单独或联合行使的监护权并且（2）在转移或扣留行为发生时，上述监护权已被单独或联合行使，或若非该转移或扣留行为发生，上述监护权已被如此行使。

在公约制定过程中，最先建议在公约中加入非法转移或扣留儿童的规定的美国代表在公约二读中指出，1980 年公约的目的在于返还儿童而不是规定在何种情况下可不将儿童返还。但是本公约却将不返还儿童决定的作出作为自动转移管辖权的条件，这会鼓励一些国家法院作出不返还儿童的决定，助长诱拐儿童现象，削弱 1980 年公约的目的，因此建议将该规定全文删除。虽然这一建议未获接受，但仍有 11 个国家表示赞同（反对国为 18 个）。

对难民儿童、因国内动乱等原因而流离失所的儿童以及未建立惯常居所的儿童，则由儿童出现地的国家管辖。

2. 补充管辖权

公约规定，儿童的国籍所属国、儿童财产所在地国、离婚法院所属国、与儿童有实质联系的其他国家享有补充管辖权，并确立了在例外情况下，出于儿童最佳利益的考虑，享有基本管辖权的机关与享有补充管辖权的机关在相互请求的基础上移转管辖权的独特制度。

特定案件中，如果儿童惯常居所地（对难民儿童等，则为其出现地）的缔约国机关认为由它管辖不利于儿童的最佳利益，它可以请求享有补充管辖权的另一缔约国机关行使管辖权或者中止案件的审理，请当事人向该另一缔约国机关提出这一请求。如果被请求机关认为由它管辖更利于儿童的最佳利益，即可行使管辖权以取代儿童惯常居所地（对难民儿童等，其出现地）机关。

相反，如果在特定案件中，儿童国籍所属国、儿童财产所在地国、离婚法院所属国和与儿童有实质联系的其他国家认为由其管辖更利于儿童的最佳利益，它们可向儿童惯常居所地的缔约国提出请求。但是，只有在儿童惯常居所地国接受这一请求的情况下，请求国才可行使管辖权。

3. 离婚法院的并存管辖权

草案审议过程中，离婚法院的管辖权也是争论的焦点问题。一方面，一些国家要求其法院判决夫妻离婚时，对该夫妻未成年子女的监护、探望等问题一并作出判决，而不论该儿童惯常居住于何地，但草案只赋予离婚法院补充管辖权，其行使需要履行请求手续，如果不获儿童惯常居所地机关许可，则无法行使管辖权，这显然与这些国家法律的要求不符。但另一方面，由于离婚法院所在地往往不是儿童的惯常居所地，一些代表认为，不能以离婚法院的管辖权来削弱公约所确立的基本管辖原则，公约最后通过的案文实际上是两种主张相互妥协的结果，一方面公约承认离婚法院享有与儿童惯常居所地机关的并存管辖权，另一方面对离婚法院行使管辖权施加了严格的限制：（1）离婚程序开始时，父母一方惯常居住于该国（离婚法院所在国），且一方对儿童享有父母责任；（2）父母和其他对儿童具有父母责任的任何人同意离婚法院的管辖权并符合儿童的最佳利益。同时公约规定，离婚法院在作出允许或拒绝离婚、分居或宣告婚姻无效的请求的终局决定后，对儿童采取保护措施的管辖权即行终止。

公约体系中，离婚法院的并存管辖权和补充管辖权同时存在。根据其并存管辖权，离婚法院行使管辖可不必向儿童惯常居所地机关提出申请并获得许可。离婚法院不行使管辖并不妨碍儿童惯常居所地机关在特定案件中向其提出行使补充管辖权的请求。

4. 避免管辖冲突和保证缔约国所采取措施的效力的延续

由于公约确定的管辖原则比较复杂，为了避免管辖权相互冲突，公约第 13 条规定，如果根据公约具有管辖权的一国机关在其程序开始时，另一根据公约具有管辖权的机关已被请求采取措施并正在考虑采取措施，该前一机关则不应再行使管辖权。

如上所述，由于儿童的惯常居所地较易发生变化，为保证缔约国所采取措施的效力的延续，公约规定，即使情况的变化使采取措施的机关的管辖权基础不复存在，该措施未经新的具有管辖权的机关更改、代替或终止，在其有效期间内仍继续有效。

（四）法律适用

1. 具有管辖权的机关采取措施时适用本国法

具有管辖权的机关采取措施时适用其国内法的规定，是 1961 年公约确立的一般规则，新公约并未对此进行修订。这主要是因为：第一，具有管辖权的机关对其国内法的规定最为熟悉；第二，公约确立的基本管辖原则使在大部分情况下由与儿童有最密切联系的儿童惯常居所地机关行使管辖权得以保证，适用的法律也往往是儿童惯常居所地法；第三，这些措施将主要在采取措施的国家内施行，以其国内法为准据法便于这些措施的施行。另外，在我们看来，由于公约包括行政机关采取的措施，而行政机关行使其管辖权时，不会轻易考虑适用外国法的问题，这也是原因之一。但与 1961 年公约不同，为避免公约的法律适用规则陷入僵化，公约采用了最密切联系原则，出于保护儿童人身和财产的需要，也可以例外地适用或考虑与该情势有实质联系的另一国家的法律。

2. 父母责任的准据法——儿童惯常居所地法

1961 年公约第 3 条规定，依未成年人本国法对未成年人具有的权力关系（a relationship subjecting the infant to authority，新公约代之以父母责任一词，parental responsibitity），在所有缔约国均应予以承认。这一既可解释为法律适用规则（确定未成年人本国法为准据法），又可解释为承认规则（则排除了承认根据儿童惯常居所地国法律存在的权力关系的可能性）的规定，在适用过程中给缔约国机关造成了混乱。此外，无论作为法律适用规则或是承认规则，系属于未成年人本国法给其适用带来了更大的困难。对此，修订 1961 年公约的特委会作出决定：（1）父母责任对儿童的关系至为重要，应在新公约中予以保留；（2）新公约中的规则应是确定不受司法或行政机关干预的父母责任的法律适用规则；（3）以儿童惯常居所地作为确定父母责任的准据法的连结点。这样，新公约对1961年公约有关父母责任的准据法问题的规定作了重大修订。公约明确规定，产生于法律直接规定的不受司法或行政机关干预的父母责任的归属或消灭，由儿童惯常居所地法支配。如果父母责任基于协定或单方行为（如遗嘱）而产生，其归属或消灭的准据法则为协定或单方行为发生效力时的儿童惯常居所地法。父母责任的实施同样受儿童惯常居所地法支配，如果儿童惯常居所地发生变化，准据法为新的惯常居所地法。

3. 关于转致

公约规定，法律适用一章中法律（law）一词，是指除法律选择规范以外的一国有效的法律，从而排除了适用反致或转致的可能性。但是，对于父母责任、公约规定，如果父母责任的准据法为一非缔约国法律，又如果该国法律选择规范指引适用其本国法律的另一非缔约国法律，则适用该另一非缔约国法律，如果该另一非缔约国法律不适用其本国法，准据法则仍依该章的关于父母责任准据法的一般规则确定，即该儿童惯常居所地的非缔约国法律，这实际上在有限的基础上承认了转致，不过转致只能进行一次，转致后如不符合公约规定的条件，必须停止转致。

（五）承认与执行

公约规定，一缔约国机关采取的措施应在其他所有缔约国得到承认，并同时规定只有在下列六种情况下才可拒绝承认：（1）采取措施的机关不具有建立在公约基础上的管辖权，被请求机关在对请求机关的管辖权基础进行审查时，应受作为请求国机关管辖权基础的事实的约束；（2）在决定采取措施的司法或行政程序中，未给予儿童听取其意见的机会，从而违反了被请求国程序的基本原则，但紧急情况除外；（3）如果采取措施时未给予声称该措施违反其父母责任的人发表意见的机会（紧急情况除外），而该人请求不承认此项措施；（4）如果承认违反承认国的公共政策（该公共政策应将儿童最佳利益考虑在内）；（5）如果承认违反了作为儿童惯常居所地的非缔约国后来采取的措施，并且该后来采取的措施符合被请求国的要求；（6）在作出将儿童置于某家庭寄养或由卡法拉或类似团体提供照料的决定时涉及在另一缔约国实施这一决定，但该决定的作出未与后一缔约国的中央机关或主管机关协商。

如果一缔约国采取的措施需要在另一缔约国执行，它应由另一缔约国根据其国内法规定的程序宣布该措施的可执行性或为执行之目的进行登记，只有基于上述六种理由才可拒绝宣布可执行性或登记。除此以外，被请求国不应对该措施进行其他任何实质审查。经过宣布可执行性或登记后，这一措施即可在该被请求国得到执行，执行依被请求国国内法的规定进行，并应考虑儿童的最佳利益。

（六）合作

1961 年公约中已有部分缔约国进行合作的零散条款，但由于缺少统一的实施这种合作的组织，缔约国之间的合作并未真正发挥作用。自 1961 年公约至今，海牙国际私法会议在促进各缔约国之间的合作方面取得了重大进展。较早被运用于送达和取证领域的中央机关的合作，在其他公约中也被成功地广泛运用，1980 年《国际儿童诱拐民事方面公约》更是被推崇为在保护儿童方面通过中央机关进行合作的典范。正如荷兰司法部长在一次宴会中所指出的，合作越来越成为国际私法的重要领域。在这种情况下，新公约序言明确指出，"认识到国际合作对保护儿童的重要性"，并在公约正文中专设一章规定缔约国之间的合作，使公约关于合作的规定更为系统和更具可操作性。

缔约国之间的合作既包括中央机关的合作，也包括主管机关之间的合作以及中央机关与主管机关的合作。

主管机关的合作包括：在相互转移管辖权方面交换意见；相互在保证实施对儿童的保护措施方面，特别是在保证探望权和与儿童保持经常的直接联系方面提供协助；作出的将儿童安置于某家庭寄养或某团体提供照料的决定涉及在另一缔约国实施时，应与该另一缔约国主管机关协商；请求另一缔约国持有与保护儿童有关的信息的机关提供这些信息等等。

公约规定，缔约国应指定中央机关履行本公约规定由它履行的责任，为此，各国的中央机关应相互合作并促进各主管机关之间的合作以及相互提供各自国家与保护儿童有关的信息和资料。具体而言，上述主管机关之间的合作也可通过中央机关进行，另外，中央机关还可通过调停、调解等方式，便利达成对公约适用情况下的儿童的保护措施；基于另一国主管机关的请求，在发现儿童下落方面提供帮助等。

（七）与其他公约的关系

公约一般条款中多项规定涉及本公约与其他公约的关系，包括本公约与 1902 年公约的关系、与 1961 年公约的关系、与 1980 年公约的关系和与缔约国参加的包含本公约事项的其他公约的关系等。

公约是对 1961 年公约的修订，而 1961 年公约的前身又为 1902 年《未成年人监护公约》。关于本公约与上述两公约的关系，公约规定，在缔约国间，本公约将取代上述两公约。

由于同样涉及非法转移和扣留儿童，公约与 1980 年公约存在密切的联系。

修订公约的第三次特别委员会曾通过决定，在本公约与 1980 年公约之间，1980 年公约将优先适用。但对于 1980 年公约的非缔约国而言，接受明确规定 1980 年公约优于本公约适用的条款存在困难。最后，大会一致通过瑞士、美国和常设局联合提出的建议，规定本公约不影响 1980 年公约的适用，但是，任何情况都不能妨碍本公约的规定为返还被非法转移或扣留的儿童或实现探望权的目的而被引用。

至于本公约与缔约国参加的涉及同类事项的其他公约的关系，爱尔兰等一些欧洲国家主张，本公约不应影响包含本公约事项的其他公约（主要是地区性公约）的适用，而且，根据该其他公约采取的措施经本公约缔约一国承认和执行，即应在其他所有缔约国得到承认和执行。这一主张遭到欧盟以外其他国家的反对。一些代表指出，作为一种国际合作，承认与执行应以互惠为基础，为此，各国制定公约以提供这种互惠。但是，承认与执行根据其他公约而采取的措施，未建立在互惠的基础上，不能作为义务强加给缔约国。最后，公约采用了如下案文：本公约不影响包含本公约事项的其他公约的适用，除非该其他公约缔约国作出相反声明；本公约不妨碍一个或几个缔约国缔结包含本公约事项的协定就惯常居住于任一该协定缔约国境内的儿童作出规定，但是该协定仅在其缔约国间生效，不影响与本公约缔约国的关系。

最后值得一提的是，公约制定过程中曾就公约对非缔约国关系进行过热烈的讨论。美国代表认为，公约的保护不能仅限于惯常居住于缔约国境内的儿童，而应建立一套普遍适用的规则，因此建议在公约中规定缔约国在对非缔约国的关系中仍应适用公约，如向非缔约国转移管辖权、承认与执行非缔约国采取的措施、将公约有关合作的规定扩展适用于与非缔约国合作等。另一些国家的代表则认为应由缔约国自主决定与非缔约国的关系，通过表决，美国代表的建议未获接受，公约未对此作任何规定。

三、关于未来会议工作的安排

1995 年 6 月，海牙国际私法会议召集一般性事务及政策特别委员会，就会议今后的工作议题进行了讨论，并形成结论提交本届外交大会，第一委员会在这一结论的基础上进行了讨论，并作出决定纳入大会的最后文件，提交与会的各国代表签署。

银行担保的法律适用和流通票据的法律适用是由第十七届会议列入会议工作日程的议题，由于联合国国际贸易法委员会已完成了包括银行担保的法律适用问题的公约的制定工作，而将流通票据的法律适用问题纳入会议日程主要是为了解决 1988 年由联合国国际贸易法委员会公约生效后与 1930 年与 1931 年日内瓦公约间可能产生的冲突，但目前为止，该公约的生效仍遥遥无期，因此，会议决定将这两个议题在海牙国际私法会议以后的工作日程中删除。同时决定：

第一，将民事和商事案件的管辖权、判决的承认与执行问题列入海牙国际私法会议第十九届外交大会日程。

第二，召开具有外交性质的特别委员会起草和审议保护成年公约草案并形成最后文件提交参加该委员会的各国代表签署。第十七届会议决定修订 1961 年公约并探讨将修订后的公约扩展适用于无行为能力成年人的问题的可能性，本届会议虽完成了公约修订工作，但没有充分的时间对保护成年人问题进行讨论。认识到随着《关于父母责任和保护儿童措施的管辖权、法律适用、承认、执行与合作的公约》的通过，应加紧进行保护成年人公约的工作，并考虑到召开一次或两次特别委员会即可能完成保护成年人公约的起草，大会作出了此项决定。

第三，将关于环境损害民事责任的管辖权、法律适用、国际司法与行政合作问题保留在会议日程中。

第四，将下列议题列入会议工作日程，但不具有优先地位：

（1）死亡人继承的管辖权、法律适用、判决的承认与执行。

（2）电子数据交换和保护私人数据等领域的国际私法问题。

（3）事实夫妻的管辖权、法律适用、判决的承认与执行。

（4）不正当竞争的法律适用。

（5）债权转让融资的法律适用。

第五，由秘书长召集特别委员会审议 1980 年 10 月 25 日儿童诱拐民事方面国际公约的执行情况。

第六，由秘书长召集特别委员会审议 1993 年跨国收养方面保护儿童与合作的公约的执行情况。

第七，由秘书长召集特别委员会审议海牙有关抚养义务的公约和 1956 年国外恢复抚养的纽约公约的执行情况，考察各国对修订公约，在公约中加入司法或行政合作的规则的愿望。秘书长还将保存根据 1956 年纽约公约提供的机关清单并向各会议成员国转递，并召集非正式工作组会议起草根据公约使用的请求书的标准格式。

第十节 对这一时期工作的评价

20 世纪 70 年代以后第十二届至第十八届海牙国际私法会议是海牙会议在统一国际私法的历史上完全走向成熟的阶段。在这一阶段中，海牙国际私法会议无论是它组织结构，还是它所从事国际私法国际统一的范围，抑或是它工作的方法，都有了很大的变化和发展，向人们展示了国际私法趋同化和统一化的美好前景。

致力于国际私法的统一，早在孟西尼时代即已开始，当时的意大利政府还曾于 1874 年和 1881 年两度试图这方面的会议，但均未成功。直到 1893 年，在荷兰政府的支持下，由杰出的法学家阿塞竭力倡导，才召开了真正取得成效的第一届海牙国际私法会议，到 1905 年第四届会议，虽短短数年，却已开创了一个很好的局面。但好景不长，由于各种各样的原因，到 1951 年召开第七届海牙国际私法会议时，其间 40 余年，仅召开了两届会议，研究的几个问题，又都未达成协议。加之，欧洲各国在法律制度和政治经济上的对立不断加深，在海牙会议起步阶段取得的成果，有些也是十分短暂的。如 1910 年，比利时因与德国在关于结婚公约的含义的解释上发生分歧，随后便退出了关于结婚和离婚的两个公约。1913 年法国又与德国在几个公约上发生分歧，也于 1916 年退出了除 1905 年有关诉讼程序的公约以外的其他公约。而且，就是这后一个公约，也因凡尔赛条约第 287 条在列举两国应恢复其效力的条约中没有提到而在法德两国间失效。其他国家之间也有这种因战争而导致彼此参加的公约失效的情况。

只是到第二次世界大战结束之后，海牙国际私法会议才算走完了艰难的历程，恢复了生气，进入到新的发展时期，并且取得丰硕的成果，主要表现在：

（1）海牙国际私法会议于 1951 年第七届大会通过章程将它由一个临时性国际会议变成一个常设的政府间国际组织后，成员国也已由 1951 年的 17 国增加到 1993 年召开第十七届大会时的 36 个，到 1996 年 7 月的统计，则又增加到 43 个，并且已由会议开始时只是少数欧洲大陆法系国家间的会议发展成包括五大洲的属于大陆法系、普通法系、社会主义法系不同国家间的会议。它们都已接受、签署、批准了一些海牙国际私法公约，从而使 20 来个公约生效。此外，截至 1996 年 7 月的统计，尚有安提瓜和巴布达、巴哈马、巴巴多斯、博茨瓦纳、文莱、斐济、前民主德国、格林纳达、黎巴嫩、莱索托、列支敦士登、马拉维、毛里求斯、马耳他、摩纳哥、摩洛哥、尼日尔、罗马尼亚、塞舌尔、新加坡、南非、斯威士兰、汤加、前苏联、梵蒂冈等非成员国接受、签署、批准了一些海牙国际私法公约（1996 年 7 月以前海牙国际私法公约签署、批准及接受的情况详见本书附录Ⅰ）。

（2）海牙国际私法会议为谋求法律制度存在着严重差别的国家都能参加到统一国际私法的活动中来，已设计出越来越多的协调不同法律制度冲突的方法，其中不少已甚富成效，且已进一步为成员国国内国际私法立法所采用。

我们知道，在早期的国际立法活动中，协调不同法律制度冲突的方法，主要只是反致和公共秩序保留。到 1925 年第五届海牙会议于讨论家庭法方面公约的修正案和议定书时，才开始提出“惯常居所”或“居所”这些新连结点，但当时也只不过是为了解决自然人的国籍存在积极的或消极的冲突的情况下，如何确定其本国法的问题。自 20 世纪 70 年代以来，则已将惯常居所经常用作协调本国法主义和住所地法主义之间源远流长的对立和冲突的手段了。到 1988 年通过的死者遗产继承公约，更进一步发展到以惯常居所为主要连结点，同时结合采用多元连结点的方法，使采上述两种对立立场的国家更易于接受公约的有关规定。

由于国际民事关系的发展，通过国际私法公约，适当放宽准据法选择的自主性已成为一种趋势。但是由于各国经济发展水平不同，政治和法律制度的差异，在参加制定某一具体公约时，有些国家一时难于接受这种观点，从而常在允许当事人自主选择法律的同时，也加上某些适当的限制，以便能为这些国家所接受，也已是经常使用的方法。前面讲到在制定产品责任法律适用公约时，把有条件的选择和重叠性连结点结合起来，作为指定准据法的基本方法就是这方面的典型例证。

在国际上，早期进行国际私法的统一工作时，曾受到“一蹴而就”、“一揽子统一”的理想主义的影响，结果欲速则不达，由于要在民事关系的整个领域达成国际的一致，每一个国家都有一些不愿作出让步的方面，结果是或者达不成任何协议，或者虽有某种协议的达成，也因就不同方面作出保留的国家太多而发挥不了多大的作用（如 1928 年美洲国家在第六届泛美会议上制定的《布斯塔曼特法典》）。于是包括海牙国际私法会议在内的统一国际私法的立法活动转而采取务实的态度，每次会议仅谋求在某一民事生活领域，或仅谋求分别就某一民事生活领域的不同方面，甚至仅谋求在某一民事生活领域的某一个方面或某一种法律问题达成缔结公约的协议。这就使“分割”（dépeçage）的方法也成为这一时期求得不同法律制度国家间妥协和让步的常用的有效方法。这种方法，在我们前面讨论到在制定扶养法律适用公约时，把因离婚或别居产生的扶养义务和一般的扶养义务加以分割，分别定各自应适用的法律；在制定婚姻方式和婚姻有效性的承认的公约时，把婚姻缔结和婚姻有效性的承认加以区分各定其应适用的法律；在制定代理公约时，虽原则上将商业代理、非商业代理以及代理谈判都包括在其适用范围之内，但同时也将家庭法、夫妻财产制及继承法上的法定代理、司法机关或准司法机关的指定代理，诉讼代理、船长执行其职务方面的代理以及代理关系当事人的能力和代理关系的形式要件排除在公约适用范围以外；在制定国际货物销售合同法律适用公约时，也首先把依法执行的销售或法律命令的销售及公债、股票、投资证券、流通票据或货币的销售合同，消费买卖合同排除在公约适用范围以外，然后又规定一般货物买卖合同关系中当事人的行为能力或某一当事人因无能力而导致合同无效或失败的后果，代理人能否使委托人受合同约束，货物所有权的转移以及销售对当事人以外任何第三人的影响，也不适用该公约。此外该公约在规定此种买卖合同首先应适用当事人自主选择的法律后，还允许当事人根据“分割”原则，既可选择适用于整个合同的法律，也可让合同的不同方面受不同法律的支配。在制定死者遗产法律适用公约时，首先将基于死亡而处分财产的形式和能力以及夫妻财产制方面的问题排除在公约适用范围之外，而后在规定依该公约确定的准据法应适用于死者所有的遗产，不问其为动产或不动产，也不问财产分布在何处，为了照顾对死者遗产继承采分割制观点的国家的利益，又规定“公司、不动产或其特殊类型财产所在地国家的法律规范，由于经济、家庭或社会考虑而构成特殊的继承制度，均得不受依公约所确定的准据法的影响而仍可适用”；公约还为了照顾有财产信托制度的国家的利益，规定，如果遗嘱中设立了信托，则依公约所确定的继承准据法，也不得排除对信托适用另一法律的权利。

（3）海牙国际私法会议在新时期所取得的重要成果进一步增强了它在更广泛的领域内开展统一国际私法工作的兴趣和信心，其近期规划已表现出它越来越重视在一些随着高科技迅速发展而提出来的新的法律领域从事统一法的工作。如在上面我们已经讲到，海牙会议在第十六届大会上已决定将技术转让许可证协议和技术诀窍转让的法律适用、不正当竞争的法律适用、商法领域因使用电脑可能产生的国际私法问题、数据跨国交流中的隐私权保护、多式联运的法律适用等，列入今后或未来工作的议程。

（4）中国终于在 1987 年 7 月 3 日正式加入海牙国际私法会议，从而成为这个专门从事统一国际私法工作并已有广泛影响的政府国际组织的成员，也可以说是这一时期它所取得的重要成果之一。中国加入该组织之后，不但能使会议在今后的工作中，直接了解中国社会主义法律制度和法律思想，了解中国对各项具体的统一国际公约的观点和建议（如上所述，中国在正式成为其成员国的第十六届会议上，就已对死者遗产继承法律适用公约的制定作出了积极的贡献），而且对于开展我国与国际社会的法律文化的交流，促进我国社会主义市场经济的法制建设，减少我国与国际社会经济民事往来中的法律障碍，都是有着重要意义的。

主要参考书目

1. 中文部分

［1］韩德培主编：《国际私法》，武汉大学出版社 1983 年第 1 版；1989 年第 2 版。

［2］李双元著：《国际私法（冲突法篇）》，武汉大学出版社 1987 年第 1 版。

［3］［德］马丁·沃尔夫著：《国际私法》，李浩培、汤宗舜译，法律出版社 1988 年第 1 版。

［4］卢竣主编：《国际私法公约集》，上海社会科学院出版社 1986 年第 1 版。

［5］韩德培、李双元主编：《国际私法教学参考资料选编》（上、下），武汉大学出版社 1991 年第 1 版。

［6］唐表明著：《比较国际私法》，中山大学出版社 1987 年第 1 版。

［7］费宗祎主编：《国际私法讲义》，人民法院出版社 1988 年第 1 版。

［8］钱骅主编：《国际私法》，中国政法大学出版社 1988 年第 1 版。

［9］董立坤著：《国际私法论》，法律出版社 1988 年第 1 版。

［10］李双元、谢石松著：《国际民事诉讼法概论》，武汉大学出版社 1990 年第 1 版。

［11］李双元、金彭年著：《中国国际私法》，海洋出版社 1991 年第 1 版。

［12］李双元主编：《国际私法》，北京大学出版社 1991 年第 1 版。

［13］刘慧珊、卢淞主编：《外国国际私法法规选编》，人民法院出版社 1988 年第 1 版。

［14］梁国庆主编：《新中国司法解释大全》，中国检察出版社 1990 年第 1 版。

［15］甘重斗主编：《中国法律年鉴》，法律出版社 1987 年版、1988 年版、1989 年版、1990 年版。

［16］马汉宝著：《国际私法总论》，台湾汉林出版社 1983 年版。

[17] 梅仲协著:《国际私法新论》, 台湾三民书局 1982 年版。

[18] 苏远成著:《国际私法》, 台湾五南图书出版公司 1984 年版。

[19] 曾陈明汝著:《国际私法原理》, 台湾三民书局 1991 年版。

[20] 刘甲一著:《国际私法》, 台湾三民书局 1979 年版。

[21] 洪应灶著:《国际私法》, 台北 "中国文化大学出版部" 1980 年版。

[22] 刘铁铮著:《国际私法论丛》, 台湾三民书局 1982 年版。

[23] [法] 巴迪福著:《国际私法总论》, 陈洪武等译, 中国对外翻译出版公司 1989 年第 1 版。

[

2. 英文部分

[1] Cheshire and North, Private International Law (10th ed. 1979).

[2] Cook, Logical and Legal Bases of the Conflict of Laws (1942).

[3] Currie , Selected Essays on the Conflict of Laws (1963).

[4] Dicey and Morris, Conflict of Laws (10th ed. 1980).

[5] Graveson, Conflict of Laws (7th ed. 1974).

[6] Martin, Perspectives on Conflict of Laws: Choice of Law (1978).

[7] Pavel Kalensky, Trends of Private International Law (1971).

[8] Rabel, Conflict of Laws, A Comparative study (1958).

[9] Restatement, Americal Law Institute's Restatement of the Conflict of Laws (Second) (1971).

[10] Szaszy, International Civil Procedure (1967).

[11] Wolff, Private International Law (1945).

[12] Amram, Philip W. , A Unique Organization: The Conference on Private International Law, American Bar Association Journal, 1957, Vol. 43; Report on the tenth Session of the Hague Conference on Private International Law, Am. J. Comp. L. Vol. 14, 1965; Report on the eleventh Session of the Hague Conference on Private International Law, Am. J. Comp. L. Vol. 63, 1969.

[13] Baldwin, Siemeon E. , The Hagus Conference of 1904 for the Advancement of Private International Law, Yale Law Journal, Vol. XIV, 1904, No. 1; The New Code of International Family Law, International Family Law, Vol. 12, 1903; The Beginning of an Official European Code of Private International law, Yale Review, Vol. 12, 1904.

[14] Batiffol, Henri, Droit International Prive, quarrieme edition, 1967,

Paris.

[15] Borum, O. A., The Scandinavian Countries and the Hague Conventions on Private International Law 1951-64, Scandinavian Studies in Law, Vol. 11, 1967.

[16] Castel, J-G., Canada and the Hague Conference on Private International Law: 1893—1967, The Canadian Bar Review. Vol. XLV, 1967, No. 10.

[17] R. David, The International Unification of Private Law, International Encyclopedia of Comparative Law, Vol. Ⅱ. Chapter 5, 1979.

[18] Droz, George A. L. and Dyer, Adair, The Hague Conference and the Main Issues of Private International Law for the Eighties, Northwestern Journal of International Law and Business, 1981; International Conventions Viewed in Terms of the work Accomplished by the Hague Conference on Private International Law, Anuario Juridico Interamricano, 1984, Washington D. C.

[19] Dyer, Adair, Hague Conventions on Civil Procedure, and Hague Conventions on Private International Law, in Encyclopedia of Public International Law, Vol. 9, International Relations and Legal Cooperation in General-Diplomacy and Consular Relations, North-Holland 1986.

[20] Graveson, R. H., The Ninth Hague Conference of Private International Law, International and Comparative Law Quarterly, Vol. 10, 1961; The Tenth Session of the Hague Conference of Private International Law, International and Comparative Law Quarterly, Vol. 14, 1965; (with others) The Eleventh Session of the Hague Conference of Private International Law, International and Comparative Law Quarterly, Vol. 18, 1969.

[21] Gutzwiller, Max, Das International privatrecht der Haager Konferenzen; Vergangenheit und Zukunft, Schweizerisches Jahrbuch fur Internationales Recht, Band Ⅱ, 1945, S. 48 ff.

[22] Hague Conference on Private International Law, Information concerning Multilateral Treaty-making Techniques and Procedures used in the Hague Conference on Private International Law (revised as of 15 July 1982); Recueil des Conventions de Conference de la Haye de Droit International Prive, 1951—1980; Conference de la Haye de Droit International Prive, Actes (et Documents) de la 1. 2. 3. 4. 5. 6. 7. 8. 9. 10. 11ieme Session.

[23] Van Hoogstraten, M. H., The United Kingdom Joins An Uncommon

Market: The Hague Conference on Private International Law, International and Comparative Law Quarterly, Vol. 12, 1963.

[24] Jitta, D, Josephus, A Review of the Four Hague Conference on Private International Law, The Object of the Conferences and Probable Results , Official Report of the Universal Congress of Lawyers and Jurists, St. Louis, 1905.

[25] Keyel, Gerhard, Internationales Privatrecht, 5. Auflage, Munchen, 1985.

[26] Knoepfler, Francois, Les Nouvelles Conventions de la Haye de Droit International Prive, Neuchatel, 1968.

[27] Loussouarn, Yvon, The IXth, Session of the Hague Conference on Private International Law, Journal du Droit International, 1961, No. 3.

[28] Meili, F. , A Review of the Four Hague Conferences on Private International Law, The Object of the Conferences and Probable Results, Official Report of the Universal Congress of the Lawyers and Jurists, St. Louis, 1905.

[29] Merz, V. , Die Funfte Haager Konferenz fur Internationales Privatrecht, Zurich, 1927.

[30] Nadelmann, Kurt H. , The United States joins The Hague Conference on Private International Law: A "History" with Comments, Law and Contemporary Problems, Vol. XXX, 1965; The Uniform Law on the International Sale of Goods: A Conflict of Laws Imbroglio, The Yale Law Journal, Vol. 74, 1965; The Hague Conference on Private International Law, Ninth Session, Am. J. Comp. L. Vol. 12, 1963; The United States and the Hague Conferences on Private International Law, Am. J. Comp. L. The Eleventh Session of the Hague Conference on Private International law, Am. J. Comp. L. Vol. 16. 1968; Uniform Legislation Versus International Conventions Revised, Am. J. Comp. L. , Vol. 16, 1968; (with others) The American Proposal at the Hague Conference on Private International Law to use the Method of Uniform Laws, Am . J. Comp. L. Vol. 7, 1958; (with others) The Tenth Session of the Hague Conference on Private International Law, Am. J. Comp. L. Vol. 13, 1964.

[31] North, Peter M. , Hague Conventions and the Reform of English Conflict of Laws, Dalhousie Law Journal, Vol. 6, 1981.

[32] Rabel Ernst, The Hague Conference on the Unification of Sales Law, Am. J. Comp. L. Vol. 1, 1952, pp. 58-69.

[33] Reese, Willis L. M. , Some Observations on the Eighth Session of the Hague Conference on Private International Law, Am. J. Comp. L. Vol. 5, 1956; The Ninth Session of the Hague Conference on Private International Law, Am. J. Comp. L. Vol. 55, 1961. ; The Hague Conference on Private International Law: Some Observations, International Lawyer, Vol. 19, 1985.

[34] Saunders, The Hague Conference on Private International Law, The Australian Yearbook of International Law, 1966.

[35] Schweizerische Vereinigung fur Internationales Recht, Die Sechste Session der Haager Konferenz fur Internationales Privatrecht, 1928.

[36] Sechste Haager Konferenz fur Internationales Privatrecht, Zeitschrift fur auslandisches und internationales Privatrecht, 1928, S. 485 ff. .

后　　记

“中国与国际私法统一化运动”是列入中国社会科学基金“七五”和湖北省哲学社会科学基金的重点课题，现在展现在读者面前的这本著作，便是这一课题的研究成果。

本书各章的撰稿人为：

第一章：李双元、李玉泉；

第二章：李双元、张明杰、程清波；

第三章：李双元、徐　宏；

第四章：李双元、徐国建、张明杰、白映福；

第五至九章：徐国建、唐承元、李双元。

本书在写作过程中，武汉大学国际私法博士研究生张万明、肖永平、程清波同志在繁忙的学习和研究工作之余，分别就产品责任法的国际统一、中国冲突法的回顾与反思和国际破产法等问题撰写了颇有学术价值的专论，但终因篇幅限制而不得不割爱。此外，胡振杰同志还协助我为整理本书书稿，翻译英文前言，作了大量的工作，花去了他们许多宝贵的时间和精力，特在此一并鸣谢并致歉意。

李双元

1992 年 2 月 20 日